Veröffentlichungen
der Vereinigung der Deutschen Staatsrechtslehrer
Heft 59

Joachim Wieland, Christoph Engel, Thomas von Danwitz

Arbeitsmarkt und staatliche Lenkung

Wilfried Fiedler, Gerhard Robbers, Michael Brenner

Staat und Religion

Berichte und Diskussionen
auf der Tagung der Vereinigung der Deutschen Staatsrechtslehrer
in Heidelberg vom 6. bis 9. Oktober 1999

2000

Walter de Gruyter · Berlin · New York

Redaktion: Prof. Dr. Rüdiger Breuer (Bonn)

♾ Gedruckt auf säurefreiem Papier,
das die US-ANSI-Norm über Haltbarkeit erfüllt.

Die Deutsche Bibliothek – CIP-Einheitsaufnahme

Arbeitsmarkt und staatliche Lenkung / Joachim Wieland ; Christoph Engel ; Thomas von Danwitz. Staat und Religion / Wilfried Fiedler ; Gerhard Robbers ; Michael Brenner. Berichte und Diskussionen auf der Tagung der Vereinigung der Deutschen Staatsrechtslehrer in Heidelberg vom 6. bis 9. Oktober 1999. [Red.: Rüdiger Breuer]. - Berlin ; New York : de Gruyter, 2000
(Veröffentlichungen der Vereinigung der Deutschen Staatsrechtslehrer ; H. 59)
ISBN 3-11-016899-5

Printed in Germany
Diskettenkonvertierung: Dörlemann Satz GmbH, Lemförde
Druck und Bindung: WB-Druck GmbH & Co., Rieden am Forggensee
Einbandgestaltung: Christopher Schneider, Berlin

Inhalt

Jahrestagung 1999

Vom 6. bis 9. Oktober 1999 hielt die Vereinigung der Deutschen Staatsrechtslehrer ihre Jahrestagung in Heidelberg ab, wo sie vor fünfzig Jahren, 1949, wiedergegründet worden ist, nachdem 1931 die letzte Jahrestagung der 1922 gegründeten Vereinigung abgehalten worden war. Während der Mitgliederversammlung gedachte die Vereinigung ihrer seit der Potsdamer Tagung verstorbenen Mitglieder *Joseph H. Kaiser* und *Joachim Burmeister* sowie ihres langjährigen Mitgliedes *Carl Hermann Ule*. Die Vereinigung wird das Andenken der Verstorbenen in Ehren halten. Der Vorsitzende hieß 25 neue Mitglieder willkommen, die sich kurz vorstellten. Damit zählt die Vereinigung jetzt 470 Mitglieder.

Zu Mitgliedern des Vorstandes für das Jahr 2000 wurden gewählt: *Jochen Abr. Frowein*, *Jörn Ipsen*, *Hartmut Bauer*. § 4 der Satzung wurde dahin geändert, daß der Vorstand auf zwei Jahre gewählt wird. Diese Regelung gilt ab 1. Oktober 2001.

Am ersten Abend fand in der Alten Universität, dem Tagungsort der Vereinigung, ein Empfang durch den Prorektor der Universität, Professor *Dr. Heinz-Dietrich Löwe*, statt. In seiner Erwiderung auf die Begrüßungsworte des Prorektors sprach der Vorsitzende über die Bedeutung der Heidelberger Fakultät für die Vereinigung, über die Bemühungen vor allem *Walter Jellineks* um die Wiedergründung der Vereinigung und über die herausragende Bedeutung der Heidelberger Fakultät im 19. Jahrhundert, insbesondere auch für die systematisch und methodisch betriebene Rechtsvergleichung.

Zu Beginn des wissenschaftlichen Teils der Verhandlungen hielt der Vorsitzende eine Ansprache zum Jubiläum der Vereinigung. Die Ansprache leitet den vorliegenden Band ein. Die Beratungsgegenstände, zu denen je drei Berichte erstattet wurden, waren am Donnerstag „Arbeitsmarkt und staatliche Lenkung" und am Freitag „Staat und Religion". Mit dem ersten Thema wandte sich die Vereinigung seit langem wieder einmal wirtschaftsverfassungsrechtlichen Problemen zu wie schon 1952, 1968 und 1976. Vorläufer des zweiten Themas waren 1952 das „Staatskirchenrecht" und 1967 „Die Kirchen unter dem Grundgesetz". Das Thema war aber breiter angelegt, so daß auch Probleme erörtert werden konnten, die Religionen betreffen, die nicht in Kirchen organisiert sind. Da die Wanderungsbewegungen in und nach Europa uns mit neuartigen religiösen Phänomenen versorgt haben, schien es von Interesse zu erfahren, wie andere Verfassungsstaaten mit diesen Problemen umgehen. Deshalb war ein rechtsvergleichender Bericht in Auftrag gegeben worden. Entsprechendes galt für das erste Thema.

Der Gesprächskreis Verwaltungslehre tagte am Mittwoch, dem 6. Oktober, erstmals unter der Leitung des neuen Vorsitzenden Herrn *Bull*. Herr Professor *Dr. Werner Jann* (Sozialwissenschaftliche Fakultät der Universität Potsdam) und Herr *Siedentopf* referierten über die Bedeutung der Verwaltungskultur für die Umsetzung des Europäischen Gemeinschaftsrechts. Gleichzeitig tagte der 1998 neugebildete Arbeitskreis „Europäisches Verfassungsrecht" unter Leitung seines Vorsitzenden, Herrn *E. Klein*. Die Herren *Heintzen*, *Koenig*, *Ress* und *Zuleeg* erörterten in einem Podiumsgespräch „Richterwahl und Legitimation zur Rechtsfortbildung - EuGH, EGMR und BVerfG im Vergleich".

Am Donnerstag abend fand im Schloß ein Empfang des Landes Baden-Württemberg und der Stadt Heidelberg statt. Vertreten war das Land durch Herrn *Minister Müller* und die Stadt durch Herrn Bürgermeister *Dr. Beß*. Der gesellige Abend am Freitag begann mit musikalischen Darbietungen der Pfifferari di Santo Spirito, die nach den ernsten wissenschaftlichen Beratungen die Gemüter der Zuhörer angenehm auflockerten. Der Ausflug am Samstag führte in den Odenwald, wo alternativ die Einhartsbasilika, Michelstadt oder das Schloß Erbach besichtigt werden konnte.

Die Vereinigung schuldet *Reinhard Mußgnug*, dem kooptierten Vorstandsmitglied, und seinen Mitarbeitern großen Dank für die vorzügliche Organisation der Tagung. *Frau Dr. Mußgnug* hat sich sehr verdient gemacht um die Planung und Koordination des reichen Begleitprogramms - Natur, Kunst, Technik, wissenschaftliche und soziale Institutionen -, das die Ehegattinnen der Heidelberger Kollegen betreut haben.

C. S.

1949–1999

Ansprache des Vorsitzenden Christian Starck

I.

Die mit den Jahreszahlen 1949 und 1999 bezeichnete Zeitspanne von 50 Jahren bedeutet 50 Jahre Grundgesetz und 50 Jahre Vereinigung der Deutschen Staatsrechtslehrer nach ihrer Wiedergründung. Das Grundgesetzjubiläum wurde im Mai begangen, und viele der hier Versammelten haben daran durch Vorträge und Aufsätze und in Kolloquien aktiv teilgenommen. Es ist von großer symbolischer Bedeutung, daß unsere Vereinigung alsbald nach dem Inkrafttreten des Grundgesetzes im Oktober 1949 wieder gegründet worden ist.[1]

Seit 50 Jahren werden Jahr für Jahr auf unseren Tagungen Probleme der Auslegung des Grundgesetzes erörtert.[2] Diese kontinuierliche Beschäftigung mit dem Grundgesetz schloß es nach Meinung des Vorstandes aus, auf der diesjährigen Tagung ein besonderes Grundgesetzfest zu veranstalten und die Referenten um allgemeine Würdigungen des Grundgesetzes nach 50 Jahren zu bitten. Vielmehr fahren wir in unserer normalen Arbeit fort, indem wir aktuelle verfassungs- und verwaltungsrechtliche Themen debattieren. Und unser besonderer Beitrag zum Grundgesetzjubiläum besteht einfach darin, daß dies in einer ununterbrochenen Kontinuität nun im 50. Jahr[3] geschieht. Der 50. Jahrestag der Wiedergründung unserer Vereinigung ist aber gewiß Anlaß, sich kurz zu vergewissern, was getan und was versäumt worden ist und wie es in Zukunft weitergehen soll.

---

[1] Zur Frage, ob die Vereinigung nach 1933 rechtswirksam aufgelöst wurde oder nur inaktiv war, vgl. *Konrad Hesse*, AöR 99 (1974), S. 312 f.; *Hans-Peter Ipsen*, VVDStRL 52 (1993), S. 7 ff.; *Michael Stolleis*, Geschichte des öffentlichen Rechts in Deutschland, Bd. 3, 1999, S. 311 f.; *ders.*, Die Vereinigung der Deutschen Staatsrechtslehrer. Bemerkungen zu ihrer Geschichte, in: KritV 80 (1997), S. 339, 343 ff.

[2] Vgl. die zusammenfassenden Darstellungen von *Hans-Peter Ipsen*, AöR 97 (1972), S. 375 - 417; AöR 109 (1984), S. 555–593; AöR 117 (1992), S. 595–643. Nachdruck separat: *Hans-Peter Ipsen*, Staatsrechtslehrer unter dem Grundgesetz, 1993.

[3] Wegen der Sondertagung 1990 haben seit 1949 bereits 51 Tagungen stattgefunden, und 1999 findet die 52. Tagung statt.

1972 anläßlich der 50. Wiederkehr des Jahrestages der ursprünglichen Gründung der Vereinigung im Jahr 1922 ist daran erinnert worden,[4] daß *Heinrich Triepel*, der Initiator der Vereinigung, ihr eine integrierende Aufgabe zugeschrieben hat.[5] Sie biete die institutionelle Grundlage „sachlicher und letztlich sittlicher Gemeinschaft".[6] *Konrad Hesse* hat das, was gemeint ist, in den folgenden Worten beschrieben[7]: „Jeder könnte ohne solche Verbindung in der Mehrzahl seiner Kollegen nur abstrakte Vertreter von wissenschaftlichen Lehren sehen, die er billigt oder die er befehdet: wenn er die Menschen kennt, die hinter den Lehren stehen, wird er auch die wissenschaftlichen Gegenpositionen besser verstehen und darum vorsichtiger, wahrscheinlich auch gerechter beurteilen – eine versachlichende Wirkung dieser Verbindung." Die institutionelle Leitidee unserer Vereinigung besteht also in wissenschaftlicher Diskussion und persönlicher Verbindung unter den Mitgliedern.[8]

Ich habe mir von Zeit zu Zeit die Frage gestellt, was mir die Vereinigung bedeutet, der ich nun seit 30 Jahren angehöre. Es ist die gemeinsame Beschäftigung mit Fragen des öffentlichen Rechts in einer nicht spezialistischen Weise vor breitem Horizont, dabei Festigung und Infragestellung eigener Überzeugungen, Eröffnung neuer Perspektiven oder einfach Lernen. Aufs engste hängt damit zusammen die persönliche Verbindung. Die Aussprachen finden zumeist in einer offenen wissenschaftlichen Atmosphäre statt. Ich empfinde mich nicht nur während der Jahrestagungen, sondern auch in der Zeit dazwischen in einer wissenschaftlichen Gemeinschaft stehend, zugleich herausgefordert und geborgen. Was auf den Jahrestagungen zur Sprache kommt und näher erörtert wird, ist gemeinsames Wissen in seiner Beständigkeit ebenso wie in seiner Fragwürdigkeit.

II.

Gestatten Sie mir zunächst einen Blick zurück auf das Jahr 1949. Vor nunmehr fast genau 50 Jahren, am 21. Oktober 1949, eröffnete der Alters-

---

[4] *Konrad Hesse*, Zum 50. Jahrestag der Gründung der Vereinigung der Deutschen Staatsrechtslehrer, AöR 97 (1972), S. 345.

[5] *Heinrich Triepel*, Die Vereinigung der deutschen Staatsrechtslehrer, AöR 43 (1922), S. 349.

[6] So *Rudolf Smend*, Heinrich Triepel, in: *ders.*, Staatsrechtliche Abhandlungen, 2. Aufl. 1968, S. 593, 606.

[7] *Hesse* (Anm. 4), S. 348.

[8] So faßte *Ulrich Scheuner*, VVDStRL 31 (1973), S. 7, den Triepelschen Gründungszweck zusammen.

präsident *Richard Thoma* in Heidelberg die Versammlung von Staatsrechtslehrern,[9] über deren Einberufung ich gestern beim Empfang des Rektors gesprochen habe. *Thoma* erwähnte kurz die „Jahre der Verwirrung, der Gewaltherrschaft, des verheerendsten Krieges, der unsagbaren Mord- und Greueltaten". Als Aufgabe der wiedergegründeten Vereinigung bezeichnete er den „Dienst an der richtigen Deutung und wohlerwogenen Fortbildung des Staatsrechts eines demokratischen Rechtsstaates". Als der Rechtsstaat unterwühlt und erstickt gewesen sei, habe sich unsere Vereinigung nicht gleichgeschaltet, sondern ihre Tätigkeit eingestellt; erhobenen Hauptes könne sie jetzt wieder hervortreten.

Die Vereinigung als Institution ist in der Tat unbelastet durch die „Jahre der Verwirrung". Da die Reihe unserer Veröffentlichungen 1932 mit der Dokumentation der Hallenser Tagung abbricht, sind uns Bände z.B. über den Führerbegriff im Staatsrecht, über die Aufgaben der Verwaltung in der völkischen Lebensordnung, über die Verzichtbarkeit von Gewaltenteilung und Grundrechten im Volksstaat usf. erspart geblieben. Daß sich freilich die Neugründung der Vereinigung nicht auf die institutionelle Seite beschränken ließ, sondern die Lehren und Haltungen ihrer Mitglieder, der Staatsrechtslehrer, in Betracht zu ziehen gewesen wären, ist durchaus gesehen worden. So hat *Ernst Friesenhahn* 1950 in seiner Bonner Rektoratsrede bemängelt, daß anläßlich der Heidelberger Tagung „die wenig ruhmvolle Haltung der deutschen Staatsrechtswissenschaft ... mit Stillschweigen übergangen" wurde; er sprach von einem gespenstischen Vorgang.[10]

In dem großen Abstand von 50 Jahren vermag man dem verschämten Neuanfang, der so viel verschwieg und ganz auf das Institutionelle abstellte, vielleicht doch einen Sinn abzugewinnen. Es waren vor allem *Erich Kaufmann* und *Walter Jellinek*, zwei durch das NS-Regime Geschädigte, die die Neugründung betrieben, in Korrespondenz mit anderen entschieden, welche ehemaligen Mitglieder nicht eingeladen wurden,[11] und die Heidelberger Tagung organisiert haben.[12] Der Wunsch nach Wiederaufnahme der Kontakte und wissenschaftlichem Austausch unter den Staatsrechtslehrern führte zu großer Resonanz unter mehr oder weniger Belasteten, den Verfolgten, den zurückgekehrten Emigranten und der Gruppe derjenigen, die die NS-Zeit in Deutschland überstanden hatten,

---

[9] VVDStRL 8 (1950), S. 1f.

[10] *Ernst Friesenhahn*, Staatsrechtslehrer und Verfassung (Bonner Akademische Reden 4), 1951, S. 7.

[11] Es handelte sich um *Reinhard Höhn*, *Ernst Rudolf Huber* (der 1956 aufgenommen wurde), *Otto Koellreutter* und *Carl Schmitt*.

[12] Vgl. auch zum folgenden *Stolleis*, KritV 80 (1997), S. 339, 346f.

ohne sich zu diskreditieren. Allen kam der Umstand zugute, daß die Vereinigung als Institution einen guten Neuanfang ermöglichte, der nicht mit der Vergangenheit belastet war. Man richtete die Augen in die Zukunft. Auch später fand im Rahmen der Vereinigung keine Aussprache über die Rolle der Staatsrechtslehrer während der nationalsozialistischen Diktatur statt. Es wurde Rücksicht auf die Betroffenen genommen, die in ihren wissenschaftlichen Arbeiten das neue Verfassungssystem anerkannten und z. T. mit bedeutsamen Beiträgen daran mitwirkten, es zu festigen.

Inzwischen gibt es zahlreiche Darstellungen des Staatsrechts der Weimarer Zeit, insbesondere unter dem Gesichtspunkt des Methodenstreits, und der nationalsozialistischen Zeit.[13] Beide Perioden gehören zur Geschichte. Wir sind keine rechtshistorische Gesellschaft, gewiß. Aber mit der neuesten Geschichte des eigenen Faches müssen wir uns beschäftigen. Vorträge und Aussprachen im Kreis unserer Vereinigung bringen die Dinge anders zur Sprache als Aufsätze und Bücher. Deshalb sollte nach Ansicht des gegenwärtigen Vorstandes auf einer der nächsten Tagungen die Rolle der Staatsrechtswissenschaft während des nationalsozialistischen Regimes und ihre Vorgeschichte seit dem Ende des Ersten Weltkrieges[14] in Vorträgen behandelt und in einer Aussprache weiter erörtert werden. Zu fragen wäre nach den „Voraussetzungen und Rahmenbedingungen (, die) es ermöglicht haben, daß das geistige und politische Verhängnis des Nationalsozialismus die rechtsethischen Überlieferungen und die rechtsstaatlichen Grundsätze der vorausgegangenen Epochen aus den Angeln gehoben hat".[15] Dabei braucht es nicht um das persönliche Versagen der nicht mehr Lebenden zu gehen. Notwendig ist eine sachliche Bestandsaufnahme des eigenen Faches in einem schwierigen Umfeld. Diese Bestandsaufnahme muß in einem Abstand von 60 Jahren möglich sein.

III.

Werfen wir noch einen Blick in die Zukunft unserer Vereinigung. Die wissenschaftliche Durchdringung des Verfassungs- und Verwaltungs-

---

[13] Vgl. *Kurt Sontheimer*, Antidemokratisches Denken in der Weimarer Republik, 1962, 4. Aufl. 1994; zuletzt *Michael Stolleis*, Geschichte des öffentlichen Rechts in Deutschland, Bd. 3, 1999; aus der weiteren Literatur: *Ernst-Wolfgang Böckenförde* (Hrsg.), Staatsrecht und Staatsrechtslehrer im Dritten Reich, 1985.

[14] In Stichworten: Versailles, Wirtschaftskrise, antidemokratische Strömungen, autoritäre und faschistische Tendenzen in anderen europäischen Staaten, Nationalismus und Verdrängen der gemeinsamen europäischen Rechtsgrundsätze, sozialdarwinistische und antihumanistische Strömungen in der Philosophie.

[15] *Rüdiger Breuer*, Staatsrecht und Gerechtigkeit, in: FS für Redeker, 1993, S. 11, 16.

rechts unter Beachtung der sich wandelnden Realien bleibt unsere Aufgabe. Dabei müssen wir klar und ohne Schnörkel sprechen. Denn das Recht, das wir vermitteln, ist Sprache. Es muß verständlich sein für die Studenten, die wir lehren, für die Bevölkerung, auf die die Staatsgewalt zurückgeführt wird, und für Ausländer, die unsere Sprache lernen, um unser Recht zu verstehen.

Die Bedeutung des Bundesverfassungsgerichts für die Verfassungsinterpretation und die des Bundesverwaltungsgerichts für die Verwaltungsrechtsdogmatik werden fortbestehen, und zwar als ständige Anregung und Herausforderung der Staatsrechtslehre. Funktionierende Gerichtsbarkeit sichert die Normativität des Rechts – das gilt auch im Hinblick auf den Europäischen Gerichtshof – und verleiht der praktischen Handhabung des Rechts einen Rationalitätsschub, der von der Staatsrechtslehre aufgenommen und verstärkt wird. Die Notwendigkeit, Gerichtsentscheidungen zu begründen, ist oft Anlaß, rechtswissenschaftliche Überlegungen zu verarbeiten. Die Gerichte sind auf solche Arbeiten geradezu angewiesen. So sind wissenschaftliche Vorarbeit und kritische Nacharbeit wesentliche Beiträge der Staatsrechtslehre für eine gedeihliche Verfassungsgerichtsbarkeit. Je mehr verfassungsgerichtliche Entscheidungen – jetzt auch verstärkt von den Landesverfassungsgerichten – erlassen werden, um so größer wird das Bedürfnis, deren dogmatische Kongruenz zu würdigen und zu untersuchen, wie weit das Verfassungsrecht reicht und wo die Gestaltungsfreiheit und damit die politische Verantwortung des Gesetzgebers und der Regierung beginnt. Entsprechendes gilt für die nationale und europäische Verwaltungsgerichtsbarkeit.

Die ständige fruchtbare Mitarbeit der österreichischen, schweizerischen, griechischen und französischen Mitglieder in der Vereinigung hat uns bei unserer Arbeit immer den Zugang zur Rechtsvergleichung offen gehalten. Damit blieben die die nationalen Rechtsordnungen überschreitenden allgemeinen Rechtsgrundsätze im Blick. Angesichts der zunehmenden internationalen Zusammenarbeit, einer immer dichter werdenden Gemeinschaftsrechtsordnung sowie der Europäisierung, ja Globalisierung der Probleme in Wirtschaft, Umwelt, Wissenschaft und militärischer Verteidigung ist die Staatsrechtslehre heute mehr denn je dazu aufgerufen, mit den Mitteln der Rechtsvergleichung die juristischen Problemlösungen anderer Rechtsordnungen im Vergleich der verschiedenen normativen und sozialen Ambiance zu studieren und in die Diskussion über die Gesetzgebung und die Verfassungsauslegung einzubringen.[16] Dabei darf freilich über die Positivität des deutschen Verfassungsrechts nicht hinweggesehen werden.

---

[16] *Christian Starck*, Rechtsvergleichung im öffentlichen Recht, JZ 1997, S. 1021, 1023 ff.

Solche Blicke auf allgemeine Rechtsgrundsätze und fremdes Recht bewahren uns davor, die begriffliche Verfeinerung des deutschen Verfassungsrechts, insbesondere die Grundrechtsdogmatik, zu übersteigern, legislatorische Problemlösungen zu erschweren und den verfassungsrechtlichen Rahmen zu eng zu ziehen.

Die Vereinigung hat das Bedürfnis einer verstärkten grenzüberschreitenden Rechtsbetrachtung erkannt, als im letzten Jahr in Potsdam nach längeren Vorberatungen der Arbeitskreis „Europäisches Verfassungsrecht" gegründet und von der Mitgliederversammlung einstimmig bestätigt worden ist. Viele junge Gelehrte, die uns als neue Mitglieder zugewachsen sind, führen in ihrer venia legendi den ausdrücklichen Ausweis der Rechtsvergleichung; sie haben die neuen Aufgaben schon in Angriff genommen!

Eine gute Zukunft vor Augen können wir uns nun unserer Arbeit widmen, indem wir über „Arbeitsmarkt und staatliche Lenkung" sprechen, und zwar in der eben geschilderten Weise, daß insbesondere der 3. Berichterstatter, Herr von Danwitz, den Blick über die deutschen Grenzen richtet.

Erster Beratungsgegenstand:

Arbeitsmarkt und staatliche Lenkung

1. Bericht von Prof. Dr. *Joachim Wieland*, LL. M., Bielefeld

Inhalt

Einleitung

Die staatliche Lenkung eines Marktes ist in Zeiten der Globalisierung[1], Deregulierung[2] und Privatisierung[3] alles andere als selbstverständlich. Das Thema des heutigen Tages lautet denn auch nicht „Die staatliche Lenkung des Arbeitsmarktes", sondern wesentlich offener „Arbeitsmarkt **und** staatliche Lenkung". Wie ist es um das Verhältnis zwischen Markt und Lenkung bestellt?

Der deutsche Arbeitsmarkt – soweit es ihn in dieser nationalen Abgrenzung überhaupt noch gibt – ist seit 25 Jahren von der Arbeitslosigkeit ge-

---

[1] Zur Globalisierung siehe: *Germann/Rürup/Setzes*, Globalisierung der Wirtschaft, in: Steger (Hrsg.), Globalisierung der Wirtschaft, Konsequenzen für Arbeit, Technik und Umwelt, 1996, S. 18ff.; *Nuhn*, Entwicklungen im Weltwirtschaftsraum: Globalisierung und Regionalisierung, in: Flath/Fuchs (Hrsg.), Globalisierung, 1998, S. 50ff.; *DAG-Bundesvorstand* (Hrsg.), Globalisierung, Analysen und Handlungsoptionen, 1998, S. 11ff. Zu den weltwirtschaftlichen Veränderungen im Rahmen des Globalisierungsprozesses siehe auch: *Riedl*, Organisatorischer Wandel durch Globalisierung, 1999, S. 26ff.; kritisch hierzu: *Lafontaine/Müller*, Keine Angst vor Globalisierung, 1998, S. 25ff. Vgl. zum Zusammenhang von Globalisierung und Arbeitslosigkeit *Landmann/Pflüger*, Arbeitsmärkte im Spannungsfeld von Globalisierung und technologischem Wandel, in: Külp (Hrsg.), Arbeitsmarkt und Arbeitslosigkeit, 1996, S. 173ff.

[2] Zur Deregulierung: *Monopolkommission*, Wettbewerbspolitik in Zeiten des Umbruchs, Hauptgutachten 1994/95, S. 41ff.; *dies.*, Marktöffnung umfassend verwirklichen, Hauptgutachten 1996/97, S. 49 sowie *Herder-Dorneich/Schenk/Schmidtchen* (Hrsg.), Neue politische Ökonomie der Regulierung, Deregulierung und Privatisierung, Jahrbuch für Neue Politische Ökonomie 13 (1994); *Wiesheu*, Deregulierung: Das Ziel ist mehr Wettbewerb, Deregulierung (oft) der Weg dazu, GewArch 1995, 177ff. Zur Deregulierung des Arbeitsmarktes siehe: *Donges*, Deregulierung am Arbeitsmarkt und Beschäftigung, 1992, S. 7ff.; *Woll*, Deregulierung des Arbeitsmarktes, in: Aufderheide (Hrsg.), Deregulierung und Privatisierung, 1990, S. 97ff.; *Siebert*, Geht den Deutschen die Arbeit aus?, 1994, S. 58f.; zur Deregulierung aus gewerkschaftlicher Sicht: DGB-Programm-Entwurf, 1996, S. 21. Auch dem Bericht der Bundesregierung zur Zukunftssicherung des Standortes Deutschland vom September 1993 liegt die Deregulierung als Programmpunkt zugrunde, vgl. BPA, Politik der Bundesregierung für mehr Wachstum und Beschäftigung, 1998, S. 9.

[3] Zur Privatisierung: *Watrin*, Die Bedeutung der Privatisierung für eine offene Gesellschaft, in: Fels (Hrsg.), Privatisierung und marktpolitische Erneuerung, 1999, S. 8ff.; *Cointreau* (Hrsg.), Privatisierung, Alternativen zur Staatswirtschaft, 1987. Einen Überblick über die Privatisierungsvorhaben in den Jahren 1983 bis 1991 gibt: *Bundesfinanzministerium* (Hrsg.), Weniger Staat – mehr Markt, Privatisierung in Deutschland, 1991, S. 12f.; sowie *Monopolkommission*, Hauptgutachten 1994/95, S. 37ff. Zum Umfang der Privatisierung in den neuen Ländern mit Hilfe der Treuhand vgl. auch: *Engelen-Kefer/Kühl/Peschel/Ullmann*, Beschäftigungspolitik, 1995, S. 489ff., insb. Tabelle 6 (S. 491) und Tabelle 7 (S. 492). Zu den rechtlichen Fragen der Privatisierung *v. Arnim*, Rechtsfragen der Privatisierung, 1995.

zeichnet[4]. Sie hat im Gefolge der Wiedervereinigung von einem bereits hohen Niveau aus noch einmal deutlich zugenommen[5]. Bund, Länder und Kommunen[6] versuchen nach besten Kräften, durch ihnen geeignet erscheinende Maßnahmen den Beschäftigungsstand zu erhöhen. Führende Politiker wollen den Erfolg ihres Handelns daran gemessen sehen, ob es ihnen gelingt, die Arbeitslosigkeit deutlich zu verringern oder sogar zu halbieren[7]. Mehr als eine Eindämmung des Problems ist ungeachtet vielfältiger Maßnahmen und des Einsatzes großer finanzieller Mittel bislang aber nicht erreicht worden[8]. Ob die jüngsten Zahlen die erhoffte Trendwende signalisieren, bleibt abzuwarten.

Für den Staatsrechtslehrer wirft das Thema drei Fragen auf:
1. **Kann** der Staat den Arbeitsmarkt lenken?
2. **Darf** der Staat den Arbeitsmarkt lenken?
3. **Soll** der Staat den Arbeitsmarkt lenken?

---

[4] Vgl. *Eekhoff*, Beschäftigung und soziale Sicherung, 1998, S. 7ff. sowie zu den unterschiedlichen Erklärungsansätzen der Arbeitslosigkeit *Priewe*, Persistente Arbeitslosigkeit in Deutschland - neoklassische versus keynesianische Erklärungen und Politikoptionen, in: Eicker-Wolf/Käpernick u.a. (Hrsg.), Die arbeitslose Gesellschaft und ihr Sozialstaat, 1998, S. 137ff.; *Rothschild*, Theorien der Arbeitslosigkeit, 1994; *Giersch*, Arbeitslosigkeit in Deutschland: was geht sie uns an?, 1998, S. 26ff.; *Berthold/Fehn*, Neuere Entwicklungen in der Arbeitsmarkttheorie, Wirtschaftswissenschaftliche Beiträge 1995, S. 110ff.

[5] Bundesministerium für Arbeit und Sozialordnung (Hrsg.), Arbeits- und Sozialstatistik, Hauptergebnisse 1998, 1998, S. 10; *Eeckhoff*, Beschäftigung und soziale Sicherung, 1998, S. 8 Abb. 1 .

[6] Vgl. zu Fragen der Strukturen und Grenzen kommunaler Beschäftigungspolitik am Beispiel der Hilfe zur Arbeit i. S. d. §§ 18ff. BSHG *Berlit*, Hilfe zur Arbeit im Kontext aktueller sozialpolitischer Entwicklungen, Beitrag zur Tagung des Deutschen Vereins für öffentliche und private Fürsorge „Hilfe zur Arbeit und kommunale Beschäftigungspolitik - Zwischenbilanz und Perspektiven" vom 27. - 29. April 1998, unveröff. Typoskript, S. 5ff., 24ff., 32ff., erscheint in: Schriftenreihe des Deutschen Vereins für öffentliche und private Fürsorge, Deutscher Fürsorgetag 1998.

[7] So Bundeskanzler *Gerhard Schröder* in seiner Regierungserklärung am 10. 11. 1998, Verhandlungen des Deutschen Bundestages, 14. Wahlperiode 1998, Stenographische Berichte, Band 194, 49 D: „Wir wollen uns jederzeit (...) daran messen lassen, in welchem Maße wir zur Bekämpfung der Arbeitslosigkeit beitragen." Ähnlich dessen Amtsvorgänger *Helmut Kohl*, Regierungserklärung, 13. Wahlperiode vom 23. 11. 1994, Plenarprotokoll 13/5, S. 37(42); *ders.*, Erklärung der Bundesregierung am 31. 1. 1997, Verhandlungen des Deutschen Bundestages, 13. Wahlperiode, Stenographische Berichte, Band 187, 13948 A/B/C. Zum Druck auf die Politik siehe auch *Wagner/Jahn*, Neue Arbeitsmarkttheorien, 1997, S. 1ff.

[8] Zu den Grenzen beschäftigungsschaffender Steuerpolitik des Staates, *Friedrich/Wiedemeyer*, Arbeitslosigkeit - ein Dauerproblem, 1998, S. 180ff. Im Jahr 1994 wandte allein die Bundesanstalt für Arbeit rund 50 Milliarden DM für Arbeitslosengeld auf, dazu: *Maier* (Hrsg.), Arbeitsmarktpolitik, 1996, S. 94.

Der Antwort auf diese Fragen werde ich mich in vier Schritten nähern: Zunächst analysiere ich im Rahmen einer Bestandsaufnahme die tatsächliche Entwicklung des Arbeitsmarktes. Sodann wende ich mich dem Problem aus verfassungstheoretischer Sicht zu. Der dritte Schritt handelt von dem Rechtsrahmen, den Europarecht, Grundgesetz und Landesverfassungen dem Staat vorgeben, wenn er auf den Arbeitsmarkt einwirkt. Abschließend untersuche ich, wie der Staat durch die Gestaltung des Sozialversicherungsrechts, des Steuerrechts und des Bildungsrechts die Beschäftigungslage beeinflußt und welche Handlungsalternativen denkbar wären.

I. Bestandsaufnahme

Die positive Entwicklung des Arbeitsmarktes hat in den frühen Jahren der Bundesrepublik Deutschland das sogenannte Wirtschaftswunder widergespiegelt: Lag die Arbeitslosenquote 1950 noch bei 11 %, war sie bis 1960 kontinuierlich auf 1,3 % gesunken und bewegte sich Mitte der sechziger Jahre zwischen 0,7 % und 0,8 %[9]. Der Arbeitsmarkt war so leergefegt, daß in großem Umfang ausländische Arbeitnehmer angeworben wurden[10]. Die Zeit der Vollbeschäftigung mit weniger als 3 % Arbeitslosen endete 1974 abrupt; die Zahl der Arbeitslosen verdoppelte sich innerhalb eines Jahres, die Arbeitslosenquote stieg auf 4,7 %[11]. In den Folgejahren sank sie noch einmal auf 3,8 % (1980), um sodann innerhalb von fünf Jahren rapide auf 9,3 % (1985) zu steigen[12]. Der Konjunkturaufschwung im Gefolge der Wiedervereinigung drückte die Quote in Westdeutschland noch einmal auf 6,3 % (1991), bevor hier ein kontinuierlicher und steiler Anstieg auf 11 % (1997) einsetzte, auf den gleichen Wert, der 1950 zu verzeichnen war[13]. Im September dieses Jahres lag die westdeut-

---

[9] Amtliche Nachrichten der Bundesanstalt für Arbeit, 18. Jahrgang, 1970, Übersicht 1.

[10] Vgl. die Tabelle „Hauptjahresdaten der Arbeitsstatistik für das Bundesgebiet 1953 bis 1972“ in: Amtliche Nachrichten der Bundesanstalt für Arbeit, 21. Jahrgang, 1973, S. 8-9.

[11] Amtliche Nachrichten der Bundesanstalt für Arbeit, 29. Jahrgang, 1982, Übersicht 1 – Arbeits- und Sozialstatistik, Hauptergebnisse 1982, S. 7.

[12] Amtliche Nachrichten der Bundesanstalt für Arbeit, 46. Jahrgang, 1998, Übersicht 1 – Arbeits- und Sozialstatistik, Hauptergebnisse 1998, S. 10. Zur Entwicklung der Arbeitslosigkeit in Westdeutschland von 1950 bis 1996 *Ehrlich*, Arbeitslosigkeit und zweiter Arbeitsmarkt, 1997, S. 18, Abb. 2.5.

[13] Amtliche Nachrichten der Bundesanstalt für Arbeit, 46. Jahrgang, 1998, Übersicht 1 – Arbeits- und Sozialstatistik, Hauptergebnisse 1998, S. 10; ein Überblick über die Beschäftigungsentwicklung in Westdeutschland findet sich bei *Engelen-Kefer/ Kühl/ Peschel/Ullmann*, Beschäftigungspolitik, 1995, S. 76ff.

sche Arbeitslosenquote bei 8,3 %. In Ostdeutschland war die Arbeitslosenrate von 10,3 % (1991)[14] auf offiziell 20 % (1998) gestiegen[15]. Die gesamtdeutsche Arbeitslosenquote lag im September bei 10,1 % und damit 0,2 % niedriger als ein Jahr zuvor[16]. Die OECD schätzt die Rate der strukturellen Arbeitslosigkeit in Deutschland auf 8,3 %.

Ungefähr ein Drittel der Beschäftigungslosen in ganz Deutschland sind Langzeitarbeitslose[17], ein Fünftel ist 55 Jahre und älter[18], ein Neuntel jünger als 25 Jahre[19]. Im August waren 11,2 % (Vorjahr: 17 %) der jungen Menschen arbeitslos[20]. Die Beschäftigtenquote hatte sich von knapp 25 % im Jahr 1950 binnen weniger Jahre auf 35 % erhöht, wo sie ein Vierteljahrhundert verharrte. Erst 1980 setzte ein deutlicher Anstieg der Beschäftigtenquote auf mehr als 40 % im Jahr der Wiedervereinigung ein. Seitdem ist diese Quote in Westdeutschland wieder auf gut 35 % abgesunken – also ziemlich genau auf den Wert, in dessen Nähe sie von 1955 bis 1979 geblieben war. Nachdem die Beschäftigtenzahl in ganz Deutschland 1991 36,5 Mio. betragen hatte, hält sie sich nach einem deutlichen Absinken in-

---

[14] Amtliche Nachrichten der Bundesanstalt für Arbeit, 40. Jahrgang, 1992, Übersicht 162.

[15] Zur Arbeitsmarktentwicklung nach der Wiedervereinigung *Ehrlich*, Arbeitslosigkeit und zweiter Arbeitsmarkt, 1997, S. 16, Abb. 2.4. Zur ökonomischen Analyse der Lohn- und Beschäftigungsentwicklung in den neuen Bundesländern *Franz*, Arbeitsmarktökonomik, 1996, S. 383f.

[16] Ein noch deutlicherer Rückgang der Arbeitslosenquote ist gegenüber dem vergleichbaren Wert vom August 1997 (11,4 %) zu verzeichnen, siehe: Statistisches Bundesamt, Konjunktur aktuell, September 1998, S. 103.

[17] Ende September 1998 machten die Langzeitarbeitslosen 37,8 % aller Arbeitslosen aus (vgl. Tabelle 8 in: Arbeitsmarkt 1998, Amtliche Nachrichten der Bundesanstalt für Arbeit, 47. Jahrgang, 1999, S. 139). Zur Entwicklung der Arbeitslosigkeitsdauer *Sesselmeier/Blauermel*, Arbeitsmarkttheorien, 1997, S. 14; *Franz*, Arbeitsmarktökonomik, 1996, S. 356. Vgl. auch die Übersicht über die Entwicklung der Langzeitarbeitslosigkeit in Westdeutschland 1980 bis 1994, *Ehrlich*, Arbeitslosigkeit und zweiter Arbeitsmarkt, 1997, S. 22, Tabelle 2.7. Zu Ursachen und Problemen der Langzeitarbeitslosigkeit: *Buchegger/Rothschild/Tichy*, Arbeitslosigkeit, Ökonomische und soziale Perspektiven, 1990, S. 263ff.; *Albeck*, Die Ursache für die Langzeitarbeitslosigkeit, in: Maier (Hrsg.), Arbeitsmarktpolitik, 1996, S. 25.

[18] Zu den nachteiligen Beschäftigungsaussichten älterer Arbeitsloser *Ehrlich*, Arbeitslosigkeit und zweiter Arbeitsmarkt, 1997, S. 20.

[19] Ende September 1998 waren noch 11,7 % der unter 25jährigen als Langzeitarbeitslose registriert (vgl. Tabelle 8 in: Arbeitsmarkt 1998, Amtliche Nachrichten der Bundesanstalt für Arbeit, 47. Jahrgang, 1999, S. 139). Zu den speziellen Ursachen der Jugendarbeitslosigkeit: *Cassel*, Jugendarbeitslosigkeit, in: Landeszentrale für politische Bildung Baden-Württemberg (Hrsg.), Arbeitslosigkeit, 1984, S. 132ff.

[20] Arbeitsmarkt 1998, Amtliche Nachrichten der Bundesanstalt für Arbeit, 47. Jahrgang, 1999, S. 207.

folge des Verlusts von 2,5 Mio. Arbeitsplätzen gegenwärtig bei 34 Mio. Die Zahl der bekannten offenen Stellen beläuft sich auf weniger als 460000[21].

Diese Zahlen zeichnen jedoch ein unvollständiges Bild, solange man nicht die sogenannten arbeitsmarktpolitischen Instrumente wie staatliche Maßnahmen zur Weiterbildung, Arbeitsbeschaffung und Strukturanpassung in Rechnung stellt[22]. Gegenwärtig stehen knapp 740000 Menschen, die sonst arbeitslos wären, in derartigen, staatlich geförderten Beschäftigungsverhältnissen. Hinzugerechnet werden müssen knapp 180000 junge Menschen, die vom Sofortprogramm der Bundesregierung zum Abbau der Jugendarbeitslosigkeit profitieren[23]. Tatsächlich sind also über die knapp 4 Mio. Arbeitslosen hinaus mehr als 900000 Menschen nur durch staatliche Fördermaßnahmen vor dem Schicksal der Arbeitslosigkeit bewahrt[24]. Bei Wegfall der staatlichen Fördermaßnahmen betrüge die offizielle Arbeitslosenquote gegenwärtig mehr als 12,5%. Hinzu kommen die nicht gemeldeten „entmutigten" Arbeitslosen (die sogenannte Stille Reserve), deren Zahl nach vorsichtigen Schätzungen 1,6 Mio. beträgt[25]. In einigen Gebieten Ostdeutschlands ist bei realistischer Schätzung von einer faktischen Arbeitslosenquote von über 30% auszugehen.

Nimmt man alle diese Zahlen zusammen, bekommt man eine Vor-

---

[21] Zu den Zahlen: Bundesministerium für Arbeit und Sozialordnung, Arbeits- und Sozialstatistik, Hauptergebnisse 1998, S. 10f. Statistisches Bundesamt, Statistisches Jahrbuch 1999, S. 101, 119ff. Statistisches Bundesamt, Bevölkerung und Erwerbstätigkeit, Fachserie 1, Reihe 4.3, Erwerbstätigkeit und Arbeitsmarkt August/September 1999, S. 5f. (Erwerbstätige), 9f. (Arbeitslosigkeit, offene Stellen). Zu der längerfristigen Entwicklung der Erwerbsquote *Franz*, Arbeitsmarktökonomik, 1996, S. 20ff.

[22] Zur Bedeutung und zum Umfang und Problemen von Arbeitsbeschaffungsmaßnahmen *Ehrlich*, Arbeitslosigkeit und zweiter Arbeitsmarkt, S. 54ff. (insb. Tabelle 3.4., S. 55) sowie einerseits: *Heseler*, Strukturwandel und arbeitsmarktpolitischer Handlungsdedarf in Ostdeutschland, 1992, S. 143ff. und andererseits: *Lübbering*, Eine stärker marktorientierte Sichtweise des ostdeutschen Arbeitsmarktes, in: Neubäumer (Hrsg.), Arbeitsmarktpolitik kontrovers, 1993, S. 57ff. Zur Diskrepanz zwischen offener Arbeitslosigkeit und verdeckter Unterbeschäftigung *Kühl*, Arbeitslosigkeit in der vereinigten Bundesrepublik Deutschland, Aus Politik + Zeitgeschichte, Beilage „Das Parlament", B 34–35/1991, 3 (5ff.).

[23] Das Sofortprogramm zum Abbau der Jugendarbeitslosigkeit wurde in die Koalitionsvereinbarung der rot-grünen Bundesregierung 1998 aufgenommen, *Koalitionsvereinbarung*, 20. 10. 1998, S. 7. Möglichkeiten zum Abbau der Jugendarbeitslosigkeit bei *Cassel*, Jugendarbeitslosigkeit, in: Landeszentrale für politische Bildung Baden-Württemberg (Hrsg.), Arbeitslosigkeit, 1984, S. 139ff.

[24] Weitere Beispiele für „versteckte" Arbeitslosigkeit bei *Engelen-Kefer/Kühl/Peschel/Ullmann*, Beschäftigungspolitik, 1995, S. 71ff. Zur verdeckten Arbeitslosigkeit in der DDR und ihren Folgen *Ehrlich*, Arbeitslosigkeit und zweiter Arbeitsmarkt, 1997, S. 104.

[25] Weitergehend wird eine „stille Reserve" von 2,5 Mill. nicht gemeldeten Arbeitslosen prognostiziert von *Ehrlich*, Arbeitslosigkeit und zweiter Arbeitsmarkt, 1997, S. 32.

stellung von der Größe des Problems. Die Zeit der Vollbeschäftigung (1955–1974) ist seit einem Vierteljahrhundert einer Zeit der Arbeitslosigkeit gewichen, ohne daß eine grundsätzliche Änderung der Verhältnisse auch nur mittelfristig abzusehen wäre[26]. Der wirtschaftliche Zusammenbruch der DDR wirkt in Ostdeutschland fort[27]. Die innere Einheit Deutschlands ist in ökonomischer Hinsicht und besonders auf dem Arbeitsmarkt noch lange nicht erreicht[28]. Vielfältige Finanztransfers und Subventionen haben allzu krasse Unterschiede abgemildert, jedoch eine wirkliche Gleichwertigkeit der Lebensverhältnisse in Ost- und Westdeutschland gerade auf dem Arbeitsmarkt noch nicht herzustellen vermocht[29].

Die zunehmende Globalisierung der Wirtschaft findet keine Entsprechung bei den Arbeitskräften[30]. Deutsche Arbeitslose können ihre Arbeitskraft nicht in den Schwellenländern zu den dortigen Tarifen anbieten. Würden sie in Deutschland so entlohnt werden, wie das in vielen anderen Ländern ein auskömmliches Leben ermöglicht, gerieten sie in größte soziale Not. Ein Ausweg aus diesem Dilemma könnte für ein Hochlohnland wie Deutschland in einer Steigerung der beruflichen Qualifizierung bestehen[31]. Verläßliche Prognosen belegen, daß mit der beruflichen Qualifikation auch die Beschäftigungschancen steigen und das

---

[26] *Vobruba*, Ende der Vollbeschäftigungsgesellschaft, in: Eicker-Wolf/Käpernick/Niechoj/Reiner/Weiß (Hrsg.), Die arbeitslose Gesellschaft und ihr Sozialstaat, 1998, S. 21 ff.

[27] Zur Beschäftigungsentwicklung und zur Arbeitsmarktsituation in Ostdeutschland *Franz*, Der Arbeitsmarkt, 1993, S. 93; *ders.*, Arbeitsmarktökonomik, 1996, S. 383 ff.; hinsichtlich der DDR: *Raisch*, DDR im Wandel, Daten und Fakten, 1990, S. 47.

[28] Eine Gegenüberstellung der Arbeitslosigkeitsentwicklung in West- und Ostdeutschland findet sich bei *Maier* (Hrsg.), Arbeitsmarktpolitik, 1996, S. 32. Zur unterschiedlichen Entwicklung in West- und Ostdeutschland nach 1990 *Engelen-Kefer/Kühl/Peschel/Ullmann*, Beschäftigungspolitik, 1995, S. 364 ff.

[29] Ausführlich zu den Besonderheiten des ostdeutschen Arbeitsmarktes *Wiedemann/Brinkmann/Spitznagel/Walwei* (Hrsg.), Die Arbeitsmarkt- und beschäftigungspolitische Herausforderung in Ostdeutschland, 1999, sowie *Ehrlich*, Arbeitslosigkeit und zweiter Arbeitsmarkt, 1997, S. 103 ff.

[30] Vgl. *Siebert* Geht den Deutschen die Arbeit aus?, 1994, 39 f.

[31] Zu den Verschiebungen in qualifikatorischer Hinsicht *Ehrlich*, Arbeitslosigkeit und zweiter Arbeitsmarkt, 1997, 30 (insbesondere Tabellen 2.5 und 2.6); vgl. zum Zusammenhang zwischen Qualifikation und Arbeitslosigkeit den Ansatz der Humankapitaltheorie: Darstellung bei *Sesselmeier/Blauermel*, Arbeitsmarkttheorien, 1997, 65 ff.; dieser Zusammenhang wird auch von der Politik betont: *Bündnis 90/Die Grünen*, Programm zur Bundestagswahl 1998, 44 ff.; 99 ff.; Zukunftsprogramm der *CDU* Deutschlands vom 17. – 19. Mai 1998, 8 f.; Grundsatzprogramm der *Sozialdemokratischen Partei Deutschlands* vom 20. 12. 1989, geändert am 17. 4. 1998, 26 f., 30 ff.; Aufbruch und Erneuerung – Deutschlands Weg ins 21. Jahrhundert, Koalitionsvereinbarung zwischen der Sozialdemokratischen Partei Deutschlands und Bündnis 90/Die Grünen vom 20. 10. 1998, 4 ff. 9 28 ff.; Wiesbadener Grundsätze der *FDP* vom 24. 5. 1997, 29, 41 ff.

Risiko der Arbeitslosigkeit sinkt[32]. Das gilt für Deutschland nicht anders als für die Vereinigten Staaten von Amerika oder die Niederlande. Überall ist die Rate der Arbeitslosigkeit bei Personen ohne abgeschlossene Ausbildung um ein Mehrfaches höher als bei Hochschulabsolventen und wird das auch in Zukunft sein. Eine bessere Ausbildung läßt die Beschäftigungschancen signifikant steigen[33]. Kenntnisse und Fähigkeiten etwa im Bereich der Informationstechnik oder in anderen hochqualifizierten Berufsfeldern bilden so etwas wie eine immaterielle Versicherung gegen Arbeitslosigkeit[34]. Diese Erkenntnis ist nicht nur für die Betroffenen wichtig, sondern auch für einen Staat, der lenkend auf den Arbeitsmarkt einwirken will[35].

Wichtig ist auch eine Besinnung auf die Besonderheiten des Arbeitsmarktes als des Forums, auf dem Arbeitskraft angeboten und nachgefragt sowie die zu zahlende Vergütung ausgehandelt wird[36]. Deren Höhe wird häufig nicht individuell, sondern kollektiv bestimmt[37] oder durch staatliche Vorgaben wie die Allgemeinverbindlicherklärung von Tarifverträ-

---

[32] *Ehrlich*, Arbeitslosigkeit und zweiter Arbeitsmarkt, 1997, S. 29 ff.; *Klauder/Kühlewind*, Arbeitsmarkttheorien und Arbeitsmarktpolitik in den neunziger Jahren, in: Aus Politik und Zeitgeschichte, Beilage „Das Parlament", B 34–35/1991, 3 (6).

[33] *Sachverständigenrat zur Begutachtung der gesamtwirtschaftlichen Entwicklung*, Den Aufschwung sichern – Arbeitsplätze schaffen, Jahresgutachten 1994/95, S. 251, 265; *Franz*, Arbeitsmarktökonomik, 1996, S. 357 f.; zur Struktur von Arbeitsmärkten *Landmann/Pflüger*, Arbeitsmärkte im Spannungsfeld von Globalisierung und technologischem Wandel, in: Külp (Hrsg.), Arbeitsmarkt und Arbeitslosigkeit, 1996, S. 173, 178 ff. Zum Einfluß der Investitionen in das Humankapital *Franz*, a.a.O., S. 77 ff. m. w. N.; *Sachverständigenrat zur Begutachtung der gesamtwirtschaftlichen Entwicklung*, Jahresgutachten 1994/95, Tabelle 48, S. 252.

[34] *Berthold/Hank*, Bündnis für Arbeit: Korporatismus statt Wettbewerb, 1999, S. 12 f.: „Einfache Arbeit verliert Terrain, qualifizierte gewinnt." Zur Prognose des Arbeitskräftebedarfs bis zum Jahr 2000 nach Qualifikationsebenen *Schüssler/Spiess/Wendland/Kukuk*, Quantitative Projektion des Qualifikationsbedarfs bis 2010, 1999.

[35] Zu den Folgerungen für eine Beschäftigungspolitik *Engelen-Kefer/ Kühl/Peschel/Ullmann*, Beschäftigungspolitik, 1995, S. 43 f.; *Sachverständigenrat zur Begutachtung der gesamtwirtschaftlichen Entwicklung*, Jahresgutachten 1994/95, S. 264 f., 268 f.; daher werden auch Arbeitslosen im Rahmen der aktiven Arbeitsmarktpolitik Qualifizierungsmaßnahmen ermöglicht: *Ehrlich*, Arbeitslosigkeit und zweiter Arbeitsmarkt, 1997, 204 ff.; *Tomann*, Stabilitätspolitik, 1997, S. 182 ff.; Walter, Wie effizient ist die Arbeitsmarktpolitik in Deutschland?, Die Weltwirtschaft 1995, 180, 183 ff.

[36] Zu den Besonderheiten des Arbeitsmarktes: *Franz* Arbeitsmarktökonomik, 1996, S. 10 ff., 269; *Rieble*, Arbeitsmarkt und Wettbewerb, 1996, S. 24 ff.; zur diesbezüglichen Kritik an der neoklassischen Arbeitsmarkttheorie *Sesselmeier/Blauermel*, Arbeitsmarkttheorien, 1997, S. 184 ff.

[37] Zur Lohnbildung *Ehrlich*, Arbeitslosigkeit und zweiter Arbeitsmarkt, 1997, S. 110 ff.; *Franz*, Arbeitsmarktökonomik, 1996, S. 269 ff.; zu den Arbeitsmarktinstitutionen *Ehrlich*, a.a.O., S. 123 ff.; *Franz*, a.a.O., S. 237 ff., insbes. S. 237 ff. und S. 258 f.

gen[38] festgelegt[39]. Das Primärziel der Akteure auf dem Arbeitsmarkt ist nicht etwa ein hoher Beschäftigungsstand[40]. Vielmehr streben die Arbeitgeber als Unternehmer vorrangig nach Ertrag und Gewinn[41]. Auch Manager müssen mittlerweile vor allem darauf bedacht sein, durch Kostensenkungen – und das heißt häufig durch Verringerung der Zahl der Arbeitskräfte – die Ertragskraft ihrer Unternehmen und damit den shareholder value zu steigern[42]. Ziel der Arbeitnehmer ist es, ihre Entlohnung nach Möglichkeit zu erhöhen und den eigenen Arbeitsplatz zu erhalten[43]. Alle Akteure nehmen – man nennt das Marktmechanismen – den Verlust von Arbeitsplätzen in Kauf, wenn sie ihre Primärziele erreichen können. Für einen Staat, der lenkend auf den Arbeitsmarkt einwirken und einen hohen Beschäftigungsstand sichern will, folgt daraus, daß er sich um die Schaffung von Rahmenbedingungen bemühen muß, die den Erhalt oder die Schaffung von Arbeitsplätzen zumindest nicht hinderlich für die Gewinnerzielung und die Vergütungssicherung erscheinen lassen[44].

---

[38] Vgl. § 5 TVG. Grundlegend zur Allgemeinverbindlicherklärung *Gamillscheg*, Kollektives Arbeitsrecht, Band 1, 1997, S. 881 ff.; *Wank*, in: Wiedemann (Hrsg.), Tarifvertragsgesetz, 1999, § 5 Rdn. 1 ff.; *Wonneberger*, Die Funktionen der Allgemeinverbindlicherklärung von Tarifverträgen, 1992.

[39] Vgl. die Aufzählung von staatlichen Vorgaben für den Arbeitsmarkt *Franz*, Arbeitsmarktökonomik, S. 12; *Maier* (Hrsg.), Arbeitsmarktpolitik, 1996, S. 127.

[40] *Kluth*, Arbeitsmarkt und staatliche Lenkung, DVBl. 1999, 1145 (1153); vgl. als Vorschlag zur Überwindung dieses Problems: *Schares*, Gewinn- oder Kapitalbeteiligung von Arbeitnehmern, kollektive Lohnverhandlungen und Arbeitslosigkeit, ZfW 44 (1995), 289 ff.

[41] *Sachverständigenrat zur Begutachtung der gesamtwirtschaftlichen Entwicklung*, Jahresgutachten 1994/95, S. 258; *Sesselmeier/Blauermel*, Arbeitsmarkttheorien, 1997, S. 50 f.

[42] Zur Beschäftigungsentscheidung der Unternehmen: *Albach*, Die Beschäftigungsentscheidung der Unternehmen – Arbeitslosigkeit aus betriebswirtschaftlicher Sicht, in: Gahlen/Hesse/Ramser (Hrsg.), Arbeitslosigkeit und Möglichkeiten ihrer Überwindung, 1996, S. 83 ff.; vgl. zu den ökonomischen Unternehmenszielen: *Schierenbeck*, Grundzüge der Betriebswirtschaftslehre, 1998, S. 61 ff.; zur Gewinnmaximierungsthese: *Tirole*, Industrieökonomik, 1995, S. 81 ff.

[43] *Franz*, Arbeitsmarktökonomik, S. 269, 291 ff.; *Görgens*, Arbeitsmarktinstitutionen und Beschäftigung in Deutschland, ORDO 48 (1997), 385 (385 f., 387 ff.); kritisch gegenüber einer ausschließlich lohnorientierten Sicht: *Franz*, Der Arbeitsmarkt, 1993, S. 46 ff.; vgl. zu den Ursachen des primären Interesses der Gewerkschaften an der Lohnhöhe und nicht an mehr Beschäftigung *Schares*, Gewinn- oder Kapitalbeteiligung von Arbeitnehmern, ZfW 44 (1995), 289 (297 f.).

[44] Zur unterschiedlichen Ausgestaltung dieser Rahmenbedingungen durch die Parteien: *SPD/Bündnis 90/Die Grünen* Koalitionsvereinbarung, S. 7 ff.; *SPD*, Grundsatzprogramm, S. 37 ff, 43 ff.; *Bündnis 90/Die Grünen*, Programm zur Bundestagswahl 1998, S. 39 ff.; *CDU*, Zukunftsprogramm, S. 20 ff., 34; *CDU*, Grundsatzprogramm, S. 40 ff.;

Zur Bestandsaufnahme gehört auch die Feststellung, daß der Staat der modernen Industrie- und Dienstleistungsgesellschaft mehr oder weniger zwangsläufig in vielfältiger Form den Arbeitsmarkt beeinflußt. Privatisierung und Liberalisierung im Bereich der Daseinsvorsorge – Telekommunikation,[45] Post[46], Energie[47] – führen ebenso zum Abbau von

---

FDP Wiesbadener Grundsätze, 24ff. Zu den politischen Ansätzen: *Sadowski/Schneider* (Hrsg.), Vorschläge zu einer neuen Lohnpolitik, 1997.

[45] Zur Telekommunikationsprivatisierung und -liberalisierung: *Welfens*, Telekommunikationswirtschaft, 1996; *Vogelsang*, Zur Privatisierung der Telefongesellschaften, 1992; *Gröner*, Liberalisierung der Telekommunikationsmärkte, 1995; *Monopolkommission*, Hauptgutachten 1994/95, S. 26 ff; *dies.*, Hauptgutachten 1996/97, S. 41 ff.; vgl. zu den Beschäftigungseffekten: *Elixmann*, Beschäftigungseffekte von Privatisierung und Liberalisierung im Telekommunikationsmarkt, 1997; *Welfens/Graack*, Telekommunikationsmärkte in Europa, in: Schenk/Schmidtchen/Streit (Hrsg.), Neue politische Ökonomie der Integration und Öffnung von Infrastrukturnetzen, 1997, S. 206ff.; Zur Privatisierung der Deutschen Bundesbahn: *Rahmeyer*, Privatisierung und Deregulierung der Deutschen Bahn, 1996; *Ronellenfitsch*, Privatisierung und Deregulierung des Eisenbahnwesens, DÖV 1996, 1028 ff. Zur Postreform: Gesetz zur Neustrukturierung des Post- und Fernmeldewesens der Deutschen Bundespost (Poststrukturgesetz) vom 8. 6. 1989, BGBl. I, 1026, Gesetz zur Änderung des Grundgesetzes vom 30. 8. 1994, BGBl. I, 2245 (Postreform II), Gesetz zur Neuordnung des Postwesens und der Telekommunikation (Postneuordnungsgesetz) vom 14. 9. 1994, BGBl. I, 2325 sowie Telekommunikationsgesetz (TKG) – Postreform III vom 25. 7. 1996, BGBl. I, 1120, das die europäischen Vorgaben (Richtlinie 90/388/EG, zuletzt geändert durch die Wettbewerbsrichtlinie 96/19/EG), die auf eine vollständige wettbewerbliche Öffnung des Telekommunikationsmarktes zielen, umsetzt. Vgl. zum Postneuordnungsgesetz: *Gramlich*, Von der Postreform zur Postneuordnung, NJW 1994, 2785ff.; *Schulz*, Grundzüge der Postreform II, JA 1995, 417ff.; *Benz*, Postreform II und Bahnreform – Ein Elastizitätstest für die Verfassung, DÖV 1995, 679. Vgl. zum TKG: *Manssen*, Das Telekommunikationsgesetz (TKG) als Herausforderung für die Verfassungs- und Verwaltungsrechtsdogmatik, Archiv PT 1998, 236; *Scherer*, Das neue Telekommunikationsgesetz, NJW 1996, 2953; zur Postreform *Stern*, Postreform zwischen Privatisierung und Infrastrukturgewährleistung, DVBl. 1997, 309.

[46] Vgl. zu den gesetzlichen Grundlagen Fn. 45. Zur Postprivatisierung: *Windisch* (Hrsg.), Privatisierung natürlicher Monopole im Bereich von Bahn, Post und Telekommunikation, 1987; *Monopolkommission*, Hauptgutachten 1996/97, S. 44ff.

[47] Gesetz zur Neuregelung des Energiewirtschaftsrechts vom 24. 4. 1998, BGBl. I, 730. Vgl. ausführlich zu Ziel, Entstehung und Inhalt des Gesetzes *Cronenberg*, Das neue Energiewirtschaftsrecht, RdE 1998, 85; *Wieland*, Der Normenkontrollantrag der SPD-Bundestagsfraktion und der Bundesländer Hamburg, Hessen und Saarland gegen die Energierechtsnovelle, ZNER 1998, 32f. Zu weiteren Reformvorschlägen zur Neustrukturierung des Energiemarktes: *Maas*, Für Wettbewerb und Umweltschutz in der deutschen Elektrizitätswirtschaft – Arbeitspapier zur Novellierung der Energierechtsnovelle, ZNER 199, 50ff.; *Becker*, Reform der Reform: Zur Struktur des EnWG und zu den Anforderungen an eine Novelle, ZNER 1998, 51ff.; *Menges*, Zur Ausgestaltung der zukünftigen energiepolitischen Handlungsspielräume des Staates – Förderung der erneuerbaren Energien durch Einspeise- oder Quotenregelungen, ZNER 2/4 1998, 18ff.; *Mengers*, Novellierungs- bzw.

Arbeitsplätzen wie Effizienzsteigerungen im Gefolge von Verwaltungsmodernisierungen[48]. Beschäftigungsrelevant sind neben Subventionen und der Vergabe öffentlicher Aufträge die Industriepolitik[49] – Transrapid, Airbus, VIAG –, die Standortförderung im Medienbereich sowie die Konjunktur- und Geldpolitik. Auswirkungen auf den Arbeitsmarkt haben auch gesetzliche Standards, z.B. im Bereich der häuslichen Pflege[50] und der Kreislaufwirtschaft[51].

Mit der gesetzlichen Vorgabe von Mindestlöhnen[52], der Begrenzung von Überstunden[53], Beschäftigungs- und Diskriminierungsverboten[54] so-

---

Anpassungsmöglichkeiten des Stromeinspeisungsgesetzes, ZNER 2/4 1998, 29ff.; zur Liberalisierung *Ott*, „Energie – kein Thema?", RdE 1997, 128; zu den europarechtlichen Aspekten *Briche*, Die Elektrizitätswirtschaft in der Europäischen Union, 1997; *Rinne*, Die Energiewirtschaft zwischen Wettbewerb und öffentlicher Aufgabe, 1998; *Theobald*, Rechtliche Steuerung von Wettbewerb und Umweltverträglichkeit in der Elektrizitätswirtschaft, AöR 1997, 372ff.; *P. Wolf*, Die Liberalisierung der europäischen Energiemärkte, BB 1998, 1433; *Monopolkommission*, Hauptgutachten 1994/95, S. 29f.; *dies.*, Hauptgutachten 1996/97, S. 37ff.; *Schneider*, Liberalisierung der Stromwirtschaft durch regulative Marktorganisation, 1999.

[48] *König/Füchter* (Hrsg.), Verwaltungsmodernisierung im Bund, 1999; *Th. Engels*, Wirtschaftlichkeitsprinzip und Rationalisierung in der öffentlichen Verwaltung, 1994; *Timmermann*, Wirtschaftliches Handeln öffentlicher Verwaltungen, in: v. Arnim/Lüder (Hrsg.), Wirtschaftlichkeit in Staat und Verwaltung, 1992, S. 43ff.

[49] Dazu *Brösse*, Industriepolitik, 1996, S. 45ff.; *Oberender* (Hrsg.), Industriepolitik im Widerstreit mit der Wettbewerbspolitik, 1994; *Meyer-Stamer*, Industriepolitik in der Europäischen Union, 1995.

[50] Vgl. §§ 71 Abs. 1, 72, 77, 44 SGB XI. Dazu: *Wasem*, Sozialpolitische Grundlagen der sozialen Pflegeversicherung, in: Schulin (Hrsg.), HS-PV, 1997, § 2, insbes. Rdn. 8. *Igl*, Das neue Pflegeversicherungsrecht, 1995, S. 63ff.; *ders.*, Pflegeversicherung, in: v. Maydell/Ruland (Hrsg.), SRH, 1996, S. 1003ff., Rdn. 5ff.

[51] Zum Gesetz zur Förderung der Kreislaufwirtschaft und Sicherung der umweltverträglichen Beseitigung von Abfällen vom 27. 9. 1994 (BGBl. I, S. 2705): *Tettinger*, Rechtliche Bausteine eines modernen Abfallwirtschaftsrechts, DVBl. 1995, 213ff.; *Versteyl*, Einleitung, in: Kunig/Paetow/Versteyl, Kreislaufwirtschafts- und Abfallgesetz, Einl. Rdn. 90ff. m.w.N. sowie *Rutkowsky*, Abfallpolitik in der Kreislaufwirtschaft, 1998.

[52] Eine gegenüber tarifvertraglichen Regelungen subsidiäre gesetzliche Festlegung von Mindestlöhnen sieht § 19 Heimarbeitsgesetz vor. Das Gesetz über die Festsetzung von Mindestarbeitsbedingungen vom 11. 1. 1992 (BGBl. I, S. 17, zuletzt geändert am 26. 2. 1993 (BGBl. I, S. 278, bereinigte Fassung: BGBl. III, 802–2)) ermöglicht grundsätzlich die zwingende gesetzliche Regelung von Entgelten. Der Bundesminister für Arbeit hat jedoch von der ihm dazu erteilten Ermächtigung bisher keinen Gebrauch gemacht. Zur Verfassungsmäßigkeit von Mindestlöhnen vgl. auch: *Peter*, Gesetzlicher Mindestlohn, 1995, S. 233ff.

[53] Eine Begrenzung der zulässigen wöchentlichen Höchstarbeitszeit ergibt sich mittelbar aus § 3 S. 1 ArbZeitG vom 6. 5. 1994 (BGBl. I, S. 1170), vgl. *Wank*, in: Dietrich/Hanau/ Schaub (Hrsg.), Erfurter Kommentar zum Arbeitsrecht, 1998, § 3 ArbZG Rdn. 1ff.

wie der Allgemeinverbindlicherklärung von Tarifverträgen[55] wirkt der Staat gezielt durch seine formellen Herrschaftsinstrumente auf den Arbeitsmarkt ein[56]. Ebenfalls gezielt, aber auf informelle Weise sollen Appelle[57], Lohnleitlinien[58] und die mittlerweile auf kommunaler und regionaler wie auf Landes-, Bundes- und Unionsebene initiierten Bündnisse für Arbeit[59] wirken[60]. Hier setzt der Staat nicht seine überlegene Herrschaftsmacht ein, sondern agiert mit den gesellschaftlichen und wirtschaftlichen Kräften von gleich zu gleich[61]. Die Vielfalt der Instrumente

---

Gesetzliche Sonderregelungen zur Höchstarbeitszeit bestehen für bestimmte Arbeitnehmergruppen: Jugendliche nach § 8 Abs. 1 ArbSchG, werdende und stillende Mütter nach § 8 Abs. 1 MuSchG. Weitere Beschränkungen der Arbeitszeit bestehen z.B. an Sonn- und Feiertagen nach §§ 9ff. ArbZG und für Nacht- und Schichtarbeit nach § 6 ArbZG.

[54] Zu den Beschäftigungsverboten: *Buchner*, Rechtliche Bindung der Vertragsfreiheit des Arbeitgebers, in: Richardi/Wlotzke (Hrsg.), Münchener Handbuch zum Arbeitsrecht, Band 1, 1992, S. 518ff.; *Preis*, Arbeitsrecht, 1999, S. 219ff., 510ff. Zu Diskriminierungsverboten *Buchner*, a.a.O.; *Preis*, a.a.O., S. 200ff., 307, 335ff.

[55] Dazu: *Löwisch*, Allgemeinverbindlichkeit, in: Richardi/Wlotzke (Hrsg.), Münchener Handbuch zum Arbeitsrecht, Band 3: Kollektives Arbeitsrecht, 1993, S. 327ff. u. Nw. in Fn. 36.

[56] Vgl. *Hanau*, Entwicklungslinien im Arbeitsrecht, DB 1998, 69ff.; *Reuter*, Die Praxis des Arbeitsrechts, ORDO 1997, 437ff.

[57] Vgl. Bundeskanzler *Helmut Kohl*: „Alle die hier betroffen sind – das gilt vor allem für die Wirtschaft, die Gewerkschaften und die Politik –, haben eine gemeinsame Verantwortung für den Abbau der Arbeitslosigkeit.", Regierungserklärung v. 31. 1. 1997, Verhandlungen des Deutschen Bundestages, 13. Wahlperiode, Stenographische Berichte, Band 187, 13948 A/B/C; sowie den Appell des Bundeskanzlers *Gerhard Schröder*, Regierungserklärung v. 10. 11. 1998, Verhandlungen des Deutschen Bundestages, 14. Wahlperiode, Stenographische Berichte Band 194, 56 A/B/C.

[58] *Gamillscheg*, Kollektives Arbeitsrecht, Band 1, 1997, S. 331, 1068; *Hanau*, in: Richardi/ Wlotzke (Hrsg.), Münchener Handbuch zum Arbeitsrecht, Band. 1, 1992, § 60 Rdn. 21ff.

[59] Zur Kritik und den Voraussetzungen des „Bündnisses für Arbeit und Bildung": *Sachverständigenrat zur Begutachtung der gesamtwirtschaftlichen Entwicklung*, Vor weitreichenden Entscheidungen, Jahresgutachten 1998/99, S. 243f.; *Maier* (Hrsg.), Arbeitsmarktpolitik, 1996, S. 152ff.; *Berthold/Hank*, Bündnis für Arbeit: Korporatismus statt Wettbewerb, 1999; *Fabel*, „Bündnis für Arbeit" oder Beitragszwang in der Arbeitslosenversicherung?, 1998; *Adomeit*, Bündnis für Arbeit, NJW 1998, 2950f.

[60] *Maier* (Hrsg.), Arbeitsmarktpolitik, 1996, S. 152ff.; *CDU*, Zukunftsprogramm, S. 34ff; *CDU*, Grundsatzprogramm, S. 65ff.; *SPD/Bündnis 90/Die Grünen*, Koalitionsvereinbarung, 5ff.; *FDP*, Wiesbadener Grundsätze, 24f.; kritisch gegenüber dem „bündischen Prinzip" und mit der Forderung nach mehr Wettbewerb *Berthold/Hank*, Bündnis für Arbeit, 1999, S. 71ff., 123ff.

[61] Vgl. *Grimm*, Der Wandel der Staatsaufgaben und die Krise des Rechtsstaats, in: ders., Die Zukunft der Verfassung, 1994, S. 168ff.; zur Kooperation von Staat, Gesellschaft und Wirtschaft *Ritter*, Der kooperative Staat, AöR 104 (1979), S. 393ff.; *ders.*, Das

zur Beeinflussung des Arbeitsmarktes ist beeindruckend, ihre Wirkung ist leider nur begrenzt.

In welcher Form auch immer – die staatliche Einwirkung auf den Arbeitsmarkt ist Realität und wird sich selbst dann nicht abrupt und vollständig beseitigen lassen, wenn das politisch gewünscht wird, wofür gegenwärtig allerdings keine Anhaltspunkte ersichtlich sind.

II. Verfassungstheorie

Aus verfassungstheoretischer Sicht ist die hohe Arbeitslosigkeit bedenklich, weil die Verfassung ihre integrative Kraft für die Bildung und Erhaltung politischer Einheit[62] nur zu entfalten vermag, wenn die stets vorhandene Spannung zwischen der realen Verfassung im Sinne von Hermann Heller[63] und der normativen Verfassung nicht zu groß wird. Die normative Verfassung muß den tatsächlichen Gegebenheiten Rechnung tragen und an sie anknüpfen[64], wenn sie die Chance der effektiven Geltung und der normativen Kraft erlangen will[65]. Die Verfassung des sozialen Rechtsstaats vermag für den keine große Anziehungskraft zu entfalten, der in seinem täglichen Leben nicht die Möglichkeit hat, von seinen

---

Recht als Steuerungsmedium im kooperativen Staat, in: Grimm (Hrsg.), Wachsende Staatsaufgaben – sinkende Steuerungsfähigkeit des Rechts, 1990, S. 74 (89ff.); aus systemtheoretischer Sicht *Willke*, Ironie des Staates, 1992; kritisch hierzu *Menk*, Der moderne Staat und seine Ironiker, Der Staat 31 (1992), S. 574ff.

[62] Zur Integrationsfunktion der Verfassung *Hesse*, Verfassung und Verfassungsrecht, in: Benda/Maihofer/Vogel (Hrsg.), Handbuch des Verfassungsrechts, Band. 1, 2. A. 1995, § 1 Rdn. 5, vgl. auch *Denninger*, Nachwort, in: Bizer/Koch (Hrsg.), Sicherheit, Vielfalt, Solidarität. Ein neues Paradigma des Verfassungsrechts?, Symposium zum 65. Geburtstag Erhard Denningers, 1997, S. 137 (142).

[63] *Heller*, Staatslehre, 1983, S. 50ff., S. 289 ff; vgl. auch *Grimm*, Die Grundrechte im Entstehungszusammenhang der bürgerlichen Gesellschaft, in: ders., Die Zukunft der Verfassung, 1991, S. 67 (97).

[64] Zum Verhältnis von Norm und Wirklichkeit *Smend*, Verfassung und Verfassungsrecht, in: ders., Staatsrechtliche Abhandlungen, 1955, S. 188ff.; *Hesse*, Verfassung und Verfassungsrecht, in: Benda/Maihofer/Vogel (Hrsg.), Handbuch des Verfassungsrechts, Band 1, 2. A. 1995, § 1 Rdn. 5ff.; *Karpen*, Die verfassungsrechtliche Grundordnung des Staates – Grundzüge der Verfassungstheorie und Politischen Philosophie, JZ 1987, 431ff.; *Müller*, Normstruktur und Normativität, 1966, S. 114ff.; ähnlich auch: *Rupp*, Grundgesetz und Wirtschaftsverfassung, 1974, S. 18ff.

[65] *Hesse*, Die normative Kraft der Verfassung, 1959, S. 3ff., 8ff., 17; *Isensee*, Staat und Verfassung, in: ders./Kirchhof (Hrsg.), Handbuch des Staatsrechts, Band 1, 2. A. 1995, § 13, Rdn. 132; vgl. auch *Rossen*, Arbeitslosigkeit als Verfassungsproblem, Veröffentlichung demnächst in: Staatswissenschaften und Staatspraxis, Heft 4, 1998, S. 421ff.

Freiheitsrechten Gebrauch zu machen[66]. „Für den Arbeitslosen ist Berufsfreiheit nutzlos"[67]. Wer als Jugendlicher keine Lehrstelle findet, wird sich kaum damit trösten, daß ihm das Grundgesetz die freie Wahl der Ausbildungsstätte zusichert[68]. Vor allem die hohe Zahl der Arbeitslosen in Ostdeutschland trägt ganz offenbar nicht unwesentlich dazu bei, daß sich Enttäuschung über den sozialen Rechtsstaat ausbreitet und der reale Sozialismus im Rückblick nicht selten verklärt wird.

In diesem Sinne ist ein hoher Beschäftigungsstand eine materielle Voraussetzung des sozialen Verfassungsstaates, die er selbst infolge der ihm durch die Grundrechte auferlegten Schranken bei der Einwirkung auf das Wirtschaftsgeschehen nur begrenzt gewährleisten kann[69]. Die große

---

[66] Zur realen Gleichheit als Vorbedingung tatsächlicher Freiheit: *Haverkate*, Verfassungslehre, 1992, S. 270; *Gröschner*, in: Dreier (Hrsg.), Grundgesetz, Band 2, 1998, Art. 20 Rdn. 19ff., 26; *Schnapp*, in: v. Münch/Kunig, GG, Band 1, 1992, Art. 20 Rdn. 18; *Jarass/Pieroth*, GG, Art. 20 Rdn. 79; *Dreier*, Subjektiv-rechtliche und objektiv-rechtliche Grundrechtsgehalte, Jura 1994, 504 (508); zur Frage der wirtschaftlichen und sozialen Bedingungen der Grundrechtsverwirklichung vgl. BVerfGE 33, 303 (331); *Kittner*, AK zum GG, Art. 20, Rdn. 60ff.; vgl. auch *Hesse*, Der Rechtstaat im Verfassungssystem des Grundgesetzes, in: Forsthoff (Hrsg.), Rechtsstaatlichkeit und Sozialstaatlichkeit, 1968, S. 557 (566ff.); *Hartwich*, Sozialpostulat und gesellschaftlicher status quo, 1970, S. 346ff.; zur Herstellung von Gleichheit durch den Gebrauch von Freiheit und den Grenzen des Gesetzgebers vgl. BVerfGE 59, 172 (213); 18, 257 (267) sowie: *Zacher*, Das soziale Staatsziel, in: Isensee/Kirchhof (Hrsg.), Handbuch des Staatsrechts, Band 1, 2. A. 1995, § 25, Rdn. 29 u. 44ff.; *Benda*, Der soziale Rechtsstaat, in: Benda/Maihofer/Vogel (Hrsg.), Handbuch des Verfassungsrechts, Band 1, 2. A. 1995, § 17, Rdn. 169ff.

[67] *Hesse*, Grundzüge des Verfassungsrechts der Bundesrepublik Deutschland, 20. A., 1995, Rdn. 214; *ders.*, Der Rechtsstaat im Verfassungssystem des Grundgesetzes (1962), in: Forsthoff (Hrsg.), Rechtsstaatlichkeit und Sozialstaatlichkeit, 1968, S. 557ff. vgl. auch *Papier*, Art. 12 GG - Freiheit des Berufs und Grundrecht der Arbeit, DVBl. 1984, 801 (810); *Tettinger*, Das Grundrecht der Berufsfreiheit in der Rechtsprechung des BVerfG, AöR 108 (1983), 92 (127); *Zöllner*, Sind im Interesse einer gerechteren Verteilung der Arbeitsplätze Begründung und Beendigung der Arbeitsverhältnisse neu zu regeln?, Gutachten D zum 52. DJT, 1978, S. 93ff.

[68] Zur freien Wahl der Ausbildungsstätte BVerfGE 33, 303 (329), hierzu grundlegend: *Häberle*, Das BVerfG im Leistungsstaat. Die Numerus-clausus-Entscheidung vom 18. 7. 1972, DÖV 1972, 729ff.; vgl. auch *Wieland*, in: Dreier (Hrsg.), Grundgesetz, Band 1, 1996, Art. 12 Rdn. 58ff.; *Tettinger*, Das Grundrecht der Berufsfreiheit in der Rechtsprechung des BVerfG, AöR 108(1983), 92 (110ff.); zu den verfassungsrechtlichen Problemen der Berufsfreiheit *Schneider*, Freiheit des Berufs - Grundrecht der Arbeit, VVDStRL 43 (1985), S. 1 (19).

[69] Auch in diesem Sinne lebt der freiheitliche Staat von Voraussetzungen, die er selbst nicht garantieren kann, vgl. *Böckenförde*, Die Entstehung des Staates als Vorgang der Säkularisation, in: Säkularisation und Utopie. Ebracher Studien, Ernst Forsthoff zum 65. Geburtstag, 1967, S. 75 (93).

Zahl der eingesetzten Lenkungsmittel und die zahlreichen Versprechen von Politikern belegen zwar große Aktivitäten des Staates, dürfen jedoch nicht darüber hinwegtäuschen, daß der Arbeitsmarkt zu den Politikfeldern gehört, auf denen mit den klassischen staatlichen Machtbefugnissen des hoheitlich handelnden Staates wenig erreicht werden kann[70] und auch mit dem leistungsstaatlichen Instrumentarium nur begrenzte Erfolge erzielt werden können[71]. Vielmehr begründet die immer wieder zu hörende politische Festlegung auf Vollbeschäftigung[72] im Sinne der sechziger Jahre[73] faktische Abhängigkeiten der Staatsorgane von den Akteuren des Arbeitsmarktes[74]. Der Staat ist gezwungen, sich das Wohlverhalten der Marktteilnehmer zu erkaufen, mit denen er in Bündnissen für Arbeit paktiert[75]. Er muß Konzessionen auf anderen Politkfeldern machen[76] und gerät in Gefahr, die Unabhängigkeit zu verlieren, die er für die Durchsetzung des Gemeinwohls benötigt[77]. Tendenziell verstärkt sich auf diese Weise der Einfluß organisierter Interessen, weniger gut organisierte Teile der Bevölkerung – und zu diesen zählen gerade auch die Arbeitslo-

---

[70] Aus systemtheoretischer Sicht *Willke*, Die Steuerungsfunktion des Staates aus systemtheoretischer Sicht, in: Grimm (Hrsg.), Staatsaufgaben, S. 685 (707ff.).

[71] *Grimm*, Der Wandel der Staatsaufgaben und die Zukunft der Verfassung, in: ders. (Hrsg.), Staatsaufgaben, S. 613 (627ff.).

[72] Vgl. aus dem politischen Spektrum: *Bündnis90/Die Grünen*, Programm zur Bundestagswahl 1998, S. 44ff.; *CDU*, Grundsatzprogramm, 1994, S. 65ff.; *dies.*, Zukunftsprogramm, 1998, S. 20ff., 39ff.; *FDP*, Wiesbadener Grundsätze, 1997, S. 24; *SPD*, Grundsatzprogramm, 1998, S. 25ff.

[73] Dazu *Ambrosius*, Das Wirtschaftssystem, in: Benz (Hrsg.), Die Geschichte der Bundesrepublik Deutschland, Band 2, 1989, S. 11 (16f.).

[74] *Forsthoff*, Der Staat der Industriegesellschaft, 2. A. 1971, S. 81 und S. 119 ff; *ders.*, Verfassung und Verfassungswirklichkeit der Bundesrepublik, in: ders., Rechtsstaat im Wandel, 1976, S. 28; *Böckenförde*, Die politische Funktion wirtschaftlich-sozialer Verbände und Interessenträger in der sozialstaatlichen Demokratie, Der Staat 15 (1976), 459ff.; aus neuerer Zeit *Berthold/Hank*, Bündnis für Arbeit: Korporatismus statt Wettbewerb, 1999, S. 82.

[75] *Grimm*, Der Wandel der Staatsaufgaben und die Krise des Rechtsstaats, in: ders. (Hrsg.), Wachsende Staatsaufgaben – sinkende Steuerungsfähigkeit des Rechts, 1990, S. 291 (297ff.); begriffsprägend zum kooperativen Staat *Ritter*, Der kooperative Staat, AöR 104 (1979), 389ff.; kritisch zum Korporatismus *Berthold/Hank*, Bündnis für Arbeit: Korporatismus statt Wettbewerb, 1999, S. 26ff.

[76] Ähnl. *Grimm*, Verbände, in: Benda/Maihofer/Vogel (Hrsg.), Handbuch des Verfassungsrechts, 1995, § 15, S. 662; *ders.*, Verbände und Verfassung, in: ders., Die Zukunft der Verfassung, 1994, S. 241 (248ff.)

[77] Vgl. *Weber*, Spannungen und Kräfte im westdeutschen Verfassungssystem, 1970, insb. S. 46ff., und S. 243ff.; *Steinberg*, Pluralismus und öffentliches Interesse als Problem der amerikanischen und deutschen Verbandslehre, AöR 96 (1971), 482ff. m.w.N.; *Eschenburg*, Herrschaft der Verbände?, 1963, insb. S. 60ff.

sen – werden im politischen Entscheidungsprozeß mehr und mehr an den Rand gedrängt[78].

Ungeachtet dieses Dilemmas darf sich der soziale Verfassungsstaat seiner Verantwortung für die Förderung eines hohen Beschäftigungsstandes nicht entziehen. Zu groß ist die Gefahr, daß langjährig Arbeitslose oder Jugendliche, die weder Ausbildungsplatz noch Arbeitsstelle finden, ihre personale Identität und Selbstachtung nicht entwickeln können und keine soziale Anerkennung als selbstbestimmungsfähige Subjekte erleben[79]. Genau das aber ist Bedingung für eine bürgerschaftliche Teilhabe am Gemeinwesen, für den Bürgersinn, den eine demokratische Verfassung voraussetzt[80]. Von Menschen, die sich von Anfang an oder längerfristig aus dem Arbeitsprozeß ausgeschlossen sehen, die ihren Beruf nicht ausüben und damit ihrer Berufung nicht gerecht werden können, eine Beteiligung am politisch-demokratischen Prozeß zu erwarten, dürfte in vielen Fällen vergeblich sein.

Die Erfahrungen im Gefolge der Weltwirtschaftskrise nach 1929 haben gerade in Deutschland gezeigt, welche Folgen Massenarbeitslosigkeit für einen demokratischen Verfassungsstaat haben kann[81]. Deshalb muß der Staat die schwierige Gratwanderung unternehmen, dadurch auf einen hohen Beschäftigungsstand hinzuwirken, daß er einerseits den Marktkräften hinreichend Raum zur Entfaltung läßt, sie aber dort begrenzt, wo das im Interesse des von ihm zu definierenden Gemeinwohls und der sozialen Gerechtigkeit geboten erscheint. Der einzig richtige Weg dorthin ist von der Verfassung nicht vorgegeben, sie läßt vielmehr Raum für politische Wertungen und schreibt den demokratisch legitimierten Staatsorganen nicht vor, ob sie stärker auf die Kräfte des Marktes oder die Lenkung des Staates vertrauen.

---

[78] Zu diesen spezifischen Gefahren des Korporatismus siehe bereits *Narr/Naschold*, Theorie der Demokratie, 1971, S. 204ff., insb. S. 237; *Offe*, Politische Herrschaft und Klassenstrukturen, in: Kress/Senghaas (Hrsg.), Politikwissenschaft, 1972, S. 135 (145ff.).

[79] Vgl. BVerfGE 100, 271 (282ff.).

[80] Hierzu bereits *Häberle*, Arbeit als Verfassungsproblem, JZ 1984, 345 (350); vgl. auch *Böckenförde*, Der Staat als sittlicher Staat, 1978, S. 21ff.; *Benda*, Der soziale Rechtsstaat, in: Benda/Maihofer/Vogel (Hrsg.), Handbuch des Verfassungsrechts, Band 1, 2. A. 1995, § 17, S. 770ff.

[81] Im Jahr 1930 lag die Zahl der Arbeitslosen bei 3,08 Millionen; dies entsprach einer Arbeitslosenquote von 22, 7%, zitiert nach: *Grotkopp*, Die große Krise, 1954, S. 14; siehe *Henning*, Thesen zur deutschen Sozial- und Wirtschaftsgeschichte 1933 bis 1938, 1973, S. 40 ff; zu den staatlichen Reaktionen auf die Weltwirtschaftskrise siehe *Kroll*, Die deutsche Wirtschaftspolitik in der Weltwirtschaftskrise, in: Born (Hrsg.), Moderne Deutsche Wirtschaftsgeschichte, 1966, S. 398ff.

III. Europa- und verfassungsrechtliche Vorgaben

Der aufgezeigte theoretische Befund findet seine Entsprechung in der Dogmatik des Europa- und Verfassungsrechts.

1. Europarecht

Da sich nach der Absprache zwischen Vorstand und Referenten Herr v. Danwitz näher mit den europarechtlichen Aspekten des Themas befassen wird, beschränke ich mich insoweit auf einige kurze Bemerkungen. Mit dem Vertrag von Amsterdam ist in den EG-Vertrag ein neuer Titel VIII Beschäftigung (Art. 125 bis 130) eingefügt worden[82]. Er konkretisiert das in Art. 2 EUV und Art. 2 EGV genannte Ziel von Union und Gemeinschaft, ein hohes Beschäftigungsniveau zu fördern[83]. Als Mittel zur Zielerreichung wird den Mitgliedstaaten und der Gemeinschaft zur gesamten Hand die Entwicklung einer koordinierten Beschäftigungsstrategie[84], die Förderung der Qualifizierung, Ausbildung und Anpassungsfähigkeit der Arbeitnehmer sowie der Fähigkeit der Arbeitsmärkte zugewiesen, auf die Erfordernisse des wirtschaftlichen Wandels zu reagieren[85]. Diese Mittel sollen die Mitgliedstaaten in ihrer Beschäftigungspolitik als Angelegenheit von gemeinsamem Interesse einsetzen. Den Mitgliedstaaten kommt also die Hauptverantwortung für die Förderung eines hohen Beschäftigungsniveaus zu, während die Gemeinschaft die Zusammenarbeit fördert und nationale Maßnahmen unterstützt. Die Gemeinschaft setzt ihre Aufgabe organisatorisch durch einen beratenden Beschäftigungsausschuß um[86];

---

[82] Dazu *Roth*, in: Bergmann/Lenz, Der Amsterdamer Vertrag, 1998, Kap.3, Rdn. 31 ff.; *Schweitzer/Hummer*, Europarecht, Nachtrag 1999, S. 15 f.; *Fischer*, Der Amsterdamer Vertrag zur Revision des Vertrages über die Europäische Union, JA 1997, 818 (819 f.); *Lecheler*, Die Fortentwicklung des Rechts der Europäischen Union durch den Amsterdamer Vertrag, JuS 1998, 392 (396).

[83] *Berg/Karpenstein*, Änderungen der rechtlichen Grundlagen der EU durch den Vertrag von Amsterdam, EWS 1998, 77 (80); *Lecheler*, Die Fortentwicklung des Rechts der Europäischen Union durch den Amsterdamer Vertrag, JuS 1998, 392 (396); *Roth*, in: Bergmann/Lenz (Hrsg.), Der Amsterdamer Vertrag, 1998, Kap. 3, Rdn. 36.

[84] Im einzelnen *Roth*, in: Bergmann/Lenz (Hrsg.), Der Amsterdamer Vertrag, 1998, Kap. 3, Rdn. 51; *Berg/Karpenstein*, Änderungen der rechtlichen Grundlagen der EU durch den Vertrag von Amsterdam, EWS 1998, 77 (80).

[85] Zum Ganzen: Europäischer Rat in Köln, Juni 1999, Schlußfolgerungen des Vorsitzes, in: Bull. EU 6-1999, Ziff. I.5.7 ff.; Entwurf einer Entschließung des Rates zu den Beschäftigungspolitischen Leitlinien für 1998 in: Der Amsterdamer Vertrag, KOM (97) 676 und KOM (97) 497; Sondertagung des Europäischen Rates von Luxemburg, Schlußfolgerungen des Vorsitzes in Bull. 11-1997, Ziff. I. 1 ff.

[86] *Fischer*, Der Amsterdamer Vertrag zur Revision des Vertrages über die Europäische Union, JA 1997, 818 (819); *Schweitzer/Hummer*, Europarecht, 1999, S. 15 f.

verfahrensmäßig sind auf seiten der Gemeinschaft neben einem Jahresbericht von Rat und Kommission Schlußfolgerungen sowie Leitlinien der Beschäftigungspolitik, Prüfungen und Empfehlungen vorgesehen, mit denen auf Berichte der Mitgliedstaaten über beschäftigungsfördernde Maßnahmen reagiert wird[87].

Wichtig ist das gemeinschaftsrechtliche Gebot, ein hohes Beschäftigungsniveau zu fördern. Dessen Umsetzung fällt in die Zuständigkeit der Mitgliedstaaten, die Gemeinschaft beschränkt sich auf organisatorische und verfahrensmäßige Instrumente, um ihrer Verantwortung für die Förderung eines hohen Beschäftigungsniveaus nachzukommen.

2. *Grundgesetz*

Das Grundgesetz geht ebenfalls davon aus, daß die Bekämpfung der Arbeitslosigkeit als Ziel staatlicher Maßnahmen einem Auftrag der Verfassung entspricht.

a) *Sozialstaatsprinzip*

Das ergibt sich vor allem aus dem Sozialstaatsprinzip[88]. Das Grundgesetz konstituiert den sozialen Rechtsstaat und verpflichtet damit vorrangig den Gesetzgeber[89], nachrangig auch die vollziehende Gewalt und die Gerichte[90] zum Schutz der sozial Schwachen[91], d.h. gegenwärtig vor allem der Millionen Arbeitslosen. Die staatliche Fürsorge bei Arbeitslosigkeit erschöpft sich nicht in finanzieller Unterstützung der Arbeitslosen[92], sondern umfaßt auch das Bemühen, die Zahl der Arbeitsplätze durch aktive Arbeitsmarktpolitik zu vermehren. Dadurch soll sozialstaatliche Freiheit realisiert werden, die als Bedingung der eigenen Entfaltung die

---

[87] *Berg/Karpenstein* Änderungen der rechtlichen Grundlagen der EU durch den Vertrag von Amsterdam, EWS 98, 77 (80).

[88] Grundlegend zum Sozialstaatsprinzip *Gröschner,* in: Dreier (Hrsg.), Grundgesetz, Band 2, 1998, Art. 20 (Sozialstaat); *Zacher* Das soziale Staatsziel, in: Isensee/Kirchhof (Hrsg.), Handbuch des Staatsrechts, Band I, 2. A. 1995, § 25 insbes. Rdn. 19ff.; *Benda,* Der soziale Rechtsstaat, in: ders./Maihofer/Vogel (Hrsg.), Handbuch des Verfassungsrechts, 2. A. 1995, § 17 Rdn. 80ff.; *Hartwich,* Sozialpostulat und gesellschaftlicher status quo, 1970. Zur Entstehungsgeschichte *W. Weber,* Der Staat 4 (1965), 411ff.

[89] BVerfGE 1, 97 (105) st. Rspr.; vgl. auch 50, 57 (108); 53, 164 (184); 65, 182 (193); 69, 272 (314); 70, 278 (288); BVerfGE 100, 271 (282ff.).

[90] *Stern,* Das Staatsrecht der Bundesrepublik Deutschland, Band 1, S. 916.

[91] BVerfGE 5, 85 (198), 26, 16 (37); 43, 13 (19); 35, 202 (236); 40, 121 (133) st. Rspr.

[92] Zur materiellen Grundsicherung BVerfGE 1, 97 (104ff.); 40, 121 (133); 82, 60 (85); Zur Problematik einer rein materiellen Unterstützung durch den Staat *Gröschner,* in: Dreier (Hrsg.), Grundgesetz, 1998, Art. 20, Rdn. 26; *Neumann,* Menschenwürde und Existenzminimum, NVwZ 1995, 426 (428ff.).

Anerkennung durch Andere voraussetzt[93]. Gesellschaftlicher Maßstab der Anerkennung ist heute in unserer stark ökonomisch bestimmten Gesellschaft ganz wesentlich die Arbeit[94]. Sie stellt nicht nur die Bedingung für die freie Entfaltung der Persönlichkeit[95], sondern auch die Quelle materiellen Erwerbs dar[96]. Wer nicht arbeitet, ist in seiner Anerkennung als selbstbestimmungsfähiges Subjekt nachhaltig gefährdet. In ihrer Arbeit gründet nicht nur die private, sondern auch die öffentlich-politische Existenz der Individuen; Arbeit ist damit auch Grundlage der demokratischen Mitwirkung, auf die eine parlamentarische Demokratie zwingend angewiesen ist[97].

Dementsprechend genügt der Staat mit Maßnahmen zur Verbesserung der Struktur und Funktionsfähigkeit des Arbeitsmarktes und mit der Förderung gesellschaftlich anerkannter Arbeitsmöglichkeiten den Vorgaben, die das Grundgesetz mit der Konstituierung des sozialen Rechtsstaates normiert hat[98]. Der Sozialstaat stellt sich mit der Bekämpfung der Mas-

[93] *Gröschner*, in: Dreier (Hrsg.), Grundgesetz, Band 2, 1998, Art 20 Rdn. 27; ähnl. BVerfGE 100, 271 (282ff.); vgl. hierzu auch *H. A. Hesse*, Der Einzelne und sein Beruf: Die Auslegung des Art. 12 Abs. 1 GG durch das BVerfG aus soziologischer Sicht, AöR 95 (1970), 449 (453ff. m. w. N.); *ders.*, Die Einbeziehung der Soziologie in die juristische Dogmatik am Beispiel der Auslegung von Art. 12 GG, DVBl. 1976, 657 (662).

[94] Zu den verschiedenen Statusdimensionen des Berufs *Fürstenberg*, Normative Aspekte moderner Berufswirklichkeit, in: Ryffel/Schwartländer (Hrsg.), Das Recht des Menschen auf Arbeit, 1983, S. 54ff.; aus demselben Band *Brugger*, Freiheit des Berufs und Recht auf Arbeit im Verfassungsrecht, S. 111 (114ff.); *Schwartländer*, Das Recht auf Arbeit – Leitidee der modernen Gesellschaft, S. 238ff., 244, 253; *Lange*, Glück, Sinn und Arbeit, in: Orsi (Hrsg.), Arbeit – Arbeitslosigkeit, 1996, S. 57ff., Anm. hierzu *Schlothfeld*, ebda., S. 73ff.; *Schneider*, Freiheit des Berufs – Grundrecht der Arbeit, VVDStRL 43 (1985), 1 (13).

[95] Zu dieser Funktion BVerfGE 7, 377 (397); 19, 330 (336); vgl. auch *Rittstieg*, in: AK zum GG, 1989, Art. 12, Rdn. 12ff.

[96] Zur sozio-ökonomischen Bedeutung der Arbeit (des Berufs) *Max Weber*, Wirtschaft und Gesellschaft, 1. Halbband, 1964, S. 104.

[97] *Nissen*, Arbeitsplatzangst und politischer Immobilismus, in: ZfSozialreform 40 (1994), 781ff.; *Baum*, Arbeit, Identität, Integration, Zeitschrift für Sozialreform 36 (1990), 96ff.; *Mayer-Maly*, Ansätze zu einer Philosophie des Arbeitsrechts, in: Orsi (Hrsg.), Arbeit – Arbeitslosigkeit, Rechtsphilosophische Hefte V, 1996, S. 45 (50f.); vgl. auch *Baethge*, Arbeit, Vergesellschaftung, Identität – zur zunehmenden normativen Subjektivierung der Arbeit, Soziale Welt 1991, 6 (14ff.); *Vobruba*, Ende der Vollbeschäftigungsgesellschaft, in: Eicker-Wolf (Hrsg.), Die arbeitslose Gesellschaft und ihr Sozialstaat, 1998, S. 21f.

[98] BVerfGE 100, 271 (282ff.). Nach BVerfGE 21, 245 (251) zählt die Bekämpfung der Arbeitslosigkeit „zu der dem Staat obliegenden, ihm durch das Gebot der Sozialstaatlichkeit vom Grundgesetz auch besonders aufgegebenen Daseinsvorsorge“.

senarbeitslosigkeit durch Förderung eines hohen Beschäftigungsniveaus seiner gegenwärtig größten Herausforderung[99].

Der im Sozialstaatsprinzip enthaltene Auftrag an den Gesetzgeber, für einen Ausgleich der sozialen Gegensätze zu sorgen[100] und seine Fürsorge der Gruppe der Arbeitslosen zukommen zu lassen, die an ihrer persönlichen und sozialen Entfaltung gehindert sind, ist jedoch hinsichtlich des „Wie" nicht näher konkretisiert[101]. Hier läßt die Verfassung weiten Raum für politische Gestaltung[102], deren Erfolg oder Mißerfolg im demokratischen Prozeß beurteilt wird. Aus verfassungsrechtlicher Sicht ist nur zu bemerken, daß dem Sozialstaatsprinzip rechtfertigende Kraft zukommt, wenn Maßnahmen des Staates Grundrechte Dritter einschränken. Das hat das Bundesverfassungsgericht jüngst zu Recht betont[103]. Das Sozialstaatsprinzip verpflichtet aber nicht notwendig zu verstärkten Interventionen in den Arbeitsmarkt[104], es erlaubt ebenso ein Vertrauen auf die Selbstheilungskräfte des Marktes verbunden mit einer Deregulierung.

Der Gehalt des Sozialstaatsprinzips wird jedoch verkannt, wenn in Abkehr von der im Mitbestimmungsurteil[105] des Bundesverfassungsgerichts noch einmal sorgfältig herausgearbeiteten wirtschaftspolitischen Neutralität[106] des Grundgesetzes versucht wird, einem wirtschaftlichen Subsidia-

---

[99] *Gröschner*, in: Dreier (Hrsg.), Grundgesetz, 1998, Art. 20, Rdn. 28.

[100] BVerfGE 5, 85 (198, 206); vgl. zu den einzelnen Elementen der Sozialstaatlichkeit *Zacher*, Das soziale Staatsziel, in: Isensee/Kirchhof (Hrsg.), Handbuch des Staatsrechts, Band 1, 2. A. 1995, § 25, Rdn. 27ff.

[101] BVerfGE 22, 180 (204); *Gröschner*, in: Dreier (Hrsg.), Grundgesetz, Band 2, 1998, Art. 20 Rdn. 31; Darstellung der Rspr. bei *Weber*, Der Staat 4 (1965), 419ff.; *Schreiber*, Das Sozialstaatsprinzip des Grundgesetzes in der Praxis der Rechtsprechung, 1972.

[102] Zum weiten Gestaltungsspielraum des Gesetzgebers BVerfGE 10, 354 (371); 18, 257 (267, 273); 59, 231 (263); 82, 60 (81).

[103] BVerfGE 100, 271 (282ff.).

[104] Zu den verschiedenen Formen wirtschaftlicher Intervention durch den Staat *Scheuner*, Die staatliche Intervention im Bereich der Wirtschaft, VVDStRL 11 (1954), S. 26ff.; *ders.* (Hrsg.), Die staatliche Einwirkung auf die Wirtschaft, 1971; *Badura*, Grundprobleme des Wirtschaftsverfassungsrechts, in: JuS 1976, 205 (206f.). Zur wirtschaftsverfassungsrechtlichen Rahmenordnung *Papier*, Grundgesetz und Wirtschaftsordnung, in: Benda/Maihofer/Vogel (Hrsg.), Handbuch des Verfassungsrechts, 2. A. 1995, § 18 Rdn. 23ff.

[105] BVerfGE 50, 290 (336ff.); Zur grundsätzlichen Bedeutung des Mitbestimmungsurteils: *Schmidt*, Das Mitbestimmungsrecht auf dem verfassungsrechtlichen Prüfstand, Der Staat 19 (1980), 235ff.

[106] Zur „wirtschaftspolitischen Neutralität" *Krüger*, Staatsverfassung und Wirtschaftsverfassung (1951), in: Scheuner, (Hrsg.), Die staatliche Einwirkung auf die Wirtschaft 1971, S. 125ff., insb. S. 130ff. Zur Diskussion um die wirtschaftspolitische Neutralität des Grundgesetzes vor Staats- und Einigungsvertrag vgl.: *Schmidt*, Staatliche Verantwortung für die Wirtschaft, in: Isensee/Kirchhof (Hrsg.), Handbuch des Staatsrechts, Band III, 1988, § 83, Rdn. 17ff.; *Papier*, Grundgesetz und Wirtschaftsordnung, in: Benda/Mai-

ritätsprinzip verfassungsrechtliche Weihen zu verleihen und dem Staat das Recht abzusprechen, seine Vorstellungen von sozialer Gerechtigkeit politisch umzusetzen[107]. Zwar haben Gesetzgeber, vollziehende Gewalt und Gerichte die offene Wirtschaftsverfassung des Grundgesetzes auf einfachrechtlicher Ebene[108] als soziale Marktwirtschaft[109] konkretisiert.

---

hofer/Vogel (Hrsg.), Handbuch des Verfassungsrechts, Band 1, 2. A. 1995, Rdn. 1f.; jeweils m.w.N. Im Sinne der Gegenposition von *Nipperdey*, Soziale Marktwirtschaft und Grundgesetz, 1961, S. 13ff., 44ff.; z.B. *Böhm*, Wirtschaftsordnung und Staatsverfassung, 1950, S. 51ff.; *Canaris*, Verfassungs- und europarechtliche Aspekte der Vertragsfreiheit in der Privatrechtsgesellschaft, in: FS Peter Lerche, 1993, S. 876f.; *Fikentscher*, Wirtschaftsrecht, Band II, 1983, S. 57ff.; *Herzog*, Soziale Marktwirtschaft – Verfassungsgebot oder politische Beliebigkeit, in: O. Franz (Hrsg.), Die Zukunft der Bundesrepublik Deutschland, 1975, S. 109ff.; *Isensee*, Im Spannungsfeld: Marktwirtschaft – Moral – Verfassungsstaat, in: Müller/Isensee (Hrsg.), Wirtschaftsethik – Wirtschaftsstrafrecht, 1991, S. 87ff.; *Scholz*, Grenzen der staatlichen Aktivität unter der grundgesetzlichen Wirtschaftsverfassung, in: Duwendag (Hrsg.), Der Staatssektor in der sozialen Marktwirtschaft, 1976, S. 112ff.; *Zacher*, Aufgaben einer Theorie der Wirtschaftsverfassung, in: FS Böhm, 1965, S. 63ff. Im Sinne der „wirtschaftpolitischen Neutralität" *Ehmke*, Wirtschaft und Verfassung, 1961, S. 18ff.; *Badura*, Die Rechtsprechung des BVerfG zu den verfassungsrechtlichen Grenzen wirtschaftspolitischer Gesetzgebung im sozialen Rechtsstaat, AöR 92 (1967), 382ff.; *ders.*, Grundprobleme des Wirtschaftsverfassungsrechts, JuS 1976, 205ff.; *Benda*, Gerechte Wirtschafts- und Wettbewerbsordnung, in: *Gemper*, Marktwirtschaft und soziale Verantwortung, 1973, S. 185ff.; *Bäumler*, Abschied von der grundgesetzlich festgelegten Wirtschaftsverfassung, DÖV 1979, 325ff.; *Frotscher*, Wirtschaftsverfassungs- und Wirtschaftsverwaltungsrecht, 1988, S. 17ff.; *Püttner*, Wirtschaftsverwaltungsrecht, 1989, S. 22. Überblick über die umfangreiche Literatur bei: *Rupp*, Soziale Marktwirtschaft, in: Isensee/Kirchhof (Hrsg.) Handbuch des Staatsrechts, Band IX, 1997, § 203 Rdn. 34; zur Wirtschaftsverfassung insg. vgl. *R. Schmidt*, Öffentliches Wirtschaftsrecht, Allg. Teil, 1990, § 3, S. 67ff.; *ders.*, Wirtschaftspolitik und Verfassung, 1971, S. 92ff.

[107] So: *Rupp*, Soziale Marktwirtschaft, in: Isensee/Kirchhof (Hrsg.), Handbuch des Staatsrechts, Band IX, 1997, § 203, Rdn. 26f. vgl. auch: *Karpen*, Soziale Marktwirtschaft und Grundgesetz, 1990, S. 41; a. A. BVerfGE 4, 7 (17f.); 7, 377 (400); 25, 1 (19ff.); 30, 292 (317).

[108] Vgl. etwa das Gesetz gegen Wettbewerbsbeschränkungen (GWB) von 1957, BGBl. I, S. 1761; das Verbraucherkreditgesetz (VerbrKrG) von 1990, BGBl. I, S. 2840; das Gesetz zur Regelung der allgemeinen Geschäftsbedingungen (AGBG) von 1976, BGBl. I, S. 3317; die Insolvenzordnung (InsO) von 1996, BGBl. I, S. 1013; die Gewerbeordnung (GewO) in der Neubekanntmachung von 1978, BGBl. I, S. 97.

[109] Zu den Grundsätzen der Sozialen Marktwirtschaft: *Eucken*, Grundsätze der Wirtschaftspolitik, 1960, S. 241ff.; 291ff.; 312ff.; hierzu *Lenel*, ORDO 40 (1989), 3ff.; *Erhard/Müller-Armack*, Soziale Marktwirtschaft. Ordnung der Zukunft. Manifest '72, 1972, S. 43ff; *Böhm*, Die Bedeutung der Wirtschaftsordnung für die politische Ordnung, in: Scheuner (Hrsg.), Die staatliche Einwirkung auf die Wirtschaft, 1971, S. 85, insb. S. 100ff. Zur sozialen Marktwirtschaft als „optimale wirtschaftspolitische Strategie" vgl. *Zacher*, Das soziale Staatsziel, in: Isensee/Kirchhof (Hrsg.), Handbuch des Staatsrechts, Band I, 2. A. 1995, § 25, Rdn. 51ff.; *ders.*, Sozialrecht und soziale Marktwirtschaft, in: FS Wan-

Sie haben damit den ihnen vom Grundgesetz vorgegebenen verfassungsrechtlichen Rahmen[110] ausgefüllt, aber nicht verändert. Weder läßt sich aus den Grundrechten ein „institutioneller Zusammenhang der Wirtschaftsverfassung"[111] ablesen, noch sind in den Verträgen mit der DDR über die Währungs-, Wirtschafts- und Sozialunion und die Wiedervereinigung eine „verfassungsgestaltende Entscheidung über die Wirtschaftsordnung"[112] oder „Verfassungsverträge" über die grundgesetzliche Wirtschaftsverfassung zu sehen[113]. Vielmehr ist der Gesetzgeber von Verfassungs wegen frei[114], die wenig marktwirtschaftliche gemeinschaftsrechtliche Ordnung der Agrarwirtschaft[115] auch innerstaatlich umzuset-

---

nagat, 1981, S. 715 ff; *ders.*, Soziale Marktwirtschaft – ihr Verhältnis zur Rechtsordnung und zum politischen System, in: Issing (Hrsg.), Zukunftsprobleme der Sozialen Marktwirtschaft, 1981, S. 817ff.; *Müller-Volbehr*, Das Soziale in der Marktwirtschaft, JZ 1982, 132ff. Zur erstmaligen Normierung der Ziele und Inhalte der sozialen Marktwirtschaft im Staatsvertrag zur Währungs- Wirtschafts- und Sozialunion vom 18. Mai 1990, BGBl. II S. 537, im Gemeinsamen Protokoll, BGBl. II S. 544 f und im Einigungsvertrag vom 31. August 1990, BGBl. II S. 889 vgl.: *Schmidt-Preuß*, Soziale Marktwirtschaft und Grundgesetz vor dem Hintergrund des Staatsvertrages zur Währungs-, Wirtschafts- und Sozialunion, DVBl. 1993, 236 (237ff.).

110 Zum wirtschaftspolitischen Rahmen des Grundgesetzes *Papier*, Grundgesetz und Wirtschaftsordnung, in: Benda/Maihofer/Vogel (Hrsg.), Handbuch des Verfassungsrechts, Band 1, 2. A. 1995, § 18 Rdn. 23ff.; *Scheuner*, Die staatliche Einwirkung auf die Wirtschaft, 1971, S. 26ff.

111 Ablehnend zu Recht: BVerfGE 50, 290 (337ff.); a. A. *Rupp*, Soziale Marktwirtschaft, in: Isensee/Kirchhof (Hrsg.), Handbuch des Staatsrechts, Band IX, 1997, Rdn. 22; *ders.*, Grundgesetz und Wirtschaftsverfassung, 1974; *Badura/Rittner/Rüthers*, Mitbestimmungsgesetz 1976 und Grundgesetz, 1977, S. 249f.; *Herzog*, in: Maunz/Dürig (Hrsg.), GG, Art. 20 III, Rdn. 60; ähnlich: *Schmidt-Preuß*, Marktwirtschaft und Grundgesetz, DVBl. 1993, 239ff.

112 So *Badura*, Wirtschaftsverwaltungsrecht, in: Schmidt-Aßmann (Hrsg.), Besonderes Verwaltungsrecht, 1999, S. 237f.; *Rupp*, Soziale Marktwirtschaft, in: Isensee/Kirchhof (Hrsg.), Handbuch des Staatsrechts, Band IX, 1997, § 203, Rdn. 14.

113 So *Stern*, Der Staatsvertrag im völkerrechtlichen und verfassungsrechtlichen Kontext, in: ders./Schmidt-Bleibtreu (Hrsg.), Verträge und Rechtsakte zur Deutschen Einheit, Band 1, Staatsvertrag zur Währungs-, Wirtschafts- und Sozialunion, 1990, S. 43 und passim.

114 *Tettinger*, Öffentliche Wirtschaft in den neuen Bundesländern, BB 1992, 2 (3); vgl. auch *v. Schlabrendorff/de Vasconcellos*, Die Wirtschaftsunion der beiden deutschen Staaten, DtZ 1990, 142.

115 Dazu *Priebe/Mägele*, Agrarrecht, in: Dauses (Hrsg.), Handbuch des EU - Wirtschaftsrechts, Band 1, Stand: 1997, E I Rdn. 3ff.; *Gilsdorf*, in: Grabitz/Hilf (Hrsg.), Kommentar EU, Stand: 1999, vor Art. 38 Rdn. 2ff.; zu den Zielen der Agrarpolitik *Gilsdorf/Priebe*, in: Grabitz/Hilf (Hrsg.), Kommentar EU, Stand: 1999, Art. 39 Rdn. 2ff.; vgl. ferner: Bericht der Kommission: Reform der gemeinsamen Agrarpolitik – Rechtsgrundla-

zen, den Gesundheitsbereich nach anderen als marktwirtschaftlichen Prinzipien zu organisieren[116] und auf dem Feld der Kommunikation für Massenmedien[117], Post[118] und Telekommunikation[119] jeweils unterschied-

---

gen, 1991, KOM (91), 415; Bericht der Kommission: Die Lage der Landwirtschaft in der Europäischen Union, 1997, KOM (98), 611.

[116] Zur gesetzlichen Krankenversicherung vgl.: *Knieps*, Krankenversicherungsrecht, in: v. Maydell/Ruland (Hrsg.), SRH, 1996, S. 703ff. Rdn. 69ff.; *Krasney*, Das erste und zweite Gesetz zur Neuordnung von Selbstverwaltung und Eigenverantwortung in der gesetzlichen Krankenversicherung, NJW 1998, 1737ff.; vgl. ferner *Zerche*, Das Gesundheitssicherungssystem der Bundesrepublik Deutschland, 1988; *Sachverständigenrat für die konzertierte Aktion im Gesundheitswesen*, Sachstandsbericht 1994 und 1995. Zur Preisbindung im Arzneimittelrecht siehe nur: *Vogelbruch*, Festbeträge für Arzneimittel, 1992, S. 7ff.; Bericht der Enquéte- Kommission, BT/Drs. 11/3267, S. 272ff. Zu dem ideengeschichtlichen Hintergrund der gesetzlichen Krankenversicherung vgl.: *Schulz-Nieswandt*, Die Lehre vom öffentlichen Gesundheitswesen bei Lorenz von Stein, Der Staat 27 (1988), 110ff.; *Knieps*, Krankenversicherungsrecht, in: v. Maydell/Ruland (Hrsg.), SRH, 1996, S. 703ff. Rdn. 1ff.; *Schlenker*, Geschichte und Reformperspektiven der gesetzlichen Krankenkassen, in: Schulin (Hrsg.), Handbuch des Sozialversicherungsrechts, Band 1, 1994, § 1 Rdn. 10ff.

[117] Zur Struktur, gesellschaftlicher Funktion und Organisation von Massenmedien siehe *Meyn*, Massenmedien in der Bundesrepublik Deutschland, 1990; *Setzen*, Die gesellschaftliche Funktion der Massenmedien, 1974, S. 15ff.; *Ronneberger*, Funktionen des Systems der Massenkommunikation, in: Haas (Hrsg.), Mediensysteme, 1987, S. 154ff.; *Grimm*, Kulturauftrag im staatlichen Gemeinwesen, VVDStRL 42 (1984), 46 (68ff.); *Rossen*, Freie Meinungsbildung durch den Rundfunk, 1988, S. 32ff., 222ff.; *Stock*, Medienfreiheit als Funktionsgrundrecht, 1985, S. 336ff.; *ders.*, Individualisierung versus Integration, in: Hoffmann-Riem/Kesting, Perspektiven der Informationsgesellschaft, 1995, S. 142ff.; zum „dualen Rundfunk" und der Rundfunkfreiheit BVerfGE 57, 295(318ff.); 73, 118 (152ff.); 83, 238 (295ff.); hierzu *Leibholz*, BVerfG und Rundfunkfreiheit, in: Festschrift Geiger, 1974, S. 9ff.; *Grimm*, a.a.O., S. 74ff.; *Rossen*, a.a.O., S. 352ff.; *Stock*, a.a.O., S. 475ff.; *ders.*, Medienpolitik auf neuen Wegen – weg vom Grundgesetz, Rundfunk und Fernsehen 45 (1997), S. 141ff.; vgl. auch *Bullinger*, Freiheit von Presse, Rundfunk, Film, in: Isensee/Kirchhof (Hrsg.), Handbuch des Staatsrechts, Band VI, 1989, § 142; *Engel*, Medienordnungsrecht, 1996; *Wendt*, in: v. Münch/Kunig (Hrsg.), Grundgesetz-Kommentar, Band 1, 1992, Art. 5 Rdn. 49ff.; *Hoffmann-Riem*, in: Alternativkommentar GG, Band 1, 1989, Art. 5 Rdn. 140ff.; *Jarass*, In welcher Weise empfiehlt es sich, die Ordnung des Rundfunks und sein Verhältnis zu anderen Medien – auch unter dem Gesichtspunkt der Harmonisierung – zu regeln?, Verhandlungen des 56. DJT, 1986, Band 1, G 1; zur Buchpreisbindung vgl. *Stumpp*, Die Preisbindung für Verlagserzeugnisse: Wettbewerbsbeschränkung oder Regulierung zur Beseitigung von Machtvollkommenheiten, 1999.

[118] Zum Begriff: *Badura*, in: Bonner Kommentar, 1997, Art. 73 Rdn. 10; zur Entstehungsgeschichte des Art. 87 f GG: BT/Drs. 12/6717, S. 3 ff; 12/7269; 12/8108; vgl. auch *Stern/Bauer*, in: Stern (Hrsg.), Postrecht der Bundesrepublik Deutschland, Stand: 1997, Art. 97f.; zu den Zielen der Privatisierung siehe den Bericht des Bundestagsausschusses für Post und Telekommunikation, BT/Drs. 12/8060, S. 174ff.; *Gramlich*, Von der Postre-

liche Grade marktwirtschaftlicher Ordnung zu erproben. Hält der Gesetzgeber mit Blick auf das Sozialstaatsprinzip zur Bekämpfung der Arbeitslosigkeit andere als marktwirtschaftliche Instrumente für sachgerecht, hat er eine derartige Politik vor dem Wähler zu rechtfertigen, nicht vor dem Bundesverfassungsgericht. Das prüft vielmehr mit Recht nur, ob staatliche Maßnahmen gegen Einzelgrundrechte verstoßen, die sich nicht zu einem „Gefüge objektiver Normen"[120] verselbständigen lassen. Abgesehen von dem verfassungsrechtlichen Gestaltungsspielraum dürfte die staatliche Förderung eines hohen Beschäftigungsniveaus aber auch gerade das „Soziale" einer Marktwirtschaft ausmachen.

b) Gesamtwirtschaftliches Gleichgewicht

Mit Maßnahmen zur Beschäftigungssteigerung tragen Bund, Länder und Kommunen den in Art. 109 Abs. 2 GG statuierten Erfordernissen des gesamtwirtschaftlichen Gleichgewichts[121] Rechnung. Darunter sind auch heute die vier im Stabilitätsgesetz genannten Teilziele der Stabilität des Preisniveaus, des außenwirtschaftlichen Gleichgewichts, eines hohen Beschäftigungsstandes und des stetigen und angemessenen Wirtschaftswachstums zu verstehen. Allein die Kräfte der marktwirtschaftlichen Selbststeuerung sind häufig nicht imstande, eine gleichgewichtige und nachhaltige Realisierung dieser Ziele zu sichern[122]. Deshalb verpflichtet das Grundgesetz den Staat, im Rahmen seiner Verantwortung für wirtschaftliche Wohlfahrt und soziale Gerechtigkeit[123] zur Gegensteuerung

---

form zur Postneuordnung, NJW 1994, 2785ff.; zur Reichweite der Privatisierung *Uerpmann*, in: v. Münch/Kunig (Hrsg.), Grundgesetz-Kommentar, Band 3, 1996, Art. 87f. Rdn. 11, 14; *ders.*, ebenda, Art. 143 b Rdn. 2 ff; *Windthorst*, in: Sachs (Hrsg.), GG, 2. A. 1999, Art. 87 f Rdn. 24 ff; *Wieland*, Der Wandel von Verwaltungsaufgaben als Folge der Postprivatisierung, DV 28 (1995), 315ff.

[119] Zum Begriff der Telekommunikation BVerfGE 46, 120 (139ff.); BT/Drs. 12/7269, S. 4; *Degenhart*, in: Sachs (Hrsg.), GG, 2. A. 1999, Art. 73 Nr. 7 Rdn. 33; zur Reichweite des Privatisierungsgebotes *Windthorst*, in: Sachs (Hrsg.), GG, 2. A. 1999, Art. 87 f Rdn. 22ff.; vgl. auch *Riehmer*, Organisation und Regulierung der Telekommunikation in Deutschland, in: Mestmäcker (Hrsg.), Kommunikation ohne Monopole II, 1995, S. 369ff.

[120] BVerfGE 50, 290 (336); a. A. *Badura/Rittner/Rüthers*, Mitbestimmungsgesetz 1976 und Grundgesetz, Gemeinschaftsgutachten, 1977, S. 249f.

[121] *Stern*, Das Staatsrecht der Bundesrepublik Deutschland, Band II, 1980, § 45 IV 2, 3.

[122] *Fischer-Menshausen*, in: v. Münch/Kunig (Hrsg.), Grundgesetz-Kommentar, Band. 3, 1996, Art. 109 Rdn. 9.

[123] *Badura*, Wachstumsvorsorge und Wirtschaftsfreiheit, in: FS Ipsen, 1977, S. 367 (375).

durch korrigierendes und formendes Einwirken auf das Marktgeschehen. „Wenn und soweit die Kräfte des Marktes versagen, soll" der Staat „durch seine steuernde, ausgleichende und gestaltende Funktion auf Ausgewogenheit und Stetigkeit der Wirtschaftsentwicklung hinwirken"[124].

Die langanhaltende hohe Arbeitslosigkeit stellt eine nachhaltige Störung des gesamtwirtschaftlichen Gleichgewichts dar, weil von einem hohen Beschäftigungsstand schon lange nicht mehr die Rede sein kann[125]. Der Staat muß folglich zur Wiederherstellung des gesamtwirtschaftlichen Gleichgewichts um eine Erhöhung des Beschäftigungsniveaus bemüht sein. Als Mittel nennt das Grundgesetz neben der Haushaltswirtschaft die Konjunkturpolitik[126] (Art. 109 Abs. 4) und die Schuldenpolitik[127] (Art. 115 Abs. 1 S. 2). Auch wenn der verfassungsändernde Gesetzgeber unter dem Einfluß der Lehren von Keynes[128] an aktive Eingriffe in das Marktgeschehen gedacht hat[129], scheint es mir nach dem objektiven Gehalt des Gebots, den Erfordernissen des gesamtwirtschaftlichen Gleichgewichts Rechnung zu tragen, aber durchaus vertretbar, eine Politik der Deregulierung zu verfolgen, wenn das wirtschaftspolitisch als der richtige Weg zur Erhöhung des Beschäftigungsstandes angesehen wird. Die Ver-

---

[124] *Fischer-Menshausen*, in: v. Münch/Kunig (Hrsg.), Grundgesetz-Kommentar, Band 3, 1996, Art. 109 Rdn. 9.

[125] So auch die Einschätzung von *Frotscher*, Wirtschaftsverfassungs- und Wirtschaftsverwaltungsrecht, 1994, S. 73.

[126] *Siekmann*, in: Sachs, Grundgesetz, 2. A. 1999, Art. 109 Rdn. 47ff.; *Vogel*, Grundzüge des Finanzrechts des Grundgesetzes, in: Isensee/Kirchhof (Hrsg.), Handbuch des Staatsrechts, Band IV, 1990, § 87 Rdn. 18; *Fischer-Menshausen*, in: v. Münch/Kunig (Hrsg.), Grundgesetz-Kommentar, Band 3, 1996, Art. 104a–109 Rdn. 9, Art. 109 Rdn. 11ff.

[127] Dazu: BVerfGE 79, 311ff.; *Siekmann*, in: Sachs (Hrsg.), Grundgesetz, 2. A. 1999, Art. 115 Rdn. 30ff.; *Friauf*, Staatskredit, in: Isensee/Kirchhof (Hrsg.), Handbuch des Staatsrechts, Band IV, 1990, § 91; *Osterloh*, Staatsverschuldung als Rechtsproblem?, NJW 1990, 145ff.; *Heun*, Staatsverschuldung und Grundgesetz, Die Verwaltung 18 (1985), 1ff.; *Henseler*, Verfassungsrechtliche Aspekte zukunftsbelastender Parlamentsentscheidungen, AöR 108 (1983), 489 ff, insbes. 497ff.; *Birk*, Die finanzverfassungsrechtlichen Vorgaben und Begrenzungen der Staatsverschuldung, DVBl. 1984, 745ff.; *Püttner*, Staatsverschuldung als Rechtsproblem, 1980; *P. Kirchhof*, Grenzen der Staatsverschuldung in einem demokratischen Rechtsstaat, in: v. Arnim/Littmann (Hrsg.), Finanzpolitik im Umbruch: Zur Konsolidierung öffentlicher Haushalte, 1989, S. 271ff.

[128] *John Maynard Keynes*, The General Theory of Employment, Interest and Money, London 1936. Vgl. dazu die Darstellung bei *Petit/John*, Stabilisierungspolitik, 1977, Kap. 1; *Schiller*, Preisstabilität durch globale Steuerung der Marktwirtschaft, 1966.

[129] Siehe dazu *Schneider*, Beschäftigungs- und Konjunkturpolitik, in: Albers (Hrsg.), Handwörterbuch der Wirtschaftswissenschaft, Band 1, S. 478 (494ff.); *U. Scheuner*, Die Erhaltung des gesamtwirtschaftlichen Gleichgewichts, in: FS H. Schäfer, 1975, S. 109 (109); *Stober*, Wirtschaftsverwaltungsrecht, 1996, § 10 I 1; *Fischer-Menshausen*, in: v. Münch /Kunig, Grundgesetz-Kommentar, Band 3, 1996, Art. 109 Rdn. 9.

fassung gibt auch in Art. 109 Abs. 2 GG nur einen Rahmen vor und läßt sich nicht für wirtschaftswissenschaftliche Lehrmeinungen vereinnahmen[130].

3. *Landesverfassungen*

Das Gebot, den Beschäftigungsstand zu fördern, ergibt sich auch aus 12 der 16 Landesverfassungen[131]. Sie gewährleisten entweder ein Recht auf Arbeit[132] - wie in Bayern, Berlin, Brandenburg, Hessen, Nordrhein-Westfalen, Rheinland-Pfalz, dem Saarland und Sachsen[133] - oder verpflichten das jeweilige Land, darauf hinzuwirken, „daß sinnvolle und dauerhafte Arbeit für alle geschaffen und die Selbstentfaltung des einzelnen gefördert" wird - so die treffende Formulierung in Sachsen-Anhalt[134], die sich in inhaltlich vergleichbarer Form auch in Bremen, Mecklenburg-Vorpommern und Thüringen findet[135]. Inhaltlich geben alle 12 Landesverfassungen dem Staat auf, die Schaffung von Arbeitsplätzen zu fördern[136]. Gerade die ostdeutschen Verfassungen, die unter dem Eindruck einer bereits hohen Arbeitslosigkeit entstanden sind[137], betonen nachdrücklich und ausführlich die Verantwortung und die Handlungspflichten des Staates. Sie überlassen wiederum das „Wie" der Auftragser-

---

[130] BVerfGE 79, 338. So auch *Vogel/Wiebel*, Bonner Kommentar, Art. 109 Rdn. 80f.

[131] *Tettinger*, in: Sachs (Hrsg.), GG, 2. A. 1999, Grundgesetz, Art. 12 Rdn. 13; dazu auch *Scholz*, Arbeitsverfassung, Grundgesetzreform und Landesverfassungsrecht, RdA 1993, 249, 254f.; zur geschichtlichen Entwicklung der landesverfassungsrechtlichen Regelungen siehe *Lange*, Soziale Grundrechte in der deutschen Verfassungsentwicklung, in: Böckenförde/Jekewitz/ Ramm (Hrsg.), Soziale Grundrechte, Dokumentation: Teil 2, 1980, S. 49ff.

[132] Verfassungsgeschichtlich und rechtsvergleichend zur verfassungsrechtlichen Verbürgung eines „Rechts auf Arbeit" *Sommermann*, Staatszielbestimmungen zur Förderung von Arbeitnehmerinteressen, in: Grupp/Weth (Hrsg.), Arbeitnehmerinteressen und Verfassung, 1998, S. 95 (95ff.).

[133] Art. 166 Abs. 2 BayVerf; Art. 18 S. 1 BerlVerf; Art. 48 Abs. 1 BrandenbVerf; Art. 28 Abs. 2 HessVerf; Art. 24 Abs. 1 S. 3 Nordrhein.-Westf.Verf; Art. 53 Abs. 2 Rheinl.-Pfälz.Verf.; Art. 45 S. 2 SaarlVerf.; Art. 7 Abs. 1 SächsVerf.

[134] Art. 39 Abs. 2 Sachs.-Anh.Verf.

[135] Art. 49 S. 2 BremVerf; Art. 17 Abs. 1 MeVoVerf; Art. 36 ThürVerf.

[136] *Scholz*, Arbeitsverfassung, Grundgesetzreform und Landesverfassungsrecht, RdA 1993, 249; *Nebendahl*, Grundrecht auf Arbeit im marktwirtschaftlichen System?, ZRP 1991, 257, 258. Zum Entstehungsumfeld der sozialen Grundrechte in den neuen Landesverfassungen siehe *Riepe*, Soziale Grundrechte in den Verfassungen der Länder Brandenburg, Mecklenburg-Vorpommern, Sachsen, Sachsen-Anhalt und Thüringen, 1996, S. 170ff.

[137] *Feddersen*, Die Verfassungsgebung in den neuen Ländern, DÖV 1992, 989, 997; *Diercks*, Soziale Grundrechte der neuen Landesverfassungen, LKV 1996, 231, 232.

füllung dem demokratisch legitimierten politischen Prozeß[138]. Jedenfalls als Verfassungsaufträge verstanden halten sich die landesverfassungsrechtlichen Normen im Rahmen der Regelungskompetenz der Landesverfassungsgeber und sind inhaltlich mit dem einschlägigen Bundesrecht vereinbar[139].

4. *Art. 9 Abs. 3 GG als Schranke*

Bei der Umsetzung des Verfassungsauftrags muß der Staat die Koalitionsfreiheit beachten. Art. 9 Abs. 3 GG gewährleistet für jedermann und für alle Berufe das Recht, zur Wahrung und Förderung der Arbeits- und Wirtschaftsbedingungen Vereinigungen zu bilden, solchen Vereinigungen beizutreten, ihnen fernzubleiben oder sie zu verlassen[140]. Auch die Koalitionen selbst sind in ihrem Bestand, ihrer organisatorischen Ausgestaltung und ihren Betätigungen zur Förderung der Arbeits- und Wirtschaftsbedingungen geschützt[141]. Ihr Grundrechtsschutz erstreckt sich

---

[138] *Kutscha*, Soziale Grundrechte und Staatszielbestimmungen in den neuen Landesverfassungen, ZRP 1993, 339, 341; *Sterzel*, Staatsziele und soziale Grundrechte ZRP 1993, 13 ff.; *Nebendahl*, Grundrecht auf Arbeit im marktwirtschaftlichen System?, ZRP 1991, 257, 258; *Wipfelder*, Das Recht auf Arbeit im bundesdeutschen, österreichischen und schweizerischen Verfassungsrecht, RdA 1985, 93, 94.

[139] Dazu: *Sacksofsky*, Landesverfassungen und Grundgesetz, NVwZ 1993, 235 ff.; *Dietlein*, Landesgrundrechte im Bundesstaat, Jura 1994, 57 ff.; *Wendt*, in: Sachs (Hrsg.), Grundgesetz, 2. A. 1999, Art. 142 Rdn. 9; *v. Münch*, in: ders./Kunig (Hrsg.), Grundgesetz-Kommentar, Band 3, 1996, Art. 142 Rdn. 6 ff. m. w. N.; vgl. auch: *Diercks*, Soziale Grundrechte der neuen Landesverfassungen, LKV 1996, 231, 235, die eine teilweise Nichtbeachtung von Bundesrecht sieht. Zur Reichweite von Verfassungsaufträgen zur Förderung von Arbeitnehmerinteressen vgl.: *Sommermann*, Staatszielbestimmungen zur Förderung von Arbeitnehmerinteressen, in: Grupp/Weth (Hrsg.), Arbeitnehmerinteressen und Verfassung, 1998, S. 95 (107 ff., 114 f.) sowie zu den Grenzen landesverfassungsrechtlicher Normierung: *ders.*, a.a.O., S. 115 f.

[140] BVerfGE 94, 268 (283); 93, 352 (357); 84, 212 (224); 64, 208 (213); 50, 290 (367); 28, 295 (304); 19, 303 (312); BAGE 20, 175 (213 f.); *Bauer*, in: Dreier (Hrsg.), Grundgesetz, Band I, 1996, Art. 9 Rdn. 76; *Farthmann/Coen*, Tarifautonomie, Unternehmensverfassung und Mitbestimmung in: Benda/Maihofer/Vogel (Hrsg.), Handbuch des Verfassungsrechts, 2. A. 1995, § 19 Rdn. 17 ff.; *Höfling*, in: Sachs, Grundgesetz, 2. A. 1999, Art. 9 Rdn. 63; *Scholz*, Koalitionsfreiheit, in: Isensee/Kirchhof (Hrsg.), Handbuch des Staatsrechts, Band VI, 1989, § 151 Rdn. 80.

[141] BVerfGE 4, 96 (101 f.); 17, 319 (333); 19, 303 (312, 319); 28, 295 (304); 38, 281 (303); 44, 322 (340); 50, 290 (367); 84, 212 (224); 88, 103 (114); 93, 352 (357); 94, 268 (283); aus dem umfangreichen Schrifttum *Badura*, Staatsrecht, 1996, S. 199; *Bauer*, in: Dreier (Hrsg.), Grundgesetz, Band I, 1996, Art. 9 Rdn. 7; *Biedenkopf*, Grenzen der Tarifautonomie, 1964, S. 88, 102 f.; *Däubler*, Das Grundrecht auf Mitbestimmung, 1973, S. 175 ff.; *Däubler/Hege*, Koalitionsfreiheit, 1976, Rdn. 100; *Farthmann/Coen*, Tarifautonomie, Unternehmensverfassung und Mitbestimmung in: Benda/Maihofer/Vogel (Hrsg.), Hand-

auf alle koalitionsspezifischen Verhaltensweisen[142] und umfaßt insbesondere die Tarifautonomie[143]; sie steht im Zentrum der Handlungsmöglichkeiten der Koalitionen, deren wesentlicher Zweck das Aushandeln von

---

buch des Verfassungsrechts, 2. A. 1995, § 19 Rdn. 22ff.; *Hesse*, Grundzüge des Verfassungsrechts der Bundesrepublik Deutschland, 20. A. 1995, Rdn. 415; *Höfling*, in: Sachs (Hrsg.), Grundgesetz, 2. A. 1999, Art. 9 Rdn. 66; *Jahnke*, Tarifautonomie und Mitbestimmung, 1984, S. 29; *Jarass*, in: Jarass/Pieroth (Hrsg.), Grundgesetz, 5. A. 2000, Art. 9 Rdn. 27ff.; *Lerche*, Verfassungsrechtliche Zentralfragen des Arbeitskampfes, 1968, S. 25f.; *Löwer*, in: v. Münch/ Kunig (Hrsg.), Grundgesetz Kommentar, Band 1, 3. A. 1992, Art. 9 Rdn. 55; *Maunz/Zippelius*, Deutsches Staatsrecht, 1998, S. 203; *G. Müller*, Arbeitskampf und Recht, 1987, S. 22ff.; *Nikisch*, Arbeitsrecht, Band II, 1959, S. 22; *Nipperdey*, in: Hueck/Nipperdey, Lehrbuch des Arbeitsrechts, Band II/1, 1967, S. 134ff.; *Peters/Ossenbühl*, Die Übertragung von öffentlich-rechtlichen Befugnissen auf Sozialpartner, 1967, S. 13; *Rüthers*, in: Brox/Rüthers (Hrsg.), Arbeitskampfrecht, 1982, Rdn. 83; *Säcker*, Grundprobleme der kollektiven Koalitionsfreiheit, 1969, S. 33ff.; *Säcker/Oetker*, Grundlagen und Grenzen der Tarifautonomie, 1992, S. 31ff.; *Stein*, Staatsrecht, 1995, S. 370f.; *Wiedemann*, Die Bindung der Tarifnormen an Grundrechte, insbesondere an Art. 12 GG, 1994, S. 50ff.; *Wiedemann/Stumpf*, Tarifvertragsgesetz, 1999, Einl. Rdn. 91f.; *Weber*, Die Sozialpartner in der Verfassungsordnung, in: Göttinger Festschrift für das OLG Celle, 1961, S. 239 (242ff.); eher kritisch gegenüber der grundrechtsdogmatischen Herleitung der h. M., aber im Ergebnis dieser folgend: *Scholz*, Koalitionsfreiheit, in: Isensee/Kirchhof (Hrsg.), Handbuch des Staatsrechts, Band VI, 1989, § 151 Rdn. 73; *ders.*, in: Maunz/Dürig (Hrsg.), Grundgesetz, Art. 9 Rdn. 170; ablehnend: *Isensee*, Anwendung der Grundrechte auf juristische Personen, in: ders./Kirchhof (Hrsg.), Handbuch des Staatsrechts, Band V, 1992, § 118 Rdn. 65f.

[142] BVerfGE 93, 352 (357); 94, 268 (283). Aus der Literatur *Säcker*, Grundprobleme der kollektiven Koalitionsfreiheit, 1969, S. 69ff.; *Wiedemann/Stumpf*, Tarifvertragsgesetz, 1999, Einl. Rdn. 96ff.; *Dörner*, Tarifvertragsrecht, in: Leinemann (Hrsg.), Kasseler Handbuch zum Arbeitsrecht, Band 2, 1997, Rdn. 5; *Badura*, Staatsrecht, 1996, S. 201f.; *Löwer*, in: v. Münch/Kunig (Hrsg.), Grundgesetz-Kommentar, Band 1, 3. A. 1992, Art. 9 Rdn. 55; *G. Müller*, Arbeitskampf und Recht, 1987, S. 23ff.

[143] In dieser Terminologie erstmals im Jahre 1964 das BVerfG in BVerfGE 18, 18 (28); ebenso BVerfGE 20, 312 (317); 58, 233 (248); 44, 322 (341). Aus der Literatur etwa *Dörner*, Tarifvertragsrecht, in: Leinemann (Hrsg.), Kasseler Handbuch zum Arbeitsrecht, Band 2, 1997, Rdn. 5; *Loritz*, Tarifautonomie des Arbeitgebers, 1990, passim; *Wiedemann/Stumpf*, Tarifvertragsgesetz, 1999, Einl. Rdn. 98ff.; *Jahnke*, Tarifautonomie und Mitbestimmung, 1984, S. 29f.; *Badura*; Staatsrecht, 1996, S. 202; *Scholz*, Koalitionsfreiheit als Verfassungsproblem, 1969, S. 361; *Farthmann/Coen*, Tarifautonomie, Unternehmensverfassung und Mitbestimmung in: Benda/Maihofer/Vogel (Hrsg.), Handbuch des Verfassungsrechts, 2. A. 1995, § 19 Rdn. 61; *Schwerdtfeger*, Die Koalitionsfreiheit des Arbeitnehmers in der Bundesrepublik Deutschland, in: Mosler/Bernhard (Hrsg.), Die Koalitionsfreiheit des Arbeitnehmers, 1980, S. 149 (164); *Rüthers*, in: Brox/Rüthers, Arbeitskampfrecht, 1982, Rdn. 83; *Kemper*, Die Bestimmung des Schutzbereichs der Koalitionsfreiheit (Art. 9 Abs. 3 GG), 1990, S. 137ff.; *Reinemann/Schulz-Henze*, Die Rechtsprechung des Bundesverfassungsgerichts zur Koalitionsfreiheit – Widerspruch zum klassischen Grundrechtsverständnis oder richtungsweisende Trendwende?, JA 1995, 811 (812).

Tarifverträgen ist[144]. Das Arbeitsentgelt und die anderen materiellen Arbeitsbedingungen zählen zu den der Regelungsbefugnis der Koalitionen überlassenen Materien[145]. Nach der Verfassungsrechtsprechung enthält sich der Staat in diesem Betätigungsfeld grundsätzlich einer Einflußnahme und überläßt die erforderlichen Regelungen der Arbeits- und Wirtschaftsbedingungen zum großen Teil den Koalitionen, die sie autonom durch Vereinbarung treffen[146].

Das Grundgesetz sichert damit einen Freiraum, den Gewerkschaften und Arbeitgeberverbände eigenverantwortlich nutzen können, um sich über Arbeits- und Wirtschaftsbedingungen zu einigen und entsprechende Regelungen zu treffen. Der Grundrechtsschutz ist besonders intensiv, wenn eine Materie aus Sachgründen am besten von den Tarifvertragsparteien geregelt werden kann, weil sie nach den Vorstellungen des Verfassunggebers die gegenseitigen Interessen angemessener zum Ausgleich bringen als der Staat[147]. Diese Voraussetzung ist für die Vereinbarung von Entgelten und anderen materiellen Arbeitsbedingungen erfüllt[148].

Das bedeutet jedoch nicht, daß der Staat in diesem Freiraum keine Regelungen treffen dürfte[149]. Vielmehr ist es dem Gesetzgeber grundsätzlich nicht verwehrt, auch Fragen zu regeln, die Gegenstand von Tarifverträgen sein können, soweit das dem Schutz von Gemeinwohlbelangen dient, denen gleichermaßen wie der Koalitionsfreiheit verfassungsrechtlicher Rang zukommt[150]. Dieser Rang gebührt nicht nur dem Sozialstaatsprinzip

---

[144] BVerfGE 84, 212 (224); 94, 268 (283) m. w. N.

[145] BVerfGE 100, 271 (282 ff.); BAG, Beschl. vom 20. 4. 1999, NJW 1999, 3281(3285); in diesem Sinne auch BVerfGE 94, 268 (283).

[146] BVerfGE 94, 268 (282); so auch schon BVerfGE 44, 322 (340). Zur Drittwirkung der kollektiven Koalitionsfreiheit gegenüber privatrechtlichen Beschränkungen vgl. BAG, Beschl. vom 20. 4. 1999, NJW 1999, 3281 (3285).

[147] BVerfGE 100, 271 (282 ff.); BVerfGE 94, 268 (284 f.).

[148] BVerfGE 100, 271 (282 ff.); BVerfGE 94, 268 (285).

[149] Zu Recht hat das BVerfG aus der Gesetzgebungszuständigkeit des Art. 74 Abs. 1 Nr. 12 GG gefolgert, daß Art. 9 Abs. 3 GG den Tarifparteien zwar ein Normsetzungsrecht, aber kein Normsetzungsmonopol verleiht, vgl. BVerfGE 94, 268 (284); wie hier *Höfling*, in: Sachs (Hrsg.), Grundgesetz, 2. A. 1999, Art. 9 Rdn. 137a; vgl. dazu auch *Butzer*, Verfassungsrechtliche Grundlagen zum Verhältnis zwischen Gesetzgebungshoheit und Tarifautonomie, RdA 1994, 375 (379) m. w. N.

[150] St. Rspr., vgl. etwa BVerfGE 100, 271 (282 ff.); BVerfGE 94, 268 (284); 84, 212 (224); 57, 70 (98 f.); 30, 173 (193); 28, 243 (260 ff.). Über die mit verfassungsrechtlichem Rang ausgestatteten Gemeinwohlbelange hinaus können auch Grundrechte Dritter die Koalitionsfreiheit grundsätzlich einschränken, vgl. BVerfG, ebd., *Kittner*, Alternativkommentar GG, Band 1, 2. A. 1989, Art. 9 Rdn. 34, *Höfling*, in: Sachs (Hrsg.), Grundgesetz, 2. A. 1999, Art. 9 Rdn. 129; *Bauer*, in: Dreier (Hrsg.), Grundgesetz, Band I, 1996, Art. 9 Rdn. 88.

und dem gesamtwirtschaftlichen Gleichgewicht[151]. Verfassungsrechtliche Dignität genießt vielmehr auch das Bemühen, dem einzelnen Arbeitslosen durch die Verschaffung von Arbeit zu helfen, die eigene Persönlichkeit zu entfalten und darüber Achtung und Selbstachtung zu erfahren (Art. 1 Abs. 1 und Art. 2 Abs. 1 GG)[152].

Art. 9 Abs. 3 GG weist also zwar vorrangig den Koalitionen die Gestaltung der Arbeitsbedingungen durch Tarifverträge zu, hindert den Staat jedoch nicht, seiner verfassungsrechtlichen Aufgabe nachzukommen, sich um ein hohes Beschäftigungsniveau zu bemühen. Diese rechtlichen Rahmenbedingungen entlasten den Staat, der den Arbeitsmarkt grundsätzlich den Marktteilnehmern überlassen kann, der aber durchaus über Mittel verfügt, Gemeinwohlbelange zu fördern, denen Arbeitgeber und Arbeitnehmer bei der Verfolgung ihrer jeweils eigenen Ziele nicht notwendig die gebührende Beachtung schenken. Selbstregulierung entbindet hier wie auch anderswo den Staat nicht von seiner Verantwortung, sondern ermöglicht ihm, sich zunächst auf eine Beobachtung aus Distanz zu beschränken, an deren Stelle nötigenfalls ein Eingriff in das Marktgeschehen treten kann. Art. 9 Abs. 3 GG würde mißverstanden, wenn er als Gewährleistung eines von staatlicher Rechtsetzung freien Raumes interpretiert würde[153]. Gerade für den Schutz Dritter – und das sind im Verhältnis zu Arbeitgebern und Arbeitnehmern auch die Arbeitslosen – muß der Staat Sorge tragen, wenn die Tarifpartner diesen Schutz bei der Ausübung ihrer Tarifautonomie nicht hinreichend verwirklichen sollten[154]. In diesem Sinne ist es zu verstehen, wenn das Bundesverfassungsgericht von einer „Normsetzungsprärogative" der Koalitionen spricht[155].

Die staatliche Gemeinwohlverantwortung stützt einerseits das in Art. 9 Abs. 3 gewährleistete Konzept der Tarifautonomie ab, begrenzt es andererseits aber auch. Der Arbeitsmarkt ist gerade in Zeiten hoher Arbeits-

---

[151] BVerfGE 100, 271 (282 ff.); *Kluth*, Arbeitsmarkt und staatliche Lenkung, DVBl. 1999, 1145 (1151).

[152] BVerfGE 100, 271 (282 ff.). Grundsätzlich zu diesem Aspekt *Suhr*, Entfaltung der Menschen durch die Menschen, 1976, S. 78 ff.

[153] In diese Richtung *Farthmann/Coen*, Tarifautonomie, Unternehmensverfassung und Mitbestimmung in: Benda/Maihofer/Vogel (Hrsg.), Handbuch des Verfassungsrechts, 2. A. 1995, § 19 Rdn. 97 ff.

[154] Nur so wird der Gesetzgeber seinem Gestaltungsauftrag, der sich aus dem Sozialstaatsprinzip ergibt – dazu BVerfGE 50, 57 (108) –, gerecht.

[155] BVerfGE 44, 322 (341, 347); vgl. dazu *Biedenkopf*, Grenzen der Tarifautonomie, 1964, S. 154 ff.; *Gamillscheg*, Kollektives Arbeitsrecht, Band I, 1997, S. 289 f.; *Säcker*, Grundprobleme der kollektiven Koalitionsfreiheit, 1969, S. 46 ff., 50; *Scholz*, in: Maunz/Dürig (Hrsg.), Grundgesetz, Art. 9 Rdn. 269 ff.; *ders.*, Die Koalitionsfreiheit als Verfassungsproblem, 1971, S. 167 f.

losigkeit durch ein strukturelles Machtgefälle geprägt. Fast alle Arbeitnehmer sind existentiell davon abhängig, daß sie Abnehmer für ihre Arbeitskraft finden. Mit der Arbeitslosigkeit steigt das Angebot an Arbeit, so daß die zu erzielenden Preise fallen. Die rechtliche Vertragsfreiheit findet unter diesen Umständen auf dem Arbeitsmarkt kein reales Substrat. Die Koalitionsfreiheit soll es angesichts vielfältiger historischer Erfahrungen den Arbeitnehmern ermöglichen, ihre Verhandlungsposition zu verbessern. Wenn etwa vom Kronberger Kreis oder von der Deregulierungskommission „mehr Markt im Arbeitsrecht" gefordert wird[156], darf die Grundentscheidung der Verfassung für „die von der Koalitionsfreiheit intendierte kollektive Ordnung des Arbeitslebens"[157] nicht übersehen werden. Mit ihr müssen sich auch diejenigen auseinandersetzen, die in den Koalitionen Kartelle sehen, deren Beseitigung sie für erforderlich halten, um der Privatautonomie im Arbeitsrecht zum Durchbruch zu verhelfen und so die Arbeitslosigkeit zu bekämpfen[158]. Zwar darf grundsätzlich niemand gehindert werden, als Arbeitnehmer oder Arbeitgeber auf sich allein gestellt den Erfolg auf dem Arbeitsmarkt zu suchen. Das Grundgesetz bekennt sich in Art. 9 Abs. 3 GG jedoch „zu dem freiheitlichen Verfahren nicht nur individualer, sondern auch kollektiver Privatautonomie"[159]. Dieses Bekenntnis knüpft an die Weimarer Reichsverfassung an und geht letztlich auf die Aufhebung des Koalitionsverbots durch die Gewerbeordnung von 1869 zurück[160]. Es ist als soziales Schutz-

---

[156] *W. Engels u. a.*, Mehr Markt im Arbeitsrecht, Schriftenreihe des Frankfurter Instituts für wirtschaftspolitische Forschung e. V., Band 10, 1986, S. 16ff.; vgl. dazu auch: *Reuter*, Deregulierung auf dem Arbeitsmarkt, DZWir 1991, 221ff.; *Unabhängige Expertenkommission zum Abbau marktwidriger Regulierungen*, Marktöffnung und Wettbewerb, 1991, Kapitel 8: Der Arbeitsmarkt, S. 133ff.; in dieser Richtung auch *Reuter*, Betriebsverfassung und Tarifvertrag, RdA 1994, 152ff.; *Ehrmann/Schmidt*, Betriebsvereinbarungen und Tarifverträge, NZA 1995, 193ff.; *Ehrmann/Lambrich*, Vorrang der Betriebs- vor der Tarifautonomie kraft des Subsidiaritätsprinzips, NZA 1996, 346ff.; *Ehrmann*, Empfiehlt es sich, die Regelungsbefugnisse der Tarifparteien im Verhältnis zu den Betriebsparteien neu zu ordnen?, ZRP 1996, 314ff.; zur Kritik: *Farthmann*, Das Ende unserer Sozialverfassung?, ZRP 1987, 225ff.

[157] *Badura*, Das Recht der Koalitionen – Verfassungsrechtliche Fragestellungen, in: C. Müller (Hrsg.), Das Arbeitsrecht der Gegenwart, Band 15, 1987, S. 17 (19); *Scholz*, in: Maunz/Dürig (Hrsg.), Grundgesetz, Art. 9 Rdn. 164.

[158] *Carl Christian v. Weizäcker*, Deregulierung und Privatisierung als Ziel und Instrument der Ordnungspolitik, in: Vogel (Hrsg.), Deregulierung und Privatisierung, 1988, S. 11ff.; vgl. auch *Adomeit*, § 116 AFG und der Fernstreik, NJW 1987, 33ff.; *ders.*, Der Weiterbeschäftigungsanspruch – abgelehnt, NJW 1986, 901ff.; *ders.*, Das Warnstreikurteil – ein Warnsignal, NJW 1985, 2515ff.

[159] *Scholz*, in: Maunz/Dürig (Hrsg.), Grundgesetz, Art. 9 Rdn. 165.

[160] §§ 152f. Gewerbeordnung für den Norddeutschen Bund vom 21. 6. 1869, GBl. S. 295; dazu: *Bauer*, in: Dreier (Hrsg.), Grundgesetz, Band 1, 1996, Art. 9 Rdn. 6; zur ge-

recht die Antwort des sozialen Rechtsstaats auf das materielle Elend, das die Arbeitnehmerschaft im 19. Jahrhundert weithin getroffen hatte[161]. Unter dem Grundgesetz bildet die Koalitionsfreiheit zusammen mit dem Sozialstaatsprinzip und dem Gebot, die Erfordernisse des gesamtwirtschaftlichen Gleichgewichts zu beachten, den bundesverfassungsrechtlichen Rahmen für staatliche Einwirkungen auf den Arbeitsmarkt.

IV. Beschäftigungsfreundliche Gestaltung der Rechtsordnung

Bei aller gebotenen Zurückhaltung gegenüber der vorschnellen Ableitung einer Arbeitsmarktpolitik aus der Verfassung entspricht dem Sozialstaatsprinzip und der Beachtung der Erfordernisse des gesamtwirtschaftlichen Gleichgewichts aber ein Bemühen des Staates, die Rechtsordnung beschäftigungsfreundlich zu gestalten. Der Verantwortung des Gesetzgebers für einen hohen Beschäftigungsstand, auf den er in einer Marktwirtschaft nur begrenzt Einfluß nehmen kann, genügt eine sorgfältige Prüfung und Risikoabschätzung, welche Folgen beschäftigungsrelevante Rechtsnormen für den Arbeitsmarkt haben. Die Rechtsordnung der Bundesrepublik Deutschland ist ganz wesentlich in der Zeit der Vollbeschäftigung gestaltet worden. Arbeitslosigkeit war in dem Vierteljahrhundert nach 1949 kein Problem, das die Politik intensiv beschäftigt hätte. Dementsprechend sind verschiedene Bereiche der Rechtsordnung so gestaltet, daß sie jedenfalls keine Anreize zur Beschäftigungsförderung entfalten. Ich möchte das exemplarisch am Beispiel des Sozialversicherungsrechts, des Steuerrechts und des Bildungsrechts aufzeigen.

1. *Sozialversicherungsrecht*

Das Sozialversicherungsrecht geht zwar in seinen Ursprüngen schon auf das letzte Drittel des 19. Jahrhunderts zurück[162], hat seine heutige Ge-

---

schichtlichen Entwicklung des Bekenntnisses zur kollektiven Privatautonomie vgl. *Scholz*, in: Maunz/Dürig (Hrsg.), Grundgesetz, Art. 9 Rdn. 155f.

[161] *Scholz*, Koalitionsfreiheit, in Isensee/Kirchhof (Hrsg.), Handbuch des Staatsrechts, Band VI, 1989, § 151 Rdn. 3.

[162] Reichsgesetz betreffend die Invaliditäts- und Alterssicherung vom 22. 6. 1889 (RGBl S. 97); Gesetz betreffend die Krankenversicherung der Arbeiter vom 15. 6. 1883 (RGBl S. 73); dazu: *Herzog*, Ziele, Vorbehalte und Grenzen der Staatstätigkeit, in: Isensee/Kirchhof (Hrsg.), Handbuch des Staatsrechts, Band III, 2. A. 1994, § 58 Rdn. 59; *Eichenhofer*, Sozialrecht, 1995, § 2 Rdn. 32ff.; *Frerich/Frey*, Historische Grundlagen, in: Schulin (Hrsg.), Handbuch des Sozialversicherungsrechts, Band 3, 1999, § 1 Rdn. 4ff.; *Peters*, Geschichte der sozialen Versicherung, 1978, S. 29ff., 49ff., 75 ff; *Tennstedt*, Geschichte des Sozialrechts, in: v. Maydell/Ruland (Hrsg.), SRH, 1996, S. 25ff. Rdn. 1ff.

stalt aber ganz wesentlich in den fünfziger Jahren erfahren.[163] Seinerzeit wurde der Kreis der Versicherungspflichtigen und -berechtigten deutlich erweitert; gleichzeitig wurden die Versicherungsleistungen ausgeweitet und verbessert[164]. In den Anfangsjahren der Bundesrepublik Deutschland betrug der Beitragssatz zur Rentenversicherung 10%, zur Krankenversicherung 6% und zur Arbeitslosenversicherung 4%, insgesamt also 20% des Bruttoarbeitsentgelts. Die Sozialversicherung erfaßte etwa 40% der Arbeitnehmer und etwa 10% der Bevölkerung. Die Höhe der gesetzlichen Rente belief sich auf ungefähr 30% der jeweiligen Löhne und Gehälter[165].

Diese Zahlen haben sich in der Folgezeit grundlegend verändert. 1957 sind die Renten dynamisiert und damit der Lohnentwicklung angepaßt worden. An die Stelle des Anwartschaftsdeckungsverfahrens ist das Abschnittsdeckungsverfahren getreten, der sogenannte Generationenvertrag[166]. Flüchtlinge und Vertriebene sind in das Sozialversicherungssystem ebenso eingegliedert worden wie nach der Wiedervereinigung die Ostdeutschen[167]. In der Konsequenz erfaßt die Sozialversicherung heute

---

[163] Siehe das Arbeiterrentenversicherungs-Neuregelungsgesetz (ArVNG) vom 23. 2. 1957 (BGBl I, S. 45), das Angestelltenversicherungs-Neuregelungsgesetz (Angestelltenversicherung NG) vom 23. 2. 1957 (BGBl I, S. 88), sowie das Knappschaftsrentenversicherungs-Neuregelungsgesetz (KnVNG) vom 21. 7. 1957 (BGBl I S. 533). Dazu: *Zacher*, Das soziale Staatsziel, in: Isensee/Kirchhof (Hrsg.), Handbuch des Staatsrechts, Band I, 1987, § 25 Rdn. 40ff.; *Peters*, Geschichte der sozialen Versicherung, 1978, S. 143 ff, 147ff.; *Tennstedt*, Geschichte des Sozialrechts, in v. Maydell/Ruland (Hrsg.), SRH, 1996, S. 25ff. Rdn. 75ff.

[164] *Eichenhofer*, Sozialrecht, 1995, § 2 Rdn. 48; *Tennstedt*, Geschichte des Sozialrechts, in: v. Maydell/Ruland (Hrsg.), SRH, 1996, S. 25ff. Rdn. 84, 86.

[165] Zu den Zahlen: Statistisches Taschenbuch 1950–1990, Arbeits- und Sozialstatistik, Tabellen 1.16 (Soziale Leistungen an private Haushalte), 1.24 (Öffentliche Ausgaben), 2.7 (Sozialversicherungspflichtig beschäftigte ausländische Arbeitnehmer), 7.1 (Sozialbudget), 7.5 (Sozialleistungen in der Volkswirtschaftlichen Gesamtrechnung).

[166] *Bley/Kreikebohm*, Sozialrecht, 1993, Rdn. 301; *Erlenkämper/Fichte*, Sozialrecht, 1996, S. 347ff.; *Frerich/Frey*, Historische Grundlagen, in: Schulin (Hrsg.), Handbuch des Sozialversicherungsrechts, Band 3, 1999, § 1 Rdn. 97ff., 108; *Ruland*, Rentenversicherung, in: v. Maydell/ders. (Hrsg.), SRH, 1996, S. 877ff. Rdn. 19ff.; *Tennstedt*, Geschichte des Sozialrechts, in: v. Maydell/Ruland (Hrsg.), SRH, 1996, S. 25ff. Rdn. 104.

[167] Fremdrenten- und Auslandsrentengesetz (FAG) vom 7. 8. 1953 (BGBl I S. 848) mit den Änderungsgesetzen vom 21. 1. 1956 (BGBl I S. 17) und vom 4. 9. 1956 (BGBl I S. 767) und dem Rentenreformgesetz 1992, verabschiedet am 18. 12. 1992 (BGBl I S. 2261). Hinsichtlich der Eingliederung der Vertriebenen und Flüchtlinge: *Erlenkämper/Fichte*, Sozialrecht, 1996, S. 464f.; *Ruland*, Rentenversicherung, in: v. Maydell/ders. (Hrsg.), SRH, 1996, S. 877 ff Rdn. 18; *Tennstedt*, Geschichte des Sozialrechts, in: v. Maydell/Ruland (Hrsg.), SRH, 1996, S. 25ff. Rdn. 102. Hinsichtlich ihrer Eingliederung in die GKV vgl. §§ 1ff., 90 b BVFG, 10 FAG, dazu: *Bloch*, in: Schulin (Hrsg.), HS-KV, 1994, § 17 Rdn. 57;

fast alle Arbeitnehmer und ca. 90% der Bevölkerung[168]. Die gleichzeitige Ausweitung der Leistungen trug wesentlich dazu bei, daß die Beitragssätze sich verdoppelten: Gegenwärtig beträgt der Beitragssatz zur Rentenversicherung 19,5%, zur Krankenversicherung ca. 13,5% und zur Arbeitslosenversicherung 6,5%; hinzu kommt der Beitragssatz zur Pflegeversicherung von 1,7%, so daß sich eine Summe von gut 41% ergibt[169].

Da die Sozialversicherungsbeiträge je zur Hälfte von Arbeitgebern und Arbeitnehmern aufzubringen sind, verteuert sich aus der Sicht des Arbeitgebers die abhängige Arbeit um mehr als 20% des Bruttoarbeitsentgelts. Die direkte Abhängigkeit der Vorsorge für Alter, Krankheit, Arbeitslosigkeit und Pflegebedürftigkeit vom Arbeitseinkommen und die hälftige Beteiligung der Arbeitgeber an den entstehenden Kosten ist aus sozialpolitischer Sicht durchaus nachvollziehbar – mit Blick auf den Arbeitsmarkt wirft sie in Zeiten hoher Arbeitslosigkeit aber viele Fragen auf[170]. Geschichtlich gewachsen ist sie in der Zeit der Vollbeschäftigung. An deren Ende im Jahr 1974 beliefen sich die Beitragssätze schon auf insgesamt knapp 30% (Rentenversicherung 18%, Krankenversicherung 9,5%, Arbeitslosenversicherung 1,7%). Rechnet man den Beitragssatz der Arbeitslosenversicherung heraus, der direkt die Höhe der Arbeitslosigkeit widerspiegelt, war innerhalb von 25 Jahren eine Beitragssteigerung um fast 60% zu verzeichnen[171]. Die Steigerung der Vorsorgekosten

---

Schneider, daselbst, § 24 Rdn. 12. Zur Einbeziehung der Ostrentner nach der Wiedervereinigung in die Rentenversicherung vgl.: Übergangsrecht für Renten nach den Vorschriften des Beitrittsgebiets (RÜG) vom 25. 7. 1991 (BGBl. I S. 1606), Anspruchs- und Anwartschaftsüberführungsgesetz (AAÜG) vom 25. 7. 1991 (BGBl. I S. 1606, 1667), dazu neuerdings: BVerfG, Urteile v. 28. 4. 1999, BVerfGE 100, 1; 59; 104; 138. Zur Rentenüberleitung siehe ferner: *Frerich/Frey*, Historische Grundlagen, in: Schulin (Hrsg.), Handbuch des Sozialversicherungsrechts, Band 3, 1999, § 1 Rdn. 196ff., 207ff.; *Ruland*, Rentenversicherung, in: v. Maydell/ders. (Hrsg.), SRH, S. 877ff. Rdn. 27; *Tegtmeier*, Zukunft des Sozialstaats, in: v. Maydell/Ruland (Hrsg.), SRH, 1996, S. 177ff. Rdn. 24ff.

[168] Statistische Angaben aus: Arbeits- und Sozialstatistik, Hauptergebnisse des Bundesministeriums für Arbeit- und Sozialordnung 1998, S. 44; ferner: *Schnapp*, Selbstverwaltung in der Sozialversicherung, in: v. Mutius u.a. (Hrsg.), Festschrift von Unruh, 1983, S. 881 (883); *Tegtmeier*, Zukunft des Sozialstaats, in: v. Maydell/Ruland (Hrsg.), SRH, 1996, S. 177ff. Rdn. 17.

[169] Zahlen aus: Statistisches Taschenbuch, Arbeits- und Sozialstatistik 1998, Tabelle 7.7 (Arbeitnehmerbeiträge zur Sozialversicherung). Zur gesamtwirtschaftlichen Bedeutung der sozialen Sicherung vgl. auch *Schmähl*, Ökonomische Grundlagen, in: v. Maydell/Ruland (Hrsg.), SRH, 1996, S. 125ff. Rdn. 6ff.

[170] Vgl. *Schmähl*, Ökonomische Grundlagen, in: v. Maydell/Ruland (Hrsg.), SRH, 1996, S. 125ff. Rdn. 102ff. 107, 124ff.

[171] Quelle: Statistisches Taschenbuch, Arbeits- und Sozialstatistik 1998, Tabellen 2.10 (Arbeitslose, Kurzarbeiter), 7.7 (Arbeitnehmerbeiträge zur Sozialversicherung).

hat um diesen Prozentsatz die Erhöhung der Löhne und Gehälter übertroffen.

Das warf keine Probleme auf, solange der Arbeitsmarkt durch Vollbeschäftigung gekennzeichnet war. Mit dem Einsetzen der Arbeitslosigkeit zeigte sich, daß die Sozialversicherung eine Eigendynamik gewonnen hat, die sie – losgelöst von der Vollbeschäftigung als ihrer stillschweigenden materiellen Voraussetzung – weiter durch die Zeit der Arbeitslosigkeit trug[172]. Das Bedürfnis nach Teilhabe an den staatlich garantierten Institutionen sozialer Sicherung und ihren Leistungen wuchs infolge der verschlechterten gesamtwirtschaftlichen Situation und der steigenden Arbeitslosigkeit weiter an und ließ nur relativ geringfügige Korrekturen am Sozialversicherungssystem zu.

Heute stellt sich um so nachdrücklicher die Frage, ob die Belastung der Kosten abhängiger Arbeit mit fast den gesamten Vorsorgeaufwendungen sinnvoll ist. So erstrebenswert ein Rentenniveau von 70 % des Arbeitseinkommens[173] und die Teilhabe an allen Facetten des medizinischen Fortschritts auch sind, sollte der Gesetzgeber doch erwägen, ob er nicht zur Förderung der Beschäftigung in Zukunft die Vorsorge auf dualem Wege anstrebt und unterstützt. Anders als in den fünfziger Jahren sind heute Einkommen und Vermögen nicht geringer Teile der Bevölkerung groß genug, um ihnen private Vorsorgeaufwendungen neben der gesetzlichen Sozialversicherung zu ermöglichen[174]. Ein gesetzliches Umsteuern könnte selbstverständlich nur schrittweise erfolgen, dürfe den Generationenvertrag nicht brechen, müßte auf nicht vorsorgefähige Arbeitnehmer Rücksicht nehmen und könnte vom Staat durch steuerliche Anreize unterstützt werden.

---

[172] Zur trotz steigender Arbeitslosigkeit ungebrochenen Entwicklung der Sozialleistungsquote *Tegtmeier*, Zukunft des Sozialstaats, in: v. Maydell/Ruland (Hrsg.), SRH, 1996, S. 177ff. Rdn. 14ff.

[173] Zur Entwicklung des Rentenniveaus in Folge des Rentenreformgesetzes auf 64 % *Sachverständigenrat zur Begutachtung der gesamtwirtschaftlichen Entwicklung*, Vor weitreichenden Entscheidungen, Jahresgutachten 1998/99, S. 233.

[174] Das Geldvermögen der privaten Haushalte betrug 1973 im Durchschnitt 13070 DM am Jahresende und stieg bis zum Jahr 1988 auf 25673 DM pro Haushalt (zit. nach *Statistisches Bundesamt*, Haushalte heute, Einkommens- und Verbrauchsstichprobe 1988, 1992, S. 5). Im Jahre 1993 verfügte jeder westdeutsche Haushalt über ein durchschnittliches Geldvermögen i. H. v. 63100 DM, jeder ostdeutsche Haushalt über ein Geldvermögen von 22800 DM (zit. nach: *Statistisches Bundesamt*, Einkommens- und Verbrauchsstichprobe 1993, Ausgewählte Ergebnisse, Pressemitteilung „Wo bleibt mein Geld?" vom 4. September 1997 (Quelle: http://www.statistik-bund.de/presse/deutsch/pm/p7255024.htm).

2. *Steuerrecht*

Das Steuerrecht ist in seinen lenkenden Teilen[175] ebenfalls wesentlich in einer Zeit entstanden, in der Vollbeschäftigung selbstverständlich war. Auch hier sind in Zeiten der Arbeitslosigkeit Reformen in Richtung auf eine größere Beschäftigungsfreundlichkeit denkbar. Das gilt unabhängig von dem Bemühen um allgemeine Steuersenkungen, die zwar durchaus wirtschaftsbelebende Wirkungen entfalten können, angesichts der Höhe der Staatsverschuldung gegenwärtig jedoch nur in begrenztem Umfang finanzierbar sein dürften. Zudem bewirken Investitionsanreize durch allgemeine Steuersenkungen nicht zwangsläufig die Schaffung neuer Arbeitsplätze.

Möglich wäre es aber, das Lenkungsteuerrecht von der Investitionsförderung in Richtung auf die Arbeitsplatzförderung umzugestalten. Geprägt von den Erfahrungen in der Zeit der Vollbeschäftigung setzt der Steuergesetzgeber mit seinen Lenkungsmaßnahmen regelmäßig bei Investitionen an, wie zuletzt das Investitionszulagengesetz 1999[176] belegt, das an bilanzsteuerrechtliche Begriffe wie insbesondere die Anschaffungs- und Herstellungskosten anknüpft. Eine Möglichkeit zu beschäftigungsfreundlicher Umgestaltung bestünde darin, wirtschaftslenkende Steuervergünstigungen und Direktsubventionen stärker auf die Schaffung und Erhaltung von Arbeitsplätzen auszurichten. Die Tatsache einer Investition besagt nämlich noch nichts darüber, ob Arbeitsplätze geschaffen und erhalten oder abgebaut werden. Denkbar wäre auch eine steuerliche Begünstigung einer tarifvertraglich vereinbarten beschäftigungswirksamen Arbeitszeitreduzierung nach Beispiel der französischen „loi Aubry“[177], die allerdings bei einer Senkung der Sozialabgaben ansetzt[178]; Herr v. Danwitz wird näher auf dieses Gesetz eingehen. Eine Flexibilisierung des Angebots an abhängiger Arbeit könnte der Steuergesetzgeber dadurch fördern, daß er nicht nur die Weiterbildung in einem einmal erlernten Beruf[179], sondern auch eine Fort-

---

[175] Vgl. zum Steuerrecht als Lenkungsinstument der Sozial- und Wirtschaftspolitik: *Birk*, Steuerrecht, 1999, Rdn. 163ff.; *Tipke*, Steuerrechtsordnung, Band 3, Köln 1993, S. 1058f.; *Tipke/Lang*, Steuerrecht, 16. A. 1998, § 20, S. 765ff.

[176] Vom 18. 8. 1997, BGBl. 1997 I, S. 2070; dazu: *Tipke/Lang*, Steuerrecht, 16. A. 1998, § 20 Rdn. 39 u. 44ff. Zum gegenwärtigen Stand siehe den 17. Subventionsbericht, BT/Drs. 14/1500, S. 11ff.

[177] JO 14. 6. 1998, p. 9029ff., nach der französischen Arbeitsministerin *Martine Aubry* benannt.

[178] Vgl. dazu *Hartmann*, Die gesetzlichen Arbeitszeitverkürzungen in Frankreich, RIW 1998, 757 (757 ff).

[179] Zur Abzugsfähigkeit von Weiterbildungskosten vgl. BFHE 167, 392 (393ff.); 177, 119 (120).

bildung zum Erwerb neuer Qualifikationen – etwa im Bereich der Informationstechnik – steuerlich begünstigte.

3. *Bildungsrecht*

Eine beschäftigungsfreundlichere Gestaltung des Bildungsrechts könnte in einer Abkehr von dem Konzept einer einmaligen Berufsausbildung stehen, die für ein ganzes Arbeitsleben vorhalten soll. In der Zeit der Vollbeschäftigung war dieses Konzept sinnvoll. Gegenwärtig wäre es hilfreicher, wenn Schulen, Fachhochschulen und Universitäten ihr Angebot stärker auf die Bedürfnisse des Arbeitsmarktes ausrichteten und die Weiterbildung nachdrücklicher in die eigene Hand nähmen[180]. Vielfältige Ansätze finden sich bereits; ein grundsätzliches Umdenken in Richtung auf mehr Flexibilisierung scheint mir allerdings noch nicht erfolgt. Wir erleben im Moment in unserem Fach gerade die Diskussionen über eine stärkere Ausrichtung der Juristenausbildung auf den Anwaltsberuf, den mehr als 85 % unserer Absolventen ergreifen werden[181]. Auch für Anwälte ist eine stän-

---

[180] Zur Situation der Berufsausbildung und zur Krise des „Dualen Systems“: *Alex*, Entwicklung der Berufsausbildung in Deutschland, 1997, S. 63 ff., 73 ff.; *Albeit*, Arbeit und Bildung im Modernisierungsprozeß: Entkoppelung oder neue Synthese?, in: ders./Apitzsch u. a. (Hrsg.), Von der Arbeitsgesellschaft zur Bildungsgesellschaft?, 1994, S. 23 ff.; *Bosch*, Bildung, Innovation und Chancengleichheit auf dem Arbeitsmarkt, in: Elser u. a. (Hrsg.), Ökonomie in gesellschaftlicher Verantwortung, 1998, S. 317 ff. Zur Weiterentwicklung der Bildung vor den Anforderungen der sich wandelnden Erwerbsgesellschaft die Berichte über den 15. Kongress der Deutschen Gesellschaft für Erziehungswissenschaft in Halle 1996, in: Krüger/Olbertz (Hrsg.), Bildung zwischen Staat und Markt, 1997, S. 63 ff., 399 ff., 461 ff. Zur wachsenden Bedeutung der Weiterbildung: *Richter*, Recht der Weiterbildung, 1993, S. 10 ff., 17 ff., 33 ff.; *Timmermann*, Öffentliche Verantwortung in der Weiterbildung, in: Elser, Wolfram u. a. (Hrsg.), Ökonomie in gesellschaftlicher Verantwortung, 1998, S. 335 ff.

[181] Vgl. nur die Beschlüsse des 62. Deutschen Juristentages 1998 in Bremen, in: Verhandlungen des 62. DJT, Band II/1, Sitzungsberichte- Referate und Beschlüsse, insbesondere Beschluß 1 f., S. N 95 sowie Beschluß 4a, S. N 98. Zur Frage der Reform der Juristenausbildung auch die Referate der Abteilung Juristenausbildung, a.a.O., S. N 1 ff. Aus der umfangreichen Debatte: *Hassemer/Kübler*, Welche Maßnahmen empfehlen sich – auch im Hinblick auf den Wettbewerb zwischen Juristen aus den EG- Staaten – zur Verkürzung und Straffung der Juristenausbildung, Gutachten E, in: Verhandlungen des 58. DJT, Band I, 1990, S. E 1 ff.; Thesenpapier der *Initiative für eine Reform des juristischen Studiums*, in: NJW 1997, 2935 ff.; *Böckenförde*, Juristenausbildung- auf dem Weg ins Abseits?, JZ 1997, 317 ff.; *Böttcher*, Die Reform der Juristenausbildung und der Deutsche Juristentag, BayVBl. 1999, 97 ff.; *Flessner*, Deutsche Juristenausbildung, JZ 1996, 689 ff.; *Hoffmann-Riem/Willand*, Forum: Neue Perspektiven der Juristenausbildung, JuS 1997, 208, 497; 1998, 106; *Ranieri*, Reform der Juristenausbildung ohne Ende?, JZ 1998, 831 ff.; *ders.*, Juristen für Europa, JZ 1997, 801 ff.; *Reifner*, Juristenausbildungsdiskussion am Ende?, ZRP 1999, 43 ff; *Sauter*, Juristenausbildung auf dem Prüfstand, ZRP 1999, 273 ff.;

dige Weiterbildung erforderlich, die durchaus wissenschaftlich angeleitet sein könnte. Ähnliche Überlegungen ließen sich sowohl für andere Hochschulfächer als auch für die betriebliche Ausbildung anstellen.

Schluß

Ob von den aufgezeigten Möglichkeiten der Reform bestimmter Rechtsgebiete in Richtung auf größere Beschäftigungsfreundlichkeit Gebrauch gemacht wird oder nicht, ist politisch zu entscheiden. Weder das Europarecht noch das Verfassungsrecht schreiben dem Staat konkrete Maßnahmen zur Lenkung des Arbeitsmarktes vor. Sie geben ihm aber die Sorge um einen hohen Beschäftigungsstand als Verfassungsvoraussetzung und als wesentlicher Gehalt des Sozialstaatsprinzips wie auch des Bemühens um ein gesamtwirtschaftliches Gleichgewicht auf. Die staatlichen Lenkungsmöglichkeiten sind in einer globalen Marktwirtschaft beschränkt, die auf grundrechtlicher Freiheit basiert. Das ändert nichts daran, daß nur das staatliche Recht den Marktkräften Grenzen setzen, den Menschen ihre Subjektstellung sichern und sie davor bewahren kann, zu Marktobjekten zu werden[182]. Deshalb lautet die Antwort auf die drei Eingangsfragen:

1. Auch in der Zeit der Globalisierung **kann** der Staat in begrenztem Umfang auf den Arbeitsmarkt einwirken.
2. Mit Blick auf die Freiheitsrechte der Bürger, insbesondere die Koalitionsfreiheit **darf** der Staat auf den Arbeitsmarkt einwirken.
3. Nach den Vorgaben des Verfassungsrechts und des Gemeinschaftsrechts **soll** der Staat mit dem Ziel auf den Arbeitsmarkt einwirken, ein hohes Beschäftigungsniveau zu fördern.

Die unsichtbare Hand des Arbeitsmarktes bedarf der sichtbaren Hand des Staates.

Schlüchter/Krüger, Zur (fälligen) Reform der Juristenausbildung, Jura 1998, 1ff.; *Schmidt-Jortzig*, Thesen zur Juristenausbildung, ZRP 1998, 289 ff; *v. Münch*, Juristenausbildung, NJW 1998, 2324ff. Umfassend zur Debatte um eine Reform der Juristenausbildung in der Bundesrepublik Deutschland: *Lührig*, Die Diskussion über die Reform der Juristenausbildung von 1945 bis 1995, 1997.

[182] *Böckenförde*, Recht schafft Freiheit, indem es Grenzen setzt, in: ders.: Staat, Nation, Europa, 1999, S. 233ff. (239ff.).

Leitsätze des 1. Berichterstatters über:

Arbeitsmarkt und staatliche Lenkung
Daten und Thesen

I. Bestandsaufnahme

1. Die Zeit der Vollbeschäftigung (1955–1974) ist seit 25 Jahren einer Zeit der Arbeitslosigkeit gewichen.

a) Entwicklung der Arbeitslosigkeit

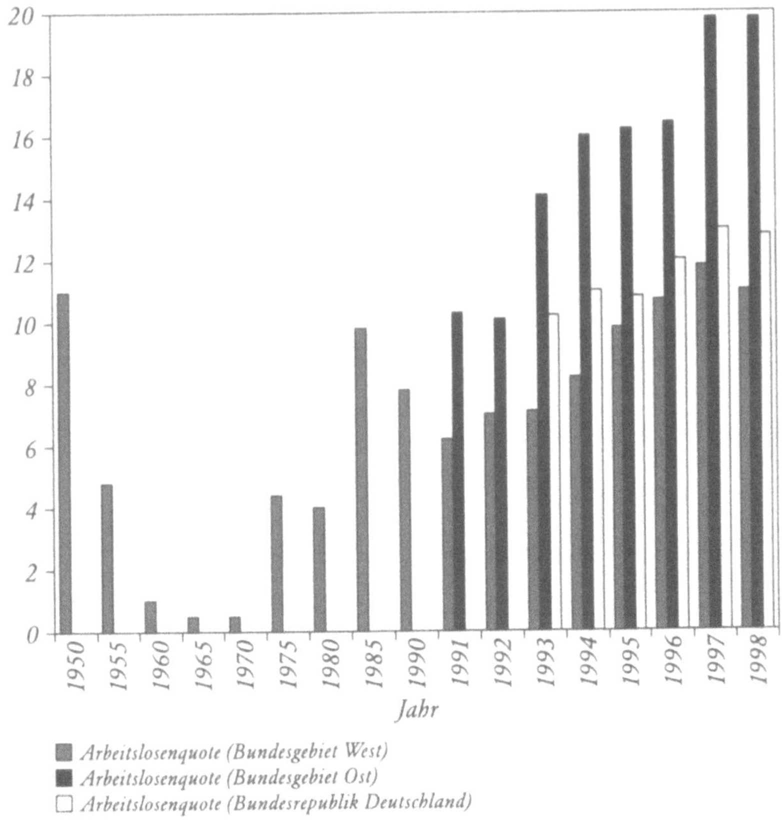

b) Struktur der Arbeitslosigkeit in Deutschland 1999
Langzeitarbeitslose: 33 % aller Arbeitslosen
über 54 Jahre: 20 % aller Arbeitslosen
Arbeitslosenquote unter 25 Jahren: 11,2 % (8/1999);
1998: 17 %

c) Arbeitslosenquote und Berufsqualifikation in Deutschland
ungelernt: 13,3 %
gelernt: 7,9 %
Universität: 4,7 %

d) Beschäftigtenquote in Westdeutschland
1950: 25 %
1955–1980: 35 %
1990: 40 %
1998: 35 %

e) Beschäftigtenzahl in Deutschland
1991: 36,5 Mio 8/1999: 34 Mio.

f) Offene Stellen in Deutschland
8/1999: 470000

g) Offene und verdeckte Arbeitslosigkeit in Deutschland 8/1999

gemeldete Arbeitslose:		*4000000*	*10,3 %*
Beschäftigungsförderung:		*740000*	
Programm Jugendarbeitslosigkeit:		*180000*	
gesamt		*4920000*	*12,7 %*
stille Reserve:	*ca.*	*1600000*	
insgesamt	*ca.*	*6500000*	*16,7 %*

Ostdeutschland: faktisch örtlich über 30 % Arbeitslose

2. Die innere Einheit Deutschlands ist auf dem Arbeitsmarkt noch lange nicht erreicht.

3. Eine hohe berufliche Qualifikation wirkt auch in Zeiten der Globalisierung wie eine immaterielle Versicherung gegen Arbeitslosigkeit.

4. Die Teilnehmer des Arbeitsmarktes nehmen den Verlust von Arbeitsplätzen in Kauf, wenn das zur Gewinnerzielung und Vergütungssicherung notwendig erscheint.

5. Der Staat beeinflußt den Arbeitsmarkt zwangsläufig in vielfältiger Form.

II. Theorie des sozialen Verfassungsstaates

6. Ein hoher Beschäftigungsstand ist materielle Voraussetzung des sozialen Verfassungsstaates, kann von diesem in einer Marktwirtschaft aber nur begrenzt gewährleistet werden.

7. Faktische Abhängigkeiten des Staates von den Akteuren des Arbeitsmarktes erschweren die Sicherung des Gemeinwohls.

8. Die Verfassung überläßt die Bestimmung des richtigen Weges zwischen Selbstregulierung des Arbeitsmarktes und staatlicher Einwirkung den demokratisch legitimierten Staatsorganen.

III. Europa- und verfassungsrechtliche Vorgaben

9. Das primäre Gemeinschaftsrecht verpflichtet die Mitgliedstaaten und die Gemeinschaft, einen hohen Beschäftigungsstand zu fördern.

10. Das Sozialstaatsprinzip verpflichtet den Staat, die Arbeitslosigkeit zu bekämpfen, um den Arbeitslosen die persönliche und soziale Entfaltung zu ermöglichen.

11. Das Sozialstaatsprinzip verpflichtet den Staat nicht notwendig zu verstärkten Interventionen in den Arbeitsmarkt, sondern erlaubt auch ein Vertrauen auf die Selbstheilungskräfte des Marktes, soweit das den demokratisch gewählten Politikern zur Verwirklichung des Gemeinwohls zielführend zu sein scheint.

12. Zu den Erfordernissen des gesamtwirtschaftlichen Gleichgewichts i.S.v. Art. 109 Abs. 2 GG gehört neben der Stabilität des Preisniveaus, dem außenwirtschaftlichen Gleichgewicht und dem stetigen und angemessenen Wirtschaftswachstum auch ein hoher Beschäftigungsstand.

13. Die langanhaltende hohe Arbeitslosigkeit stellt eine nachhaltige Störung des gesamtwirtschaftlichen Gleichgewichts dar.

14. 12 der 16 Landesverfassungen geben dem Staat auf, die Schaffung von Arbeitsplätzen zu fördern; als Verfassungsaufträge verstanden halten sich die landesverfassungsrechtlichen Normen im Rahmen der Regelungskompetenz der Landesverfassungsgeber und sind inhaltlich mit dem einschlägigen Bundesrecht vereinbar.

15. Das Grundgesetz sichert in Art. 9 Abs. 3 GG einen Freiraum, den die Koalitionen zur Gestaltung der Arbeits- und Wirtschaftsbedingungen nutzen können.

16. Dem Gesetzgeber ist es nicht verwehrt, zum Schutz von Gemeinwohlbelangen mit verfassungsrechtlichem Rang Fragen zu regeln, die Gegenstand von Tarifverträgen sein können.

17. Verfassungsrechtlichen Rang genießt neben dem Sozialstaatsprinzip und dem gesamtwirtschaftlichen Gleichgewicht auch das Bemühen des Staates, dem einzelnen Arbeitslosen durch die Verschaffung von Arbeit zu helfen, die eigene Persönlichkeit zu entfalten und darüber Achtung und Selbstachtung zu erfahren (Art. 1 Abs. 1 und Art. 2 Abs. 1 GG).

18. Das Bekenntnis des Art. 9 Abs. 3 GG zu nicht nur individualer, sondern auch kollektiver Privatautonomie soll es angesichts vielfältiger historischer Erfahrungen den Arbeitnehmern ermöglichen, ihre Verhandlungsposition auf dem Arbeitsmarkt zu verbessern.

IV. Beschäftigungsfreundliche Gestaltung der Rechtsordnung

19. Den Weg zu einem hohen Beschäftigungsstand gibt die Verfassung dem Staat nicht vor, sie verpflichtet ihn aber zu prüfen, welche Folgen beschäftigungsrelevante Rechtsnormen für den Arbeitsmarkt haben.

20. Wesentliche Bereiche der Rechtsordnung sind in der Zeit der Vollbeschäftigung entstanden und enthalten keine Anreize zur Beschäftigungsförderung

21. Die Belastung der Kosten abhängiger Arbeit mit umfassenden Vorsorgeaufwendungen durch die Sozialversicherung ist in der Zeit der Vollbeschäftigung sehr stark gewachsen und hat eine eigene Dynamik gewonnen:

Sozialversicherungsbeiträge in Prozent des Bruttoarbeitsentgelts

	1950	*1974*	*1999*
Rentenversicherung	*10 %*	*18,0 %*	*19,5 %*
Krankenversicherung	*6 %*	*9,5 %*	*13,5 %*
Arbeitslosenversicherung	*4 %*	*1,7 %*	*6,5 %*
Pflegeversicherung	–	–	*1,7 %*
gesamt	*20 %*	*29,2 %*	*41,2 %*
ohne Arbeitslosenversicherung	*16 %*	*27,5 %*	*34,5 %*

Rentenniveau	*1950:*	*30 % der durchschnittlichen Lohnhöhe,*
	1999:	*70 % der durchschnittlichen Lohnhöhe*

22. Als Handlungsalternative für den Gesetzgeber kommt eine schrittweise Umstellung auf ein duales System mit zusätzlichen privaten Vorsorgeaufwendungen in Betracht; die privaten Aufwendungen könnten steuerlich begünstigt und für Nichtvorsorgefähige staatlich mitfinanziert werden.

23. Das Lenkungssteuerrecht könnte von der Investitionsförderung stärker auf eine Arbeitsplatzförderung umgestellt werden.

24. Das Bildungsrecht könnte das Konzept einer einmaligen Ausbildung für ein ganzes Arbeitsleben stärker durch eine arbeitsmarktorientierte Weiterbildung ergänzen.

25. Ungeachtet der in einer Marktwirtschaft beschränkten Lenkungsmöglichkeiten ist es Aufgabe des Sozialstaates, den Kräften des Arbeitsmarktes im Interesse des Gemeinwohls rechtliche Grenzen zu setzen und die Menschen davor zu bewahren, zu Marktobjekten zu werden.

Erster Beratungsgegenstand:

Arbeitsmarkt und staatliche Lenkung

2. Bericht von Prof. Dr. *Christoph Engel*, Bonn

Inhalt

I. Das Problem*

Es kann falsch sein, das Richtige zu sagen. Auch Denkverbote erfüllen eine soziale Funktion. Deshalb werden sie oft in Recht gegossen. Wer ein Denkverbot lockern will, sagt das meist nicht offen. Wer in bester Absicht aufs Ganze geht, erreicht leicht gar nichts. Dieser Vortrag verstößt gegen all diese Klugheitsregeln. Er geht offen gegen die Denkverbote an, auf denen Arbeitsrecht und Arbeitsverfassung beruhen. Denn die Not ist so groß, daß das Herumdoktern an den Symptomen nicht mehr hilft. An die Ursachen müssen wir heran. Für uns Juristen ist die Suche nach den Ursachen nicht angenehm. Denn das geltende Recht ist nicht die Lösung, sondern die wichtigste Ursache für das Problem.

Ein Blick in die Statistiken zeigt, wie groß die Not ist. 1998 waren in Deutschland 4,3 Millionen Menschen arbeitslos[1]. Die Arbeitslosenquote betrug 11,2 %[2]. Hinzu kamen noch einmal fast 2 Millionen verdeckt Arbeitslose[3]. Die stille Reserve aus Personen, die sich resigniert vom Arbeitsmarkt abgewendet haben, taucht in der Statistik überhaupt nicht auf[4]. Besonders betroffen sind die neuen Bundesländer. Hier waren 1998 2,28 Millionen Menschen offen oder verdeckt arbeitslos[5]. Das sind 26,5 % der Erwerbstätigen[6]. Diese Zahlen werden noch erschreckender,

---

* Norbert Berthold, Renate Käppler, Stefan Okruch, Werner Sesselmeier, Indra Spiecker und Klaus F. Zimmermann danke ich für klärende Gespräche, Esther Freistedt und Kerstin Viethen für die Hilfe bei der Zusammenstellung des Materials.

[1] OECD Employment Outlook June 1999, 19. Die Projektionen sind etwas günstiger. 1999 soll die Zahl auf 4,1 Millionen, im Jahr 2000 auf 3,8 Millionen sinken. Zu den Meßproblemen umfassend *Wolfgang Franz*: Arbeitsmarktökonomik[3] 1996, 4, 343–356 und passim.

[2] OECD Employment Outlook (Fn. 1) 19.

[3] Sachverständigenrat zur Begutachtung der gesamtwirtschaftlichen Entwicklung. Jahresgutachten 1998/99, Tabelle 35; zu den einzelnen Personengruppen, die hierher zu rechnen sind ebd. Tabelle 27, Fn. 5.

[4] Zu den gerade genannten Kategorien näher *Werner Sesselmeier/Gregor Blauermel*: Arbeitsmarkttheorien 1997, 9f. Einen Anhalt gibt der internationale Vergleich der Erwerbsquoten. Gemessen wird, welcher Prozentsatz der Personen im erwerbsfähigen Alter (16–64) selbständig, abhängig beschäftigt oder als Arbeitslose registriert ist (http://www.oecd.org/eco/out/source.htm, 14 [1. 8. 1999]). Sie betrug im Jahre 1998 in den USA 77,8 %, in Deutschland dagegen nur 68,4 % (OECD Economic Outlook [Fn. 1] 245). Davon sind besonders die Frauen betroffen. Ihre Erwerbsquote betrug 1998 in Deutschland nur 60,9 %, in den Vereinigten Staaten dagegen 70,7 % (OECD Employment Outlook [Fn. 1] 226f.).

[5] Sachverständigenrat (Fn. 3) Tabelle 35. Berlin-Ost rechnet dabei zu den neuen Bundesländern.

[6] In den neuen Bundesländern und Berlin-Ost waren 1998 6,038 Millionen Menschen erwerbstätig. Die Wohnbevölkerung betrug 15,35 Millionen Menschen. Sachverständigenrat (Fn. 3) Tabelle 29.

wenn man den Anteil der Langzeitarbeitslosen betrachtet. Über die Hälfte der registrierten Arbeitslosen war im Jahre 1998 ein Jahr oder länger arbeitslos[7]. In den Vereinigten Staaten entfallen von der ohnehin viel niedrigeren Arbeitslosenquote nur 8% auf Langzeitarbeitslose[8]. Diese Menschen haben kaum noch eine Chance, je wieder Arbeit zu finden. Sie sind dafür verantwortlich, daß der Sockel der Arbeitslosigkeit in Deutschland von Rezession zu Rezession gestiegen ist[9].

Der Satz ist oft mißbraucht worden. Hier ist er jedoch angebracht: Der Standort Deutschland ist in Gefahr. Die Lohnstückkosten sind die höchsten der Welt[10]. Besonders drastisch ist das Problem in den neuen Bundesländern. Sie erreichten bereits 1992 das Lohnniveau der USA, bei einer gesamtwirtschaftlichen Produktivität wie in Mexiko[11]. Die Kapitalbilanz ist seit langem unausgeglichen. Bis 1995 waren aber wenigstens nur die Anlageinvestitionen deutscher Unternehmen im Ausland höher als die Investitionen ausländischer Unternehmen im Inland. Mittlerweile führen dagegen auch ausländische Investoren ihr Engagement in Deutschland zurück[12].

Der Bundesregierung ist der Ernst der Lage durchaus bewußt[13]. Die rechtsdogmatische und rechtspolitische Auseinandersetzung mit dem Bündel der vorgeschlagenen Maßnahmen muß ich mir hier versagen. Ich konzentriere mich auf den Teil der Rechtsordnung, von dem die intensivsten Lenkungswirkungen auf die Arbeitsmärkte ausgehen: die Arbeitsmarktinstitutionen[14]. Die Bundesregierung hat sich ihrer Reform dezidiert widersetzt[15]. Als eine ihrer ersten Taten hat sie die zaghaften

---

7 Genau waren es 52,2 %. Insgesamt 69,2 % waren ein halbes Jahr oder länger arbeitslos (OECD Employment Outlook [Fn. 1] 242).

8 Ebd.

9 Die Ökonomen sprechen von persistenter Arbeitslosigkeit, näher *Sesselmeier/Blauermel* (Fn. 4) 12, 20–25 und passim.

10 Einzelheiten bei *Ramona Schawilye:* Kosten, Produktivität und zeitliche Verfügbarkeit des Humankapitals, in: WiSt 1998, 149–152. Zahlen zu Deutschland in Sachverständigenrat (Fn. 3) Tabelle 28. Zahlen über die Veränderung der Lohnstückkosten im Zeitablauf in: OECD Employment Outlook (Fn. 1) 20. Seit 1997 sinken die Lohnstückkosten in Deutschland allerdings real, Jahreswirtschaftsbericht 1999, R 43.

11 *Franz* Arbeitsmarktökonomik (Fn. 1) 388.

12 Einzelheiten Sachverständigenrat (Fn. 3) Tabelle 26.

13 S. nur Jahreswirtschaftsbericht 1999 (Fn. 10) 38–53 und Bundesrepublik Deutschland: Beschäftigungspolitischer Aktionsplan 1999, April 1999 [auf der Homepage des Bundesfinanzministeriums mittlerweile nicht mehr verfügbar].

14 So auch die Einschätzung von *Gary S. Becker:* Opening Address, in: *Heinz König/Sherwin L. Rosen* (Hrsg.): Arbeitsmärkte in den USA und Deutschland, 1998, 11–20 (14).

15 Jahreswirtschaftsbericht 1999 (Fn. 10) R 149.

Reformen ihrer Vorgängerin wieder zurückgenommen[16]. Ja sie hat das institutionelle Korsett um die Arbeitsmärkte sogar noch enger geschnürt. Kündigungsschutz, Entsendegesetz[17], Scheinselbständigkeit und 630-Mark-Jobs sind die Stichworte[18]. Ob sich diese Haltung unter dem Einfluß des Wirtschaftsministers ändern wird, ist noch offen[19].

II. Reform der Arbeitsmarktinstitutionen

Institutionen sind Zweckschöpfungen. Ob sie reformbedürftig sind, hängt also von der Steuerungsaufgabe ab, die sie erfüllen sollen. Der Ausgangspunkt ist einfach. Arbeit ist ein Wirtschaftsgut (1). Angebot und Nachfrage müssen zu einem Ausgleich gebracht werden (2). Dafür stehen Qualität, Menge und Preis als Anpassungskanäle offen (3). Das gegenwärtige Institutionengefüge macht den Arbeitsmärkten diese Anpassungsaufgabe sehr schwer (4). Dafür gibt es zunächst einmal allerdings gute Gründe. Neben dem Ausgleich von Angebot und Nachfrage sind nämlich noch andere Steuerungsaufgaben zu erfüllen (5). Kündigungsschutz, Tarifvertrag und Arbeitslosenversicherung sind jedoch nicht das einzige institutionelle Arrangement, das die Gesamtheit der Steuerungsaufgaben bewältigt. Ein dezentraler Gegenentwurf ist möglich (6). Er hat einen entscheidenden Vorzug: er beeinträchtigt die Anpassungsleistung der Märkte viel weniger. Ist das aber auch verfassungsrechtlich ein valides Argument? Oder ist das bisherige institutionelle Arrangement in der Verfassung so sicher verankert, daß die Reform daran scheitert (7)?

1. *Humankapital als Handelsgut*

Für einen Ökonomen trägt ein Arbeitnehmer seine Haut zu Markte. Durch Sozialisation, Erziehung und Ausbildung investiert er in den Aufbau von Humankapital[20]. Als Arbeitskraft-Unternehmer sucht er Nachfrager für dieses Gut. Weil die Menschen und ihre Qualifikationen verschieden sind, gibt es aus ökonomischer Perspektive auch nicht einen einzigen großen Arbeitsmarkt[21]. Wie sonst auch entscheidet die Perspektive der Nachfrager darüber, wieviele verschiedene Arbeitsmärkte es gibt.

---

[16] Gesetz zu Korrekturen in der Sozialversicherung und zur Sicherung der Arbeitnehmerrechte, BGBl. 1998 I 3843.

[17] Geregelt in Art. 6 und 10 des gerade genannten Gesetzes.

[18] Näher §§ 2 und 165 SGB VI und § 7 SGB V.

[19] Näher unten II 6.

[20] Grundlegend *Gary S. Becker*: Human Capital[3] 1993.

[21] S. nur *Franz* Arbeitsmarktökonomik (Fn. 1) 117 und *Sesselmeier/Blauermel* (Fn. 4) 65.

Es kommt darauf an, welche Art von Humankapital sie noch für austauschbar halten[22].

2. *Ausgleich von Angebot und Nachfrage*

Die zentrale Aufgabe jeder Wirtschaftsordnung ist es, Angebot und Nachfrage möglichst weitgehend zum Ausgleich zu bringen. Diese Aufgabe ist nie abgeschlossen. Ein Gut findet deshalb nicht ein für allemal seinen Platz. Will sein Inhaber nicht auf Preissignale reagieren, muß er zumindest sinkende Erträge hinnehmen, vielleicht sogar ganz aus dem Markt ausscheiden. Ebenso ergeht es ihm, wenn die Konkurrenz das Produkt verbessert und er selbst nicht mithält. All das gilt auch für die Arbeitsmärkte.

Weil das gegenwärtige institutionelle Arrangement Anpassungsreaktionen des Arbeitsangebots so schwer macht, hat sich hier viel Anpassungsbedarf aufgestaut[23]. Demographische Veränderungen erfassen auch die Zusammensetzung der erwerbsfähigen Personen. Seit 1987 hat die Wohnbevölkerung um etwa 5 Millionen Menschen zugenommen[24]. Im Augenblick suchen geburtenstarke Jahrgänge eine Lehrstelle[25]. Der Anteil alter Menschen wird in den kommenden Jahrzehnten immer mehr steigen[26]. Die Struktur der Haushalte hat sich geändert. Es gibt viel mehr Einper-

---

[22] S. nur *Franz* Arbeitsmarktökonomik (Fn. 1) 131 und 142. Ökonomisch technischer gesprochen kommt es auf das Ausmaß der Substitutionslücken an (*Manfred E. Streit:* Theorie der Wirtschaftspolitik[4] 1991, 87). Das Kartellrecht erörtert die Frage als die Suche nach dem sachlich relevanten Markt (näher *Ingo Schmidt:* Wettbewerbspolitik und Kartellrecht[4] 1993, 44–50). Die Arbeitssoziologie hat zu diesem Zweck Segmentationstheorien entwickelt (einen Überblick geben *Sesselmeier/Blauermel* [Fn. 4] 219–255).

[23] Das sieht auch der Bundeskanzler so. In dem programmatischen Papier von *Gerhard Schröder* und *Tony Blair*: Der Weg nach vorne für Europas Sozialdemokraten heißt es „Die Produkt-, Kapital- und Arbeitsmärkte müssen allesamt flexibel sein: Wir dürfen nicht Rigidität in einem Teil des Wirtschaftssystems mit Offenheit und Dynamik in einem anderen verbinden" (10). „Wenn auf Dauer ein hoher Beschäftigungsstandard erreicht werden soll, müssen Arbeitnehmer auf sich verändernde Anforderungen reagieren" (11). „Ein einziger Arbeitsplatz fürs ganze Leben ist Vergangenheit" (4).

[24] Sachverständigenrat (Fn. 3) Tabelle 16*. Differenziertere Zahlen bei *Franz* Arbeitsmarktökonomik (Fn. 1) 196–203.

[25] Beschäftigungspolitischer Aktionsplan (Fn. 13) 13.

[26] Nach den Angaben des statistischen Bundesamts waren 1996 37,0 % der Wohnbevölkerung über 60 Jahre alt. Im Jahre 2020 sind es nach der Prognose des Statistischen Bundesamts bereits 51,6 %, im Jahre 2035 sogar 68,5 %. Eine interministerielle Arbeitsgruppe kommt zu noch drastischeren Zahlen. Sie schätzt den Altenquotienten im Jahre 2020 auf 53,1 %, im Jahre 2035 auf 76,6 % (Einzelheiten im Gutachten des Wissenschaftlichen Beirats beim Bundesministerium für Wirtschaft: Grundlegende Reform der gesetzlichen Rentenversicherung [BMWi Studienreihe 99] 1998, 6 und passim).

sonen-Haushalte. Viele Frauen möchten arbeiten. Die Nachfrage nach Teilzeitbeschäftigungen hat zugenommen[27].

Zugleich haben sich die Rahmenbedingungen geändert. Hohe Löhne setzen eine hohe Arbeitsproduktivität voraus. Von seltenen Ausnahmen abgesehen ist sie nur durch die geeignete Kombination von Human- und Sachkapital zu erreichen. Die Arbeitnehmer brauchen also Sachkapital, das bereit ist, sich langfristig in Anlagen zu binden. Diese Bereitschaft hängt von der erwarteten Rendite ab. Auf diese Weise stehen deutsche Arbeitnehmer bereits heute im Wettbewerb mit Arbeitnehmern überall sonst in der Welt[28]. Viele Unternehmen stehen außerdem auf den Produktmärkten in weltweitem Wettbewerb. Hohe Löhne sind für sie hohe Kosten, die nur durch bessere Produkte zu verdienen sind. Wollen sie nicht vom Weltmarkt gedrängt werden, müssen sie schnell und flexibel reagieren können[29]. Wegen des Wettbewerbsdrucks aus dem Ausland kann eine Branche gestiegene Arbeitskosten auch nicht mehr einfach auf die Preise abwälzen[30].

Auch unter Mithilfe des Staats lassen sich die Arbeitsmärkte nicht mehr gegen ausländischen Einfluß abschotten. Die Freiheit des Kapital- und Warenverkehrs ist im EG-Vertrag und im Recht der WTO garantiert. Die Geld- und Währungspolitik ist durch die europäische Währungsunion dem deutschen Zugriff entzogen[31]. Die Konvergenzkriterien des Maastricht-Vertrages lassen weitere Staatsverschuldung nicht zu. Das setzt auch staatlichen Arbeits- oder Investitionsförderprogrammen enge Grenzen.

---

[27] Umfangreiches Material in OECD Employment Outlook (Fn. 1) 18–46.

[28] Über diesen Zusammenhang besteht Einigkeit. S. einerseits *Norbert Berthold/Rainer Fehn:* Labor Market Policy in a Global Economy (Bayerische Justus-Maximilians-Universität Würzburg. Wirtschaftswissenschaftliche Fakultät. Wirtschaftswissenschaftliche Beiträge des Lehrstuhls für Volkswirtschaftslehre, Wirtschaftsordnung und Sozialpolitik 26 [1999]) 1; und andererseits *Fritz Scharpf,* Regieren in Europa. Effektiv und Demokratisch? 1999, 38.

[29] *Berthold/Fehn* (Fn. 28) 14f.

[30] *Scharpf* Europa (Fn. 28) 42.

[31] Sachverständigenrat, Jahresgutachten 1997/98, R 331; welche makroökonomischen Effekte das hat, ist zu einem zentralen Gegenstand der ökonomischen Diskussion geworden. S. nur *Lars Calmfors:* Unemployment, Labor Market Reform and Monetary Union (Center for Economic Studies Working Paper 173, 1998); *ders.*: Monetary Union and Precautionary Labor Market Reform (ebd. 174); *Wolfgang Franz*: Real and Monetary Challenges for Wage Policy in Germany at the Term of the Millenium. Technical Progress, Globalization and European Monetary Union (Vortrag beim CESifo-Symposium 1 [1999]); *Giuseppe Bertola*: Labor Markets in the European Union (Vortrag bei der Konferenz The Impact of Increased Economic Integration on Italy and the Rest of Europe, Georgetown University 1999).

Wer Arbeit behalten oder bekommen will, muß sich an den geänderten Bedarf der Unternehmen anpassen. Tendenziell geht das zu Lasten einfacher und zu Gunsten qualifizierter Arbeit[32]. Wer keinen Computer bedienen kann, ist an den meisten Stellen nicht mehr zu gebrauchen[33]. Auch die Anforderungen an die soziale Kompetenz der Arbeitnehmer steigen beständig. Für manche Aufgaben wird nur noch ad hoc ein virtuelles Unternehmen zusammengestellt, das danach wieder auseinandergeht[34].

3. *Anpassungskanäle*

Für die ökonomische Preistheorie ist die Lösung einfach. Das Steuerungsinstrument ist der Arbeitspreis, also der Lohn. Arbeitslosigkeit verschwindet, wenn der Lohn bis auf den markträumenden Preis gesunken ist. In diesem Gleichgewicht entspricht der Lohn der Grenzproduktivität des jeweiligen Arbeitnehmers. Der Arbeitnehmer erhält durch die Veränderung der relativen Preise auch ein glaubwürdiges Signal, wann es sich lohnt, den Arbeitsplatz zu wechseln oder in den Aufbau von neuem Humankapital zu investieren[35].

Die Wirklichkeit ist weit von diesem Modell entfernt. Lohnsenkungen kommen praktisch nicht vor[36]. Außerdem reagieren viele Arbeitnehmer auf höhere Löhne nicht mit regionaler oder beruflicher Mobilität[37]. Dann bleibt dem Arbeitgeber in der Sprache der Ökonomen nur die Anpassung der Arbeitsmenge[38]. Er stellt keine neuen Arbeitnehmer mehr ein, vielleicht entläßt er sogar einen Teil von ihnen[39].

---

[32] *Norbert Berthold/Rainer Hank:* Bündnis für Arbeit: Korporatismus statt Wettbewerb, 1998, 13.

[33] Näher *Michael J. Artis*: The Unemployment Problem, in: Oxford Review of Economic Policy 14 (1998) 98–109 (102f.).

[34] Einzelheiten bei *Michael de Vries*: Das virtuelle Unternehmen. Formentheoretische Überlegungen zu Grenzen eines grenzenlosen Konzepts, in: *Andreas Brill/Michael de Vries* (Hrsg.): Virtuelle Wirtschaft, 1998, 54–86.

[35] Näher *Franz* Arbeitsmarktökonomik (Fn. 1) 279; *Sesselmeier/Blauermel* (Fn. 4) 50.

[36] Das gilt jedenfalls für Senkungen der Nominallöhne. Reallohnsenkungen hat es immer wieder gegeben. Dafür gibt es zwei Gründe. Bei Inflation sinkt der reale Wert des nominal gleichen Lohns. Außerdem kann der Staat die Abgabenlast auf Arbeitseinkommen erhöhen. Näher *Franz* Arbeitsmarktökonomik (Fn. 1) 269f.; *Sesselmeier/Blauermel* (Fn. 4) 145.

[37] *Berthold/Hank* (Fn. 32) 15f.

[38] Ebd. 12.

[39] Eine ebenso einfache wie eindringliche graphische Darstellung der Zusammenhänge findet sich bei *Wolfgang Franz*: The German Unemployment Problem. What we Know and do not Know, in: *Heinz König/Sherwin L. Rosen* (Hrsg.): Arbeitsmärkte in den USA und Deutschland, 1998, 25–43, 33f.

4. *Anpassung im gegenwärtigen institutionellen Rahmen*

Auch auf weitgehend deregulierten Arbeitsmärkten, etwa denen in den USA, sind die Löhne kein vollständiges Abbild der Grenzproduktivität. Auch dort verlassen die Arbeitnehmer ihren bisherigen Arbeitsplatz nicht schon dann, wenn sie woanders ein paar Mark mehr verdienen können. Der institutionelle Rahmen ist also nicht allein für die Verengung der Anpassungskanäle verantwortlich[40]. Die drastischen graduellen Unterschiede zwischen den USA und Deutschland lassen sich aber auf die unterschiedlichen Institutionen zurückführen. Dort liegt die Arbeitslosigkeit bei 4,5 %[41], verdeckte Arbeitslosigkeit gibt es praktisch gar nicht. Nur 8 % der Arbeitslosen sind länger als ein Jahr arbeitslos[42]. Das Zusammenspiel dreier Institutionen ist vornehmlich für die Unterschiede verantwortlich: Kündigungsschutz (a), Tarifvertrag (b) und Arbeitslosenversicherung (c). Dieses institutionelle Arrangement führt in erheblichem Umfang zur Fehllenkung von Ressourcen (d) und zur Belastung Dritter (e).

a) *Kündigungsschutz*

Arbeitnehmer zu entlassen ist in Deutschland sehr schwer[43]. Für einen Arbeitgeber wirkt der Kündigungsschutz wie Fixkosten der Einstellung. Er rechnet sie auf die erwartete Beschäftigungsdauer um und zahlt entsprechend weniger Lohn[44]. Vor allem wird die Einstellung dadurch aber zu einer Entscheidung unter hoher Unsicherheit. Der Arbeitgeber muß abschätzen, ob er diesen Arbeitnehmer wirklich für die gesamte erwartete Vertragsdauer benötigt. Das Entlassungshindernis wandelt sich deshalb zum Einstellungshindernis. Nur wenn er sich ganz sicher ist, stellt der Arbeitgeber einen neuen Arbeitnehmer ein. Sonst läßt er die Stelle lieber unbesetzt.

---

[40] Zu den weiteren Gründen unten 5.

[41] Im Jahre 1998, OECD Employment Outlook (Fn. 1) 19.

[42] Ein anregender Vergleich findet sich bei *Richard B. Freeman*: Divergence of Performances. Job Creation and Income Determination in the EU and the U.S., in: *Heinz König/ Sherwin L. Rosen* (Hrsg.): Arbeitsmärkte in den USA und Deutschland, 1998, 51–84.

[43] § 1 II KSchG enthält eine enge, abschließende Liste der Kündigungsgründe. Die Beweislast liegt nach § 1 II 4 KSchG beim Arbeitgeber. Wegen Betriebsübergangs darf nach § 613 a BGB nicht gekündigt werden. Soweit er überhaupt kündigen darf, hat der Arbeitgeber nach § 1 III KSchG eine Sozialauswahl zu treffen. Er darf also nicht die besten Arbeitnehmer behalten. Bei Entlassungen im größeren Umfang muß er nach §§ 112 und 112 a BetrVG einen, regelmäßig sehr teuren Sozialplan aufstellen. Massenentlassungen kann das Arbeitsamt nach §§ 17f. KSchG verzögern. Kritisch auch *Wolfgang Franz/Bernd Rüthers:* Arbeitsrecht und Ökonomie. Mehr Beschäftigung durch eine Flexibilisierung des Arbeitsrechts, in: RdA 1999, 32–38 (35 m.w.N.).

[44] *Franz* Arbeitsmarktökonomik (Fn. 1) 116.

b) Tarifvertrag

Ist der Arbeitnehmer in der Gewerkschaft und gehört der Arbeitgeber dem Arbeitgeberverband an, entscheidet der Individualvertrag über nicht mehr viel mehr als die Auswahl der Person[45]. Lohn, Arbeitsbedingungen und Vertragskonditionen sind nämlich im Tarifvertrag geregelt[46]. Im Ergebnis ist das auch für die vielen Arbeitnehmer nicht anders, die nicht der Gewerkschaft angehören. Fast alle Arbeitgeber verweisen dann im Individualvertrag nämlich auf den Tarifvertrag. Das tun sie, um die Arbeitnehmer nicht in die Arme der Gewerkschaft zu treiben. Die Gewerkschaften erhalten so weniger Mitgliedsbeiträge. Die Streikkassen sind nicht so leicht zu füllen.

Der Tarifvertrag ersetzt individuelle durch kollektive Verhandlungen. Dabei gehen Differenzierungsmöglichkeiten und Flexibilität verloren. Der Arbeitnehmer muß in eine der Tätigkeiten eingruppiert werden, die im Tarifvertrag vorgesehen sind. Die Qualität der Ware Arbeit wird also standardisiert. Zwischen gleich eingruppierten Arbeitnehmern kann der Arbeitgeber nur noch in der Weise differenzieren, die der Tarifvertrag zuläßt. Dort finden sich regelmäßig zwar soziale Differenzierungsgründe, meist aber keine Möglichkeit zur Differenzierung nach Leistung. Weil der Tarifvertrag von Periode zu Periode neu ausgehandelt wird, steigt die Unsicherheit ein weiteres Mal, unter der der Arbeitgeber über die Einstellung entscheidet. Er weiß nämlich weder, wie sich die Qualität, noch, wie sich der Preis des Guts entwickelt, das er da gerade erwirbt[47].

Treffen Kündigungsschutz und Tarifvertrag zusammen, sind die Kanäle fast vollständig blockiert, auf denen sich die Arbeitsmärkte an veränderte Bedingungen anpassen können. Den Lohn kann der Arbeitgeber nicht senken, weil er im Tarifvertrag festgelegt ist. Auch die Arbeitsmenge kann er nur in den engen Grenzen anpassen, die ihm der Kündigungsschutz läßt[48]. Für die aktuell beschäftigten Arbeitnehmer ist das mittelfristig ein Vorteil. Sie können den Arbeitgeber in die Zwickmühle nehmen und den Großteil des Produktivitätszuwachses für sich beanspruchen[49].

---

[45] Präziser: der Arbeitnehmer muß gerade der Gewerkschaft angehören, mit der der Arbeitgeberverband kontrahiert hat. Das ist in Deutschland aber regelmäßig der Fall. Möglich ist neben dem Flächentarif mit einem Arbeitgeberverband auch ein Firmentarifvertrag.

[46] § 4 I TVG; zu den Möglichkeiten einer Öffnung des Tarifvertrags näher unten Fn. 178.

[47] *Franz* Arbeitsmarktökonomik (Fn. 1) 212.

[48] Vgl. *Sesselmeier/Blauermel* (Fn. 4) 129.

[49] *Dieter Reuter*: Möglichkeiten und Grenzen einer Auflockerung des Tarifkartells, in: ZfA 16 (1995) 1–94 (22).

Langfristig läßt sich Kapital jedoch nicht ausbeuten. Es wandert in andere Branchen oder andere Länder ab. Arbeitsplätze gehen verloren[50].

Für einen Ökonomen sind diese Effekte nicht verwunderlich. Denn die Gewerkschaften sind Kartelle der Anbieter von Humankapital, die Arbeitgeberverbände Kartelle der Nachfrager nach diesem Gut[51]. Beide Seiten wollen dadurch ihre Verhandlungsmacht stärken[52]. Sie entziehen sich der disziplinierenden Wirkung der Märkte. Der Arbeitspreis verliert seine Signalwirkung[53].

Weil die beiden Verhandlungspartner auf Dauer aneinander gekettet sind, wird es rational, sich strategisch zu verhalten[54]. In solchen Situationen verliert der Vertrag die Richtigkeitsgewähr. Denn der Aufbau und die Verteidigung von Verhandlungsmacht für die Zukunft wird zum eigenständigen Ziel[55]. Zwischen Gewerkschaft und Arbeitgeberverband kommt es zu einer Art politischem Prozeß. Die Einbettung in kulturelle Traditionen und in das hergebrachte Institutionengefüge haben erheblichen Einfluß auf das Verhandlungsergebnis, weil es nicht durch Außenseiterwettbewerb diszipliniert ist[56].

Zusätzliche Verzerrungen ergeben sich daraus, daß nicht Individuen strategisch interagieren, sondern Verbände. Die Verhandlungen werden von den Verbandsspitzen geführt. Sie müssen darauf achten, daß sie das Verhandlungsergebnis in ihrem Verband auch durchsetzen können. Es muß dazu angetan sein, die Mitglieder im Verband zu halten, möglichst sogar neue Mitglieder zu gewinnen. Die Logik der Einflußnahme gegenüber dem tarifpolitischen Gegner kann sich deshalb von der Logik der Mitgliedschaft unterscheiden[57].

---

[50] *Berthold/Hank* (Fn. 32) 23.

[51] *Reuter* (Fn. 49) ZfA 1995, 2f. m.w.N.; *Wernhard Möschel*, Tarifautonomie – ein überholtes Ordnungsmodell? in: *Werner Zohlnhöfer* (Hrsg.): Die Tarifautonomie auf dem Prüfstand, 1996, 11–23 (11f.); *Franz* Arbeitsmarktökonomik (Fn. 1) 250; *Sesselmeier/Blauermel* (Fn. 4) 129; vgl. auch *Rupert Scholz:* Koalitionsfreiheit, in: *Josef Isensee/Paul Kirchhof* (Hrsg.): Handbuch des Staatsrechts VI (1989) § 151, S. 1115–1138 (R 67): „Legitime Kartellwirkung".

[52] *Franz* Arbeitsmarktökonomik (Fn. 1) 250.

[53] In der technischen Sprache der Preistheorie: Die Preiselastizität der Arbeitsnachfrage sinkt: *Sesselmeier/ Blauermel* (Fn. 4) 129.

[54] Spieltheoretisch gesprochen sind Tarifverhandlungen ein sog. Chicken-Game, näher dazu und zu den rechtspolitischen Implikationen *Fritz Scharpf:* Games Real Actors Play. Actor-Centered Institutionalism in Policy Research, 1997, 77f.

[55] Näher *Jack Knight*: Institutionen und gesellschaftlicher Konflikt, 1993, 144/148f./153.

[56] Vgl. *Franz* Arbeitsmarktökonomik (Fn. 1) 280.

[57] Grundlegend *Philippe C. Schmitter/Wolfgang Streeck*: The Organization of Business Interests. Studying the Associative Action of Business in Advanced Industrial Societies

c) *Arbeitslosenversicherung*

Der Schlußstein dieses Gebäudes aus Institutionen ist die Arbeitslosenversicherung. Natürlich hat sie zunächst einmal eine fürsorgliche Wirkung. Sie verhindert, daß jemand ins wirtschaftliche Elend fällt, wenn er seine Arbeit verliert. Sie schützt die Kommunen als Träger der Sozialhilfe vor zusätzlichen Lasten. Sie erweitert zugleich aber auch den Verteilungsspielraum der Tarifparteien. Sie können sich nun nämlich straflos auf Kosten Dritter einigen. Wenn sie die Löhne so hoch festsetzen, daß die Arbeitgeber weniger qualifizierte oder belastbare Arbeitnehmer nicht mehr brauchen können, löst das keinen Aufruhr aus. Die entlassenen oder gar nicht eingestellten Personen sind ja versorgt[58].

d) *Fehlallokationen*

Die Trias aus Kündigungsschutz, Tarifvertrag und Arbeitslosenversicherung ist dafür verantwortlich, daß eine Vielzahl von Ressourcen nicht an den Ort ihrer produktivsten Verwendung wandern[59]. Hier müssen die wichtigsten Effekte genügen. Arbeit wird immer stärker durch Kapital ersetzt[60]. In der Sprache der Gewerkschaften: Arbeitsplätze werden wegrationalisiert. Am Ende der Entwicklung stehen Roboterfabriken. Im Normalfall sind solche Arbeitsplätze auf Dauer verloren. Ein gutes Maß ist die Empfindlichkeit, mit der die Arbeitsnachfrage auf Wirtschaftswachstum reagiert. 1 % Wachstum des Bruttosozialprodukts führte im Durchschnitt der Jahre 1974–1995 in den USA zu einem Zuwachs von 0,75 % an Stellen. In Deutschland waren es nur 0,23 %[61]. Investitionen werden nicht dorthin gelenkt, wo sie den größten Ertrag versprechen. Vielmehr wandern sie dort

---

(Max-Planck-Institut für Gesellschaftsforschung Discussion Paper 99/1) 19–24. Die ökonomische Theorie hat für das Verständnis der Zusammenhänge die Insider-Outsider-Modelle entwickelt (zusammenfassend *Sesselmeier/ Blauermel* [Fn. 4] 175–182). Die Anreizstrukturen im Innern der Verbände hellt sie mit Einsichten aus der politischen Ökonomie auf (Grundlegend *Peter Bernholz/Friedrich Breyer:* Grundlagen der Politischen Ökonomie[3] 1993; zum Nutzen für das Öffentliche Recht *Christoph Engel/Martin Morlok* [Hrsg.]: Öffentliches Recht als ein Gegenstand Ökonomischer Forschung, 1998). Insbesondere erklärt sie Entscheidungen der Gewerkschaftsführung mit dem Einfluß des Median-Wählers unter den Gewerkschaftsmitgliedern (*Sesselmeier/ Blauermel* [Fn. 4] 106–110.

[58] *Berthold/Hank* (Fn. 32) 73.

[59] Vgl. *Berthold/Hank* (Fn. 32) 18: Die Budgetrestriktionen der Beteiligten werden aufgeweicht; *Scharpf* Europa (Fn. 28) 25: Die „makroökonomische Bedeutung [des Tarifgeschehens] ist so groß wie die der staatlichen Fiskal- und Geldpolitik".

[60] Näher *Berthold/Fehn* (Fn. 28) 10–13.

[61] *Günther Schmid*: The Dutch Employment Miracle? A Comparison of Employment Systems in the Netherlands and Germany (Wissenschaftszentrum Berlin Discussion Paper FS I 97–202) 10.

hin, wo die Erträge nicht von den Belegschaften abgeschöpft werden können[62]. Auch der Staat gehört zu den Leidtragenden. Denn Arbeitslosengeld und Arbeitslosenhilfe sind steuerfrei[63]. Der Kollaps der Rentenversicherung ist schon bei Vollbeschäftigung schwer genug zu verhindern. Bei mehr als 10% Arbeitslosigkeit und einem Arbeitnehmeranteil, der fast vollständig für Maßnahmen der aktiven Arbeitsmarktpolitik gebraucht wird, wird eine Rentenreform vollends zur Illusion.

e) Externalitäten

Das gegenwärtige Institutionengefüge erlaubt Gewerkschaften und Arbeitgeberverbänden, ihre Verteilungskonflikte auf dem Rücken Dritter auszutragen. Das offensichtlichste Beispiel ist zugleich auch das betrüblichste: die Lohnpolitik in den neuen Bundesländern. Augenscheinlich ist sie das Werk einer unheiligen Allianz zwischen den westdeutschen Gewerkschaften und den westdeutschen Arbeitgeberverbänden. Beide wollten mit aller Macht verhindern, daß aus den neuen Bundesländern wirksamer Druck auf die hohen Löhne in Westdeutschland ausging. Sie haben sehenden Auges in Kauf genommen, daß große Teile der ostdeutschen Wirtschaft aus diesem Grunde für lange Jahre nicht konkurrenzfähig sein würden[64]. Auch im kleineren Maßstab führen die hohen Löhne dazu, daß immer mehr Menschen aus der Arbeitswelt ausgegrenzt werden[65]. Denn sie wirken als „Rationalisierungspeitsche“[66]. Der einzelne Arbeitnehmer muß immer produktiver werden oder gehen. Die Interessen der Arbeitslosen spielen in den Tarifverhandlungen kaum eine Rolle. Denn Arbeitslose treten aus der Gewerkschaft meist aus. Eine organisierte Vertretung ihrer Interessen gibt es bisher nicht, und sie ist auch schwer vorstellbar.

Die zweiten Leidtragenden sind die Konsumenten. Der eigentliche Zweck von Industriegewerkschaften und Flächentarifverträgen ist nämlich der Schutz vor Wettbewerbsdruck auf den Produktmärkten. Würde nur ein Unternehmen mit seinen Arbeitnehmern höhere Löhne vereinbaren, hätte es einen Wettbewerbsnachteil gegenüber seinen Konkurrenten. Das würde den Lohnsetzungsspielraum der Parteien stark einschränken. Ein Flächentarifvertrag trifft dagegen die ganze Branche. Weil die

---

[62] *Reuter* (Fn. 49) ZfA 1995, 22.

[63] § 3 II EStG.

[64] Näher *Gerlinde Sinn/Hans-Werner Sinn:* Kaltstart. Volkswirtschaftliche Aspekte der deutschen Vereinigung, 1992, 175–180.

[65] So schon *Martin Neil Baily:* Wages and Employment Under Uncertain Demand, in: Review of Economic Studies 41 (1974) 37–50 (50).

[66] So der theoretische Kopf des deutschen Gewerkschaftsbunds, *Victor Agartz,* zit.n. *Berthold/Hank* (Fn. 32) 74f.

Lohnkosten aller Unternehmen gleichmäßig steigen, haben sie eine gute Chance, anschließend gemeinsam die Preise zu erhöhen. Für die Unternehmen heißt das, daß sie den Produktivitätsfortschritt doch nicht vollständig oder weitgehend an die Arbeitnehmer abgeben müssen. Diese Strategie verspricht so lange Erfolg, wie die Konsumenten nicht auf ausländische Angebote oder auf Substitute ausweichen können[67].

5. *Funktion der Institutionen*

Wir haben bisher im wesentlichen mit dem neoklassischen ökonomischen Modell argumentiert. In der Welt dieses Modells spielen Institutionen nur eine ganz untergeordnete Rolle[68]. Deshalb ist auch nicht verwunderlich, daß wir bisher keine Begründung für die Existenz von Kündigungsschutz, Tarifvertrag und Arbeitslosenversicherung gefunden haben. In einer Reihe von Entscheidungen hat das Bundesverfassungsgericht ausgesprochen, welche Funktionen es diesen Institutionen zuweist (a). Mit den konzeptionellen Instrumenten der neuen Institutionenökonomik lassen sich diese Positionen des Bundesverfassungsgerichts reformulieren und dann auch beurteilen. Das Gericht scheint von der Vorstellung geprägt, am Arbeitsmarkt herrsche ruinöse Konkurrenz (b). Praktisch viel bedeutsamer sind jedoch andere Steuerungsprobleme. Ohne Kündigungsschutz könnte es zu adverser Selektion (c) und zu opportunistischem Verhalten kommen (d). Außerdem sind Arbeitnehmer aus guten Gründen normalerweise risikoscheu (e). Unter diesen Rahmenbedingungen ist die Anpassung des Arbeitsvertrags an veränderte Umstände nicht leicht zu bewerkstelligen (f). Schließlich spart der zentrale Tarifvertrag Transaktionskosten (g).

a) *Die Formulierung des Bundesverfassungsgerichts*

Zum Kündigungsschutz und zur Arbeitslosenversicherung hat sich das Bundesverfassungsgericht selten geäußert[69]. Um so zahlreicher sind die Entscheidungen zu Art. 9 III GG.

---

[67] Technisch: Die Tarifparteien können den Unterschied zwischen der Preiselastizität der Nachfrage nach den Produkten eines einzelnen Anbieters und der Elastizität der Nachfrage nach gleichartigen Produkten ausnutzen: *Franz* Arbeitsmarktökonomik (Fn. 1) 120f.; *Sesselmeier/Blauermel* (Fn. 4) 258 und 262; grundlegend *Lars Calmfors/John Driffill:* Centralization of Wage Bargaining, in: Economic Policy 6 (1988) 13–61; *Lars Calmfors:* Centralization of Wage Bargaining and Macroeconomic Performance – A Survey, in: OECD Economic Studies 21 (1993) 161–191.

[68] Das ist die entscheidende Kritik der neuen Institutionenökonomik, programmatisch *Rudolf Richter/Eirik Furubotn:* Neue Institutionenökonomik, 1999, 2–40.

[69] Zu den wenigen Entscheidungen näher unten Fn. 144.

„Das Tarifvertragssystem ist darauf angelegt, die strukturelle Unterlegenheit der einzelnen Arbeitnehmer beim Abschluß von Arbeitsverträgen durch kollektives Handeln auszugleichen und damit ein annähernd gleichgewichtiges Aushandeln der Löhne und Arbeitsbedingungen zu ermöglichen"[70]. Die Tarifautonomie „findet ihren Grund in der historischen Erfahrung, daß auf diese Weise eher Ergebnisse erzielt werden, die den Interessen der widerstreitenden Gruppen und dem Gemeinwohl gerecht werden, als bei einer staatlichen Schlichtung"[71].

Die Richtigkeit des individuellen Arbeitsvertrags ist also nicht gewährleistet[72]. Die Arbeitnehmer sind strukturell unterlegen[73]. Die Kartellierung in der Gewerkschaft und der Streik erlauben den Arbeitnehmern, die Verhandlungsparität wieder herzustellen[74]. Auf diese Weise wird die Gemeinschaft sozial befriedet[75].

Franz Böhm hat einmal gesagt: Der Wettbewerb ist das genialste Entmachtungsinstrument der Geschichte. Er läßt den Akteuren nämlich keinen Raum zu strategischem Verhalten[76]. Versucht es ein Marktteilnehmer doch, wechselt sein Gegenspieler eben zu einem Konkurrenten[77]. Die Sorge des Bundesverfassungsgerichts um die Verhandlungsmacht der Arbeitnehmer ist also nur insoweit berechtigt, wie den Arbeitnehmern die Möglichkeit fehlt, auf andere Nachfrager auszuweichen. Dafür kann es allerdings Gründe geben.

b) Ruinöse Konkurrenz

Historisch gehört die Entstehung von Gewerkschaften, Tarifverträgen und Streiks in den Zusammenhang der Verelendungstheorie von *Karl Marx*[78]. Karl Marx hatte beobachtet, daß die Arbeiter auf Lohnsenkungen nicht mit einer Verminderung, sondern mit einer Vermehrung des

---

[70] BVerfGE 92, 365, 395; vgl. auch BVerfGE 84, 212, 229; 38, 281, 305f.

[71] BVerfGE 88, 103, 114f.; vgl. auch BVerfGE 94, 268, 285.

[72] So die Deutung von *Rudolf Kissel*, zit.n. *Reuter* (Fn. 49) ZfA 1995, 1

[73] Vgl. BVerfGE 38, 281, 305f.

[74] BVerfGE 84, 212, 225; vgl. auch BVerfGE 93, 352, 358.

[75] BVerfGE 18, 18, 28.

[76] Näher zu diesem Konzept oben 4. b).

[77] Verhandlungstheoretisch gesprochen: funktionsfähiger Wettbewerb verschafft den Spielern eine wirksame Außenoption, näher *Douglas G. Baird/Robert H. Gertner/Randal C. Picker:* Game Theory and the Law, 1994, 219–243.

[78] Eine knappe Geschichte der Tarifautonomie findet sich bei *Scholz* (Fn. 51) § 151, R 2–8.

Angebots reagierten[79]. Er erklärte das damit, daß die Arbeiter keine anderen Möglichkeiten hatten, ihren Lebensunterhalt zu verdienen. Dieses Angebotsverhalten gibt es auch heute gelegentlich noch. So einigen sich Arbeitnehmer und Unternehmensleitung in schlechten Zeiten manchmal auf eine Verlängerung der Arbeitszeit ohne Lohnausgleich, um die Arbeitsplätze zu retten[80]. Nachdem der Arbeitsvertrag einmal geschlossen ist, ist der Arbeitgeber tatsächlich nicht mehr wirksam vom Wettbewerb kontrolliert. Die Gründe werden uns sogleich beschäftigen. Vor Abschluß des Arbeitsvertrages entbehrt die Vorstellung von ruinöser Konkurrenz heute dagegen der Grundlage. Sie würde voraussetzen, daß sich alle in Betracht kommenden Arbeitgeber als gemeinschaftlich handelnde Monopolisten verhalten[81]. Außerdem ist abhängige Arbeit seit langem nicht mehr der einzige Weg, ein Einkommen zu erzielen. In den neuen Beschäftigungsformen zerfließt die Grenze zwischen abhängiger Arbeit und Selbständigkeit ohnehin. Allgemeiner gesprochen: die Arbeitnehmer können auf Ausbeutungsversuche der Arbeitgeber auch mit institutioneller Kreativität reagieren. Schließlich wirkt der Sozialhilfesatz wie ein Mindestlohn.

c) Adverse Selektion

Vor Vertragsschluß ist also nicht Ausbeutung das Problem, möglicherweise aber die Auswahl des Vertragspartners. Denn beide Seiten kaufen in gewisser Weise die Katze im Sack. Der Arbeitnehmer weiß nicht wirklich, wie sicher sein Arbeitsplatz sein wird und mit welchen Lohnsteigerungen er im Laufe seines Arbeitslebens rechnen kann. Der Arbeitgeber weiß nicht wirklich, was der Arbeitnehmer leisten kann und will. Information ist vor dem Vertragsschluß also asymmetrisch verteilt[82]. Das wäre nicht weiter schlimm, wenn die fehlenden Informationen im Vorhinein mit Gewißheit zu beschaffen sind. Kein Partner würde den Vertrag unter-

---

[79] Ökonomisch gesprochen: die Angebotsfunktion war invers. Eine knappe Darstellung findet sich bei *Michael Fritsch/Thomas Wein/Hans-Jürgen Ewers:* Marktversagen und Wirtschaftspolitik[2] 1996, 246–251.

[80] Dies war etwa die Grundlage der berühmt gewordenen Regelungsabrede zwischen dem Betriebsrat und der Unternehmensleitung von Burda, die das Bundesarbeitsgericht für nichtig erklärt hat; BAG DB 1999, 1555. Ein weiteres Beispiel sind Ehefrauen, die eine schlecht bezahlte Arbeit aufnehmen, nachdem der Mann arbeitslos geworden ist, *Franz* Arbeitsmarktökonomik (Fn. 1) 345f.

[81] Vgl. *Pietro Ichino*: Arbeitsrecht und Wirtschaftsmodelle, in: RdA 1998, 271–277 (275); *Möschel* in *Zohlnhöfer* (Fn. 51) 17f.; *Reuter* (Fn. 49) ZfA 1995, 26–28, dort auch jeweils zu weiteren Überlegungen, die im Ergebnis ebenfalls nicht zutreffen.

[82] Eingehend *Mathias Erlei/Martin Leschke/Dirk Sauerland:* Neue Institutionenökonomik, 1999, 106–174.

zeichnen, solange er nicht im Besitz dieser Informationen ist[83]. Bei manchen Eigenschaften geht das. Deshalb sind etwa Examenszeugnisse wichtig. Vor allem die Leistungsbereitschaft eines Arbeitnehmers läßt sich im vorhinein dagegen nicht sicher feststellen. Erfährt der künftige Arbeitgeber gar nichts, muß er wohl oder übel eine Risikoentscheidung treffen[84].

Anders gesagt: der Arbeitgeber steht sich schon dann besser, wenn er das Risiko wenigstens ein Stück weit einschränkt, einen lustlosen Arbeitnehmer einzustellen. Er wird deshalb auf Signale achten, die der Bewerber bewußt oder unbewußt aussendet[85]. Ein Begriffspaar aus dem Beweisrecht erhellt die Logik: weil der Arbeitgeber die Haupttatsache nicht ermitteln kann, gibt er sich mit Hilfstatsachen zufrieden. Was für den Arbeitgeber eine rationale Strategie der Risikominderung ist, kann für die Arbeitnehmer zur gravierenden Wohlfahrtseinbuße werden. Wenn sie damit rechnen, daß der Arbeitgeber einen Wunsch als Signal für mangelnde Leistungsbereitschaft interpretiert, werden sie diesen Wunsch nicht mehr äußern. Sie werden darauf selbst dann verzichten, wenn der Arbeitgeber an sich gar nichts dagegen hätte, diesen Wunsch zu erfüllen. Eine Rechtsregel, die die Erfüllung dieses Wunsches vorschreibt, befreit Arbeitnehmer und Arbeitgeber aus dem Dilemma. Die Rechtsordnung macht das Signal gleichsam künstlich stumm[86].

Manche Ökonomen glauben, daß hier auch die Begründung für einen gesetzlich standardisierten Kündigungsschutz liegt[87]. Die Arbeitgeber sind in dieser Vorstellung an sich durchaus bereit, mit den Arbeitnehmern über Kündigungsschutz zu verhandeln[88]. Wenn ein Arbeitnehmer Kündigungsschutz wünscht, interpretieren sie das aber als Hinweis auf

---

[83] Weil der Vertrag noch nicht geschlossen ist, wäre die Situation sogar besonders entspannt. Informationsökonomisch gesprochen reicht dann nämlich beobachtbare Information. Daß sie auch einem außenstehenden Dritten, etwa einem Richter, verständlich gemacht und bewiesen werden könnte, ist nicht erforderlich. Herrscht am Arbeitsmarkt funktionsfähiger Wettbewerb, würde die andere Seite ihre private, aber beobachtbare Information sogar von sich aus offenlegen. Dadurch kann sie sich nämlich zu ihrem eigenen Vorteil von Anbietern unterscheiden, deren Angebot weniger wertvoll ist. Die Informationsökonomik nennt diesen Vorgang unraveling, näher *Baird/Gertner/Picker* (Fn. 77) 89–95.

[84] Informationsökonomisch präziser: Alle Bewerber bilden in dieser Hinsicht ein gepooltes Gleichgewicht, anschaulich *Baird/Gertner/Picker* (Fn. 77) 125–142.

[85] Näher *Baird/Gertner/Picker* (Fn. 77) 122–158.

[86] Näher *Baird/Gertner/Picker* (Fn. 77) 142–147.

[87] *Philippe Aghion/Benjamin Hermalin:* Legal Restrictions on Private Contracts Can Enhance Efficiency, in: Journal of Law, Economics and Organisation 1990, 381–409; *David I. Levine:* Just Cause Employment Policies in the Presence of Workers' Adverse Selection, in: Journal of Labor Economics 91 (1991) 294–301; *Ichino* (Fn. 81) RdA 1998, 278.

[88] Sie sind mit anderen Worten bereit, den Arbeitsvertrag als impliziten Versicherungsvertrag auszugestalten, näher unten e).

mangelnde Leistungsfähigkeit oder Leistungsbereitschaft. Weil kein Bewerber diesen Eindruck erwecken will, fragt schließlich auch niemand mehr Kündigungsschutz nach.

Daß man einen Effekt ökonomisch modellieren kann, heißt jedoch noch nicht, daß er in der Wirklichkeit auch auftritt. Denn für den Wunsch nach Kündigungsschutz gibt es ja viele plausible Gründe[89]. Legt der Bewerber diese Gründe im Einstellungsgespräch dar, wird er seinem Wunsch meist den Signalcharakter nehmen können. Außerdem ist die Zusage von Kündigungsschutz ökonomisch nichts anderes als ein Lohnbestandteil. Wer Kündigungsschutz fordert, fordert also mehr Lohn. Auch darauf paßt die Signalisierungslogik. Viele Ökonomen wenden sie an, um zu erklären, daß Arbeitslose so selten versuchen, ihre beschäftigten Kollegen durch ein Arbeitsangebot zu niedrigerem Lohn aus dem Arbeitsverhältnis zu drängen. Sie meinen, wer Arbeit billiger anbiete, signalisiere dadurch, daß sie auch weniger tauge[90]. Vor allem muß aber nicht nur der Arbeitgeber befürchten, an den falschen Arbeitnehmer zu geraten. Vielmehr weiß der Arbeitnehmer im Vorhinein noch viel weniger, wie sicher der angebotene Arbeitsplatz wirklich ist. Wenn der Arbeitgeber von sich aus mehr Kündigungsschutz anbietet, als am Markt üblich, setzt er deshalb ein sehr glaubwürdiges Signal für die Sicherheit des Arbeitsplatzes. Im Ergebnis läßt sich ein gesetzlich standardisierter Kündigungsschutz also nicht mit der Gefahr adverser Selektion begründen.

d) Opportunismus

Die institutionenökonomischen Probleme nach dem Zustandekommen des Arbeitsverhältnisses, denen wir uns nun zuwenden, sind ernster zu nehmen. Mit dem Beginn des Arbeitsverhältnisses kommt es nämlich zu einer fundamentalen Transformation[91]. Vor Vertragsschluß sind sich beide Partner auf dem jeweiligen Arbeitsmarkt begegnet. Herrscht dort funktionsfähiger Wettbewerb, braucht sich kein Partner ungebührlichen Forderungen des anderen zu beugen. Nach Beginn des Arbeitsverhältnisses kann der Arbeitnehmer dagegen meist nicht mehr glaubhaft damit drohen, er werde sich einen neuen Arbeitsplatz suchen[92]. Er würde sich nämlich eine Vielzahl von Nachteilen einhandeln. Die Aufwendungen

---

89 Näher unten e).

90 S. etwas *Franz* Arbeitsmarktökonomik (Fn. 1) 211 und 317.

91 Der Begriff stammt von *Oliver E. Williamson:* Die ökonomischen Institutionen des Kapitalismus, 1990, 70.

92 Näher *Peter Behrens*: Die Bedeutung der ökonomischen Analyse des Rechts für das Arbeitsrecht, in: ZfA 20 (1989) 209–238 (224–227); vgl. auch *Sesselmeier/Blauermel* (Fn. 4) 111.

wären verloren, die er gemacht hat, um diesen Arbeitsplatz zu bekommen. Ist er umgezogen, sind ihm auch dafür Kosten entstanden. Er würde aus seinen neuen sozialen Beziehungen gerissen. Vielleicht müßte die Familie für eine längere Zeit getrennt leben. Die Aufwendungen wären nutzlos, die er gemacht hat, um den spezifischen Anforderungen des Arbeitsplatzes gerecht zu werden[93]. Bestand das Arbeitsverhältnis erst kurz, würde er außerdem in den Verdacht des Job-Hopping geraten. Er hat, ökonomisch gesprochen, also transaktionsspezifische Investitionen getätigt[94]. In diesem Umfang hat er Kosten versenkt[95]. Der Arbeitgeber gewinnt deshalb die Chance zum strategischen Verhalten[96]. Der Arbeitsvertrag ist nicht nachverhandlungssicher[97]. Dieses Problem löst der Kündigungsschutz, vor allem das Verbot von Änderungskündigungen[98]. Dieses Verbot nimmt dem Arbeitgeber die Möglichkeit, sich in erpresserischer Weise den Gegenwert der transaktionsspezifischen Investitionen des Arbeitnehmers anzueignen[99]. Denn für den Arbeitnehmer wäre es ja rational, einer Lohnsenkung zuzustimmen, die ihm wenigstens einen Teil des Werts der transaktionsspezifischen Investitionen beläßt.

Auch dieses Problem darf man aber nicht überzeichnen. Zunächst versenkt regelmäßig nicht nur der Arbeitnehmer Kosten, sondern auch der Arbeitgeber. Auch er hat Aufwand getrieben, um gerade diesen Arbeitnehmer auszuwählen[100]. Außerdem hat der Arbeitgeber einen Ruf zu verlieren. Verhält er sich einem Arbeitnehmer gegenüber erpresserisch, wird es ihm künftig schwer fallen, gute Arbeitnehmer zu gewinnen[101]. Je spezifischer der Arbeitsplatz ausgestaltet ist, desto schwerer fällt es dem Arbeitgeber, kurzfristig Ersatz zu finden. Daß der Arbeitnehmer betriebs-

---

93 Ökonomisch technischer: Das betriebsspezifische Humankapital geht verloren.

94 *Richter/Furubotn* (Fn. 68) 142. Man kann auch von partnerspezifischen Investitionen sprechen (ebd. 145). Beim Arbeitsvertrag fällt beides in sich zusammen, weil Vertragsgegenstand das Recht des Arbeitgebers ist, das Humankapital des Arbeitnehmers betrieblich zu nutzen.

95 *Williamson* (Fn. 91) 194 und passim.

96 Vgl. oben 4. b).

97 Grundlegend *Urs Schweizer:* Ökonomische Theorie der Verträge, 1999, Kapitel VI.

98 Präziser: Die Bindung der Änderungskündigung an die Voraussetzungen einer vollständigen Beendigung des Arbeitsverhältnisses: § 2 KSchG.

99 In der Institutionenökonomik hat sich dafür der Begriff Quasi-Rente eingebürgert, s. *Williamson* (Fn. 91) 64.

100 *Sesselmeier/Blauermel* (Fn. 4) 176f.; *Franz* Arbeitsmarktökonomik (Fn. 1) 134 schätzt die Fluktuationskosten bei einer Führungskraft auf 42000 DM, bei einem Industriemeister immerhin noch auf 24000 DM.

101 Näher *Tanja Ripperger:* Ökonomik des Vertrauens, 1998; *Baird/Gertner/Picker* (Fn. 77) 159–187.

spezifisches Humankapital gebildet hat, macht also nicht nur ihn selbst, sondern auch seinen Arbeitgeber erpressbar[102]. Es kommt zu einer Art Gleichgewicht des Schreckens. Die Institutionenökonomen sprechen von einem selbstdurchsetzenden Vertrag[103].

e) Risikoaversion

Wer sich mit den Arbeitsmärkten beschäftigt, begegnet unvermeidlich den Schriften von *Karl Marx*. Zu den Thesen, die bis in den Schulunterricht vorgedrungen sind, gehört die Marx'sche Lehre vom Mehrwert der Arbeit, den der Kapitalist behält. Daraus folgt für Marx, daß der Faktor Arbeit vom Faktor Kapital ausgebeutet wird[104]. Heute würden wir sagen: Die These war richtig, der normative Schluß dagegen falsch[105]. Die These zwingt uns aber, den Charakter des Arbeitsverhältnisses näher zu bestimmen. Zivilrechtlich gesprochen erbringt nicht nur der Arbeitnehmer eine spezifische Leistung, sondern auch der Arbeitgeber. Der Arbeitsvertrag hat also zum Teil den Charakter eines Tauschs. Die spezifische Leistung des Arbeitgebers ist die eines Versicherers[106]. Diese Ausgestaltung bewahrt die Arbeitnehmer davor, das Absatzrisiko für ihr Humankapital zu tragen[107]. Der Arbeitgeber verspricht, die Arbeitnehmer bei einer Verschlechterung der Absatzlage für seine Produkte nicht sofort zu entlassen und auch den Lohn nicht zu kürzen[108]. Als Versicherungsprämie darf der Arbeitgeber in guten Zeiten einen überproportionalen Teil des Kooperationsgewinns behalten. Der gesetzliche Kündigungsschutz erfüllt eine doppelte Funktion. Er ist die Versicherungsleistung selbst, soweit das Entlassungsrisiko versichert ist. Und er sichert den Arbeitnehmer vor

---

102 *Berthold/Fehn* (Fn. 28) 13.

103 *Richter/Furubotn* (Fn. 68) 171–173.

104 *Karl Marx:* Das Kapital I, 1872, Dritter bis Fünfter Abschnitt.

105 Um keine Mißverständnisse aufkommen zu lassen: die folgenden Überlegungen erklären nur, warum der Arbeitgeber einen größeren Teil des Kooperationsgewinns behalten sollte als der Arbeitnehmer. Auch dann bleibt regelmäßig aber noch ein Verteilungsspielraum.

106 Darauf hat zuerst *Baily* (Fn. 65) RES 1974, 37–50 aufmerksam gemacht; s. auch *Costas Azariadis:* Implicit Contracts and Underemployment Equilibria, in: Journal of Political Economy 83 (1975) 1138–1202; *Elmar Wolfstetter:* Optimale Arbeitsverträge bei asymmetrischer Information, in: Zeitschrift für Wirtschafts- und Sozialwissenschaften 105 (1985) 433–458; *Norbert Berthold:* Lohnstarrheit und Arbeitslosigkeit, 1987, 76–101; *Franz* Arbeitsmarktökonomik (Fn. 1) 308–311.

107 *Wolfstetter* (Fn. 106) ZWS 1985, 436.

108 Versichert sind also gleich zwei Risiken. Besonders problematisch ist dabei, ob nur die Nominal- oder auch die Reallöhne versichert sind, vgl. *Franz* Arbeitsmarktökonomik (Fn. 1) 311 und 374.

Nachverhandlungen über Lohnsenkungen. Dadurch sichert er, daß der Arbeitgeber sein Versprechen auch wirklich erfüllt, die Lohnhöhe zu versichern.

Solch eine relativ komplizierte Vertragskonstruktion macht nur Sinn, wenn die Arbeitnehmer typischerweise risikoscheu sind. Dafür gibt es aber nicht nur viele empirische Belege[109], sondern auch zahlreiche konzeptionelle Argumente. Die meisten Arbeitnehmer können nur aus ihrem Humankapital ein Einkommen erzielen. Sie können das Absatzrisiko nicht streuen[110]. Die Arbeitnehmer sind auf den Einsatz ihres Humankapitals existentiell angewiesen. Längere Arbeitslosigkeit führt außerdem zur Dequalifikation. Das Humankapital verliert dadurch also an Wert[111]. Längere Arbeitslosigkeit wird von neuen Arbeitgebern außerdem leicht als Signal für mangelnde Leistungsfähigkeit oder Leistungsbereitschaft gewertet[112]. Im fortgeschrittenen Alter wird es vor allem bei weniger qualifizierter Arbeit schwer, einen neuen Arbeitsplatz zu finden[113]. Humankapital ist, ökonomisch gesprochen, also ein Gut mit begrenzter Lagerfähigkeit. Hinzu kommen psychologische Argumente. In vielen Experimenten ist gezeigt worden, daß die Menschen den Verlust eines Gegenstands ganz übermäßig bewerten, den sie bereits einmal besessen haben[114]. So ist es auch mit ihrem Arbeitsplatz. Das Arbeitsverhältnis hat schließlich auch eine persönlichkeitsrechtliche Dimension. Die eigene Arbeit stärkt das Selbstwertgefühl. Der Betrieb ist die soziale Heimat vieler Menschen.

Theoretisch wäre eine vollständige Versicherung des Arbeitsplatzes

---

[109] Zwei Belege seien beispielhaft angeführt. Die Wirtschaftsgeschichte zeigt, daß die meisten Personen ein festes Arbeitsverhältnis der Heimarbeit und damit dem Stücklohn vorgezogen haben (*Wolfstetter* [Fn. 106] ZWS 1985, 437 Fn. 7). Lohnkürzungen kommen auch dann nicht vor, wenn das Entlassungsrisiko ernst zu nehmen ist. Vielmehr ziehen es die Arbeitnehmer dann für gewöhnlich vor, bei gleichem Gesamtlohn länger zu arbeiten (*Berthold/Hank* [Fn. 32] 80).

[110] *Sesselmeier/Blauermel* (Fn. 4) 146. Sie könnten allerdings mehrere Teilzeitarbeitsverhältnisse bei verschiedenen Arbeitgebern haben. In manchen Ländern entwickeln sich die Arbeitsmärkte in diese Richtung, näher OECD Employment Outlook (Fn. 1) 18–46. Eine andere theoretische Möglichkeit ist dagegen bisher nicht praktisch geworden. Es gibt keine Terminmärkte für Arbeitsleistungen (*Berthold* [Fn. 106] 76).

[111] *Franz* Arbeitsmarktökonomik (Fn. 1) 77, 85, 87 f. Dieser Prozeß wird noch durch das verstärkt, was die Psychologen erlernte Hilflosigkeit nennen, näher *Martin E. Seligman*: Erlernte Hilflosigkeit[5] 1995; s.auch *Linde Pelzmann*: Wirtschaftspsychologie. Arbeitslosenforschung, Schattenwirtschaft, Steuerpsychologie[2] 1988.

[112] *Sesselmeier/Blauermel* (Fn. 4) 90, vgl. auch oben c).

[113] Einzelheiten bei *Franz* Arbeitsmarktökonomik (Fn. 1) 193 f., s. auch 358.

[114] Anregend *Daniel Kahneman*: New Challenges to the Rationality Assumption, in: Journal of Institutional and Theoretical Economics 150 (1994) 18–36.

und der Lohnhöhe vielleicht denkbar[115]. Jedenfalls wäre solch eine Versicherung aber prohibitiv teuer[116]. Auch kann das einzelne Unternehmen zu klein sein, um das Entlassungsrisiko ausreichend zu streuen[117]. Hieraus erklärt sich, daß betriebsbedingte Kündigungen zulässig sind. Das Restrisiko trägt nicht der Arbeitgeber, sondern die Arbeitslosenversicherung.

f) Vertragsanpassung in der Zeit

Viele institutionenökonomische Begriffe hören sich für einen Juristen taktlos an. Das gilt auch für die Aussage, fast alle Verträge seien unvollständig[118]. Das ist natürlich kein Qualitätsurteil. Gemeint ist vielmehr, daß die Parteien darauf verzichten, alle denkbaren Eventualitäten vorab zu regeln. Der Aufwand ist oft zu groß. Auch mag ihre Phantasie gar nicht ausreichen. Beides spielt bei Dauerschuldverhältnissen und also auch beim Arbeitsvertrag eine besondere Rolle. Sind die Risiken für ein bestimmtes Schuldverhältnis typisch, kann das dispositive Recht helfen. Sind die Informationen voraussichtlich zu vertretbaren Kosten beweisbar, wenn das Problem auftritt, können die Parteien die Bewältigung einem Gericht oder Schiedsgericht überlassen. Scheidet beides aus, helfen nur Neuverhandlungen. So liegt es jedenfalls bei der periodischen Anpassung des Lohns an die Produktivität, aber auch bei manchen Fragen der Arbeitsqualität[119]. Man denke nur an die Flexibilisierung der Arbeitszeit.

Rationale Vertragspartner sehen die künftigen Verhandlungen voraus. Sie verteilen im ursprünglichen Vertrag die Verhandlungsmacht so, daß ein gerechter Ausgleich wahrscheinlich wird. Im Arbeitsverhältnis ist es nicht leicht, diesen Maximen zu genügen. Denn die Änderungskündigung des Arbeitgebers muß ja ausgeschlossen werden, damit er sich die Quasi-Rente des Arbeitnehmers nicht aneignen kann[120]. Auch der Arbeitnehmer hat oft gute Gründe, dem Arbeitgeber nicht mit Abwanderung zu

---

[115] Skeptisch *Azariadis* (Fn. 106) JPE 1975, 1184; *Wolfstetter* (Fn. 106), ZWS 1985, 456; *Berthold/Fehn* (Fn. 28) 18. Der Arbeitgeber müßte dann zum Kapitaldeckungsverfahren übergehen.

[116] Vgl. *Berthold* Lohnstarrheit (Fn. 106) 79: Die Arbeitnehmer hätten einen zu hohen Reservationspreis für ihre Arbeitskraft.

[117] *Berthold/Hank* (Fn. 32) 83/85.

[118] S. etwa *Hans-Bernd Schäfer/Claus Ott:* Lehrbuch der Ökonomischen Analyse des Zivilrechts, 1995, 325.

[119] Vgl. *Reuter* (Fn. 49) ZfA 1995, 20.

[120] S. o. d).

drohen, um mehr Lohn oder bessere Arbeitsbedingungen zu erkämpfen[121].

Das geltende Recht löst das Problem, indem es die Neuverhandlungen kollektiviert. Es streiten nicht der einzelne Arbeitnehmer und der einzelne Arbeitgeber, sondern Gewerkschaften und Arbeitgeberverbände[122]. Das Arbeitskampfrecht weist beiden Seiten ein genau abgemessenes Drohpotential zu: den Streik und die Aussperrung. In dem Ausmaß, in dem beide Drohungen glaubhaft sind, wird die andere Seite gezwungen, ihren Reservationspreis offenzulegen[123]. Im Verhältnis der streitenden Parteien zueinander hat das Ergebnis des Tarifvertrags dann wirklich die Gewähr der Richtigkeit für sich[124].

g) *Transaktionskostenersparnis*

Das letzte Argument ist konzeptionell trivial, aber praktisch bedeutsam. Die Zentralisierung der Verhandlungen über die Anpassung des Vertrags in der Zeit spart Transaktionskosten. Es muß nur einmal verhandelt werden, nicht zwischen jedem Arbeitnehmer und dem Arbeitgeber getrennt. Außerdem mag es der Gewerkschaft leichter als manchem Arbeitnehmer fallen, Aussagen des Arbeitgebers über die Marktentwicklung zu bewerten[125].

6. *Ein dezentraler Gegenentwurf*

Wer sich als Jurist auf die Ökonomie einläßt, wird nicht nur in fremde Welten eingeführt. Manchmal lernt er auch einfach nur präzisere Begriffe für Dinge, die er schon immer getan hat. So ist es mit dem Begriff des Institutionenvergleichs. Er macht deutlich, was wir tun, wenn wir beim Übermaßverbot auf der Stufe der Erforderlichkeit fragen, ob es ein milderes, aber gleich geeignetes Mittel gibt. Das müssen wir auch in unserem Fall nun tun. Wir wissen jetzt, daß die Institutionentrias aus Kündigungsschutz, Tarifvertrag und Arbeitslosenversicherung einem definierten Bündel legitimer Zwecke dient. Damit ist aber noch nicht gesagt, daß es

---

[121] *Behrens* (Fn. 92) ZfA 1989, 229. Oft wird der Arbeitgeber überdies zusätzliche Anreize dafür setzen, daß der Arbeitnehmer nicht kündigt, näher zur sog. Effizienz-Lohn-Hypothese *Sesselmeier/Blauermel* (Fn. 4) 153–174.

[122] Beim Firmentarifvertrag ist letzteres allerdings anders.

[123] *Franz* Arbeitsmarktökonomik (Fn. 1) 290, s. auch 281; *Sesselmeier/Blauermel* (Fn. 4) 112.

[124] Die Einschränkung ist allerdings ernst zu nehmen: die Verhandlungsmacht beider Seiten muß ausgewogen sein. Beide Seiten rufen aus diesem Grunde immer wieder nach dem Gesetzgeber, Einzelheiten bei *Franz* Arbeitsmarktökonomik (Fn. 1) 281–285.

[125] *Wolfstetter* (Fn. 106) ZWS 1985, 431; *Franz* Arbeitsmarktökonomik (Fn. 1) 249f.

nicht ein anderes, gleich geeignetes, die außenstehenden Dritten aber weniger belastendes institutionelles Arrangement gibt. Diese Dritten, vornehmlich also die Arbeitslosen, werden vor allem dadurch belastet, daß die Anpassungsfunktion der Arbeitsmärkte gestört ist[126]. Wir müssen also nach Institutionen suchen, die dem geltenden Recht in dieser Hinsicht überlegen sind.

Der Bundeswirtschaftsminister hat einen verblüffend einfachen Vorschlag gemacht, der dazu imstande ist. Diesen Beweis möchte ich im folgenden antreten. Ich kann das aber nicht tun, ohne den Satz zu wiederholen, mit dem ich meinen Vortrag begonnen habe: es kann falsch sein, das Richtige zu sagen. Der Wirtschaftsminister will seinen Vorschlag nämlich ausdrücklich auf die Reform der Arbeitslosenversicherung beschränken. Das ist politisch schon mutig genug. Ich denke diesen Vorschlag auf eigene geistige Rechnung weiter (a) und zeige seine Leistungsfähigkeit (b).

a) Der Vorschlag

Der Wirtschaftsminister will den Arbeitgeberanteil zur Arbeitslosenversicherung durch ein Lohnfortzahlungsgesetz ersetzen. Danach soll jeder Arbeitgeber verpflichtet sein, entlassenen Arbeitnehmern noch ein Jahr ihren Lohn zu zahlen. Das Konkursrisiko soll durch eine Art Pensionssicherungsverein gedeckt werden[127]. Diese Abfindung könnte jedoch auch an die Stelle des Kündigungsschutzes treten. Die Bundesrepublik würde dabei nicht nur dem rechtspolitischen Vorbild von England und Irland, sondern auch von Italien und Dänemark folgen[128]. Während der Weimarer Republik folgte auch das deutsche Recht diesem Modell[129]. Schließlich werden auch die kollektiven Verhandlungen über die Anpassung des Arbeitsvertrages in der Zeit entbehrlich. Denn die Rechtsordnung braucht nun ja nicht mehr zu kontrollieren, ob der Arbeitgeber aus legitimen Gründen kündigt. Rechtlich ist er dazu frei. Wirtschaftlich wird er sich diese Entscheidung allerdings gut überlegen, weil sie ziemlich teuer ist. Damit haben beide Seiten für individuelle Verhandlungen über die Anpassung des Vertrages Verhandlungsmacht.

---

[126] Näher oben 4.

[127] Vgl. zum Sachverhalt *Hans-Peter Klös:* Katalysator des Strukturwandels, Rheinischer Merkur 29/99.

[128] Eine zusammenfassende Übersicht findet sich in OECD Employment Outlook (Fn. 1) 45.

[129] Betriebsrätegesetz 1920, RGBl. 1920, 147, aufgehoben durch das Gesetz zur Ordnung der nationalen Arbeit, RGBl. 1934 I 45.

b) Leistungsfähigkeit des Vorschlags

Sehen wir uns nun im einzelnen an, ob wirklich alle legitimen Anliegen befriedigt werden, die hinter dem geltenden Recht stehen. Wer das Signalisierungsproblem vor Vertragsschluß ernster nimmt als oben vertreten[130], kann trotzdem nichts einwenden. Denn die Höhe der Abfindung wird im zwingenden Vertragsrecht festgelegt. Ein Arbeitnehmer braucht darüber nicht zu verhandeln.

Auch die Gefahr opportunistischen Verhaltens ist gebannt[131]. Der Vertrag wandelt sich, institutionenökonomisch gesprochen, in einen selbstdurchsetzenden Vertrag um. Die Abfindung wirkt wie eine Art Geisel, die den Arbeitnehmer vor der Ausbeutung der Quasi-Rente schützt[132]. Das setzt natürlich voraus, daß die Abfindung hoch genug ist. Ein Arbeitnehmer, der bereit wäre, den kapitalisierten Lohn um mehr als ein Jahresgehalt zu senken, ist aber kaum vorstellbar[133].

Auch der typischen Risikoaversion der Arbeitnehmer ist Rechnung getragen. Die Abfindung erfüllt hier sogar gleich zwei Funktionen. Für den Fall, daß der Arbeitgeber wirklich kündigt, behält der Arbeitnehmer für ein ganzes Jahr seinen bisherigen Lohn. Das ist mehr, als ihm die Arbeitslosenversicherung bisher gewährt hätte. Vor allem wird sich der Arbeitgeber wegen der hohen Abfindung aber sehr genau überlegen, ob er den Arbeitnehmer wirklich entlassen muß. Er wird im Eigeninteresse zunächst versuchen, seine unternehmerische Aufgabe so auszugestalten, daß er den Arbeitnehmer weiterbeschäftigen kann. Die Abfindung erfüllt also nicht nur eine Alimentations-, sondern auch eine Anreizfunktion. Durch die Rückversicherung beim Pensionssicherungsverein ist die Versorgung des Arbeitnehmers auch nicht weniger sicher als bisher.

Wir hatten schon gesehen, daß nunmehr auch individuelle Verhandlungen über die Anpassung von Lohn und Arbeitsbedingungen möglich werden. Die Abfindung verschafft dem Arbeitnehmer auch in dem Fall ausreichend Verhandlungsmacht, in dem der Arbeitgeber ihn eigentlich lieber durch einen anderen Arbeitnehmer oder durch Kapital ersetzen würde. Hat der Arbeitgeber überdies ein unternehmerisches Interesse am Fortbestand des Arbeitsverhältnisses, steigt die Verhandlungsmacht des Arbeitnehmers zusätzlich. Als wir das Opportunismusrisiko untersucht haben, haben wir uns die wichtigsten Gründe schon vor Augen geführt:

---

130 S. o. 5. c).

131 S. o. 5. c).

132 Näher *Williamson* (Fn. 91) 193–200.

133 Eher kann man sich fragen, ob die Abfindung zur Bewältigung des Opportunismusrisikos nicht unnötig hoch ist. S. aber sogleich zu weiteren Funktionen der Abfindung.

betriebsspezifisches Humankapital und die Fluktuationskosten[134]. Wenn ein Arbeitnehmer all das immer noch für zu riskant hält, könnte er zusätzlich in den Arbeitsvertrag materielle Regeln über die Anpassung aufnehmen. Insbesondere könnte vorgesehen werden, daß sich der Lohn der bereits beschäftigten Arbeitnehmer nach einer abstrakten Formel aus den Löhnen errechnet, die der Arbeitgeber mit neu eingestellten Arbeitnehmern vereinbart. Denn zwischen dem Arbeitgeber und diesen neuen Arbeitnehmern hat die fundamentale Transformation ja noch nicht stattgefunden. Der Arbeitgeber ist vom Wettbewerb kontrolliert. Er wird dadurch gezwungen offenzulegen, wieviel ihm der Arbeitnehmer wert ist. Beide Lösungen lassen sich schließlich auch kombinieren. Die beschäftigten Arbeitnehmer können die Löhne für Neueinstellungen zum Ausgangspunkt für ihre Verhandlungen mit dem Arbeitgeber nehmen.

Eine triviale Einsicht bleibt natürlich auch in diesem Zusammenhang richtig: Verhandlungen mit jedem einzelnen Arbeitnehmer sind sehr aufwendig. Daraus erklärt sich, daß auch auf deregulierten Arbeitsmärkten wie denen der USA über diese Frage oft kollektiv verhandelt wird. Diese Verhandlungen sind aber ganz etwas anderes als unsere Tarifverhandlungen. Der Arbeitgeber und jeder einzelne Arbeitnehmer können jederzeit ausscheren. Es gibt weder das Recht zum Streik noch zur Aussperrung[135].

c) *Nebenzwecke?*

Wir haben die Begründung des Bundesverfassungsgerichts für das geltende institutionelle Arrangement mit Hilfe der Institutionenökonomik präzise formuliert und für alle legitimen Belange eine Lösung gefunden,

---

[134] S.o. 5. b).

[135] Bevor dieser Vorschlag in ein Gesetz gegossen werden könnte, müßte natürlich noch die dogmatische Feinarbeit geleistet werden. Soll die volle Abfindung erst ab einer bestimmten Dauer des Arbeitsverhältnisses fällig werden? Ist sie auch zu zahlen, wenn der Grund zur Kündigung in der Person oder im Verhalten des Arbeitnehmers liegt? Ist sie auch fällig, wenn der Arbeitnehmer kündigt, jedenfalls dann, wenn ihn der Arbeitgeber dazu provoziert hat?
Schwierig ist vor allem aber eine naheliegende Frage: Muß die Höhe der Abfindung im zwingenden Privatrecht festgelegt werden oder würde dispositives Recht genügen? Für mehr Gestaltungsfreiheit gibt es an sich gute Gründe. Der Arbeitnehmer muß die relativ hohe Sicherheit durch Abschläge vom Nominallohn bezahlen. Die Opportunismusgefahr ist aber nicht bei allen Arbeitnehmern gleich groß (s.o. 5. d). Die Arbeitnehmer sind unterschiedlich risikoscheu. Auch könnte sich ein Markt für die explizite Versicherung von Arbeitslosigkeit bilden, der zumindest für manche Arbeitnehmer billiger ist. Bei dieser Ausgestaltung des Vorschlags kommt es aber darauf an, ob das Signalisierungsproblem ernst zu nehmen ist (s.o. 5.c). Möglicherweise müßte für einen Mindestschutz auch eine Versicherungspflicht vorgesehen werden.

die die Anpassungsfähigkeit der Arbeitsmärkte weniger beeinträchtigt. Wer als Jurist so vorgeht, darf sicher sein, daß ihm entgegengehalten wird: aber Gerechtigkeit ist doch mehr als Effizienz! Stecken hinter den geltenden Institutionen also vielleicht noch andere Zwecke, die das Bundesverfassungsgericht auch ausdrücklich formuliert hätte, wenn ihm die institutionenökonomischen Argumente vorgetragen worden wären? Gehen wir die denkbaren Argumente kurz durch.

Der Betrieb ist eine Sozialisationsinstanz[136]. Richtig. Aber die Sozialisation ist am ehesten bei denen gefährdet, die von den heutigen Institutionen in die Arbeitslosigkeit getrieben werden[137]. Die Gesellschaft hat ein Interesse an sozialem Frieden[138]. Richtig. Aber wird der soziale Friede nicht viel mehr gefährdet, wenn immer größere Teile der Bevölkerung langfristig arbeitslos sind? Jedenfalls steigt dann die Kriminalität[139]. Der Landfriede gerät in Gefahr[140]. Individuelle Lohnverhandlungen führen zur Spreizung der Einkommen nach Maßgabe der Produktivität[141]. Richtig. Aber ist eine Verteilungspolitik erträglich, die auf dem Rücken einer immer größeren Zahl von Arbeitslosen ausgetragen wird[142]? Die Menschen wollen sich selbst nicht als Handelsgut begreifen, das nach den Gesetzen von Angebot und Nachfrage wie ein Stück Vieh den Besitzer wechselt[143]. Richtig. Aber man kann den gleichen Sachverhalt auch ganz anders begreifen. An einem deregulierten Arbeitsmarkt hängt es nur von den Fähigkeiten und der Geschicklichkeit des einzelnen ab, wieviel Einkommen er erzielt und wie befriedigend seine Arbeit ist.

7. *Verfassungsrechtliche Vorgaben für die Reform*

Die rechtspolitische Empfehlung ist also eindeutig: Kündigungsschutz, Tarifvertrag und Arbeitslosenversicherung sollten durch eine ganz einfache Regel ersetzt werden: der Arbeitgeber kann Arbeitnehmer entlassen, schuldet ihnen dann aber den Lohn noch für ein Jahr. Läßt das

---

[136] S. etwas *James J. Heckman:* The Effects of Government Policies on Human Capital Investment, Unemployment and Earnings Inequality, in: *Heinz König/Sherwin L. Rosen* (Hrsg.): Arbeitsmärkte in den USA und Deutschland, 1997, 305–336 (322).

[137] *Becker* (Fn. 14) 17.

[138] S. etwas *Franz* Arbeitsmarktökonomik (Fn. 1) 252.

[139] Ebd. 342.

[140] Vielleicht besteht überdies ein Zusammenhang zwischen der Gewaltbereitschaft in der Gesellschaft und Arbeitskämpfen. Das meint jedenfalls BVerfGE 18, 18, 32; s. auch *Möschel* in *Zohlnhöfer* (Fn. 51) 19.

[141] Aufschlußreich ist vor allem der Vergleich mit den USA, Einzelheiten bei *Freeman* in *König/Rosen* (Fn. 42) und bei *Heckman* ebd. (Fn. 136).

[142] *Becker* in *König/Rosen* (Fn. 14) 18.

[143] Das könnte man den konstruktivistischen Einwand nennen.

Verfassungsrecht diese Reform jedoch überhaupt zu? Die Verfassung lenkt das Augenmerk des Gesetzgebers zunächst auf die Übergangsprobleme (a). Gegen die Abschaffung der Arbeitslosenversicherung und des Kündigungsschutzes wäre im übrigen von Verfassungs wegen nicht zu erinnern. Viel kritischer steht es mit der Tarifautonomie und dem Arbeitskampf. Mit der bisherigen Rechtsprechung des Bundesverfassungsgerichts wäre es ziemlich offensichtlich nicht zu vereinbaren, individuelle Verhandlungen an ihre Stelle zu setzen (b). Das Bundesverfassungsgericht ist aber nicht das Grundgesetz. Der Vorschlag ist zu halten, wenn man dem Verfassungsgebot zur praktischen Konkordanz Rechnung trägt (c), das Ausmaß des Systemwettbewerbs berücksichtigt, dem die deutschen Arbeitsmärkte ausgesetzt sind (d) und sich der Interpretationsmaxime der teleologischen Reduktion erinnert (e). Richtigerweise ist die Reform der Institutionen schließlich verfassungsrechtlich nicht nur zulässig, sondern auch geboten (f).

a) Übergangsprobleme

Nach der Rechtsprechung des Bundesverfassungsgerichts sind Ansprüche an die Arbeitslosenversicherung grundsätzlich von Art. 14 GG geschützt[144]. Wer sein Arbeitsverhältnis schon vor der Reform begründet hat, hatte außerdem keinen Anlaß, individualvertragliche Sicherungen gegen das Opportunismusrisiko vorzusehen. Er durfte ja damit rechnen, daß ihn der gesetzliche Kündigungsschutz sichert. Er hatte auch keinen Anlaß, sich vorsorglich Verhandlungsmacht für künftige individuelle Neuverhandlungen zu sichern. All das bedeutet aber nur, daß der Gesetzgeber die bisherigen Institutionen nicht ersatzlos streichen dürfte. Vielmehr muß er für die Altfälle ein funktionelles Äquivalent vorsehen. Genau das geschieht, wenn die Abfindung zwingend vorgeschrieben wird und die Neuregelung auch die bisherigen Arbeitsverhältnisse erfaßt. Wie wir gesehen haben, ist ein volles Jahresgehalt auch sicher nicht zu niedrig[145].

b) Tarifautonomie und Streik in der Sicht des Bundesverfassungsgerichts

Mit der Rechtsprechung des Bundesverfassungsgerichts zu Art. 9 III GG ist die vorgeschlagene Reform nicht leicht in Einklang zu bringen. Der Schutzbereich des Grundrechts ist zwar nicht auf kampfwillige

---

[144] BVerfGE 92, 395, 405; das dürfte nicht nur für die bereits entstandenen Ansprüche gelten, sondern grundsätzlich auch für die Anwartschaft.

[145] Hieraus folgt dann aber auch, daß eine weitergehende Deregulierung verfassungsrechtlich nur für neue Arbeitsverhältnisse möglich wäre, vgl. oben Fn. 135.

Koalitionen beschränkt[146]. Das Leitbild des Grundrechts besteht aber aus Tarifautonomie[147] und Arbeitskampf[148]. Zum Schutzbereich gehört grundsätzlich auch die Parität der Kräfte zwischen den Tarifparteien[149]. Überdies sind die Koalitionen grundsätzlich frei in der Wahl ihrer Mittel[150].

Die Koalitionsfreiheit ist nach der Rechtsprechung des Bundesverfassungsgerichts zwar nicht schrankenlos gewährleistet[151]. Vielmehr hat der Gesetzgeber eine Ausgestaltungsbefugnis[152]. Außerdem ist die Koalitionsfreiheit durch das Gebot der praktischen Konkordanz beschränkt[153]. Das Schutzniveau des Grundrechts ist nach der Auffassung des Verfassungsgerichts bei Maßnahmen aber sehr hoch, die die Festsetzung der Löhne und der anderen materiellen Arbeitsbedingungen betreffen[154]. Deshalb spricht viel dafür, daß das Gericht die Reform für einen unzulässigen Eingriff in den verfassungsrechtlich geschützten Kern der Tarifautonomie halten würde[155].

c) *Praktische Konkordanz*

All das ist natürlich nur eine Extrapolation. Immerhin hat das Gericht in seiner letzten einschlägigen Entscheidung das Lohnabstandsgebot bei Arbeitsbeschaffungsmaßnahmen ausdrücklich mit der Sorge um die Ar-

---

146 BVerfGE 18, 18, 30ff.

147 BVerfGE 50, 290, 367; 84, 212, 224.

148 BVerfGE 84, 212, 225; 88, 103, 115; 92, 365, 393; in BVerfGE 38, 386, 396 hatte das Gericht diese Frage noch offengehalten.

149 BVerfGE 88, 5, 15; 92, 365, 395.

150 BVerfGE 50, 290, 368.

151 BVerfGE 28, 295, 306; 84, 212, 228; 92, 26, 41; 94, 268, 284.

152 BVerfGE 50, 290, 368; 88, 103, 115; 92, 365, 394; 94, 268, 284.

153 BVerfGE 28, 243, 260; 84, 212, 228; 94, 268, 284.

154 BVerfGE 94, 268, 285.

155 Am deutlichsten BVerfGE 50, 290, 369: „Der Gesetzgeber ist hiernach an einer sachgemäßen Fortbildung des Tarifvertragssystems nicht gehindert; seine Regelungsbefugnis findet ihre Grenzen an dem verfassungsrechtlich gewährleisteten Kernbereich der Koalitionsfreiheit, der Garantie eines gesetzlich geregelten und geschützten Tarifvertragssystems, dessen Partner frei gebildete Koalitionen im Sinne des Art. 9 III GG sein müssen"; klarstellend zum dogmatischen Charakter der Kernbereichslehre BVerfGE 93, 352, 358–360.
Ein vollständiges Gutachten müßte sich auch mit den einschlägigen Vorschriften des Arbeitsvölkerrechts auseinandersetzen, s. dazu *Reuter* (Fn. 49) ZfA 1995, 77/85 und *Friedhelm Farthmann/Martin Coen:* Tarifautonomie, Unternehmensverfassung und Mitbestimmung, in: *Ernst Benda/Werner Maihofer/Hans-Jochen Vogel* (Hrsg.): Handbuch des Verfassungsrechts 1995, 851–960, R 20 und passim.

beitslosen gerechtfertigt[156]. Mit den Lenkungseffekten der Arbeitsmarktinstitutionen, die wir herausgearbeitet haben, hat sich das Gericht noch nicht auseinandergesetzt. Der dogmatische Ort für ihre verfassungsrechtliche Rezeption ist die praktische Konkordanz.

Die Liste der Grundrechte, mit denen Art. 9 III GG in einen angemessenen Ausgleich zu bringen ist, ist lang. Die Arbeitslosen sind am schwersten betroffen. Ihre Grundrechte haben deshalb das höchste Gewicht. Das Bundesverfassungsgericht würde sie wohl durch Art. 12 I GG schützen[157]. Richtigerweise ist außerdem das Eigentumsgrundrecht betroffen. Denn das Humankapital ist ja ein Investitionsgut[158]. Je länger die Arbeitslosigkeit dauert, desto stärker verfällt sein Wert[159]. Betroffen sind aber auch die Arbeitnehmer, die jetzt noch einen Arbeitsplatz haben. Denn das Tarifkartell hält die Löhne so hoch, daß die Arbeitsplätze weniger leistungsfähiger Arbeitnehmer immer stärker gefährdet werden. Verfassungsrechtlich hat das vor Art. 12 I GG Bedeutung. Außerdem nimmt der Tarifvertrag de facto allen Arbeitnehmern die Möglichkeit, individuell über Lohn und Arbeitsbedingungen zu verhandeln. Dadurch ist die von Art. 2 I GG geschützte Vertragsinhaltsfreiheit beeinträchtigt[160]. Zivilrechtlich ist der Streik ein Boykott. Ziel ist es ja, den bestreikten Betrieb gezielt lahmzulegen[161]. Das beeinträchtigt den Arbeitgeber in seiner Gewerbefreiheit[162]. Außerdem sieht sich der Arbeitgeber einer Marktgegenseite gegenüber, die kartelliert ist. Ihr Verhalten ist also nicht vom Wettbewerb kontrolliert. Dies geschieht nicht nur, weil der Staat den Schutz des Wettbewerbs unterläßt. Vielmehr stellt er im Tarifvertragsgesetz sogar positiv den institutionellen Rahmen dafür zur Verfügung. Auch dadurch ist die Gewerbefreiheit beeinträchtigt. Schließlich sind regelmäßig auch die Konsumenten betroffen. Daß sie vor den Wirkungen eines Streiks geschützt werden müssen, hat das Bundesverfassungsgericht ausdrücklich ausgesprochen[163]. Auch der Überwälzung der gestiegenen Kosten dürfen sie aber nicht schutzlos ausgeliefert werden[164]. Auch dieser Effekt beruht wiederum auf dem Tarifvertragsgesetz.

---

[156] BVerfG 27. 4. 1999, http://www.bundesverfassungsgericht.de (29. 2. 2000).

[157] Vgl. BVerfGE 77, 84, 116f.; 92, 26, 47; BVerfG 27. 4. 1999 (Fn. 156) R 26.

[158] S. o. 1.

[159] S. o. 5. e).

[160] Ein kritischer Bericht der Diskussion findet sich bei *Farthmann/Coen* (Fn. 155) R 82–84.

[161] *Reuter* (Fn. 49) ZfA 1995, 76.

[162] Ob sie nur von Art. 2 I GG oder auch von Art. 12 I GG geschützt ist, ist bekanntlich umstritten.

[163] BVerfGE 88, 103, 115.

[164] S. o. 4. e).

Als verfassungsrechtlicher Anhaltspunkt bietet sich die allgemeine Handlungsfreiheit aus Art. 2 I GG an. Wenn aus den Entscheidungen des Bundesverfassungsgerichts zur Vermögenssteuer folgt, daß nun auch das Vermögen als solches Eigentum ist[165], kommt auch ein mittelbarer Eingriff in Art. 14 GG in Betracht.

Art. 9 III GG ist aber auch mit objektivem Verfassungsrecht abzugleichen[166]. Das Demokratieprinzip läßt nicht zu, daß der Staat die Bürger „schrankenlos der normsetzenden Gewalt autonomer Gremien ausliefert"[167]. Die Tarifautonomie nimmt dem Gesetzgeber weder die Zuständigkeit aus Art. 74 I Nr.12 GG zur Regelung des Arbeitsrechts[168], noch die Zuständigkeit aus Art. 74 I Nr.16 GG für die Verhütung des Mißbrauchs wirtschaftlicher Machtstellungen.

Das ist eine lange Liste von Belangen, auf die sich der Gesetzgeber bei der vorgeschlagenen Reform der Arbeitsmarktinstitutionen berufen könnte. Für sich allein wäre sie trotzdem nicht ausreichend. Denn im Wege der praktischen Konkordanz sollen ja die „verfassungsrechtlich geschützten Rechtsgüter [...] einander so zugeordnet werden, daß jedes von ihnen Wirklichkeit gewinnt"[169]. Der Vorschlag möchte die kollektive Anpassung von Lohn und Arbeitsbedingungen dagegen durch individuelle Verhandlungen ersetzen. Die Grenzen der praktischen Konkordanz wären überschritten, wenn man mit dem Bundesverfassungsgericht der Auffassung ist, daß gerade der kollektive Mechanismus von Art. 9 III GG geschützt ist. Ja, man gerät sogar an die Wortlautgrenze, weil der Streik in Art. 9 III 3 GG ausdrücklich erwähnt ist[170].

d) *Reaktion auf den Systemwettbewerb*

Diese verfassungsdogmatische Hürde kann man auf zwei verschiedene Weisen nehmen. Die erste Lösung verweist darauf, daß sich seit der Ver-

---

[165] BVerfGE 93, 121, 137ff./154ff.; 93, 165, 173ff.

[166] Im Prinzip ist das nicht streitig, s. etwa BVerfGE 77, 1, 63 zum parlamentarischen Untersuchungsrecht.

[167] BVerfGE 44, 322, 348; s. auch BVerfGE 4, 96, 108; beinahe schon verwundert *Scharpf* Europa (Fn. 28) 25; s. weiter *Hans Heinrich Rupp:* Methodenkritische Bemerkungen zum Verhältnis von tarifvertraglicher Rechtssetzung und parlamentarischer Gesetzgebungskompetenz, in: JZ 1998, 919–926.

[168] *Von Münch/Kunig/Löwer* Art. 9 GG[4], R 71.

[169] *Konrad Hesse:* Grundzüge des Verfassungsrechts der Bundesrepublik Deutschland[20] 1995, R 72.

[170] Darauf beruft sich auch BVerfGE 84, 212, 225; aus der Entstehungsgeschichte ergibt sich allerdings, daß der verfassungsändernde Gesetzgeber mit der Einfügung von Satz 3 keine eigene normative Entscheidung treffen wollte: BTDrs. V/2873,3; Protokolle V/9644.

abschiedung des Grundgesetzes die Rahmenbedingungen in fundamentaler Weise geändert haben, unter denen die deutschen Arbeitsmärkte stehen. Historisch fällt das Grundgesetz in eine – wie wir nun wissen, vergleichsweise kurze – Phase, in der sich die Grenzen der Märkte weitgehend mit denen der Nationalstaaten deckten[171]. Unter den Bedingungen einer vergleichsweise geschlossenen Wirtschaft waren die Kartellwirkungen der Tarifautonomie tragbar. Die Arbeitgeber konnten die gestiegenen Arbeitskosten nämlich zu einem erheblichen Teil auf die Konsumenten abwälzen. Da dies im wesentlichen in allen Branchen geschah, wirkte die Tarifautonomie wie ein Umverteilungsmechanismus ohne staatliche Hilfe. Durch die Globalisierung der Produkt- und Kapitalmärkte ist diese Möglichkeit verlorengegangen[172]. Das deutsche Arbeitsrecht steht aus diesem Grunde mittlerweile im Institutionenwettbewerb mit ausländischen Rechtsordnungen[173].

Die Verfassungsdogmatik ist auf diese Veränderung vorbereitet. Das Bundesverfassungsgericht hat nicht nur die Entwicklungsoffenheit der Tarifautonomie betont[174]. Vielmehr hat es den Gesetzgeber in der Zweitregister-Entscheidung ausdrücklich ermächtigt, eine Minderung des Grundrechtsstandards in Kauf zu nehmen, wenn das nach Lage des Systemwettbewerbs die einzige Möglichkeit ist, das Anliegen des Grundgesetzes zu verwirklichen[175].

e) Teleologische Reduktion

Die zweite dogmatische Begründung ist methodisch weniger anspruchsvoll. Sie überwindet den Wortlaut und die Interpretationstradition im Wege der teleologischen Reduktion[176]. Denn wir hatten ja gesehen, daß es für die legitimen Schutzanliegen von Art. 9 III GG auch eine individualvertragliche Lösung gibt, die außenstehende Dritte und besonders

---

171 Hellsichtig *Scharpf* Europa (Fn. 28) 39–46.

172 Entgegen *Scharpf* Europa 14/118f. und passim kann man auch nicht zwischen geschützten und exponierten Sektoren der Wirtschaft unterscheiden. Denn geschützt sind auch dort bestenfalls die Produkt-, nicht aber die Kapitalmärkte. Und die relativ hohen deutschen Löhne sind durch den Einsatz von Humankapital allein nur ganz ausnahmsweise zu verdienen. Regelmäßig erreicht die Produktivität des Arbeitsplatzes erst durch die geeignete Verbindung von Human- und Anlagekapital das nötige Ausmaß.

173 Zu diesem Konzept näher *Lüder Gerken* (Ed): Competition Among Institutions, 1995.

174 BVerfGE 50, 290, 369; 84, 212, 231.

175 BVerfGE 92, 26, 42; die Entscheidung steht in einer Linie mit der sog. Näher-Dran-Theorie des Saar-Urteils, BVerfGE 4, 157, 169 und näher *Christoph Engel*: Völkerrecht als Tatbestandsmerkmal deutscher Normen, 1989, 166–173.

176 Diese Interpretationsmethode hat das Bundesverfassungsgericht jüngst gerade wieder in einem arbeitsrechtlichen Fall für zulässig erklärt, BVerfGE 97, 186, 196.

die Arbeitslosen viel weniger belastet[177]. Würde die Verfassung trotzdem auf der kollektiven Lösung beharren, bliebe nur eine Begründung: sie will den Arbeitnehmern mit einem sicheren Arbeitsplatz auf Dauer die Verhandlungsmacht sichern, die ihnen Verteilungsgewinne verschafft. Dafür darf sich die Verfassung nicht hergeben[178].

f) *Verfassungsrechtliches Reformgebot*

Dogmatisch ist es nicht schwer, aus der verfassungsrechtlichen Zulässigkeit der vorgeschlagenen Reform ein verfassungsrechtliches Reformgebot abzuleiten. Die Wirkungen des geltenden Institutionengefüges auf Dritte beruhen zwar darauf, daß die Begünstigten von diesen Institutionen Gebrauch machen. Der Staat hat ihnen die Institutionen ja aber gerade zu diesem Zweck in die Hand gegeben. Wer zweifelt, ob das für einen mittelbaren Grundrechtseingriff genügt[179], kommt über eine grundrechtliche Schutzpflicht zum selben Ergebnis[180].

Sehr viel schwieriger ist die justizpolitische Frage. Verhebt sich das Bundesverfassungsgericht nicht, wenn es so tief in das überkommene Gefüge der Arbeitsmarktinstitutionen einschneidet? Der wütende Widerstand

---

[177] S. o. 6.

[178] Wer diese dogmatischen Wege nicht mitgehen will, muß nach vermittelnden Lösungen Ausschau halten. Der Gesetzgeber ist von Art. 9 III 3 GG jedenfalls nicht gehindert, den Flankenschutz der Tarifautonomie zu entfernen. Er kann nicht nur den Kündigungsschutz durch eine Abfindung ersetzen (zu den Folgen für die Tarifverhandlungen o. 4. b), sondern auch die Allgemeinverbindlichkeitserklärung aufheben und die deutschen Arbeitsmärkte für direkte Konkurrenz aus dem Ausland öffnen. Weil die Tarifparteien der Sache nach Kartelle sind, könnte der Gesetzgeber eine Mißbrauchsaufsicht vorsehen (näher *Scholz* [Fn. 51] HStR § 151, R 32 f.; *Renate Käppler:* Tarifvertragliche Regelungsmacht, in: NZA 19 [1991] 745–754 [748–750]; vgl. auch BVerfGE 55, 7, 53). Er könnte den Branchentarifvertrag verbieten und nur noch Firmentarifverträge zulassen. Dann wird die Abwälzung höherer Löhne auf die Produktpreise sehr viel schwerer (empfohlen von *Berthold/Hank* [Fn. 32] 48; s. auch *Calmfors* (Fn. 67) OECD Economic Studies 1993, 165; skeptisch *Franz* Arbeitsmarktökonomik [Fn. 1] 239; *Dieter Sadowski*: Koreferat [zu *Freeman* (Fn. 42)], in: *Heinz König/Sherwin L. Rosen* [ed.]: Arbeitsmärkte in den USA und Deutschland 1998, 85–91). Schließlich könnte der Gesetzgeber den Vorrang des Tarifvertrags vor dem Individualvertrag und vor Vereinbarungen mit dem Betriebsrat aufheben oder das Günstigkeitsprinzip extensiv ausgestalten (Sachverständigenrat Jahresgutachten 1997/98 [Fn. 3] R 365; *Franz* Arbeitsmarktökonomik [Fn. 1] 391; vorsichtig BVerfG [Kammer] 29. 6. 1993, NZA 1994, 34, 34).

[179] S. dazu vor allem die Referate von *Herbert Bethge*: Der Grundrechtseingriff, in: VVDStRL 57 (1998) 7–56 und *Beatrice Weber-Dürler*: Der Grundrechtseingriff, ebd. 57–99, sowie die Aussprache.

[180] Praktische Bedeutung kann die dogmatische Unterscheidung vor allem für das Schutzniveau, also die Regelungsdichte bekommen, Einzelheiten etwa bei *Johannes Dietlein:* Die Lehre von den grundrechtlichen Schutzpflichten, 1992.

von Gewerkschaften und Arbeitgeberverbänden wäre sicher. Auch ein beachtlicher Teil der Medien könnte sich gegen das Gericht stellen. Aber liegt nicht hier zugleich auch der wichtigste Grund für eine Intervention des Gerichts? Denn die geltenden Institutionen sind ja gerade dafür verantwortlich, daß sich der Gesetzgeber seit Jahrzehnten nicht an das kollektive Arbeitsrecht traut. Mit genau dieser Begründung hat das Bundesverfassungsgericht dem Bundesarbeitsgericht im kollektiven Arbeitsrecht sogar die Befugnis zur offenen Rechtsfortbildung eingeräumt[181]. Offensichtlich ist aber auch das Bundesarbeitsgericht zu einer durchgreifenden Reform der Arbeitsmarktinstitutionen außerstande[182]. Das ist auch nicht verwunderlich. Denn die organisierten Interessen, deren Einfluß durch die Reform überwunden werden muß, sind ja in jedem arbeitsgerichtlichen Spruchkörper paritätisch präsent. Allein das Bundesverfassungsgericht ist deshalb imstande, die politische Blockade aufzubrechen.

III. Der korporatistische Gegenentwurf

Der Kern der vorgeschlagenen Reform ist ein ziemlich fundamentaler Bruch mit den Traditionen der deutschen Arbeitsmarktpolitik. An die Stelle korporatistischer Lösungen tritt das Individuum. Mit dem Bündnis für Arbeit hat die Bundesregierung den entgegengesetzten Weg eingeschlagen (1). Die verfassungsrechtlichen Risiken sind jedenfalls nicht geringer als bei einer liberalen Reform (2). Der korporatistische müßte dem dezentralen Gegenentwurf also schon deutlich überlegen sein (3).

1. *Das Bündnis für Arbeit*

Der Bundeskanzler hat ein auf Dauer angelegtes[183] Bündnis für Arbeit ins Leben gerufen. Ihm gehören die wichtigsten Arbeitgeberverbände, ausgewählte Gewerkschaften, der Kanzler und fünf seiner Minister an[184]. Das Bündnis ist „als Prozeß der Verständigung angelegt, in dem gegensei-

---

[181] BVerfGE 84, 212, 226f.; 88, 103, 115f.; anders noch BVerfGE 57, 220, 248.

[182] Besonders drastisch die Burda-Entscheidung (Fn. 80). Manche Beobachter meinen sogar, daß die Arbeitsgerichte nicht nur außerstande sind, sich von den Tarifparteien zu emanzipieren, sondern daß sie selbst die eigentliche Ursache für die Rigidität des deutschen Arbeitsrechts sind, anschaulich *Bernd Rüthers*: Beschäftigungskrise und Arbeitsrecht. Zur Arbeitsmarktpolitik der Arbeitsgerichtsbarkeit (Frankfurter Institut. Kleine Handbibliothek 18) 1996, 51–123.

[183] Bündnis für Arbeit 7. 12. 1998 I 2.

[184] Im einzelnen sind es BDI, BDA, Zentralverband Handwerk, DIHT, DGB, DAG, IG Metall, IG Bergbau-Chemie-Energie, ÖTV und neben dem Kanzler die Minister für Finanzen, Wirtschaft, Arbeit, Gesundheit und der Kanzleramtsminister.

tiges Vertrauen geschaffen werden soll, aber auch unterschiedliche Interessen und verschiedene Meinungen ausgetragen werden"[185]. Das Ziel sind „Selbstverpflichtungen der Tarifparteien"[186].

2. *Verfassungsrechtliche Risiken*

Das Bündnis bewegt sich in einer verfassungsrechtlichen Grauzone. Die demokratisch gewählte Bundesregierung paktiert mit ausgewählten Verbänden[187]. Sie erhalten privilegierten Zugang zur politischen Arena[188]. Der Staat braucht die Verbandsmacht zur Durchsetzung der Vereinbarungen und trägt deshalb aktiv zu ihrer Stabilisierung bei[189]. Der Staat wirkt auf die Arbeitsmärkte nur vermittelt über die Verbände ein. Rechtsschutz gegen sein Handeln ist deshalb praktisch ausgeschlossen. Vor allem ist Art. 9 III GG in seinem historischen Kern aber ein Schutz gegen die staatliche Intervention in Tarifkonflikte[190]. Genau das versucht die Bundesregierung mit dem Bündnis.

3. *Normative Gründe*

Ist die Not so groß wie auf den Arbeitsmärkten, muß das Verfassungsrecht über seinen Schatten springen. Ist die korporatistische Lösung aber wirklich besser als die dezentrale? Ihre Anhänger verweisen vor allem auf das niederländische Vorbild[191]. Die Arbeitslosigkeit ist dort in der Tat vergleichbar niedrig wie in den USA[192]. In den Niederlanden haben allerdings viel mehr Menschen nur einen Teilzeitarbeitsplatz[193]. Der Anteil der Langzeitarbeitslosen ist in den Niederlanden fast 6 mal so hoch wie

---

[185] Bündnis für Arbeit 7. 12. 1998 I 2.

[186] Ebd. I 4. Ausführlicher zum Sachverhalt *Berthold/Hank* (Fn. 32); Dokumente http://www.buendnis.de (6. 8. 1999).

[187] Abwägend *Dieter Grimm*: Verbände, in: *Ernst Benda/Werner Maihofer/Hans-Jochen Vogel* (Hrsg.): Handbuch des Verfassungsrechts, 1995, 657–672; weitere Nachweise bei *Christoph Engel:* Institutionen zwischen Staat und Markt, in: Staatswissenschaften und Staatspraxis 9 (1998) 535–591 (558–565).

[188] *Jelle Visser/Anton Hemerijck:* A Dutch Miracle, 1997, 66.

[189] Näher *Christoph Engel:* Selbstregulierung im Bereich der Produktverantwortung (Gemeinschaftsgüter: Recht, Politik und Ökonomie. Preprint 1998/7).

[190] BVerfGE 18, 18, 30; 88, 103, 114f.

[191] Umfassend *Visser/Hemerijck* (Fn. 188); skeptischer *Schmid* (Fn. 22) WZB FS I 97–202; *Berthold/Hank* (Fn. 32) 50–56.

[192] Im Jahre 1998 betrug die Arbeitslosigkeit in den Niederlanden 4,2%, in den USA 4,5 %, OECD Employment Outlook (Fn. 1) 19.

[193] Im Jahre 1998 waren das 30,0 %, gegenüber 13,4 % in den USA, OECD Employment Outlook (Fn. 1) 240.

in den USA[194]. Schon diese Zahlen machen deutlich, daß man gute Gründe bräuchte, um den korporatistischen Entwurf vorzuziehen. Der höhere Zentralisierungsgrad der Lohnverhandlungen kann es nicht sein (a). Problematisch ist auch die Vorstellung von Verhandlungen über Lohn und Arbeitsbedingungen im Schatten der Hierarchie (b). Die Niederlande preisen ihr Modell als einen allumfassenden Pakt der Vernunft (c). Nachdenkenswert ist das allenfalls, wenn es gelänge, das Bündnis für Arbeit auf die Reform der Arbeitsmarktinstitutionen zu begrenzen (d).

a) Höherer Zentralisierungsgrad

Unter Ökonomen hat seit langem die Vorstellung Konjunktur, institutionelle Kompromisse seien das Schlimmste, was man dem Arbeitsmarkt antun könne. Erfolgreich seien sowohl Länder wie die USA mit einem sehr niedrigen Zentralisierungsgrad als auch Länder wie Schweden mit einem sehr hohen Zentralisierungsgrad[195]. Bei mittlerer Zentralisierung träten dagegen alle Nachteile der Kartellierung auf. Sie würden auch nicht dadurch kompensiert, daß die Gewerkschaft im Eigeninteresse die Rückwirkungen hoher Löhne auf die Preise und das Investitionsverhalten der Unternehmen im Auge behält. Das ist aber nie das deutsche Problem gewesen. Wir haben zwar eine relativ differenzierte Gewerkschaftslandschaft. Auch wird nach Tarifbezirken getrennt verhandelt. Es hat sich aber eine informelle Lohnführerschaft der IG Metall im Tarifbezirk Nord Württemberg-Nord Baden herausgebildet[196].

b) Verhandeln im Schatten der Hierarchie

Die Umweltpolitik erreicht ihre Ziele mittlerweile oft, indem sie mit den Regelungsadressaten verhandelt[197]. Diese Verhandlungen finden im Schat-

---

[194] Im Jahre 1998 waren 47,9 % der niederländischen Arbeitslosen länger als ein Jahr arbeitslos. In den USA waren es nur 8,0 %. Fast noch drastischer ist der Unterschied bei Arbeitslosigkeit, die 6 Monate oder länger dauert. In den Niederlanden betraf das 83,6 % der Arbeitslosen, in den USA nur 14,1 %, OECD Employment Outlook (Fn. 1) 242. Schließlich ist auch der Anteil der Beschäftigten an der erwerbsfähigen Bevölkerung in den USA höher. Er betrug im Jahre 1998 73,8 %. Hier ist die niederländische Zahl mit 69,8 % aber nicht so deutlich niedriger, OECD Employment Outlook (Fn. 1) 225.

[195] *Calmfors/Driffill* (Fn. 67) Economic Policy 1988, 13–61; *Calmfors* (Fn. 67) OECD Economic Studies 1993, 161–191.

[196] *Franz* Arbeitsmarktökonomik (Fn. 1) 281; darauf verweisen die Gewerkschaften selbst in BVerfGE 92, 365, 397f.; *Calmfors* (Fn. 67) OECD Economic Studies 1993, 171 spricht in so einem Fall von hoher Zentralisierung.

[197] S. nur die Vorträge von *Matthias Schmidt-Preuss* und *Udo di Fabio:* Verwaltung und Verwaltungsrecht zwischen gesellschaftlicher Selbstregulierung und staatlicher Steuerung, in: VVDStRL 56 (1997) 160–234 und 235–282 sowie die dort abgedruckte Aussprache.

ten der Hierarchie statt[198]. Der Staat nutzt seine souveränen Befugnisse also als Lock- oder Drohmittel, um die Bürger zu dem gewünschten Verhalten zu bewegen. Dieser Gedanke läßt sich auch auf das Bündnis für Arbeit übertragen[199]. Ein Anwendungsbeispiel scheint es schon zu geben. Das Bündnis hat sich darauf verständigt, allen Schulabgängern eine Lehrstelle zu sichern[200]. Die stillschweigende Gegenleistung der Bundesregierung besteht darin, daß die von der Monopolkommission angemahnte Reform der Handwerksordnung unterbleibt[201]. Das Beispiel könnte sich wiederholen, sobald es im Bündnis ans Eingemachte geht, also an Lohnzurückhaltung. Beim Vorgängermodell der Konzertierten Aktion in den 60er und 70er Jahren hat die Bundesregierung den Tarifparteien ihre Zurückhaltung durch einen Ausbau des Sozialstaats abgekauft[202]. Die öffentlichen Kassen sind jedoch leer, die Lohnnebenkosten die höchsten der Welt. Kompensierende Steuersenkungen[203] sind nicht leicht zu bewerkstelligen. Denn der Produktionsfaktor Kapital kann das Land in einer globalisierten Wirtschaft leicht verlassen. Die Steuerlast konzentriert sich deshalb unvermeidlich immer stärker auf den viel weniger mobilen Faktor Arbeit[204]. Am wahrscheinlichsten ist deshalb, daß der Staat seine Legislativbefugnisse in die Waagschale wirft. Er würde dann als Stabilisator der erodierenden Tarifkartelle auftreten.

All das sind natürlich nur Spekulationen. Frei von Spekulationen ist aber das Prinzip. Wenn der Vorzug der staatlichen Beteiligung an Verhandlungen zwischen den Tarifpartner rationaltheoretisch begründet werden soll, muß sich der Staat mit seinen souveränen Befugnissen Verhandlungsmasse schaffen.

c) *Das konstruktivistische Argument*

Die guten Ergebnisse des niederländischen Vorbilds werden ganz anders, nämlich konstruktivistisch begründet[205]. Es soll eine Art Allparteienkoalition der Vernunft entstehen[206]. Das kann zweierlei bedeuten.

---

198 Die schöne Formulierung stammt von *Scharpf* Games Real Actors Play (Fn. 54) 196f.

199 Vgl. *Berthold/Hank* (Fn. 32) 47; *Visser/Hemerijck* (Fn. 188) 67.

200 Erklärung vom 6. 7. 1999, http://www.buendnis.de/05/bunddoku.html (6. 8. 1999).

201 Diesen Hinweis verdanke ich *Martin Hellwig*.

202 *Berthold/Hank* (Fn. 32) 42f.

203 *Schröder/Blair* (Fn. 23) 8.

204 Überdies muß die Rentenversicherung saniert werden, s.o. Fn. 26.

205 Der Gedanke durchzieht das ganze Buch von *Visser/Hemerijck*, siehe beispielsweise 52.

206 S. etwa Bündnis für Arbeit 6. 7. 1999 (Fn. 200) V und die beigefügte Gemeinsame Erklärung von BDA und DGB Nr. 3.

Die erste Erklärung bleibt noch im rationaltheoretischen Modell. Gespräche unter Moderation eines neutralen Dritten können Informationen außer Streit stellen, die für das Verhandlungsergebnis Bedeutung haben. Beteiligte berichten, daß hierin der größte Vorzug der Konzertierten Aktion lag[207]. Die Tarifpartner werden sich klar, wie sich die gesamtwirtschaftliche Lage voraussichtlich entwickelt[208]. Vor allem besteht aber die Chance, die Folgen strategischer Interaktionen zwischen den Tarifparteien zu mildern. Dann spiegeln ihre Entscheidungen wenigstens nur ihre Interessen wider und nicht das taktische Streben nach Positionsgewinn für die nächsten Verhandlungen[209].

Die zweite und wichtigere Erklärung verläßt das rationaltheoretische Modell. Sie hofft, daß die Gespräche im Bündnis für Arbeit einen politischen Lernprozeß in Gang setzen[210], an dessen Ende ein neues, von allen Beteiligten geteiltes kognitives Modell von der Wirklichkeit an den Arbeitsmärkten steht[211]. Theoretisch ist der Gedanke valide[212]. In anderen Politikfeldern gibt es auch erfolgreiche Anwendungsbeispiele[213]. Als Strukturmodell für die deutschen Arbeitsmärkte ist die Lösung aber riskant. Denn die Tarifpartner sind gut organisiert[214]. Und sie haben viel zu verlieren[215]. Das erklärt, warum solche Arrangements instabil sind[216].

d) *Gestaltete Reform der Institutionen?*

Um eine Deregulierung der Arbeitsmärkte wird das deutsche Recht also nicht herumkommen. Die bisherigen Institutionen können nicht auf

---

[207] Dies haben mir *Helmut Schlesinger* und *Norbert Kloten* bestätigt.

[208] Vgl. *Franz* Arbeitsmarktökonomik (Fn. 1) 321; Gewerkschaften und Arbeitgeberverbände sind aber bereits heute hoch professionell. Das Zahlenmaterial stellen OECD und Sachverständigenrat ohnehin.

[209] Vgl. *Franz* Arbeitsmarktökonomik (Fn. 1) 288f.; zu den Problemen strategischer Entscheidungen s. bereits oben II 4. b).

[210] *Visser/Hemerijck* (Fn. 188) 13.

[211] Ebd. 68.

[212] Zum theoretischen Hintergrund *Michael Thompson/Richard Ellis/Aaron Widavsky:* Cultural Theory 1990.

[213] Eindringlich *Marco Verweij*: Cultures and Institutions in Transboundary Relations. The Environmental Protection of the Rhine and the Great Lakes (im Druck), besonders Kapitel 5.

[214] Zur Bedeutung des Organisationsgrads näher *Mancur Olson:* Die Logik des kollektiven Handelns[3] 1992.

[215] Eindringlich zu den ganz rationaltheoretischen Gründen für das Scheitern solcher Verfahren *Katharina Holzinger*: Grenzen der Kooperation in alternativen Konfliktlösungsverfahren. Exogene Restriktionen, Verhandlungsleitlinien und Outside Options, in: WZB-Jahrbuch 1996, 232–274.

[216] *Berthold/Hank* (Fn. 32) 41.

Dauer durch das Bündnis für Arbeit ersetzt werden. Vielleicht ist das Bündnis aber ein guter Ort zur Reform der Institutionen[217]. Denn eine oktroyierte Reform ist für die politisch Handelnden sehr riskant. Die Regierung Berlusconi ist daran in Italien zerbrochen. Die Gaullisten haben nur den Präsidentenposten behalten[218]. Gewerkschaften und Arbeitgeberverbände haben starke politische Vetopositionen[219]. Weil der Großteil der Arbeitslosigkeit in Deutschland persistent ist[220], könnte die Bundesregierung die Richtigkeit ihrer politischen Entscheidung nicht einmal durch schnelle Erfolge beweisen. Denn das Humankapital der Langzeitarbeitslosen ist ja wirklich entwertet[221]. Viele Arbeitsplätze sind ja wirklich durch Investitionen in das Anlagevermögen ersetzt[222]. Der wichtigste Erfolg einer Reform der Institutionen ist deshalb, daß die Lage an den Arbeitsmärkten nicht noch schlimmer wird. Eine Besserung kann nur langsam eintreten. Damit lassen sich keine Wahlen gewinnen. Wird die Reform dagegen von den Gewerkschaften und Arbeitgebern mitgetragen, liegen die politischen Risiken nicht allein bei der Bundesregierung.

Auch das ist offensichtlich eine riskante Strategie. Denn den Arbeitslosen kann nicht geholfen werden, ohne daß die Macht des Tarifkartells gebrochen wird. Das belegen auch die holländischen Erfahrungen[223]. Man macht also unvermeidlich den Bock zum Gärtner[224]. Das kann nur gut gehen, wenn der Außendruck auf das Bündnis für Arbeit hoch ist. Der stärkste Druck kommt selbstverständlich von den globalen Kapital- und Produktmärkten[225]. Er ist aber ausschließlich pekuniärer Natur. Mit Geld allein sind Denkblockaden schwer aufzulösen. Gerade wenn die Reform gütlich gelingen soll, wird deshalb das Verfassungsrecht gebraucht. Die zentrale politische Aufgabe des Bundesverfassungsgerichts ist das Aufbrechen politischer Blockaden. Es sollte deshalb in einer Appellentscheidung aussprechen, daß die vorgeschlagene dezentrale Reform der Institutionen verfassungsrechtlich zulässig und geboten ist. Dann steigt die Chance maßgeblich, daß das Bündnis für Arbeit schließlich ein Erfolg wird.

---

[217] Vgl. *Schröder/Blair* (Fn. 23) 6; *Sesselmeier/Blauermel* (Fn. 4) 135.
[218] *Visser/Hemerijck* (Fn. 188) 65.
[219] Vgl. *Scharpf* Europa (Fn. 28) 132.
[220] S. o. I.
[221] S. o. II 1.
[222] S. o. II 4 d).
[223] *Visser/Hemerijck* (Fn. 188) 18 und passim.
[224] *Berthold/Hank* (Fn. 32) 49.
[225] Näher oben II. 2.

Leitsätze des 2. Berichterstatters über:

Arbeitsmarkt und staatliche Lenkung

1. Die Not an den Arbeitsmärkten ist groß. Im Jahre 1998 betrug die Arbeitslosenquote 11,2 %. Hinzu kamen 2 Millionen verdeckte Arbeitslose. Viele Menschen haben resigniert und tauchen in den Statistiken gar nicht mehr auf. 52,2 % der Arbeitslosen sind länger als ein Jahr arbeitslos. In den neuen Bundesländern ist die Lage besonders dramatisch. Offene und verdeckte Arbeitslosigkeit zusammen betragen 26,5 %. Nach jedem Schub ist das Niveau der Arbeitslosigkeit dauerhaft höher geblieben.

2. Die deutschen Lohnstückkosten sind die höchsten der Welt. Deutsche und ausländische Investoren ziehen Anlagekapital aus Deutschland ab.

3. Arbeitnehmer bieten ihr Humankapital an den Arbeitsmärkten an. Der Ausgleich von Angebot und Nachfrage an diesen Märkten ist gestört. Humankapital wandert nicht an den Ort seiner produktivsten Verwendung. Der Lohn erfüllt seine Lenkungsfunktion nicht, weil er nach unten starr ist. Es bleibt im wesentlichen nur die Mengenanpassung, also die Entlassung einzelner Arbeitnehmer.

4. An den Arbeitsmärkten hat sich viel Anpassungsbedarf aufgestaut. Die Altersstruktur der Bevölkerung ändert sich dramatisch. Die Struktur der Haushalte als der maßgeblichen Planungseinheit hat sich verändert. Die deutschen Arbeitsmärkte kommen unter den Druck globaler Kapital- und Produktmärkte. Der Bedarf der Unternehmen schwankt viel stärker als früher. An vielen Stellen ist Arbeit durch Kapital ersetzt worden.

5. Die Anpassungsschwächen der deutschen Arbeitsmärkte beruhen vornehmlich auf staatlicher Lenkung. Die Lenkungswirkung geht von der Institutionentrias aus Kündigungsschutz, Tarifvertrag und Arbeitslosenversicherung aus.

6. Der Kündigungsschutz hat sich in ein Markteintrittshindernis verwandelt. Der Arbeitgeber stellt neue Arbeitnehmer nur noch ein, wenn er sich über die Qualität des Arbeitnehmers und seinen langfristigen Bedarf ganz sicher ist. Arbeitnehmer geringerer Produktivität werden aus dem Markt gedrängt.

7. Gewerkschaften und Arbeitgeberverbände sind Kartelle. Tarifverträge tragen nicht die Gewähr der Richtigkeit in sich, weil jede Seite einen Anreiz zu strategischem Verhalten hat. Innerhalb der Koalitionen fallen die Logik der Einflußnahme und die Logik der Mitgliedschaft auseinander. Daraus ergeben sich zusätzliche Verzerrungen.

8. Die Arbeitslosenversicherung erhöht den Verteilungsspielraum der Tarifparteien.

9. Wegen des Kündigungsschutzes sind die Arbeitgeber bei den Tarifverhandlungen kurzfristig ausbeutbar, nachdem sie einmal investiert haben. Mittelfristig schützen sie sich, indem sie in kapitalintensive Branchen oder ins Ausland abwandern. 1 % Wachstum des Bruttosozialprodukts führt in Deutschland nur zu einem Zuwachs an Stellen um 0,23 %. In den USA sind es 0,75 %.

10. Die Arbeitgeber und die Arbeitnehmer ohne ernsthaftes Entlassungsrisiko einigen sich auf Kosten Dritter: der Arbeitslosen, der Arbeitnehmer mit gefährdeten Arbeitsplätzen und der Konsumenten. Nach der Wiedervereinigung haben die westdeutschen Gewerkschaften und die westdeutschen Arbeitgeberverbände die heutige hohe Arbeitslosigkeit in den neuen Bundesländern ins Werk gesetzt, um Lohndruck im Westen zu verhindern.

11. Die Institutionentrias kann nicht einfach gestrichen werden, weil sie legitimen Zwecken dient. In den Worten des Bundesverfassungsgerichts sind diese Institutionen „darauf angelegt, die strukturelle Unterlegenheit der einzelnen Arbeitnehmer beim Abschluß von Arbeitsverträgen durch kollektives Handeln auszugleichen und damit ein annähernd gleichgewichtiges Aushandeln der Löhne und Arbeitsbedingungen zu ermöglichen". Die Institutionenökonomik erlaubt, diesen Zweck präziser zu formulieren.

12. Es gibt keinen Grund für die Annahme, daß an deregulierten Arbeitsmärkten kein wirksamer Wettbewerb herrschen würde. Deshalb ist die Befürchtung nicht begründet, es könnte zu ruinöser Konkurrenz kommen. Wenn einzelne Haushalte auf Lohnsenkungen mit Angebotsausweitung reagieren, tun sie das, weil das ihren Präferenzen entspricht.

13. Theoretisch könnte der Wunsch nach ausgeprägtem Kündigungsschutz von einem Arbeitgeber als Signal gewertet werden, daß der Bewerber wenig leistungsfähig oder leistungsbereit ist. Der Bewerber kann das Signal jedoch oft stumpf machen, indem er plausible Gründe darlegt. Umgekehrt ist das Angebot von Kündigungsschutz ein Signal des Arbeitgebers für die Qualität des Arbeitsplatzes.

14. Nach Beginn des Arbeitsverhältnisses sind beide Seiten nicht mehr wirksam vom Wettbewerb kontrolliert. Eine Seite wird ausbeutbar, wenn das Maß der transaktionsspezifischen Investitionen unausgewogen ist. In Nachverhandlungen kann die andere Seite sich die Quasi-Rente aneignen. Bei einfachen, standardisierten Arbeitsverhältnissen hat der Arbeitnehmer regelmäßig mehr zu verlieren. Deshalb ist es rational, die Änderungskündigung auszuschließen.

15. Arbeitnehmer sind in der Regel aus guten Gründen risikoscheu. Sie können das Absatzrisiko für ihr Humankapital schlecht streuen. Längere Arbeitslosigkeit entwertet das Humankapital und ist ein nachteiliges Signal für Bewerbungen. Im Alter verliert das Humankapital vieler Arbeitnehmer an Wert. Es ist für solche Arbeitnehmer rational, den Arbeitsvertrag als impliziten Versicherungsvertrag auszugestalten. Der Arbeitgeber verspricht, den Arbeitnehmer nicht ohne ernste Not zu entlassen und den Lohn nicht zu senken. Als Versicherungsprämie behält er einen überproportionalen Teil des Kooperationsgewinns. Die Arbeitslosenversicherung deckt das schwer versicherbare Restrisiko ab.

16. Wenn die Änderungskündigung ausgeschlossen ist, hat der Arbeitgeber kein Drohpotential für individuelle Verhandlungen über die Anpassung von Lohn und Arbeitsbedingungen in der Zeit. Diese Lücke füllen kollektive Verhandlungen. Die Verhandlungsmacht ergibt sich aus Streik und Aussperrung.

17. Die legitimen Zwecke des geltenden Rechts lassen sich auch durch eine Institution erfüllen, die die Anpassungsfähigkeit der Arbeitsmärkte viel weniger beeinträchtigt. Das zwingende Zivilrecht erlaubt dem Arbeitgeber zwar, Arbeitnehmer ohne Angabe von Gründen zu entlassen; er muß ihnen dann aber noch für ein Jahr ihren Lohn weiterzahlen.

18. Die Abfindung entspricht dem heutigen Arbeitslosengeld. Sie wandelt den Arbeitsvertrag in einen selbstdurchsetzenden Vertrag um. Daß die Quasi-Rente mehr als ein Jahreseinkommen beträgt, ist sehr unwahrscheinlich. Weil Entlassungen teuer sind, ist das Interesse des Arbeitgebers am Fortbestand des Arbeitsverhältnisses wirksam gesichert. Da Entlassungen nicht mehr kategorisch ausgeschlossen sind, werden individuelle Verhandlungen über die Anpassung von Lohn und Arbeitsbedingungen möglich. Sie können sich an den Löhnen orientieren, die der Arbeitgeber neu eingestellten Arbeitnehmern zahlt. Denn dabei ist der Arbeitgeber durch Wettbewerb kontrolliert, muß also seine Präferenzen offenlegen.

19. Nebenzwecke des geltenden Rechts stehen dieser Reform der Institutionen nicht entgegen. Der Betrieb wird vor allem für die bisherigen Arbeitslosen als Sozialisationsinstanz gebraucht. Der soziale Friede ist vor allem gefährdet, wenn immer mehr Personen in die Arbeitslosigkeit gedrängt werden. Unter diesen Personen ist auch der Landfriede am ehesten gefährdet. Hohe Arbeitslosigkeit ist verteilungspolitisch viel ungerechter als eine stärkere Einkommensspreizung.

20. Eine Abfindung von einem Jahresgehalt genügt zu der von Verfassungs wegen gebotenen Übergangsregelung für Arbeitslosenversicherung und Kündigungsschutz.

21. Ob der Übergang zu individuellen Verhandlungen über die Anpassung von Lohn und Arbeitsbedingungen mit der Rechtsprechung des Bundesverfassungsgerichts zu Art. 9 III GG vereinbar wäre, ist zweifelhaft.

22. Mit dem Gebot zu praktischer Konkordanz allein ließe sich die Reform nicht rechtfertigen. Denn sie übergeht den Wortlaut von Art. 9 III 3 GG und das historisch geprägte Leitbild des Grundrechts.

23. Durch die Globalisierung der Kapital- und Produktmärkte haben sich die Rahmenbedingungen jedoch so fundamental geändert, daß sich die Verfassungsinterpretation anpassen muß.

24. Außerdem erfüllt die Reform alle legitimen Zwecke hinter Art. 9 III GG, beeinträchtigt die Arbeitslosen und andere außenstehende Dritte aber viel weniger. Die geltenden Institutionen könnten nur mit der Absicht gerechtfertigt werden, daß Arbeitnehmer ohne ernsthaftes Entlassungsrisiko die Chance zu Verteilungsgewinnen behalten. Deshalb bedarf die Norm der teleologischen Reduktion.

25. Die Reform ist verfassungsrechtlich geboten. Nur das Bundesverfassungsgericht kann die politische Blockade im kollektiven Arbeitsrecht überwinden.

26. Hinter dem Bündnis für Arbeit steht ein korporatistischer Gegenentwurf. Er ist verfassungsrechtlich zumindest so problematisch wie die vorgeschlagene Reform. Er übergeht das Gebot sachlicher demokratischer Legitimation staatlichen Handelns. Rechtsschutz ist praktisch ausgeschlossen. Der Staat mischt sich in einen Bereich ein, der nach dem Willen von Art. 9 III GG staatsfrei sein soll.

27. Durch stärkere Zentralisierung der Lohnverhandlungen läßt sich in Deutschland keine Verbesserung erzielen. Durch die Lohnführerschaft einzelner Tarifbezirke ist der höchstmögliche Zentralisierungsgrad bereits erreicht.

28. Im Bündnis für Arbeit könnte es zu Lohnverhandlungen im Schatten der Hierarchie kommen. Der Staat hat jedoch keine legitime Verhandlungsmasse.

29. Die Verhandlungen könnten zu einem Konsens der Gutwilligen führen. Die Tarifparteien sind jedoch gut organisiert und haben bei jeder ernsthaften Reform viel zu verlieren. Als Dauereinrichtung eignet sich die Bündnis deshalb nicht.

30. Das Bündnis für Arbeit könnte jedoch zu dem Ort werden, an dem die vorgeschlagene Deregulierung der Arbeitsmärkte im Konsens beschlossen wird. An diesem Verfahren besteht erhebliches Interesse. Oktroyierte Reformen der Arbeitsmärkte sind politisch sehr riskant. Weil der größte Teil der Arbeitslosigkeit persistent ist, hätte die Reform scheinbar längere Zeit gar keine Wirkung. Dieses Verfahren kann aber nur funktionieren, wenn der Außendruck auf die Partner des Bündnisses hoch ist. Die Globalisierung der Kapital- und Produktmärkte vermittelt nur pekuniäre Signale. Deshalb wird eine Appellentscheidung des Bundesverfassungsgerichts gebraucht, die Denkblockaden aufbricht.

Erster Beratungsgegenstand:

Arbeitsmarkt und staatliche Lenkung

3. Bericht von Prof. Dr. *Thomas von Danwitz*, D.I.A.P. (ENA), Bochum

Inhalt

I. Einleitung

Die Rolle des Staates auf dem Arbeitsmarkt, seine Verantwortung für die Gestaltung der Arbeitsbedingungen und seine Befugnis zur Intervention im Bereich der Wirtschaft kann heute nicht mehr als eine bloße Grundfrage von Nationalökonomie und Staatslehre angesehen werden, der man sich sine ira et studio zu nähern vermag[1]. In Zeiten dauerhafter Massenarbeitslosigkeit ist der Erfolg staatlicher Beschäftigungspolitik vielmehr zum Synonym für die nachhaltige Gewährleistung politischer Stabilität und wirtschaftlicher Prosperität des Landes geworden und damit zu seiner Zukunftsfrage schlechthin. In einem solchen Klima, in dem die Verantwortlichen gleichsam zum Erfolg verdammt sind, schießen die Ideen und Vorschläge natürlich wie Pilze aus dem Boden. Zwischen den allseits geführten Klagen über Markt- oder Politikversagen[2] fällt einer rechtsvergleichend gewonnenen Standortbestimmung über die Aufgabe des Staates bei der Lenkung des Arbeitsmarktes daher fraglos eine zentrale Aufgabe zu. Namentlich die währungsseitige Demaskierung von Arbeits- und Produktionskosten durch die Verwirklichung der europäischen Währungsunion einerseits und die wettbewerbsintensive Globalisierung der Weltwirtschaft

---

[1] Siehe aus den Beratungen dieser Vereinigung *Ulrich Scheuner/Adolf Schüle*, Die staatliche Intervention im Bereich der Wirtschaft, VVDStRL 11 (1954), S. 1ff., 75ff.; *Peter Saladin/Hans-Jürgen Papier*, Unternehmen und Unternehmer in der verfassungsrechtlichen Ordnung der Wirtschaft, VVDStRL 35 (1977), S. 7ff., 55ff.; *Hans-Peter Schneider/Helmut Lecheler*, Artikel 12 GG – Freiheit des Berufs und Grundrecht der Arbeit, VVDStRL 43 (1985), S. 7ff., 48ff.; aus dem überbordenden Schrifttum vgl. *Alfred Christmann*, Zum Lenkungsproblem auf dem Arbeitsmarkt, in: Festschrift für B. Gleitzke, 1986, S. 239ff.; *Peter Badura*, Wirtschaftsverfassung und Wirtschaftsverwaltung, 1971; *ders.*, Grundfreiheiten der Arbeit, in: Festschrift für F. Berber, 1973, S. 11ff.; *ders.*, Arbeit als Beruf, in: Festschrift für W. Herschel, 1982, S. 21ff.; Scheuner (Hrsg.), Die staatliche Einwirkung auf die Wirtschaft, 1971; *Reiner Schmidt*, Öffentliches Wirtschaftsrecht, Allgemeiner Teil, 1990, S. 94ff.; *Heinz-Dieter Assmann*, Zur Steuerung gesellschaftlich-ökonomischer Entwicklung durch Recht, in: Assmann/Brüggemeier/Joerges, Wirtschaftsrecht als Kritik des Privatrechts, 1980, S. 239ff.; *Rupert Scholz*, Das Recht auf Arbeit. Verfassungsrechtliche Grundlagen, Möglichkeiten und Grenzen der Kodifikation, in: Böckenförde/Jekewitz/Ramm (Hrsg.), Soziale Grundrechte, 1981, S. 75ff.; *ders.*, Die Berufsfreiheit als Grundlage und Grenze arbeitsrechtlicher Regelungssysteme, ZfA 1981, S. 265ff.; *Matthias Schmidt-Preuß*, Verfassungsrechtliche Zentralfragen staatlicher Lohn- und Preisdirigismen, 1977; *Rainer Pitschas*, Berufsfreiheit und Berufslenkung, Berlin 1983.

[2] Vgl. *Hans Besters* (Hrsg.), Strukturpolitik wozu? Technokratischer Interventionismus versus marktwirtschaftliche Ordnungspolitik, 1978; *Christian Watrin*, Zur Überlastung des Staates mit wirtschaftspolitischen Aufgaben, in: Hennis/Graf Keilmansegg/Matz (Hrsg.), Regierbarkeit, Bd. 2, 1979, S. 233ff.; *Fritz W. Scharpf*, Die Rolle des Staates im westlichen Wirtschaftssystem: Zwischen Krise und Neuorientierung, in: Staat und Wirtschaft n.F. 102 (1979), S. 15ff.

andererseits, durch die ein externer Reformdruck neuer Art auf die Arbeitsmärkte freigesetzt wird[3], macht mehr denn je eine internationale Bestandsaufnahme der Produktivitäts- und Arbeitsmarktfaktoren erforderlich.

Eine vergleichende Standortbestimmung darf indes nicht als Unterfangen mißgedeutet werden, vermeindliche Patentrezepte zur unreflektierten Befolgung zu empfehlen[4]; erst recht darf sie nicht dazu instrumentalisiert werden, das jeweilige ordnungspolitische Vorverständnis gleichsam extern zu legitimieren. Einer derartigen Vorgehensweise stehen schon die weitgehend nationalen Funktionsbedingungen der Arbeitsmärkte ebenso entgegen[5] wie die starke Traditionsprägung[6] der Regelungen über die Arbeitsbedingungen, welche auf den spezifischen historischen Erfahrungen der Nationen mit dem gesellschaftlichen Konflikt von Kapital und Arbeit beruhen und in ihrer Bedeutung nicht zu unterschätzen sind[7].

---

[3] Vgl. die eindrucksvolle Darstellung von *Herbert Giersch*, Arbeitslosigkeit in Deutschland: Was geht sie uns an?, 1998, S. 42ff. und passim.

[4] Siehe dazu *Monika Schlachter*, Arbeitsrecht und Rechtsvergleichung, RdA 1999, S. 118f.; allgemein *Bernhard Großfeld*, Grundfragen der Rechtsvergleichung, 1998; *Hein Kötz*, Rechtsvergleichung – Nutzen, Kosten, Methoden, Ziele, RabelsZ 50 (1986), S. 1ff.

[5] Zu den spezifischen Faktoren der Arbeitslosigkeit in Deutschland siehe *Ludger Lindlar*, Deutschlands Beschäftigungskrise – Ursachen und Auswege, in: Zeitschrift für Wirtschaftspolitik 1998, S. 592ff.; zur Frage der Übertragbarkeit siehe *Gerhard Kleinhenz*, Was ist beschäftigungspolitischer Erfolg, in: Mitteilungen aus der Arbeitsmarkt- und Berufsforschung, 1998, S. 258ff.; *Ulrich Walwei*, Beschäftigungspolitisch erfolgreiche Länder: Konsequenzen für Deutschland, in: Mitteilungen aus der Arbeitsmarkt- und Berufsforschung, 1998, S. 334ff.

[6] Siehe *Roger Blanpain*, Comparativism in Labour Law and Industrial Relations, in: ders./Chris Engels (Hrsg.), Comparative Labour Law and Industrial Relations in Industrialized Market Economies, 6. Auflage 1998, und *ders./Engels*, European Labour Law, 3. Auflage 1995, S. 131ff.; bereits *Franz Gamillscheg*, Arbeitsrecht und Rechtsvergleichung, in: Festschrift für H. Kraus, 1964, S. 95ff.

[7] Solche Unterschiede sind oft größer als man glaubt und fügen sich nur schwerlich in das oberflächliche Bild ein, das man sich von einer anderen Rechtsordnung gemacht hat. So überraschend es für deutsche Betrachter erscheinen mag, daß in Dänemark der Kündigungsschutz gesetzlich nicht gewährleistet ist und auch keine Allgemeinverbindlichkeitserklärung von Tarifverträgen existiert oder die Gewerkschaften in Spanien staatliche Unterstützungszahlungen aus allgemeinen Haushaltsmitteln erhalten, so befremdlich sind manchem amerikanischen Investor die Arbeitnehmervertreter im Aufsichtsrat nach dem deutschen Modell der Unternehmensmitbestimmung geblieben. Zu Dänemark siehe *R. Nielsen*, Landesbericht Dänemark, in: EG-Kommission (Hrsg.), Soziales Europa, Die Regelung der Arbeitsbedingungen in den Mitgliedstaaten der Europäischen Gemeinschaft, Bd. 2, Beiheft 5/93, S. 26 (33, 38). Lediglich im Rahmen der Arbeitsnehmermitbestimmung bestehen Kündigungsvorschriften für Vertrauensleute, ebenda, S. 28f. Zu Spanien *F. Durán López*, Landesbericht Spanien, in: EG-Kommission (Hrsg.), Soziales Europa, Die Regelung der Arbeitsbedingungen in den Mitgliedstaaten der Europäischen Gemeinschaft, Bd. 2, Beiheft 5/93, S. 86 (91).

Eine vergleichende Betrachtung der staatlichen Arbeitsmarktlenkung verfolgt vielmehr nur den bescheidenen Anspruch, durch Anregungen aus fremden Rechtsordnungen zu einem besseren Verständnis des eigenen Rechts zu gelangen, Möglichkeiten seiner Fortentwicklung zu erkennen und Vorsicht gegenüber Fehlentwicklungen obwalten zu lassen[8]. In der Überwindung der Beschränkung auf das eigene Recht, die bereits *Rudolf von Jhering* in seiner Wiener Antrittsvorlesung im Geiste echter Wissenschaftlichkeit einforderte[9], liegt der erste Schritt rechtsvergleichender Inspiration. Sie bildet gleichsam eine natürliche Methode juristischer Verfremdung, um – ganz im Sinne *Bertolt Brechts* – den kritischen Blick des Beobachters zu schulen[10]. Die zweite, ungleich schwierigere Aufgabe besteht in der Beurteilung der rechtspraktischen Einpassungsfähigkeit einer Lösung in den vorgegebenen Rahmen des eigenen Rechts. Lackmustest für die Übertragbarkeit von Lösungen fremder Rechtskulturen auf unser Rechtssystem ist das Bestehen gemeinsamer Wertvorstellungen über das Maß notwendiger Arbeitsplatzsicherheit, erstrebter sozialer Homogenität und individueller Arbeitsfreiheit[11]. In diesen Grenzen können aber gerade die rechtsvergleichend gewonnenen Einsichten die allseits bekundete Suche nach „intelligenten" Lösungen erheblich befördern. So kann dieser Befund zur Optimierung und Absicherung einer Neuorientierung dienen, die die staatliche Arbeitsmarktlenkung im verschärften Wettbewerb des Binnenmarktes zu bewältigen hat. Im Zuge der fortschreitenden Integration Europas ermöglicht der Rechtsvergleich darüber hinaus eine Aussage über Art und Maß der gebotenen Rechtsvereinheitlichung[12].

---

[8] Vgl. *Schlachter*, (Fn. 4), RdA 1999, S. 118 m.w.N.

[9] Siehe *Rudolf von Jhering*, Vorrede über die völkerverbindende Kraft der Wissenschaft zwischen benachbarten Staaten, in: Ist die Jurisprudenz eine Wissenschaft?, Wiener Antrittsvorlesung vom 16. 10. 1868, hrsg. von Okko Behrends, 1998, S. 21 (25).

[10] *Bertolt Brecht*, Kleines Organon für das Theater, greifbare Ausgabe Frankfurt 1960, §§ 35–45.

[11] Vgl. *Otto Kahn-Freund*, Uses and Misuses of Comparative law, The Modern Law Review, 1974, S. 1 (6). In gleicher Weise sind als Voraussetzung für die Übertragbarkeit rechtsvergleichender Lösungsansätze die realen, in den EG-Mitgliedstaaten vielfach differierenden Machtverhältnisse zwischen den Tarifparteien anzusehen. Zu Letzteren siehe *Blanpain*, (Fn. 6), S. 19.

[12] Zu übertriebenen Erwartungen an die Rechtsvereinheitlichung und der Rechtsvielfalt als Gebot der Gerechtigkeit schon *Kötz*, (Fn. 4), RabelsZ 50 (1986), S. 1 (2, 5, 7 f.); zur Vorsicht mahnt auch *Abbo Junker*, Rechtsvergleichung als Grundlagenfach, JZ 1994, S. 921 (924 f.).

II. Handlungsfelder staatlicher Arbeitsmarktlenkung

Die akademische Zurückhaltung der vorgegebenen Themenstellung[13] läßt gleichwohl eine zweifache Akzentsetzung erkennen: Erstens entspricht sie dem klassischen Verständnis der Beschäftigung als das unter Marktbedingungen entstehende, privatautonom gebildete Produkt von Angebot und Nachfrage. Damit korrespondiert zweitens ein Rollenverständnis vom Staat als externer Instanz, deren Lenkungsaufgabe sich in der Ausgestaltung der wirtschaftlichen und rechtlichen Rahmenbedingungen verwirklicht, unter denen sich Angebot und Nachfrage auf dem Arbeitsmarkt bilden[14]. Auf diese Weise tritt die – gerade im internationalen Vergleich quantitativ nicht unbeträchtliche – Arbeitgeberfunktion[15] des Staates und seiner Gliederungen in den thematischen Hintergrund. Anknüpfend an das klassische Vorstellungsbild der Unterscheidung von Staat und Gesellschaft[16] geht es vielmehr um die Möglichkeiten und Grenzen der staatlichen Lenkung von Arbeitsbeziehungen unter den Rahmenbedingungen einer marktwirtschaftlich verfaßten Grundordnung.

1. *Aufgabenbestimmung und Effizienz staatlicher Lenkung*

Angesichts dieser Akzentsetzung tritt die Effizienz[17] staatlicher Lenkungsmaßnahmen auf dem Arbeitsmarkt und mehr noch die zweifelnde

---

[13] In Ökonomie und Arbeitsrechtslehre sind durchaus prononciertere Aussagen üblich, vgl. nur *Robert M. Solow*, Is all that European Unemployment necessary?, in: R. Hinshaw (Hrsg.), The World Economy in Transition – what leading Economists think, 1996, S. 164ff.; *Giersch*, (Fn. 3); *Meinhard Heinze*, Wege aus der Krise des Arbeitsrechts – Der Beitrag der Wissenschaft, NZA 1997, S. 1ff.

[14] Vgl. dazu den Überblick bei *Günter Schaub*, Arbeitsrechtshandbuch, 8. Auflage 1996, § 2 m.w.N.

[15] So sind in Dänemark rund 1/3 der Erwerbstätigen staatlich beschäftigt; bei Frauen beläuft sich der Anteil sogar auf etwa die Hälfte, siehe *Nielsen* (Fn. 7), S. 26 (30); gleiches gilt für Frankreich, wenn man den gesamten secteur public erfaßt, siehe *Antoine Lyon-Caen*, Landesbericht Frankreich, (Fn. 7), S. 101 (110); in den Niederlanden ist der Staat für 15% der Erwerbstätigen Arbeitgeber, weitere 10% sind bei halb-öffentlichen Einrichtungen beschäftigt, vgl. *A. Jacobs*, Länderbericht Niederlande, (Fn. 7), S. 168 (179); in Deutschland sind etwa 20% der Beschäftigten im öffentlichen Dienst tätig, *Kommission für Zukunftsfragen der Freistaaten Bayern und Sachsen*, Erwerbstätigkeit und Arbeitslosigkeit in Deutschland – Entwicklung, Ursachen und Maßnahmen, 1996, Bd. I, S. 63.

[16] Siehe *Hans Heinrich Rupp*, Die Unterscheidung von Staat und Gesellschaft, in: Isensee/Kirchhof, HStR Bd. I, 2. Auflage 1995, § 28 Rdn. 29ff. und passim; *Ernst-Wolfgang Böckenförde*, Artikel „Staat und Gesellschaft", in: StL 5. Bd, 7. Auflage 1989, Sp. 228 (230).

[17] Allgemein *Walter Leisner*, Effizienz als Rechtsprinzip, 1971; *Hans-Wolfgang Arndt*, Praktikabilität und Effizienz, 1983; Wolfgang Hoffmann-Riem/Eberhard Schmidt-Aßmann (Hrsg.), Effizienz als Herausforderung an das Verwaltungsrecht, 1998; auch *Hans Herbert von Arnim*, Wirtschaftlichkeit als Rechtsprinzip, 1988.

Frage nach der Steuerungsfähigkeit des Rechts[18] ganz in den Vordergrund. Damit wird das Phänomen staatlicher Steuerungs-, Lenkungs- oder Eingriffsformen, das seit geraumer Zeit Hochkonjunktur auch in der Staatsrechtslehre hat[19], in einem ebenso klassischen wie schwierigen Kollisionsfeld gesellschaftlicher Autonomie und staatlicher Machtentfaltung zur Diskussion gestellt, in dem die ohnehin problematische Grenzziehung zwischen beiden Bereichen von vielfältigen ökonomischen Erkenntnissen abhängt und zudem mit komplexen ordnungspolitischen Wertungsfragen behaftet ist[20].

Aus der verfassungsrechtlichen Gewährleistung der privatautonomen Begründung und Gestaltung von Beschäftigungsverhältnissen folgt ein Schutz der Marktverfassung vor staatlicher Substitution[21], aber keine prinzipielle Freistellung des Marktgeschehens von staatlicher Lenkung[22]. Gemessen an dem Verlangen nach einer wirksamen Beschäftigungspolitik des Staates ist der Arbeitsmarkt vielmehr als ein selbstregulatives Subsystem zu verstehen, dessen Eigengesetzlichkeiten die Funktionsbedingungen für Einwirkungsmechanismen festlegen und damit zugleich das Anforderungsprofil für hoheitliche Lenkungsmaßnahmen bilden[23].

---

[18] Allgemein Dieter Grimm (Hrsg.), Wachsende Staatsaufgaben – sinkende Steuerungsfähigkeit des Rechts, 1990; *Gunnar Folke Schuppert*, Verwaltungsrechtswissenschaft als Steuerungswissenschaft. Zur Steuerung des Verwaltungshandelns durch Verwaltungsrecht, in: Hoffmann-Riem/Schmidt-Aßmann/Schuppert (Hrsg.), Reform des Allgemeinen Verwaltungsrechts, 1993, S. 65ff.; auch Schmidt-Aßmann/Hoffmann-Riem (Hrsg.), Verwaltungsorganisationsrecht als Steuerungsressource, 1997. Aus sozialwissenschaftlicher Perspektive *Renate Mayntz*, Politische Steuerung und gesellschaftliche Steuerungsprobleme – Anmerkungen zu einem theoretischen Paradigma, in: Jahrbuch zur Staats- und Verwaltungswissenschaft, Bd. 1, 1987, S. 89ff.; *Mayntz/Scharpf*, Steuerung und Selbstorganisation in staatsnahen Sektoren, in: dies. (Hrsg.), Gesellschaftliche Selbstregulierung und politische Steuerung, 1995, S. 9ff.

[19] Siehe namentlich *Schmidt-Preuß/Udo Di Fabio*, Verwaltung und Verwaltungsrecht zwischen gesellschaftlicher Selbstregulierung und staatlicher Steuerung, VVDStRL 56 (1997) S. 160ff.; *Herbert Bethge/Beatrice Weber-Dürler*, Der Grundrechtseingriff, VVDStRL 57 (1998), S. 8ff., 57ff.; bereits frühzeitig *Paul Kirchhof*, Verwaltung durch mittelbares Einwirken, 1977.

[20] Vgl. allgemein *Josef Isensee*, Subsidiaritätsprinzip und Verfassungsrecht, 1968.

[21] Zur verfassungsrechtlichen Systemgewährleistung der Marktwirtschaft statt vieler *Papier*, Grundgesetz und Wirtschaftsordnung, in: Benda (Hrsg.), Handbuch des Verfassungsrechts der Bundesrepublik Deutschland, 2. Auflage 1994.

[22] Siehe nur *Papier*, Der verfassungsrechtliche Rahmen für Privatautonomie im Arbeitsrecht, RdA 1989, S. 137 (138f.). Jenseits grundrechtlicher Schranken ist dies bereits aus Art. 74 Nr. 12 GG zu folgern; dazu *Hans-Werner Rengeling*, Gesetzgebungszuständigkeit, in: HStR Bd. IV, 1990, § 100 Rdn. 184f.

[23] Vgl. namentlich *Schuppert*, Grenzen und Alternativen von Steuerung durch Recht, in: Grimm (Hrsg.), Wachsende Staatsaufgaben – sinkende Steuerungsfähigkeit des

Staatliche Lenkungsvorhaben auf dem Arbeitsmarkt bleiben also immer auf „Umsetzung" durch die privatnützig handelnden Marktteilnehmer angewiesen, zeichnen sich grundsätzlich durch eine beschränkte Steuerungsintensität aus und lassen sich sinnvollerweise auch nur so ausgestalten, daß zwischen hoheitlichem Lenkungszweck und privater Interessenverfolgung zumindest Widerspruchsfreiheit, idealiter Kongruenz hergestellt wird. Auch ohne einer ökonomischen Analyse des Rechts[24] huldigen zu wollen, wird man den ökonomischen Folgen staatlicher Lenkungsmaßnahmen auf dem Arbeitsmarkt besondere Bedeutung beizumessen haben[25], wie die Reaktionen auf die Neuregelung der sog. 630-DM-Arbeitsverhältnisse eindrucksvoll gezeigt haben. Die konkreten Lenkungseffekte und die Leistungsfähigkeit rechtlicher Steuerung auf dem Arbeitsmarkt bedürfen daher stets der gesonderten[26] Feststellung[27]. Wie komplex die Frage der „richtigen" Instrumentenwahl dennoch bleibt, verdeutlicht die notwendige Berücksichtigung sozialer Belange, wie sie in der Kontroverse um die Schaffung von good jobs or bad jobs in den USA offenkundig geworden ist[28]. Es läßt sich daher nur als allgemeines Postulat festhalten, daß Maßnahmen der staatlichen Arbeitsmarkt-

---

Rechts, (Fn. 18), S. 217 (228ff.); *ders.*, (Fn. 18), in: Hoffmann-Riem/Schmidt-Aßmann/Schuppert (Hrsg.), Reform des Allgemeinen Verwaltungsrechts, 1993, S. 65ff., mit Steuerungstypologien S. 71ff. und typischen Steuerungsdefiziten S. 80ff.

[24] Vgl. *Richard Posner*, Economic analysis of Law, 2. Auflage 1977; Heinz-Dieter Assmann/Christian Kirchner/Erich Schanze (Hrsg.), Ökonomische Analyse des Rechts, 1978; *Peter Behrens*, Die ökonomischen Grundlagen des Rechts, 1986; *Michael Lehmann*, Bürgerliches Recht und Handelsrecht – eine juristische und ökonomische Analyse, 1983; zur Kritik siehe v.a. *Karl-Heinz Fezer*, Aspekte einer Rechtskritik an der economic analysis of law und am property rights approach, JZ 1986, S. 817ff.; *ders.*, Nochmals: Kritik an der ökonomischen Analyse des Rechts, JZ 1988, S. 223ff.; vgl. auch die ausgewogene Darstellung von *Schmidt*, (Fn. 1), S. 45ff.

[25] Siehe dazu *Wolfgang Franz/Bernd Rüthers*, Arbeitsrecht und Ökonomie, RdA 1999, S. 32ff.

[26] Gleichviel, ob es sich um indikative, persuasive oder regulative Einwirkungsinstrumente handelt.

[27] Dazu ist es beispielsweise erforderlich, die Beschäftigungsintensität verschiedener Instrumente wie die des Kündigungsschutzes, der unternehmerischen Mitbestimmung und der Höhe der Sozialversicherungsbeiträge ökonomisch zu ermitteln.

[28] Siehe *Gary W. Loveman/Chris Tilly*, Good jobs or bad jobs? Evaluating the American job creation experience, International Labour Review, Vol. 127 (1988), S. 593ff.; *Bernard Delhausse*, Working but poor: A reassessment, Luxembourg Income Study, Working paper Nr. 125; *Christoph Büchtemann*, Zwischen „Beschäftigungswunder" und „Working Poor": Entwicklungen auf dem amerikanischen Arbeitsmarkt, in: Empter/Frick (Hrsg.), Beschäftigungspolitik als ordnungspolitische Aufgabe, 1996, S. 67ff.; *Andrew Britton*, Full employment in the industrialized countries, International Labour Review, Vol. 136 (1997), S. 293ff.

lenkung vorrangig auf Bereiche zu fokussieren sind, in denen ein unmittelbarer Wirkungszusammenhang zwischen staatlichen Steuerungsinstrumenten und realen Beschäftigungseffekten auf dem Arbeitsmarkt besteht und daher eine hohe Beschäftigungsintensität zu erreichen ist.

2. *Ökonomische Erklärungsansätze der Arbeitsmarktsklerose*

Ungeachtet unterschiedlicher Orientierungen in ordnungspolitischen Grundsatzfragen hat die wirtschaftswissenschaftliche Suche nach den strukturellen Ursachen der dauerhaft hohen Arbeitslosigkeit in Europa auf internationaler Ebene ein nicht unerhebliches Maß übereinstimmender Einsichten zu Tage gefördert. Die fortschreitende Konvergenz der ökonomischen Beurteilungen findet ihre augenfälligste Erklärung in der Tatsache, daß sich die dauerhafte Arbeitslosigkeit heute weitgehend als ein kontinental-europäisches Problem der Arbeitsmarktsklerose darstellt[29], während in den USA trotz deutlich steigender Erwerbsquoten seit Beginn der 90er Jahre eine kontinuierliche Abschmelzung der Arbeitslosigkeit auf unter 5 % festzustellen ist[30]. Die Ursachen für diese gegenläufige Entwicklung liegen – jenseits spezifisch nationaler Gründe[31] – in der in Europa noch weithin unbewältigten Anpassung der Arbeitsmarktstrukturen an die Veränderungen der Arbeitswelt in der postindustriellen Gesellschaft[32] begründet, in der die uniformen Arbeitsbedingungen industrieller Produktion zugunsten einer weitreichenden Individualisierung und Spezialisierung im rasch wachsenden Dienstleistungssektor immer stärker zurücktreten[33]. Auf die tiefgreifenden Veränderungen, die diese

---

[29] Pointiert zu dieser Frage Nobelpreisträger *Robert Solow*, (Fn. 13), S. 164ff., und *Giersch*, (Fn. 3), v.a. S. 26ff.

[30] Siehe *Samanta Padalino/Marco Vivarelli*, The employment intensity of economic growth in the G-7 countries, International Labour Review, Vol. 136 (1997), S. 191ff.; *Heinz Werner*, Auf dem Weg zu mehr Beschäftigung: Erfahrungen anderer Länder, in: Zeitschrift für Wirtschaftspolitik 1998, S. 601 (602ff.); *Wolfgang Ochel*, Mehr Beschäftigung und weniger Arbeitslosigkeit – Amerika, hast du es besser?, in: Mitteilungen aus der Arbeitsmarkt- und Berufsforschung 1998, S. 262ff.; *International Monetary Fund*, World Economic Outlook: Chronic Unemployment in the Euro Area: Causes and Cures, May 1999.

[31] Für Deutschland sind v.a. die ökonomisch unrealistischen Anpassungsbedingungen der neuen Länder an die westdeutsche Wirtschaft genannt, siehe *Lindlar*, (Fn. 5), Zeitschrift für Wirtschaftspolitik 1998, S. 592 (596f.).

[32] Grundlegend *Daniel Bell*, Die nachindustrielle Gesellschaft, 1979.

[33] Instruktiv ist hierzu die Analyse der Arbeitsmarktstrukturen in Regionen, in denen diese Entwicklung weit fortgeschritten ist: *Martin Carnoy/Manuel Castells/Chris Benner*, Labour markets and employment practices in the age of flexibility: A case study of Silicon Valley, International Labour Review, Vol. 136 (1997), S. 27ff.

Entwicklung für die sozialen Schutzbedürfnisse und die legitimen Mitbestimmungsansprüche der Arbeitnehmerschaft bedeutet, ist in Europa bis dato kaum reagiert worden. In Deutschland findet statt dessen das arbeitsrechtliche Schutzsystem, das um die Jahrhundertwende für kaum 20% der arbeitenden Gesamtbevölkerung ersonnen wurde, heute auf weit über 80% der Arbeitnehmer Anwendung[34].

In der ökonomischen Arbeitsmarktforschung herrscht weitgehend Einigkeit, daß im Zeitalter der Individualisierung und Flexibilisierung namentlich die sozial motivierten Arbeitnehmerschutzvorschriften zu einer erheblichen Trägheit der Arbeitsmärkte führen. Besonders signifikant sind diese Zusammenhänge für den Bezug von Arbeitslosenunterstützung sowie für den Umfang des gewährten Kündigungsschutzes[35]. So beträgt der Anteil der Langzeitarbeitslosen - den wirtschaftlichen Notwendigkeiten folgend - in den USA lediglich 10%, während er in Dänemark bei 30% und in den Niederlanden sogar bei 50% liegt[36]. Kündigungsschutzvorschriften wirken sich - neben ihren positiven Effekten - negativ auf die Einstellungsbereitschaft von Unternehmen aus. Je stärker der Bestandsschutz für Arbeitsverhältnisse ausgeprägt und je höher die betrieblichen Kündigungsschutzkosten zu veranschlagen sind, desto größer ist auch die festgestellte Motivation der Betriebe, bei zusätzlichem Arbeitskräftebedarf zunächst Neueinstellungen zu vermeiden und auf den Bedarf statt dessen durch die Anordnung von Überstunden oder verstärkte Rationalisierung zu reagieren[37]. In Rezessionszeiten kann ein weitreichender Schutz vor betriebsbedingten Kündigungen schließlich sogar zur Behinderung betriebsnotwendiger Anpassungsmaßnahmen führen und damit die betriebliche Wettbewerbsfähigkeit behindern[38]. Die Beschäftigungsintensität des Wirtschaftswachstums im Vergleich der OECD-Mitgliedstaten[39] ist für Deutschland und Frankreich so gering zu veranschlagen, daß schon von der „Entkoppelung" von Wirtschaftswachstum und Be-

---

[34] Siehe dazu *Heinze*, (Fn. 13), NZA 1997, S. 1 (2).

[35] Siehe dazu v.a. *Stefano Scarpetta*, Assessing the role of labour market policies and institutional settings on unemployment: A cross-country study, in: OECD Economic Studies No. 26 (1996), S. 43 (70ff.).

[36] So *Heinz Werner*, Beschäftigungspolitisch erfolgreiche Länder - Was steckt dahinter?, in: Mitteilungen aus der Arbeitsmarkt- und Berufsforschung 1998, S. 324 (325f.). Die Werte beziehen sich auf eine Arbeitslosigkeitsdauer von mindestens einem Jahr.

[37] Namentlich *Scarpetta* (Fn. 35), S. 63 m. Fn. 33 und S. 71; *Walwei*, Beschäftigungspolitisch erfolgreiche Länder: Konsequenzen für Deutschland, in: Mitteilungen aus der Arbeitsmarkt- und Berufsforschung 1998, S. 334 (345).

[38] So *Franz/Rüthers*, (Fn. 25), RdA 1999, S. 32 (34).

[39] *Padalino/Vivarelli*, (Fn. 30), International Labour Review, Vol. 136 (1997), S. 191ff.

schäftigung die Rede ist[40]. Wegen der hohen Grenzkosten für niedrig qualifizierte Tätigkeiten sind vor allem für diesen Bereich kontraproduktive Beschäftigungseffekte festzustellen, die auf Grund des technologischen Wandels und der weltwirtschaftlichen Globalisierung in besonderem Maße zu Rationalisierungen oder zur Begründung illegaler Beschäftigungsverhältnisse führen. Angesichts des oftmals eingeschränkten Qualifizierungspotentials der Betroffenen und der schwerwiegenden gesellschaftlichen Folgen ist die erheblich größere Lohnspreizung in den USA und Großbritannien daher als ein wesentlicher Faktor der Beschäftigungssicherung anerkannt[41], wenngleich die dadurch bewirkte Absenkung der Realeinkommen eine soziale Flankierung erforderlich macht[42]. Aus ökonomischer Sicht steht daher die Rückführung der im internationalen Vergleich hohen und seit Ende der 70er Jahre stark angestiegenen Lohnnebenkosten im Vordergrund[43]. Gerade in dieser Veränderung unterscheidet sich die Entwicklung der Arbeitskosten in Deutschland[44] gegenüber dem Vereinigten Königreich und den USA[45]. Allein für die

---

[40] So *Ochel*, (Fn. 30), Mitteilungen aus der Arbeitsmarkt- und Berufsforschung 1998, S. 262 (269); dazu *Werner*, (Fn. 36), Mitteilungen aus der Arbeitsmarkt- und Berufsforschung 1998, S. 324 (328): Während die sog. Beschäftigungsschwelle in den USA nahe dem Nullpunkt angesiedelt ist, liegt sie für Deutschland bei deutlich über 2%.

[41] Siehe eingehend *Ochel*, (Fn. 30), Mitteilungen aus der Arbeitsmarkt- und Berufsforschung 1998, S. 262 (270ff.): Gegenüber einer Beschäftigungszunahme um insgesamt 5,6% betrug der Zuwachs in der unteren Einkommensgruppe 6,7%.

[42] Dies gilt namentlich für die Einkommensverbesserungen durch den sog. Earned Income Tax Credit (EITC) in den USA und den Family Credit im Vereinigten Königreich, siehe *Ochel*, (Fn. 30), Mitteilungen aus der Arbeitsmarkt- und Berufsforschung 1998, S. 262 (271f.); *Henning Klodt*, Großbritannien: die marktwirtschaftliche Strategie, in: Mitteilungen aus der Arbeitsmarkt- und Berufsforschung, 1998, S. 277 (284f.).

[43] Dazu eingehend *Claus F. Hofmann*, Reduzierung der Lohnnebenkosten für mehr Arbeitsplätze, DAngVers 1998, S. 189ff.; instruktiv ist insofern, daß die tariflichen und betrieblichen Personalnebenkosten seit Anfang der 90er Jahre nicht weiter ansteigen, ebenda, S. 191.

[44] Eine genaue Betrachtung ergibt, daß diese Entwicklung in Deutschland vor allem durch die Erbringung versicherungsfremder Leistungen gespeist wird, deren Zuordnung bei der Mitversicherung von Familienangehörigen problematisch ist, siehe *Hofmann*, (Fn. 43), S. 189 (197).

[45] Siehe *International Monetary Fund*, World Economic Outlook, 1999, S. 44ff. Es liegt daher gleichsam auf der Hand, daß eine Steuerfinanzierung der versicherungsfremden Leistungen über die Anhebung der indirekten Steuern nicht nur unter dem Gesichtspunkt der Beschäftigungsförderung als Mittel der ersten Wahl erscheint, siehe *Hofmann*, (Fn. 43), S. 189 (198f.), unter Hinweis auf ökonometrische Studien des IfAB, des Ifo-Insituts und des RWI. Weniger eindeutig ist die ökonomische Beurteilung der Beschäftigungswirkungen, die den verschiedenen institutionellen Systemen zur Festlegung der Lohn- und Arbeitsbedingungen beigelegt werden. Während einerseits eine Korrelation

Renten- und Arbeitslosenversicherung beträgt dieser Anteil 5 Prozentpunkte des Beitragssatzes[46].

III. Rahmenbedingungen staatlicher Arbeitsmarktlenkung

Die staatliche Arbeitsmarktlenkung sieht sich also vor die zweifache ökonomische Notwendigkeit[47] gestellt, neben der zielgruppenspezifi-

---

zwischen gewerkschaftlicher Verhandlungsstärke und einer erhöhten Arbeitslosigkeit im Sinne der Insider-Outsider-Theorie bestehen dürfte, bildet der Zentralisierungsgrad tariflicher Auseinandersetzungen offenbar einen ambivalenten Faktor. Strikt zentralisierte und vollständig dezentralisierte Tarifsysteme übertreffen die Beschäftigungswirkungen branchenspezifischer Tarifverhandlungen offenbar gleichermaßen, so daß aus ökonomischer Warte eine klare Präferenz zugunsten einer bestimmten Systementscheidung nicht besteht. Zur Korrelation zwischen gewerkschaftlicher Verhandlungsstärke und einer erhöhten Arbeitslosigkeit *Scarpetta*, (Fn. 35), S. 64f.; zur Insider-Outsider-Theorie näher *Wolfgang Franz*, Arbeitsmarktökonomik, 3. Auflage 1996.

[46] Vgl. *Hofmann*, (Fn. 43), S. 189 (198f.).

[47] Der vorstehende ökonomische Befund erhellt, daß die Aufgabe staatlicher Arbeitsmarktlenkung auch im Zeitalter der Flexibilisierung und Liberalisierung der Arbeitswelt sich nicht in der bloßen Empfehlung staatlicher Enthaltsamkeit auf dem Arbeitsmarkt erschöpfen kann. Zwischen den Befürwortern einer weitgehenden Orientierung an den neo-liberalen Konzepten amerikanischer Arbeitsmarktstrukturen und stärker auf staatliche Wirtschaftsintervention vertrauenden Ökonomen herrscht weitgehende Einigkeit in der Empfehlung einer zielgerichteten Strategie zur Bekämpfung der Arbeitslosigkeit, die auf einem gesamtheitlichen Ansatz basiert und makroökonomische, fiskalpolitische und strukturelle Reformen zu einem dauerhaft verläßlichen Handlungsrahmen verbindet, vgl. einerseits *International Monetary Fund*, (Fn. 30), 1999, S. 64ff. und andererseits *Heiner Flassbeck/Brian Henry/Pierre Jacquet/Robert Levine*, in: Forschungsinstitut der Friedrich-Ebert-Stiftung (Hrsg.), Arbeitslosigkeit in den Vereinigten Staaten, Deutschland, Frankreich und Großbritannien, Februar 1998, S. 21ff., sowie die vermittelnde Auffassung von *Freddy Heylen/Lucia Goubert/Eddy Omey*, Unemployment in Europe: a problem of relative or aggregate demand for labour?, in: International Labour Review, Vol. 135 (1996), S. 17 (34f.). Gerade die Beseitigung rechtlicher Erstarrungen der Arbeitsmarktverfassung, die für eine juristische Betrachtung der Aufgaben staatlicher Arbeitsmarktlenkung im Vordergrund steht, erweist sich dabei als primäres Ziel staatlicher Deregulierung, zu der auch eine fortschreitende Liberalisierung der Güter- und Dienstleistungsmärkte gehört, siehe dazu *Werner*, (Fn. 36), Mitteilungen aus der Arbeitsmarkt- und Berufsforschung, 1998, S. 324 (332). Jenseits der vorrangigen Notwendigkeit einer angebotsseitigen Neuausrichtung der Rahmenbedingungen auf den europäischen Arbeitsmärkten gibt es indes Bereiche, in denen eine bloße Schaffung bzw. Wiederherstellung funktionsfähiger Marktbedingungen durch ein nachfrageentsprechendes Arbeitskräfteangebot – zumindest auf mittlere Sicht – keine ausreichenden Beschäftigungseffekte zu erzielen vermag. Gerade zur Integration der sog. Outsider auf dem Arbeitsmarkt, die über keine zureichende Befähigung für die erstrebte Berufsausübung verfügen, sind staatliche Qualifizierungs-, Förder- und Eingliederungsmaßnahmen auf dem sog. zweiten Arbeitsmarkt

schen Qualifizierung und Eingliederung auch die Beschäftigungsförderung durch Deregulierung zu verwirklichen. Namentlich für die praktische Aufgabe der staatlichen Instrumentenwahl erlangen die rechtlichen Rahmenbedingungen besondere Bedeutung, die der staatlichen Arbeitsmarktlenkung durch Europarecht und Verfassungsrecht vorgegeben sind.

1. Europarechtliche Vorgaben

Die europäische Einigung folgt dem politischen Konzept einer ökonomisch-funktionalen Integration[48], ist im europäischen Vertragsrecht auf die Ziele des gesamtwirtschaftlichen Gleichgewichts[49] festgelegt und in rechtlich verbindlicher Weise zu einer „offenen Marktwirtschaft mit freiem Wettbewerb"[50] verpflichtet. Mit dieser Beurkundung der historischen Absage an eine planification à la française[51] und der Hinwendung zur Binnenmarktverwirklichung als zentraler Integrationsaufgabe, in der gerade die europäische Beihilfeaufsicht dem staatlichen Wirtschaftsinterventionismus mitunter empfindliche Grenzen zieht[52], geht aber kein Verzicht auf

---

unumgänglich, um diese Gruppe langfristig wieder dem ersten Arbeitsmarkt zuführen zu können. Dementsprechend sind „aktive" Maßnahmen der staatlichen Beschäftigungsförderung ökonomisch erforderlich, um Jugendliche und Langzeitarbeitslose sowie Beschäftigungslose aus sozialen Randgruppen in das Arbeitsleben zu integrieren.

[48] Allgemein zum Konzept funktionaler Integration *David Mitrany*, The Functional Approach to World Organization, International Affairs, Vol. 24 (1948), S. 350ff.; *Ernst B. Haas*, The Uniting of Europe, 1958; *ders.*, Beyond Nation-State. Functionalism and International Organization, 1964; auch *Gerda Zellentin*, Intersystemare Beziehungen in Europa, 1970, S. 172ff.; zur rechtlichen Bedeutung des Konzepts siehe *Hans Peter Ipsen*, Europäisches Gemeinschaftsrecht, 1972, 8/24ff.; *ders.*, Deutschland in den Europäischen Gemeinschaften, in: HStR Bd. VII, 1992, § 181, Rdn. 40ff.; zur ökonomischen Fundamentierung *Walter Hallstein*, Wirtschaftliche Integration als Faktor politischer Einigung (1961), in: ders, Europäische Reden, 1979, S. 246ff.; kritisch zu den Konsequenzen *Ernst-Wolfgang Böckenförde*, Welchen Weg geht Europa?, 1997, S. 7 (15ff.).

[49] Art. 2 EGV.

[50] Art. 4 Abs. 1 und Abs. 2 sowie Art. 98 EGV. Vergleichbare Festlegungen bestanden bis dato in den Mitgliedstaaten nicht; lediglich Art. 2 Abs. 1 des Vertrages über die Schaffung der Währungs-, Wirtschafts- und Sozialunion zwischen der Bundesrepublik und der Deutschen Demokratischen Republik vom 18. 5. 1990 enthielt eine solche Verpflichtung, BGBl. II 1990, S. 518.

[51] Bereits 1962 widersetzte sich Ludwig Erhard dem französischen Verlangen nach Übertragung der planification auf die Europäische Gemeinschaft, siehe *Otto Schlecht*, Modell für Europa. Die Soziale Marktwirtschaft ist der „Dritte Weg", in: Gesellschaftspolitische Kommentare, April 1990, S. 86ff.

[52] Zu den unterschiedlichen Facetten siehe bsplsw. *Thomas Falkenkötter*, Der Streit um die sächsischen VW-Beihilfen – Anlaß für grundsätzliche Klärung?, NJW 1996, S. 2689ff.; *Thomas Jestaedt/Andreas Miehle*, Rettungs- und Umstrukturierungsbeihilfen für

Maßnahmen staatlicher Globalsteuerung einher, die den Mitgliedstaaten vielmehr z.T. sekundärrechtlich vorgeschrieben sind[53]. Ungeachtet der prononciert marktwirtschaftlichen Grundausrichtung der europäischen Verträge basiert die Integration also nicht auf blindem Vertrauen in die magische Kraft der invisible hands von Markt und Wettbewerb.

a) Die Beschäftigungspolitik der Gemeinschaft

So weist das in den Amsterdamer Unionsvertrag aufgenommene Beschäftigungskapitel der Gemeinschaft in Art. 125 EGV Zuständigkeiten bei der Entwicklung einer koordinierten Beschäftigungsstrategie durch Qualifizierung, Ausbildung und Anpassungsfähigkeit der Arbeitnehmer sowie einer verbesserten Fähigkeit der Arbeitsmärkte zur Reaktion auf die Erfordernisse des wirtschaftlichen Wandels zu, jedoch sind diese Kompetenzen auf eine Förderung und Unterstützung der Zusammenarbeit zwischen den Mitgliedstaaten beschränkt und umfassen erforderlichenfalls ihre Ergänzung. Weitergehend unterliegen die Mitgliedstaaten der Verpflichtung zur Abstimmung ihrer Beschäftigungspolitik[54] und zur Berücksichtigung der beschäfigungspolitischen Leitlinien des Rates[55]. Auch kann die mitgliedstaatliche Beschäftigungspolitik durch den Rat im Rahmen seiner beschäftigungspolitischen Leitlinien überprüft werden, auf deren Grundlage der Rat sogar Empfehlungen an die Mitgliedstaaten richten kann[56]. Trotz einer weitreichenden Koordinierungsverpflichtung bleibt die Entscheidung über Art und Umfang staatlicher Arbeitsmarktlenkung aber eine genuin mitgliedstaatliche Aufgabe, obwohl es für einzelne Mitgliedstaaten in praxi zunehmend schwierig sein dürfte, sich

---

Unternehmen in Schwierigkeiten, EuZW 1995, S. 659ff., *Joachim Johannes Modlich*, Nationale Infrastrukturmaßnahmen und Art. 92 Abs. 1 EGV, 1996; *Peter Lauffer*, Beihilfen für den Steinkohlenbergbau in der Europäischen Union nach 2002, 1998; aus dem teils weitergehenden französischen Schrifttum *Laurence Idot*, Les aides aux entreprises en difficulté et le droit communautaire, RTDE 1998, 295ff., *Olivier d'Ormesson/Stéphane Kerjean*, Le développement de la pratique des engagements en matière de contrôle communautaire des concentrations, RTDE 1998, 479ff., *Agnès Gautier*, Le Conseil d' Etat français et les actes „hors nomenclature" de la Communauté européenne, RTDE 1995, 23ff. und *Dominique Borde/Pierre Kirch*, La restitution des aides d'Etat (Le point de vue français), RTDE 1993, 477ff.

[53] Sog. Stabilitätsrichtlinie des Rates vom 18. 2. 1974 über die Stabilität, das Wachstum und Vollbeschäftigung 74/120/EWG, ABl. EG Nr. L 63, S. 19ff.; dazu *Martin Seidel*, Die Auswirkungen des Europäischen Gemeinschaftsrechts auf das Wirtschaftsverfassungsrecht der Mitgliedstaaten, in: Festschrift für U. Everling, 1995, S. 1393ff.

[54] Gemäß Art. 126 Abs. 2 EGV.

[55] Art. 128 Abs. 2 Satz 1, 2. Hs. EGV.

[56] Art. 128 Abs. 4 EGV.

dem mit qualifizierter Mehrheit beschlossenen Kurs europäischer Beschäftigungspolitik zu entziehen[57].

b) Gemeinschaftliche Arbeits- und Sozialvorschriften

Ein vergleichbarer Befund der kompetenziellen Verschränkung von gemeinschaftlichen und mitgliedstaatlichen Zuständigkeiten ergibt sich für den Erlaß gemeinschaftlicher Sozialvorschriften[58]. Auf der Basis der Grundrechtsgewährleistungen der Europäischen Sozialcharta verfügt die Kommission zur Verfolgung einer Politik der Beschäfigungsförderung und der Verbesserung der Lebens- und Arbeitsbedingungen über eine weitgespannte Befugnis zur Förderung der Zusammenarbeit zwischen den Mitgliedstaaten[59]. Darüber hinaus unterstützt und ergänzt die Gemeinschaft die Mitgliedstaaten bei der Verbesserung von Arbeitsbedingungen, Arbeitssicherheit und Arbeitsumwelt sowie der beruflichen Eingliederung[60]. Ihre Zuständigkeit besteht nur für den Erlaß von Mindestvorschriften. Einschränkend gilt für die Kernbereiche des Arbeitnehmersozialschutzes, der sozialen Sicherheit, des kollektiven Arbeitsrechts und der Arbeitsförderung sowie der Beschäftigungsbedingungen für Drittstaatsangehörige das Einstimmigkeitserfordernis[61]. Für das Koalitionsrecht, den Streik und die Aussperrung sind gemeinschaftliche Harmonisierungen sogar ausdrücklich ausgeschlossen[62], während einheitliche Regelungen zur Gewährleistung von Chancen- und Entlohnungsgleichheit sowie der Gleichbehandlung am Arbeitsplatz umfassend auf Gemeinschaftsebene geregelt werden können[63]. Auch wenn die Gemeinschaft in der Vergangenheit in Ermangelung spezifischer Regelungskompetenzen[64] den Rück-

---

[57] Das Erfordernis qualifizierter Mehrheit gilt für die Annahme der Leitlinien gemäß Art. 128 Abs. 2 EGV ebenso wie für die Befugnis zum Erlaß von Empfehlungen nach Art. 128 Abs. 4 EGV.

[58] Vgl. *Annette Kliemann*, Die europäische Sozialintegration nach Maastricht, 1997; *Heinze*, Zum Einfluß des europäischen Rechts auf das deutsche Arbeits- und Sozialrecht, in: Festschrift U. Everling, 1995, S. 433 ff.; *Raimund Waltermann*, Einführung in das Europäische Sozialrecht, JuS 1997, S. 7 ff.

[59] Gemäß Art. 140 EGV.

[60] Gemäß Art. 137 EGV.

[61] Gemäß Art. 137 Abs. 3 EGV.

[62] Art. 137 Abs. 6 EGV.

[63] Art. 141 in Verbindung mit Art. 251 EGV.

[64] Zur Kompetenzfrage siehe *Rolf Birk*, Die Gesetzgebungszuständigkeit der Europäischen Gemeinschaft im Arbeitsrecht, RdA 1992, S. 68 ff.; zu ihrer Ausübung *Jörn Pipkorn*, Arbeitnehmerbeteiligung in Unternehmen auf Europäischer Grundlage, RdA 1992, S. 120 ff.; *ders.*, Maßnahmen der Gemeinschaft im Bereich des Arbeitsrechts, NZA Beilage 3/1986, S. 2 ff.

griff auf die allgemeinen Rechtsangleichungsbefugnisse[65] genutzt hat, um eine Annäherung der Arbeitsbedingungen in zentralen Bereichen des Arbeitsrechts herbeizuführen[66], sind der Bestand und die Regelungsintensität des gemeinschaftlichen Arbeitsrechts – wenn man einmal vom Arbeitsschutzrecht[67] absieht – insgesamt bescheiden geblieben[68]. Die mitgliedstaatliche Instrumentenwahl für die Arbeitsmarktlenkung selbst ist durch bindende Vorgaben des gemeinschaftlichen Arbeitsrechts inhaltlich kaum beschränkt.

c) Die Wettbewerbsorientierung der europäischen Binnenmarktverfassung

Während die beschäftigungsrelevanten Zuständigkeitsnormen des europäischen Vertragsrechts durch eine weitgehende Offenheit geprägt sind, welche die Gemeinschaft nicht auf die Verfolgung bestimmter Vorstellungen von der Arbeitsmarktlenkung festlegt, bilden die grundfreiheitsrechtliche Arbeitnehmerfreizügigkeit[69] und die europäische Beihilfeaufsicht[70] strikte Eckwerte für die liberale Wettbewerbsorientierung der europäischen Binnenmarktverfassung. Indes wurde die Umdeutung der als Diskriminierungsverbote gewährten Grundfreiheiten zu Beschränkungsverboten auf dem Gebiet der Arbeitnehmerfreizügigkeit erst vergleichsweise spät und dogmatisch unvermittelt vollzogen[71], so daß die

---

[65] Gemäß Artt. 100 und 235 EGV a.F.

[66] Siehe namentlich die Richtlinie 75/117/EWG vom 10. 2. 1975, ABl. EG Nr. L 45 vom 19. 2. 1975, S. 19 über die Entgeltgleichheit von Mann und Frau, die Richtlinie 75/129/EWG vom 17. 2. 1975 über Massenentlassungen, ABl. EG Nr. L 48 vom 22. 2. 1975, S. 29 ff, geändert durch Richtlinie 92/56/EWG vom 24. 6. 1992, ABl. EG Nr. L 245 vom 26. 8. 1992, S. 3ff.; die Richtlinie 77/187/EWG vom 14. 2. 1977 über Betriebsübergänge, ABl. EG Nr. L 61 vom 5. 3. 1977, S. 26ff., geändert durch die Richtlinie 98/50/EG vom 29. 6. 1998, ABl. EG Nr. L 201 vom 17. 7. 1998, S. 88ff.; instruktiv hierzu *Philippe Waquet*, Die Anwendung der EG-Richtlinie über den Betriebsübergang durch den französischen Richter, RdA 1996, S. 91ff.; sowie die sog. Gleichbehandlungs-Richtlinie 76/207/EWG vom 9. 2. 1976, ABl. EG Nr. L 39 vom 14. 2. 1976, S. 40ff.

[67] Bis zum 1. 10. 1994 wurden in diesem Bereich 163 einschlägige Rechtsakte verzeichnet, so *Hellmut Wißmann*, Arbeitsrecht und Europarecht, RdA 1999, S. 152 (154); siehe *Christel Streffer*, Freier Warenverkehr und Arbeitsschutz im europäischen Recht, Festschrift für O. Wlotzke, 1996, S. 769ff.

[68] Dies gilt namentlich für das Kollektivarbeitsrecht, so *Wißmann*, (Fn. 67), RdA 1999, S. 152 (154); auch dieser allgemeine Befund mag erklären, warum dem BAG die EuGH-Rechtsprechung zum Arbeitsrecht in der Vergangenheit bald als Wundertüte und mal als Büchse der Pandora erschienen ist, so *Wißmann*, ebenda, S. 155.

[69] Nach Art. 39 EGV.

[70] Nach Art. 87ff. EGV.

[71] Siehe *EuGH*, Slg. 1995, 4921 (5069ff.; Rdn. 96–104) – Bosman; dazu *Hans D. Jarass*, Elemente einer Dogmatik der Grundfreiheiten, EuR 1995, S. 202ff.; *Günter Hirsch*, Die

ganze Tragweite dieser Entwicklung erst in Umrissen erkennbar ist und maßgeblich von dem Nachdruck abhängen dürfte, mit dem der Gerichtshof dieses Normverständnis verfolgen wird[72].

Gesichert ist hingegen, daß mitgliedstaatliche Maßnahmen der Beschäftigungsförderung in aller Regel der europäischen Beihilfeaufsicht unterliegen und notifizierungspflichtig sind, wenn sie bestimmte Unternehmen oder Produktionszweige von Lohn- bzw. Sozialkosten entlasten und Wettbewerbsverzerrungen im Binnenmarkt hervorrufen können. Diesen Grundsatz hat der Gerichtshof für die finanzielle Beteiligung des Fonds national de l'emploi an der Durchführung von Sozialplänen einzelner Unternehmen erst kürzlich bestätigt[73] und damit die unternehmerischen Beschäftigungskosten in vollem Umfang der Beihilfeaufsicht unterstellt. Ungeachtet ihrer grundsätzlichen Befürwortung aktiver Beschäftigungsmaßnahmen hält auch die Kommission eine strikte Begrenzung staatlicher Beschäftigungsbeihilfen für erforderlich, um makroökonomisch schädliche Wirkungen auszuschließen und hat ihre Bereitschaft zur aktiven Wahrnehmung der Beihilfeaufsicht in diesem Bereich durch den Erlaß sog. Leitlinien für Beschäftigungsbeihilfen[74] nachdrücklich zum Ausdruck gebracht. Dennoch bildet die strikte Wettbewerbsorientierung der europäischen Beihilfeaufsicht auch für Maßnahmen mitgliedstaatlicher Arbeitsmarktlenkung nur eine Seite der Medaille.

Grundrechte in der Europäischen Union, RdA 1998, S. 194ff.; *Wulf-Henning Roth*, Die Niederlassungsfreiheit zwischen Beschränkungs- und Diskriminierungsverbot, Festschrift für B. Knobbe-Keuk, 1997, S. 729ff.

72 Vergleichsweise großzügig verfährt demgegenüber die EuGH-Rechtsprechung im Hinblick auf Maßnahmen, die zum Schutz des nationalen Arbeitsmarktes von Seiten der Mitgliedstaaten für erforderlich gehalten werden, siehe *EuGH*, Slg. 1996, 1905 (1920f.; Rdn. 12) – Guiot; *EuGH*, Slg. 1994, 3803 (3826; Rdn. 23) – Vander Elst; *EuGH*, Slg. 1990, 1417 (1445; Rdn. 18) – Rush Portuguesa. Demgegenüber aber die Ausführungen des *ArbG Wiesbaden*, NZA-RR 1998, S. 217 (221).

73 Siehe *EuGH*, Slg. 1996, 4551 (4578ff.; Rdn. 33–41) – Kimberly Clark; dazu *Lyon-Caen*, Le financement public d'un plan social est-il condamné par le droit communautaire?, Droit social 1997, S. 185ff.

74 Siehe die Leitlinien der Beschäftigungsbeihilfen, ABl. EG Nr. C 335 vom 12. 12. 1995, S. 4ff., die Mitteilung der Kommission zur Beihilfenüberwachung und Senkung der Arbeitskosten, ABl. EG Nr. C 1 vom 3. 1. 1997, S. 10ff., sowie den Beschluß der Kommission über die Vereinbarkeit verschiedenster Beschäftigungsfördermaßnahmen Italiens mit dem EG-Vertrag, ABl. EG Nr. C 384 vom 10. 12. 1998, S. 11ff.; zu Rechtsnatur und Bindungswirkung siehe *Thomas Jestaedt*, Die Bindungswirkung von Gemeinschaftsrahmen und Leitlinien im EG-Beihilfenrecht, EuZW 1995, S. 787 (789f.).; *Peter Schütterle*, Die Beihilfenkontrollpraxis der Europäischen Kommission im Spannungsfeld zwischen Recht und Politik, EuZW 1995, S. 391 (393).

Auf der anderen Seite ist die – teilweise mit Verfassungsrang[75] ausgestattete – Bedeutung[76] und Schutzwürdigkeit der staatlichen Daseinsvorsorge gegenüber dem Geltungsanspruch des europäischen Wettbewerbsrechts vom Gerichtshof zunehmend anerkannt worden. Für die unternehmerische Erbringung vor allem von Verkehrs-, Energieversorgungs- und Kommunikationsdienstleistungen im allgemeinen wirtschaftlichen Interesse hat der EuGH letzthin deutliche Abstriche von einer einseitigen Wettbewerbsorientierung der gemeinschaftlichen Binnenmarktverwirklichung gemacht[77]. Weitergehend hat die Kommission den service public sogar zu einem Schlüsselelement des europäischen Gesellschaftsmodells erhoben, durch das dem freien Spiel der Marktkräfte ein unverzichtbares Korrektiv im Sinne wirtschaftlicher und sozialer Solidarität an die Seite gestellt werde[78]. Auch wenn der neue Art. 16 EGV einstweilen noch viele Rätsel aufgibt, dürfte eine solche Lesart auf die Verankerung einer beschränkten Bestandsgarantie für die unternehmerische Erbringung von Daseinsvorsorgeleistungen hinauslaufen[79]. Demnach steht zu erwarten, daß Unternehmen der gemeinwohlorientierten Leistungserbringung zunehmend in

---

[75] Davon geht die Rechtsprechung des Conseil constitutionnel aus, C.C. 86–207 DC des 25/26 juin 1986, Receuil, S. 71, cons. 53; no. 86–217 DC du 18 septembre 1986, cons. 9; no. 88–332 DC du 7 janvier 1988, cons. 30; no. 96–375 DC du 9 avril 1996, cons. 5; dazu *Louis Favoreu*, Service public et Constitution, AJDA numéro spécial 20 juin 1997, S. 16ff.

[76] Siehe *Jacques Chevallier*, Regards sur une évolution, AJDA, numéro spécial 20 juin 1997, S. 8ff.; *Didier Truchet*, Unité et diversité des „grands principes du service public", AJDA, numéro spécial 20 juin 1997, S. 38ff.; *Lyon-Caen*, Les services publics et l'Europe: quelle union?, AJDA numéro spécial 20 juin 1997, S. 33ff.

[77] Siehe namentlich *EuGH*, Slg. 1993, 2533 (2569 f; Rdn. 19ff.) – Corbeau; Slg. 1994, 1477 (1520f.; Rdn. 46ff.) – Almelo; Slg. 1997, 5699 (5782; Rdn. 52f.); Slg. 1997, 5815 (584; Rdn. 95f.) – Stromhandelsmonopole; dazu v.a. *Lecheler/Jörg Gundel*, Die Rolle von Art. 90 Abs. 2 und 3 EGV in einem liberalisierten Energiemarkt, RdE 1998, S. 92ff.; zur Beihilfeaufsicht universaldienstverpflichteter Unternehmen weiter *EuGEI*, Slg. 1997, II-997ff.- Air Inter; Slg. II-1997, 229ff.- FFSA bestätigt durch *EuGH*, Slg. 1998, 1303ff.; allgemein *David Edward/Mark Hoskins*, Article 90: Deregulation and EC law. Reflections arising from the XVI. FIDE Conference, CMLRev. 32 (1995), S. 157ff.; *Dimitris Triantafyllou*, L'encadrement communautaire du financement du service public, RTDE 1999, S. 21ff.; allgemein zum service public *Christine Bréchon-Moulènes/Francois Llorens/Michel Bazex/Ghyslaine Guisolphe/Jean-Bernard Auby/Pierre Delvolvé*, La concession de service public face au droit communautaire, 1992.

[78] Siehe die Bekanntmachung der Kommission zu den Leistungen der Daseinsvorsorge in Europa, ABl. EG Nr. C 281 vom 26. 9. 1996, S. 3 (4) und passim, mit dem Hinweis darauf, daß 9% der Arbeitsplätze in der Gemeinschaft auf öffentliche Unternehmen entfallen, ebenda, S. 3 sub 4.

[79] Vgl. *Thomas von Danwitz*, Alternative Zustelldienste und Liberalisierung des Postwesens, 1998, S. 98f.

das Visier der einzelstaatlichen und der europäischen Beschäftigungspolitik[80] geraten werden[81].

2. *Staatliche Arbeitsmarktlenkung als öffentliche Aufgabe*

Jenseits der gemeineuropäischen Übereinstimmung, daß die Bekämpfung der Arbeitslosigkeit eine öffentliche Aufgabe ist[82], unterscheidet sich das verfassungsrechtliche und wirtschaftspolitische Vorverständnis unter den einzelnen Mitgliedstaaten erheblich. So wird die Rolle des Staates auf dem Arbeitsmarkt im Vereinigten Königreich seit jeher „negativ" verstanden und basierte bis in die 60er Jahre auf dem gesellschaftlichen Konsens, daß sie so gering wie möglich sein sollte[83]. Erklärte Politik der britischen Regierungen war, keine gesetzlichen Regelungen für die Arbeitsbedingungen von Arbeitnehmern zu schaffen, die sich im Wege von Tarifverhandlungen selbst zu schützen vermochten[84]. Aus heutiger Sicht erscheint das in den 70er Jahren veränderte Verständnis im Sinne einer positiven Rolle des Staates auf dem Arbeitsmarkt als bloßes Intermezzo und die prononciert marktwirtschaftliche Deregulierung des Arbeitsmarktes in den 80er Jahren – von liberalistischen Übertreibungen abgesehen – im Grundsatz als systemkonforme Anknüpfung an das tradierte Grundverständnis der labour relations[85]. So erklärt sich auch, daß

---

[80] Siehe bereits Tizziano Treu (Hrsg.), Public Service Labour relations, 1987. Vgl. auch den Beschluß der Kommission über die Vereinbarkeit verschiedenster Beschäftigungsfördermaßnahmen Italiens mit dem EG-Vertrag, (Fn. 74).

[81] Auf der Grundlage dieser gemeinschaftsrechtlichen Eckwerte zur Entwicklung einer koordinierten Beschäftigungsförderung in Europa verbleibt der mitgliedstaatlichen Entscheidung über Art und Ausmaß einer staatlichen Lenkung des Arbeitsmarktes insgesamt ein erheblicher Freiraum der ordnungspolitischen Ausrichtung, eigenständigen Prioritätensetzung und spezifischen Instrumentenwahl.

[82] Nach der klassischen Definition von *Hans Peters*, Öffentliche und staatliche Aufgaben, in: Festschrift für Hans C. Nipperdey 1965, Bd. 2, S. 877 (878) ist eine öffentliche Aufgabe anzunehmen, wenn die Öffentlichkeit an ihrer Erfüllung maßgeblich interessiert ist; zur staatlichen Aufgabe wird sie, wenn der Staat sich ihr legitimerweise annimmt, *BVerfGE* 41, 205 (218); 53, 366 (401); *Fritz Ossenbühl*, Die Erfüllung von Verwaltungsaufgaben durch Private, VVDStRL 29 (1971), S. 137 (153); *Wolfgang Löwer*, Energieversorgung zwischen Staat, Gemeinde und Wirtschaft, DVBl. 1991, S. 132 (138); anders *Di Fabio*, Privatisierung und Staatsvorbehalt, JZ 1999, S. 585ff.

[83] Siehe *B. Hepple*, Landesbericht Vereinigtes Königreich, (Fn. 7), S. 236 (239f.).

[84] Ebenda. Diese Einschätzung prägt auch die britische Haltung zu den „atypical workforms", siehe *Alan C. Neal*, Atypical Workforms and European Labour Law, RdA 1992, S. 115ff.

[85] Siehe *Hepple*, The Harmonisation of Labour Law in the EEC: A British perspective, RdA 1989, S. 348 (349): „The purpose of this paper is to explain that the current policy of the UK Government is not simply an aberration but that it is rooted in the structure of

die gegenwärtige Regierung daran nur punktuelle Korrekturen vor allem sozialpolitischer Art vornimmt, ohne das staatliche Rollenverständnis auf dem Arbeitsmarkt einer prinzipiellen Revision zu unterziehen. Die staatlichen Ausgaben für „aktive" beschäftigungspolitische Maßnahmen liegen demgemäß um mehr als die Hälfte unter den in Deutschland dafür bereitstehenden Mitteln[86].

In deutlichem Kontrast zum liberal-individualistischen Konzept der angelsächsischen labour relations steht die Lenkung des Arbeitsmarktes in Frankreich als selbstverständliche Aufgabe staatlicher Wirtschaftsintervention, die im droit public de l'économie als eigenständige Rechtdisziplin Anerkennung gefunden hat[87]. Rechtlich verbindlichen Ausdruck hat dieses historisch weit zurückreichende Verständnis von der Rolle des Staates in der Wirtschaft in den principes interventionnistes gefunden, welche die Präambel der Verfassung von 1946 den liberalen Grundrechten der Erklärung der Menschen- und Bürgerrechte als principes particulièrement nécessaires à notre temps an die Seite gestellt hat. Über ihre Bekräftigung in der Präambel der Verfassung der V. Republik von 1958 haben die Vorstellungen[88] der démocratie économique, der nationalisation und der planification die Rolle des Staates gegenüber der Wirtschaft lange Zeit geprägt[89].

Diese Verfassungsdirektiven und vor allem das Bekenntnis der Präambel von 1946[90] zum Recht auf einen Arbeitsplatz bilden fraglos einen besonderen Auftrag für staatliche Maßnahmen der Arbeitsmarktlenkung,

---

British labour relations."; ausführlich *Peter Robinson*, Labour Market Studies United Kingdom, in: European Commission, Employment & labour market, 1996, S. 38ff.; *Paul Skidmore*, Britische Arbeitsrechtsreform 1998, ArbuR 1999, S. 172ff.

[86] Für 1996/1997 beliefen sich diese im Vereinigten Königreich auf 1, 47% des GDP gegenüber 3, 79% in Deutschland, OECD Unemployment outlook 1998, S. 213 und 218.

[87] Siehe v.a. *Pierre Delvolvé*, Droit public de l'économie, 1998, Rdn. 14 geht von folgender Definition aus: „le droit public de l'économie et ainsi le droit applicable aux interventions des personnes publiques dans l'économie et aux organes de ces intervention ou encore, pour faire court le droit de l'intervention publique en matière économique"; vgl. auch *Hubert-Gérald Hubrecht*, Droit public économique, 1997, Rdn. 3.

[88] Zurückgehend auf die Absätze 8 und 9 der Präambel der Verfassung von 1946 sowie auf Art. 70 der Verfassung von 1958, siehe *Delvolvé*, (Fn. 87), Rdn. 142–144.

[89] Grundlegend *Jean Rivero/Georges Vedel*, Les principes économiques et sociaux de la Constitution: Le préambule, in: Collection Droit social (XXXI), S. 13ff.; zur eingeschränkten Bindungswirkung dieser Prinzipien, die sich aus ihrer Gestaltungsabhängigkeit ergibt, siehe *Dimitri Georges Lavroff*, Le droit constitutionnel de la Vième République, 2. Auflage 1997, S. 194f.; *Marc Debène*, Le conseil constitutionnel et „les principes particulièrement nécessaires à notre temps", AJDA 1978, S. 531ff.

[90] Absatz 5 Satz 1 der Präambel von 1946 lautet: „Chacun a le devoir de travailler et le droit d'obtenir un emploi".

der dem Grundgesetz in dieser Form fremd ist. Um so bemerkenswerter ist, daß der Conseil constitutionnel in seiner Rechtsprechung große Sorgfalt darauf verwendet, die Entscheidung über Art und Umfang staatlicher Wirtschaftsintervention als Ausdruck der politischen Gestaltungsfreiheit des Gesetzgebers über die Verwirklichung des intérêt général[91] zu verstehen und seine Kontrolle nur auf offensichtliche Beurteilungsfehler zu erstrecken[92]. So hat er Nationalisierungen[93] und Privatisierungen[94] in gleicher Weise wie Arbeitszeitverkürzungen[95] unbeanstandet gelassen und Maßnahmen staatlicher Wirtschaftslenkung insgesamt nur einer recht eingeschränkten Kontrolle unterzogen. Damit sichert der Conseil constitutionnel dem Gesetzgeber seine volle wirtschaftspolitische Entscheidungsfreiheit. Trotz der ungleich genauer gefaßten Verfassungsvorgaben entspricht diese Lösung praktisch weithin dem Verständnis, welches das Bundesverfassungsgericht mit dem Topos von der Offenheit der grundgesetzlichen Wirtschaftsverfassung verfolgt[96].

---

[91] Siehe bsplsw. *C.C.* 83-162 DC des 19 et 20 juillet 1983, Recueil, S. 49 (63): „l'appréciation de l'intérêt général appartient au législateur", dazu v.a. *Marie-Pauline Deswarte*, L'intérêt général dans la jurisprudence du Conseil constitutionnel, R.F.D.C. 1993, S. 23 (36f.); *dies.*, Intérêt général, bien commun, Chronique constitutionnelle, RDP 1988, S. 1289ff.

[92] Siehe *C.C.* 80-127 DC du 19 janvier 1980, Recueil, S. 15 (18); 82-141 DC 27 juillet 1982, Recueil 48 (51); 85-200 D.C. du 16 janvier 1986 Recueil S. 9 (11); 86-207 DC des 25/26 juin 1986, Receuil, S. 61 (71), cons. 55; 98-401 DC du 10 juin 1998, J.O. vom 14. Juni 1998, S. 9033 (9036); zur verfassungsrechtlichen Anwendung des Prüfungsmaßstabs vom erreur manifeste d'appréciation *Jean-Jacques Sueur*, Le Conseil constitutionnel français et le droit économique: Essai d'interprétation, R.I.D.E. 1991, S. 271 (291f.) sowie *Laurent Habib*, La notion d'erreur manifeste d'appréciation dans la jurisprudence du Conseil constitutionnel, RDP 1986, S. 695 (709ff.). Der Sache nach dürfte diese Anwendung mit der contrôle de proportionnalité weitgehend übereinstimmen, vgl. dazu *Dominique Rousseau*, Chronique de jurisprudence constitutionnelle 1992-1993, RDP 1994, S. 103 (119ff.). Demgegenüber wird in der Rechtsprechung des Conseil constitutionnel eine gestufte Feststellung von Geeignetheit, Erforderlichkeit und Angemessenheit gesetzlicher Grundrechtseinschränkungen grundsätzlich nicht vorgenommen, vgl. *Deswarte*, (Fn. 91), R.D.F.C. 1993, S. 23 (41). Zur ausnahmsweisen eingehenden Prüfung der Verhältnismäßigkeit von Eingriffen in die libertés fondamentales siehe *Steffen Bauer*, Verfassungsgerichtlicher Grundrechtsschutz in Frankreich, 1998, S. 213ff.

[93] *C.C.* 81-132 DC du 16 janvier 1982, in: *Louis Favoreu/ Loïc Philip*, Les grandes décisions du Conseil constitutionnel, 9. Auflage 1997, Nr. 39, Cons. 55, Nr. 31.

[94] *C.C.* 86-207 DC des 25/26 juin 1986, Recueil, S. 61 (71), cons. 53 und 55.

[95] *C.C.* 98-401 DC du 10 juin 1998, J.O. vom 14. Juni 1998, S. 9033 (9036).

[96] *BVerfGE* 50, 290 (338); 12, 354 (363); 7, 377 (400); 4, 7 (17f.).

3. *Verfassungsrechtliche Determinanten staatlicher Arbeitsmarktlenkung im Vergleich*

So unterschiedlich das Verständnis von der Arbeitsmarktlenkung als staatliche Aufgabe in Frankreich und dem Vereinigten Königreich ausgeprägt ist, so verschieden sind auch Funktion und Inhalt der verfassungsrechtlichen Vorgaben. Für das Vereinigte Königreich ist charakteristisch, daß eine richterliche Prüfung der Verfassungsmäßigkeit von Gesetzen mangels geschriebener Verfassungsurkunde bislang ausgeschlossen war. Für die nun inkorporierten Grundrechte der EMRK[97] sieht der Human Rights Act 1998 zwar erstmalig die Möglichkeit einer gerichtlichen declaration of incompatibility vor, jedoch läßt sie die Gültigkeit des in Frage stehenden Gesetzes unberührt und hat lediglich politische Bedeutung[98]. Damit besteht die berühmte sovereignty of parliament unverändert in dem Umstand fort, daß seiner Rechtsetzungsgewalt keine verfassungsrechtlichen Grenzen gezogen sind[99]. Dieses weitreichende Defizit an checks and balances bedeutet, daß im Vereinigten Königreich die Vereinigungs- und die Koalitionsfreiheit ebensowenig wie ein Streikrecht verfassungsrechtlich anerkannt ist und auch Grundrechte staatliche Maßnahmen der Arbeitsmarktlenkung weder erfordern noch ihnen entgegengehalten werden können[100]. Dieses Fehlen verfassungsrechtlicher Gewährleistungen ist in den 80er Jahren bewußt zur Durchsetzung von Deregulierungen auf dem Arbeitsmarkt genutzt worden[101] und verleiht der staatlichen Arbeitsmarktpolitik in Großbritannien fraglos einen besonderen Effizienzvorsprung gegenüber der weitgehenden Beschränkung

---

[97] Zum klassischen Grundrechtsverständnis in der angelsächsischen Rechtsordnung ausführlich *Carsten Doerfert*, Freiheitsschutz nach englischem Recht, JA 1997, S. 255ff.

[98] Siehe section 4, subsection 2, 4 und 6 sowie section 10, subsection 2, des Human Rights Act 1998 vom 9. 11. 1998, Chapter 42, deren Inkraftreten laut Auskunft des Home Office bis zum 2. 10. 2000 geplant ist. Allgemein zu den Reformbestrebungen und im Besonderen zu den Wirkungen der declaration of incompatibility *Stanley de Smith/Rodney Brazier*, Constitutional And Administrative Law, 8. Auflage 1998, S. 397. Auch das in section 19 als Teil des Gesetzgebungsverfahrens geregelte und am 24. 11. 1998 in Kraft getretene statement of compatibility ist keine zwingende Verfahrensvoraussetzung, so daß sein Fehlen nicht die Ungültigkeit des Gesetzes bedingt.

[99] So *Anthony Birch*, The British System of Government, 1997, S. 21f., der zu Recht auf die europarechtlichen Schranken hinweist, die jedoch auf der parlamentarischen Beitrittsentscheidung beruhen, aber durch actus contrarius eines future parliament auch beseitigt werden könnten.

[100] So *Hepple*, Landesbericht Vereinigtes Königreich, (Fn. 7), S. 236 (242); *ders.*, The Freedom of the Worker to organise in the United Kingdom, in: Mosler/Bernhardt (Hrsg.), Die Koalitionsfreiheit des Arbeitnehmers, 1980, S. 1001 (1014ff., 1041ff.).

[101] Instruktiv die Beispiele bei *Hepple*, (Fn. 7), S. 242.

staatlicher Handlungsfreiräume, wie sie durch die erreichte Konstitutionalisierung des Arbeitsrechts für Deutschland festzustellen ist.

a) Bedeutung verfassungsrechtlicher Gewährleistungen

Den verfassungsrechtlichen Gewährleistungen für die staatliche Arbeitsmarktlenkung kommt in Frankreich ein größerer Stellenwert zu. Die Normenkontrollbefugnisse des Conseil constitutionnel sind indes auf eine Prüfung der abstrakten Verfassungsmäßigkeit bereits beschlossener Gesetze beschränkt, die nur vor ihrer Verkündung durchgeführt werden kann[102]. Diese richterliche a priori – Kontrolle schließt zugleich eine Beanstandung bereits erlassener Gesetze durch die rechtsprechende Gewalt aus. Ungeachtet etwaiger verfassungsrechtlicher Geltungszweifel bleibt sie vielmehr zu ihrer Anwendung verpflichtet[103]. Darüber hinaus bewirkt dieses Verständnis, daß ein einmal verkündetes Gesetz das Verwaltungshandeln gegenüber einer richterlichen Verfassungskontrolle abschirmt, soweit es sich als Gesetzesvollzug darstellt[104]. Der unmittelbare Rückgriff auf die Verfassung ist der Rechtsprechung indes gegenüber dem Handeln der Verwaltung selbst gestattet. Mit der Anerkennung der vollen verfassungsrechtlichen Bedeutung der Grundrechte und Verfassungsprinzipien, welche die Präambel der Verfassung von 1958 in Bezug nimmt, haben sie namentlich als allgemeine Rechtsgrundsätze unmittelbaren Eingang in das Arsenal der richterlichen Prüfungsmaßstäbe gefunden[105]. Im Rahmen seiner Kontrollbefugnisse hat vor allem der Conseil constitutionnel mit seiner Hinwendung zur Verfassung als unmittelbarer Grundrechtsquelle eine strukturell mit der deutschen Rechtsentwicklung vergleichbare constitutionnalisation ins Werk gesetzt[106], die auch bereits im Arbeitsrecht ihren Niederschlag gefunden hat[107].

---

[102] Antragsberechtigt im Normenkontrollverfahren sind nach Art. 61 Abs. 2 der Verfassung der V. Republik nur der Präsident der Republik, der Premierminister, die Präsidenten der Nationalversammlung und des Senats sowie 60 Abgeordnete oder Senatoren; zu der ausnahmsweise möglichen Erstreckung der verfassungsrechtlichen Prüfung auf bestehende Vorschriften siehe *Bruno Genevois*, La jurisprudence du conseil constitutionnel – Principes directeur, 1988, S. 42ff., 50.

[103] Grundlegend C.E., 6. 11. 1936, Recueil, S. 966, – Arrighi; dazu *Guy Braibant/Bernard Stirn*, Le droit administratif francais, 4. Auflage 1997, S. 213.

[104] Sog. Lehre von der loi-écran, dazu *Jean Rivero/Jean Waline*, Droit administratif, 16. Auflage 1996, Rdn. 44.

[105] Siehe *Braibant/Stirn*, (Fn. 103), S. 213.

[106] Dazu v.a. *Favoreu/Philip*, (Fn. 93), S. 354ff.

[107] Eingehend *Antoine Jeammaud*, Le droit constitutionnel dans les relations du travail, AJDA 1991, S. 612 (613, 616, 621).

b) Gesetzliche Ausgestaltungsabhängigkeit

Dabei hat die Rechtsprechung des Conseil constitutionnel indes der souveränen Entscheidungsmacht des Parlaments[108] bei der Ausgestaltung der verfassungsrechtlichen Vorgaben besonderen Rechtswert zuerkannt[109] und sie gegenüber Versuchen einer Ableitung bestimmter Rechtspositionen aus der Verfassung stets in Schutz zu nehmen gewußt. So hat er für das in der Präambel der Verfassung von 1946 gewährleistete Recht auf Arbeit entschieden, daß es dem Gesetzgeber zufällt, die Bedingungen festzulegen, um seine bestmögliche Verwirklichung zum Nutzen einer möglichst großen Anzahl Betroffener zu gewährleisten[110]. Auch hat ihn die verfassungsrechtliche Gewährleistung der Tarifautonomie[111] und der Koalitionsfreiheit[112] nicht gehindert, sie in gleicher Weise einem umfassenden Ausgestaltungsvorbehalt des Gesetzgebers zu unterstellen. Der Respekt vor der parlamentarischen Entscheidungsprärogative hat den Conseil constitutionnel beispielsweise in der Frage der Beschäftigungssicherung durch Arbeitszeitverkürzung gehindert zu überprüfen, ob das gesetzlich erstrebte Ziel auch auf eine andere, weniger einschränkende Weise erreicht werden könne[113]. Für diese Rechtsprechung ist also insgesamt kennzeichnend, daß sie darauf verzichtet, der Ausgestaltungsbefugnis des Gesetzgebers konkrete Schranken aufzuzeigen, solange die Schwelle offensichtlicher Fehlerhaftigkeit nicht überschritten wird[114]. In

---

[108] Zur besonderen Stellung der Verfassungsgerichtsbarkeit gegenüber dem Parlament siehe namentlich das Mémoire *Joxe*: „Mais outre que le juge constitutionnel n'est pas dans la même position que le juge administratif à l'égard de l'administration le parlement dispose pas ici d'un simple pouvoir discrétionnaire mais d'un pouvoir souverain", zitiert nach *Favoreu/Philip*, (Fn. 93), Nr. 31, S. 469.

[109] Siehe *Genevois*, (Fn. 102), S. 289ff. sowie die in Fn. 91 Genannten. Zur Reichweite und zu den Grenzen der Ausgestaltungsbefugnis des Gesetzgebers in Bezug auf die libertés fondamentales *Bauer*, (Fn. 92), S. 200, 205f. und 213ff.

[110] *C.C.* 83–156 DC du 28 mai 1998, Recueil, S. 41 (42); 85–200 DC du 16 janvier 1986, Recueil, S. 9 (11); 98–401 DC du 10 juin 1998, J.O. 1998, S. 9033 (9036).

[111] *C.C.* 98–401 DC du 10 juin 1998, J.O. 1998, S. 9033 (9034); 97–388 DC du 20 mars 1997, Recueil 1997, S. 31 (33f.; 35); 96–383 DC du 6 novembre 1996, Recueil 1996, S. 128 (130f.); dazu im einzelnen *Gabriel Krieger*, Das französische Tarifvertragsrecht, 1990, S. 78ff.

[112] *C.C.* 83–162 DC du 19 juillet 1983, Recueil 1983, S. 49 (59); 89–257 DC du 25 juillet 1989, Droit social 1989, S. 627 (629); allgemein *Michel Fromont*, La liberté syndicale des salariés en France, in: Mosler/Bernhardt (Hrsg.), (Fn. 100), S. 241 (249ff.).

[113] *C.C.* 98–401 DC du 10 juin 1998, J.O. 1998, S. 9033 (9036).

[114] Zu ihrer Herleitung betont der Conseil constitutionnel, daß ihm eine Gestaltungs- und Entscheidungsbefugnis verwehrt ist, die der des Parlaments entspricht, siehe jüngst *C.C.* 98–401 DC du 10 juin 1998, J.O. 1998, S. 9033 (9036).

der rechtspraktischen Konsequenz bedeutet dieser Befund, daß der normative Gehalt des Rechts auf Arbeit, der Koalitionsfreiheit sowie der Tarifautonomie nicht primär durch ihre verfassungsrechtliche Gewährleistung bestimmt wird, sondern sich vielmehr umgekehrt aus ihrer konkreten Ausgestaltung im einfachen Recht ergibt[115].

c) *Grundrechtlicher Schutz vor staatlicher Arbeitsmarktlenkung?*

Mit dieser weitreichenden Ausgestaltungsabhängigkeit verfassungsrechtlicher Gewährleistungen korrespondiert – aus deutscher Sicht – eine entsprechend schwache Konturierung ihrer abwehrrechtlichen Funktion. Namentlich die Berufsfreiheit und das Eigentum werden als Grundrechte angesehen, die weder absolut noch generell gewährleistet werden, so daß es dem Gesetzgeber obliegt, ihre Ausübung den vom intérêt général geforderten Beschränkungen zu unterwerfen, sofern sie diese nicht entwerten[116]. Dem Conseil constitutionnel genügt dafür bereits die Feststellung eines legitimen Zwecks, ohne die Notwendigkeit der angeordneten Beschränkungen überhaupt einer verfassungsrechtlichen Überprüfung zu unterwerfen[117]. Vielmehr wird diese Entscheidung der weit gesteckten Beurteilungsbefugnis des Gesetzgebers anheim gestellt.

Damit erweisen sich die Gewährleistungen des französischen Verfassungsrechts nur in bescheidenem Umfang als verbindliches Koordinatensystem der staatlicherseits verfolgten Arbeitsmarktpolitik. Ungeachtet der verfassungsrechtlichen Vorgaben obliegt die Entscheidung über Art und Umfang staatlicher Maßnahmen der Arbeitsmarktlenkung der als souverän verstandenen Entscheidung des parlamentarischen Gesetzgebers. Diesem Verständnis gemäß können die verfassungsrechtlichen Gewährleistungen auch nur in engen Grenzen als wirksame Instrumente eines individuellen Grundrechtsschutzes gegenüber den gesetzlich definierten Gemeinwohlerfordernissen angesehen werden[118]. In der praktischen Konsequenz unterliegen Maßnahmen der staatlichen Arbeitsmarktlenkung in Frankreich also nur äußersten verfassungsrechtlichen

---

[115] Vgl. v.a. für die Tarifautonomie *C.C.* 97-388 DC du 20 mars 1997, Recueil 1997, S. 31 (33f.; 35); 96-383 DC du 6 novembre 1996, Recueil 1996, S. 128 (130f.); zutreffend spricht daher *Genevois*, (Fn. 102), S. 283ff. von der „mise en œuvre des droits fondamentaux par le législateur".

[116] *C.C.* 92-316 DC du 20 janvier 1993, Recueil 1993, S. 14 (20); 89-254 DC du 4 juillet 1989, Recueil 1989, S. 41 (43); 88-244 DC du 20 juillet 1988, Recueil S. 119 (124), cons. 25.

[117] Siehe *C.C.* 90-283 DC du 8 janvier 1991, AJDA 1991, S. 382f. mit krit. Anm. von *Patrick Wachsmann*, ebenda, S. 386ff., der auf diese Kontrolldefizite hinweist.

[118] So auch die Schlußfolgerung von *Marco Itin*, Grundrechte in Frankreich, 1992, S. 131, 136.

Schranken und können daher – ähnlich wie im Vereinigten Königreich – eine kaum beschränkte Lenkungseffektivität entfalten. Zugleich wird mit der weitreichenden Gestaltungsfreiheit auch die politische Verantwortung für den Erfolg einer Beschäftigungspolitik Regierung und Parlament unverkürzt zugewiesen.

IV. Rechtliche Instrumente staatlicher Arbeitsmarktlenkung im Vergleich

Die fortdauernde Beschäftigungslosigkeit hat in den einzelnen Industrieländern zur Entwicklung einer Vielzahl unterschiedlich gearteter Instrumente der staatlichen Arbeitsmarktlenkung geführt, die gerade auch das divergierende Verständnis von der Rolle des Staates auf dem Gebiet der Arbeitsmarktlenkung widerspiegeln. Im Vordergrund steht zunächst die Herausbildung konzertierter Lenkungsstrukturen zwischen dem Staat und den Tarifparteien.

1. *Konzertierte Lenkung*

Dem aktuellen Bündnis für Arbeit, in dem Staat und Tarifparteien die Beschäftigungsförderung und Arbeitsmarktlenkung gleichsam zur gesamten Hand wahrnehmen, steht seine praktische Bewährungsprobe in Deutschland noch bevor[119]. Auf den ersten Blick mag die Vorstellung einer solch umfassenden Konzertierung als Übersteigerung der korporatistisch verfaßten Arbeitsbeziehungen erscheinen, die mit einer liberal-deregulativen Grundkonzeption der Beschäftigungsförderung und einer ernstgemeinten Flexibilisierung des Arbeitsmarktes unvereinbar sein muß. Tatsächlich sind die teils spektakulären Erfolge solcher Konzertierungen gerade in Ländern gemacht worden, die über eine ausgeprägt korporatistische Struktur verfügen und sich zu einem traditionell wirtschaftsinterventionistischen Staatsverständnis bekennen. Dies gilt namentlich für Italien[120], Spanien[121] und Frankreich[122]. Der seit langem ge-

---

[119] Siehe „Das Bündnis für Arbeit als ein dauerhaftes Konzertierungsgremium", F.A.Z. Nr. 46 vom 24. 2. 1999, S. 19.

[120] Siehe *Tizziano Treu*, Landesbericht Italien, (Fn. 7), S. 129 (135 f.): Neben der Bildung dreiseitiger Institutionen für die Verwaltung des Arbeitsmarktes, die Berufsausbildung, die soziale Sicherheit und die Beilegung von Arbeitsrechtsstreitigkeiten waren konzertierte Aktionen von Staat und Sozialpartnern erfolgreich bei der Übereinkunft zu den Lohnkosten von 1977, dem dreiseitigen Scotti-Abkommen von 1983, dem Einigungsprotokoll über die scala mobile von 1984, dem Abkommen zwischen Gewerkschaften und Industrie von 1986 und den Teilvereinbarungen zur endgültigen Reform des Systems der Lohn-Preis-Spirale von 1990/91.

pflegte tripartisme à la française äußert sich in der staatlichen Veranlassung branchenübergreifender Tarifverträge auf nationaler Ebene[123] oder umgekehrt in der gesetzlichen Übernahme tariflicher Verhandlungsergebnisse und führt über die concertation tripartite schließlich zur Übernahme wechselseitiger Verpflichtungen, wie dies gegenwärtig für die Arbeitszeitverkürzung nach der loi Aubry Gegenstand konfliktreicher Verhandlungen ist[124]. Aber auch das mitunter mystifizierte Poldermodell der Niederlande[125] und sogar die beachtlichen Erfolge der irischen Beschäftigungspolitik[126] beruhen auf konzertierten Übereinkünften der Sozialpartner mit den Regierungen.

Es ist nur allzu verständlich, daß derartige success stories auch hierzulande nur animieren können, Wege einer konzertierten Lenkung der Lohn- und Beschäftigungspolitik zu beschreiten. Ungehört verhallen dürften demgegenüber die wohlbegründeten verfassungsrechtlichen Warnungen vor einer faktischen Aushöhlung der Tarifautonomie und dem Abgleiten in eine Verhandlungsdemokratie, in der die staatliche Rechtsetzung nur nach Maßgabe der Stärke wirtschaftlicher Interessenwahrnehmung ausgeübt, eine klare Verantwortungszurechnung vereitelt und

---

121 Siehe *Durán-López*, Landesbericht Spanien, (Fn. 7), S. 86 (92 f.). Auch in Spanien existieren viele Dreier-Gremien im Rahmen der institutionalisierten Mitbestimmung. Darüber hinaus haben sich in den 80er Jahren „globale" Verhandlungen etabliert, die in zwei- oder dreiseitige Abkommen münden: Das Übereinkommen von 1979 diente als Grundlage späterer Tarifverhandlungen, 1981 wurde ein nationales Beschäftigungsabkommen unterzeichnet und 1984 wurde ein Sozial- und Wirtschaftsabkommen abgeschlossen.

122 Siehe *Krieger*, (Fn. 111), S. 219 ff.; *Armin Höland*, Neue Formen und Bedingungen der Erwerbsarbeit in Frankreich, 1993, S. 58 f.

123 So der accord national interprofessionnel vom 17. 3. 1975, mit dem die Spitzenverbände auf das Gesetz vom 27. 12. 1973 reagierten, dazu *Krieger*, (Fn. 111), S. 220.

124 Siehe „Sozialisten und Tarifparteien über befristete Arbeitsverträge uneins", F.A.Z. Nr. 295 vom 19. 12. 1998, S. 13 f.; *Alexandre Garcia*, Coup d'arrêt pour les 35 heures dans le secteur sanitaire et social, Le Monde, Nr. 16972 vom 20. 8. 1999, S. 6; frühere Beispiele sind die Reform der Kündigung aus wirtschaftlichen Gründen, dazu *Krieger*, (Fn. 111), S. 220 f. und die Erarbeitung der loi quinquennale, dazu *Jeammaud*, Le droit du travail en changement, Droit social 1998, S. 211 (216). Eine solche Beteiligung der Sozialpartner ist verfassungsrechtlich indes nicht erforderlich, so zur loi Aubry *C.C.* 98–401 DC du 10 juin 1998, J.O. 1998, S. 9033 (9034).

125 Abgewogene Darstellung bei *Frank van Empel*, Modell Holland – Die Stärke von Verhandlungen in den Niederlanden, 1997; *Paul van der Heijden*, Wege aus der Beschäftigungskrise – Das holländische Beispiel, 1998.

126 Siehe *Jörg Schröder/Ulrich van Suntum*, Irland: Dank konsequenter Reformpolitik auf Erfolgskurs, in: Bertelsmann-Stiftung (Hrsg.), Internationales Beschäftigungs-Ranking 1998, S. 163 (166).

adäquater Rechtsschutz für Außenstehende beeinträchtigt wird[127]. Vor allem muß vor übertriebenen Erwartungen an die Einrichtung solcher Elefantenrunden gewarnt werden. Gerade das niederländische Poldermodell zeigt, daß Konzertationen nicht ohne entsprechende Akzeptanz und gesellschaftliche Konsensorientierung möglich sind und erst erfolgreich sein konnten, nachdem ihre institutionellen Träger, die Stichting van de Arbeid und der Sociaal-Economische Raad, bereits auf eine gut dreißigjährige Tradition zurückblickten[128].

2. *„Flexibilisierung" der Arbeitsbedingungen*

Im Zentrum der Diskussion um rechtlich vermittelte Erstarrungen des Arbeitsmarktes steht neben der Flexibilisierung der Arbeitszeiten und betriebsspezifischen Arbeitsbedingungen auch der Kündigungsschutz, soweit dieser dem Bestand von Arbeitsverhältnissen Vorrang vor betriebsnotwendigen Anpassungsmaßnahmen einräumt und auf diese Weise den Strukturwandel behindert[129].

a) Kündigungsschutz

Aus rechtsvergleichender Sicht ist es vor allem die Bestandsschutzkonzeption von § 1 KSchG für betriebsbedingte Kündigungen, die einem besonderen Rechtfertigungsbedarf ausgesetzt ist. Denn anders als in der Bundesrepublik wird der Schutz vor betriebsbedingten Kündigungen im Vereinigten Königreich nicht durch eine gerichtliche Unwirksamkeitsfeststellung, sondern über eine obligatorische Abfindungszahlung ggf. mit einem Schadensersatzanspruch wegen Vertragsverletzung bewirkt[130]. Nach Abschaffung der in den 70er Jahren eingeführten behördlichen Genehmigungspflicht[131] ist auch in Frankreich die Kündigung aus wirt-

---

[127] Bereits *Kurt Biedenkopf*, Rechtsfragen der konzertierten Aktion, BB 1968, S. 1005ff., und *Manfred Löwisch*, Die Ausrichtung der tariflichen Lohnfestsetzung am gesamtwirtschaftlichen Gleichgewicht, RdA 1969, S. 129ff., haben die Bedenken für die konzertierte Aktion vorgetragen; vgl. auch *Volker Rieble*, Bündnis für Arbeit – Dritter Weg oder Sackgasse, RdA 1999, S. 169 (174f.).

[128] Zur Stiftung für die Arbeit siehe *van Empel* und *von der Heijden*, (Fn. 125), S. 9ff. und S. 11ff.; zum Sozial-Ökonomischen Rat eingehend *Rolf-Peter Geidel*, Der sozial-ökonomische Rat der Niederlande, JöR 32 (1989), S. 219ff.

[129] Siehe dazu v.a. *Franz/Rüthers*, (Fn. 25), RdA 1999, S. 32 (34f., 35f.).

[130] Gemäß section 81 (2) Employment Protection (Consolidation) Act 1978, dazu *Rolf Stein/Henning Rabe v. Pappenheim*, Arbeitsrecht in Großbritannien, 1996, Rdn. 211ff., 221.

[131] Vgl. dazu *Martina Ahrendt*, Der Kündigungsschutz bei Arbeitsverhältnissen in Frankreich, 1995, S. 27f., 137f.; *Andreas Kupfer*, Kündigungsrechtliche Entwicklungstendenzen im französischen Arbeitsrecht, RIW 1997, S. 1011 (1014f.) mit Darstellung der in der Rechtsprechung anerkannten Ausnahmen.

schaftlichem Grund gegen Zahlung einer Abfindung möglich[132]. Für ungerechtfertigte Kündigungen sieht der Code du travail grundsätzlich eine zusätzliche Entschädigungszahlung des Arbeitgebers vor und nur ausnahmsweise die Wiedereinstellung[133]. Diese Lösung, die das in §§ 1 und 9 KSchG angeordnete Regel-Ausnahme-Verhältnis von Unwirksamkeit der Kündigung und Unzumutbarkeit der Weiterbeschäftigung gleichsam umkehrt, könnte auch für das deutsche Arbeitsrecht von Interesse sein, um kontraproduktiven Wirkungen des Kündigungsschutzes zu begegnen und den ökonomischen Konsequenzen des fortdauernden Strukturwandels besser Rechnung tragen zu können[134].

b) *Arbeitszeitregelung*

Während im Vereinigten Königreich bisher keine gesetzlichen Arbeitszeitbestimmungen bestehen[135], ist die vielfach geforderte „Flexibilisierung" der Arbeitszeit in Frankreich bereits seit Mitte der 90er Jahre zum Gegenstand staatlicher Gesetzgebung avanciert. Seither werden freiwillige Verkürzungen der Wochenarbeitszeit mit einem Rabatt auf die Sozialabgaben der neueingestellten Beschäftigten gefördert, die auf Grund von unternehmens- oder branchentariflich vereinbarten Arbeitszeitverkürzungen einen Arbeitsplatz erhalten haben[136]. Die loi Aubry hat diesen Ansatz erweitert und sieht zur organisatorischen Bewältigung die Einfüh-

---

132 So Art. L 122-9 Code du Travail.

133 Gemäß Art. L 122-14-4 Code du Travail; dazu *Schlachter*, (Fn. 4), RdA 1999, S. 118 (119).

134 Darüber hinaus würde dem Eindruck begegnet, das deutsche Arbeitsrecht huldige mit dem Bekenntnis zum personenrechtlichen Gemeinschaftsverhältnis einer säkularen Lebensbundideologie, siehe dazu *Rüthers*, Arbeitsrecht und ideologische Kontinuitäten?, NJW 1998, S. 1433 (1436 f.).

135 Siehe den OECD Employment outlook, 1998, S. 168, Table 5.10.; Stellungnahme des Department for Education and Employment vom 18. 5. 1999, S. 3 Nr. 16; ebenso schon *Hepple*, (Fn. 7), S. 236 (244); zur EG-rechtlichen Verpflichtung aus der Richtlinie 93/104/EG über bestimmte Aspekte der Arbeitszeitgestaltung siehe *EuGH*, Slg. 1996, S. 5755 ff.

136 Erstmals sah die loi quinquennale 93–1313 relative au travail, à l'emploi et à la formation professionnelle vom 20. 12. 1993, Juris-Classeur 1994, S. 13 ff., derartige Subventionen von Sozialabgaben vor; siehe *Alfred Frisch*, Arbeitsrechtliche Veränderungen in Frankreich, RdA 1994, S. 187; die loi Robien vom 11. 6. 1996, Juris-Classeur 1998, S. 17 erweiterte diese Möglichkeiten. Zur aktuellen Diskussion siehe *Jacques Freyssinet*, L'évolution du temps de travail: le délacement des enjeux économiques et sociaux, Droit social 1998, S. 752 ff. und *Thomas Coutrot*, 35 heures, marchés transitionnels, droits de tirage sociaux – Du mauvais usage des bonnes idées, Droit Social 1999, S. 659 (662 f.); vergleichend *Ralf Halfmann*, Der Faktor Arbeit als Gegenstand staatlicher Bewirtschaftungsmaßnahmen, DVBl. 1999, S. 1194 ff.

rung von Jahresarbeitszeitkonten und Brückentagen vor. Die eigentliche Besonderheit für den deutschen Betrachter bildet jedoch die gesetzliche Verkürzung der Wochenarbeitszeit auf 35 Stunden, die mit der loi Aubry verbindlich festgeschrieben wird[137] und den Sozialpartnern nur geringe Ausgestaltungsmöglichkeiten beläßt. Diese vom Conseil constitutionnel für verfassungskonform erklärte Vorgehensweise, die noch nicht einmal einer vorgängigen Beteiligung der Sozialpartner bedurfte[138], bringt mit großer Deutlichkeit den elementaren Unterschied zum Ausdruck, der traditionell zwischen der grundgesetzlichen Vorstellung und dem französischen Verfassungsverständnis im Hinblick auf den Stellenwert tarifautonomer Rechtsetzungsbefugnisse besteht[139].

c) Eröffnung betriebsspezifischer Gestaltungsmöglichkeiten

Die Eröffnung betriebsspezifischer Ausgestaltungsfreiräume für die Regelung der Arbeitsbedingungen bildet einen weiteren Eckpfeiler in der Diskussion um Deregulierung und Flexibilisierung des Arbeitsrechts. Auch insoweit besteht für das Vereinigte Königreich auf Grund der traditionellen Zurückhaltung der staatlichen Rechtsetzung in diesem Bereich, wegen der relativ dezentralen Struktur der Tarifverhandlungen, der Abschaffung des Rechtsinstituts der Allgemeinverbindlichkeitserklärung in den 80er Jahren und der rechtlichen Durchsetzungsschwäche von Tarifverträgen im common law insgesamt wenig Reformbedarf[140]. Während sich die Eröffnung betriebsspezifischer Ausgestaltungsfreiräume in Deutschland als Zukunftsfrage für den Flächentarifvertrag und damit vor allem im Rangverhältnis von Tarifvertrag und Betriebsvereinbarung

---

[137] Art. 1 der loi Aubry zur Änderung von Art. 212-1 bis des Code du Travail, J.O. 1998, S. 9029. Die gemäß Art. 13 vorgesehene Konsolidierung ist durch Gesetz vom 19. 01. 2000 erfolgt, J.O. 2000, S. 975.

[138] C.C. 98-401 DC du 10 juin 1998, J.O. 1998, S. 9032 (9034, 9036).

[139] So hat der C.C. 96-383 du 6 novembre 1996, Recueil 1996, S. 128 (131) die Vorstellung zurückgewiesen, aus Abs. 8 der Präambel der Verfassung von 1946 lasse sich ein Rechtsetzungsmonopol der Tarifparteien herleiten. Seine Verletzung läßt sich vielmehr wohl nur annehmen, „dans l'hypothèse où la loi priverait d'éffectivité la participation des travailleurs que l'inconstitutionnalité serait constituée", so die Stellungnahme der französischen Regierung zur Rüge, die loi Aubry verletze die Tarifautonomie, wiedergegeben in: J.O. 1998, S. 9032 (9046). Vgl. auch C.C. 97-388 du 20 mars 1997, Recueil 1997, S. 31 (35); 93-328 DC du 16 décembre 1993, Recueil 1993, S. 547 (548).

[140] Zu den Einzelheiten siehe *Hepple*, (Fn. 7), S. 236 (240, 238, 243, 244f.); *Lord Wedderburn*, Deregulation and labour law in Britain and Western Europe und *Brian Napier*, Deregulation, Flexibility and individual labour law in the United Kingdom, in: The International Journal of Labour Law and Industrial Relations, Vol. 4 (1988/1989), S. 191ff.; 206ff.

stellt[141], betrifft sie in Frankreich in umfassender Weise das Verhältnis von staatlicher und privater Rechtsetzung[142]. Gerade wegen der weitreichenden Rechtsetzungsprärogative des Staates erweist sich die französische Konzeption als instruktives Beispiel für die interne Flexibilisierung und mehrfache Abstufung der verschiedenen Normsetzungsebenen.

Ein absoluter Vorrang gesetzlich normierter Arbeitsbedingungen besteht in der Normhierarchie des französischen Arbeitsrechts grundsätzlich nur für Bestimmungen, die der Gestaltungsmacht der Tarifparteien von vornherein entzogen sind[143]. Im Übrigen können die Tarifparteien auch im französischen Recht nach Maßgabe des Günstigkeitsprinzips von gesetzlichen Bestimmungen abweichen[144]. Der anzustellende Günstigkeitsvergleich wird – im Gegensatz zum deutschen Rechtsverständnis[145] – indes nicht individuell, sondern global durchgeführt und ermöglicht daher schon auf dieser Ebene die Aushandlung von Standortsicherungsverträgen zwischen Arbeitgebern und Arbeitnehmern[146]. Darüber hinaus hat sich seit den 80er Jahren eine dritte Normierungsebene etabliert, auf der die Tarifparteien auch zum Nachteil der Arbeitnehmer von gesetzlichen Vorgaben abweichen können[147]. Diese vollständige Tarifdispositi-

---

[141] Siehe v.a. *Karl Molitor*, Ende oder Reform der Flächentarifverträge, Festschrift für G. Schaub, 1998, S. 487ff.; *Volker Rieble*, Krise des Flächentarifvertrages?, RdA 1996, S. 151ff.; *Ulrich Zachert*, Krise des Flächentarifvertrages?, RdA 1996, S. 140ff.; *Reinhard Richardi*, Empfiehlt es sich, die Regelungsbefugnisse der Tarifparteien im Verhältnis zu den Betriebsparteien neu zu ordnen?, Gutachten B zum 61. DJT, 1996; *Ulrike Wendeling-Schröder/Dieter Reuter*, Empfiehlt es sich, die Regelungsbefugnisse der Tarifparteien im Verhältnis zu den Betriebsparteien neu zu ordnen?, K 11ff.; K 35ff.; dazu *Rolf Wank*, NJW 1996, S. 2273ff.; 10. Hauptgutachten der Monopolkommission, DT-Drs. 12/8323 Nr. 937; *Heinze*, Kollektive Arbeitsbedingungen im Spannungsfeld zwischen Tarif- und Betriebsautonomie, NZA 1995, S. 5ff.; *ders.*, (Fn. 13), NZA 1997, S. 1 (4ff.).

[142] Siehe allgemein *Lyon-Caen*, Landesbericht Frankreich, (Fn. 7), S. 101 (113ff.).

[143] Sog. ordre public absolu, grundlegend hierzu *C.E.*, avis 310.108 du 22 mars 1973, in: Gaudemet/Stirn/Dal Farra/Rolin (Hrsg.), Les grands avis du Conseil d'Etat, 1997, S. 121ff. m. Anmerkung von *Gérard Couturier*. Dem ordre public absolu gemäß Art. 5 Code civil werden zugerechnet: Bestimmungen, den aus sich heraus zwingender Charakter zukommt, Prinzipien oder Regeln, die über die Grenzen des Arbeitsrechts hinausreichen und solche, die ihrer Natur zufolge sich der kollektivvertraglichen Regelung entziehen.

[144] Art. L-132-4, 132-13, 132-23, 135-2 Code du travail.

[145] *BAG*, Beschluß vom 20. 4. 1999, 1 ABR 72/98, Umdruck S. 29ff., dem zufolge ein Günstigkeitsvergleich zwischen Bestimmungen über das Arbeitsentgelt und die regelmäßige Arbeitszeit mit einer Arbeitsplatzgarantie nach § 4 Abs. 3 TVG nicht möglich ist.

[146] So *Cour de Cassation*, 19. 2. 1997, Droit social 1997, S. 432, – Compagnie Générale de Géophysique, m. Anmerkung *Couturier*.

[147] Siehe eingehend *Krieger*, (Fn. 111), S. 282ff., und *Mireille Poirier*, La clause dérogatoire in *pejus*, Droit Social 1995, 885ff.

vität ist namentlich für das Arbeitszeitrecht eingeführt worden[148]. Darüber hinaus ist die weitverbreitete Praxis der sog. accords atypiques für die Erfassung der Rechtswirklichkeit von großer Bedeutung. Diese werden auf Betriebsebene ausgehandelt und sind wegen der fehlenden Verhandlungsmacht der Belegschaftsvertreter[149] in einer rechtlichen Grauzone angesiedelt. Gleichwohl begegnen Rechtsprechung und Schrifttum diesen Abkommen mit der pragmatischen Tendenz, ihre Rechtswirkungen aufrechtzuerhalten[150]. Diese durchaus parallele Entwicklung zur Diskussion um die Stärkung der Betriebsautonomie im deutschen Kollektivarbeitsrecht belegt, daß die verstärkte Suche nach Verwirklichungsformen betriebsspezifischer Arbeitsbedingungen einer realen Notwendigkeit der Praxis entspricht[151].

Ungeachtet dieser instruktiven Erfahrungen mit der Eröffnung wirtschaftlich notwendiger Gestaltungsformen der betrieblichen Arbeitsbedingungen verfolgt die französische Rechtsentwicklung insgesamt keine allgemeine Strategie der Deregulierung[152], sondern einen Kurs, der die wirtschaftlich notwendigen Anpassungen mit den Anforderungen sozialer Gerechtigkeit zu vereinbaren sucht[153]. Diese Vorstellung eines „dritten Weges" folgt indes weniger einem ordnungspolitischen credo als vielmehr der Überzeugung, daß den Staat die umfassende Einstandspflicht für das wirtschaftliche und soziale Wohl und Wehe seiner Bürger trifft[154]. Die Zielvorstellung der Daseinsvorsorge ist hier also konsequent zu Ende geführt.

---

148 Dazu *Yves Chalaron*, L'accord dérogatoire en matière de temps de travail, Droit social 1998, S. 355ff.

149 Dies verstößt gegen Art. L 411-17 code du travail; dazu *Cour de Cassation* du 18 novembre 1997 – Sietam industries, Droit social 1998, S. 409ff. m. Anm. *Maurice Cohen*.

150 Siehe *Cour de Cassation* du 22 janvier 1998 – Briou, dazu *Couturier*, La méconnaissance d'un engagement de maintien de l'emploi, Droit social 1998, S. 375ff., sowie *Gérard Gélineau-Larrivet*, Quelques observations sur le respect des engagements en matière d'emploi, Droit social 1998, S. 380ff.; bereits *Gérard Vachet*, Les accords atypiques, Droit Social 1990, S. 620ff.; *Krieger*, (Fn. 111), S. 230ff.

151 Instruktiv dazu auch die niederländischen Erfahrungen, siehe *Max Rood*, Das Arbeitsrecht im Umbruch – Flucht aus dem Tarifvertrag, RdA 1999, S. 205 (206f.).

152 Angesichts der immer komplexer werdenden staatlichen Rechtsvorschriften und ihrer Ergänzungsbedürftigkeit durch tarifvertragliche Regelungen kann von einer Deregulierung in der Tat nicht die Rede sein; so *Jeammaud*, (Fn. 124), Droit social 1998, S. 211 (220); auch *Höland*, (Fn. 122), S. 48.

153 So die Schlußfolgerungen des Rapport sur les obstacles structurels à l'emploi, La Documentation française, 1993, v.a. annexe 5: Droit du travail et obstacles à l'emploi.

154 *Michel Borgetto*, Équité, égalité des chances et politique de lutte contre les exclusions, Droit Social 1999, S. 221ff.

3. *Angebotsseitige Arbeitsmarktkorrekturen*

Die aktive Berufsqualifizierung sowie das Problem der Arbeitskosten geringqualifzierter Tätigkeiten werden in den Industriestaaten im Grundsatz übereinstimmend als Aufgabe staatlicher Arbeitsmarktlenkung angesehen[155]. Erhebliche Unterschiede sind dennoch im Umfang staatlicher Berufsqualifizierungs- und Integrationsprogramme für Jugendliche und Langzeitarbeitslose zu verzeichnen. Das erhebliche staatliche Engagement in Frankreich und Großbritannien in diesem Bereich erklärt sich gerade durch eine gegenüber Deutschland spürbar höhere Quote jugendlicher Langzeitarbeitsloser[156].

So wird im Vereinigten Königreich seit 1998 das sog. New Deal-Programm durchgeführt, ein gestuftes Programm der Berufsqualifizierung mit anschließender Vermittlung eines Arbeitsplatzes, vollzeitiger Ausbildungskurse oder einer Beschäftigung bei anerkannten Wohltätigkeitsorganisationen. Diese Beschäftigungsverhältnisse werden für 6 Monate durch staatliche Subventionen gefördert[157]. Dem Problem der zu niedrigen Realeinkommen für geringqualifizierte Arbeit wird – den USA vergleichbar – seit 1998 durch ein nunmehr erweitertes Working Tax Credit-Programm begegnet[158]. Zusätzlich ist seit April 1999 ein staatlich festgesetzter Mindestlohn eingeführt worden[159].

Demgegenüber gibt es in Frankreich eine kaum überschaubare Fülle unterschiedlicher Berufsqualifizierungs- und Eingliederungsmaßnahmen, die staatlicherseits durch die vollständige oder teilweise Übernahme des Arbeitsentgelts[160], der vom Arbeitgeber zu leistenden Sozialabgaben[161]

---

[155] Siehe dazu für Deutschland den Eingliederungszuschuß, den Eingliederungsvertrag und die Arbeitsbeschaffungsmaßnahmen im öffentlichen Interesse nach §§ 217ff., 229ff., 260 SGB III.

[156] Indes sind auch hier die Unterschiede signifikant: Während die Jugendarbeitslosigkeit im Dezember 1998 in Frankreich bei über 25 % lag, betrug sie im Vereinigten Königreich rund 15 % und in Deutschland 10 %, siehe „Großbritannien: Weniger junge Arbeitslose“, F.A.Z. Nr. 37 vom 13.2.1999, S. 14; sowie *Robinson*, in: European Commission, (Fn. 85), S. 147 Figure 11.

[157] So die Stellungnahme des Department for Education and Employment vom 18.5. 1999, S. 2 Nr. 8-11.

[158] Siehe *Robinson*, in: European Commission, (Fn. 85), S. 86ff.

[159] So die Stellungnahme des Department for Education and Employment vom 18.5. 1999, S. 2 Nr. 12. Siehe auch *Christian Schubert*, Billigjobs oder Arbeitslosigkeit – welche Falle ist größer?, FAZ vom 1.7.1999, S. 16.

[160] So für die emploi solidarité, die emploi consolidé bzw. für den contrat initiative-emploi (Übernahme der Fortbildungskosten), *Jean Pélissier*, Droit de l'emploi, 1998, Rdn. 138, 148, 187 und 198.

oder unmittelbar im Wege der Arbeitsplatzfinanzierung[162] gefördert werden. Namentlich zur Eingliederung Jugendlicher nutzt der Staat die Aufnahmekapazität von Gebietskörperschaften, öffentlichen Unternehmen und Einrichtungen mit nicht-wirtschaftlicher Zwecksetzung[163]. Unter den Industrieländern verfügt Frankreich damit über die meisten öffentlich finanzierten Arbeitsplätze[164], ohne daß es bisher gelungen wäre, die Instabilität der staatlich geförderten Beschäftigungsverhältnisse zu überwinden und sie in nennenswerter Zahl in reguläre Dauerarbeitsverhältnisse zu überführen[165]. Im Vergleich zu den USA legt diese Erfahrung den Schluß nahe, daß die staatliche Gewährung von Beschäftigungssubventionen langfristig keinen bedeutsamen Einfluß auf die Bereitschaft der Arbeitgeber zur Schaffung von Dauerarbeitsplätzen zu nehmen vermag. Effektivere Möglichkeiten staatlicher Arbeitsmarktlenkung liegen einerseits in der Steigerung der Arbeitsmarktfähigkeit von Arbeitssuchenden durch verbesserte Berufsqualifizierung und in der sozial notwendigen Korrektur unzureichender Realeinkommen andererseits, um nicht auf den Irrweg zu den working poor[166] zu geraten.

V. Deregulative Arbeitsförderung durch staatliche Lenkung

Als grundlegender Befund dieser vergleichenden Betrachtung der staatlichen Arbeitsmarktlenkung in Europa bleibt festzuhalten, daß namentlich die Verfassungsordnungen des Vereinigten Königreichs und Frankreichs von einer weitreichenden Offenheit für die Verwirklichung der

---

[161] So für den contrat d'orientation, die emploi solidarité und emploi consolidé, *Pélissier*, (Fn. 160), Rdn. 100, 138, 198 und 204.

[162] So für den contrat conclu avec une entreprise d'insertion, *Pélissier*, (Fn. 160), Rdn. 146 und 192.

[163] Siehe *Jean Savatier*, L'aide aux emploi-jeunes, Droit social 1997, S. 908ff., sowie *Pélissier*, (Fn. 160), Rdn. 131.

[164] So *Barbara Dorn*, Frankreich bleibt bei alten Rezepten, in: Der Arbeitgeber 1997, S. 728 (729); kritisch auch *Christine Daniel*, Les politiques d' emploi: une revolution silencieuse, Droit Social 1998, S. 3ff.

[165] Siehe *Jeammaud*, (Fn. 124), Droit social 1998, S. 211 (217f.); *Höland*, (Fn. 122), S. 32ff.; 99ff.; sowie „Sozialisten und Tarifpartner über befristete Arbeitsverträge uneins", F.A.Z. Nr. 295 vom 19. 12. 1998, S. 13, wonach rund 11% der Arbeitsverträge in Frankreich befristet sind.

[166] Dazu eingehend *William J. Wilson*, When work disappears, The world of the New Urban Poor, 1996, v.a. S. 207ff.; *Sar A. Levitan/Frank Gallo/Isaac Shapiro*, Working but Poor, 1993, v.a. S. 28ff.; auch *Leslie Lenskowsky*, Reducing Poverty, in: Michael R. Darby (Hrsg.), Reducing poverty in America, 1996, S. 293ff.; *Herbert J. Gans*, The War against the Poor, 1995, S. 133ff.

jeweils vorherrschenden arbeitsmarkt- und ordnungspolitischen Gestaltungsvorstellungen geprägt sind. Demgegenüber sind die vom Grundgesetz eingeräumten Möglichkeiten der staatlichen Arbeitsmarktlenkung im Hinblick auf die weitreichende Rechtsetzungsprärogative der Tarifparteien[167] und die strikten Verhältnismäßigkeitsanforderungen der Rechtsprechung[168] deutlich enger umgrenzt, so daß jegliche Reform des Tarifvertrags- und Betriebsverfassungsrechts zur Verfassungsfrage avanciert[169]. Vergleichend betrachtet ist damit auch die Effektivität der staatlichen Arbeitsmarktlenkung in Deutschland nur eingeschränkt gewährleistet.

1. *Systemstringenz der verschiedenen Lenkungsstrukturen*

Der Vergleich staatlicher Lenkungsstrukturen belegt des weiteren eine relativ hohe Systemstringenz der verschiedenen Lenkungsinstrumente und -mechanismen, die in den jeweiligen Ländern eingesetzt werden. Sie basieren auf einer bestimmten, historisch gewachsenen Vorstellung vom Einfluß des Staates auf den Arbeitsmarkt, die als ordnungspolitische Grundhaltung in gleicher Weise für die Vorzüge und Defizite der Arbeitsmarktpolitik verantwortlich zu machen ist und diese sogar bedingen. Eingeschränkte staatliche Lenkung des Arbeitsmarktes bedeutet eben nicht nur hohe Flexibilität und geringe rechtliche Erstarrung, sondern traditionell auch einen weitreichenden Verzicht auf Maßnahmen der aktiven Arbeitsmarktpolitik durch Berufsqualifizierungs- und Eingliederungsmaßnahmen sowie eingeschränkte soziale Unterstützungen. Umgekehrt gewährleistet die traditionell starke Stellung des Staates auf dem Arbeitsmarkt – wie in Frankreich – eine Vielzahl von Maßnahmen der aktiven Arbeitsmarktpolitik, jedoch wird diese umfassende Daseinsvorsorge um den Preis einer hohen Regulierungsdichte und innovationshemmenden Bürokratisierung der Wirtschaft erzielt. Insgesamt wird man hieraus folgern dürfen, daß systemimmanenten Veränderungen der Rahmenbedingungen staatlicher Arbeitsmarktlenkung der Vorrang vor einem unver-

---

[167] Siehe *BVerfGE* 44, 322 (341 f., 345, 347); 50, 290 (367); 58, 233 (246); 84, 212 (228); 88, 103 (115); 92, 26 (41); 94, 268 (284 f.).

[168] *BVerfGE* 94, 268 (284 ff.); 92, 26 (38 ff.); 84, 212 (228 ff.).

[169] Siehe *Waltermann*, Zuständigkeiten und Regelungsbefugnisse im Spannungsfeld von Tarifautonomie und Betriebsautonomie, RdA 1996, S. 129 (139); *Horst Konzen*, Die Tarifautonomie zwischen Akzeptanz und Kritik, NZA 1995, S. 913 (915, 919); *Manfred Lieb*, Mehr Flexibilität im Tarifvertragsrecht? „Moderne" Tendenzen auf dem Prüfstand, NZA 1994, S. 289 (293) und S. 337 (339); *Peter Hanau*, Die Deregulierung von Tarifverträgen durch Betriebsvereinbarungen als Problem der Koalitionsfreiheit, RdA 1993, S. 1 ff.

mittelt bewirkten und gesellschaftlich nur eingeschränkt akzeptierten Systemwechsel gebührt[170].

Darüber hinaus kann man in aller Vergröberung davon sprechen, daß der Nachteil des angelsächsischen Modells tendenziell darin liegt, dem Arbeitsmarkt „zu wenig" staatliche Abstützung durch Maßnahmen zur Verbesserung der Arbeitsmarktfähigkeit der Erwerbstätigen zu gewähren und der Nachteil des französischen Modells darin besteht, daß der Arbeitsmarkt mit „zu viel" staatlichen Ge- und Verboten sowie kaum noch überschaubaren Anreizsystemen konfrontiert wird. Ebenso bedürfen die strukturellen Defekte im deutschen System in gleicher Weise der schonungslosen Aufklärung. Vorrangig ist die häretische Frage zu stellen, ob das deutsche Modell zwischenzeitlich nicht an einem „zu viel" an Tarifautonomie krankt, in der ihre freiheitsverbürgende[171] Funktion längst den institutionalisierten Eigeninteressen der Verbände zum Opfer gefallen ist, die sich als Repräsentanten der arbeitsplatz- und kapitalbesitzenden Insider wenig interessiert gezeigt haben, die arbeitslosen Outsider zu bedenken[172]. Tatsächlich bedeutet die kollektive Wahrnehmung autonomer Rechtsetzungsbefugnisse für den einzelnen Arbeitnehmer keineswegs einen individuellen Gewinn an Autonomie[173]. Trotz viel berechtigter Kritik haben die Verbände ihre Innovationsfähigkeit in den letzten Jahren aber zumindest durch die spürbare Hinwendung zu Firmentarifverträgen partiell unter Beweis gestellt[174]. Die fortschreitende Individua-

---

170 Siehe dazu namentlich *Hanau*, Die Zukunft des Arbeitsrechts, RdA 1999, S. 159 (164).

171 Dazu eingehend *Isensee*, Die verfassungsrechtliche Verankerung der Tarifautonomie, in: Walter-Raymond-Stiftung (Hrsg.), Die Zukunft der sozialen Partnerschaft, 1986, S. 159ff.

172 Vgl. *Franz/Rüthers*, (Fn. 25), RdA 1999, S. 32 (34f.).

173 So schon *Jürgen Habermas*, Faktizität und Geltung – Beiträge zur Diskurstheorie des Rechts und des demokratischen Rechtsstaats, 5. Auflage 1997, S. 497. Dies gilt namentlich für tarifvertragliche Altersgrenzen, siehe *Spiros Simitis*, Die Altersgrenzen – ein spät entdecktes Problem, RdA 1994, S. 257ff.; *ders.*, Zur Verrechtlichung der Arbeitsbeziehungen, in: Kübler (Hrsg.), Verrechtlichung von Wirtschaft, Arbeit und sozialer Solidarität, 1985, S. 73ff.; *Wolfgang Gitter/Dietmar Boerner*, Altersgrenzen in Tarifverträgen, RdA 1990, S. 129ff.; *Manfred Löwisch*, Die Freiheit zu arbeiten – nach dem Günstigkeitsprinzip, BB 1991, S. 59ff.; *Wilfried Schlüter/Detlev Belling*, Die Zulässigkeit von Altersgrenzen im Arbeitsverhältnis, NZA 1988, S. 297ff.; auch *Karl Riesenhuber*, Diskriminierungsverbote im Arbeitsrecht der Vereinigten Staaten, RdA 1993, S. 36ff.

174 1990 bestanden für 2100 west- und 450 ostdeutsche Unternehmen Firmenverträge, 1998 waren es 3606 in Westdeutschland und 1765 in Ostdeutschland, eine Steigerung von 2550 auf 5367. Insgesamt unterfallen dem Geltungsbereich der Verbandstarifverträge 21,5 Mio und der Firmentarifverträge etwa 3 Mio Arbeitnehmer, so BM für Arbeit und Sozialordnung, Tarifvertragliche Arbeitsbedingungen im Jahre 1998, Gz. III a 3–31205–2,

lisierung und Flexibilisierung der Arbeitsbeziehungen macht es für das deutsche Modell insgesamt notwendig, seine bisherige, auf der Kollektivautonomie der Tarifpartner beruhende Grundlage durch eine verstärkte Anerkennung individual-autonomer Ausgestaltungsfreiräume zu verbreitern.

Eine weitere crux der Arbeitsmarkterstarrung in Deutschland dürfte schließlich darin liegen, daß die Arbeitslosigkeit seit jeher aus der traditionellen Perspektive der Arbeitslosenversicherung betrachtet wurde und sich demgemäß auch der staatlicherseits erkannte Handlungsbedarf über lange Zeit darauf konzentrierte, die wirtschaftlichen Folgen der Erwerbslosigkeit möglichst „sozialverträglich" abzufedern. Mit der Akzentuierung dieser sozialen Schutzvorstellung ist aber das Ziel einer möglichst zeitnahen Vermittlung neuer Arbeitsplätze ebenso deutlich in den Hintergrund getreten. Diese einseitige Orientierung vernachlässigt die unlösbare Einheit von Persönlichkeitsentfaltung und Arbeit[175] sowie die schwerwiegenden Folgen[176], die mit dem gesellschaftlichen Ausschluß durch die Arbeitslosigkeit für den Einzelnen verbunden sind. Sie hat *Jürgen Habermas* zu einer bedenkenswerten Warnung vor der Ausschließlichkeit veranlaßt[177], mit der sich das sozialstaatliche Paradigma des Rechts am Problem der gerechten Verteilung gesellschaftlich produzierter Lebenschancen orientiert: „Indem es Gerechtigkeit auf distributive Gerechtigkeit reduziert, verfehlt es den freiheitsverbürgenden Sinn legitimer Rechte"[178]. Konkret bedeutet dies, daß dem Eingliederungsziel fortan der Vorrang bei der Bekämpfung der Arbeitslosigkeit eingeräumt und es im Zweifel auch unter Zurückstellung sozialer Schutzbedürfnisse verfolgt werden muß. Für Deutschland ist die Umsteuerung der staatlichen Ar-

---

S. 5. Vorbildfunktion bei der Entwicklung zum reformierten Flächentarifvertrag mit seinem Zusammenwirken von Tarif- und Betriebsparteien kommt hierbei der chemischen Industrie zu, siehe *Molitor*, Der reformierte Flächentarifvertrag, Festschrift für G. Wiese, 1998, S. 303ff.

[175] Siehe bsplsw. *BVerfGE* 63, 266 (286f.); 54, 310 (313); 41, 251 (263f.); 19, 330 (336f.); *Peter Häberle*, Arbeit als Verfassunsproblem, JZ 1984, S. 345ff.; *Arno Baruzzi*, Recht auf Arbeit und Beruf?, 7 philosophisch-politische Thesen, 1983, S. 26ff.

[176] Vgl. dazu *Hillary Silver*, Social exclusion and social solidarity: Three paradigms, International Labour Review, Vol. 133, S. 531ff.; auch *Eckhart Kauntz*, „Alle möchten das Gefühl haben, daß sie gebraucht werden – Die saarländische Arbeitsministerin lernt das dänische Sozialhilfemodell kennen", F.A.Z. Nr. 52 vom 3. 3. 1999, S. 5.

[177] Siehe *Habermas*, (Fn. 173), S. 504; dazu *Ralf Rogowski/Günther Schmidt*, Reflexive Deregulierung – Ein Ansatz zur Dynamisierung des Arbeitsmarktes. Discussion Paper FS I 97 – OG des Wissenschaftszentrums Berlin für Sozialfoschung 1997, Forschungsschwerpunkt: Arbeitsmarkt und Beschäftigung, S. 20f.

[178] Ebenda.

beitsmarktpolitik zugunsten einer deregulativen Arbeitsförderung durch staatliche Eröffnung von Entfaltungsfreiräumen für die einzelnen Arbeitnehmer daher das Gebot der Stunde.

2. *Elemente einer deregulativen Arbeitsförderung*

Die weitgehende Übereinstimmung in der Zielvorstellung einer deregulativen Arbeitsförderung des Staates schwindet indes verständlicherweise, wenn es um ihre konkrete Umsetzung geht. Ganz im Sinne der neueren Rechtsprechung des Bundesverfassungsgerichts[179] erscheint eine stärkere Akzentuierung der individuellen Arbeitsfreiheit vorrangig, gerade im Verhältnis zur Tarifautonomie. In der Art. 12 GG schon seit langem attestierten Unterbewertung[180] spiegelt sich letztlich nicht viel mehr als die Angst vor der sozialen Kälte, die „zu viel" Berufsfreiheit und Wettbewerb mit sich bringen könnte[181]. So belegt die Rechtsprechung zur Zulässigkeit von Altersgrenzen im Vergleich zur U.S.-amerikanischen Rechtslage besonders deutlich[182], daß die deutsche Dogmatik der Berufsfreiheit ihren thematischen Grundzug statt im Freiheitsschutz des Einzelnen in der Rechtfertigung von Freiheitsbeschränkungen anhand einer Vielfalt mitunter sozialromantisch anmutender Gemeinwohlbelange findet[183], deren verfassungsrechtliche[184] Legitimationskraft durchaus zweifelhaft bleibt. So sehr demnach eine weitere Aufwertung des individuellen Freiheitsschutzes nach Art. 12 GG geboten erscheint, bedarf auch der Schutz der Tarifautonomie einer Rückführung auf das ihrer Zielsetzung

---

179 Vgl. *BVerfGE* 94, 372 (389); 88, 145 (159); 85, 248 (256); 85, 97 (104).

180 Namentlich *Lecheler*, Art. 12 GG – Freiheit des Berufs und Grundrecht der Arbeit, VVDStRL 43 (1985), S. 48 (50f.) m.w.N. in Fn. 5; *Friedhelm Hufen*, Berufsfreiheit – Erinnerung an ein Grundrecht, NJW 1994, S. 2913ff.; *Ossenbühl*, Markt und Verfassung, demnächst in DVBl. 2000.

181 V.a. *Hufen*, (Fn. 180), NJW 1994, S. 2913 (2915).

182 Siehe *BAG*, NZA 1998, S. 715f. und 716f.; *BAG* (GrS), BB 1990, S. 1840ff.; dazu *Schlüter/Belling*, (Fn. 173), NZA 1988, S. 297ff. mit rechtsvergleichenden Betrachtungen zur Rechtslage in den USA; *Löwisch*, (Fn. 173), BB 1991, S. 59ff.; *Belling/Hartmann*, Die geschlechtsdiskriminierende Altersgrenze im Tarifvertrag, NZA 1993, S. 1009ff.; *Alfred Söllner*, Grenzen des Tarifvertrags, NZA 1996, S. 897 (905f.); *Riesenhuber*, (Fn. 173), RdA 1993, S. 36ff.; *Simitis*, (Fn. 173), RdA 1994, S. 257ff.; *Gitter/Boerner*, (Fn. 173), RdA 1990, S. 129ff.

183 Statt vieler vgl. *Rüdiger Breuer*, Die staatliche Berufsregelung und Wirtschaftslenkung, HStR Bd. VI, 1989, § 148 Rdn. 21f.; 24f.

184 Siehe bsplsw. *Gerrit Manssen*, in: v. Mangoldt/Klein/Starck, Art. 12 Abs. 1 Rdn. 123 für den Wettbewerbs- und den Mittelstandsschutz.

entsprechende Maß[185]. Der verfassungsrechtliche Schutz der kollektiven Privatautonomie gemäß Art. 9 Abs. 3 GG ist historisch im Versagen der individuellen Vertragsfreiheit zur Verwirklichung angemessener Arbeits- und Wirtschaftsbedingungen begründet und findet daher seine verfassungsrechtliche Grenze dort, wo die individuelle Privatautonomie zur Verwirklichung der Vertragsgerechtigkeit im Arbeitsleben selbst in der Lage ist[186]. Jenseits dieser Grenze vermag die Tarifautonomie aber nicht den Schutz der Arbeitnehmer vor sich selbst zu legitimieren[187]. Die Feststellung der tariflichen wie sozialen Schutzbedürftigkeit eines Arbeitnehmers sollte nicht länger pauschal an die unselbständige Erbringung von Arbeitsleistungen geknüpft werden. Art und Umfang des gesetzlichen Arbeitnehmerschutzes sollten vielmehr anhand objektiver Kriterien abgestuft bestimmt[188] und auf arbeitsvertraglicher Grundlage konkret gewährleistet werden[189]. Auf diese Weise verbindet das Modell des arbeitsvertraglichen Sozialschutzes nach Maßgabe typisierter Schutzbedürftigkeit die Erfordernisse der Flexibilisierung mit dem notwendigen Arbeitnehmerschutz.

3. *Ausblick*

Die historische Leistung der Entwicklung eines autonomen Kollektivarbeitsrechts hat *Ernst Fraenkel* in der kopernikanischen Wende erkannt, welche die kollektive Selbstbestimmung für das Rechts- und Staatsbewußtsein der Arbeiter bedeutete, indem sie aufzeigte, daß es nicht nur ei-

---

[185] In die entgegengesetzte Richtung weist *BAG*, Beschluß vom 20. 4. 1999, (Fn. 145), S. 21 ff., dem zufolge aus §§ 1004, 823 BGB i.V.m. Art. 9 Abs. 3 GG eine Unterlassungsanspruch folgen kann.

[186] Vgl. *Heinze*, (Fn. 13), NZA 1997, S. 1 (7) unter Bezugnahme auf *BVerfGE* 92, 365 (395); 84, 212 (229).

[187] Grundlegend *Biedenkopf*, Grenzen der Tarifautonomie, 1964; zur Bestimmung des verfassungsrechtlichen Schutzes der Tarifautonomie siehe jüngst *Hans Heinrich Rupp*, Methodenkritische Bemerkungen zum Verhältnis von tarifvertraglicher Rechtsetzung und parlamentarischer Gesetzgebungskompetenz, JZ 1998, S. 919 ff.; *Helge Sodan*, Verfassungsrechtliche Grenzen der Tarifautonomie, JZ 1998, S. 421 ff.; *Söllner*, (Fn. 182), NZA 1996, S. 897 ff.; zum Problem der Grundrechtsbindung ebenda, S. 901 ff.; bereits *Hermann Butzer*, Verfassungsrechtliche Grundlagen zum Verhältnis zwischen Gesetzgebungshoheit und Tarifautonomie, RdA 1994, S. 375 ff.

[188] Dazu im einzelnen *Heinze*, (Fn. 13), NZA 1997, S. 1 (3 f.), der die objektiven Kriterien der Gehaltshöhe, von Maß und Intensität des Direktionsrechts des Arbeitgebers, bestehender oder fehlender Zeitsouveränität sowie von Möglichkeiten der Arbeitsplatzgestaltung nennt; zur Unterscheidung von Dienstvertrag und Arbeitsvertrag v.a. *Klaus Adomeit*, Der Dienstvertrag des BGB und die Entwicklung zum Arbeitsrecht, NJW 1996, S. 1710 ff.

[189] Die vom Einigungsvertrag geforderte Schaffung eines einheitlichen Arbeitsvertragsrechts könnte diesem Ziel dienen, siehe Artikel 30 Abs. 1 Nr. 1 des Einigungsvertrages; dazu auch der Gesetzesantrag des Freistaates Sachsen, BR-Drucksache 293/95 vom 23. 5. 1995.

nen revolutionären Weg über den Staat zum Recht, sondern auch einen Weg über das Recht zum Staat geben kann[190]. So bedeutsam die Integration der Arbeiterbewegung in den demokratischen Staat für seine Entwicklung gewesen ist, so dringlich stellt sich diese Integrationsaufgabe am Ende des 20. Jahrhunderts für die dauerhafte Eingliederung der Arbeitslosen. Es ist daher kein geringeres Anliegen als die Sorge um den Fortbestand des demokratischen Rechtsstaates, die es erfordert, der gesellschaftlichen Ausgliederung der Arbeitslosen durch einen Umbau der Arbeitsrechtsordnung dauerhaft entgegenzuwirken und ihnen über ein individualisiertes Arbeitsrecht einen Weg in die postindustrielle Arbeitsgesellschaft zu weisen.

[190] Siehe *Ernst Fraenkel*, Hugo Sinzheimer, JZ 1958, S. 457 (459); wiederabgedruckt in: Falk Esche und Frank Grube (Hrsg.), Ernst Fraenkel, Reformismus und Pluralismus, 1973, S. 131 (139).

Leitsätze des 3. Berichterstatters über:

Arbeitsmarkt und staatliche Lenkung

I. Themenstellung

1. Eine rechtsvergleichende Betrachtung der staatlichen Arbeitsmarktlenkung verfolgt den Anspruch, durch Anregungen aus fremden Rechtsordnungen zu einem besseren Verständnis des eigenen Rechts zu gelangen, Möglichkeiten seiner Fortentwicklung zu erkennen und Vorsicht gegenüber Fehlentwicklungen obwalten zu lassen. So selbstverständlich das ausländische Recht im Zeitalter der Globalisierung als Quelle rechtsvergleichender Inspiration dient, so schwierig ist die rechtspraktische Einpassungsfähigkeit fremder Lösungen zu beurteilen. Sie setzt gemeinsame Wertvorstellungen über das Maß notwendiger Arbeitsplatzsicherheit, erstrebter sozialer Homogenität und individueller Arbeitsfreiheit voraus.

II. Handlungsfelder staatlicher Arbeitsmarktlenkung

2. Die Themenstellung geht von einem Rollenverständnis des Staates als externer Instanz aus, deren Lenkungsaufgabe sich in der Ausgestaltung der wirtschaftlichen und rechtlichen Rahmenbedingungen verwirklicht, unter denen sich Angebot und Nachfrage auf dem Arbeitsmarkt bilden. Diese Akzentsetzung erhellt, daß die Steuerungsfähigkeit des Rechts für die Bestimmung der Handlungsfelder und die Instrumentenwahl staatlicher Arbeitsmarktlenkung der gesonderten Feststellung bedarf.

3. Dauerhafte Arbeitslosigkeit stellt sich heute weitgehend als kontinentaleuropäisches Problem der Arbeitsmarktsklerose dar, deren Ursachen in der in Europa noch weithin unbewältigten Anpassung der Arbeitsmarktstrukturen an die Wandlungen der Arbeitswelt in der postindustriellen Gesellschaft begründet sind, die tiefgreifende Veränderungsnotwendigkeiten für die sozialen Schutzbedürfnisse und legitimen Mitbestimmungsansprüche der Arbeitnehmerschaft auslösen.

4. Im Zeitalter von Individualisierung und Flexibilisierung führen namentlich die sozial motivierten Arbeitnehmerschutzvorschriften zu einer erheblichen Trägheit der Arbeitsmärkte. Besonders signifikant sind diese Zusammenhänge für den Bezug von Arbeitslosenunterstützung und den Umfang des gewährten Kündigungsschutzes. Demgemäß wird die Beschäftigungsintensität des Wirt-

schaftswachstums für Deutschland und Frankreich im Vergleich der OECD-Mitgliedstaaten als so gering veranschlagt, daß bereits von der „Entkoppelung" der Beschäftigung vom Wirtschaftswachstum die Rede ist.

III. Rahmenbedingungen staatlicher Arbeitsmarktlenkung

5. Die europäische Integration ist zur Verwirklichung einer offenen Marktwirtschaft mit freiem Wettbewerb verpflichtet. Trotz der prononciert marktwirtschaftlichen Grundausrichtung der europäischen Verträge basiert die Integration dennoch nicht auf blindem Vertrauen in die magische Kraft der invisible hands von Markt und Wettbewerb.

6. Ungeachtet weitreichender Koordinierungsverpflichtungen gemäß Art. 125ff. EGV bleibt die Entscheidung über Art und Umfang staatlicher Arbeitsmarktlenkung eine genuin mitgliedstaatliche Aufgabe, obwohl es für einzelne Mitgliedstaaten in praxi zunehmend schwierig werden dürfte, sich dem mit qualifizierter Mehrheit beschlossenen Kurs europäischer Beschäftigungspolitik zu entziehen.

7. Die Gemeinschaft unterstützt und ergänzt die Mitgliedstaaten bei der Verbesserung von Arbeitsbedingungen, Arbeitssicherheit sowie der beruflichen Eingliederung. Ihre Zuständigkeit ist auf den Erlaß von Mindestvorschriften beschränkt und durch das Einstimmigkeitserfordernis in Kernbereichen des Arbeitnehmersozialschutzes weiter eingeschränkt. Harmonisierungen sind für das Koalititonsrecht, den Streik und die Aussperrung sogar ausdrücklich ausgeschlossen. Die mitgliedstaatliche Instrumentenwahl für die Arbeitsmarktlenkung ist inhaltlich insoweit kaum umgrenzt.

8. Mitgliedstaatliche Maßnahmen der Beschäftigungsförderung unterliegen in aller Regel der europäischen Beihilfeaufsicht. Durch den Erlaß der sog. Leitlinien für Beschäftigungsbeihilfen hat die Kommission ihre Bereitschaft zur aktiven Wahrnehmung der Beihilfeaufsicht zum Ausdruck gebracht. Indes hat der Gerichtshof die Schutzwürdigkeit der staatlichen Daseinsvorsorge gegenüber dem unbeschränkten Geltungsanspruch des europäischen Wettbewerbsrechts zunehmend anerkannt. Der neueingefügte Art. 16 EGV dürfte im Ergebnis eine beschränkte Bestandsgarantie für die unternehmerische Erbringung von Daseinsvorsorgeleistungen bewirken. Es steht daher zu erwarten, daß Unternehmen der gemeinwohlorientierten Leistungserbringung zunehmend in das Visier der einzelstaatlichen und der europäischen Beschäftigungspolitik geraten werden.

9. Das verfassungsrechtliche und wirtschaftspolitische Vorverständnis über die Rolle des Staates auf dem Arbeitsmarkt unterscheidet sich in den Mitgliedstaaten erheblich. So wird sie im Vereinigten Königreich seit jeher „negativ" verstanden und basierte bis in die 60er Jahre auf dem gesellschaftlichen Konsens, daß die staatliche Arbeitsmarktlenkung so gering wie möglich sein sollte. Die prononciert marktwirtschaftliche Deregulierung des Arbeitsmarktes in den 80er Jahren erscheint im Grundsatz als systemkonforme Anknüpfung an das tradierte Grundverständnis der labour relations. Daher beschränkt sich die gegenwärtige Regierung auch darauf, punktuelle Korrekturen v.a. sozialpolitischer Art vorzunehmen, ohne das staatliche Rollenverständnis einer prinzipiellen Revision zu unterziehen.

10. Demgegenüber ist die Lenkung des Arbeitsmarktes in Frankreich eine selbstverständliche Aufgabe staatlicher Wirtschaftsintervention, die im droit public de l'économie als eigenständige Rechtsdisziplin Anerkennung gefunden hat und auf einem verfassungsrechtlichen Fundament ruht. Vor allem das Bekenntnis der Verfassungspräambel von 1946 zum Recht auf einen Arbeitsplatz bildet einen besonderen Auftrag für staatliche Maßnahmen der Arbeitsmarktlenkung, der dem Grundgesetz in dieser Form fremd ist. Für den Conseil constitutionnel sind staatliche Wirtschaftsinterventionen Ausdruck politischer Gestaltungsfreiheit des Gesetzgebers in Verwirklichung des intérêt général, so daß er seine Kontrolle nur auf offensichtliche Beurteilungsfehler erstreckt. Im Ergebnis entspricht dieser Ansatz weithin der Vorstellung, die das BVerfG mit dem Topos von der Offenheit der grundgesetzlichen Wirtschaftsverfassung verfolgt.

11. Für das Vereinigte Königreich ist die richterliche Prüfung der Verfassungsmäßigkeit von Gesetzen bislang ausgeschlossen. Die berühmte sovereignty of parliament besteht gerade darin, daß seiner Rechtsetzungsgewalt keine effektiven verfassungsrechtlichen Grenzen gezogen sind. Koalitionsfreiheit und Streikrecht werden im Vereinigten Königreich daher auch verfassungsrechtlich nicht geschützt. Dieses Fehlen verfassungsrechtlicher Gewährleistungen verschafft der staatlichen Arbeitsmarktpolitik in Großbritannien einen Effizienzvorsprung gegenüber Staaten mit fortschreitender Konstitutionalisierung des Arbeitsrechts.

12. Der Conseil constitutionnel hat mit der Anerkennung der Verfassung als unmittelbare Grundrechtsquelle eine der deutschen Rechtsentwicklung strukturell vergleichbare constitutionnalisation ins Werk gesetzt. Die verfassungsrechtliche Gewährleistung von Tarifautonomie und Koalitionsfreiheit hat den Conseil constitutionnel indes nicht gehindert, sie einem umfassenden Ausgestaltungsvorbehalt des parlamentarischen Gesetzgebers zu unterstellen. Der normative Gehalt des Rechts auf Arbeit, der Koalitionsfreiheit sowie der Tarifautonomie ergibt sich demnach nicht durch die verfassungsrechtliche Gewährleistung, sondern umgekehrt aus ihrer konkreten Ausgestaltung im einfachen Recht.

13. Maßnahmen der staatlichen Arbeitsmarktlenkung unterliegen in Frankreich nur äußersten verfassungsrechtlichen Schranken und können daher eine kaum beschränkte Lenkungseffektivität entfalten. Mit dieser weitreichenden Gestaltungsfreiheit wird die politische Verantwortung für den Erfolg einer Beschäftigungspolitik Regierung und Parlament unverkürzt zugewiesen.

IV. Rechtliche Instrumente staatlicher Arbeitsmarktlenkung im Vergleich

14. Die Herausbildung konzertierter Lenkungsstrukturen zwischen Staat und Tarifparteien verfügt in Ländern mit ausgeprägt korporatistischen Strukturen bzw. einem traditionell wirtschaftsinterventionistischem Staatsverständnis über eine lange Tradition und hat zu teils spektakulären Erfolgen geführt. Dennoch birgt eine solche Vorgehensweise die Gefahr einer faktischen Aushöhlung der Tarifautonomie und des Abgleitens in eine Verhandlungsdemokratie, in der eine klare Verantwortungszurechnung und ein adäquater Rechtsschutz für Außenstehende beeinträchtigt wird. Der Erfolg solcher Lenkungsstrukturen setzt zudem eine ausgeprägte gesellschaftliche Konsensorientierung und institutionelle Träger von erfolgversprechenden Dialogstrukturen voraus.

15. Gegenüber der Bestandsschutzorientierung des deutschen Kündigungsschutzrechts trägt der im Vereinigten Königreich und in Frankreich verwirklichte Schutz vor betriebsbedingten Kündigungen durch obligatorische Abfindungszahlungen und eventuelle Schadensersatzansprüche den betrieblichen Anpassungsnotwendigkeiten zur Bewältigung des Strukturwandels in besonderer Weise Rechnung.

16. Der prinzipiell unterschiedliche Stellenwert tarifautonomer Rechtsetzungsbefugnisse nach dem Grundgesetz und im französischen Verfassungsverständnis wird durch die gesetzliche Verkürzung der Wochenarbeitszeit auf 35 Stunden in der sog. loi Aubry dokumentiert, die der Conseil constitutionnel sogar ohne vorgängige Beteiligung der Sozialpartner für verfassungsrechtlich zulässig erachtete.

17. Betriebsspezifische Gestaltungsmöglichkeiten der Arbeitsbedingungen sind auch in Frankreich nach dem Günstigkeitsprinzip möglich. Der anzustellende Günstigkeitsvergleich wird indes global durchgeführt und ermöglicht die Aushandlung von Standortsicherungsverträgen. Die weitverbreitete Praxis der sog. accords atypiques bildet eine parallele Entwicklung zur Stärkung der Betriebsautonomie im deutschen Kollektivarbeitsrecht. Insgesamt verfolgt die französische Rechtsentwicklung keine allgemeine Strategie der Deregulierung, sondern orientiert sich an der vermittelnden Vorstellung, wirtschaftlich notwendige Anpassungen mit den Anforderungen sozialer Gerechtigkeit zu vereinbaren.

18. Im Rahmen der aktiven Arbeitsmarktpolitik nehmen staatliche Berufsqualifizierungs- und Integrationsprogramme für Jugendliche und Langzeitarbeitslose im Vereinigten Königreich und in Frankreich einen besonderen Stellenwert ein. Während in Großbritannien die Schwerpunkte auf der Berufsqualifizierung und Bekämpfung niedriger Realeinkommen liegen, existiert in Frankreich eine Vielzahl staatlicher Arbeitsförderungsprogramme durch direkte oder indirekte Lohnsubventionen bzw. durch Übernahme von Sozialabgaben. Dennoch ist es in Frankreich bisher nicht gelungen, staatlich geförderte Beschäftigungsverhältnisse in zureichendem Maße in reguläre Dauerarbeitsverhältnisse zu überführen.

V. Deregulative Arbeitsförderung durch staatliche Lenkung

19. Die in den verschiedenen Ländern eingesetzten Lenkungsinstrumente und -mechanismen basieren auf historisch gewachsenen Vorstellungen von der Rolle des Staates auf dem Arbeitsmarkt. Sie erklären „Stärken" und „Schwächen" einer bestimmten Arbeitsmarktverfassung in gleicher Weise. Diese erhebliche Traditionsprägung begründet einen Vorrang systemimmanenter Veränderungen vor unvermittelt bewirkten Systemwechseln.

20. Für das deutsche „Modell" stellt sich die Frage, ob die freiheitsverbürgende Funktion der Tarifautonomie nicht gegenüber den institutionalisierten Verbandsinteressen zu stark in den Hintergrund getreten ist. Auch dürfte die Arbeitsmarkterstarrung in Deutschland weithin darauf beruhen, daß sich die staatliche Handlungsperspektive über lange Zeit nur darauf konzentriert hat, die wirtschaftlichen Folgen der Erwerbslosigkeit möglichst „sozialverträglich" abzufedern. Diese Orientierung vernachlässigt aber die unlösbare Einheit von Persönlichkeitsentfaltung und Arbeit sowie die schwerwiegenden Folgen, die mit dem gesellschaftlichen Ausschluß des Einzelnen durch die Arbeitslosigkeit verbunden sind.

21. Aus verfassungsrechtlicher Perspektive erscheint eine stärkere Akzentuierung der individuellen Arbeitsfreiheit vorrangig, gerade im Verhältnis zur Tarifautonomie. Der verfassungsrechtliche Schutz der kollektiven Privatautonomie gemäß Art. 9 Abs. 3 GG liegt historisch im Versagen der individuellen Vertragsfreiheit zur Verwirklichung angemessener Arbeits- und Wirtschaftsbedingungen begründet und findet seine Grenze, wo die individuelle Privatautonomie zur Verwirklichung von Vertragsgerechtigkeit selbst in der Lage ist.

4. Aussprache und Schlußworte

Arbeitsmarkt und staatliche Lenkung

Vorsitzender (Breuer): Das Thema „Arbeitsmarkt und staatliche Lenkung" steht vor dem Hintergrund der hohen, offenbar strukturell bedingten Arbeitslosigkeit. Sie wird als Problem, gerade in den europäischen Industriestaaten, empfunden und ist tatsächlich ein gravierendes Problem. Ich erinnere an die Bestandsaufnahme, die Herr *Wieland* heute morgen vorgetragen hat. Rechtlich und rechtspolitisch gesehen, bewegen wir uns, wenn ich es richtig sehe, in mehreren Konfliktzonen. Die Referenten haben diese Konfliktzonen offengelegt. Ich erinnere noch einmal an die wesentlichen Gesichtspunkte. Zunächst gilt es im Anschluß an die Referate den uralten Konflikt zwischen marktwirtschaftlicher Freiheit auf der einen Seite und sozialstaatlicher Lenkung auf der anderen Seite auf dem speziellen Feld der Arbeit und des Arbeitsmarktes zu diskutieren. Hier sind gegensätzliche Positionen, wie ich denke, in den Referaten deutlich geworden. Herr *Engel* und Herr *Wieland* haben die unterschiedlichen Positionen demonstriert, Herr *von Danwitz* hat aus der rechtsvergleichenden Perspektive, wie ich meine, sehr Erhellendes zu Großbritannien, Frankreich, Italien und den Niederlanden beigetragen. Wie man die Dinge auch immer dreht und wendet, am Ende wird sich zeigen müssen, wie weit die juristischen Möglichkeiten und die ökonomischen Instrumente überhaupt reichen können, um dem Staat ein Engagement auf dem Arbeitsmarkt zu ermöglichen. Der Staat stößt wohl auch auf dem hier behandelten Gebiet der Arbeitslosigkeit und des Arbeitsmarktes an die Grenzen seiner Leistungsfähigkeit. Die chronische Finanznot des Staates steht im Hintergrund. Darüber hinaus muß wohl, so scheint mir, in aller Schärfe die Frage gestellt werden, inwieweit der nationale Sozialstaat angesichts der international organisierten und agierenden Wirtschaft und angesichts der immer wieder beschworenen Globalisierung überhaupt noch in der Lage ist, mit seinen Instrumenten gegenzuhalten. Insbesondere drängt sich innerhalb Europas die Frage auf, inwieweit der europäische Binnenmarkt nicht längst die Zeichen der Zeit gestellt hat. Bedarf es nicht einer europäisierten oder zumindest europäisch harmonisierten Arbeitsmarktpolitik und einer entsprechenden Koordination zwischen den Mitgliedstaaten? Andererseits hat Ernst-Joachim Mestmäcker, ansonsten als liberaler Wettbewerbshüter bekannt, jüngst von Rissen im Contrat social innerhalb Europas gesprochen. Wie weit reicht eigentlich der Konsens, eine gemeinschaftliche oder gemeinschaftlich harmonisierte Arbeitsmarktpolitik zu betreiben? Droht nicht auf der anderen Seite die Gefahr, daß die Arbeitsmarktpolitiken der europäischen Mitgliedstaaten wieder auseinanderdriften, damit der nationale Konsens oder die nationale Integration gefunden werden kann?

Der Moderator ist in der glücklichen Lage, die gestellten Fragen nicht selbst beantworten zu müssen, sondern die Frage zu stellen, wer sich in der Lage sieht, zur Lösung dieser Probleme mit weiteren Beiträgen im Anschluß an die Referate fortzufahren. Ich habe nun in der Diskussion zunächst einmal die Beiträge nach vorne gezogen, die erwarten lassen, daß es gleichsam aus einer übergreifenden Perspektive um Lösungsüberlegungen gehen soll.

Vogel: Herr Vorsitzender, verehrte Kolleginnen und Kollegen. Der heutige Tag könnte in die Geschichte der Vereinigung eingehen als der Tag eines bemerkenswerten und hoffentlich nicht folgenlosen Tabubruchs. Gebrochen haben dieses Tabu alle drei Referenten, vielleicht im unterschiedlichen Maße, aber doch alle drei und dies in zum Teil hervorragenden Referaten. Man kann dem Vorstand zur Auswahl des Themas wie zu der der Referenten nur beglückwünschen und ihm danken.

Ich meine natürlich das Tabu des Art. 9 Abs. 3, der Koalitionsfreiheit, eines Artikels, in dem an Worten sehr wenig steht, aber aus dem sehr viel herausgelesen wurde; ein Tabu, an das bisher keine Bundesregierung gleich welcher politischen Ausrichtung zu rühren wagte. Schon Herr *Wieland* hat den Tabubruch gewagt, entschieden in seinen Thesen 15 oder 16 bis 18, wenngleich er in seinem mündlichen Vortrag dies etwas einzuschränken schien; aber ich halte mich an die Thesen, die solche Einschränkung nicht enthalten. Mit Nachdruck hat dann in dieselbe Bresche Herr *Engel* gestoßen. Seiner Diagnose kann ich nur voll zustimmen. Über seinen Therapievorschlag etwas zu sagen, fehlt mir die Kompetenz. Seine verfassungsrechtliche Beurteilung würde ich wiederum voll teilen, wenn es denn festgestellt werden könnte, daß der Therapievorschlag aussichtsreich wäre. Am Ende bleibt ein Problem, vielleicht ist mir das im *Engel*'schen Vortrag entgangen, das Problem derjenigen Menschen, die unter eine Lohnschwelle geraten, die für ein menschenswürdiges Leben notwendig ist. Hier meine ich, müßte eine Lösung gefunden werden. Staatliche Beihilfen zur Aufstockung des Lohnes würden wahrscheinlich die Arbeitgeber und Arbeitnehmer im Bereich solcher Niedriglöhne nur ermuntern, noch niedrigere Löhne zu vereinbaren, da es den Arbeitnehmer ja nicht trifft. Also hier sehe ich noch keine Lösung für ein, wie ich meine, doch wichtiges Problem. Herr *Engel*, wenn Sie mich darüber aufklären könnten, wäre ich Ihnen dankbar.

Oppermann: Zunächst schließe ich mich den Worten von Herrn *Vogel*, was den Vormittag anbelangt, sehr gerne an. Es waren drei großartige Referate, in ihrer Unterschiedlichkeit großartige Referate und man kann sehr viel dazu sagen. Ich möchte mich von der europäischen Seite zu einem Thema kurz äußern, das in den drei Referaten nicht angeklungen ist. Das ist nicht im Sinne eines Vorwurfes gemeint. Herr *Engel* hat mir gesagt, daß er dazu einen riesigen Wust an Material hatte, aber aus Zeitgründen darauf verzichtet hat, diesen Punkt anzusprechen. Wir sollten das in der Diskussion ein wenig nachholen.

Ich bezeichne die Thematik so: „Euro und staatliche Beschäftigungspolitik." Die Regelungen über die europäische Beschäftigungspolitik, die durch den Amsterdamer Vertrag geschaffen wurden, sind mehr oder weniger Papiertiger. Herr *von Danwitz* hat es auch so ungefähr ausgedrückt. Die Artikel sind sehr weich und belassen den Mitgliedstaaten die Regelungsmöglichkeit. Auf der anderen Seite gibt es seit Maastricht 1992 und jetzt vor allem seit Anfang 1999 eine Regelung des EG-Vertrages, die ganz einschneidend die Möglichkeiten staatlicher Beschäftigungspolitik begrenzt. Das ist die gemeinsame Währung. Nun sagt man, Herr *Engel* wird sich über die Bemerkung freuen, es gibt eine Menge Unsinn, der zum Glück nicht verwirklicht wird, weil das Geld dazu fehlt.

Die gemeinsame Währungspolitik und die gemeinsame Währung stehen nicht auf gleicher Höhe mit den anderen Zielen innerhalb des magischen Vierecks, das Herr *Wieland* für die nationale Ebene einleuchtend beschrieben hat. Durch die europäische Währungspolitik wird eine der vier Ecken des Vierecks ganz deutlich hervorgehoben, nämlich die Preisstabilität. Wenn die europäische Zentralbank diese wirklich ernst nimmt und garantiert, sind mancherlei Weichen für Grenzen staatlicher Beschäftigungspolitik gestellt. Die Preisstabilität kommt zuerst. Das hat Auswirkungen auf die Geldmenge in den Mitgliedstaaten. Daraus ergeben sich weitere Auswirkungen auf Möglichkeiten von Beschäftigungsprogrammen. Ich will das nicht weiter ausführen. Der Zusammenhang ist evident. Mit der europäischen Währungspolitik findet eine restringierende öffentliche Beeinflussung der Beschäftigungspolitik statt.

Maßgebliche Persönlichkeiten wie Herr Tietmeyer haben es freilich immer als offene Frage bezeichnet, ob die Europäische Zentralbank es schaffen wird, die mächtigen Fliehkräfte der national gebliebenen Politiken tatsächlich durch ihre Geldpolitik aus dem Frankfurter Eurotower heraus zu bändigen. Es geht ja nicht nur um Beschäftigungspolitik, sondern auch um die Gestaltung der Haushaltspolitik, der Sozialpolitik im allgemeinen und weitere nationale Politikfelder. Die Bitten und Forderungen an die Europäische Zentralbank aus den nationalen Hauptstädten werden nicht ausbleiben, mehr Geld locker zu machen, damit staatliche Beschäftigungspolitik betrieben werden kann. Werden die siebzehn Damen und Herren im Rat der Zentralbank solchem Druck standhalten? Das ist die Frage, deren Beantwortung sich auf die nationale Beschäftigungspolitik ganz eingehend auswirken wird. Auf dieses in den Referaten verständlicherweise nicht aufgegriffene Thema wollte ich hinweisen. Vielleicht kann ich den Referenten nunmehr dazu die eine oder andere Bemerkung entlocken.

Wahl: Mein Beitrag bezieht sich auf die Rahmenbedingungen staatlicher Arbeitsmarktpolitik, die insbesondere von Herrn *von Danwitz* und Herrn *Wieland* angesprochen worden waren. Die Ausgangsposition ist klar. Es geht auf der einen Seite um die Verwirklichung einer offenen Wettbewerbswirtschaft und auf der anderen Seite, gegenläufig dazu, um die Steuerung der Wirtschaft im Interesse und im Dienste des Sozialstaatsprinzips. Herr *Breuer* hat dieses Grundproblem eingangs noch einmal angesprochen. Auf der nationalen Ebene ist dieser Konflikt oder das Gegeneinander insofern kein Problem, als beide Prinzipien auf der gleichen normativen Ebene stehen. Ein beträchtliches Problem kommt aber hinzu – das ist in den Referaten deutlich geworden –, wenn man die Position der Bundesrepublik als Mitgliedstaat der EG mit in Betracht zieht. Dann spalten sich nämlich die Rechtsgrundlagen auf, zwar nur zum Teil, aber immerhin. Die Verwirklichung und Gewährleistung der Marktwirtschaft ist dabei auf der europäischen Ebene angesiedelt und im EGV im Sinne einer Wettbewerbswirtschaft geregelt. Dadurch ist die traditionelle deutsche verfassungsrechtliche Formel von der wirtschaftspolitischen Neutralität des Grundgesetzes durch die engere europäische Wirtschaftsverfassung überholt. Demgegenüber sind das Sozialstaatsprinzip und die Fülle der sozialstaatlich motivierten Lenkungsaufgaben auf der Ebene der nationalen Verfassung verankert. Dies ist von der grundsätzlichen Aufgaben- und Kompetenzordnung her auch so gewollt, daß die sozialstaatlichen Aufgaben und ihre Breite bei den Mitgliedstaaten liegen und diese deshalb auch über ihre inhaltliche Ausgestaltung Entscheidendes zu bestimmen haben.

Das ursprüngliche horizontale Nebeneinander von zwei großen Aufgabenblöcken gerät dadurch zum Teil in ein vertikal-hierarchisches Verhältnis der Normen. Die Frage stellt sich, ob die rechtlich vorrangigen Regeln der europäischen Wirtschaftsverfassung damit auch vorrangig gegenüber sozialstaatlichen Aufgaben und Lenkungsimpulsen sind, die aus der nationalen Verfassungsebene kommen. Dies scheint mir grundsätzlich fraglich. Gegengewichte gegen die europarechtlichen Normen über die Wettbewerbswirtschaft, wie sie im EGV verankert sind, können auch auf der Ebene des EGV selbst liegen. Darüber hinaus, in dem Feld, in dem die sozialstaatlich motivierten Aufgaben nach dem EGV bei den Mitgliedstaaten liegen und liegen sollen, muß ihrem Rang und ihrer Bedeutung als potentielles Gegengewicht gegenüber der Wettbewerbswirtschaft auch im Gesamtsystem von EU und den Mitgliedstaaten Rechnung getragen werden. Dann müssen die Aufgaben der Beschäftigungspolitik grundsätzlich gleichberechtigt neben dem Prinzip der Wettbewerbswirtschaft stehen.

Zweitens möchte ich eine Anmerkung zu Art. 9 Abs. 3 GG machen, der hier offensichtlich als ein Sperrstein und als ein Hindernis für viele gewollten oder erwünschten Arbeitsmarktpolitiken vorgestellt worden ist. Die Entwicklung, die Art. 9 Abs. 3 GG genommen hat, ist recht bemerkenswert: Er war ursprünglich als Freiheitsrecht konzipiert, dann setzte eine Entwicklung ein, an deren Ende er sich jetzt als ein Hindernis erweist. Zwischen diesen Stationen liegt natürlich etwas, nämlich die institutionelle Auslegung dieses Grundrechts. Was wir heute morgen gehört haben, sind die bekannten Probleme und Folgen einer institutionellen Auslegung. Durch sie wird in ein Grundrecht relativ viel Gehalt hineingelegt, der zu einer gewissen Zeit vernünftig erscheinen mag, der sich später aber ganz im Gegenteil als problematisch erweisen kann. Daran anknüpfend möchte ich Herrn *Wieland* und auch Herrn *Engel* zur näheren Interpretation des Art. 9 Abs. 3 GG fragen. Was ist eigentlich nach Ihrer Auffassung dort auf der Basis des derzeitigen Verfassungsrechts festgeschrieben, was ist offen, und ist es wirklich so, daß dieser Artikel so vielen Vorschlägen in der Arbeitsmarktpolitik entgegensteht, wie man heute morgen den Eindruck haben konnte?

Zuleeg: Herr *Wahl*, ich möchte nur daran erinnern, daß der Vertrag, der EG-Vertrag, nicht nur eine Wettbewerbsordnung enthält, sondern auch soziale Ziele anstrebt.

Götz: Ich habe eine Frage zur These 8 von Herrn *von Danwitz*. Er sagt, es stehe zu erwarten, daß Unternehmen der Gemeinwohl orientierten Leistungserbringung zunehmend in das Visier der einzelstaatlichen und der europäischen Beschäftigungspolitik geraten werden. Ja, aber mit welcher Aussicht auf Erfolg? Können die öffentlichen und die mit öffentlichen Aufgaben ausgestatteten Unternehmen eine Rolle in der Beschäftigungspolitik spielen? Diesen Fragen an den Referenten schließt sich eine weitere zu dem neu eingefügten Art. 16 EGV an. Nach der These des Referenten dürfte dieser eine beschränkte Bestandsgarantie für die unternehmerische Erbringung von Daseinsvorsorgeleistungen bewirken. Man wird hier aber wohl nur an eine Bestandsgarantie denken können, die absichert gegen den Einwand der Europarechtswidrigkeit bestehender Daseinsvorsorgemonopole, dagegen kaum an eine Bestandsgarantie gegenüber eine Privatisierung durch nationale Maßnahmen. Dies könnte noch näher erläutert werden. Ich will den Grund meiner Neugier darlegen. Wir befinden uns in der Liberalisierung des Energiemarktes. Diese beruht rechtlich auf dem Gemeinschaftsrecht der Elektrizitätsbinnenmarktrichtlinie und dem deutschen Energiewirtschaftsgesetz. In der europäischen Richtlinie befindet sich, in einem ihrer ersten Artikel, ein Vorbehalt zugunsten der Gemeinwohl orientierten Bedarfsdeckung, also ein *service public*-Vorbehalt oder Daseinsvorsorgevorbehalt. Von diesem hat Deutschland keinen Gebrauch gemacht. Andere Mitgliedstaaten der Gemeinschaft machen davon Gebrauch. So entsteht eine Situation, die von den Energierechtlern etwa so beschrieben wird, daß sich alles in Deutschland abspielt. Alles, nämlich Liberalisierung und Wettbewerb. Auf die englische Insel kommt der Strom aus anderen Ländern nicht. Frankreich und andere romanische Länder setzen ihr *service public*-Modell fort, abgedeckt durch das Gemeinschaftsrecht. Dazu noch einige Aperçus. In der Presse war zu lesen, daß ein bekannter Wirtschaftsrechtsprofessor einer der ersten sei, der seinen Energieversorger gewechselt hatte. Er verspreche sich davon einen Jahresvorteil von ca. 250 DM. Andererseits finden gerade Streiks tausender Bediensteter der Stadtwerke statt, die um ihre Arbeitsplätze fürchten. Zur Verteidigung ihres Standpunktes berufen sie sich auf Argumente wie die Gefährdung der Elektrizitätserzeugung in der Kraft-Wärme-Kopplung. Diese Tatbestände fordern zu einem Vergleich bzw. einem Verhältnismäßigkeitstest heraus.

Vorsitzender: Mir liegt jetzt eine Reihe von Wortmeldungen vor, die in grundsätzlicher Hinsicht die Verfassungsinterpretation und vor allem den Art. 9 Abs. 3 zum Gegenstand haben.

Böckenförde: Herr Vorsitzender, meine Damen und Herren, ich habe den Eindruck, daß die drei Referate ungeachtet der unterschiedlichen Akzentsetzungen und Positionsnahmen sich in guter Weise ergänzt haben. Herr *Wieland* hat dargelegt, was von der geltenden Verfassung her als Rahmen der Arbeitsmarktpolitik vorgegeben ist und was offen bleibt. Wenn man dabei den Eindruck hat, eigentlich sei doch da wenig verfassungsrechtlicher Ertrag herausgekommen, dann meine ich, das ist ein großer verfassungsrechtlicher Ertrag, nämlich der, daß die Verfassung in ihren Vorgaben, die sie macht, begrenzt ist und im übrigen einen weiten Gestaltungsraum für Maßnahmen der zuständigen Organe, insbesondere des Gesetzgebers, aber auch der Exekutive eröffnet. Herr *von Danwitz* hat dann gezeigt, gerade im europäischen Vergleich, welche Gestaltungsmöglichkeiten in den verschiedenen Ländern wahrgenommen werden und wie dort Maßnahmen ergriffen werden, von denen wir vielleicht meinen, ist das bei uns verfassungsrechtlich überhaupt zulässig? Er hat auch dargelegt, welchen Effekt solche Maßnahmen haben können. Das kann eine gute Anregung sein, zu überlegen, was auch bei uns in dem verfassungsrechtlichen Rahmen, den das Grundgesetz zieht, unternommen werden kann.

Herr *Engel* hat am Eingang gleich gesagt, das Richtige zu sagen kann falsch sein, aber er wollte es doch sagen, und ich bin ihm sehr dankbar für die Luzidität mit der er – ich möchte es so nennen – das universalisierte Marktkonzept dargelegt und ausgebreitet hat. Allerdings kann ich es im Ansatzpunkt nicht teilen, aber das ist eine andere Frage. Ich kann es deshalb nicht teilen, weil darin – ich greife jetzt ein Wort aus der wirtschaftswissenschaftlichen Diskussion auf, das dort symptomatisch ist, und Herr *Engel* hat es übernommen – von den Menschen, den arbeitenden Menschen, als Humankapital die Rede ist. Das bringt zum Ausdruck, und die weiteren Darlegungen haben das für mich, wenn ich Herrn *Engel* recht verstanden habe, bestätigt, daß im Grunde das wirkliche Subjekt der Markt ist. Alles andere wird eine abhängige Variable des Marktes, wobei zu dem Marktmodell auch der Wettbewerb, eine Wettbewerbsordnung gehört. Aber im übrigen ist der Markt Subjekt und das weitere ist davon variabel abhängig. Wobei noch hinzuzufügen ist, daß durch die Entwicklung der letzten Jahrzehnte der Wettbewerb ein globalisierter Wettbewerb geworden ist.

Warum ist das als Ausgangspunkt nicht akzeptabel? Weil hier nicht mehr der Mensch oder die Menschen Subjekt sind, Subjekt auch der wirtschaftlichen Ordnung. Ich darf es an einem Beispiel erläutern. Auch wenn wir die Wettbewerbsordnung mit einbeziehen, wäre nach dem Marktprinzip die Folge, daß die Landwirtschaft in Deutschland, in der Schweiz und in Österreich zu liquidieren wäre. Sie ist nach dem Marktprinzip ein Fehlallokation, weil das, was die Menschen für ihre Ernährung brauchen, woanders kostengünstiger erzeugt werden kann, die Transportkosten eingerechnet. Natürlich hat das Marktprinzip seinen Sinn und Wert, klar ist aber auch, daß die Menschen in einem bestimmten räumlichen Zusammenhang, in dem sie leben, auch existieren können müssen und daß ihre Flexibilität begrenzt ist, weil sie an Siedlungsräume gebunden sind und schon wegen der Sprach- und Kulturgrenzen nicht universal wandern können in Europa. Das Marktprinzip bedarf auch über Wettbewerb und Wettbewerbsregulierung hinaus eines rechtlichen Rahmens, der das Spiel der Marktkräfte einbindet und begrenzt, und zwar um sicherzustellen, daß Subjekt auch des Wirtschaftsgeschehens doch die Menschen bleiben und nicht das Marktprinzip sich als universales normatives Prinzip verselbständigt.

Eine zweite Bemerkung zu Herrn *Engel*. Unabhängig von diesem prinzipiellen Einwand ist ja Ihr Konzept möglicherweise sinnvoll und folgerichtig im Hinblick auf die damit verfolgten Ziele. Das kann ich nicht beurteilen, dazu fehlt mir die Kompetenz. Nur, wenn Sie dann feststellen, daß diesem Konzept der Art. 9 Abs. 3 GG entgegensteht und selbst sagen, sogar schon dem Wortlaut nach und nicht erst durch eine ausführliche und vielleicht bestreitbare Interpretation, die das BVerfG gegeben hat, dann kann doch die Konsequenz nur sein, es muß eine Verfassungsänderung her. Dann die These zu vertreten, das kann im Wege der Verfassungsinterpretation geschehen, dann muß man eben teleologisch reduzieren, das leuchtet mir nicht ein. Wir können nicht Verfassungsänderung ersetzen durch Verfassungsinterpretation. Das zerstört die demokratische Verfassungsordnung. Wenn dies gälte, Herr *Engel*, dann brauchen wir keinen verfassungsändernden Gesetzgeber mehr. Wir machen das dann durch Appellentscheidung des Bundesverfassungsgerichts oder durch eine Entscheidung, die das Gericht selbst trifft. Ich halte das, Entschuldigung, wenn ich das sage, für eine Ermunterung des Verfassungsgerichts zum Kompetenzenmißbrauch.

Wenn Sie, was mich gewundert hat, nicht nur sagen, das Konzept, das Sie entwickelt haben sei verfassungsrechtlich zulässig – darüber läßt sich ja mit dem Vorbehalt des Art. 9 Abs. 3 GG diskutieren – sondern es ist verfassungsrechtlich geboten, dann ist das verfassungsrechtsdogmatisch doch nur möglich, wenn Sie die These vertreten und den Beweis dafür antreten können, daß seine Nichtrealisierung gegen Art. 79 Abs. 3 GG verstößt. Ich finde, das ist als These ziemlich kühn, aber wenn Sie dafür Gründe haben, dann würde mich interessieren, diese Gründe doch zu hören.

Isensee: Das Thema, so speziell es auf den ersten Blick erscheint, rührt an eine Grundstruktur des Verfassungsstaates: die Diskrepanz zwischen seiner umfassenden Verantwortung für das Gemeinwohl und seinen nur begrenzten Mitteln, dieser Verantwortung zu genügen. Er trägt Verantwortung für die Funktionstüchtigkeit des Arbeitsmarktes, vor allem für die Folgen einer Störung, die Arbeitslosigkeit. Doch seine Möglichkeiten, auf den Arbeitsmarkt einzuwirken, stoßen auf verfassungsrechtliche Grenzen in den Grundrechten der Berufsfreiheit, welche die Verfügung des Unternehmers über Arbeitsplätze umschließt, der Eigentumsgarantie, zu der die Investitionsfreiheit gehört, vor allem der Koalitionsfreiheit, kraft deren die generelle Regelung der Arbeits- und Wirtschaftsbedingungen in erster Linie den Tarifparteien vorbehalten, also dem staatlichen Gesetzgeber grundsätzlich entzogen ist. Die Diskrepanz wird gesteigert durch die Europäische Gemeinschaft. Sie erweitert den Raum des Marktes über den nationalen Rahmen hinaus, aber sie nimmt dem Nationalstaat nicht die korrespondierende soziale Verantwortung ab. Der Europäischen Wirtschafts- und Währungsunion entspricht keine Europäische Sozialunion, wie sie für die beiden deutschen Staaten im Vorfeld der Wiedervereinigung zustande kam.

Die drei Referate des Vormittags, so unterschiedlich sie ihrer thematischen und ihrer dogmatischen Richtung nach auch gewesen sind, ergeben als Resultante, daß das überkommene Verständnis der Koalitionsfreiheit überprüft werden muß. Wie bei wenigen Verfassungsnormen zeigt sich bei dieser ein Widerspruch zwischen magerer Textgestalt und üppiger Interpretation. Der Text bietet ein Individualgrundrecht für jedermann und alle Berufe. Die Interpretation aber baut auf diesem Fundament das weit ausladende Gebäude der Institutionen des kollektiven Arbeitsrechts, mit Tarifautonomie samt Arbeitskampf sowie Mitbestimmung aller Facetten, ergänzt durch kollektive Grundrechtsbefugnisse der Gewerkschaften und der Arbeitgeber. Arbeitskämpfe werden zwar in einem (nachträglich im Zuge der Notstandsverfassung eingefügten) Satz erwähnt, der Resistenz gegen bestimmte Notstandsmaßnahmen zusichert. Doch die ausdrückliche „Schrankenschranke" ist bisher nicht praktisch geworden; dem Wortlaut nach ist ihre Bedeutung marginal. Um so größer ist die Bedeutung der historischen Auslegung, die das unterverfassungsrechtliche Normenmaterial, vor allem Richterrecht der Arbeitsgerichte, in den Rang von Verfassungsrecht hebt und grundrechtlich unterfängt. Die Grundrechtsinterpretation füllt die Lücken, die das Gesetz im kollektiven Arbeitsrecht, zumal im Arbeitskampfrecht, aufweist. Der sonst so regelungseifrige Gesetzgeber spart die Materien aus, obwohl gerade hier, wegen der vielfachen Grundrechtskollisionen, eine verfassungsrechtliche Regelungspflicht besteht. Doch scheut er an sie zu rühren, weil sich an ihnen die Machtfrage des Gemeinwesens entzünden könnte. Er überläßt die Regelungen der Falljudikatur des Bundesarbeitsgerichts, das als Ersatzgesetzgeber fungiert. Das Bundesarbeitsgericht, in seinen Bahnen das Bundesverfassungsgericht, hält sich mangels gesetzlicher Maßstäbe an die abstrakten Formeln der Verfassung. Diese werden konkretisiert, also um inhaltliche Aussagen angereichert, die der Interpret hinzugibt. Im Ergebnis wird die einfachrechtliche Gestalt des kollektiven Arbeitsrechts verfassungsrechtlich versteinert, hier als institutionelle Garantie, dort als Abwehrrecht ohne Gesetzesvorbehalt behandelt. Kurz und gut: die Tarifautonomie wird mit Haut und Haaren zum unantastbaren Verfassungsgut erklärt. Damit werden auch die vorhandenen Tarifverträge, in ihnen die künstliche, marktfremde Verteuerung der Arbeit durch das Tarifkartell, zementiert und gegen Eingriffe des Gesetzgebers abgesichert. Sensible und reizbare Interpreten halten sogar schlichte Empfehlungen der Bundesregierung zur Tarifpolitik, etwa die Mahnung zu moderaten Lohnabschlüssen, schon für Eingriffe in die Koalitionsfreiheit.

Die Auslegung mochte lange Zeit hingehen. Nun aber, angesichts der chronischen Arbeitslosigkeit, fragt sich, ob Vernunft nicht Unsinn und Wohltat Plage geworden ist. Das Grundrechtsverständnis, das ursprünglich die soziale Schwäche einer breiten Bevölkerungsschicht kompensieren sollte, hat sich verwandelt in das soziale Privileg einer Gruppe auf Kosten einer anderen Gruppe, die vom Schutz des Grundrechts ausgeschlossen bleibt. Begünstigt werden die Arbeitsplatzbesitzer, die Folgen aber tragen die Arbeitslosen. Der Sozialstaat, dem die verfassungsrechtliche Tabuierung der Tarifautonomie den Einfluß auf die Lohnentwicklung versagt, hat für deren Folgen einzustehen. Rechtspolitische Vorschläge, auf marktgerechte Weise der Arbeitslosigkeit abzuhelfen, brechen sich an der starren Mauer der Verfassungsinterpretation. Das gilt auch für den diskussionswürdigen, pragmatischen und schonenden Vorschlag eines Nationalökonomen, daß durch Gesetz tarifvertragliche Lohnerhöhungen verboten werden sollten, wenn und soweit in einer Branche und Region die Arbeitslosigkeit einen bestimmten Prozentsatz überschreite.

Der einzige Ausweg aus dem Dilemma, so meint Herr *Böckenförde*, sei eine Änderung des Grundgesetzes. Doch deren bedarf es nicht. Das Dilemma ergibt sich nicht aus der Verfassung selbst, sondern aus deren Auslegung. Eine Auslegung läßt sich aber durch eine andere ersetzen, zumal wenn sich zeigt, daß sie unter neuen Umständen ihren ursprünglichen Sinn nicht mehr einlöst. Verfassungsrecht und Verfassungsinterpretation sind nicht dasselbe. Auch das Bundesverfassungsgericht interpretiert nicht authentisch, sondern nur autoriativ als amtlicher Interpret, dem das letzte Wort zukommt. Das Gericht kann seine eigene Auslegung von sich aus ändern. Eine Neuinterpretation sollte freilich nicht abrupt erfolgen. Sie bedarf der sorgfältigen Vorbereitung und der schonenden Umsetzung. Die Staatsrechtslehre darf sich nicht damit begnügen, Thesen aufzustellen, die eine veränderte Deutung der Koalitionsfreiheit voraussetzen. Sie muß auch die dogmatische Vermittlung leisten. Immerhin haben die Referate des Vormittags einen ersten Dienst geleistet. Dafür möchte ich danken.

Vorsitzender: Die beiden letzten Diskussionsbeiträge haben die Rolle des Bundesverfassungsgerichts bei der Auslegung des Art. 9 Abs. 3 zum Dreh- und Angelpunkt erhoben. Mir scheint, daß diese Fragestellung zum einen rückwärts gewandt und zum anderen vorwärts gewandt betrachtet werden muß. Nach rückwärts sind die unterschiedlichen Standpunkte von Herrn *Böckenförde* und Herrn *Isensee* offengelegt worden. Vorwärts gewandt hat Herr *Engel* das Bundesverfassungsgericht um Hilfe angerufen, damit es in einer Kehrtwendung seiner Rechtsprechung den marktwirtschaftlichen Prinzipien mehr Raum gebe. Die nächsten Redner haben sich ebenfalls zur Rolle des Bundesverfassungsgerichts zu Wort gemeldet.

Schoch: Herr Vorsitzender, meine Damen und Herren Kollegen. Herr *Wieland* und – wenn ich recht verstanden habe – im wesentlichen auch Herr *von Danwitz* haben uns die Verfassungsrechtsordnung als Rahmenordnung für die Gestaltung des politischen Prozesses vorgestellt. Herr *Wieland* hat dies am Beispiel des Grundgesetzes aufgezeigt; Herr *von Danwitz* hat darauf aufmerksam gemacht, daß dies trotz unterschiedlicher Ausgangspunkte im wesentlichen auch für Großbritannien und Frankreich gilt und verschiedenartige normative Ansätze bei der konkreten Umsetzung dann doch nicht zu gegensätzlichen Ergebnissen führen. Dieser Ansatz hat Konsequenzen für die Steuerung des politischen Prozesses, um den es uns hier geht; er hat vor allen Dingen Konsequenzen für die Rolle des Bundesverfassungsgerichts in diesem Prozeß.

Herr *Engel* hat demgegenüber, wenn ich ihn recht verstanden habe, zunächst ökonomisch argumentiert. Er hat bestimmte ökonomische Modelle bezüglich der Gewinnung von Arbeitsplätzen analysiert und – jenseits des Verfassungsrechts – diese Modelle daraufhin untersucht, welches der verschiedenen Modelle vorzugswürdig ist. Im Ergebnis hat er eine deutliche Präferenz für das – wie er es genannt hat – Modell der Dezentralisation ausgesprochen, also für die dezentrale, individualistische Entscheidungsfindung im Bereich des Arbeitsrechts plädiert.

Hier nun setzen die verfassungsrechtlichen Fragen an. Herr *Engel* hat unter verfassungsrechtlichen Vorzeichen zunächst gefragt, ob das von ihm bevorzugte Modell verfassungsrechtlich *zulässig* wäre und diese Frage bejaht. Herr *Böckenförde* hat Zweifel daran angemeldet; Herr *Isensee* hat diese Zweifel nicht geteilt. Herr *Engel* ist jedoch – und dies dürfte der springende Punkt sein – einen Schritt weitergegangen und hat gesagt, das von ihm aus ökonomischen Gründen präferierte Modell sei verfassungsrechtlich *geboten*. Ich habe, Herr *Engel*, nicht verstanden, worauf sich dieses Verfassungsgebot gründen soll. Sie haben in Ihrer These 25 nur kurz und knapp gesagt, die Reform, die Sie dargestellt haben, sei verfassungsrechtlich geboten. Mich interessiert, wie Sie Ihr Reformanliegen nicht nur als zulässig, sondern – weitergehend – als von der Verfassung geboten im Grundgesetz festmachen wollen.

Wenn man diese Argumentation dennoch einmal als zutreffend unterstellt und etwas weiterdenkt, kommt man unweigerlich zur Rolle des Bundesverfassungsgerichts in diesem Prozeß. In der allgemeinen verfassungsrechtlichen Diskussion können wir zur Zeit ja deutliche Kritik an gestaltenden Entscheidungen des Bundesverfassungsgerichts feststellen und eher eine Tendenz erkennen, die den Ruf nach Mäßigung ausdrückt, also die Forderung an das Gericht beinhaltet, im Grunde genommen nur kassatorisch zu wirken und die Politikgestaltung dem Parlament zu überlassen. Dies akzeptiert Herr *Engel* schon im Grundansatz nicht, indem er sagt, die politische Blockade im kollektiven Arbeitsrecht müsse verfassungsrechtlich überwunden werden. Damit – und dies ist der „Clou" – wird das Bundesverfassungsgericht zum „Vollstrecker" eines ökonomisch für richtig befundenen Modells. Hier haben wir also die Verknüpfung des erwähnten materiellen Verfassungsgebots mit der Rolle des Bundesverfassungsgerichts. Dies wirft die Frage auf, ob das Bundesverfassungsgericht nicht aufgefordert wird, quasi zum Ersatzgesetzgeber zu werden. Und dies wiederum führt zur weiteren Frage nach der demokratischen Rollenverteilung im Verfassungssystem des Grundgesetzes.

In seiner These 26 hat Herr *Engel* den „korporatistischen Gegenentwurf" (Bündnis für Arbeit) unter anderem deshalb verfassungsrechtlich verworfen, weil dieser Gegenentwurf das Gebot sachlicher demokratischer Legitimation staatlichen Handelns übergeht. Ich kann nicht erkennen, wie diese in These 26 eingeforderte Legitimation in dem uns präsentierten und präferierten ökonomischen Modell eingelöst wird, wenn also anstelle von Gesetzgeber und Regierung und der dort repräsentierten verschiedenen Gruppen das Bundesverfassungsgericht als „Vollstrecker" jenes Verfassungsgebots fungieren soll. Hier scheinen mir, wenn dem Bundesverfassungsgericht Politikgestaltung zugewiesen wird, Fragen offen zu sein, die das Demokratieprinzip berühren.

Man wird auch – wenn man das konstruierte Verfassungsgebot und die Funktion des Bundesverfassungsgerichts verbindet – fragen müssen, wie sich das gewonnene Resultat zu den europarechtlichen Vorgaben verhält, die uns Herr *von Danwitz* präsentiert hat. Er hat dargelegt, daß auch im supranationalen Europarecht der Begriff der Rahmenordnung angemessen wäre, und er hat gesagt, daß das Europarecht für unterschiedliche Modelle offen sei. Wenn man nun aber das deutsche verfassungsrechtliche Modell von Herrn *Engel* mit der Rolle des Bundesverfassungsgerichts, das das Modell durchsetzen muß, verknüpft, stellt sich die Frage, wie sich dies mit der Offenheit verträgt, die uns Herr *von Danwitz* europarechtlich dargelegt hat. Ich wäre dankbar, wenn auch vor dem Hintergrund dieser europäischen Rechtsentwicklung Aufklärung gegeben würde.

Höfling: Herr *Vogel* und Herr *Isensee* haben den Referenten ja bereits für die Enttabuisierung der Koalitionsfreiheit gedankt. Dem kann ich mich anschließen. In der Tat hat die Koalitionsfreiheit sehr lange Zeit ein merkwürdiges Eigenleben geführt. Das verdanken wir nicht zuletzt einem ganz prägenden Problemlösungszugriff der Arbeitsrechtswissenschaft, die das Feld Jahrzehnte beherrscht hat, nicht zuletzt aber auch einer diffusen Bereichsdogmatik, die das Bundesverfassungsgericht in seiner Judikatur lange praktiziert hat. Nun haben wir aber seit einigen Jahren eine Angleichung dieser spezifischen Bereichsdogmatik an die allgemeine Grundrechtsdogmatik zu verzeichnen: Der in den Referaten schon erwähnte Beschluß zu den Lohnabstandsklauseln auf dem zweiten Arbeitsmarkt ist ja ein weiterer begrüßenswerter Schritt in diese Richtung. Ich glaube allerdings nicht, insofern sehe ich das anders als Herr *Isensee*, daß das Problem der Koalitionsfreiheit und Tarifautonomie auf Schutzbereichsebene zu verorten ist. Wir haben erheblich fragmentarischere, offenere Grundrechtsbestimmungen, denken wir an Art. 5 Abs. 3 oder Art. 4 Abs. 1 GG. Und wenn eine Schrankenschrankenklausel einen Teil der kollektiven Koalitionsfreiheit als Gegenstand seiner Regelung benennt (nämlich Art. 9 Abs. 3 Satz 3 das Streikrecht), dann setzt das natürlich auf Tatbestandsebene seine sachliche Gewährleistung voraus. Also, ich sehe nicht das Problem, daß wir im Wege unzulässiger Konkretisierung den Schutzbereich unangemessen erweitert hätten. Dies liegt allein in der Konsequenz einer weiten Tatbestandstheorie, wie sie – nicht nur – das Bundesverfassungsgericht ja auch in anderen Zusammenhängen praktiziert. Das vielfach formulierte Unbehagen speist sich im wesentlichen, so glaube ich, aus dem Umstand, daß die Koalitionsfreiheit vorbehaltlos gewährleistet ist. Damit ist das Problem der Grundrechtsschranken thematisiert; und hier wähnen sich manche in unwegsamen Gelände. Doch haben die Referenten zu Recht auf eine Fülle von möglichen verfassungsrechtlichen Gegengründen hingewiesen, die durchaus tauglich zur Begrenzung der Koalitionsfreiheit sind. Etwa die Grundrechte Dritter, auf die Herr *Engel* ja in unterschiedlichen Varianten abgehoben hat, oder das Sozialstaatsprinzip in seiner finanzverfassungsrechtlichen Ausprägung des Art. 109 Abs. 2 GG. Aber, und das scheint mir etwas zu kurz gekommen zu sein: Wir sollten nicht vergessen, daß es auch Gesetzgebungskompetenztitel gibt, die für die Begrenzung der Koalitionsfreiheit eine Rolle spielen können. Anders als in der Grundrechtslehre allgemein, wo Gesetzgebungskompetenztitel als Grundlage für die Einschränkung vorbehaltlos gewährleisteter Grundrechte ja zu Recht auf Skepsis stoßen, verdienen einige besondere Bestimmungen im Blick auf Art. 9 Abs. 3 GG durchaus Beachtung. Es ist nämlich nicht denkbar, daß bei der Koalitionsfreiheit mit der ganz herrschenden Meinung das Begriffspaar der Arbeits- und Wirtschaftsbedingungen weit und umfassend ausgelegt wird, ohne daß die entsprechenden koalitionsspezifischen Aktivitäten der Arbeitgeber und Arbeitnehmer in Kollision gerät mit der Inanspruchnahme der Gesetzgebungskompetenzen, die das Recht der Wirtschaft und das Recht der Arbeit betreffen. Insofern glaube ich, daß diese Gesetzgebungskompetenzen dem Staat weitreichende Einflußmöglichkeiten zur, wenn man so will, Regulierung bzw. Deregulierung des Tarifkartells zur Verfügung stellt. Und dann habe ich gewisse Zweifel, Herr *von Danwitz*, an Ihrer These von der verfassungsrechtlichen Signifikanz zwischen Frankreich und Deutschland, die Sie an dem Konzept einer legislativen Arbeitszeitverkürzung wohl festmachen wollten. Ich sehe auch aus deutscher Sicht keine prinzipiellen grundrechtsdogmatischen Bedenken gegen ein solches Modell, wenn man es denn politisch will.

Soviel aus meiner Sicht an Gestaltungsmöglichkeiten des Gesetzgebers auch besteht, so sehr bin ich mit Herrn *Böckenförde* skeptisch, was nun die Schlußfolgerungen angeht, die Herr *Engel* hieraus gezogen hat. Sie haben ja den Fragen von Herrn *Wieland* die vierte hinzugefügt: „Was muß der Gesetzgeber tun?". Sie haben sehr weitreichend geantwortet und die Rolle, die Sie dann dem Bundesverfassungsgericht zuweisen, die sehe ich in Übereinstimmung mit einigen Vorrednern in hohem Maße skeptisch. Das Bundesverfassungsgericht ist von der Verfassung als Gericht konstituiert und nicht gleichsam als eine Gegeninstitution gegen ein großes Verbände- und Parteienkartell, das nichts Vernünftiges zustande bringt. Das klingt, mit Verlaub, ein wenig zu sehr nach institutionsökonomischem Verfassungsdesign.

Vorsitzender: Es sind nun bereits viele verfassungs- und europarechtliche Grundsatzfragen angesprochen worden, und ich denke, daß die Referenten jetzt Gelegenheit zu einem Zwischenwort haben sollten.

Wieland: Ich möchte gern zu zwei Punkten Stellung nehmen. Das eine ist die Frage, ob im europäischen Gemeinschaftsrecht allein das Prinzip der Marktwirtschaft verankert ist oder ob es dort auch ein dem deutschen Sozialstaatsprinzip vergleichbares Rechtsinstitut gibt. Dann möchte ich auf die Beiträge von Herrn *Wahl* und Herrn *Isensee* sowie auf das Zwischenwort von Herrn *Zuleeg* antworten. Abschließend werde ich mich Art. 9 Abs. 3 GG zuwenden; allen Referenten war bewußt, daß wir hier einen wunden Punkt berühren, und wir sehen alle einen gewissen Handlungsbedarf – allerdings in ganz unterschiedlicher Intensität. Ich nehme an, das ist auch deutlich geworden.

Zum Ersten: Ich verstehe den Vertrag von Amsterdam so, daß er durch das Beschäftigungskapitel, aber auch durch die Ergänzung der Ziele von Gemeinschaft und Union ein Element in das europäische Gemeinschaftsrecht aufgenommen hat, das dem Sozialstaatsgedanken des deutschen Rechts entspricht. Meines Erachtens bedarf es noch der Umsetzung; es muß Wissenschaft und Praxis bewußt werden. Es bestehen aber insoweit keine großen Unterschiede zwischen nationaler Rechtsordnung und Gemeinschaftsrechtsordnung. Ich sehe das auch nicht so sehr als Problem des Anwendungsvorrangs. Es mag sein, daß die Praxis das soziale Element des Gemeinschaftsrechts noch nicht vollständig realisiert hat. Das mag auch noch eine Weile dauern. Wegweisende Ansätze sind aber vorhanden. Ich fühle mich insoweit auch durch das bestätigt, was Herr *von Danwitz* heute vorgetragen hat.

Meines Erachtens kann der Staat auch mit Blick auf das Europarecht lenkend auf den Arbeitsmarkt einwirken, wenn er will und die Möglichkeiten hat. Damit komme ich kurz zu dem, was Herr *Oppermann* gesagt hat. Natürlich spielt der Euro als die gemeinsame Währung für die Preisstabilität eine Rolle. Wenn man sich aber die gegenwärtige Wirtschaftslage anschaut, kann man feststellen, daß im Moment die Arbeitslosigkeit ein weitaus größeres Problem darstellt als die Preisstabilität in den Mitgliedstaaten. Ich sehe da also auch unter Berücksichtigung der Stabilität des Euro Möglichkeiten zu Handlungsaktivitäten des Staates – wobei sich für Deutschland das zusätzliche Problem stellt, daß die Wiedervereinigung durch Staatsverschuldung finanziert worden ist. Das hat dazu geführt, daß wir den Referenzwert von 60% für das Verhältnis zwischen dem öffentlichen Schuldenstand und dem Bruttoinlandsprodukt überschritten und dadurch unseren jetzigen Handlungsspielraum verengt haben. Man muß ganz deutlich sehen, daß das letztlich eine politische Entscheidung gewesen ist, mit deren Folgen wir heute leben müssen. Aber es ist nicht eigentlich eine Frage der Stabilität des Geldwerts, sondern eine Frage der Staatsverschuldung.

Dann noch kurz zu Art. 9 Abs. 3 GG: Hier stimme ich weitgehend mit dem überein, was Herr *Höfling* gesagt hat. Mein Anliegen war es eigentlich, einen Anstoß dafür zu geben, die Dogmatik des Art. 9 Abs. 3 GG in die allgemeine Grundrechtsdogmatik zurückzuführen. Ich fühle mich hier ein Stück weit in meiner These bestätigt, daß sich in Zeiten der Vollbeschäftigung ein Verständnis entwickelt hat, durch das das Grundrecht institutionell weit ausgebaut worden ist. Das war auch ohne weiteres sinnvoll und zulässig. Der Staat konnte es in einer Zeit, in der Arbeitslosigkeit kein Problem war, den Akteuren des Arbeitsmarktes überlassen, die Arbeitsbedingungen auszuhandeln. Erst in dem Augenblick, in dem Arbeitslosigkeit ein Problem wurde, tauchte die Gemeinwohlfrage, tauchte die Frage nach dem Schutz Dritter auf. Damit scheint mir ein Anstoß gegeben, die Dogmatik des Art. 9 Abs. 3 GG wieder in die allgemeine Grundrechtsdogmatik einzubinden.

Genau wie Herr *Höfling* sehe ich insoweit kein Schutzbereichsproblem, sondern ein Schrankenproblem. Und wenn wir das, was wir von anderen

Grundrechten her kennen – auch die Wissenschaftsfreiheit wird ein Stück weit institutionell gesehen – auf die Koalitionsfreiheit anwenden, kommen wir zu sinnvollen Ergebnissen, ohne daß wir etwas grundstürzend umkehren müssen. Insoweit möchte ich deutlich Herrn *Isensee* widersprechen. Ich sehe auch keine Notwendigkeit für die oberste Rechtsprechung, jetzt Vorschläge zu machen. Herr *Engel* und ich unterscheiden uns in diesem Punkt sehr deutlich. Ich denke, der Staat ist gut beraten, wenn er ein Stück weit Distanz auch zum Arbeitsmarkt hält. Er sollte nur eingreifen, wenn er das aus Gemeinwohlgründen für notwendig erachtet. Wenn er einen Eingriff aber für notwendig hält, sehe ich im Grundrecht keinen prinzipiellen Hinderungsgrund. Ich meine noch nicht einmal, daß wir dafür unbedingt auf die Gesetzgebungskompetenzen zurückgreifen müßten, Herr *Höfling*, sondern meines Erachtens vermag das Sozialstaatsprinzip entsprechende Eingriffe zu rechtfertigen. Ich sehe die Verfassung – und damit nehme ich natürlich das Wort von Herrn *Böckenförde* auf – tatsächlich als Rahmen. Ich sehe die zu bewältigende Aufgabe nicht beim Bundesverfassungsgericht, ich sehe die Aufgabe beim politischen Prozeß. Und ich sehe meine Aufgabe als Wissenschaftler darin, von den demokratisch legitimierten Institutionen – von der Regierung, vom Parlament – einzufordern, daß sie ihre Verantwortung wahrnehmen und nicht in schwierigen Zeiten die Arbeit den Gerichten, insbesondere dem Bundesverfassungsgericht überlassen. Das wird dadurch leicht politisiert und gerät in die Gefahr, seine richterliche Integrität ein Stück weit zu verlieren.

Engel: Wer pointiert vorträgt, zieht auch viele Reaktionen auf sich. Ich werde zu einer ganzen Reihe von Punkten Stellung zu nehmen haben, will das aber so knapp wie möglich tun. Die Rolle des Rechts und die Rolle des Bundesverfassungsgerichts werden die beiden Punkte sein, zu denen ich ein bißchen ausführlicher sprechen möchte. Anschließend dann knapp zum Verständnis von Markt; zu der Frage, was nach meiner Vorstellung von Art. 9 III GG übrig bleibt; zu anderen rechtlichen Determinanten des Geschehens an den Arbeitsmärkten; schließlich zu der Frage von Herrn *Vogel*, was mit den working poor zu machen sei.

Zur Rolle des Verfassungsrechts. Hier hat Herr *Böckenförde* gesagt, was ich will, sei nur mit einer Verfassungsänderung zu haben. Ich will auf diesen Einwand verfassungsdogmatisch und verfassungspolitisch antworten. Ich denke, ich habe in dem Vortrag vorgeführt, daß es sehr wohl kunstgerecht dogmatisch ohne Verfassungsänderung geht. Aus dem Plenum sind noch zusätzliche Anregungen gekommen, die ich gern aufgreife. Man könnte auch die Gesetzgebungskompetenzen für die praktische Konkordanz nutzen. Das hilft allerdings bei meiner Lösung nicht. Denn ich will ja sogar zu einer Pflicht zur Änderung des einfachen Rechts kommen. Die Gesetzgebungskompetenzen würden den Gesetzgeber dagegen nur ermächtigen. Ich bestreite umgekehrt auch nicht, daß sich der Weg der Bundesregierung, also die Stärkung des Korporatismus im Bündnis für Arbeit, ebenso kunstgerecht dogmatisch rechtfertigen läßt. Ich habe deshalb im Vortrag ja auch nur gesagt, daß bei der Lösung der Bundesregierung die verfassungsrechtlichen Risiken nicht kleiner sind als bei meinem Vorschlag.

Hinter der verfassungsdogmatischen liegt eine verfassungspolitische Frage. Sie ist nicht so leicht zu beantworten. Kann es richtig sein, die Verfassungsinterpretation an Einsichten aus den Sozialwissenschaften auszurichten? Hier haben mehrere mehr oder minder deutliche Skepsis angemeldet. Meine Überzeugung ist, daß wir diesen Weg gehen sollten, weil wir selbst ein theorieloses Fach sind. Mit dieser Aussage will ich mich natürlich nicht als Nestbeschmutzer betätigen. Ich will vielmehr auf die gewachsene Arbeitsteilung zwischen der Rechtswissenschaft und den benachbarten Sozialwissenschaften verweisen. Wenn wir für die Beurteilung von Rechtsfragen Einsichten in komplexere Wirkungszusammenhänge benötigen, haben uns die Nachbarwissenschaften oft etwas voraus. Das sollten wir als Verfassungsinterpreten rezipieren, aber natürlich nicht 1 : 1 in Verfassungsrecht übersetzen. Denn die Nachbarwissenschaften verdanken ihre tieferen Einsichten regelmäßig der Anwendung von Modellen. Unsere Aufgabe ist es, zu kontrollieren, ob diese Modelle zu wichtige Teile der Wirklichkeit weglassen mußten, um der Verfassungsinterpretation zu dienen. Deshalb habe ich zum Schluß meiner Überlegungen ja auch gefragt, ob jenseits des ökonomischen Modells relevante Belange nicht berücksichtigt sind. Nach meiner Überzeugung war das im konkreten Fall nur nicht so.

Nun zur Rolle des Bundesverfassungsgerichts. Auch hier wende ich mich wieder an Herrn *Böckenförde*. Er hat pointiert gesagt, mein Vertrag ermuntere das Gericht zum Kompetenzmißbrauch. Mir scheint – und insoweit würde ich mich in der Verfassungsinterpretation wohl wirklich von Herrn *Böckenförde* unterscheiden – daß das Gericht nicht nur die Aufgabe hat, der Politik eine Rahmenordnung zu setzen. Im täglichen Handwerk des Gerichts ist das sicher seine hauptsächliche Funktion. Ausnahmsweise hat es aber auch die Aufgabe, politische Blockaden aufzubrechen, an denen die anderen Verfassungsorgane scheitern. Das muß ein seltener Fall bleiben. Aber ich glaube, ich habe deutlich machen können, warum dies so ein ungewöhnlicher Fall ist. Alle anderen Institutionen, die dafür in Betracht kommen könnten, sind nämlich durch die Machtfrage blockiert. Das gilt nicht nur für den Gesetzgeber, sondern auch für das Bundesarbeitsgericht. Denn seine Spruchkörper sind paritätisch mit den organisierten Interessen besetzt, gegen die sich die Reform richten muß.

Mir scheint diese Deutung der Aufgabe des Bundesverfassungsgerichts auch keineswegs mit dem Demokratieprinzip unvereinbar. Zur Begründung greife ich die Unterscheidung eines Politikwissenschaftlers auf. *Fritz Scharpf* unterscheidet zwischen Input- und Output-Legitimation. Unter Input-Legitimation versteht er das, was wir in juristischer Terminologie als das Gebot sachlicher demokratischer Legitimation bezeichnen. Es geht also um formale Legitimation durch Wahlen oder Abstimmungen. Dem stellt *Scharpf* gegenüber, was er Output-Legitimation nennt. Damit meint er die Legitimation aus der Sachgerechtigkeit der getroffenen Entscheidung. Wir haben in unserer Verfassungswirklichkeit viele Felder, in denen wir auf Mischungen zwischen Input- und Output-Legitimation setzen. Manchmal verlassen wir uns sogar ausschließlich auf Output-Legitimation. Das offensichtlichste Beispiel steht mittlerweile ja auch im Verfassungstext: die Unabhängigkeit der Zentralbank. Diesen Gedanken trage ich nur weiter und nutze ihn auch, um eine subsidiäre politische Funktion des Bundesverfassungsgerichts zu rechtfertigen. Lassen Sie mich zum Schluß an dieser Stelle pointiert formulieren: es scheint mir schlechterdings nicht erträglich, daß das Verfassungsrecht im Angesicht der Zustände, die uns Herr *Wieland* so drastisch vor Augen geführt hat, schlicht die Akte schließt und sagt: Dazu darf ich nichts sagen.

Herr *Böckenförde* hat dann weiter nach dem Verständnis von Markt gefragt. Die Frage ist zu fundamental, als daß ich darauf an dieser Stelle angemessen antworten könnte. Ich möchte nur eines richtig stellen. Das wirkliche Subjekt gerade der Marktwirtschaft ist das Individuum. Denn Marktwirtschaft ist gerade gedacht als die Institution zur Koordination der vielen, inhaltlich nicht hinterfragten Präferenzen. Wenn man dem Gesellschaftsverständnis, das hinter einem Plädoyer für mehr Markt steht, schon einen Vorwurf machen will, dann eher den umgekehrten: daß es zu ausschließlich auf die individuellen Präferenzen setzt. Der Marktwirtschaft vorzuwerfen, sie habe das Individuum durch Institution ersetzt, ist schlicht unzutreffend.

Herr *Wahl* hat gefragt, was bei meiner Interpretation noch von Art. 9 III GG bleibt. Ich habe die Frage gefürchtet, Herr *Wahl*. Denn die Antwort sprengt vermutlich die Grenzen meiner Imaginationskraft. Ich müßte ja vorhersagen, wie sich das institutionelle Umfeld der Arbeitsmärkte entwickelt, wenn man die zentralen Pfeiler herausnimmt, auf denen das Geschehen bisher ruht. Ich möchte also lieber nur sagen, was von Art. 9 III GG weggeht, nämlich vor allem das Streikrecht und die Tarifautonomie. Die Freiheit, sich zu Koalitionen zusammen zu schließen und auf den Prozeß der Lohnfindung Einfluß zu nehmen, braucht nach meiner Vorstellung in keiner Weise beeinträchtigt zu werden. Und aus Transaktionskostengründen liegt ja auch ausgesprochen nahe, daß die Lohnanpassungsverhandlungen auf Betriebsebene geführt werden. Und dabei liegt wieder ausgesprochen nahe, daß sich diejenigen, die diese Verhandlungen führen, von überbetrieblich organisierten gesellschaftlichen Gruppen helfen lassen. Wir sind damit, wie ich gerne zugestehe, bei einer Rolle der Gewerkschaften, wie wir sie in den USA tatsächlich vorfinden.

Herr *Hohmann* hat vollständig berechtigt darauf hingewiesen, daß die Wirtschafts- und Währungsunion zu den geänderten Rahmenbedingungen gehört. Herr *Böckenförde* hat, wenn man es verallgemeinert, vollständig zu Recht darauf hingewiesen, daß das Ausmaß der Globalisierung nicht einfach vom Himmel gefallen ist, sondern z. T. zielgerichtete Politik war. Wenn man diesen Faden noch einen Augenblick weiterspinnt, müßte man sicher auch die Konvergenzkriterien des Maastrichter Vertrags erwähnen, die eine aktive Arbeitspolitik immer schwerer machen. Man müßte die von Herrn *von Danwitz* im einzelnen ausgebreitete Beihilfeaussicht des EG-Vertrags erwähnen, die Lohnsubventionen ausgesprochen schwer macht. Man müßte das Recht der WTO erwähnen, das die Deregulierung der Produktmärkte stark vorangetrieben hat. Und man müßte allen voran die Institutionen erwähnen, mit deren Hilfe die Finanzmärkte inzwischen praktisch vollständig internationalisiert sind.

Schließlich Herrn *Vogels* berechtigte und bohrende Frage: handeln wir uns working poor ein? Niemand will sie, ich ganz bestimmt auch nicht. In einem ersten Schritt kann ich mir die Antwort einfach machen. Wenn wir es bei den geltenden Institutionen belassen, brauchen wir in Deutschland nichts zu fürchten. Denn im Sozialhilfesatz haben wir einen versteckten Mindestlohn. Das führt aber natürlich sofort zu der Folgefrage: werden die Gemeinden die Lasten tragen können, wenn eine Reform der Arbeitsmarktinstitutionen dazu führt, daß mehr Menschen ihren Anspruch auf Sozialhilfe geltend machen? Hier sehe ich das entscheidende Folgeproblem. Wenn meinem Vorschlag gefolgt würde, würde die Reform der Finanzverfassung noch viel dringender, als sie ohnehin schon ist.

von Danwitz: Ich möchte zunächst zu dem Fragenkomplex der Offenheit der gemeinschaftlichen Wirtschaftsverfassung Stellung nehmen und hierzu eine zweifache Antwort auf die Fragen von Herrn *Wahl*, Herrn *Zuleeg*, Herrn *Oppermann* und Herrn *Schoch* geben. Wenn ich die Dinge richtig sehe, sind die europäischen Gemeinschaftsverträge durch eine prononciert marktwirtschaftliche Grundausrichtung geprägt. Diese ist im Laufe der Zeit legislatorisch wie interpretatorisch aber zunehmend um soziale Schutzvorstellungen angereichert worden, um einem insofern empfundenen Defizit Rechnung zu tragen. Der heute erreichte Zustand des primären Gemeinschaftsrechts rechtfertigt es daher durchaus – wie Herr *Wieland* vorhin schon gesagt hat – davon zu sprechen, daß wir eine gewisse Balance zwischen sozialen und marktwirtschaftlichen Aussagen im Vertrag feststellen können. Ich glaube dennoch, daß dies nur eine erste Antwort sein kann. Die zweite Antwort liegt vielmehr darin – wie wir dies ja schon von Herrn *Isensee* par excellence vorgeführt bekommen –, wie sich diese normative Wirklichkeit interpretatorisch und rechtspraktisch durchgesetzt hat. Im Hinblick auf den Vorbehalt, den Herr *Wieland* gemacht hat, möchte ich nachdrücklich unterstreichen, daß etwa das Beschäftigungskapitel des Amsterdamer Vertrages noch keine praktischen Wirkungen hat entfalten können. Wir verfügen also noch über keine hinreichenden Erfahrungen, um sagen zu können, inwieweit sich diese normative Neuorientierung der Gemeinschaftsverträge zu einer Reorientierung im Sinne der sozialen Marktwirtschaft führen wird. Vor allem vor dem Hintergrund der institutionellen Komponente ist also der Befund von Herrn *Wahl* durchaus zu bestätigen: Das gemeinschaftliche Wettbewerbsrecht ist bei der europäischen Kommission namentlich im Rahmen der Beihilfeaufsicht stets institutionell präsent und wird somit gleichsam von Amts wegen durchgesetzt. Wenn Sie sich anhand praktischer Beispiele vor Augen führen, um welchen Konflikt es – zumindest der Vorstellung nach – bei der Gewährung sächsischer Subventionen für ein Automobilwerk geht, dann ist für mich offensichtlich, wie sich der Konflikt praktisch auswirkt, den Herr *Wahl* zu Recht mit der Vorrangfrage identifiziert hat. Die Lösung des als Problem empfundenen Vorrangs – und das ist nicht gegen das Gemeinschaftsrecht gerichtet, sondern allenfalls gegen die spezifische Wettbewerbsorientierung der Beihilfeaufsicht – wird im Gemeinschaftsrecht selbst nicht oder nur nach Maßgabe der Artikel 16 und 86 Abs. 2 EG-Vertrag aufgelöst.

Im übrigen kann sich das Anliegen mitgliedstaatlicher Daseinsvorsorge in Form von Maßnahmen der Beschäftigungsförderung gegenüber der Wettbewerbsorientierung der gemeinschaftlichen Beihilfeaufsicht nicht durchsetzen. Von daher erklärt sich natürlich das Bemühen, den neuen Artikel 16 in den Vertrag einzufügen. Die Artikel 16 und 86 Abs. 2 EG-Vertrag eröffnen die Möglichkeit, eine Schranke gegenüber dem Wettbewerbsrecht der Gemeinschaft aufzurichten. Das entnehmen Sie bitte dem dritten Satz meiner These 8. Dieser Vorbehalt betrifft freilich nicht Einzelfragen der – selbstverständlich zulässigen – Privatisierung. Vielmehr knüpft sich die weitere Frage an, wie dann eine staatliche Beschäftigungspolitik betrieben werden kann. Die Antwort ist letztlich ganz einfach. Ich betreibe sie über eine Ausweitung der service public. Wenn Sie den Vergleich ziehen, so sind in Frankreich etwa 25% der Beschäftigten im service public tätig. Der Staat ist damit nicht nur der größte Arbeitgeber, so wie er auch in der Bundesrepublik mit etwa 20% der Beschäftigten der größte Arbeitgeber ist, sondern er sattelt noch einmal beschäftigungspolitisch auf diesen Bestand auf. Im Grunde geht das Gemeinschaftsrecht somit von der Durchsetzung des Wettbewerbsprinzips aus und läßt im übrigen Ausnahmen für den Bereich des service public zu. Hierzu habe ich auf die Maßnahmen der französischen Beschäftigungsförderung hingewiesen, für die gerade die öffentlichen Gebietskörperschaften und die öffentlichen Unternehmer als Träger in Betracht kommen, weil sie EG-rechtlich unter den Schutz dieser Ausnahmevorschriften des Vertrages fallen. Soviel vielleicht zu diesen Fragen.

Die Anschlußfrage von Herrn *Schoch* betrifft die Bedeutung der relativen Offenheit der gemeinschaftlichen Wirtschaftsverfassung für die mitgliedstaatliche Festlegung auf ein bestimmtes wirtschaftspolitisches Modell. Die relative Offenheit des Gemeinschaftsrechts bedeutet zunächst nicht, daß ein bestimmtes wirtschaftspolitisches Modell auf mitgliedstaatlicher Ebene als unzulässig anzusehen wäre, sondern es läßt unterschiedliche Ausprägungen in dem Sinne durchaus zu, daß es sowohl für eine stärker etatistische wie auch für eine stärker marktwirtschaftlich orientierte Beschäftigungspolitik offen ist. Im Grunde genommen geht es insoweit nur um eine Koordinierung der mitgliedstaatlichen Beschäftigungsstrategien und um die jeweilige Einbindung in die gemeinschaftliche Vorgehensweise. Schließlich zu Herrn *Höfling*. Ihre Frage beinhaltet natürlich ein interessantes Gedankenexperiment, ob das Bundesverfassungsgericht eine deutsche loi Aubry wegen Verstoßes gegen Artikel 9 Abs. 3 kassieren würde oder nicht. Ihre Frage drängt sich auf, da ich formuliert habe, eine deutsche loi Aubry sei mit dem traditionellen Verständnis von Artikel 9 Abs. 3 wohl nicht zu vereinbaren. Daran halte ich fest, betone aber zugleich, daß der Hinweis auf das traditionelle Verständnis vom Gewährleistungsumfang der Tarifautonomie mit Bedacht gewählt war. Insoweit geht es hauptsächlich um die Betonung des Conseil constitutionnel, daß es noch nicht einmal einer Beteiligung der Sozialpartner im Gesetzgebungsverfahren bedurfte. Berücksichtigt man des weiteren die Tendenz der Rechtsprechung des Bundesverfassungsgerichts zu Artikel 9 Abs. 3, dem Tarifvertragsgesetz parakonstitutionellen Charakter beizulegen, so würde diese Tendenz – auf das Arbeitszeitgesetz übertragen – zur Unzulässigkeit einer derartigen gesetzlichen Regelung führen. Dies entspricht dem traditionellen Verständnis von Artikel 9 Abs. 3, wobei ich ja deutlich zum Ausdruck gebracht habe, daß ich insoweit eine Reduzierung seiner institutionellen Auslegung für dringend erforderlich halte. Anschließend möchte ich darauf hinweisen, daß ich weniger die Notwendigkeit eines grundlegenden Kurswechsels sehe, als vielmehr die Eröffnung hinreichender Flexibilisierungsfreiräume, beispielsweise durch die Möglichkeit einer Kontrolle tariflich vereinbarter Arbeitsbedingungen anhand von Artikel 12 GG, die bisher im Sinne einer wirklichen Inhaltskontrolle vom Bundesverfassungsgericht de facto nicht durchgeführt wird.

Püttner: Gestatten Sie eine Zwischenfrage? Herr *Engel* hat eine der Fragen noch nicht beantwortet!

Vorsitzender: Danke schön, Herr *Püttner.* Wir werten Ihre Wortmeldung als Spontanmeldung, damit ist sie zulässig, und Herr *Engel* hat die Gelegenheit zur Antwort.

Engel: Ich habe in dem Vortrag versucht, deutlich zu machen, daß ich zwei dogmatische Möglichkeiten sehe. Mir selber liegt es näher, die zugrundeliegenden Gesetze als mittelbare Eingriffe in die Grundrechte der Arbeitslosen anzusehen. Wem das zu kritisch erscheint, der müßte den gleichen Grundrechten jedenfalls eine Schutzpflicht gegen das mit staatlicher Hilfe ins Werk gesetzte Kartell der Tarifparteien fordern.

Vorsitzender: Gestatten Sie, daß ich vor den folgenden Wortbeiträgen den Versuch unternehme, noch einmal zwei Fragen anzusprechen und alle nachfolgenden Diskussionsredner bitte, nach Möglichkeit darauf einzugehen.

Zum ersten: Ist unser Verfassungsrecht ein Rahmen? Herr *Wieland* hat dies ausdrücklich ausgesprochen. Herr *Engel* ist wohl nicht grundsätzlich anderer Meinung, da er selbst eine radikale Umsteuerung innerhalb der geltenden Verfassung für möglich, wenn nicht sogar für geboten hält und Herr *von Danwitz* hat eben zu der interessanten Frage Stellung genommen, ob ein deutsches Gesetz analog der sogenannten französischen loi Aubry verfassungsrechtlich zulässig wäre, und dies im Ergebnis bejaht. Mir scheint damit die banale Wahrheit ausgesprochen zu sein, daß unser deutsches Verfassungsrecht als Rahmen die verschiedensten Möglichkeiten offenläßt, Lösungen für das Problem der Arbeitslosigkeit und einer Lenkung oder einer marktwirtschaftlichen Flankierung zu ermöglichen. Aber wo liegen denn die Grenzen? Diese Frage ist bisher, wenn ich das richtig sehe, mehr umkreist worden. Was die Freiheitsrechte wirklich fordern, und zwar die kollidierenden Freiheitsrechte der verschiedenen Beteiligten, könnte vielleicht noch näher bestimmt werden. Wo das Sozialstaatsgebot mit harten Maximen eingreift und den Liberalisierungen Grenzen setzt, ist die konträre Frage, die man meines Erachtens ebenso stellen muß. Insoweit kann man auch nahtlos die europarechtliche Frage anschließen, die Herr *Zuleeg* schon in den Raum gestellt hat: Was enthält denn das Europarecht an sozialen Schutzstandards, die man nutzen könnte, wenn wirklich wegen des Anwendungsvorrangs des Europarechts die Entscheidungen künftig im wesentlichen auf der europäischen Ebene stattfinden? Insoweit wäre also innerhalb des verfassungs- und europarechtlichen Rahmens die Frage nach den Grenzen, nach dem Austarieren der verschiedenen Positionen, zu stellen und nach Möglichkeit zu beantworten.

Zum zweiten möchte ich vermeiden, daß unsere Debatte allzu sehr introvertiert auf das deutsche Recht und insbesondere das deutsche Verfassungsrecht geführt wird. Herr *von Danwitz* hat in seinem Referat dankenswerterweise die sehr unterschiedlichen politischen Vorstellungen, die unterschiedlichen Gesetze und auch die unterschiedlichen verfassungsrechtlichen Vorgaben dargestellt, für Großbritannien, für Frankreich, zum Teil auch für die Niederlande. Im Anschluß an das Zwischenwort von Herrn *von Danwitz* darf ich daran erinnern, daß es in Frankreich seit dem Juni 1998 ein Gesetz gibt, das mit dem vollständigen Titel lautet: Loi d'orientation et d'incitation relative à la réduction du temps de travail, also Gesetz zur Orientierung und zur Anregung in bezug auf die Beschränkung der Arbeitszeit. Dieses Gesetz ist nun seit über einem Jahr in Kraft. Es limitiert die Arbeitszeit ab dem 1. 1. 2000 auf 35 Stunden wöchentlich, und für kleine Betriebe gilt diese Reduktion ab dem 1. 1. 2002. Zur Unterstützung und zur Anregung gewährt der Staat Beihilfen, und zwar indirekt, Herr *von Danwitz* hat dies erwähnt, indem die Sozialabgaben der Betriebe entsprechend gemindert werden, wenn die Arbeitszeit vorzeitig reduziert wird. In Frankreich wird bereits jetzt in der amtlichen Darstellung der Regierung die Anwendung des Gesetzes als große Erfolgsgeschichte dargestellt. Ich referiere dies aus einem Bericht der französischen Regierung, der vor einigen Tagen erschienen ist. Danach sollen von über 120000 neu geschaffenen Arbeitsplätzen im Laufe des letzten Jahres 105000 auf dieses Gesetz zurückzuführen sein. Wie aktuell die Vereinigung der Deutschen Staatsrechtslehrer ist, mögen Sie daraus entnehmen, daß vor zwei Tagen in der Assemblée Nationale eine Beratung über ein Änderungsgesetz stattgefunden hat. Die französische Ministerin Aubry hat diesen Gesetzentwurf vorgestellt, die Erfolgsgeschichte noch einmal dargestellt und bestimmte Gesetzesänderungen damit auf den Weg der parlamentarischen Beratung gebracht. Vielleicht ist es möglich, in der einen oder anderen Weise dazu Stellung zu nehmen, ob dies nicht ein Vorbild für die Bundesrepublik Deutschland ist oder ob hier Gegenmodelle, wie Herr *Engel* sie erwähnt hat, vorzugswürdig sind. Eines scheint mir jedenfalls klar zu sein: Bei den unterschiedlichen nationalen Rahmenbedingungen werden unterschiedliche Wege beschritten. Auch was ich hier für Frankreich in die Debatte geworfen habe, beruht letztlich auf einem nationalen Konsens, auf einer Kooperation zwischen dem

Staat, den Verbänden und den Unternehmen der Wirtschaft. Vielleicht wäre dies ein weicher Übergang bei der Umsteuerung. Darüber existieren mit Sicherheit unterschiedliche Meinungen, vielleicht auch schon im Kreise der Referenten.

Herdegen: Die Diskussion in Deutschland zum Verfassungsrecht und zum EG-Vertrag suggeriert, daß das Beschäftigungsziel ein hoher, ja ein höchster Rechtswert sei, der anderen kollidierenden wirtschaftspolitischen Belangen zumindestens gleichrangig gegenüberstehen. Ich bin ein bißchen erstaunt, nach dem was ich heute morgen und auch jetzt in der Diskussion gehört habe, daß sich die Zählebigkeit dieser Vorstellung weiterhin bewahrt obwohl sich der EG-Vertrag mit aller Deutlichkeit auf den normativen Primat der Preisstabilität und der Haushaltsdisziplin festgelegt hat. Das ist im gemischt deutsch-europäischen Verfassungssystem ein bemerkenswerter Vorgang, der – worin ich mich in der Tendenz von Herrn *Wieland* unterscheide – keinen Raum für eine Austarierung oder Abwägung mit beschäftigungspolitischen Belangen gestattet. Der EG-Vertrag ist in diesem Punkte glasklar. Das, was wir in den neuen beschäftigungspolitischen Bestimmungen in der Fassung von Amsterdam lesen können, ist nicht mehr als ein pseudonormatives Placebo. Diese abgestufte Wertung des EG-Vertrags wird über die Brücke des Art. 88 Satz 2 GG auch in unser Grundgesetz übergeleitet. Dahinter steht, ich nehme an, Herr *Engel* wird mir da folgen, die empirische Einsicht, daß die Antinomie zwischen Haushaltsdisziplin einerseits und dem Kampf um Vollbeschäftigung andererseits immer eine scheinbare gewesen ist. Die Illusion, man könne mit etwas mehr Inflation etwas weniger Arbeitslosigkeit erkaufen, ist schon immer aus empirischer Sicht eine alberne Vorstellung gewesen. Vielleicht darf ich noch eine Bemerkung zu einer verstärkten Koordinierung der Beschäftigungspolitik im Sinne der Anregung des Herrn Vorsitzenden machen. Ich sehe hier die Gefahr, daß wir durch eine derartige Koordination der Beschäftigungspolitik auf Gemeinschaftsebene einen sehr fruchtbaren, auch normativen Systemwettbewerb aushebeln können. Herr *Engel*, auch ich kann mich dem Charme Ihrer provokanten Einladung nicht entziehen, Art. 9 Abs. 3 GG in den entscheidenden Punkten gewissermaßen hinweg zu interpretieren. Sie haben das jetzt noch einmal angereichert durch einen zusätzlichen, fast unbegrenzten Ansatz: nämlich die Anbindung empirisch abgestützter Rationalität zur Grundlage der Verfassungsinterpretation schlechthin zu machen, wenn ich Sie recht verstanden habe. Ich meine, dafür gibt es Ansätze, auch Ansätze in der Rechtsprechung, wenn wir an die Abwägung des Demokratieprinzips mit den empirisch gesicherten Folgen einer Zentralbankunabhängigkeit. Ähnliches klingt auch in der „Zeitregister"-

Entscheidung an. Nur, die Norm, besser gesagt der Normkörper, muß Raum dafür lassen, daß die empirisch abgestützte Rationalität sich hinreichend entfalten kann. Und da, meine ich, überfordern Sie das, was da Art. 9 Abs. 3 GG in seiner gegenwärtigen Fassung hergibt. Nach unserer Verfassungs-„Ökonomie" ist es doch wohl so, daß unsere Verfassungssysteme darauf angelegt sind, nicht derartige Blockaden weg zu interpretieren. Vielmehr muß der Leidensdruck so stark anwachsen, daß er die Kräfte für eine Verfassungsänderung freisetzt und mobilisiert. Ich meine aber, daß wir das Verfassungsrecht etwa weniger radikal mobilisieren können, um manchen Auswüchsen in unserer arbeitsgerichtlichen Rechtsprechung zu begegnen. Ich denke hier etwa an die unheilvolle Rechtsprechung des Bundesarbeitsgerichts zum Günstigkeitsprinzip. Hier ist es den Arbeitnehmern versagt, sich durch Betriebsvereinbarungen Arbeitsplatzgarantien durch Lohnverzicht zu erkaufen. Da ist wohl in der Tat Raum für eine Korrektur im Rahmen legitimer Verfassungsinterpretation. Meine letzte Bemerkung gilt dem Spielraum des Steuergesetzgebers bei Maßnahmen im Kampf gegen die Arbeitslosigkeit. Das Gesetz zur ökologischen Steuerreform zielt auf die Senkung der Lohnnebenkosten durch Finanzierung der Rentenversicherung. Meine Frage an die Referenten geht dahin: Ist die Senkung der Lohnnebenkosten durch direkte Finanzierung der Rentenversicherung überhaupt eine allgemeine Staatsaufgabe, die im Wege der Steuerfinanzierung gedeckt werden kann?

Haverkate: Meine verehrten Damen und Herren: Die nun schon lange andauernde sozialpolitische Diskussion um die Bekämpfung von Arbeitslosigkeit zeigt ein betrübliches Bild; man könnte sagen: „Artisten in der Zirkuskuppel ratlos". Es gibt eine eklatante Schizophrenie der Vorschläge: Wenn über Arbeitslosigkeit diskutiert wird, vor allem über Jugendarbeitslosigkeit, dann fordert man, daß die Älteren in Rente gehen und den Jüngeren Platz machen (Rente ab 60); wenn über die Misere der Rentenversicherung diskutiert wird, dann kommt man schnell zu der Patentlösung längerer Arbeitszeit (also Rente ab 70). Auch Verfassungsrechtler haben das Ihre zu dieser verwirrenden Diskussion beigetragen; ich erinnere mich an das Gutachten der Enquete-Kommission Staatszielbestimmungen, in dem ein „Recht auf Arbeit" als Staatszielbestimmung gefordert wurde – um den politischen Druck aufzufangen. Der in Zeiten hoher Arbeitslosigkeit entstehe, aufzufangen – im Gegensatz zu allen solchen Vorschlägen waren die Überlegungen des heutigen Tages nüchtern, klar und zeigten Mut.

Man kann Arbeitslosigkeit mit Subventionen bekämpfen. Herr *Wieland* hat darauf hingewiesen, das leistungsstaatliche Instrumentarium sei nur begrenzt hilfreich gewesen. So freundlich kann man das ausdrücken, man könnte es aber auch mit schärferen Worten bedenken. Alle Wirtschaftssubventionen haben u.a. den Zweck der Arbeitsplatzsicherung und -erhaltung – ohne effektive Erfolgskontrolle; ohne daß wir jemals insistiert hätten, inwiefern denn dieser Zweck verwirklicht wird. Im Arbeitsförderungsrecht (SGB III) haben wir das berühmte Instrument der Arbeitsbeschaffungsmaßnahme; wir verdecken mit diesem Instrument die Arbeitslosigkeit mehr als wir sie bekämpfen. Die Förderung des einen Unternehmens durch die Finanzierung von Arbeitsbeschaffungsmaßnahmen stellt in der Regel einen harten Eingriff in die Wettbewerbsposition des anderen Unternehmens dar, dem solche Fördermittel nicht zugute kommen. Man hat gemeint, mit dem Kriterium der Zusätzlichkeit der geförderten Arbeit – Förderung nur im Hinblick auf solche Arbeit, die sonst nicht durchgeführt würde – die Kollision mit dem „ersten Arbeitsmarkt" vermeiden zu können; das war eine Illusion. Das ganze leistungsstarke Instrumentarium ist ein gewisses Mittel zur politischen Beruhigung, ist ein gewisses Schmiermittel – eine Lösung unseres Problems ist es nicht.

Herr *Wieland* hat auf die Verteuerung der Arbeit durch Sozialversicherungsbeiträge hingewiesen. Das verweist in der Tat auf ein gravierendes Problem. Die normale soziale Sicherung ist an einen Arbeitsplatz gebunden. Was machen wir mit denen, die einen Arbeitsplatz nicht bekommen können? Können wir denn einfach hinnehmen, daß die normale soziale Sicherung nur noch für zwei Drittel der Bevölkerung erreichbar ist? Das hieße: Die normale soziale Sicherung wird zu einem Privileg. Dahin könnte es in der Tat kommen, wenn wir es dahinschludern lassen. Ein Vorschlag, den Herr *Stolleis* vor dem Deutschen Juristentag gemacht hat, ging dahin, der Staat solle sich bemühen, die Arbeitslosen in die normale soziale Sicherung einzukaufen. Eine andere Möglichkeit, über die hier ja schon kurz gesprochen worden ist, wäre die, daß der Staat soziale Sicherung umstellt auf Steuerfinanzierung; das bedeutete eine Abkopplung von sozialer Sicherung und Arbeitsplatz. Wir sehen bei alledem: es geht bei unserem Thema Arbeitslosigkeit zugleich um die Grundfrage der sozialen Sicherung, um die Frage, in welcher Weise wir den Sozialstaat weiterführen können.

Zum Schluß zu den erfrischenden Vorschlägen von Herrn *Engel*. Man könnte seinen Ansatz ja etwas karikieren mit dem Schlagwort: „Beamte denken nach über die Trägheit des Arbeitsmarktes und über das Erfordernis einer Flexibilisierung". Da werden wohl viele sagen: ausgerechnet die. In der Tat, wenn man denn alle Polemik wegließe, müßten wir das, was wir hier an Vorschlägen erarbeiten, hypothetisch bereit sein, auf uns selbst anzuwenden. Wenn wir, die wir hier zusammensitzen, zum Kreis der potentiell Betroffenen gehörten – würden wir das für gut befinden, was Herr *Engel* vorgeschlagen hat, diese wunderbare Jahreslohnregelung: ein Jahreslohn in die Hand und kein Kündigungsschutz?

Herr *Engel*, Sie haben in Ihrem Referat sehr negativ von der Rationalisierungspeitsche gesprochen. Ich zögere in diesem Punkt. Es gab in der Vergangenheit, in den letzten hundert Jahren, gewaltige Freisetzungsbewegungen: Befreiungen vom 12-Stundentag, Befreiungen von harter körperlicher Arbeit usw.; die, die wir hier sitzen, sind ja historisch Nutznießer solcher Freisetzungen. Wenn wir diese Freisetzungsbewegungen nicht gehabt hätten, wären manche von uns jetzt im Tiefbau oder im Hochbau, oder wer weiß wo, an Hochöfen oder Walzstraßen beschäftigt. Nun sitzen wir heute Nachmittag in einer wunderschönen, angenehmen Aula. Wir sagen: wir arbeiten. Zu anderen Zeiten wäre unsere Tätigkeit eher als otium – als Muße – bezeichnet worden, nicht als labor – als Arbeit. Die Formen der Arbeit haben sich gewandelt. Das ist in unserem Zusammenhang ein bedenkenswerter Punkt. Wir denken vielleicht zu eng, wenn wir die Ursache des Problems Arbeitslosigkeit vorschnell in einer „Arbeitsmarktsklerose" suchen. Gewiß gibt es eine solche Sklerose, ich stimme insoweit Herrn *Engel* und Herrn *von Danwitz* zu. Aber dieses Moment muß doch in einem größeren Zusammenhang gesehen werden. Wir müssen in eine umfassendere Reflexion eintreten über den Wandel und die Verteilung von Arbeit in der künftigen Industriegesellschaft. Wir haben in unserer bisherigen Diskussion wichtige Aspekte übergangen, wie sie in der ökonomischen und der sozialwissenschaftlichen Diskussion zur Zukunft der Arbeit angesprochen worden sind. Diese Aspekte werden wir aufzugreifen haben. Herr *Engel* hat, auch er ein Artist in der Zirkuskuppel, einen wunderbaren Salto mortale gemacht und ich frage mich, wenn ich dahin gekommen sein werde, seinen eleganten Salto richtig zu verstehen, wird dann die Ratlosigkeit beseitigt oder wird sie vertieft sein?

Vorsitzender: Danke schön, Herr *Haverkate*. Es ist Ihnen offenbar gelungen zu provozieren, ich bin nicht sicher, in welcher Hinsicht Sie provoziert haben. Herr *Häde* hat sich spontan zu Wort gemeldet.

Häde: Ich bitte um Nachsicht, es geht nicht um die Ausführungen von Herrn *Haverkate*, sondern, so ganz spontan war es nicht, es geht um das, was Herr *Herdegen* gesagt hat. Ich möchte darauf hinweisen, daß ich Herrn *Herdegen* sehr zustimme in seiner Hochachtung der Preisstabilität. Sicher ist sie die Grundlage jeden Wirtschaftens, wie es die Bundesbank ja immer wieder sagt. Aber den rechtlichen Vorrang der Preisstabilität, den sehe ich nicht so weitgehend wie Herr *Herdegen*. Das Gemeinschaftsrecht, Art. 4 und später Art. 105 EG-Vertrag, bindet die Geld- und Wechselkurspolitik an das vorrangige Ziel der Preisstabilität. In Art. 105 EG-

Vertrag wird das ESZB, das Europäische System der Zentralbanken, an die Preisstabilität gebunden. Aber wenn wir uns den Art. 2 EG-Vertrag ansehen, dann steht da irgendwo das nichtinflationäre Wachstum als eines unter vielen Zielen. Deshalb kann ich diese Primärzielfunktion der Preisstabilität allgemein für die Wirtschaftspolitik in der Gemeinschaft so nicht sehen. Das Gebot richtet sich speziell an den Träger der Geldpolitik, das ESZB, nicht aber an die Gemeinschaft an und für sich und auch nicht an die Regierungen der Mitgliedstaaten.

Vorsitzender: Eine weitere Spontanmeldung von einem Satz von Herrn *Oppermann.*

Oppermann: Da ich das Thema „Euro und Beschäftigung" vorhin angezettelt habe, noch eine ganz kurze Bemerkung. Man kann das Alles hin und her drehen. Es läßt sich aber nicht bestreiten, daß die Preisstabilität für die Europäische Zentralbank europarechtlich absolute Priorität hat. Es bleibt nur die Frage, wie streng sich die Bank in der Praxis an diese Vorgabe hält. Grundsätzlich kann man am Vorrang der Preisstabilität unter den Zielsetzungen der EZB nicht zweifeln. Im Ergebnis würde ich Herrn *Herdegen* zustimmen.

Preuß: Herr Vorsitzender, meine Damen und Herren. Ich komme noch einmal auf die methodischen Elemente des Vortrags von Herrn *Engel* zurück und möchte dann eine Frage an Herrn *Wieland* richten. Wenn ich die Botschaft von Herrn *Engel* richtig verstanden habe, dann ist die staatliche Lenkung nicht die Lösung des Problems des Arbeitsmarktes, sondern das Problem selbst. Das ist eine politische und verfassungpolitische Stellungnahme, die man teilen kann oder auch nicht teilen kann, die wir nicht zu diskutieren haben. Aber ich habe den Eindruck, daß Herr *Engel* noch einen Schritt weitergeht. Wenn ich das pointiere so würde man vielleicht sagen, die Verfassung ist nicht die Lösung des Problems oder das Angebot der Lösung der Probleme des Arbeitsmarktes, sondern sie ist das Problem. Das bezieht sich insbesondere auf seine Bewertung des Art. 9 Abs. 3. Und hier nun glaube ich, sind die Verfassungsjuristen gefordert. Hier müssen wir doch ein Haltesignal setzen. Ich habe nicht die Kompetenz, wie andere ja auch schon gesagt haben, zu sagen, daß das Marktmodell von Ihnen, Herr *Engel,* wirklich die Lösung des Problems ist. Das wird uns wahrscheinlich niemand professionell beantworten können. Aber wir können sagen, daß die Bindung der Verfassungsauslegung an ein bestimmtes ökonomisches Modell, wie Sie es vorgeschlagen und in Ihrer Zwischenbemerkung noch einmal pointiert zugespitzt haben, verfassungsrechtlich nicht möglich ist. In dem Moment, in dem wir uns an die Modelle der Ökonomie binden, geben wir zu, daß das Verfassungsrecht wieder entpolitisiert wird. Denn wir erwekken den Eindruck, als wenn die Lösung eines fulminanten innenpolitischen Problems durch die Anwendung eines wissenschaftlich rationalen und in sich konsistenten Modells der Wirklichkeit gefunden werden kann. Diesen Glauben kann man ja haben, nur als Verfassungsrechtler muß man wissen, daß die Verwirklichung dieses Modells in soziale Prozesse, also in Interessenkonflikte und Wertkonflikte eingebettet ist, in all das, was wir den politischen Prozeß bezeichnen. Die Aufgabe, die wir als Verfassungsrechtler haben, ist nicht die Ermöglichung der Verwirklichung eines ökonomischen Modells, sondern die Ermöglichung von politischer Freiheit, in der für die Richtigkeit solcher Modelle gestritten und deren Verwirklichung gegebenenfalls dann auch ermöglicht wird. Die Verfassung ist also ein Rahmen oder sie ist vielleicht ein aktives Instrument zur Deblockierung von blockierten Prozessen für diejenigen, die bestimmte theoretische Positionen als Blockaden erkennen. Andere erkennen ja gar keine Blockaden. Die Aufgabe der Verfassung ist die Ermöglichung von politischen Prozessen, die Ermöglichung von Politik. Herrn *Engels* Position scheint darauf hinauszulaufen: entpolitisieren wir doch die Politik, dann finden wir eine richtige Lösung der Probleme, die wir auf dem Arbeitsmarkt haben. Das halte ich für einen Fehlweg, der, von allen theoretischen Problemen abgesehen, auch praktisch nicht zum Ergebnis führt. Eine zweite Bemerkung bezieht sich auf eine beiläufige Bemerkung von Herrn *Wieland*. Sie sagen, die Stabilität und die Legitimität des Grundgesetzes beruhe auf der Existenz von Vollbeschäftigung, weil Arbeit ein zentraler Wert der Gesellschaft sei. Nun weiß ich nicht, ob Sie das als eine empirische Bemerkung verstanden wissen wollen oder als eine normative Behauptung. Falls Sie es empirisch meinen, so stellt sich die Frage, ob das auch richtig ist. Wenn wir das Ausmaß der heutigen Arbeitslosigkeit mit der in Weimar vergleichen und dabei beobachten, daß es keine Versuche der Beseitigung des Grundgesetzes gibt, so kommen mir Zweifel, ob diese These stimmt. Wenn Sie aber keine empirische, sondern eine normative Aussage machen wollten, nämlich die, daß zur Quelle der Legitimität des Grundgesetzes ein Zustand der Vollbeschäftigung gehört, dann ist das, so sympathisch mir das persönlich und sicher vielen hier im Raume auch ist, eine äußerst gefährliche Stellungnahme. Im Grunde genommen binden Sie damit die Geltung der Verfassung an bestimmte historische Ziele und gesellschaftliche Zustände und relativieren damit ihre Normativität. Damit zusammenhängend, habe ich Sie so verstanden, daß die Arbeit und Vollbeschäftigung einen Integrationswert für unsere Gesellschaft als einer Arbeitsgesellschaft haben. Die Frage ist, ob das eigentlich ein Modell ist, das unsere Lage richtig beschreibt. Wenn das so ist, dann ist es nur konsequent, wenn Sie sagen, daß der Anspruch des Einzelnen auf Selbstentfaltung an die Innehabung eines Arbeitsplatzes gebunden ist. Dann kommen wir im Grunde genommen zu einem neuen Status, dem status socialis, also einer neuen Definition des Begriffs des Bürgers. Er ist durch die Teilhabe an den sozial wertvollen Errungenschaften einer Gesellschaft charakterisiert und integrales Element des staatsbürgerlichen Status. Das ist eine interessante und vielleicht auch sympathische Konsequenz. Wie verhält es sich dann aber mit der anderen These, die sagt, das Grundgesetz schreibt an keiner Stelle bestimmte Arbeitsmarktpolitiken vor, also ganz im Gegensatz dazu, was Herr *Engel* gesagt hat. Wenn also diese Freiheit der sozialpolitischen arbeitsmarktpolitischen Gestaltung des Gesetzgebers existiert, wie verträgt sich das dann mit einem doch normativ sehr anspruchsvollen Modell von Staatsbürger und seines status socialis. Zum Beispiel könnte dann dieser Bürger sagen, daß es nicht im Ermessen der Regierung liegt zu sagen, sie vertraue auf die Selbstreinigungskräfte des Marktes. Die Streitfragen der Regierungspolitik würden dann mit Grundrechten und nicht in politischen Willensbildungsprozessen ausgekämpft.

Vorsitzender: Mir liegt eine spontane Wortmeldung von Herrn *Grimm* vor.

Grimm: Mein Zwischenruf ist durch die erste Bemerkung von Herrn *Preuß* veranlaßt, die noch einmal in die vorangegangene Diskussionsrunde zurückgeführt hat. Ich glaube, daß uns in diesem Punkt eine etwas genauere Differenzierung weiterhelfen würde. Herr *Engel* war ja nicht so naiv, dem ökonomischen Modell unmittelbar normative Kraft beizulegen. Er meint vielmehr, daß die Verwirklichung dieses Modells zum verfassungsrechtlichen Ziel führt, und zwar besser als jede andere Lösung und ohne Beeinträchtigung anderer Verfassungsziele. Deswegen gebiete die Verfassung die Wahl dieses Modells. Das scheint mir methodisch völlig einwandfrei. Das Problem liegt auf einer anderen Ebene. Es ist fraglich, ob das ökonomische Modell tatsächlich diejenige Wirkung hervorbringt, die Herr *Engel* ihm zuschreibt. Auf diese empirische Frage gibt es keine juristische Antwort. Wenn aber die ökonomische Antwort umstritten ist, dann muß die Entscheidung von der Politik und nicht vom Verfassungsgericht getroffen werden. Das Verfassungsgericht ist darauf beschränkt zu prüfen, ob die Verwirklichung des ökonomischen Modells in der Form, die die Politik gewählt hat, Verfassungsnormen verletzt oder nicht. Das kann freilich wiederum von den tatsächlichen Auswirkungen auf die verfassungsrechtlich geschützten Güter abhängen. Solange diese unbekannt sind, gebührt aber der politischen Prognose Vorrang vor der gerichtlichen.

Vorsitzender: Herr *Vogel* hat darum gebeten, zwei Sätze zur Antwort auf Herrn *Haverkate* abgeben zu können.

Vogel: Zu einem Einwand, der schon etwas zurückliegt: Ich brauchte etwas Zeit um über die Frage von Herrn *Haverkate* nachzudenken, ob wir denn bereit wären, die Lösungsvorschläge von Herrn *Engel* auf uns selber anzuwenden: Lösung innerhalb eines Jahres. Bei der Antwort ist, meine ich, zu bedenken, daß wir als Beamte einem „Arbeitgeber" gegenüberstehen, der nicht auf Rentabilität Rücksicht nehmen muß, und daß insofern also für uns anderes gelten müßte als für Beschäftigte, die nicht beim Staat beschäftigt sind.

Vorsitzender: Danke schön, Herr *Vogel.* Sie spüren die Erleichterung im Saal.

Schefold: Gestatten Sie mir zwei Bemerkungen zu Fragen, die schon in verschiedener Richtung angesprochen worden sind. Zunächst: Herr *von Danwitz* hat in seinem Referat eindrücklich die Rechtsprechung des französischen Conseil Constitutionnel zur Gestaltungsfreiheit des Gesetzgebers referiert und gezeigt, wie die Verfassungsrechtsprechung trotz der sozialen Grundrechte in der Präambel der Verfassung von 1946 dem Gesetzgeber eine weitgehende wirtschaftspolitische Gestaltungsfreiheit vindiziert hat. Herr *Wieland* hat im Grunde ganz ähnlich formuliert für die Bindung des Gesetzgebers durch das Sozialstaatsprinzip. Er hat sich auch angesichts des Sozialstaatsprinzips für eine Gestaltungsfreiheit des demokratischen Gesetzgebers ausgesprochen und ihm überlassen, auf die Selbstheilungskräfte des Marktes zu vertrauen. Also eine schöne Parallele zwischen Frankreich und Deutschland. Nur meine ich, daß man den unterschiedlichen Verfassungshintergrund sehen muß. Die französische Rechtsprechung stützt sich auf eine Zurückhaltung bei der Ausgestaltung der Verfassungsgerichtsbarkeit und auf eine starke Stellung der politischen Organe. Die deutsche Interpretation der Verfassungsdirektiven des Art. 20 Abs. 1 GG muß konsistent sein. Ich weiß nicht, ob von Gestaltungsfreiheit des Gesetzgebers als Ausprägung des Rechtsstaats- oder des Demokratieprinzips gesprochen werden kann. Entsprechend haben wir das Sozialstaatsprinzip ernst zu nehmen, das sich sonst als die schwächste Seite im Viereck der Verfassungsdirektiven des Art. 20 Abs. 1 GG erweist. Zumal die Gestaltungsfreiheit des Gesetzgebers, Herr *Wieland* hat selbst darauf hingewiesen, ja gerade in der Frage der Sozialgestaltung mit beeinflußt ist durch die Abhängigkeit von wirtschaftlichen Interessen und deren Beteiligung an der Regulierung des sozialstaatlichen Gemeinwohls. Daher bedarf diese Gemeinwohlkonkretisierung genauso der verfassungsgerichtlichen Kontrolle wie die Konkretisierung der anderen Verfassungsdirektiven. Und wenn in diesem Sinne eine Zurückhaltung der Verfassungsgerichtsbarkeit abzulehnen ist, dann besonders angesichts der in Leitsatz 19 des Referats von Herrn *Engel* erwähnten „Einkommensspreizung" und im Hinblick auf eine staatliche Steuerpolitik im Sinne der sozialstaatlichen Gewährleistung.

Das gesamtwirtschaftliche Gleichgewicht des Art. 109 GG enthält die Vollbeschäftigung als Ziel der Beschäftigungspolitik gleichwertig neben dem Stabilitätsprinzip. Herr *Oppermann* und auch Herr *Herdegen* haben zu Recht darauf hingewiesen, daß durch das europäische Währungssystem eine andere Gewichtung eingetreten ist. Nach positivem Verfassungsrecht muß man für das Grundgesetz aufgrund des durch die Maastricht-Novelle hereingekommenen Art. 88 Satz 2 eine Sonderstellung des Stabilitätziels anerkennen. Daraus könnte man ableiten, daß das Gleichgewichtspostulat des Art. 109 aufgehoben oder zumindest relativiert sei. Ich meine, daß wir diese Konsequenz im Zusammenhang mit meiner ersten Bemerkung nicht ziehen sollten, im Hinblick auf die auch europarechtlich festzustellende Festlegung der Europäischen Gemeinschaft auf sozialstaatliche Ziele, wie sie insbesondere in Art. 2, im Titel VIII, aber auch in den Bestimmungen des EG-Vertrags über die wirtschaftliche und soziale Kohärenz (Art. 158ff.) zum Ausdruck kommt. Wenn also die Stabilitätsbetonung im EG-Vertrag nur ein Gegengewicht, ein Abwägungsgesichtspunkt im Verhältnis zum Vollbeschäftigungsziel ist, muß das in gleicher Weise für das Grundgesetz gelten. Am magischen Viereck des Art. 109 hat sich durch Art. 88 Satz 2 nichts geändert. Das bedeutet natürlich nicht, daß das Stabilitätsprinzip dadurch relativiert werden darf. Abgesehen davon, daß es im magischen Viereck seine Bedeutung behält, bleibt es vorrangige Aufgabe der Zentralbank auf europäischer wie auf deutscher Ebene. Aber, und das ist die bedenkliche Konsequenz, die wir daraus ziehen und mit der wir leben müssen, es ist damit verfassungsrechtlich auf europäischer wie auf deutscher Ebene ein Spannungsverhältnis zwischen Zentralbank und politischen Gewalten institutionalisiert. Gestaltungsfreiheit, die auf das gesamtwirtschaftliche Gleichgewicht ausgerichtet ist, kollidiert mit einer Bindung des Zentralbankensystems an das Stabilitätsziel. Mit diesem Konflikt müssen wir leben.

Voßkuhle: Meine Damen und Herren, ich möchte noch etwas nachholen im Hinblick auf die Prämisse der Vollbeschäftigung, was von Herrn *Haverkate* und Herrn *Preuß* schon angesprochen worden ist. Sowohl Herr *Wieland* als auch Herr *von Danwitz*, etwa Herr *Wieland* in These 6 und Herr *von Danwitz* in These 20, heben hervor, daß die vollständige Eingliederung der Arbeitslosen in die Arbeitswelt das zentrale Ziel einer Arbeitsmarktpolitik sein muß, die staatlich gesteuert ist. Die Frage, die sich stellt, ist aber: Hängen wir da nicht einer Illusion nach? Ist das nicht eine gar nicht konkrete Utopie, so eine Vollbeschäftigung und auch so eine Arbeitswelt mit Personen, die zwischen 35 und 40 Stunden die Woche arbeiten? Muß nicht eine staatliche Arbeitsmarktpolitik, die modern sein will, berücksichtigen, daß Arbeit sich grundsätzlich verändert und eine ganz andere Vision der Arbeitswelt entwickeln? Könnte es nicht vielleicht in 10 oder 15 Jahren so sein, daß wenige Menschen mit dem, was sie als Bruttosozialprodukt erwirtschaften, ein Gemeinwesen grundsätzlich finanzieren können? Müssen wir nicht jetzt schon darüber nachdenken, was mit der freien Zeit, die freigesetzt wird, passiert, auch wie man sie vielleicht anders sozial absichern kann? Müssen wir nicht auch über ganz andere Modelle, z.B. über Job-Sharing, nachdenken? Muß der Staat rechtliche Organisationsmodelle zur Verfügung stellen, mit denen man Unternehmer verpflichten kann, Arbeitnehmer an den Finanzgewinnen, die sehr groß sind, zu beteiligen? Muß man im öffentlichen Dienst über eine ganz neue Form der Urlaubsregelung nachdenken? Also muß das, was an Arbeit, an Verteilungsmasse vorhanden ist, nicht auch neu konstruiert werden und auch rechtlich neu vorgeformt werden, so daß wir diese geringe Verteilungsmasse Arbeit in Zukunft sozialverträglich verteilen können?

Sieckmann: Ich möchte noch einmal auf das Thema zurückkommen, ob das, was Herr *Engel* gesagt hat, als Verfassungsinterpretation zulässig ist oder ob darin eine Aufforderung an das Bundesverfassungsgericht liegt, seine Kompetenz zu überschreiten. Zunächst möchte ich eine allgemeine Bemerkung machen. Wenn man sich die verfassungsgerichtliche Praxis ansieht, dann spielt der Wortlaut der Verfassung bei der Grundrechtsinterpretation zwar eine Rolle, aber jedenfalls keine entscheidende Rolle. Wenn man sich die Rechtsprechung zu Art. 2 Abs. 1, Art. 3 Abs. 1, Art. 12 Abs.1 ansieht, dann ist die Rechtsanwendung des Bundesverfassungsgerichts jedenfalls nicht eindeutig am Wortlaut orientiert. Auch der verfassungsrechtliche Schutz des ungeborenen Lebens und die Obergrenzen der Parteienfinanzierung ergeben sich aus dem Grundgesetz nach dem Wortlaut eigentlich nicht. Also die verfassungsgerichtliche Praxis ist jedenfalls nicht auf den Wortlaut festgelegt. Nun konkreter zu Art. 9 Abs. 3. Kann man hier eine Einschränkung insbesondere des Streikrechts verfassungsrechtlich begründen? Herr *Wieland* hat die entscheidenden Ansatzpunkte genannt. Ich möchte ergänzend darauf hinweisen, daß beim allgemeinen Persönlichkeitsrecht aus Art. 2 Abs. 1 in Verbindung mit Art. 1 Abs. 1 z.B. das Recht auf Resozialisierung von Straftätern vom Bundesverfassungsgericht anerkannt ist und wenn es zutrifft, wie hier verschiedentlich betont worden ist, daß eine Beschäftigung Voraussetzung für die persönliche Entfaltung und die Sozialisation des Menschen ist, dann wird man doch wohl erst recht sagen, daß zum allgemeinen Persönlichkeitsrecht auch die Möglichkeit der Beschäftigung gehören muß. Natürlich kann man hier einwenden, daß diese Annahme vielleicht nicht zutrifft, und ich muß zugeben, auch mir ist es nicht unmittelbar einleuchtend, warum eine abhängige, weisungsgebundene Beschäftigung unbedingt notwendig sein muß für die Persönlichkeitsentfaltung. Aber wenn man von dieser Position ausgeht, hat man hier einen verfassungsrechtlichen Ansatzpunkt. Dann ist die Frage, was folgt daraus? Letztlich läuft diese Konstruktion auf eine Anwendung des Modells praktischer Konkordanz hinaus, und das Problem dieser Anwendung ist, daß wertende Entscheidungen zu treffen sind. Dies schließt nicht aus, daß man vielleicht zu dem Ergebnis kommen könnte, das Herr *Engel* hier vertreten hat. Man müßte dann annehmen, daß der Gesetzgeber untätig geblieben ist oder vielleicht sogar mit seinen Regelungen das Recht auf Beschäftigung eingeschränkt hat. Und dann müßte man über die Frage der Untätigkeit des Gesetzgebers oder eine Nachbesserungspflicht des Gesetzgebers dahin kommen, daß hier nur ein Ergebnis verfassungsrechtlich möglich ist. Das halte ich nicht für ausgeschlossen, aber es ist jedenfalls ein Ergebnis, das von empirischen Prämissen abhängig ist. Natürlich müssen wir auf die empirischen Prämissen eingehen und hängen die Verfassungsanwendungen von den empirischen Annahmen ab. Nur sind auch ökonomische Theorien umstritten. Insofern wären wir etwas klüger, wenn wir drei Konzeptionen auf ökonomischer Basis vorliegen hätten. Solange eben nur ein Modell vorgelegt ist, fehlt die kritische Auseinandersetzung mit anderen Positionen. Meine Frage an Herrn *Engel* ist: Wie würden Sie mögliche Einwände aus ökonomischer Sicht gegen Ihr Modell bewerten?

Selmer: Der Gesichtspunkt der Arbeitsplätzesicherung und Arbeitsplätzebeschaffung ist von allen drei Referenten als hervorragender Gemeinwohlbelang hervorgehoben worden. Das unterliegt gewiß nicht der Kritik und bedarf insoweit hier keiner weiteren Vertiefung. Lassen Sie mich aber einige kurze Bemerkungen hinzufügen, die zur Vorsicht im Umgang mit jenem Gesichtspunkt Veranlassung geben sollten. Vor allem ist daran zu erinnern, daß die Wirtschaftsgeschichte der letzten 40 Jahre nicht zuletzt auch die Geschichte des Mißbrauchs des Arbeitsplatzgedankens ist, und zwar im Subventionswesen. Zogen sonstige Gemeinwohlaspekte nicht, so blieb immer noch der Arbeitsplatzgedanke, um die öffentliche Hand, nur allzu häufig mit Erfolg, unter gehörigen Druck zu setzen. In neuerer Zeit nun greift die öffentliche Hand ihrerseits zu jenem Gesichtspunkt. Das gilt insbesondere für eine Fülle von Gemeinden, die dabei sind, sich in Konkurrenz zur privaten Wirtschaft zunehmend zu umfassenden Dienstleistungsunternehmen zu entwickeln, die zwischenzeitlich ein Spektrum mittelständischer gewerblicher Wirtschaft und mancher freier Berufe abdecken. Hier nun dient seit geraumer Zeit, auch im Schrifttum, das Arbeitsplatzargument als häufig herangezogenes Verteidigungsmittel, um verfassungs-, insbesondere grundrechtlichen Angriffen von Seiten der privaten Wirtschaft entgegenzutreten. Wird es aber, so möchte ich die Referenten fragen, von der Legitimationskraft des Arbeitsplatzarguments umfaßt, mit Hilfe der öffentlichen Wirtschaft Arbeitsplätze zu schaffen, die dann der privaten Wirtschaft voraussichtlich verloren gehen? Der Subsidiaritätsgedanke jedenfalls hat sich offenbar als untauglich erwiesen, hier Remedur zu schaffen.

Neumann: Das Arbeitsrecht kennt durchaus Instrumente der staatlichen Lenkung des Arbeitsmarktes, die sowohl der Tarifautonomie als auch der Gesamtverantwortung des Sozialstaats Rechnung tragen. Eines dieser Instrumente ist die Allgemeinverbindlicherklärung von Tarifverträgen, die Sie, Herr *Wieland*, kurz angesprochen haben. Dieses Instrument ist für unser Thema hochinteressant. In einigen Industriezweigen ist eine Aushöhlung der Tarifautonomie durch eine Tarifflucht der Arbeitgeber zu beobachten. Die Allgemeinverbindlicherklärung könnte hier Abhilfe schaffen, indem die Geltung der Tarifverträge über die Mitglieder der Tarifparteien hinaus auf die Außenseiter und damit eben auch auf die tarifflüchtigen Arbeitgeber erstreckt wird. Allerdings wird die praktische Bedeutung der Allgemeinverbindlicherklärung durch die gesetzliche Voraussetzung der sog. 50%-Klausel erheblich eingeschränkt. Nach § 5 Abs. 1 TVG ist die Allgemeinverbindlicherklärung nur zulässig, wenn die tarifgebundenen Arbeitgeber nicht weniger als 50% der unter den Geltungsbereich des Tarifvertrags fallenden Arbeitnehmer beschäftigen. Deshalb ist die Allgemeinverbindlicherklärung eine eher stumpfe Waffe gegen die Tarifflucht der Arbeitgeber. Das könnte anders werden, wenn der Gesetzgeber diese Quote streichen oder zumindest deutlich absenken würde. Ich sehe keine unlösbaren grundrechtlichen Probleme. Und mit dem Demokratieprinzip gäbe es nur dann Probleme, wenn die 50% Quote eine demokratische Legitimationsfunktion hätte. Eine solche Funktion läßt sich nun aber mit der neueren Verfassungsrechtsprechung und der herrschenden Literaturmeinung zum Demokratieprinzip nicht begründen. Da nämlich die Allgemeinverbindlicherklärung des Bundesministers ausschließlich parlamentsvermittelt legitimiert ist, kann es auf irgendeine Repräsentativität des Tarifvertrags nicht ankommen. Was halten Sie also von der Forderung, der Gesetzgeber möge die 50% Quote streichen oder zumindest deutlich senken?

Geis: Aus Zeitgründen möchte ich mich jetzt auf eine Anmerkung zum Referat von Herrn *Engel* beschränken. Das knüpft in gewisser Weise an Herrn *Grimm* an. Ich denke, der Einbezug der Ökonomie ist sicher der richtige Ansatz, um hier die rechtlichen Vorgaben mit Leben zu füllen, aber ich glaube, die ökonomische Theorie, die hier angewendet worden ist, vor allen Dingen im Hauptsprengsatz der These 18, würde ich mal sagen, zeichnet in gewisser Weise ein eindimensionales Bild. Eindimensional im Hinblick auf den Arbeitnehmer, der hier vorgestellt wird als Typus, eindimensional auch in bezug auf das Unternehmen, das hier diese Theorie zugrunde legt. Wenn man sich diesen Ansatz eines Vertrages vor Augen führt, dann setzt er ja bestimmte Relationen zwischen dem angeführten Humankapital und dem Risiko des Arbeitgebers, Lohn zahlen zu müssen, voraus. Nun fragt man sich natürlich: Ihr Ansatz bestimmt den Arbeitnehmer sozusagen im Vollbesitz seiner körperlichen und geistigen Kräfte; wo ist hier der alternde Arbeitnehmer, der natürlich an Humankapital verliert? Wird hier nicht der Anreiz des Arbeitgebers größer, irgendwann diesen alternden Arbeitnehmer zu ersetzen durch einen neuen, frischen, unverbrauchten Arbeitnehmer und dafür einmal den Preis dieses Jahreslohnes zu zahlen, wenn er dafür den „Mehrwert" des neuen Arbeitnehmers eintauschen kann. Ein ganz gefährlicher sozialer Sprengsatz, wie ich meine. Die zweite Eindimensionalität, die ich sehe, ist, daß ein solches Unternehmen stärkere Ressourcen voraussetzt. Für große Unternehmen ist es sicher viel leichter, durch einen großen finanziellen Kraftakt einen Teil der Belegschaft im Wege dieser teuren Entlassung auszuwechseln – ein Weg, der kleinen mittelständischen Unternehmen von vornherein verwehrt ist, weil die die notwendigen finanziellen Ressourcen gar nicht haben. Also, hier müßten Sie sicherlich die ökonomische Theorie, die immer nur eine bestimmte Modellkonstellation darstellt, auf die Vereinbarkeit mit der sozialen Wirklichkeit – insbesondere mit dem Schutz der alternden Arbeitnehmer – noch mal abklopfen. Noch eine letzte provokative Frage zum Schluß: Wo bleiben bei Ihnen eigentlich dann schlußendlich die Gewerkschaften? Haben die überhaupt noch etwas zu tun oder sind sie ein Auslaufmodell?

Vorsitzender: Zur französischen Rechtslage hat sich Herr *Fromont* zu Wort gemeldet.

Fromont: Grundsätzlich bin ich mit dem Vortrag von Herrn *von Danwitz* einverstanden, ich möchte nur ein paar Ergänzungen bringen. Zuerst was die Verfassungsrechtslage in Frankreich angeht: Es trifft zu, daß die Gestaltungsfreiheit des Gesetzgebers auf diesem Gebiet sehr groß ist. Doch gilt dies nicht, weil die französische Verfassung nicht viele materielle Regeln enthält. Es gibt Gebiete, wo der Conseil constitutionnel sehr kühn war, zum Beispiel im Bereich des Asylrechts und des Rundfunkrechts. Aber auf dem Gebiet der Wirtschafts- und Sozialpolitik ist der französische Jurist traditionell zurückhaltend. Deshalb wurde das berühmte Recht auf Arbeit als einfache Staatszielbestimmung interpretiert. Selbstverständlich kommt hinzu, daß in Frankreich die demokratische Legitimation des Parlaments etwas stärker hervortritt als in Deutschland. Grundsätzlich hat der französische Gesetzgeber einen weiten Spielraum, wenn es sich um Wirtschafts- und Sozialpolitik handelt. So weit zur Verfassungslage. Dann zur Gesetzeslage. Was Herr *von Danwitz* gesagt hat, trifft völlig zu. Der Kündigungsschutz wurde sehr stark gelockert in Frankreich, das heißt, ohne Einschaltung der Verwaltung oder des Betriebsrats dürfen Mitarbeiter gekündigt werden. Selbstverständlich können die gekündigten Mitarbeiter nach der Kündigung eine Klage vor dem Zivilgericht einreichen, aber solche Klagen lassen die Gerichte in der Regel nicht zu. Hinzu kommt selbstverständlich noch die Privatisierung, z.B. wurden bei France Telecom schon Arbeitsplätze gestrichen. D.h. in der Regel ist es in Frankreich viel leichter, einem Arbeitnehmer zu kündigen als in Deutschland. Dann zum 35-Stunden-Gesetz. Das ist politisch gesehen eine merkwürdige Sache. Grundsätzlich handelt es sich um einen Eingriff des Gesetzgebers in die Freiheit, d.h. in die Tarifautonomie einerseits, in die Freiheit des Unternehmens andererseits, aber eigentlich handelt es sich um einen Austausch: Als Gegenleistung zur Beschränkung der Arbeitszeit wurde die Flexibilisierung der Arbeitszeit eingeführt. Das heißt, heute können Arbeitnehmer z.B. eine Woche lang 42 Stunden arbeiten, die folgende Woche aber nur 30 Stunden. In dieser Hinsicht hat auch dieses Gesetz zur Deregulierung beigetragen. Hinzu kommt, und das wissen Sie auch, daß die Gewerkschaften in Frankreich nicht sehr stark sind: Weniger als 10% der Arbeitnehmer gehören einer Gewerkschaft an.

Vorsitzender: Herzlichen Dank, Herr *Fromont*, für die interessanten Informationen über das französische Recht. Der Eingriff, den Sie erwähnt haben, wäre wohl ein Fall der Tabuzone, die verschiedentlich angesprochen worden ist, wenn man die französische Rechtslage nach Deutschland transferieren würde. Daß aber das Tabu dann nur unter den vielen Prämissen, die man kennen muß, gebrochen worden ist, und daß Konsens auch unter diesen Umständen walten kann, ist die interessante Lehre des französischen Beispiels.

Schachtschneider: Wir reden über ein Thema der Wirtschaftsverfassung. Ich denke, das bestimmende Prinzip der Wirtschaftsverfassung ist das Sozialprinzip, nicht etwa das Markt- oder Wettbewerbsprinzip. Insoweit besteht zwischen dem Gemeinschaftsrecht und dem nationalen Recht in Deutschland kein Unterschied; denn das Sozialprinzip hat fraglos höchsten Rang. Das Bundesverfassungsgericht hat ausgesprochen, daß jedes Verfassungsgesetz einen Sozialstaat nicht anders als einen Rechtsstaat verfassen müsse. Das Sozialprinzip hat rechtstechnisch einen bestmöglichen Status. Das ist im Gemeinschaftsrecht nicht anders, insbesondere durch Art. 2 des EGV, aber auch durch andere Regelungen. Die Sozialunion ist noch wenig entwickelt, aber die Wirtschaftsverfassung ist nicht die der sozialen Marktwirtschaft, sondern umgekehrt die der marktlichen Sozialwirtschaft. Die Wirtschaftsverfassung muß von Verfassungs wegen sozial sein, aber die Erfahrung lehrt, daß Markt und Wettbewerb gute Instrumente sind, um die Effizienz zu fördern. Die Regelungen der Wirtschaftsunion und der Währungsunion gebieten, den Grundsatz einer offenen Marktwirtschaft mit freiem Wettbewerb zu berücksichtigen. Dadurch werde ein effizienter Einsatz der Ressourcen gefördert. Damit ist keine ökonomische Theorie in einen Vertragstext geschrieben, sondern ein Rechtssatz. Nur so weit die Effizienz durch Markt und Wettbewerb gefördert wird, reicht das Markt- und Wettbewerbsprinzip. Im übrigen muß das Soziale verwirklicht werden. Die neoliberale Praxis ist keineswegs textlich gerechtfertigt. Es kommt noch ein Argument hinzu. Wir dürfen nach Art. 23 GG, in dem die deutschen Strukturenprinzipien genannt sind, keiner Gemeinschaft angehören, welche das soziale Verfassungsprinzip verletzt oder vernachlässigt – wie gegenwärtig. Weil die soziale Realisation durch Gesetz bewirkt werden muß, aber die Lebensverhältnisse in hohem Maße entstaatlicht sind, ist die gesetzliche Realisation des Sozialen kaum noch möglich. Die Grundfreiheiten zum einen und die Währungsunion zum anderen wirken deregulierend. Das Soziale, das in Deutschland durchaus einmal wirkmächtig war, ist zurückgedrängt. Bestimmend sind ökonomische Eigengesetzlichkeiten. Die Grundfreiheiten entfalten eine neokapitalistische Wirkung. Die wichtigste sogenannte Grundfreiheit ist die Kapitalverkehrsfreiheit. Die weltweite Kapitalverkehrsfreiheit hat verheerende Wirkung für die sozialen Besitzstände. In welchem Staat leben wir überhaupt? Wir leben in den nationalen Staaten, die demokratisch und sozial konzipiert sind, aber nicht mehr wirklich wichtig sind. Wir leben in Europa, einem europäischen Staat, mit sehr wenigen Möglichkeiten für eine Sozialpolitik, und wir leben auch in einem Weltstaat, insbesondere durch die massive Deregulierung und Liberalisierung des Kapitalverkehrs. Aber einen sozialen Weltstaat gibt es nicht und wird es auf absehbare Zeit nicht geben. Wir leben in einem institutionellen Dilemma. Ich sehe gar keine Chance für eine Sozialpolitik. Was soll denn sozial heißen? Sozial ist die materielle

Verwirklichung der Menschenrechte. Es gibt auch soziale Menschenrechte: das Recht auf Arbeit, das Recht auf Bildung und andere Rechte mehr. Wenn wir dafür sorgen, daß die Menschenrechte wirklich gelebt werden, können alle eine Arbeit haben. Die Vorstellung, daß der Mensch der Arbeit bedarf, um menschenwürdig zu leben, ist Jahrtausende alt. Das Recht auf Arbeit ist das wesentliche Eigentum des Menschen in der Arbeitnehmergesellschaft. Die Eigentumsgewährleistung schützt das Recht auf Eigentum im Sinne einer sozialen Eigentumsverfassung, welche die Selbständigkeit und Selbstverantwortung des Menschen ermöglichen soll. Das Recht auf Arbeit findet auch einen Schutz in der Eigentumsgewährleistung. Wir müssen die Grundrechte sozial interpretieren, nicht nur liberal. Dies wird genährt aus dem großen Sozialprinzip. Dennoch wird die soziale Seite der Menschenrechte, die im Menschenrechtstext von 1948 steht, vernachlässigt. Wer soll das Soziale realisieren? Doch wohl der demokratische Nationalstaat. Aber alle politischen Weichen sind gegen die soziale Realisation gestellt. Der unternehmerische Globalismus macht Sozialpolitik weitestgehend unmöglich. Die Staaten der Welt: besser die Völker der Welt haben keine Chance, ihrer sozialen Zielsetzung gerecht zu werden. Wirksame Beschäftigungspolitik kann angesichts der ökonomischen Lage nur national sein, aber die Politik ist internationalistisch. Das Bundesverfassungsgericht hat freilich eine Barriere gegen ein subjektives Recht auf soziale Realisation aufgestellt. Es hat die Euro-Klage mit dem erschreckenden Argument abgewiesen, der individuelle Grundrechtsschutz gehe nicht so weit, daß die verfassungsgebotene Stabilitätspolitik gerichtlich eingefordert werden dürfe, obwohl das Stabilitätsprinzip ein Prinzip der Eigentumsgarantie sei. Richtigerweise hat jeder Bürger einen Anspruch darauf, über Art. 2, zumindest über Art. 14 GG die soziale Realisation einzuklagen. Die objektive Dimension ist auch Grundrechtsgehalt. Wir haben keine wirklich soziale Gesetzgebung. Die Politik kümmert sich nicht wirklich um die Beschäftigung. Wenn wirklich eine Beschäftigungspolitik gemacht werden soll, müssen Tabus gebrochen werden, auch das des Internationalismus. Der Weg in den Neoliberalismus und Neokapitalismus ist bedenklich geworden. Die Verwirklichung des Sozialprinzips kann nur national erfolgen, schon weil der Motor der sozialen Realisation die Demokratie ist. Die aber schleift der ökonomische Globalismus.

Vorsitzender: Danke schön, Herr *Schachtschneider*. Sie haben eine Spontanmeldung provoziert.

Hohmann: Mir scheint es so zu sein, als ob es um die grundlegende Frage geht, wer ist letztendlich in Deutschland befugt zur Entscheidung darüber, was Gemeinwohl ist – offensichtlich nicht die Gewerkschaften. Und wir hörten, in Frankreich sind dies eher der Gesetzgeber und im Vereinigten Königreich die freien Marktkräfte. Meine Frage ist, sollte man jetzt Christoph *Engel* dahin verstehen, daß seine Antwort ist, die freien Marktkräfte seien letztendlich befugt zu entscheiden, was in Deutschland Gemeinwohl ist? Ist dies als Plädoyer für das rein britische Modell zu verstehen? Wo ist dann die Grenze der sozialen Marktwirtschaft? In den USA hat man 40 Jahre lang dieses Modell gehabt; von 1897 bis 1937 gab es in der Rechtsprechung das liberale Modell, nach dem letztlich die Marktkräfte allein entscheidend sind. Man hat es 1937 unter dem Eindruck einer Rezession aufgegeben, indem der Supreme Court die Rechtsprechung änderte. Offensichtlich hielt man diesen Ansatz für etwas übertrieben. Von daher frage ich mich, wenn Christoph *Engel* für das rein englische und vielleicht auch das in den USA praktizierte Modell plädiert: sollte das nicht angesichts der amerikanischen Erfahrungen überdacht werden?

Winter: Herr Vorsitzender, meine Damen und Herren, vorweg eine Bemerkung zu Herrn *Schachtschneider.* Wenn Sie die internationale Kapitalverkehrsfreiheit steuern und gestalten wollen, brauchen Sie den Euro als Gegenspieler des Dollar. Oder Sie müssen die Verkehrsfreiheit selbst aufgeben. Das scheint mir aber doch ein illusorisches Ziel zu sein.

Ich möchte eigentlich zu dem in allen Referaten als selbstverständlich unterstellten Ziel der Vollbeschäftigung Stellung nehmen. Die Referenten streiten letztlich nur darüber, ob mit staatlichen oder marktwirtschaftlichen Mitteln vorzugehen ist. Ich denke zwar auch, Vollbeschäftigung ist ein wichtiges Ziel und verfassungsrechtlich mit hohem Wert ausgestattet. Doch gibt es zwei verschiedene Möglichkeiten, das Ziel zu definieren. Man kann es so verstehen, daß die Politik auf eine Vermehrung der Arbeitsplätze ausgerichtet sein soll, oder so, daß sie für eine Umverteilung der Arbeitsplätze sorgen soll.

Ich will erst einmal den Strang der Vermehrung der Arbeitsplätze weiterverfolgen. Stellen Sie sich vor, daß das Modell der Vermehrung von Arbeitsplätzen als Sicherung der Vollbeschäftigung allgemein in der ganzen Welt verwirklicht wird, von hier bis nach Asien, nach Südafrika, nach Südamerika. In allen Staaten wird Vollbeschäftigung realisiert, und zwar auf einem technischen Stand, der in den Industrieländern erreicht ist. Und dann malen Sie sich die ungeheure Warenansammlung aus, also das enorme Produktvolumen, das da erzeugt, verwendet und als Abfall entsorgt wird. Der Energieverbrauch, die Materialströme, die Verkehrsleistungen, die Schadstoffemissionen, die Abfallmengen wachsen ins Unermessliche. Mit anderen Worten, ich bin skeptisch, ob diese Variante der Vollbeschäftigung durch Steigerung von Arbeitsplätzen wirklich das Gebotene ist. Sie geht schlicht und einfach auf Kosten der natürlichen Ressourcen.

Sicher, man kann sagen, daß im Bereich der Dienstleistungen noch einiges an Arbeitsplatzpotential offen ist. Aber auch hier gibt es Grenzen, solche der Finanzierbarkeit etwa im Bereich der medizinischen Versorgung, und Grenzen der Freihaltung des Privaten vom Entlohnungsprinzip. Denn sonst kommen wir dahin, daß schließlich jeder, der mit einem anderen umgeht, sich dafür auch bezahlen läßt. Ich glaube nicht, daß das erstrebenswert ist.

Also stellt sich die Frage der Umverteilung der Arbeit. Wie auch Herr *Voßkuhle* gesagt hat, scheint es der technische Stand inzwischen zu ermöglichen, daß die Menschheit im Grunde ohne Vollbeschäftigung aller versorgt werden kann. Das eigentliche Problem ist dann, wie man die Beschäftigungsmöglichkeiten verteilt und sinnvoll die Freizeit füllt. Damit sind natürlich neue, auch verfassungsrechtliche Fragen aufgeworfen, ebenso wiederum die Auseinandersetzung zwischen marktwirtschaftlich und staatlich konditionierten Lösungen, nur, in gewisser Weise, durch das veränderte Ziel neu beleuchtet. Eine Marktlösung bestände zum Beispiel darin, daß der Arbeitsplatzbesitzer seinen Arbeitsplatz oder Anteile davon verkaufen kann, eine staatliche oder koalitionäre Lösung dagegen z.B. in der Arbeitszeitverkürzung. Verfassungsrechtlich stände z.B. die Frage an, ob ein Arbeitsplatz Eigentum ist und gegen Arbeitsplatzverkürzungen verteidigt werden kann. Ich wäre dankbar, wenn die Referenten hierzu Stellung nehmen könnten.

Wolter: Das Modell von Herrn *Engel* kann man empirisch widerlegen. Die empirische Realität selbst hat es widerlegt. Dazu im einzelnen: Herrn *Engels* erste These war, Kündigungsschutz sei Beschäftigungshindernis, deswegen müsse er entfallen. Diese Erwägung hat den Gesetzgeber zu Beginn der 80er Jahre veranlaßt, das Beschäftigungsförderungsgesetz zu erlassen, zunächst als Probelauf für fünf Jahre. Das Beschäftigungsförderungsgesetz läßt u.a. befristete Arbeitsverhältnisse ohne besonderen sachlichen Grund zu und schränkt damit Kündigungsschutz ein. Von dem Gesetz hat die Praxis in erheblichem Umfang Gebrauch gemacht. Es ist mehrfach verlängert worden. Schließlich ließ das Bundesarbeitsministerium untersuchen, wie hoch die Arbeitsplatzeffekte dieses Gesetzes seien. Resultat: Man hat positive Beschäftigungswirkungen durch den Abbau von Kündigungsschutz, hier durch erleichterte Zulassung befristeter Arbeitsverhältnisse nicht feststellen können. Dies Untersuchungsergebnis hat dann vor zwei, drei Jahren die Zukunftskommission der Freistaaten Bayern und Sachsen bewogen zu empfehlen, von derartigen

Experimenten in Zukunft abzusehen, es sei denn, man könne Beschäftigungseffekte zuverlässig nachweisen. Meine erste Bemerkung zu Herrn *Engels* Thesen lautet also: Abschaffung, Derogation von Kündigungsschutz schafft erwiesenermaßen keine Arbeitsplätze. Zweite Bemerkung aus der arbeitsrechtlichen Praxis: Das Kündigungsschutzgesetz gilt seinem Anspruch nach als Arbeitsplatzerhaltungsgesetz. Die Praxis sieht völlig anders aus: Kaum jemand kehrt auf seinen Arbeitsplatz zurück, wenn er Kündigungsschutzklage erhoben hat. Tatsächlich geht es nur um die Höhe der Abfindung. Praktisch ist das Kündigungsschutzgesetz daher ein Abfindungsgesetz mit der für unseren Kontext relevanten Konsequenz, daß aus der Deregulierung des Kündigungsschutzes keine Arbeitsplätze entstehen können. Vielmehr schafft Abschaffung von Kündigungsschutz bloß Abfindungen ab oder senkt sie. Das ist ein Fazit aus der täglichen arbeitsgerichtlichen Praxis. Das Kündigungsschutzgesetz ist ein „Schönwettergesetz" aus und für Zeiten der Vollbeschäftigung. In einer dauerhaften, strukturellen Massenarbeitslosigkeit von tatsächlich sechs Millionen Menschen taugt es wenig bis nichts. Zu ihrer Bekämpfung nun aber das Gesetz abzuschaffen, wie Herr *Engel* es vorschlägt, hieße das Kind mit dem Bade ausschütten. Was die Praxis der Arbeitsbeziehungen stattdessen braucht, ist ein Gesetz, das seinen Namen verdient, das Arbeitsplätze auch bei hoher Massenarbeitslosigkeit effektiv schützt. Eine Bemerkung zu Herrn *Engels* Geringschätzung des Instituts der Tarifverträge. Es gibt weit über 12000 Tarifverträge, die sich, soweit ich sie kenne, oft durch ein hohes Maß an Differenzierung und Flexibilisierung auszeichnen. Nehmen Sie beispielsweise Arbeitszeitverteilungsregelungen in Tarifverträgen: Sie sind sehr konkret, branchenspezifisch und lassen die verschiedensten Kombinationsmodelle einer flexiblen Verteilung von Arbeitszeit je nach den konkreten Bedürfnissen des einzelnen Betriebes und der Belegschaft zu. So etwas könnte der Gesetzgeber gar nicht machen. Die Praxis zeigt auch, daß diese Tarifverträge von den Arbeitsvertrags- und den Tarifparteien angenommen, d.h. befolgt werden. Daneben besteht natürlich die Notwendigkeit einer weiteren, drastischen Arbeitszeitverkürzung durch Tarifvertrag. Sie allein weist realistische Wege aus der Arbeitslosigkeit. Allerdings wird es künftig nicht wie bisher um Arbeitszeitverkürzung bei vollem Lohnausgleich gehen, sondern die solidarische Verteilung des knappen Gutes Arbeit wird Lohnverzicht fordern. Jedenfalls ist ohne eine weitere Verkürzung der Arbeitszeit die solidarische Verteilung von Arbeit nicht möglich. Herr *Winter* hat auf dieses Problem auch hingewiesen. Nach Untersuchungen des amerikanischen Soziologen *Rifkin* aus Mitte der 90er Jahre werden künftig 20% der abhängig Beschäftigten 80% der übrigen Bevölkerung ernähren. Daran mag vieles übertrieben, ja, abwegig sein; klar aber ist immerhin, daß es eine Rückkehr zur Vollbeschäftigung wie zuletzt zu Beginn der 70er Jahre nicht geben wird. Gleichwohl gibt es konkrete Vorstellungen, vor allem auch der Tarifvertragsparteien, zu einer solidarischen Verteilung des knapper werdenden Gutes Arbeit. Letzte Bemerkung: Die Grundannahme in dem Referat von Herrn *Engel* ist meines Erachtens, daß zu hohe Lohnkosten an der Arbeitslosigkeit schuld seien. Das Problem erscheint so ausschließlich als Verteilungsproblem zwischen Arbeitnehmern und Arbeitslosen. Ausgeblendet werden die Unternehmen, die ja nun einmal die Arbeitsplätze vergeben und die zu bestimmten Konditionen arbeiten lassen. Anders sieht dies übrigens Herr *Wieland* mit seiner These 23, wonach Steuerpolitik gegensteuern könnte. Und schließlich: Wenn, so Herr *Engel* zu Recht in seiner Zwischenbemerkung, der entscheidende Druck von den Kapitalmärkten kommt, warum soll das Heil der Vollbeschäftigung dann ausgerechnet vom Arbeitsmarkt kommen? Das will nicht einleuchten.

Volkmann: Meine Damen und Herren, mir ist nicht ganz klar, wie ich zu dieser späten Stunde noch die Aufmerksamkeit auf mich ziehen soll. Ich habe mich entschlossen, es damit zu versuchen, daß ich etwas polemisiere. Mir hat sich, und das richtet sich vor allen Dingen an Herrn *Engel*, eingeschränkt aber auch an Herrn *von Danwitz*, beim Anhören der Referate eine Parallele aufgedrängt, von der ich ausdrücklich sagen möchte, daß sie bösartig ist; und ich sage das deshalb, um sie dadurch etwas zu entschärfen. Ich habe mich nämlich hier und da erinnert gefühlt an die Thesen der Chefideologen einer ganz anderen politischen Richtung, nämlich der des real existierenden Sozialismus. Auch diesen konnte im Grunde nicht verborgen bleiben, daß das System so, wie sie es konzipiert hatten, nicht funktionierte. Es erwies sich als außerstande, elementare menschliche Bedürfnisse zu erfüllen. Es hat keine Freiheiten gewährleistet, es hat nicht einmal für gleiche Vermögens- und Einkommensverteilung gesorgt. Das ist auch natürlich den Chefideologen nicht verborgen geblieben, und immer wenn irgendjemand zu ihnen kam und sie darauf ansprach, haben sie gesagt, das sei durchaus richtig gesehen. Aber man sei ja noch gar nicht angelangt, wo man hinwolle. Im Augenblick sei man erst in einem Zwischenstadium, nämlich dem Sozialismus, und wenn man erst einmal am Endziel, der klassenlosen Gesellschaft, angekommen sei, dann werde sich alles zum Guten wenden. So haben es die angesprochenen Redner natürlich, insbesondere auch Herr *Engel*, nicht gesagt. Das Wort Sozialismus kam nicht oft vor, und wenn, kam es nicht gut weg. Aber sie haben eine entscheidende Umstellung vorgenommen. Sie haben nämlich den Begriff Sozialismus ausgetauscht durch den Begriff Markt. Auch bei ihm ist im Grunde deutlich geworden, daß er so, wie er im Augenblick ausgestaltet ist, außerstande ist, eine gleichmäßige Verteilung des Gutes Arbeit oder überhaupt so etwas wie soziale Gerechtigkeit zu gewährleisten. Das haben nun die Chefideologen des Marktes ebenfalls gesehen. Aber der Grund, so sagen sie wieder, liege nicht in dem Prinzip an sich, sondern darin, daß es so unvollkommen verwirklicht worden sei. Man müsse deshalb nur weiter voranschreiten auf dem einmal eingeschlagenen Weg und alle staatlichen Interventionen, die den Markt derzeit behindern, immer weiter zurückschrauben. Und dann, wenn der Markt endlich rein verwirklicht sei, dann werde sich alles wie von selbst wieder regeln und Vollbeschäftigung einstellen. Nun mag man über die Richtigkeit dieser Einschätzung durchaus streiten; die historische Entwicklung spricht nicht unbedingt für sie. Dazu möchte ich mich auch nicht näher äußern. Sondern ich möchte eigentlich nur vor dem Gedanken warnen, der dahintersteht, und insoweit bin ich auch anderer Auffassung als Herr *Grimm*. Ich möchte davor warnen, Maßstäbe der ökonomischen Analyse des Rechts auszuleihen und sie nun auch zum Maßstab der Verfassungsinterpretation zu machen. Herr *Grimm* hat dazu gesagt, das sei grundsätzlich legitim. Ich halte es auch für legitim, aber eben nur im Sinne eines Spiels mit Gedanken, eines Spiels mit Ideen, bei dem man mal schaut, was dabei herauskommt; vielleicht fällt uns dabei das eine oder andere ein. Aber gefährlich wird es, wenn wir versuchen, daraus nachhaltige Konsequenzen zu ziehen. Denn dann geraten die anderen Funktionen unter die Räder, die eine Verfassung auch haben soll und die eben nicht ausschließlich darin bestehen – ich greife eine Formulierung von Herrn *Engel* auf –, dafür zu sorgen, daß Humankapital an den Ort seiner produktivsten Verwendung gelangt. Sondern die Funktion der Verfassung besteht wesentlich darin, sozialen Frieden und politische Einheit herzustellen, und gerade das droht hier auf der Strecke zu bleiben. Es ist dies aber nicht nur eine Funktion Verfassung insgesamt, sondern – und man kommt sich schon fast vor wie ein verfassungspolitisches Fossil, wenn man das sagt – es ist dies auch eine Funktion des Art. 9 Abs. 3. In bezug auf ihn hat man heute von teleologischer Reduktion gesprochen, vom notwendigen Tabubruch, von der Infragestellung gängiger Interpretationsmuster. Das ist eine sehr sympathische Umschreibung für den Vorgang und das offenbar von dieser Tagung ausgehende Signal, daß hier ein Grundrecht zum Abschuß freigegeben werden soll. Dagegen möchte ich nun doch entschieden Widerspruch anmelden und wenigstens drei Bemerkungen machen. Zum einen sind diese Angriffe begründet worden mit der Kritik an der institutionellen Auslegung der Grundrechte, von der es hieß, sie sei im wesentlichen eine Erfindung des Bundesverfassungsgerichts; ich überzeichne es etwas. Darüber läßt sich sicherlich reden. Ich würde dann nur gerne erleben, daß die institutionelle Sicht der Grundrechte auch dann in Frage gestellt wird, wenn es etwa um die Beschränkung der Wissenschaftsfreiheit durch eine neue Hochschulgesetzgebung oder wenn es um die Auslegung des Art. 14 geht. Die zweite Bemerkung, die ich hier anbringen möchte, ist eine verfassungsgeschichtliche. Die Koalitionsfreiheit verdankt ihre Entstehung einer Zeit, die insoweit der heutigen vergleichbar war, als wir es mit einem Überangebot an Beschäftigung zu tun hatten. Es war dann dieses Überangebot, das dazu führte, daß eine Seite im sozialen Konflikt das Übergewicht erlangte und der anderen Seite die Vertragsbedingungen diktieren konnte. Die Koalitionsfreiheit ist insoweit historisch – und daran kann man gar nicht zweifeln – die Reaktion auf eine Ungleichgewichtslage. Und ich möchte doch fragen, ob diese Ungleichgewichtslage heute tatsächlich entfallen ist oder ob sie nicht nach wie vor fortbesteht. Es bleibt dann ein dritter Gesichtspunkt, den ich anführen möchte und der mir besonders am Herzen liegt. Man sollte auch nicht vergessen, daß die Koalitionsfreiheit auch einen eigenständigen Wert gerade für die Herstellung politischer Einheit, für die Ermöglichung von sozialem Frieden oder für soziale Integration haben kann. Es geht ja auch darum, daß Menschen kollektiv und solidarisch ihren eigenen Lebensbereich gestalten und ihre Interessen wahrnehmen. Und das könnte doch auch gerade heute in einer Zeit von Bedeutung sein, in der wir allenthalben über den Verlust von Gemeinschaftsbezügen, über Atomisierungsprozesse, über Individualisierung klagen. Es machen sich ja diese Prozesse gerade an jenem Zerfall von Organisationsstrukturen und Milieus fest, wie wir ihn bei Vereinen, den Parteien, den Kirchen, aber eben auch den Gewerkschaften erleben. Das könnte doch auch ein Anlaß dafür sein, sich um den Erhalt dieser Strukturen und Milieus zu sorgen und darüber nachzudenken, was man für ihren Erfolg unternehmen kann. Ich sehe ihr Problem und ich sehe, daß die Möglichkeiten, die in ihnen stecken, unter den gegenwärtigen Bedingungen nur verzerrt zur Geltung kommen. Aber es scheinen mir doch diese Werte zu wichtig, als daß sie unter die Räder geraten.

Vorsitzender: Danke schön, Herr *Volkmann*, für das Plädoyer, das, wie ich meine, sehr deutlich die Sprengkraft des Themas gezeigt hat und auch die Streitbefangenheit aller Thesen, die man dazu äußern kann.

Damit ist der Zeitpunkt gekommen, den Referenten Gelegenheit zum Schlußwort zu geben. Ich werde nun in der umgekehrten Reihenfolge der Referate vorgehen und zunächst Herrn *von Danwitz* die Gelegenheit zum Schlußwort geben.

von Danwitz: Ich möchte zunächst Herrn *Fromont* für die ergänzende Bestätigung und insbesondere für den Hinweis auf die Stellung der Gewerkschaften in Frankreich danken und hervorheben, daß dieser erhebliche Unterschied zugleich als Erklärung für die Notwendigkeit einer stärkeren staatlichen Lenkung angesehen werden kann. Man könnte hier auch die unterschiedliche Ausprägung der Mitbestimmung als weiteres Element nennen. Eine zweite Bemerkung möchte ich zu den grundsätzlichen Überlegungen zur Frage der Vollbeschäftigung machen, die Herr *Voßkuhle*, Herr *Sieckmann*, Herr *Haverkate* und Herr *Winter* angestellt haben. Ist denn Vollbeschäftigung überhaupt ein erstrebenswerter Zustand? Der Ökonomienobelpreisträger Robert M. Solow hat die Frage gestellt und hat sie mit der Preistheorie als einen Alptraum, als etwas Fürchterliches bezeichnet. So richtig dies preistheoretisch ist, so wenig haben wir die Themenstellung und das arbeitsmarktpolitische Ziel der Vollbeschäftigung dahingehend verstanden. Ich habe es vielmehr auf die gegenwärtige Problemlage der Massenarbeitslosigkeit bezogen, die gerade den Wunsch der Betroffenen, 8 Stunden täglich fremdbestimmt zu arbeiten, zum Problem wird. Das belegt die sozialwissenschaftliche Ausschlußforschung, die es mittlerweile in diesem Bereich gibt, sehr deutlich. Das Problem der Langzeitarbeitslosigkeit, das gerade auch in Deutschland in einem erheblichen Umfang zu verzeichnen ist, bedeutet schlicht und ergreifend – das schlimme Wort ist schon genannt worden – eine Vernichtung von Humankapital. Menschen sind offenbar nach zwei Jahren der Langzeitarbeitslosigkeit in der Regel nicht mehr in der Lage, einer Tätigkeit nachzugehen, die sie vorher problemlos auszuüben vermochten.

Von daher stellt sich die Frage der Arbeitslosigkeit durchaus auch als eine Gefahr für die Möglichkeit der Selbstverwirklichung. Weitergehend stellt sich die Frage, inwieweit dies die Grenzen der natürlichen Ressourcen zulassen. Herr *Winter* hat auf diesen Gesichtspunkt hingewiesen und gefragt, ob die Lösung nicht nur darin bestehen kann, die vorhandene Arbeit besser zu verteilen. Dabei handelt es sich fraglos um Faktoren, die in einem gewissen Umfang zu berücksichtigen sind, jedoch glaube nicht, daß sie die gegenwärtige Diskussion bestimmen sollten. Die aktuelle Frage geht doch vielmehr dahin, warum es in den USA auch bei einer deutlich höheren Erwerbsquote als der der Bundesrepublik zu einer Arbeitslosenquote kommen kann, die – bei standardisierter Berechnung – mehr als die Hälfte unter der deutschen Arbeitslosigkeit liegt. Vielmehr provoziert für mich die Nachricht einer strukturellen Arbeitslosigkeit von 8,3 % in Deutschland bei einer standardisiert berechneten Arbeitslosenquote von 9,4 % die Frage, ob wir von einer „hausgemachten" Arbeitslosigkeit von 3 Millionen Menschen ausgehen müssen, denen es nach ihrer selbstdefinierten Zielvorstellung wesentlich besser gehen könnte. Demnach wären es im wesentlichen unsere Rechtsvorschriften, die sie an einer Beschäftigung hindern. Ich tendiere dazu, diese Frage zu bejahen und daher nach Möglichkeiten der Vollbeschäftigung zu suchen. Insofern greife ich die Schlußbemerkung von Herrn *Volkmann* auf. Wenn sich die Tarifautonomie – und dafür gibt es eine Vielzahl ökonomischer Studien – in Grenzbereichen als Hindernis erweist, Vollbeschäftigung zu erreichen bzw. dieser näher zu kommen, so halte ich eine teleologische Reduktion dessen, was wir uns in Wohlstandszeiten als Tarifautonomie geleistet haben, doch für erforderlich.

Schließlich zu Herrn *Selmer*. Aus meiner Sicht kann es nach der Themenstellung natürlich nicht darum gehen, privatwirtschaftliche Arbeitsplätze durch einen öffentlichen Verdrängungswettbewerb zu substituieren. Das Thema geht ja vielmehr davon aus, daß sich Staat und Gesellschaft in klassischer Lesart gegenüberstehen und der Sinn staatlicher Arbeitsmarktlenkung darin liegen soll, die gesellschaftlich anfallende Arbeit zu erhöhen, nicht aber sie durch staatliche Arbeit zu ersetzen. Das weitergehende Problem dieser Entwicklung liegt für mich darin, daß mit einer Ausweitung der öffentlichen Wirtschaft ein Auseinanderfallen der Gesellschaft in zwei soziale und wirtschaftliche Wirklichkeiten befördert wird: Der geschützte etatistische Wirtschaftsbereich und der Bereich, in dem der „der rauhe Wind des Wettbewerbs" weht. Auf Dauer kann eine solche Entwicklung in sozialer Hinsicht natürlich nicht gut gehen. Das von Herr *Neumann* angesprochene Problem der Tarifflucht der Arbeitgeber sowie einer verschärften Möglichkeit von Allgemeinverbindlichkeitserklärungen sehe ich nicht als eine Frage der Frontstellung zwischen den Arbeitgebern einerseits und der staatlichen Möglichkeiten andererseits, korrigierend einzugreifen. Für mich wäre eine Tarifflucht der Arbeitgeber im signifikanten Ausmaß – und das ist in den neuen Bundesländern sicherlich der Fall – vielmehr Anlaß darüber nachzudenken, ob die den Arbeitgebern auferlegten Tarifbindungen nicht zu strikt, zu rigide und zu pauschal für seine jeweiligen betrieblichen Bedürfnisse sind. Meine Überlegungen gehen weiter dahin, durch ein Arbeitsvertragsgesetz oder auf der Grundlage eines Arbeitsvertragsgesetzes eine Neudefinition des Status der tariflich geschützten Arbeitnehmer vorzunehmen, so daß ein Arbeitgeber sehr wohl tarifgebunden sein, aber zugleich in einem über das bisher zulässige Maß hinaus tariflichen Bindungen entweichen kann.

Vorsitzender: Haben Sie ganz herzlichen Dank, Herr *von Danwitz*, für Ihr Referat und die zahlreichen Anregungen zur Rechtsvergleichung, die Sie uns gegeben haben. Ich denke, es ist gelungen, die introvertierte Sicht des deutschen Verfassungsrechts zu durchbrechen, und der Beifall hat Ihnen gezeigt, daß diese Akzente der Rechtsvergleichung in der ganzen Debatte positiv aufgenommen worden sind. Der mittlere Weg, den Sie am Ende angedeutet haben, könnte in der Tat die reife Frucht dieser Überlegungen sein. Als nächster Redner hat Herr *Engel* nun das Schlußwort.

Engel: Es hat sich erneut in der Diskussion sehr viel angesammelt. Ich will versuchen, die Dinge möglichst straff zu gliedern. Folgende drei Blöcke haben sich bei mir herausgebildet. Das erste ist die methodische Frage des Verhältnisses von Verfassungsrecht und Sozialwissenschaften. Das zweite sind verfassungsdogmatische Fragen; da werde ich versuchen, mich kurz zu fassen. Der dritte Block betrifft dann die Sachfrage.

Zunächst also erneut zu der methodischen Frage, wie es um das Verhältnis von Verfassungsrecht und Sozialwissenschaften bestellt ist. Lassen Sie mich meine Reaktion vielleicht zugespitzt formulieren; nicht weil ich provozieren, sondern weil ich das Problem deutlich machen möchte: mir scheint, bei vielen, die sich geäußert haben, bestand die intuitive Neigung, Verfassungsrecht als nicht politisches Recht und die Verfassungsgerichtsbarkeit als eine nicht-politische Instanz zu verstehen. Mir scheint, beides geht nicht in dem Moment, in dem die Rechtsordnung bewußt mehrstufig ausgestaltet ist, also ein Rangverhältnis zwischen Verfassungsrecht und einfachem Recht besteht. Aber selbst, wenn wir – etwa mit rechtsvergleichendem Blick auf England – dieses Element noch aus der Rechtsordnung herausnehmen, würde das immer noch nicht helfen. Es bliebe immer noch der Korpusgedanke, also die Vorstellung, daß die Rechtsordnung als Einheit zu denken ist. Solange wir davon nicht abgehen, bleibt uns überhaupt nichts anderes übrig, als den Verfassungstext in der Auseinandersetzung mit dem richtigen Verständnis der Wirklichkeit auszulegen, auf die sich der Text bezieht.

Das kann man auf zweierlei Art tun. Die unter Juristen übliche Methode ist, das zwar zu tun, es aber nicht zu sagen. Wissenschaftstheoretisch gesprochen verwenden die Juristen dann Alltagstheorien. Mein Versuch geht dahin, die Alltagstheorien durch die explizite Theorien der Wissenschaften zu ersetzen, die über den zur Entscheidung stehenden Gegenstand Aussagen zu machen haben. Die Gefahr ist offensichtlich, viele haben das in der Diskussion auch gesagt: je schärfer die Konzepte sind, die man in den Sozialwissenschaften angeboten bekommt, desto stärker ist die Verführung, ein Konzept für das einzig denkbare Konzept zu halten. Die Gefahr ist bei der Ökonomie besonders groß, weil sie so weit durchdachte Modelle anbieten kann. Aber auch bei anderen Sozialwissenschaften besteht diese Verführung durchaus. Ich glaube, dem können wir nur entgegenwirken, indem wir uns beständig der nicht aufhebbaren Beschränktheit von Modellen bewußt bleiben. Das sollten wir schon beim Modellieren – ich nehme ganz bewußt das schlimme Wort in den Mund – und erneut bei der anschließenden Kritik dessen tun, was uns diese Modelle an Einsichten vermittelt haben. Gerade wenn wir explizite Modelle anwenden, ist diese Kritik aber auch besonders einfach. Denn Modelle haben Modellannahmen, und aus den Modellannahmen geht präzise hervor, was ausgeschlossen worden ist.

Ich glaube, in diesem einen Punkt würde ich Herrn *Grimm* auch nicht ganz zustimmen. Denn sein Vorschlag impliziert etwas, was ich mir nicht vorstellen kann: daß die Juristerei Metawissenschaft für alle Sozialwissenschaften wird; daß sie im Stande ist, die Zusammenhänge zwischen gedanklichen Schnitten durch die Wirklichkeit herzustellen, die auf ganz verschiedenen Ebenen geführt worden ist. Das Ziel ist aller Anstrengungen wert. Aber es wird die Juristerei überfordern. Und es wäre schließlich auch wieder nur ein Modell. Ich selbst würde deshalb stärker auf die Urteilskraft setzen.

Weil ich meine Zeit sonst schamlos überziehen würde, muß ich mir versagen, auf den Wunsch von Herrn *Sieckmann* nach alternativen ökonomischen Konzepten einzugehen. Die konzeptionelle Alternative, die Herr *Preuß* vorgeschlagen hat, ist im Grunde genommen der herrschaftsfreie Diskurs. Der herrschaftsfreie Diskurs erzwingt aber die Entpolitisierung der Politik. Denn er muß ja gerade herrschaftsfrei sein, um Richtigkeit zu gewähren. Wenn wir uns statt dessen auf den politischen Prozeß verlassen, dann müssen wir das Machtproblem in den Griff bekommen. Dafür brauchen wir aber eine Theorie, die im politischen Prozeß selbst gerade nicht angelegt ist. Ich glaube auch, man kann sich die juristische Unschuld nicht mit dem Hinweis erhalten, die Verfassung sei bloß eine Rahmenordnung. Denn um zu wissen, wie weit dieser Rahmen ist, braucht man wieder eine Theorie.

Lassen Sie mich zum Abschluß der methodischen Überlegungen das Ergebnis formulieren. Meine Vorstellung vom Verfassungsrecht führt in einen juristischen Paralleldiskurs politischer Fragen: vor dem Verfassungsgericht, unter den Richtern des Gerichts, aber natürlich auch unter den übrigen Verfassungsjuristen. Wodurch unterscheidet er sich vom gewöhnlichen politischen Prozeß? Denn wenn es sich nicht unterscheiden würde, ginge es ja um etwas offensichtlich Unlauteres: die Machtübernahme durch die Verfassungsjuristen. Er unterscheidet sich vor allem durch eines: im verfassungsrechtlichen Diskurs werden Machtargumente nicht gehört. Sie können hier nicht einfach sagen: ich will aber, während Sie in der Politik sagen dürfen, ja sogar sagen müssen: ich will. Im verfassungsrechtlichen Diskurs geht es darum, das Entscheidungsproblem konzeptionell aufzubereiten und schließlich nach Maßgabe der Urteilskraft zu entscheiden. Im politischen Prozeß wird dagegen ganz offen um Interessen gestritten. Dieser doppelte Diskurs scheint mir eine sehr vernünftige Form der Gewaltenbalance.

Zu den dogmatischen Fragen will ich mich, wie angekündigt, ganz kurz fassen. Die Dignität des Beschäftigungsziels, des Marktmodells, des Sozialprinzips, Rangvorrang, das waren Punkte, die erwähnt wurden. Ich glaube, das ist eine wenig fruchtbare Art des Diskutierens. Wir haben in der Verfassung doch viel konkretere Entscheidungen, z.B. die, auf die Herr *Oppermann* hingewiesen hat: daß uns Abwertung und Inflation als Instrumente entzogen sind. Wir sollten also, glaube ich, nicht versuchen, das Problem in Großformeln aufzulösen, die letztlich nur ganz weiche Abwägungstopoi hergeben würden.

Schließlich nur ganz stichwortartig zu unserem konkreten Problem. Herr *Geis* hat auf den alternden Arbeitnehmer hingewiesen. Hier muß ich Farbe bekennen. In der Tat: wenn wir die Institutionen in der vorgeschlagenen Weise ändern, werden manche Leute im Alter keinen Arbeitsplatz mehr haben. Einen einzigen Arbeitsplatz für das ganze Leben hält inzwischen aber auch der Bundeskanzler für eine Illusion. Wenn die Menschen das früh in ihrem Leben wissen, werden sie andere Lebensperspektiven entwickeln. Vielen wird es gelingen, neue oder andere Arbeitsformen zu finden. Aber es werden Menschen übrig bleiben, die relativ früh in ihrem Leben dauerhaft aus dem Arbeitsprozeß ausscheiden.

Die Frage der Großunternehmen macht mich viel weniger unruhig. Denn von den geltenden Institutionen werden gerade sie privilegiert. Große Unternehmen kündigen viel häufiger als kleine. Sie können sich das gerade deshalb leisten, weil es die Arbeitslosenversicherung gibt. Die kleinen Unternehmen, die sich Kündigungen aus anderen Gründen oft nur schwer leisten können, zahlen also für die Kündigungsfreudigkeit großer Unternehmen. Genau dieser Umverteilungsmechanismus von den kleinen zu den großen Unternehmen würde durch die vorgeschlagene Reform beseitigt.

Herr *Wolter* hat Recht, daß die Praxis des Kündigungsschutzes auch heute schon häufig zu Abfindungsentscheidungen führt. Der wesentliche Unterschied ist nur, daß daraus niemand Folgen für das institutionelle Gefüge zieht. Meine Folgerung wäre, dann das Verbot der Änderungskündigung abzuschaffen. Erst dann werden die Marktkräfte freigesetzt.

Das nächste sage ich, obwohl Herr *Volkmann* die nötige Polemik schon formuliert hat: daß das Beschäftigungsförderungsgesetz isoliert nicht viel bewirkt hat, wundert mich, mit Verlaub, gar nicht. Solange man das institutionelle Gefüge im übrigen bestehen läßt, erreicht man tatsächlich mit hoher Wahrscheinlichkeit wenig.

Herr *Wolter* hat schließlich betont, daß das Problem doch im wesentlichen von den Kapitalmärkten herrühre. Ich würde ihm in der Analyse zustimmen. Aber soll der Gesetzgeber deshalb dafür sorgen, daß nach Deutschland kein Kapital mehr hinein und im Austausch auch keines mehr aus Deutschland heraus kommt? Das wäre dann wirklich der Morgenthau-Plan. Ich glaube also, diese Ursache der Veränderungen an den Arbeitsmärkten ist uns entzogen.

Der letzte Punkt war der politisch bewegendste, die Fragen von Herrn *Voßkuhle* und Herrn *Winter*: geht uns die Arbeit aus? Müssen wir also ganz anders ansetzen und über Arbeitsverteilung nachdenken? Ich will nicht wiederholen, was Herr *von Danwitz* gesagt hat. Ich stimme ihm in jeder Hinsicht zu. Ich möchte nur einen Gesichtspunkt hinzufügen. Die Sorge um die Umweltprobleme und um den Erhalt der natürlichen Ressourcen kann ich durchaus nachvollziehen. Die Rechtsordnung sollte dann aber auch an diesen Problemen ansetzen. Tut sie das, verändert sie die Rahmenbedingungen, unter denen Arbeitsplätze zur Verfügung stehen. Aber in dem dann noch möglichen Rahmen sehe ich nicht, warum man auf Arbeitsverteilung setzen sollte, statt auf Arbeitsvermehrung.

Vorsitzender: Herzlichen Dank, Herr *Engel*, für Ihr Referat und die Diskussionsbeiträge. Ich glaube, es sind hier vor allem zwei Dinge, die wir Ihnen zu verdanken haben. Zum ersten haben Sie uns die ökonomische Sicht der Hintergründe vermittelt, und zum zweiten haben Sie mit Ihrem marktwirtschaftlichen Modell erfolgreich provoziert. Es sind viele Wortbeiträge gekommen, zustimmende und auch kritische. Ich denke, das hat erfreulicherweise die Debatte sehr belebt. Herr *Wieland*, als letztem Referenten in der Reihe der Schlußworte darf ich Ihnen das Wort erteilen.

Wieland: Zunächst zu der gewissen Ironie, daß Lebenszeitbeamte über Arbeitslosigkeit nachdenken. Mich hat das während des ganzen Jahres, in dem ich das Referat vorbereitet habe, beschäftigt. Man kann nicht leugnen, daß man natürlich gut Konzepte entwerfen kann, wenn man gleichzeitig auf Lebenszeit abgesichert ist. Ich halte es trotzdem für wichtig, daß auch Staatsrechtslehrer sich dem Thema Arbeitslosigkeit stellen. Nach meinem Eindruck hat die heutige Diskussion deutlich gemacht, daß Juristen vielleicht nicht für alle einschlägigen Fragen eine Lösung kennen, daß sie sich aber mit diesen Fragen beschäftigen müssen und nach einer Antwort suchen. Ich glaube – und da unterscheide ich mich ein wenig von Herrn *Vogel* –, daß auch wir mittelfristig von entsprechenden Problemen betroffen sein werden. Ich halte die Auffassung für verfehlt, daß unser Arbeitgeber auf Rentabilität keine Rücksicht zu nehmen brauche. Wirtschaftlichkeit und Sparsamkeit gelten gerade auch für den Staat. Wenn Herr *Engel* sich mit seinen Vorstellungen durchsetzen sollte, müßten wir womöglich bald mit einer auf ein Jahr befristeten Absicherung leben. Ich weiß nicht, wieviel Bereitschaft dazu besteht, aber der

Hochschulverband würde vermutlich protestieren. Manchmal hilft es durchaus, darüber nachzudenken, wie man sich selbst in einer bestimmten Situation verhalten würde.

Ich möchte jetzt noch etwas zu dem sagen, was Herrn *Preuß*, Herr *Voßkuhle*, Herr *Winter*, Herr *Sieckmann*, Herr *Schachtschneider* und Herr *Haverkate* in verschiedener Form angesprochen haben: zur Zukunft der Arbeit. Ich habe mündlich dazu nichts vorgetragen, die Frage in meinem schriftlichen Referat aber kurz gestreift. Hinsichtlich der Folgerungen bin ich unsicher, fühle mich an der Grenze dessen, was ich als Rechtswissenschaftler kraft eigener Kompetenz beurteilen kann. In der sozialwissenschaftlichen Literatur wird verstärkt die Auffassung vertreten, daß die Zeit der Vollbeschäftigung vorüber sei und von der Zeit der sogenannten Patchwork-Biographien des Arbeitslebens abgelöst werde. Ob das wirklich zutrifft, vermag ich wissenschaftlich begründet nicht zu sagen. Gegenwärtig scheint mir der Vollbeschäftigung immer noch große Bedeutung für unsere Selbstentfaltung und unsere soziale Stellung zuzukommen. Das mag sich in der Zeitschiene ändern. Vielleicht werden wir uns daran gewöhnen, nicht mehr 8 Stunden am Tag, 40 Stunden in der Woche und 40 Jahre im Leben zu arbeiten. Aber nach meinem Eindruck sind wir gegenwärtig noch nicht soweit. Vielmehr ergeben sich gegenwärtig die Probleme für den sozialen Verfassungsstaat, die ich in meinem Referat angesprochen habe.

Ich möchte Ihnen das ganz kurz an einem Beispiel deutlich machen: Stellen Sie sich vor, Sie kommen zurück an Ihre Fakultät und finden das Schreiben eines Kollegen vor, der mitteilt, er möchte mehr Muße haben, etwas für den Arbeitsmarkt zu tun und deshalb auf eine halbe Stelle wechseln. Wie würde das Ihre Einschätzung dieses Kollegen beeinflussen? Würden Sie sich sagen: vernünftiger Gedanke, so wird etwas Platz für die vielen Nachwuchskräfte geschaffen? Würden Sie ihn als Wissenschaftler gleich einschätzen wie zuvor? Oder würden Sie vielleicht doch Zweifel haben und sagen: der hat uns getäuscht, bei den letzten Bleibeverhandlungen hat er die volle Ausstattung verlangt, viele Assistenten, und jetzt, da er die Ressourcen nutzen kann, will er auf einmal nur halb arbeiten? Nach meinem Eindruck sind wir noch nicht soweit, daß wir derartige Lebenskonzepte einfach akzeptieren, daß sie die soziale Anerkennung praktisch unberührt lassen. Und wenn das schon unsere Reaktion ist – obwohl wir doch für uns ein relativ hohes Reflektionsniveau in Anspruch nehmen – kann man sich die Wirkung auf andere Menschen vorstellen. Ich will nicht ausschließen, daß sich die Einschätzungen in Zukunft ändern, sehe das aber im Moment noch nicht als gegeben an und halte deshalb an meiner These fest, daß der soziale Verfassungsstaat unter den gegenwärtigen Umständen Vollbeschäftigung anstreben muß.

Ihnen, Herr *Winter*, stimme ich darin zu, daß es sich nicht um Warenproduktion zu handeln braucht, sondern daß es gerade im Dienstleistungsbereich Beschäftigungspotentiale auf den Feldern Haushalt, Kinderbetreuung und Krankenpflege gibt. Sozialwissenschaftler haben das gründlich untersucht. Entscheidend ist aber die Bereitschaft, Geld für entsprechende Dienste aufzuwenden. Das setzt möglicherweise ein Umdenken voraus. Sind wir, die wir in Arbeit stehen und über entsprechende Ressourcen verfügen, bereit, anderen Arbeit zu geben, also einen Teil unseres Geldes für Dienstleistungen in den genannten Bereichen zu verwenden? Letztlich muß das jeder für sich beantworten.

Mein zweiter Punkt betrifft die von Herrn *Herdegen* aufgeworfene Frage, welchen Wert das Gemeinschaftsrecht einem hohen Beschäftigungsniveau zumißt. Im Gegensatz zu Herrn *Herdegen* sehe ich nicht, daß die Gemeinschaftsverträge der Preisstabilität einen absoluten Primat zugemessen hätten. Meines Erachtens wird die Preisstabilität nur für die Europäische Zentralbank als vorrangiges Ziel definiert. Es wird immer ein Spannungsverhältnis zum Ziel des hohen Beschäftigungsniveaus geben. Und das scheint mir auch richtig zu sein. Wie Herr *Herdegen* zutreffend bemerkt hat, begründen weder Art. 2 EU-Vertrag noch Art. 2 EG-Vertrag einen Primat der Preisstabilität. Das Recht der Europäischen Gemeinschaft hat inzwischen die Bedeutung sozialer Elemente anerkannt. Es wäre verfehlt, einseitig die Preisstabilität hervorzuheben.

Wenn man sich die Bestimmungen über die Referenzwerte in Art. 104c EG-Vertrag ansieht, stechen sofort die vorsichtigen Formulierungen ins Auge. Es werden keine absoluten Werte gesetzt, vielmehr wird auf das entsprechende Protokoll verwiesen und ein sehr langwieriges Verfahren etabliert, an dessen Ende irgendwann einmal eine Vertragsverletzung festgestellt werden könnte. Das scheint mir von einer gewissen Klugheit getragen zu sein. Hier läßt das Recht Raum für Politik. Jedenfalls wird kein Wert absolut gesetzt.

Ganz kurz noch zu einigen Einzelpunkten: Herrn *Volkmann* kann ich bestätigen, daß ich das Grundrecht aus Art. 9 Abs. 3 GG nicht zum Abschuß freigeben möchte. Ich halte es nur für angemessen, manches in Zeiten der Arbeitslosigkeit zu modifizieren, was in Zeiten der Vollbeschäftigung als richtig und angemessen betrachtet wurde. Im Gegensatz zu Herrn *Engel* sehe ich keinerlei Notwendigkeit, das Grundrecht der Koalitionsfreiheit jetzt in der Praxis beiseite zu legen. Nochmals zu Herrn *Herdegen*: In Zusammenhang mit dem Spielraum des Steuergesetzgebers bei der Senkung der Lohnnebenkosten fiel das Stichwort allgemeine Staatsaufgabe. Ich sehe nicht, wie man zwischen allgemeinen und besonderen Staatsaufgaben unterscheiden könnte. Die Habilitationsschrift von Frau *Sacksofsky* hat mich in dieser Überzeugung bestätigt. Wir haben eine

Tagung zum Prinzip des Steuerstaats veranstaltet, deren Ergebnisse demnächst veröffentlicht werden, so daß ich hier auf weitere Ausführungen verzichten kann. Ich gebe nur zu Protokoll, daß ich anderer Auffassung als Herr *Herdegen* bin. Die öffentliche Wirtschaft, Herr *Selmer*, beurteile ich ähnlich, wie das schon dargelegt worden ist. Das Recht läßt durchaus Raum für ein Wirtschaften der öffentlichen Hand. Bund, Länder oder Kommunen sollten aber nicht unter Berufung auf das Arbeitsplatzargument versuchen, der privaten Wirtschaft das Schaffen von Arbeitsplätzen zu erschweren oder unmöglich zu machen. Sinnvoll ist es nur, zusätzliche Arbeitsplätze zu gewinnen, und politisch entschieden werden muß, ob man sich auf diesem Feld etwas Sinnvolles zutraut. Abschließend zur Allgemeinverbindlicherklärung von Tarifverträgen, Herr *Neumann*. Ich sehe kein verfassungsrechtliches Hindernis für eine Allgemeinverbindlicherklärung eines Tarifvertrags, der weniger als 15% der potentiell Betroffenen bindet. Es scheint mir aber eine Frage politischer Klugheit zu sein, ob man einen Vertrag für allgemeinverbindlich erklärt, der nur noch 10% der potentiell Betroffenen erfaßt. Die Richtigkeitsgewähr, die den Instrumenten des Art. 9 Abs. 3 GG zukommen kann, nimmt mit der Zahl derjenigen ab, die bereit sind, sie für sich als bindend zu betrachten.

Zum Schluß bedanke ich mich für die – angesichts der Mitgliederzahl der Vereinigung nicht mehr selbstverständliche – Chance, einmal im Leben vor 300 Staatsrechtslehrern statt vor 300 Studierenden zu sprechen. Es ist eine ganz eigene Erfahrung, wenn man den Einladungsbrief des Vorstandes erhält. Man fragt sich: warum ich, warum zu diesem Thema? Schnell werden einem die Chancen und Risiken deutlich. Ich weiß nicht, ob es mir gelungen ist, Risiken zu vermeiden und Chancen zu nutzen. Ich habe mich jedenfalls nach besten Kräften bemüht. Ich bedanke mich auch bei den Mitreferenten. Wir kommen zwar nach unserer rechtswissenschaftlichen Sozialisation aus ganz unterschiedlichen wissenschaftlichen Familien. Wir haben dennoch gut zusammengearbeitet, uns im Vorfeld der Tagung ausgetauscht und anders als es bei uns Einzelkämpfern in Forschung und Lehre zumeist tägliche Routine ist, die kollegiale Teamfähigkeit wohl alle drei als Bereicherung empfunden.

Vorsitzender: Im Namen des Vorstandes darf ich auch Ihnen, Herr *Wieland*, ganz herzlich für das Referat und die Diskussionsbeiträge danken. Sie haben sozusagen die Basis gegeben, indem Sie zunächst einmal die Bestandsaufnahme und dann die nüchternen verfassungsrechtlichen Überlegungen dargeboten haben, von denen die Diskussion profitiert hat.

Lassen Sie mich am Ende drei Feststellungen treffen. Erstens hat der Vorstand das Thema des heutigen Tages gewählt, weil nach unserer Auffassung der soziale Frieden auf dem Spiel steht und nicht etwa nur die hohe Theorie des Verfassungsrechts. Mehrfach ist gesagt worden, daß die gesellschaftliche und staatliche Integration sich bewähren müsse oder gefährdet sei. Da wir dies ebenso gesehen haben, haben wir das Thema so gestellt, wie es heute behandelt worden ist. Offensichtlich herrscht in Deutschland eine Verunsicherung angesichts der dargestellten Problemlage. Die Verunsicherung kommt nicht von ungefähr. Wenn man eine Erfolgsgeschichte der Wirtschaft, auch im Bereich des sozialen Friedens, hinter sich hat, dann fallen natürlich die aktuellen Problemsituationen besonders ins Auge. Daß aber das Problem weltweit ist, ist ebenso zu Recht hervorgehoben worden. Die Bundesrepublik Deutschland steht also nicht alleine vor dem Problem, den gesellschaftlichen und nationalen Frieden wahren zu müssen.

Zweitens: Wie vorhin schon angedeutet, haben wir wohl das Ziel erreicht, die allzu introvertierte Sicht des deutschen Verfassungsrechts zu durchbrechen. Es war meines Erachtens erhellend zu sehen, wie das Problem des Arbeitsmarktes und staatlicher Lenkungsmechanismen in anderen Staaten behandelt werden, wie man sich dort von Verfassungs und Gesetzes wegen juristisch und politisch dazu stellt. Ich denke, daß dies Gelegenheit gibt, eine allzu übertriebene juristische Sicht der Dinge, wie sie in Deutschland lange üblich war, zu mäßigen. Die Gestaltungsfreiheit, vor allem des parlamentarischen Gesetzgebers, ist zu Recht hervorgehoben worden, für andere Staaten, aber nach meiner Auffassung auch für Deutschland. Nur die Grenzen der Gestaltungsfreiheit sind naturgemäß streitig geblieben.

Drittens: Das institutionelle Gefüge, das im Hinblick auf Art. 9 Abs. 3 des Grundgesetzes mehrfach angesprochen worden ist, muß wohl neu durchdacht werden. Hier scheint mir ein Parallelogramm der Kräfte zu walten, wenn man die marktwirtschaftlichen Kräfte, im übrigen die Koalitionen als gesellschaftliche Verbände, den meines Erachtens unverzichtbaren Sozialstaat und schließlich auch die Europäische Gemeinschaft in die Überlegungen und Auseinandersetzungen einbezieht, in denen wir uns hier bewegen müssen. Daß man die marktwirtschaftlichen Kräfte nicht negieren kann, ist eine Wahrheit, die vor allem Herr *Engel* mehrfach hervorgehoben hat. Daß aber die Koalitionen im Sinne des Art. 9 Abs. 3 aufgrund einer im Prinzip bewährten Tradition in Deutschland eine große Rolle spielen, ist von mehreren Diskussionsrednern, aber auch von Herrn *Wieland* hervorgehoben worden. Die Unverzichtbarkeit des Sozialstaates war Gegenstand zahlreicher Beiträge von Herrn *Böckenförde* bis zu Herrn *Volkmann*; andere mögen es mir verzeihen, wenn ich ihre Namen nicht ausdrücklich nenne. Die Europäische Gemeinschaft oder die Europäische Union muß vielleicht noch in die Rolle hineinwachsen, die zur Wahrung sozialer Belange und des sozialen Friedens auf die Dauer erforderlich ist. Aber daß der Weg dahin geht, ist meines Erachtens eine Erkenntnis, die man am Ende der heutigen Debatte hervorheben muß. Einen Weltstaat haben wir noch nicht, da hat Herr *Schachtschneider* sicherlich recht. Aber es wäre schon viel gewonnen, wenn das Parallelogramm der von mir genannten Kräfte in Zukunft wirken könnte und wenn unterstützende Überlegungen der Staatsrechtslehre dazu beitragen könnten, daß am Ende aus dem Parallelogramm der Kräfte ein akzeptabler Kompromiß erwächst.

Zweiter Beratungsgegenstand:

Staat und Religion

1. Bericht von Prof. Dr. *Wilfried Fiedler*, Saarbrücken

Inhalt

1. Einleitung

Es fiele nicht schwer, sich dem Thema „Staat und Religion“ von dem im September 1999 durch die Tagespresse gemeldeten „Kulturkampf“ in Niedersachsen aus zu nähern. Die in Niedersachsen neu eingestellte Lehrerin A möchte auch im allgemeinen Unterricht als Klassenlehrerin aus religiösen Gründen nicht auf das Tragen eines Kopftuches verzichten, ganz im Sinne der islamischen Glaubensrichtung, zu der sie vor 10 Jahren übergetreten war[1]. Dennoch war ein anderer Ausgangspunkt zu wählen:

Als im Jahre 1959 *Fritz Werner* sein später viel zitiertes Wort vom Verwaltungsrecht als konkretisiertem Verfassungsrecht prägte[2], war nicht zu erahnen, daß der darin zum Ausdruck kommende Zusammenhang zwischen Verfassungs- und Verwaltungsrecht Jahrzehnte später in mehrfacher Hinsicht besonders problematisch werden sollte. Die Selbstverständlichkeit, in die die Formel erwuchs, konnte nicht verhindern, daß im Zuge einer unübersehbaren internationalen Entwicklung beide Begriffe – Verfassungsrecht wie Verwaltungsrecht – ihre Konturen selbst veränderten. Die Verfassungsbezogenheit der Verwaltung ist nach wie vor unbestritten[3], aber wer könnte Sicherheit dafür bieten, daß nach wie vor nicht mehr gemeint sei als die normative Leitordnung des Einzelstaates? Wer könnte einen Zusammenhang perpetuieren, bei dem zumindest umstritten bleibt, ob nicht höherrangige Leitideen wirksam werden, die durch den Begriff der Verfassung in herkömmlichem Sinne nicht mehr eindeutig erfaßt werden können? Sind nicht neben die einzelstaatliche Verfassung gleich- oder übergeordnete Leitprinzipien getreten, die unmittelbar auf das Verwaltungsrecht durchschlagen, aber dogmatisch nur schwer einzuordnen sind – auch nicht durch eine noch so ausgeklügelte systematisierende Rechtsquellenlehre?

Antworten scheinen sich aus landläufigen Entwicklungslinien einer – wie es scheint – naheliegenden Internationalisierung der Staatlichkeit zu ergeben, die sich unmittelbar auf die Verfassung auswirkt[4]. Aber weder

---

[1] Vgl. etwa „Kein Unterricht ohne Kopftuch“, FAZ, 11. 9. 1999; vgl. auch das von *Ernst Gottfried Mahrenholz* für das niedersächsische Kultusministerium im März 1998 erstattete Gutachten zur Frage der Zulässigkeit des Verbots der Schulverwaltung gegenüber einer Schülerin, im Unterricht einen Schleier zu tragen, veröffentlicht in: RdJB 1998, S. 287 ff.

[2] *Fritz Werner*, Verwaltungsrecht als konkretisiertes Verfassungsrecht, DVBl. 1959, S. 527 ff.

[3] Siehe z. B. *Christian Starck*, Grundrechte, Rechtsstaat und Demokratieprinzip als Grundlagen des Verwaltungsverfahrens, Rechtsvergleichende Betrachtung in: Festschrift für *Rudolf Bernhardt*, 1995, S. 595 ff.; *Hartmut Maurer*, Allgemeines Verwaltungsrecht, 12. Aufl. 1999, S. 12; *Dirk Ehlers*, in: *Hans-Uwe Erichsen*, Allgemeines Verwaltungsrecht, 10. Aufl., 1995, § 4.

[4] Zur Konkordanz von europäischem und nationalem Verfassungsrecht vgl. *Konrad Hesse*, Stufen der Entwicklung der deutschen Verfassungsgerichtsbarkeit, JöR N.F. 46

Fragen des Verhältnisses zwischen Staat und Europäischem Gemeinschaftsrecht[5], noch durchaus ernst zu nehmende Probleme einer viel diskutierten Europäischen Verfassung[6] sollen im Mittelpunkt stehen, noch spezifische Fragen einer Europäisierung des deutschen Verwaltungsrechts. Auf diesem Felde sind nach anfänglichem Zögern massive eigenständige Entwicklungen in Gang gesetzt worden[7], die vom Tagungsthema aber nur am Rande berührt werden. Nicht versucht werden soll auch, sich ihm sogleich vom Begriff des Staates her zu nähern, etwa über die häufig festgestellte, ebenso häufig geforderte dogmatische Aufgabe jener Einheit „Staat", auf den sich Religionsfreiheit ja beziehen soll.

Im Mittelpunkt werden statt dessen normative Grundordnungen stehen, die fast unbemerkt, aber unabweisbar und effizient neben die geltende Verfassung getreten sind und sie in bemerkenswerter Weise beeinflussen, wie die Europäische Menschenrechtskonvention (EMRK). Sie wird im Zentrum der folgenden Ausführungen stehen. Das Bundesverfassungsgericht hatte die Bedeutung dieser Konvention deutlicher als andere erkannt, als es 1987 feststellte, bei der Auslegung des Grundgesetzes seien auch Inhalt und Entwicklungsstand der Europäischen Menschenrechtskonvention in Betracht zu ziehen, und deshalb diene insoweit auch die Rechtsprechung des Straßburger Gerichtshofes als „Auslegungshilfe für die Bestimmung von Inhalt und Reichweite von Grundrechten und rechtlichen Grundsätzen des Grundgesetzes"[8].

(1998), S. 1ff., 22; ferner statt anderer *Jürgen Schwarze*, Das schwierige Geschäft mit Europa und seinem Recht, JZ 1998, S. 1077ff.

[5] Siehe allgemein z.B. *Albert Bleckmann*, Europarecht, 6. Aufl. 1997, § 11, Rdn. 1069ff.; speziell *Gerhard Robbers*, Staat und Kirche in der Europäischen Union im gleichnamigen Sammelband, 1995, S. 351ff.

[6] *Dieter Grimm*, Braucht Europa eine Verfassung?, JZ 1995, S. 581ff.; *Christian Koenig*, Ist die Europäische Union verfassungsfähig?, DÖV 1998, S. 268ff.; *Gil Carlos Rodriguez Iglesias*, Gedanken zum Entstehen einer Europäischen Rechtsordnung, NJW 1999, S. 1ff.; vgl. auch *Peter Häberle*, Gemeineuropäisches Verfassungsrecht, EuGRZ 1991, S. 261ff.; *ders.*, Die europäische Verfassungsstaatlichkeit, Kritische Vierteljahresschrift für Gesetzgebung und Rechtswissenschaften, 1995, S. 298ff.

[7] *Eberhard Schmidt-Aßmann*, Deutsches und Europäisches Verwaltungsrecht, DVBl. 1993, S. 924ff.; *Friedrich Schoch*, Die Europäisierung des Allgemeinen Verwaltungsrechts, JZ 1995, S. 109ff.; *ders.*, Europäisierung der Verwaltungsrechtsordnung, VBlBW 1999, S. 241ff.; *Jürgen Schwarze*, Der Beitrag des Europäischen Gerichtshofes zur Europäisierung des Verwaltungsrechts, EuR 1997, S. 419ff.

[8] BVerfGE 74, 358, 370, Beschluß des zweiten Senats vom 26. März 1987 = EuGRZ 1987, S. 203, 206; bestätigt durch Entscheidung vom 29. 5. 1990, in: EuGRZ 1990, S. 329, 330; vgl. hierzu *Jochen A. Frowein*, Das Bundesverfassungsgericht und die Europäische Menschenrechtskonvention, in: Festschrift für *Wolfgang Zeidler*, Bd. II, 1987, S. 1763ff.;

2. Tendenzen zur „Internationalisierung“

Diese ausdrückliche Feststellung des Bundesverfassungsgerichts kann nicht darüber hinwegtäuschen, daß die Orientierung an internationalrechtlichen Normen, namentlich an Menschenrechten, zu Mißverständnissen führen kann.

a) Europäisierung und Universalität

Vor allem eine undifferenzierte Voraussetzung angeblicher Internationalisierung wirft zusätzliche Fragen auf, ohne eindeutige Antworten zu vermitteln. Internationalisierung und universeller Menschenrechtsschutz bedeuten mehr und anderes als die Entwicklung einer Europäisierung des nationalen Verfassungsstaates. Soweit etwa völkerrechtliche Normen angesprochen sind, wie etwa in bezug auf die Menschenrechtspakte der Vereinten Nationen, geht es um die universelle Geltung von Menschenrechten, nicht aber um den Bezugsrahmen der Europäischen Menschenrechtskonvention (EMRK). Zutreffend erwähnt der Landesbericht Deutschland für die IX. Konferenz der europäischen Verfassungsgerichte 1993 beide Aspekte der Universalität der Menschenrechte: die Anerkennung im europäischen und weltweiten Pluriversum der Staaten[9]. Die Einbeziehung des Islams und seiner Ausdrucksformen in den deutschen Schulunterricht[10] bezieht sich folglich sowohl auf die deutsche, auf die europäische wie auf die weltweite, universelle Dimension, mag es im konkreten Falle auch nicht zu spezifischen Konflikten kommen. Wenig spricht dafür, daß im Regelfall der in Art. 9 EMRK garantierte Schutzbereich der Religionsfreiheit geographisch oder kulturell begrenzt zu verstehen sei und zu Art. 12 der Amerikanischen Konvention über Menschenrechte oder Art. 8 der Afrikanischen Menschenrechtscharta eine nennenswerte Differenz verborgen sein könnte[11]. Nicht auszuschließen ist jedoch, daß die Interpretation der Vertragsnormen im Einzelfall Nuan-

---

vgl. schon *Georg Ress*, Die „Einzelfallbezogenheit“ in der Rechtsprechung des Europäischen Gerichtshofs für Menschenrechte, Festschrift für *Hermann Mosler*, 1983, S. 719ff.

[9] *Paul Kirchhof*, Verfassungsrechtlicher Schutz der Menschenrechte: Konkurrenz oder Ergänzung?, EuGRZ 1994, S. 16ff., 36; siehe auch *Klaus Stern*, Zur Universalität der Menschenrechte, Festschrift für *Hans F. Zacher* zum 70. Geburtstag, 1998, S. 1063ff.

[10] Überblick bei *Christian Hillgruber*, Der deutsche Kulturstaat und der muslimische Kulturimport, JZ 1999, S. 538, 543; *Christine Langenfeld*, Integration und kulturelle Identität zugewanderter Minderheiten: Eine Herausforderung für das deutsche Schulwesen, AöR 123 (1998), S. 375.

[11] Sofern nicht ohnehin Textabweichungen im Einzelfall zu verzeichnen sind. Vgl. die vergleichende Studie von *Michaela Wittinger*, Familien und Frauen im regionalen Menschenrechtsschutz, Saarbrücker Studien zum Internationalen Recht 12, 1999.

cierungen möglich macht oder nicht[12], die an kulturelle und historische Unterschiedlichkeiten anknüpfen.

Hinter der ganz unvoreingenommen erwähnten Tendenz zur Internationalisierung lauert daher – kaum angesprochen – das Problem der Universalität der Menschenrechte und ihrer aktuellen Geltung. Der Hinweis des erwähnten Landesberichts auf eine „gemeineuropäische Menschenrechtsentwicklung" (unter Erwähnung von *Helmut Steinberger* und *Peter Häberle*)[13] scheint davon auszugehen, daß aus europäischer Sicht keine Differenzen zu einer universellen Menschenrechtsentwicklung bestehen, und nur unter dieser Voraussetzung stabilisiert sich die Gedankenbrücke zwischen europäischem und universellem Menschenrechtsschutz. Wenn in bezug auf die Religionsfreiheit u. a. von „kulturellen Verfassungsvoraussetzungen"[14] gesprochen wird und davon, daß die Menschenrechte „in einer europäischen Tradition des Christentums, der Aufklärung und des Wirtschaftsliberalismus" wurzeln[15], so ist damit eine kulturelle Weite vorausgesetzt, die nicht nur den – wie betont – europaoffenen Verfassungsstaat zum Ziel hat, sondern auch den kulturell weltweit offenen Verfassungsstaat schlechthin – mit allen Konsequenzen für das stets vorausgesetzte Menschenbild[16] und die damit verbundene Menschenwürde –, etwa auch in bezug auf den meist nicht eigens erwähnten asiatischen Raum. Die europaweite Diskussion um Gesichtsschleier und Kopftücher im Schulunterricht[17] stellt insgesamt nur einen verschwin-

[12] Zu Abweichungen selbst bei Textidentität mit dem Grundgesetz vgl. bereits *Meinhard Hilf*, Der Rang der Europäischen Menschenrechtskonvention im deutschen Recht, in: *Ernst G. Mahrenholz, Meinhard Hilf, Eckart Klein*, Entwicklung der Menschenrechte innerhalb der Staaten Europas, Rechtsstaat in der Bewährung, Bd. 20, 1987, S. 19ff., 24f. unter Hinweis auf *Hermann Mosler, Rudolf Bernhardt* und *Jochen A. Frowein*.

[13] *Paul Kirchhof*, a.a.O. (Anm. 9), S. 33.

[14] *Paul Kirchhof*, a.a.O. (Anm. 9), S. 18; vgl. auch *Peter Häberle*, Grundrechte in pluralistischen Gesellschaften – Die Verfassung des Pluralismus, Die Verwaltung 1993, S. 421.

[15] *Paul Kirchhof*, a.a.O. (Anm. 9), S. 35.; vgl. auch *Wolfgang Fikentscher*, Die heutige Bedeutung des nichtsäkularen Ursprungs der Grundrechte, in: *Ernst-Wolfgang Böckenförde* und *Robert Spaemann* (Hrsg.), Menschenrechte und Menschenwürde, 1987.

[16] Vgl. *Konrad Hesse*, Grundzüge des Verfassungsrechts der Bundesrepublik Deutschland, 20. Aufl., 1995, Rdn. 116 m. w. N., spezieller *Jan Michael Bergmann*, Das Menschenbild der Europäischen Menschenrechtskonvention, 1995, S. 94ff.

[17] Für Deutschland vgl. *Ulrich Battis*, Kopftuchverbot im Schuldienst, ZTR 1998, S. 529ff.; für Frankreich *Geneviève Koubi*, Laizismus und Religionsausübung, in: Tagungsband von *Juliane Kokott* und *Beate Rudolf* zur Tagung „Gesellschaftsgestaltung und Menschenrechte", 1997 (noch unveröff.); *Mathias Rohe*, Rechtliche Perspektiven eines deutschen und europäischen Islam (zur Veröffentlichung in RabelsZ 2/2000 vorgesehen); *Axel Spies*, Verschleierte Schülerinnen in Frankreich und Deutschland, NVwZ 1993, S. 637ff.; *Aguila, Yann*, Le temps de l'école et le temps de Dieu, Revue francaise de droit

dend kleinen Ausschnitt aus der Problematik universeller Menschenrechtsgeltung dar[18].

b) Nivellierungen verwaltungsrechtlicher Art?

Mißverständnisse einer anderen Art von Internationalisierung provoziert der in einer gebirgigen Region Griechenlands spielende Fall des Oberhaupts eines griechisch-orthodoxen Klosters, das die staatliche Lizenz für die Erneuerung seiner Handfeuerwaffen beantragte. Mit dem neuen Revolver sollte das Eigentum des Klosters wirksam geschützt werden. Als die Lizenz im Blick auf Verfassung, kirchliche Lehre und Tradition verweigert wurde, stellte sich auf nicht näher erschließbare Weise die Frage nach Religion und entsprechenden Grundrechten[19], also auch nach der Religionsfreiheit.

Dieser eher bizarre Fall eignet sich für allgemeine oder gar „gemeineuropäische" Schlußfolgerungen ebensowenig wie das Beispiel einer ebenfalls „griechischen" Konfrontation zwischen Religionsausübung und Umweltschutz bei dem Neubau einer Kirche in einer gesetzlich geschützten Waldregion bei Athen. Auch hier zeigen sich die Grenzen einer allzu respektvollen internationalen Ausrichtung mehr verwaltungsrechtlicher Entscheidungen sowie die Notwendigkeit, nach Ort und Zeit auch innerhalb Europas zu differenzieren und grobschlächtige Nivellierungen ohne Rücksicht auf sachliche Schranken der Rechtsvergleichung zu vermeiden. Eine sachlich unangemessene sog. Internationalisierung findet ihre deutlichen Grenzen meist in der nationalen Gesetzgebung in Verbindung mit dem Selbstverständnis der religiösen Gemeinschaften, und der Blick auf internationale Standards erweist sich häufig als verfrüht oder fehlplaziert[20].

c) Normative Eignung der Menschenrechte?

Tiefergehende Irritationen resultieren aus der Frage, ob die Menschenrechte überhaupt geeignet seien, das Verhältnis zwischen Staat

administratif 1995, S. 585ff.; einen Überblick über die Situation in verschiedenen Mitgliedstaaten des Europarates bieten *Jaqueline Dutheil de La Rochère* und *Yves Gaudemet*, École et religion à l'étranger, Revue francaise de droit administratif 1991, S. 55ff.

[18] Näher *Peter Badura*, Der Schutz von Religion und Weltanschauung durch das Grundgesetz, 1989, S. 81ff.

[19] Council of State, 12. 7. 1990, in: European Commission for Democracy through law (Venice Commission), Working document for the 11th Conference of the European Constitutional Courts, Freedom of religion and beliefs, 1999, S. 43f.

[20] *Karl-Peter Sommerhausen*, Völkerrechtlich garantierte Menschenrechte als Maßstab der Verfassungskonkretisierung – Die Menschenrechtsfreundlichkeit des Grundgesetzes, AöR 114 (1989), S. 391ff., 415.

und Religion zu bestimmen. Dabei kann es nicht darum gehen, die Menschenrechte aus der Beziehung auszuschließen. Denn viel zu eindeutig und überzeugend ist ihre dominierende Einwirkung dargelegt worden[21]. Probleme verursacht vielmehr die historische Entwicklung, die auf unterschiedliche Weise, etwa in religiösen oder ständischen Freiheitskämpfen, den Gedanken der Religionsfreiheit vorantrieb, ohne in erster Linie an Menschenrechten orientiert zu sein. In aller Deutlichkeit hat dies 1987 *Martin Heckel* formuliert: „... die Reformatoren haben sich theologisch und kirchenpolitisch nicht eigentlich und jedenfalls nicht unmittelbar um die Menschenrechte bemüht, sie weder erfunden, noch verteidigt; sie hatten andere Nöte und Ziele ...“[22]. Die Menschenrechte sind in einen historischen Prozeß eingebunden, von einer „Verbindung und wechselseitigen Durchdringung“[23] unterschiedlicher Momente, die nicht immer menschenrechtlich ausgerichtet waren[24]. Historische und menschenrechtliche Momente verbinden sich in Europa daher auf unterschiedliche Weise mit einer wichtigen Folgerung: Aktuelle Ausprägungen der Religionsfreiheit entspringen keineswegs stets einer entsprechenden Menschenrechtsentwicklung[25], und jede gegenteilige Behaup-

---

[21] *Karl Josef Partsch*, Die Rechte und Freiheiten der europäischen Menschenrechtskonvention, in: *K. A. Bettermann, F.L. Neumann, H.C. Nipperdey*, Die Grundrechte, Bd. I/1, 1966, S. 235ff.; *Georg Ress*, Die Europäische Menschenrechtskonvention und die Vertragsstaaten: Die Wirkungen der Urteile des Europäischen Gerichtshofes für Menschenrechte im innerstaatlichen Recht und vor innerstaatlichen Gerichten, in: *Irene Maier* (Hrsg.), Europäischer Menschenrechtsschutz, 1982, S. 227ff.; *Gerhard Ulsamer*, Europäische Menschenrechtskonvention als innerstaatlich geltendes Recht der Bundesrepublik Deutschland, in: *Jochen A. Frowein, Gerhard Ulsamer*, Europäische Menschenrechtskonvention und nationaler Rechtsschutz, 1985, S. 35ff.; *Karl-Peter Sommerhausen*, a.a.O. (Anm. 20), S. 391ff.; *Jochen A. Frowein*, Übernationale Menschenrechtsgewährleistungen und nationale Staatsgewalt, in: *Josef Isensee, Paul Kirchhof* (Hrsg.), Handbuch des Staatsrechts, Bd. VII, 1992, § 180, Rdn. 5ff.; *Robert Uerpmann*, Die Europäische Menschenrechtskonvention und die deutsche Rechtsprechung, 1993.

[22] *Martin Heckel*, Die Menschenrechte im Spiegel der reformatorischen Theologie, 1987, S. 9; vgl. auch *Axel Freiherr von Campenhausen*, Religionsfreiheit, in: *Josef Isensee, Paul Kirchhof* (Hrsg.), Handbuch des Staatsrechts, Bd. VI, 1989, § 136, Rdn. 8f.

[23] *Hasso Hofmann*, Die Entwicklung der Menschenrechte, 1999, S. 18.

[24] Vgl. *Winfried Bausback*, Freiheitliche demokratische Grundordnung und internationaler Schutz der Religionsfreiheit, in: *Ingo Erberich, Ansgar Hörster u.a.* (Hrsg.), Frieden und Recht, 1998, S. 85, der *Max Huber*, Prolegomena und Probleme eines internationalen Ethos, 1956, zitiert: „Die ins Auge springende Tatsache ist die Vielheit, Verschiedenheit und Gegensätzlichkeit der bestehenden Religionen und Ideologien. Je tiefer ein Ethos verwurzelt ist, je stärker ist es zu Konzessionen bereit, selbst um Konvergenzen zur Konkordanz zu bringen.“

[25] Siehe z.B. *Martin Kriele*, Zur Geschichte der Grund- und Menschenrechte, in: Festschrift für *Ulrich Scupin*, 1973, S. 187ff.

tung zöge notwendig den Vorwurf auf sich, zumindest unhistorisch zu sein.

Betreffen diese Fragen mehr das Verhältnis der Menschenrechte zum historischen Kontext, so könnten ganz anders gelagerte Zweifel die Orientierung an den Menschenrechten beeinträchtigen. „Alles in allem sind die Menschenrechte nach dem heutigen Stand des Völkerrechts zu diffus, zu aufgebläht, zu heterogen, zu verschiedengewichtig, zu umstritten ...", schrieb ein führender deutscher Staatsrechtslehrer noch 1995[26]. Er bezog diese allgemeine Charakterisierung allerdings auf den inzwischen praktizierten Sonderfall einer völkerrechtmäßigen Intervention und sah in „offenkundige(n) und besonders schweren Menschenrechtsverletzungen" gleichwohl eine Rechtfertigung der Intervention. Im übrigen verlangte er ein Minimum an rechtlicher Bestimmtheit und Berechenbarkeit[27]. Damit formulierte er eine verbreitete Kritik an menschenrechtlicher Argumentation, soweit diese es bei allgemeinen Hinweisen oder Kategorisierungen beläßt[28]. Soweit Menschenrechte jedoch Gegenstand gerichtsförmiger Verfahren sind, können allgemeine Charakterisierungen der genannten Art nicht greifen. Sobald textliche Eingrenzungen ausschlaggebend werden, ist die allgemeine Diskussionsebene verlassen und eine Rückkehr in die Welt der mehr oder weniger sympathisierenden allgemein-rhetorischen Zuordnungen versperrt[29]. Anders nur, wenn allgemein-völkerrechtliche Fragen bewußt von einer generellen Argumentationsbasis ausgehen wollen.

d) *Die Einbeziehung der EMRK in das deutsche Rechtssystem*

Durch die Änderung der Rechtsprechung des Bundesverfassungsgerichts im Jahre 1987 und das gestraffte Verfahren am Straßburger Gerichtshof selbst[30] ist die EMRK noch stärker in die Gerichtsbarkeit der

---

[26] *Josef Isensee*, Weltpolizei für Menschenrechte, JZ 1995, S. 421 ff., 426.

[27] *Josef Isensee*, a.a.O. (Anm. 26), S. 429.

[28] Vgl. auch *Knut Ipsen*, Völkerrecht, 3. Aufl. 1990, § 57, Rdn. 26.

[29] Zur Bedeutung vertraglich gewährter Menschenrechte allgemein *Karl Doehring*, Völkerrecht, 1999, Rdn. 977.

[30] Mit dem Inkrafttreten des 11. Zusatzprotokolls am 1. 11. 1998 kam es zu einer grundsätzlichen Neugestaltung der Schutzmechanismen der Konvention durch die Schaffung eines ständigen Gerichtshofs für Menschenrechte, der als einziges Organ an die Stelle der Kommission und des bislang nicht ständig eingerichteten Gerichtshofs trat; vgl. *Jens Meyer-Ladewig*, Ständiger Europäischer Gerichtshof für Menschenrechte, NJW 1998, S. 512 f.; *Volker Schlette*, Das neue Rechtsschutzsystem der Europäischen Menschenrechtskonvention, ZaöRV 56 (1996), S. 905 ff.; zu offenen Fragen der Organisation vgl. *Georg Ress*, Die Organisationsstruktur internationaler Gerichte, insbesondere des neuen Europäischen Gerichtshofs für Menschenrechte, in: Liber amicorum für *Ignaz Seidl-Hohenveldern*, 1998, S. 541 ff.

Bundesrepublik Deutschland einbezogen worden, auch wenn bereits zuvor eine starke Beachtung der Straßburger Entscheidungen zu beobachten war[31]. Bereits zuvor hatte *Jochen A. Frowein* feststellen können: „Insgesamt ist das Schutzsystem der Europäischen Menschenrechtskonvention etwa seit 1975 zunehmend in eine dem nationalen Grundrechtsschutz vergleichbare Dimension gewachsen und beginnt, deutlich prägend auf die gesamteuropäische Grundrechtsentwicklung Einfluß zu nehmen"[32]. Diese Funktion hat sich in der Zwischenzeit deutlich verstärkt, auch wenn der EGMR nach wie vor nicht befugt ist, innerstaatliche Entscheidungen aufzuheben oder auf andere Weise unmittelbare Wirkungen in den Mitgliedstaaten zu erzielen[33]. Seine dennoch bestehende rechtliche Einwirkung kann in Deutschland gleichwohl als außerordentlich hoch eingeschätzt werden, ganz unabhängig von der durch das Bundesverfassungsgericht festgestellten Funktion als Auslegungsorientierung[34]. Auch für die Normen des Grundgesetzes ist die EMRK mit der in Straßburg entwickelten Rechtsprechung mehr als bloße Ergänzung der nationalen Judikative. Sie nimmt vielmehr teil an der verfassungsrechtlich geforderten richterlichen Kontrollgewalt. Unter diesen Gesichtspunkten nimmt auch im Hinblick auf das Verhältnis von Staat und Religion die EMRK eine besondere Position ein, ohne den im Grundgesetz erreichten Schutzstandard zu verringern (Art. 53 EMRK)[35].

3. Ausgangspositionen der EMRK

Zu den Ausgangspositionen der EMRK und der zu ihr ergangenen Rechtsprechung zählt zunächst die unzulässige Verkürzung der Bezug-

---

[31] Näher *Jochen A. Frowein*, a.a.O. (Anm. 21), Rdn. 13ff.; vgl. schon *Rudolf Echterhölter*, Die Europäische Menschenrechtskonvention im Rahmen der verfassungsmäßigen Ordnung, JZ 1955, S. 687ff.; *Helga Seibert*, Europäische Menschenrechtskonvention und Bundesverfassungsgericht, in: *Hans Joachim Vogel, Helmut Simon, Adalbert Podlech* (Hrsg.), Die Freiheit des Anderen, Festschrift für *Martin Hirsch*, 1981, S. 519ff. m. w. N.; *Roman Herzog*, in: *Theodor Maunz, Günter Dürig, Roman Herzog u. a.*, Kommentar zum GG, Art. 4, Rdn. 62.

[32] *Jochen A. Frowein*, a.a.O. (Anm. 21), Rdn. 29; vgl. *Paul Kirchhof*, a.a.O. (Anm. 9), S. 16ff.; *Albert Bleckmann*, Verfassungsrang der Europäischen Menschenrechtskonvention?, EuGRZ 1994, S. 149ff.; *Erhard Denninger*, Menschenrechte und Staatsaufgaben – ein „europäisches" Thema, JZ 1996, S. 585ff.; jüngst insbesondere *Winfried Bausback*, „Auslagerung" des Grundrechtsschutzes auf die internationale Ebene?, ZRP 1999, S. 6ff.

[33] *Jochen A. Frowein*, a.a.O. (Anm. 21), Rdn. 19.

[34] *Paul Kirchhof*, a.a.O. (Anm. 9), S. 25f.; vgl. *Karl-Peter Sommerhausen*, a.a.O. (Anm. 20), S. 406ff.; *Horst Dreier*, in: *Horst Dreier* (Hrsg.), Grundgesetz, Kommentar, Bd. I, 1996, Vorb., Rdn. 22.

[35] *Paul Kirchhof*, a.a.O. (Anm. 9), S. 16, 31, 36.

nahme auf die Religionsfreiheit durch die schlichte Erwähnung des Art. 9 der EMRK. In dessen Abs. 1 Satz 1 mag zwar eine Fülle von Vergleichsmaterial zum Grundgesetz vorhanden sein: „Jedermann hat Anspruch auf Gedanken-, Gewissens- und Religionsfreiheit", und auch in den übrigen Ausführungen des Abs. 1 mögen hinreichende Vergleichsmöglichkeiten zum Grundgesetz mehr oder weniger verborgen sein[36]. Aufschlußreich erscheint aber weniger die Koppelung mit Gedanken- und Gewissensfreiheit oder die ausdrücklich genannte Freiheit des Wechsels der Religion oder der Weltanschauung. Bedeutsam erscheint vielmehr das Auftauchen der Religion in anderen Teilen der EMRK oder ihrer Zusatzprotokolle. So enthält Art. 14 ein Diskriminierungsverbot u.a. im Blick auf die Religion, und Art. 2 des ersten Zusatzprotokolls wurde für die Rechtsprechung zur Religionsfreiheit wichtig, weil hier im Rahmen der Erwähnung eines Rechts auf Bildung das Recht der Eltern genannt ist, die Erziehung und den Unterricht entsprechend ihren eigenen religiösen und weltanschaulichen Überzeugungen sicherzustellen[37].

Wichtig wurde diese Bestimmung nicht allein im recht frühen Fall *Kjeldsen u. a. gegen Dänemark* im Jahre 1976, als es um den Lehrplan in einer vom Staate zu 85 % subventionierten Privatschule ging. Hier hatte der Gerichtshof die Pflicht des Staates betont, die Überzeugungen der Eltern nicht nur punktuell zu respektieren, sondern während des gesamten Unterrichtsprogrammes[38]. In einer jüngeren Entscheidung (*Efstratiou ge-*

---

[36] *EMRK* Artikel 9 (Gedanken-, Gewissens- und Religionsfreiheit)
(1) Jede Person hat das Recht auf Gedanken-, Gewissens- und Religionsfreiheit; dieses Recht umfaßt die Freiheit, seine Religion oder Weltanschauung zu wechseln, und die Freiheit, seine Religion oder Weltanschauung einzeln oder gemeinsam mit anderen öffentlich oder privat durch Gottesdienst, Unterricht oder Praktizieren von Bräuchen und Riten zu bekennen.
(2) Die Freiheit, seine Religion oder Weltanschauung zu bekennen, darf nur Einschränkungen unterworfen werden, die gesetzlich vorgesehen und in einer demokratischen Gesellschaft notwendig sind für die öffentliche Sicherheit, zum Schutz der öffentlichen Ordnung, Gesundheit oder Moral oder zum Schutz der Rechte und Freiheiten anderer.
Ausführlich hierzu *Nikolaus Blum*, Die Gedanken-, Gewissens- und Religionsfreiheit nach Art. 9 der Europäischen Menschenrechtskonvention, Berlin, 1990; *Albert Bleckmann*, Von der individuellen Religionsfreiheit des Art. 9 EMRK zum Selbstbestimmungsrecht der Kirchen, 1995.

[37] *1. Zusatzprotokoll EMRK* Artikel 2 (Recht auf Bildung)
Niemandem darf das Recht auf Bildung verwehrt werden. Der Staat hat bei Ausübung der von ihm auf dem Gebiet der Erziehung und des Unterrichts übernommenen Aufgaben das Recht der Eltern zu achten, die Erziehung und den Unterricht entsprechend ihren eigenen religiösen und weltanschaulichen Überzeugungen sicherzustellen.

[38] *Kjeldsen, Busk Madsen & Pedersen gegen Dänemark*, Urteil vom 7. 12. 1976, Série A, Vol. 23, § 53, S. 26.

gen Griechenland, 1996) hat das Gericht sich wiederum auf Art. 2 desselben Zusatzprotokolls gestützt und die frühere Rechtsprechung bekräftigt. Hinzu fügte es die Präzisierung, es gehe nicht nur um „Erziehung", sondern um alle staatlichen „Funktionen", wobei der Ausdruck „respektieren" mehr bedeute als „anerkennen" oder „zur Kenntnis nehmen". Zusätzlich enthalte das Wort eine gewisse positive Verpflichtung („positive obligation") für den Staat[39]. Die Zahl der von der EMRK ausgehenden Handlungspflichten für die Vertragsstaaten[40] wird dadurch eindrucksvoll und ausdrücklich ergänzt.

Wiederholt wird in dieser Entscheidung die notwendige Zusammenschau nicht nur der beiden Sätze des Art. 2, sondern vor allem der Art. 8, 9 und 10 der Konvention, also die Verschränkung der Religionsfreiheit mit dem Anspruch auf Achtung des Privat- und Familienlebens und mit dem Recht auf freie Meinungsäußerung. Art. 2 des ersten Zusatzprotokolls müsse vor allem im Lichte dieser Artikel gesehen werden[41]. Noch näher am Gedanken der einheitlichen Interpretation lag die Formulierung in der Blasphemie-Entscheidung *Otto-Preminger-Institut gegen Österreich* (1994): die Konvention müsse als Ganzes gelesen werden, und im vorliegenden Fall müßten Interpretation und Anwendung von Art. 10 in Harmonie mit der Logik der Konvention bleiben[42].

Schon diese wenigen Beispiele zeigen, daß die Rechtsprechung zur EMRK einer Linie der einheitlichen Sicht zu folgen versucht. Doch gerade diese zuletzt genannte Entscheidung im Falle *Otto-Preminger-Institut gegen Österreich* belegt, daß der im nationalen Schrifttum häufig zu findende isolierte Hinweis auf Art. 9 EMRK aus einem anderen Grunde irreführend sein kann: der Gerichtshof behandelt Fragen, die im Zusammenhang mit der Religionsfreiheit vermutet werden, gelegentlich auch unter dem Etikett des Art. 10 (freie Meinungsäußerung) und verbindet sie zudem mit Problemen selbst der Kunstfreiheit[43]. Ein Grund für dieses

---

[39] *Efstratiou gegen Griechenland*, Urteil vom 18. 12. 1996, Recueil des Arrêts et Décisions, Vol. 27, S. 2347ff., § 28, S. 2359.

[40] *Jochen A. Frowein*, Freedom of Religion in the Practice of the European Commission and Court of Human Rights, ZaöRV 46 (1986), S. 249, 258f.; *ders.*, Die Bedeutung des die Gedanken-, Gewissens- und Religionsfreiheit garantierenden Artikels 9 der Europäischen Menschenrechtskonvention, in: Essener Gespräche zum Thema Staat und Kirche, 27 (1993), S. 46, 49.

[41] A.a.O. (Anm. 39), S. 2358, § 26 mit Hinweis auf die Entscheidung *Kjeldsen u.a. gegen Dänemark*, a.a.O. (Anm. 38), dort S. 26, § 52.

[42] *Otto-Preminger-Institut gegen Österreich*, Urteil vom 20. 9. 1994, Série A, Vol. 295, S. 18, § 47.

[43] Vgl. die Entscheidung *Wingrove gegen Großbritannien*, Urteil vom 25. 11. 1996, Receuil des Arrêts et Décisions, Vol. 23, S. 1937ff., § 58, S. 1957.

Wechselspiel mag in einer fast identischen Formulierung der Art. 9 und 10 begründet sein: Zugelassen sind lediglich solche Freiheitsbeschränkungen, die nicht nur gesetzlich vorgesehen, sondern auch „in einer demokratischen Gesellschaft" notwendig sind, um bestimmte Schutzwirkungen zu erzielen.

4. Demokratische Gesellschaft

Der Bezug der Religionsfreiheit zum Demokratieprinzip[44] ist unübersehbar und wird gelegentlich vom Gericht überaus deutlich formuliert, nicht selten sogar deutlicher als die Verbindung mit der Meinungsäußerungsfreiheit. Vor allem der Fall *Kokkinakis gegen Griechenland* (1993) wirkte sich als Leitentscheidung auf die spätere Rechtsprechung aus. Er enthält die zentrale Aussage, daß die in Art. 9 EMRK erwähnte Gedanken-, Gewissens- und Religionsfreiheit eine der Grundlagen einer „demokratischen Gesellschaft" im Sinne der Konvention sei[45]. Gewiß, vergleichbare Auffassungen finden sich bereits in der früheren Rechtsprechung[46], doch wird nunmehr der enge Bezug zwischen Religionsfreiheit und Demokratieprinzip geradezu formelhaft festgeschrieben, so daß diese Aussage ganz selbstverständlich auch in späteren Entscheidungen

---

[44] Hierzu *Walter Berka*, Die Gesetzesvorbehalte der Europäischen Menschenrechtskonvention, ÖZöRV 1986, S. 71, 91ff.; *Christoph Engel*, Die Schranken der Schranken in der Europäischen Menschenrechtskonvention – Das Merkmal „notwendig in einer demokratischen Gesellschaft" in den Schrankenvorbehalten, das Diskriminierungsverbot, und die „margin of appreciation", ÖZöRV 1986, S. 261ff. Aus der verfassungsrechtlichen Literatur vgl. z.B. *Konrad Hesse*, Grundzüge des Verfassungsrechts der Bundesrepublik Deutschland, 20. Aufl., 1995, Rdn. 159–161.

[45] *Kokkinakis gegen Griechenland*, Urteil vom 25. 5. 1993, Série A, Vol. 260, S. 1ff., § 31, S. 17. Zu diesem Fall ausführlich *Elisabeth Dujovits*, Der Schutz religiöser Minderheiten nach der EMRK, in: *Christoph Grabenwarter, Rudolf Thienel* (Hrsg.), Kontinuität und Wandel der EMRK, 1998, S. 139ff., 141ff.

[46] Vgl. die Aussagen des Gerichtshofes zu Art. 2 des 1. Zusatzprotokolls im Urteil *Kjeldsen u. a.*, a.a.O. (Anm. 38), § 50, S. 25 sowie § 52, S. 26, sowie die Meinung der Kommission im Fall *Darby gegen Schweden*, Urteil vom 23. 10. 1990, Série A, Vol. 187, § 44ff., S. 17f.; weitere Nachweise von Ausführungen der Kommission finden sich bei *Peter W. Edge*, Current Problems in Article 9 of the European Convention on Human Rights, The juridical review, 1 (1996), S. 42ff.; *Jochen A. Frowein*, a.a.O. (Anm. 40), S. 249ff.; *Elisabeth Palm*, Case-Law of the European Court of Human Rights on the Freedom of Religion guaranteed by the European Convention on Human Rights, XIth Conference of European Constitutional Courts, 17. bis 20. Mai, Warschau, Council of Europe, 1. 6. 1999; *Martin Philipp Wyss*, Glaube und Religionsfreiheit zwischen Integration und Isolation, Schweizerisches Zentralblatt für Staats- und Verwaltungsrecht 9 (1994), S. 385ff.

wieder aufgenommen wird, wie etwa im Falle *Buscarini u. a. gegen San Marino* am 18. 2. 1999[47].

a) Unlautere Missionierung

Diese Fernwirkung exemplarischer Art erscheint um so erstaunlicher, als der Fall selbst scheinbar nur die wenigen Vertragsstaaten zu betreffen schien, in denen die unlautere Missionierung als strafbarer Proselytismus verboten war[48]. Beteiligt an dem strafbaren Geschehen war Herr *Kokkinakis*, der seit 1936 Mitglied der Zeugen Jehovas und bereits 60mal wegen des vergleichbaren Verhaltens verhaftet worden war. Als er mit seiner Ehefrau im Jahre 1986 die in der Nachbarschaft wohnende, mit einem griechisch-orthodoxen Kantor verheiratete Frau *Kyriakiki* zu Hause besuchte, kam es zu einer Diskussion über Religionsfragen, und Herr *Kokkinakis* wurde nach telefonischer Anzeige durch den Ehemann der Nachbarin von der Polizei verhaftet und in zweiter Instanz 1987 zu einer dreimonatigen Gefängnisstrafe verurteilt[49]. Kommission und Gerichtshof nahmen einen Verstoß gegen Art. 9 EMRK mit unterschiedlichen Mehrheiten an.

Unlautere Missionierungen waren zwar schon in früheren Entscheidungen zum Ausgangspunkt gemacht worden, nicht aber in vergleichbar grundsätzlicher Art. In dem bereits erwähnten Fall *Kjeldsen u. a. gegen Dänemark* war bereits gegenüber dem Staat das Verbot ausgesprochen worden, Kinder zu indoktrinieren; vielmehr ist der Lehrplan „objektiv, kritisch und pluralistisch" zu gestalten[50]. Der Fall *Kokkinakis* trieb das Gericht jedoch in einen grundsätzlichen Gegensatz, der auch dann von Interesse bleibt, wenn die spezifischen Strafvorschriften gegen unlauteren Proselytismus hinweggedacht werden. Denn deutlich wurde vom

---

[47] *Buscarini u. a. gegen San Marino*, Urteil vom 18. 2. 1999, Appl. 24645/94 (noch nicht in der Amtl. Sammlung veröffentlicht).

[48] Vgl. etwa Zypern, Spanien, Schweiz, Türkei, Portugal, Ukraine, Kroatien, Dänemark. Dazu die Ausführungen zur Strafbarkeit des Prosyletismus aus globaler Sicht: *Nathan Lerner*, Proselytism, Change of Religion and International Human Rights, in: *John Witte, Johan D. van der Vyver* (Eds.), Religious Human Rights in Global Perspective, 1996; *Alan Garay*, Liberté religieuse et prosélytisme: l'expérience européenne, Revue trimestrielle des droits de l'homme 1994, S. 7ff. sowie http://www.law.emory.edu/EILR/volumes/win98/lerner.html; mit der Gleichbehandlung von Glaubensbekenntnissen durch das Strafrecht befaßt sich ein Urteil der römischen Corte Costituzionale vom 14. 11. 1997, EuGRZ 1998, S. 662ff. m. Anm. *Albrecht Weber*.

[49] *Kokkinakis gegen Griechenland*, a.a.O. (Anm. 45); vgl. hierzu *Martin Philipp Wyss*, a.a.O. (Anm. 46), S. 386; vgl. die Hinweise bei *Lerner, Nathan*, a.a.O. (Anm. 48), Abschnitt F „The work of special rapporteurs".

[50] *Kjeldsen u. a. gegen Dänemark*, a.a.O. (Anm. 38), § 53, S. 26.

Gericht gemacht, daß missionierendes Verhalten als Werbe- und Überzeugungsarbeit gegenüber anderen als solches durchaus im Rahmen des Art. 9 EMRK blieb und von ihm sogar vorausgesetzt werde. Anders sei die in Art. 9 gewährte Freiheit des Religionswechsels „toter Buchstabe"[51]. Unversehens stand auf diese Weise der Fall *Kokkinakis* mitten in einer notwendigen Abgrenzung zwischen erlaubter und verbotener, weil unlauterer Missionierung. Eines der abweichenden Richter-Voten ging so weit, die nicht strafbare Missionierung als „main expression" der Religionsfreiheit zu bezeichnen[52] und die Strafbarkeit der Missionierung als ungeeignet einzustufen[53], und zwar auch in dem Falle, in dem eine traditionelle dominierende Glaubensrichtung bestand, wie in Griechenland mit der griechisch-orthodoxen Kirche.

Die abweichenden Voten spiegeln in ihrer Intensität die dogmatischen Probleme wider, die der Sache selbst anhaften. Wie unterscheidet sich lautere von unlauterer (strafbarer) Missionierung? Das Gericht hatte selbst einige Kriterien benannt, die unvereinbar mit dem Geiste der Toleranz und des Pluralismus waren, von dem Art. 9 insgesamt geprägt sei, wie etwa Gewaltmaßnahmen oder Gehirnwäsche neben der Ausübung von sonstigem Druck etwa durch Gewährung sozialer Vorteile[54]. Aber das Problem selbst blieb, ganz unabhängig von der strafbaren Missionierung, unbewältigt und fand seine Wurzeln im Wortlaut der Art. 9 und 10 EMRK selbst. Denn dort wird nicht nur die „Moral" als Grenze der Religionsfreiheit genannt, sondern, viel gewichtiger, der Schutz der Rechte und Freiheiten anderer. Welche Fluchtwege das Gericht angesichts unübersteigbarer Hürden beschritt, kann erst nach der Betrachtung jenes Elements der Religionsfreiheit näher erörtert werden, das im deutschen wie im europäischen Kontext neben dem Toleranzgebot einen zentralen Stellenwert einnimmt: die Forderung nach religiösem Pluralismus.

b) Religiöser Pluralismus

Sie verbindet sich mit Toleranz und Großzügigkeit (broadmindedness)[55]. In Erinnerung an den Fall *Handyside* (1976)[56] wird im Falle *Kokki-*

---

[51] *Kokkinakis gegen Griechenland*, a.a.O. (Anm. 45), § 31, S. 17.

[52] Sondervotum des Richters *Pettiti*, a.a.O. (Anm. 45), S. 27.

[53] Ebd. (Anm. 45), S. 26.

[54] Ebd. (Anm. 45), § 48, S. 21; an anderer Stelle wird die Ausnutzung von Armut, geringer Intelligenz und Unerfahrenheit genannt, § 30, S. 17.

[55] Fall *Otto-Preminger-Institut gegen Österreich*, a.a.O. (Anm. 42), § 49, S. 50, mit Hinweis auf die Entscheidung *Handyside gegen Großbritannien*, Urteil vom 7. 12. 1976, Série A, Vol. 24, § 49, S. 23; vgl. auch die Entscheidung *Young, James und Webster gegen Großbritannien*, Urteil vom 13. 8. 1981, Série A, Vol. 44, § 63, S. 25.

nakis von einer unlöslichen Einheit mit der demokratischen Gesellschaft gesprochen[57], eine Einheit, die nur im Notfalle Begrenzungen erlaubt. Im religiös-pluralistischen Staat, von dem das Gericht ausgeht, koexistieren verschiedene Religionen innerhalb derselben Bevölkerung, und aus diesem Grunde können Beschränkungen der Religionsfreiheit notwendig sein, um die Interessen der verschiedenen Gruppen und die Glaubensrichtung des einzelnen zu sichern. Pluralismus kann sich sowohl gegen andere religiöse Richtungen als auch im Sinne einer geforderten Neutralität gegen den Staat richten[58]. Daß Religionsfreiheit eine wesentliche Basis des Verfassungsstaates und seiner pluralistischen Demokratie darstellt, ist auch im deutschen Verfassungsrecht hinreichend deutlich ausgesprochen worden, etwa von *Peter Häberle*[59]. Ebenso, daß Pluralismus stets als verfaßte und damit sinnvoll begrenzte Pluralität zu verstehen sei[60]. Daher besteht im Grundsatz auch Einigkeit darüber, daß gewisse Toleranzgrenzen selbst in einer demokratisch verfaßten, als pluralistisch verstandenen Gesellschaft gezogen werden müssen[61]. Insofern wandelt das Straßburger Gericht auf durchaus bekannten, erkundeten Pfaden. Dennoch stellt sich die Frage, ob der vom Gerichtshof gepflegte selbstverständliche Vielgebrauch des Pluralismusgedankens[62] nicht zu weiteren Problemen führt, wenn es darum geht, jene Grenzen zu bestimmen, die im Wortlaut der EMRK nur umrissen werden.

Zwar fällt die Zustimmung zu einem Bild des Staates nicht schwer, in dem der gerichtlich betonte „Geist der Toleranz" herrscht[63], auch wenn der bloße Schutz religiöser Gefühle von der Konvention nicht garantiert sein sollte[64]. Die Grenzen der Toleranz und damit des gerichtlich akzeptierten Pluralismus sind jedoch überschritten im Falle einer besonders rigiden Vertretung des eigenen religiösen Standpunktes[65] – wie in manchen Fällen des erwähnten unlauteren Missionierens –, aber auch in bestimm-

---

[56] *Handyside gegen Großbritannien*, a.a.O. (Anm. 55).

[57] Fall *Kokkinakis gegen Griechenland*, a.a.O. (Anm. 45), § 31, S. 17.

[58] Fall *Kokkinakis gegen Griechenland*, a.a.O. (Anm. 45), § 33, S. 18.

[59] *Peter Häberle*, a.a.O. (Anm. 14), S. 421, 431, 440.

[60] *Peter Häberle*, a.a.O. (Anm. 59), S. 437.

[61] *Peter Häberle*, a.a.O. (Anm. 59), S. 424, 437.

[62] Vgl. zum Pluralismusbegriff *Christoph Gusy*, Über Pluralismus, ÖZöRV 27 (1989), S. 289 ff.

[63] Vgl. den Fall *Otto-Preminger-Institut gegen Österreich*, a.a.O. (Anm. 42), § 47, S. 18.

[64] So die Sondervoten der Richter *Palm*, *Pekkanen* und *Makarczyk* zum Fall *Otto-Preminger-Institut gegen Österreich*, a.a.O. (Anm. 42), § 6, S. 24, im Gegensatz zur Auffassung der Mehrheit des Gerichts, ebd., § 47, S. 18.

[65] Vgl. *Kokkinakis gegen Griechenland*, a.a.O. (Anm. 45), § 40, S. 19, § 49, S. 21, sowie das Sondervotum des Richters *Martens*, ebd., §§ 16 f., S. 38.

ten Fällen der Blasphemie. Geradezu doppelbödig wird die Pluralismus-Diskussion, wenn die in manchen Vertragsstaaten herrschende, zum Teil verfassungsrechtlich abgesicherte Dominanz einer Staatskirche betrachtet wird[66]. Eine an diesen Konstellationen vorbeigehende Pluralismus-Rechtsprechung vermag nicht zu überzeugen, auch wenn die Hilfskonstruktion eines „internen Pluralismus" herangezogen würde, wie kürzlich von dem dänischen Theologen *Ole Riis*[67]. Daß für diese Staaten Besonderheiten gelten, liegt auf der Hand[68].

Hinzu tritt die allgemeine Unsicherheit über religiösen Pluralismus im Blick auf kollektive oder individuelle Religionsfreiheit in der von theologischer Seite geführten Auseinandersetzung etwa mit *Jürgen Habermas*[69]. Differenzierungen einfacherer Art, wie etwa zwischen universalistischen und partikularistischen Religionen, reichen an diese Grundsatzdiskussion nicht heran. Der bereits zitierte dänische Theologe führt eine Fülle von Systematisierungsansätzen vor, endet gleichwohl aber bei einem unvermeidbaren Dilemma im Hinblick auf die vorausgesetzte Toleranz: selbst demokratische Gesellschaften seien gelegentlich gezwungen, Grenzen der religiösen Tolerierung zu setzen[70].

Mit diesem Befund könnte sich die Rechtsprechung des Europäischen Menschenrechtsgerichtshofes ohne weiteres abfinden, auch wenn unklar bleibt, was das Gericht selbst 1996 mit dem gelegentlich so bezeichneten „true religious pluralism" meint[71]. Unbeantwortet blieb in jedem Falle die Frage, ob es neben einem „einfachen" religiösen Pluralismus auch einen höheren, „true" Pluralismus gibt. Auch die Bezugnahme auf den Fall *Kokkinakis* kann nicht helfen. Keinen Niederschlag hat in der Straßburger Rechtsprechung bisher eine Entwicklung gefunden, die an der vor allem

---

[66] Vgl. die Aussage der Kommission zur Vereinbarkeit einer Staatskirche mit der Konvention im Fall *Darby gegen Schweden*, a.a.O. (Anm. 46), § 45, S. 17; hierzu *Albert Bleckmann*, a.a.O. (Anm. 36), S. 15. *Jochen A. Frowein*, a.a.O. (Anm. 40), S. 51, mit Hinweisen auf Entscheidungen der Kommission.

[67] Vgl. *Ole Riis*, Modes of Religious Pluralism under Conditions of Globalisation, MOST Journal on Cultural Pluralism, Vol. 1, no. 1 (http://www.unesco.org/most/vl1n1ris.htm).

[68] Staatskirchen bzw. staatlich privilegierte Religionsgesellschaften bestehen z.B. in folgenden Europäischen Staaten: Dänemark, Finnland, Island, Norwegen, Schweden. Zu den Überschneidungen mit dem Begriff der Privilegien zuletzt *Wolfgang Weiß*, Gleichheit oder Privilegien – zur Stellung öffentlich-rechtlicher Religionsgemeinschaften, Manuskript, noch nicht veröffentlicht.

[69] *Ole Riis*, a.a.O. (Anm. 67), 6.4.

[70] *Ole Riis*, a.a.O. (Anm. 67), 6.1.

[71] Fall *Manoussakis u. a. gegen Griechenland*, Urteil vom 26. 9. 1996, Recueil des Arrêts et Décisions, Nr. 17, § 44, S. 1364.

in den Vereinigten Staaten verbreiteten Vorstellung von einem „religiösen Markt" anknüpft, dessen Angebote von den Individuen entweder angenommen oder abgelehnt werden[72]. Auch eine nicht selten und auch von einer Enquête-Kommission des deutschen Bundestages beobachteten Verlagerung von den Religionsgemeinschaften auf individuelle „Nutzung" der Religionsfreiheit[73] findet in Straßburg keine nähere Beachtung. Mögen auch auf vielen Feldern der Religionsfreiheit in Europa neue Tendenzen spürbar geworden sein, so haben sie bisher in der Rechtsprechung des Europäischen Gerichtshofs für Menschenrechte keinen Ausdruck gefunden. Das gilt schließlich auch für den von *Edward M. Andries* kürzlich in Trier konkret in bezug auf die EMRK vorgetragenen Vorschlag, den Akzent der Textinterpretation stärker von der „Religion" auf die „Philosophie" (Weltanschauung) und auf diese Weise in eine – konstruktive – öffentliche Debatte zu verlagern[74].

Versucht man nach alledem, den Umgang des Straßburger Gerichts mit dem Begriff des religiösen Pluralismus neu zu bewerten, so sind verschiedene Verwerfungen im Bild von der friedlichen Koexistenz unterschiedlicher Religionen in demselben Staate nicht zu übersehen. Für die wissenschaftliche Diskussion allgemein ist zumindest die Forderung zu stellen, stärker als bisher den *verfaßten* Pluralismus und seine Grenzen angesichts aktueller Tendenzen zu beachten.

5. Verhältnismäßigkeit

Die Straßburger Rechtsprechungsorgane haben sich seit jeher Argumentationsfelder erhalten, die ihnen im Einzelfall Bewegungsmöglichkeiten einräumten, die vom Text der EMRK nicht von vorneherein angekündigt schienen. Auch das Verständnis der EMRK als „living instrument"[75] hat ein allzu starres Verhalten der Rechtsprechung verhindert. So

---

[72] *Ole Riis*, a.a.O. (Anm. 67), 4.2.

[73] Endbericht der Enquete-Kommission des Deutschen Bundestages zu „sogenannten Sekten und Psychogruppen", 3.1.6., BT-Drucks. 13/10950 vom 9. 6. 1998 (http://www.bundestag.de/ftp/9000500a.htm#enqsekten).

[74] *Edward M. Andries*, Religious and Philosophical Norms in the Constitutions of Germany and the United States, Report for the 2nd European-American Conference on Religious Freedom „Church Autonomy and Religious Liberty" vom 27. 5. bis 30. 5. 1999, Trier, (http://www.uni-trier.de/uni/fb5/ievr/www/konferenz/REPOFRAM E.HTML). Vgl. auch *D. Schmidtchen*, Markt und Wettbewerb in Gottes Welt, in: FAZ, 1. 11. 1997.

[75] Vgl. hierzu *Heike Jung*, Sanktionensysteme und Menschenrechte, 1992, S. 87, m. w. N.; *Jochen A. Frowein, Wolfgang Peukert*, Europäische Menschenrechtskonvention, Kommentar, 2. Aufl., 1996, Einführung, S. 5, Rdn. 7.

spielt auch im Rahmen der Religionsfreiheit, wie etwa auch in bezug auf die Eigentumsproblematik[76], das Verhältnismäßigkeitsprinzip eine herausragende Rolle. Es tritt in verschiedenen Gewändern auf und dient nicht selten sogar als Rückzugsbereich des Gerichts. Es ist zugleich eng verzahnt mit zwei weiteren Rechtskriterien, die allesamt die Eingriffsmöglichkeiten des Staates in die Religionsfreiheit begrenzen oder erweitern können: Zu erwähnen sind die Einräumung eines Beurteilungsspielraums (margin of appreciation) für nationale Gesetzgebung, Verwaltung oder Gerichtsbarkeit und die Berücksichtigung von Tradition und Geschichte der betreffenden einzelstaatlichen Region.

Die Verhältnismäßigkeit wirkt dabei gelegentlich als zusätzliches Korrektiv bei an sich zulässiger Begrenzung der Religionsfreiheit. Hier geht es zunächst um die Verhältnismäßigkeit zwischen Mittel und Ziel des Eingriffs oder um Abwägungen vergleichbarer Art[77]. Ein besonderes Kapitel stellt die Heranziehung des Verhältnismäßigkeitsprinzips in Sonderstatusverhältnissen dar, wie etwa in Strafanstalten, z. B. bei der Verweigerung von Gebetsketten aus Sicherheitsgründen[78]. Die im Wortlaut der Art. 9 und 10 auftauchende Notwendigkeit (necessity) eines Eingriffs liefert einen anderen Rahmen für Erwägungen, die der Angemessenheit der staatlichen Maßnahmen im konkreten Fall gelten, nicht zuletzt im Blick auf das methodische Ziel, möglichst alle Umstände des Einzelfalls und das Vorliegen eines besonderen sozialen Bedürfnisses sorgfältig zu prüfen[79]. Neben die Verhältnismäßigkeit tritt in jüngeren Entscheidungen verstärkt die allgemeine Rechtfertigung der Maßnahme im Sinne eines legitimen Zieles[80]. Diese Legitimität ergibt sich ohnehin weitgehend aus der durch die Art. 9 und 10 gefolgerten gesetzlichen Absicherung.

Eine Verhältnismäßigkeitsprüfung folgt ferner im Zusammenhang mit den vom Gerichtshof selbst beschriebenen Aufgaben des Gerichts. Es könne lediglich die (allgemeine) Rechtfertigung des Eingriffs und seine

---

[76] Vgl. z.B. *Wilfried Fiedler*, Die EMRK und der Schutz des Eigentums, EuGRZ 1996, S. 354.

[77] Vgl. etwa *Young, James und Webster gegen Großbritannien*, a.a.O. (Anm. 55), § 65, S. 26.

[78] Vgl. grundsätzlich *Kokkinakis gegen Griechenland*, a.a.O. (Anm. 45), § 47, S. 21. Weitere Beispiele finden sich bei *Martin Philipp Wyss*, a.a.O. (Anm. 46), S. 398. Vgl. ferner die Fälle *Kalac gegen Türkei*, Urteil vom 1. 7. 1997, Recueil des Arrêts Nr. 41, *Larissis u. a. gegen Griechenland*, Urteil vom 24. 2. 1998, Recueil des Arrêts Nr. 65, und *Efstratiou gegen Griechenland*, a.a.O. (Anm. 39), die sämtlich Sonderrechtsverhältnisse betreffen. Vgl. hierzu *Nikolaus Blum*, a.a.O. (Anm. 36), S. 128ff.; *Jochen A. Frowein*, a.a.O. (Anm. 40), S. 56 m. w. N.

[79] Weitere Beispiele finden sich bei *Jochen A. Frowein, Wolfgang Peukert*, a.a.O. (Anm. 75), S. 374ff.

[80] Vgl. z.B. die Entscheidung *Larissis u. a. gegen Griechenland*, a.a.O. (Anm. 78).

Verhältnismäßigkeit prüfen. Insofern erweist sich das Verhältnismäßigkeitsprinzip als willkommener Rückzugsbereich, das dem Gericht ein näheres Eingehen auf Einzelumstände des Falles erspart. Im Falle *Kokkinakis* stützte sich das Gericht stärker auf den Aspekt (gewahrter) Verhältnismäßigkeit (der Strafmaßnahme) als auf die Erörterung der Religionsfreiheit selbst[81]. Das Gericht konnte so, wie in anderen Fällen, auf Randbereiche des Falles ausweichen und Grundsatzentscheidungen zur Religionsfreiheit selbst vermeiden. In diesem Punkte zeigen sich vergleichbare Entscheidungsstrategien etwa zur Rechtsprechung des Bundesverfassungsgerichts, dem man nicht selten vorwirft, das verfassungsrechtliche Schutzobjekt der Religionsfreiheit nicht abschließend definiert zu haben[82], sondern dies eher dem Bundesverwaltungsgericht oder dem Bundesarbeitsgericht zu überlassen[83]. Für den Menschenrechtsgerichtshof kann das Ausweichen in – zum Teil verfahrensrechtlich bestimmte – Randbereiche gleichwohl einem sinnvollen Kalkül entsprechen: im Blick auf den ohnehin zugunsten der nationalen Instanzen breit eingeräumten Beurteilungsspielraum (margin of appreciation).

6. Margin of Appreciation

Die Entscheidungen von Gerichtshof und Kommission räumten spätestens seit den Fällen *Handyside* und *Sunday Times* nationalen Organen einen Beurteilungsspielraum ein[84], der der innerstaatlichen Nähe zur Problematik stärker Raum gibt. Bezüglich der Religionsfreiheit weist die neuere Rechtsprechung zum Teil eine erstaunliche, zum Teil eine selbstverständliche Rücksichtnahme auf örtliche Besonderheiten auf. Im Fall *Wingrove*[85] etwa wird, gestützt auf frühere Rechtsprechung, ein weiterer Beurteilungsspielraum der Vertragsstaaten eingeräumt, wenn die fragliche

[81] *Kokkinakis gegen Griechenland*, a.a.O. (Anm. 45), § 49, S. 21. Kritisch äußert sich *Peter W. Edge*, The European Court of Human Rights and Religious Rights, International and Comparative Law Quarterly 47 (1998), S. 680, 683.

[82] *Karl-Hermann Kästner*, Das Grundrecht auf Religions- und Weltanschauungsfreiheit in der neueren höchstrichterlichen Rechtsprechung, AöR 123 (1998), S. 408, 414; *Heinrich Wilms*, Selbstverständnistheorie und Definitionsmacht bei Grundrechten, dargestellt am Beispiel der Glaubensfreiheit, in: Festschrift für *Martin Kriele*, Staatsphilosophie und Rechtspolitik, 1997, S. 341, 344.

[83] BVerwGE 90, 112, 115; BVerwGE 89, 368ff. (Scientology); BVerwG, NVwZ 1996, S. 61ff. (Zum Schächtverbot); BAG, NJW 1996, S. 143ff. (Scientology).

[84] *Handyside gegen Großbritannien*, a.a.O. (Anm. 55); *Sunday Times gegen Großbritannien*, Urteil vom 26. 4. 1979, Série A, Vol. 30.

[85] *Wingrove gegen Großbritannien*, a.a.O. (Anm. 43), § 58, S. 1957.

Meinungsäußerung persönliche Überzeugungen berühre, die die Moral oder insbesondere die Religion betreffe. In einem anderen Fall von 1996[86] wird die Kompetenz der Vertragsstaaten für die Praktizierung und Planung des Schul-Curriculums offen benannt. Auch hier wird man sich fragen, welche Begründung für das entsprechende Zurücktreten des Europäischen Gerichtshofes für Menschenrechte geliefert wird. An erster Stelle stehen die unterschiedlichen juristischen Gegebenheiten, die „legitimerweise von Land zu Land variieren können“[87]. Nicht selten wird schlicht darauf hingewiesen, die nationalen Gerichte seien „besser plaziert“[88] als der Straßburger Gerichtshof, woraus – auch im Blick auf andere Entscheidungen – deutlich wird, daß ganz offensichtlich die regionale Nähe eine besondere Rolle spielt. Was als religiöse Überzeugung im Sinne von „Moral“ verletzt werden könne, wechsle nicht nur von Ort zu Ort, sondern auch von Zeit zu Zeit, ohne daß eine einheitliche europäische Konzeption vorhanden sei[89]. Wegen des direkten und beständigen Kontakts mit den lebendigen Kräften ihrer Länder seien die staatlichen Behörden im Prinzip in einer besseren Position als der internationale Richter. Der daraus resultierende Rückzug des Europäischen Gerichtshofs für Menschenrechte ändert jedoch nichts daran, daß der Beurteilungsspielraum nicht unbegrenzt ist, und eine Kontrolle durch die Konvention im Blick auf die in Frage stehenden Freiheiten besonders strikt auszufallen hat. Im Falle *Otto-Preminger-Institut*[90] kam das Gericht zu dem Ergebnis, die Grenzen des Beurteilungsspielraums seien von den nationalen Behörden nicht überschritten worden. Wie auch in späteren Entscheidungen führte der grundsätzlich vorhandene Wille zur strengen Kontrolle auch in diesem Falle überraschend zu einer Billigung des Verhaltens der staatlichen Behörden.

In diesem Punkte des Versuchs, einen strengen Maßstab der Verhältnismäßigkeitskontrolle anzulegen, zeigen sich deutliche Spannungen zu dem gleichzeitigen Bemühen, den nationalen Stellen einen möglichst breiten Beurteilungsspielraum zu gewähren. Denn jede strenge Verhältnismäßigkeitskontrolle kann – grundsätzlich – ausgehebelt werden durch die Gewährung eines entsprechend breiten Beurteilungsspielraumes, so daß sich als schwierigste Frage nicht stellt, ob ein Spielraum gewährt wird, sondern wann und in welchen Fällen.

---

86 *Efstratiou gegen Griechenland*, a.a.O. (Anm. 39), § 29, S. 2359.
87 *Efstratiou gegen Griechenland*, a.a.O. (Anm. 39), § 29, S. 2359.
88 *Larissis u. a. gegen Griechenland*, a.a.O. (Anm. 78), § 53, S. 381.
89 *Wingrove gegen Großbritannien*, a.a.O. (Anm. 43), § 58, S. 1958.
90 *Otto-Preminger-Institut gegen Österreich*, a.a.O. (Anm. 42), § 56, S. 21.

Im Bereich der Religionsfreiheit zeigen sich zusätzliche Probleme durch das Hinzutreten weiterer Argumentationsfelder aus Geschichte und Tradition des betreffenden Staates.

7. Geschichte und Tradition

Die große Zahl von Vertragsstaaten der EMRK bringt es mit sich, daß Geschichte und Tradition ohnehin in besonderer Weise bedeutsam werden können. Im Verhältnis zwischen Staat und Religion stellt sich daher seit langem die Frage, wieweit die Bestimmungen der EMRK Variationen aufgrund historischer Besonderheiten zulassen[91]. Schon die Rechtsprechung zum nationalen Beurteilungsspielraum weist in eine grundsätzliche Richtung, denn hier ist ein bemerkenswert dynamischer, der Unterschiedlichkeit in Raum und Zeit angepaßter Standpunkt festzustellen[92]. Dem entspricht die 1994 wiederholte zentrale Aussage im *Otto-Preminger-Fall*, es sei nicht möglich, in Europa eine einheitliche Konzeption der Bedeutung von Religion in der Gesellschaft festzustellen[93]. Die Rechtsprechung des Europäischen Menschenrechts-Gerichtshofes bleibt somit offen für regional divergierende Bedeutungen dieses zentralen Begriffes, auch wenn in gravierenden Fällen gleichwohl eine deutliche Grenze der Religionsfreiheit zu ziehen ist. Bedeutsam erscheint hier nicht die Reichweite eines Beurteilungsspielraums, sondern die grundsätzliche Offenheit für geschichtlich geprägte regionale Besonderheiten.

Wieweit sie von Fall zu Fall normativ eingeebnet werden können, bleibt eine ganz andere Frage. Der Gerichtshof beschreitet dabei den Weg der Verhältnismäßigkeitsprüfung über die Argumentation mit der Notwendigkeit eines Eingriffs im Einzelfall und mit der Beschreibung eines dringenden sozialen Bedürfnisses[94]. Damit entfällt jeweils eine direkte Beurteilung der Verletzung der Religionsfreiheit zugunsten der Entscheidung darüber, ob der konkrete Eingriff den Erfordernissen der Verhältnismäßigkeit entsprach oder nicht. Diese eher indirekte Prüfung eines Verstoßes gegen die Religionsfreiheit kann zu feinsinnigen historischen

---

[91] Siehe auch *Rudolf Bernhardt*, Europäische Grundrechte in der zweiten Hälfte des 20. Jahrhunderts, Thyssen-Vorträge: Das künftige Mitteleuropa – Tradition und Perspektiven, 1998, S. 43, 48.

[92] *Heike Jung*, a.a.O. (Anm. 75), S. 87f., mit Hinweis insbesondere auf den Fall *Soehring gegen Großbritannien*, Urteil vom 7. 7. 1989, Série A, Vol. 161, § 102, S. 40, wo der Gerichtshof ausführt, die Konvention sei „a living instrument which ... must be interpreted in the light of present-day conditions".

[93] *Otto-Preminger-Institut gegen Österreich*, a.a.O. (Anm. 42), § 50, S. 19.

[94] *Kokkinakis gegen Griechenland*, a.a.O. (Anm. 45), § 49, S. 21.

Argumentationen führen, wie in dem 1999 entschiedenen Falle zweier Parlamentsabgeordneter, die ihren Eid auf die Bibel ablegen mußten. Darin wurde eine Verletzung der Religionsfreiheit gesehen, trotz der christlichen Tradition des Staates (*Buscarini u. a. gegen San Marino*[95]). Damit kam das Gericht der selbst aufgestellten und dem Pluralismus-Argument entsprechenden Prämisse nach, daß es beim Schutz der Religionsfreiheit nicht auf Mehrheitsverhältnisse ankommen dürfe, sondern auf eine faire Behandlung von Minderheiten[96]. Mehrfach wurde betont, daß das Kriterium mehrheitlicher Religionsausübung unangemessen sei, so daß dieses Element aus demokratischen Entscheidungen im Bereich der Religion auszuscheiden habe. Im Vordergrund steht vielmehr die Identität der Gläubigen und ihrer Lebenskonzeption[97].

Der Ausschluß des Mehrheitsarguments zugunsten eines religiösen Minderheitenschutzes erleidet jedoch eine herbe Ausnahme durch eine recht ungewöhnliche Argumentation, die eben doch mit Berücksichtigung des Mehrheitsarguments einhergeht und darauf die Entscheidung stützt: Der Gerichtshof könne nicht die Tatsache übersehen, daß die römisch-katholische Religion die Glaubensrichtung der überwiegenden Mehrheit der Tiroler sei[98]. Die österreichischen Behörden hätten durch die Beschlagnahme des betreffenden als blasphemisch empfundenen Films gehandelt, um den religiösen Frieden zu sichern und zu vermeiden, daß einige Menschen sich in einer unverantwortlichen und nicht vertretbaren Weise als Objekt von Angriffen auf ihre religiöse Überzeugung fühlten[99]. Die Ausdehnung des Beurteilungsspielraums örtlicher Behörden auf das Argument der Wahrung religiösen Friedens könnte zu unabsehbaren Folgerungen für umstrittene Entscheidungen im nationalen Bereich führen. Dennoch steht etwa gegen die Vergleichbarkeit mit dem Kruzifix-Beschluß des Bundesverfassungsgerichts die Besonderheit des Blasphemie-Vorwurfs im *Otto-Preminger-Fall* des EGMR. Das Lernen „unter dem Kreuz“ und „ohne Ausweichmöglichkeit“[100] ist in seiner nicht in jeder Hinsicht nachempfindbaren Dramatik keineswegs vergleichbar mit

---

[95] *Buscarini u. a. gegen San Marino*, a.a.O. (Anm. 47), § 36.

[96] *Efstratiou gegen Griechenland*, a.a.O. (Anm. 39), § 28, S. 2359, mit Hinweis auf *Young, James und Webster gegen Großbritannien*, a.a.O. (Anm. 55), § 63, S. 25.

[97] *Buscarini u. a. gegen San Marino*, a.a.O. (Anm. 47), § 34; vgl. auch *Otto-Preminger-Institut gegen Österreich*, a.a.O. (Anm. 42), § 47, S. 17, jeweils mit Hinweis auf den Fall *Kokkinakis gegen Griechenland*, a.a.O. (Anm. 45), § 31, S. 17.

[98] Vgl. *Otto-Preminger-Institut gegen Österreich*, a.a.O. (Anm. 42), § 56, S. 21; auch § 47, S. 18. Zur Konsequenz einer relativen Gleichbehandlung vgl. *Albert Bleckmann*, a.a.O. (Anm. 36), S. 49.

[99] Vgl. *Otto-Preminger-Institut gegen Österreich*, a.a.O. (Anm. 42), § 56, S. 21.

[100] BVerfGE 92, 1, 28.

den ohne weiteres als blasphemisch bewertbaren erotisch angelegten Szenen des Films „Das Liebeskonzil", der zudem die Anwendung der Bestimmungen des § 188 des österreichischen StGB (Herabwürdigung religiöser Lehren) ohne Mühe auf sich ziehen konnte. Auch die Freiwilligkeit des Filmbesuchs ergibt hinreichende Differenzierungen. Dennoch sorgt die Berücksichtigung der Wahrung des „religiösen Friedens" in einer bestimmten Region Österreichs für zusätzliche Fragestellungen, etwa in bezug auf denkbare und vorhandene Konflikte im Schulbereich. Reicht der Hinweis auf den gefährdeten religiösen Frieden aus, um Eingriffe in die Religionsfreiheit auch bei strengster Verhältnismäßigkeitsprüfung zuzulassen? Genügen entsprechende Besonderheiten in einer historisch geprägten Region, nicht aber im Gesamtstaat? Wird durch die Argumentation des Straßburger Gerichts nicht die Beachtlichkeit gerade der Mehrheitsposition zu Lasten des Minderheitenschutzes vorangetrieben? Bewußt wird an dieser Stelle, daß ein einfaches Mehrheit-Minderheit-Schema zum Schutze der religiösen Minderheit ohnehin nicht ausreicht, denn es geht stets um die konkrete Gestaltung des Verhältnisses von Mehrheit und Minderheit im Einzelfall, nicht um eine mechanische Position zugunsten der Minderheit[101].

Eine Antwort auf diese und vergleichbare Fragen läßt sich keineswegs aus einer vorausgesetzten Systematik der Rechtsprechung zur EMRK entwickeln, sondern erst nach der generellen Erörterung der Übertragbarkeit von Entscheidungen zur EMRK auf den nationalen Rechtsbereich. Daß dies nur mit größter Behutsamkeit erfolgen kann, ist mehrfach dargelegt worden. Die Gründe für eine gewisse Zurückhaltung sind u. a. in der Eigenart der Rechtsprechung internationaler Gerichte und ihrer Arbeitsweise gefunden worden, aber auch in der Dominanz des Einzelfalls[102]. Darauf ist hier nicht weiter einzugehen. Wenn aber mit dem Bundesverfassungsgericht bei der Auslegung des Grundgesetzes „Inhalt und Entwicklungsstand" der EMRK in Betracht zu ziehen sind[103], so muß die Rechtsprechung zur Religionsfreiheit nicht nur selektiv, sondern in ihrer

[101] Zur Kritik am Kruzifix-Beschluß, insbes. zur nicht angeschnittenen Bundesstaatsproblematik *Martin Heckel*, Das Kreuz im öffentlichen Raum. Zum „Kruzifix-Beschluß" des Bundesverfassungsgerichts, DVBl. 1996, S. 453, 459; *Josef Isensee*, Bildersturm durch Grundrechtsinterpretation, ZRP 1996, S. 10ff., 14f.; *Helmut Goerlich*, Krieg dem Kreuz in der Schule?, NVwZ 1995, S. 1184ff.

[102] Vgl. *Georg Ress*, a.a.O. (Anm.8), S. 719. Zur Praxis in Frankreich vgl. *Gérard Gonzales*, La Convention Européenne des Droits de l'Homme et la liberté des Réligions, 1997, S. 230ff.; *Helmut Steinberger*, Reference to the case law of the organs of the European Convention on Human Rights before national courts, HRLJ Vol. 6 (1985), S. 402ff.

[103] BVerfGE 74, 370ff.

gesamten Breite jedenfalls zur Kenntnis genommen werden. Dazu zählen neben den Aussagen zu einem weiten Beurteilungsspielraum auch die Passagen über regionale und historische Besonderheiten und ihre mögliche Berücksichtigung. Das schließt nicht aus, daß verschiedene historische Darlegungen zu einzelstaatlichen Besonderheiten durch Kommission oder Gericht in der Vergangenheit als höchst unzureichend empfunden wurden[104]. Auch die am 20. Mai 1999 getroffene Entscheidung im Falle *Rekvenyi gegen Ungarn* mag auf verständliche Kritik stoßen, und man mag den Übergang von einer autoritären Staatsform zu einer pluralistischen Demokratie in ihren Auswirkungen auf die politische Betätigung von Polizeiangehörigen als überzogen empfinden[105]. Dennoch wäre es angesichts solcher Kritik widersinnig, eine „religion à la carte"[106] zwar abzulehnen, sich in bezug auf die Rechtsprechung zur EMRK aber ein passendes Menü vor dem Hintergrund des Art. 4 Abs. 1 und 2 GG beliebig zusammenzustellen.

8. Das Europabild in der Rechtsprechung zur EMRK

Damit ist nach dem Blick auf die Rechtsprechung zur EMRK zugleich der Blick zurück auf die eingangs festgestellten Tendenzen der Internationalisierung zu lenken. Denn aus dieser Rechtsprechung, die als gleichrangig zu der des Europäischen Gerichtshofes verstanden wird[107], ergibt sich ein zum Teil unvermutetes Bild jenes Europa, dem die Internationalisierung näher gilt. Wenn mit der *margin of appreciation*[108] ein weiter Beurtei-

---

[104] Ausführungen finden sich im Fall *Buscarini u. a. gegen San Marino*, a.a.O. (Anm. 47), §§ 32, 36; vgl. auch *Otto-Preminger-Institut gegen Österreich*, a.a.O. (Anm. 42), § 56, S. 21.

[105] *Rekvényi gegen Ungarn*, Urteil vom 20. 5. 1999, Requête Nr. 25390/94, noch nicht in der Amtl. Sammlung veröffentlicht. Vgl. hierzu die Berichte Bulgariens, der Ukraine, der Slowakei, Moldawiens oder Kroatiens zur Rechtsprechung der Verfassungsgerichtshöfe im Bereich der Religions- und Bekenntnisfreiheit zur XI. Konferenz der Verfassungsgerichtshöfe, 5. bis 9. Mai 1999, Warschau.

[106] *Ole Riis*, a.a.O. (Anm. 67), 2.6.

[107] Vgl. etwa *Horst Dreier*, a.a.O. (Anm. 34), Vorb., Rdn. 22; siehe auch *Rudolf Bernhardt*, a.a.O. (Anm. 91), S. 46ff. Zu Diskrepanzen im Grundrechtsschutz vgl. *Georg Ress*, Menschenrechte, europäisches Gemeinschaftsrecht und nationales Verfassungsrecht, in: Staat und Recht, Festschrift für *Günther Winkler*, 1997, S. 897.

[108] Äußerungen zur margin of appreciation finden sich in den Entscheidungen des Gerichtshofs vor allem in der Entscheidung *Otto-Preminger-Institut gegen Österreich*, a.a.O. (Anm. 42), und den Sondervoten hierzu. Eine Zusammenstellung findet sich bei *Søren C. Prebensen*, The Margin of Appreciation and Articles 9, 10 and 11 of the Convention, HRLJ Vol. 19 (1998), S. 13ff.; *Paul Mahoney*, Marvellous Richness of Diversity or Invidious

lungsspielraum für nationale Stellen eingeräumt wird, wenn eine einheitliche Konzeption der Religion in Europa nicht vorausgesetzt wird, wenn Verschiedenartigkeiten in Raum und Zeit ebenso selbstverständlich angesprochen werden wie 1996 bei der Bestimmung der „öffentlichen Ordnung" zwischen unterschiedlichen demokratischen Gemeinschaften aufgrund ihrer nationalen Charakteristiken[109], und wenn schließlich der Schutz religiöser Minderheiten herausgehoben wird, dann sind diese Strömungen mit einem Europabild nicht in Einklang zu bringen, das auf staatliche und regionale Nivellierung zielt. Umgekehrt: Der religiöse Pluralismus bedarf eines festen, zugleich elastischen Rahmens, der nur in der historisch gewachsenen Vielzahl von Staaten den Religionen[110] gewährleistet werden kann. Auf dieser, auf abgestufter Kontrolle und Verantwortung beruhenden Grundlage kann die EMRK erst ihre Wirkung als „living instrument" voll entfalten und zugleich die staatlichen Untergliederungen heranziehen, die etwa im Bundesstaat in verschiedenen Varianten zur Verfügung gestellt werden. Auch die Verfassung des Einzelstaates bedarf der sie sichernden staatlichen Stütze, um religiöse Vielfalt in der von der EMRK geforderten Verläßlichkeit durch die Vertragspartner bereitzuhalten. Auch im Rahmen eines mehr oder weniger fest gefügten Systems einer Staatskirche stützt sich Religionsfreiheit trotz aller aktuell spürbaren Strömungen auf den verantwortlichen Vertragspartner, der im Sinne des Art. 9 Abs. 2 EMRK die in einer demokratischen Gesellschaft notwendigen Maßnahmen im Interesse der öffentlichen Sicherheit und Ordnung ergreifen kann. Aus der Sicht der Religionsfreiheit verliert die schon althergebrachte Frage, wieweit der Staat stärker als die Verfassung einer Internationalisierung ausgesetzt ist, an Aktualität. Denn es liegt auf der Hand, daß die einzelstaatliche Verfassung selbst einem erheblichen internationalrechtlichen Druck preisgegeben ist. Von einer notwendig entsprechend stärkeren Internationalisierung des Staates kann daher nicht die Rede sein[111].

Cultural Relativism, HRLJ Vol. 19 (1998), S. 1ff.; *ders.*, Judicial Activism and Judicial Self-Restraint in the European Court of Human Rights: Two Sides of the Same Coin, HRLJ Vol. 11 (1990), S. 57ff.; jüngst *Howard Charles Yourow*, The Margin of Appreciation Doctrine in the Dynamics of the Strasbourg Jurisprudence and the Construction of Europe, Zeitschrift für Europäische Studien, 2 (1998), S. 233ff.

[109] Fall *Manoussakis gegen Griechenland*, a.a.O. (Anm. 71), § 39, S. 1362; vgl. hierzu *Nikolaus Blum*, a.a.O. (Anm. 36), S. 114ff.

[110] Vgl. auch *Alexander Hollerbach*, Religion und Kirche im freiheitlichen Verfassungsstaat, 1998, S. 31; ferner *Rudolf Bernhardt*, a.a.O. (Anm. 91), S. 60f.

[111] Ebensowenig von einem entsprechend rigiden Verständnis seiner Neutralität, vgl. *Peter Badura*, Das Grundgesetz vor der Frage des religiösen und weltanschaulichen Plura-

9. Völkerrechtliche Schutzinstrumente als Bausteine verstärkter Internationalität

Wenn das Bundesverfassungsgericht am Ende seines Kruzifix-Beschlusses auffallend auf das Grundrecht der Glaubensfreiheit hinweist, das den Schutz von Minderheiten bezwecke[112], so ist damit zugleich die Tür zur Problematik des anders gelagerten internationalrechtlichen Minderheitenschutzes aufgestoßen, der in erheblichem Ausmaß völkerrechtlich geregelt ist[113] und nicht etwa nur das Diskriminierungsverbot im Rahmen der Europäischen Gemeinschaften und der Europäischen Union meint. Der Internationale Pakt über bürgerliche und politische Rechte der Vereinten Nationen[114] enthält nicht nur in Art. 18 eine ausführliche Regelung zum Schutz der Gedanken-, Gewissens- und Religionsfreiheit[115], sondern in Art. 27 eine Bestimmung auch über den Schutz religiöser Minderheiten. Diesem Vertrag, der 1976 in Kraft getreten ist, sind seither 138 (1998) Staaten beigetreten. Die Kontrolle der Verwirklichung der durch diesen Pakt geschützten Rechte erfolgt nicht durch ein Gericht oder ein vergleichbares Gremium, sondern durch den Menschenrechtsausschuß der Vereinten Nationen, wobei die durchaus spürbare Überwachung im Rahmen eines Berichtssystems stattfindet, in dem die Berichte der Vertragsstaaten zugrunde gelegt werden. Dieses System hat zwar nach anfänglichen Zweifeln ein höheres Maß an Effektivität als erwartet erreicht[116], doch bleibt es hinter den Auswirkungen des Straßburger Menschenrechtsgerichtshofs deutlich zurück. Zudem bestehen ernsthafte Zweifel an der Tauglichkeit der Prüfungsberichte des Menschenrechtsausschusses für die Umsetzung in der Praxis

---

lismus, in: *Günter Baadte, Anton Rauscher* (Hrsg.), Religion, Recht und Politik, 1997, S. 39ff., 60ff.

112 BVerfGE 93, 1, 24.

113 Vgl. etwa *Otto Kimminich*, Religionsfreiheit als Menschenrecht, 1990; vgl. *Francesco Capotorti, Rainer Hofmann*, Minorities, in: EPIL Vol. 3 (1997), S. 410ff.; *Jochen A. Frowein, Rainer Hofmann, Stefan Oeter* (Hrsg.), Das Minderheitenrecht europäischer Staaten, Teil 1, 1993; *Rainer Hofmann*, Minderheitenschutz in Europa, 1995; *Daniel Thürer*, Protection of Minorities in General International Law and International Humanitarian Law, in: *Karel Wellens* (Hrsg.), Essays in Honour of *Eric Suy*, 1998, S. 533ff.; *Dieter Blumenwitz, Gilbert Gornig* (Hrsg.) Minderheiten- und Volksgruppenrechte in Theorie und Praxis, 1993.

114 Internationaler Pakt über bürgerliche und politische Rechte vom 19. 12. 1966, BGBl. 1973 II, S. 1534.

115 Vgl. die Kommentierung durch *Manfred Nowak*, U.N. Covenant on Civil and Political Rights, CCPR Commentary, 1993, S. 308ff.

116 Vgl. statt anderer *Eckart Klein*, Universeller Menschenrechtsschutz – Realität oder Utopie?, EuGRZ 1999, S. 109, 113; *Christian Tomuschat*, Verwirrung über die Kinderrechte-Konvention der Vereinten Nationen – Zur innerstaatlichen Geltungskraft völkerrechtlicher Verträge, in: Festschrift für *Hans F. Zacher*, 1998, S. 1142, 1147.

der betroffenen Staaten. So empfiehlt der Bericht des Menschenrechtsausschusses der Vereinten Nationen von 1996 wegen der – angeblich – beklagenswerten Situation von nationalen Minderheiten in Deutschland die Einrichtung von Menschenrechts-Kursen in Schulen, Lehranstalten und Universitäten mit dem Ziel, eine „Kultur der Menschenrechte" zu entwikkeln. Bezüglich bestimmter religiöser Sekten beklagt der Prüfungsbericht, daß Sektenmitglieder in einigen Bundesländern keine Anstellung im Öffentlichen Dienst erhielten und empfiehlt die Beendigung richterlicher Beobachtung bestimmter Sekten[117].

Die Fragwürdigkeit dieses Berichtssystems im Einzelfall ändert nichts an der weltweit in Gang gekommenen Diskussion religiöser Rechte in anderen internationalen Organisationen wie im Rahmen der OSZE[118] und weiterer Aktivitäten im Rahmen des Europarats, wie durch die Rahmenkonvention für den Schutz nationaler Minderheiten, die am 10. November 1994 vom Ministerkomitee des Europarats beschlossen wurde[119]. Sie enthält in der Präambel eine Würdigung auch der religiösen Identität jedes Mitglieds einer nationalen Minderheit. Art. 5 der Rahmenkonvention nennt die Pflicht der Vertragspartner, die Kultur der nationalen Minderheiten zu erhalten und zu entwickeln und die wesentlichen Elemente ihrer Identität zu bewahren, namentlich ihre Religion, Sprache, Tradition und ihr kulturelles Erbe. Diese in weltweitem und europäischem Rahmen festzustellenden Aktivitäten zum Schutze religiöser und kultureller Rechte sollen hier nur erwähnt werden, um die Intensität völkerrechtlicher Erschließung des Verhältnisses zwischen Staat und Religion vor Augen zu führen. Dabei wird im Ergebnis deutlich, daß dieses Verhältnis internationalrechtlich sehr verschiedenartig, unterschiedlich dicht und in seinen spürbaren Auswirkungen abweichend ausgestaltet ist. In diesem Rahmen nehmen die Europäische Menschenrechtskonvention und der Straßburger Menschenrechtsgerichtshof derzeit eine herausragende, das nationale Recht weitgehend prägende und daher sehr ernst zu nehmende Position ein.

[117] Commission on Human Rights, Implementation of the declaration on the elimination of all forms of intolerance and of discrimination based on religion or belief, Report of Mr. *Abdelfattah Amor*, Addendum Visit to Germany, Doc. E/CN.4/1998/6/Add.2 vom 22. 12. 97, III. Ziffer 83ff. (http://www.unhchr.ch/html/menu4/chrrep/98chr6a2.htm).

[118] Übersicht bei *Alexander Hollerbach*, Religions- und Kirchenfreiheit im KSZE-Prozeß, Festschrift für *Ernst Benda* zum 70. Geburtstag, 1995, S. 117; hierzu vgl. *Hans-Tjabert Conring*, Korporative Religionsfreiheit in Europa, 1998, S. 391ff.

[119] Art. 7 der Rahmenkonvention erweitert den Schutzbereich der Konvention und damit den Kontrollbereich der Organe, indem er nationalen Minderheiten auch das Versammlungsrecht, die Vereinigungsfreiheit, Meinungsfreiheit sowie Gewissens- und Religionsfreiheit garantiert (Framework convention for the protection of national minorities and explanatory report, Council of Europe, Doc.no. H (95) 10.

Leitsätze des 1. Berichterstatters über:

Staat und Religion

1. Das Verhältnis zwischen Verfassungs- und Verwaltungsrecht ist in den letzten Jahrzehnten um internationalrechtliche Normen ergänzt worden, die das Verwaltungsrecht stärker als zuvor mitprägen.

2. Die Bedeutung der Europäischen Menschenrechtskonvention (EMRK) ist vor allem durch die Rechtsprechung des Bundesverfassungsgerichts herausgehoben worden.

3. Die Feststellung einer „Tendenz zur Internationalisierung" wirft dabei zusätzliche Fragen und Mißverständnisse auf. Betroffen sind von der Menschenrechtsproblematik sowohl die einzelstaatliche, die europäische wie auch die universelle Dimension.

4. Internationalisierung und universeller Menschenrechtsschutz bedeuten mehr und anderes als die Europäisierung des nationalen Verfassungsstaates.

5. Die regionalen Menschenrechtskonventionen schließen nicht aus, daß im Einzelfall die Interpretation an kulturelle und historische Unterschiedlichkeiten der Staaten anknüpft.

6. Die Annahme einer „gemeineuropäischen Menschenrechtsentwicklung" geht davon aus, daß aus europäischer Sicht keine Differenzen zu einer universellen Menschenrechtsentwicklung bestehen.

7. Wenn – auch in bezug auf die Religionsfreiheit – u. a. von „kulturellen Verfassungsvoraussetzungen" gesprochen wird, so ist damit eine kulturelle Weite vorausgesetzt, die nicht nur den europaoffenen, sondern den weltweit offenen Verfassungsstaat fordert mit allen Konsequenzen für das ebenfalls vorausgesetzte Menschenbild und die damit verbundene Menschenwürde.

8. Eine sachlich unangemessene Internationalisierung findet ihre deutlichen Grenzen oft schon in der nationalen Gesetzgebung in Verbindung mit dem Selbstverständnis der betreffenden religiösen Gemeinschaften.

9. Die Frage, ob Menschenrechte überhaupt geeignet seien, das Verhältnis zwischen Staat und Religion zu bestimmen, kann nicht daran vorbeigehen, daß die Menschenrechte in einen spezifischen historischen Prozeß eingebunden sind. Daraus ist zu folgern, daß aktuelle Ausprägungen der Religionsfreiheit keineswegs stets einer Menschenrechtsentwicklung entsprechen müssen.

10. Eine allgemeine Kritik an menschenrechtlichen Argumentationen muß zurücktreten, sobald rechtlich interpretierbare textliche Eingrenzungen vorhanden sind, die einem gerichtsförmigen Verfahren zugrunde gelegt werden.

11. Durch die Änderung der Rechtsprechung des Bundesverfassungsgerichts und das gestraffte Verfahren des Straßburger Gerichtshofes selbst ist die EMRK noch stärker in die Gerichtsbarkeit der Bundesrepublik Deutschland einbezogen worden. Sie ist nicht nur Ergänzung der nationalen Judikative, sondern hat teil auch an der verfassungsrechtlich vorausgesetzten richterlichen Kontrollgewalt.

12. Die notwendige Einbeziehung der EMRK beschränkt sich nicht auf die Heranziehung des Art. 9, sie umgreift vielmehr eine ganze Reihe anderer Bestimmungen, wie die Achtung des Privat- und Familienlebens, die freie Meinungsäußerung und Art. 2 Abs. 1 des 1. Zusatzprotokolls. Diese Bestimmungen verlangen eine Interpretation im Lichte der gesamten Konvention.

13. Der enge Bezug zwischen Religionsfreiheit und Demokratieprinzip kommt vor allem im Falle Kokkinakis gegen Griechenland (1993) zum Ausdruck, der als Leitentscheidung die spätere Rechtsprechung prägt.

14. Verbunden ist diese Entscheidung vor allem mit dem Problem der unlauteren und daher strafbaren Missionierung. Überschritten werden hier zugleich die Grenzen zwischen Religionsfreiheit und freier Meinungsäußerung.

15. Einen zentralen Stellenwert nimmt die Forderung nach einem religiösen Pluralismus ein. Sie verbindet sich mit der Forderung nach Toleranz und Großzügigkeit (broadmindedness).

16. Die Bestimmung der Schranken der Religionsfreiheit wird um so schwieriger, als der Straßburger Gerichtshof keine europaweite Übereinstimmung bezüglich der Schranke der „Moral" oder der „Rechte anderer" feststellt.

17. Diese „unlösliche Einheit" von Religionsfreiheit mit dem Demokratieprinzip erlaubt nur im Notfalle Begrenzungen im demokratisch-pluralistischen Staat. Trotz eines unübersehbaren Gebrauchs des Pluralismus-Begriffs kann religiöser Pluralismus stets nur als verfaßte und damit begrenzte Pluralität verstanden werden.

18. Die Grenzen der Toleranz und damit des gerichtlich akzeptierten Pluralismus sind überschritten im Falle einer besonders rigiden Vertretung des eigenen religiösen Standpunktes.

19. Wenig überzeugend wirkte die Straßburger Rechtsprechung in bezug auf die in manchen Vertragsstaaten auch verfassungsrechtlich abgesicherte Staatskirche. Auch die Hilfskonstruktion eines „internen Pluralismus" vermag keine Abhilfe zu leisten.

20. Keinen Niederschlag haben in der Straßburger Rechtsprechung bisher Vorstellungen gefunden, die von einem „religiösen Markt" ausgehen, dessen Angebote von den Individuen genutzt werden können. Ebensowenig läßt sich eine gelegentlich geforderte Verlagerung der Textinterpretation von der „Religion" auf die „Weltanschauung" in der Rechtsprechung nachweisen.

21. Das Verständnis der EMRK als „living instrument" hat bislang ein allzu starres Beharren der Rechtsprechung verhindert. Zusätzlichen Bewegungsspielraum verschafft das Verhältnismäßigkeitsprinzip neben der weit vorangetriebenen Rechtsprechung zu einem Beurteilungsspielraum der jeweiligen Vertragsstaaten (margin of appreciation).

22. Eine Verhältnismäßigkeitsprüfung erfolgt nicht zuletzt im Zusammenhang mit der vom Gerichtshof selbst beschriebenen eigenen Aufgabe, wonach er lediglich die allgemeine Rechtfertigung eines Eingriffs in die Religionsfreiheit prüfen könne. Eine besondere Rolle spielt die im Wortlaut der Art. 9 und 10 EMRK auftauchende „Notwendigkeit" eines Eingriffs, sowie die Umschreibung eines „legitimen Zieles".

23. Das Verhältnismäßigkeitsprinzip erweist sich nicht selten als willkommener Rückzugsbereich, der dem Gericht ein näheres Eingehen auf die Einzelumstände des Falles erspart.

24. Wie in der früheren Rechtsprechung leistet eine ähnliche Entlastung auch die Figur eines nationalen Beurteilungsspielraumes (margin of appreciation). Die nationalen Gerichte seien „besser plaziert" als ein internationales Gericht. Die Rücksichtnahme auf örtliche Begebenheiten führt trotz prinzipiell strenger Anforderungen letztlich zu einem Rückzug des Europäischen Gerichtshofs für Menschenrechte, da dieser sich gelegentlich darauf beschränkt, die Grenzen der einzelstaatlichen Beurteilungsposition zu bewerten.

25. Dadurch bleibt die Rechtsprechung des Gerichtshofs zwar offen für geschichtlich geprägte regionale Besonderheiten, doch fehlt es an einer nachvollziehbaren Begrenzung entsprechender Einwirkungen.

26. Der Straßburger Gerichtshof hat mehrfach betont, daß es beim Schutz der Religionsfreiheit nicht auf Mehrheitsverhältnisse ankomme. Gleichwohl hat er in einer jüngeren Blasphemie-Entscheidung auf die Glaubensrichtung der überwiegenden Mehrheit in der Region abgestellt und die „Wahrung des religiösen Friedens" als akzeptables Argument hingenommen.

27. Die Übertragbarkeit der Rechtsprechung des Europäischen Gerichtshofs für Menschenrechte ist von vornherein begrenzt durch die Funktion als Internationaler Gerichtshof und durch die Dominanz des Einzelfalles. Beschränkte Folgerungen lassen sich bei aller Behutsamkeit in bezug auf die Schranken der Religionsfreiheit in Sonderstatusbereichen oder im Blick auf immanente Grenzen ziehen. Eigens überprüft werden müssen die für das Verhältnis Staat und Religion bestehenden Spielräume im Bundesstaat.

28. Die Rechtsprechung des Straßburger Gerichtshofs ist nicht mit einem Europabild in Einklang zu bringen, das auf staatliche und regionale Nivellierung zielt. Auch die Verfassung des Einzelstaates bedarf der sie sichernden staatlichen Stütze, um religiöse Vielfalt in der von der EMRK geforderten Verläßlichkeit durch die Vertragspartner bereitzuhalten.

29. Aus der Sicht der Religionsfreiheit verliert die althergebrachte Frage, wieweit der Staat stärker als seine Verfassung einer Internationalisierung ausgesetzt sei, an Aktualität.

30. Religiöser Minderheitenschutz verträgt kein mechanisches Abwägungsschema, da es im konkreten Fall um Gestaltung und Zuordnung, nicht allein um Abgrenzung geht.

31. Das Verhältnis zwischen Staat und Religion wird internationalrechtlich nicht unwesentlich durch den völkerrechtlichen Minderheitenschutz ausgestaltet. Zu erwähnen sind vor allem der Internationale Pakt über bürgerliche und politische Rechte, die Aktivitäten der OSZE (Organisation für Sicherheit und Zusammenarbeit in Europa), sowie die Arbeiten im Bereich der Rahmenkonvention des Europarates für den Schutz nationaler Minderheiten von 1994. Dabei geht es im Kern stets um die Wahrung von kultureller und in diesem Sinne auch religiös verstandener Identität.

„Konvention zum Schutze der Menschenrechte und Grundfreiheiten" vom 4.11. 1950 (Auszug)

Artikel 9 Gedanken-, Gewissens- und Religionsfreiheit

(1) Jede Person hat das Recht auf Gedanken-, Gewissens- und Religionsfreiheit; dieses Recht umfaßt die Freiheit, seine Religion oder Weltanschauung zu wechseln, und die Freiheit, seine Religion oder Weltanschauung einzeln oder gemeinsam mit anderen öffentlich oder privat durch Gottesdienst, Unterricht oder Praktizieren von Bräuchen und Riten zu bekennen.

(2) Die Freiheit, seine Religion oder Weltanschauung zu bekennen, darf nur Einschränkungen unterworfen werden, die gesetzlich vorgesehen und in einer demokratischen Gesellschaft notwendig sind für die öffentliche Sicherheit, zum Schutz der öffentlichen Ordnung, Gesundheit oder Moral oder zum Schutz der Rechte und Freiheiten anderer.

Artikel 10 Freiheit der Meinungsäußerung

(1) Jede Person hat das Recht auf freie Meinungsäußerung. Dieses Recht schließt die Meinungsfreiheit und die Freiheit ein, Informationen und Ideen ohne behördliche Eingriffe und ohne Rücksicht auf Staatsgrenzen zu empfangen und weiterzugeben. Dieser Artikel hindert die Staaten nicht, für Hörfunk-, Fernseh- oder Kinounternehmen eine Genehmigung vorzuschreiben.

(2) Die Ausübung dieser Freiheiten ist mit Pflichten und Verantwortung verbunden; sie kann daher Formvorschriften, Bedingungen, Einschränkungen oder Strafdrohungen unterworfen werden, die gesetzlich vorgesehen und in einer demokratischen Gesellschaft notwendig sind für die nationale Sicherheit, die territoriale Unversehrtheit oder die öffentliche Sicherheit, zur Aufrechterhaltung der Ordnung oder zur Verhütung von Straftaten, zum Schutz der Gesundheit oder der Moral, zum Schutz des guten Rufes oder der Rechte anderer, zur Verhinderung der Verbreitung vertraulicher Informationen oder zur Wahrung der Autorität und der Unparteilichkeit der Rechtsprechung.

„1. Zusatzprotokoll zur Konvention zum Schutze der Menschenrechte und Grundfreiheiten“ vom 20. 3. 1952 (Auszug)

Artikel 2 Recht auf Bildung

Niemandem darf das Recht auf Bildung verwehrt werden. Der Staat hat bei Ausübung der von ihm auf dem Gebiet der Erziehung und des Unterrichts übernommenen Aufgaben das Recht der Eltern zu achten, die Erziehung und den Unterricht entsprechend ihren eigenen religiösen und weltanschaulichen Überzeugungen sicherzustellen.

„Internationaler Pakt über bürgerliche und politische Rechte“
vom 19. 12. 1966 (Auszug)

Artikel 18

(1) Jedermann hat das Recht auf Gedanken-, Gewissens- und Religionsfreiheit. Dieses Recht umfaßt die Freiheit, eine Religion oder eine Weltanschauung eigener Wahl zu haben oder anzunehmen, und die Freiheit, seine Religion oder Weltanschauung allein oder in Gemeinschaft mit anderen, öffentlich oder privat durch Gottesdienst, Beachtung religiöser Bräuche, Ausübung und Unterricht zu bekunden.

(2) Niemand darf einem Zwang ausgesetzt werden, der seine Freiheit, eine Religion oder eine Weltanschauung seiner Wahl zu haben oder anzunehmen, beeinträchtigen würde.

(3) Die Freiheit, seine Religion oder Weltanschauung zu bekunden, darf nur den gesetzlich vorgesehenen Einschränkungen unterworfen werden, die zum Schutz der öffentlichen Sicherheit, Ordnung, Gesundheit, Sittlichkeit oder der Grundrechte und -freiheiten anderer erforderlich sind.

(4) Die Vertragsstaaten verpflichten sich, die Freiheit der Eltern und gegebenenfalls des Vormundes oder Pflegers zu achten, die religiöse und sittliche Erziehung ihrer Kinder in Übereinstimmung mit ihren eigenen Überzeugungen sicherzustellen.

Artikel 27

In Staaten mit ethnischen, religiösen oder sprachlichen Minderheiten darf Angehörigen solcher Minderheiten nicht das Recht vorenthalten werden, gemeinsam mit anderen Angehörigen ihrer Gruppe ihr eigenes kulturelles Leben zu pflegen, ihre eigene Religion zu bekennen und auszuüben oder sich ihrer eigenen Sprache zu bedienen.

Zweiter Beratungsgegenstand:

Staat und Religion

2. Bericht von Prof. Dr. *Gerhard Robbers*, Trier

Inhalt

I. Religion und Staat: Voraussetzungen

1. Religiöse Transzendenz und staatliches Selbstverständnis

Religionsrecht ist symbolisches Recht. Indem Religion jede Staatlichkeit transzendiert, kulminiert das Selbstverständnis staatlich verfaßter Gemeinschaft in ihrem Recht über religiös erfaßtes Leben. In Religionspflege wie in Religionsabwehr berührt der Staat Lebensäußerungen von besonderer Kraft und Sensibilität. Die religiöse Gründung staatsrechtlicher Begriffe und Strukturen, die soziale Prägung religiöser Ideen begleiten jede Verbindung, jedes Auseinandertreten beider Lebenssphären.

2. Kategorien und Funktionen

a) Ordnungskategorien

Staat und Religion verhalten sich zueinander in und für konkrete Staaten und Religionen, mit ihren Erfahrungen, Grenzen und Perspektiven. Dies begründet den Bericht über das französische und das Recht des Vereinigten Königreichs, der im folgenden – dem Auftrag gemäß – im Vordergrund stehen soll, und ihr Vergleich mit dem deutschen Recht. Die Auswahl dieser Staaten legt sich aus dem Integrationsinteresse in der Europäischen Union nahe, zumal sie auf den ersten Blick idealtypisch für drei unterschiedliche Regelungsansätze stehen: dem, laizistischen, Trennungssystem Frankreichs, dem – englischen – Staatskirchentum und dem Kooperationssystem Deutschlands.

Diese herkömmlichen Kategorien verlieren allerdings zunehmend an juristischer Ordnungskraft, sie taugen eher als emotionale Erinnerungstopoi und verstellen den Blick auf faktische Entwicklungen und Problemlagen. Sie haben ebenso wie die Grundstrukturen der heute geltenden Staatskirchenrechte ihre Prägung in der Entwicklung nationalstaatlicher Selbstverständnisse erfahren und in Auseinandersetzung mit bestimmter Religion. Stets orientieren sich die Systeme an den Institutionen Staat und Kirche. Heute tritt mit der Neuformierung von Staatlichkeit in außernationale Perspektiven und mit den religionsdemographischen Entwicklungen die religiöse Entfaltungsfreiheit in den Vordergrund, individuell wie institutionell. Der Begriff Religionsrecht[1] nimmt diese Entwicklungen leichter auf als der immerhin eingebürgerte Begriff Staatskirchenrecht.

---

[1] Zur ursprünglichen Bedeutung des Begriffes *Paul Mikat* Zur rechtlichen Bedeutung religiöser Interessen (1973) in: ders., Religionsrechtliche Schriften, Berlin 1974, 1. Hlbbd., S. 306.

b) Funktionen von Religion

Für unterschiedliche staatlich verfaßte Gemeinschaften besitzt Religion unterschiedliche Funktionen[2]. Die Entwicklung der Nationalstaaten hat sich gerade auch im Entstehen nationaler Staatskirchen – wie in England – ausgedrückt, nach den gescheiterten Versuchen des Gallikanismus ist auch die Laizität in Frankreich in all ihren Brüchen Selbstvergewisserung der Nation. Deutsche Staatlichkeit hat sich nicht zuletzt in der Ausbalancierung zweier gleich starker Religionsparteien entfaltet. Viele Besonderheiten und Empfindlichkeiten der religionsrechtlichen Verhältnisse in den Vereinigten Staaten von Amerika erklären sich aus den Integrationsbedürfnissen weltweiter Zuwanderung. Die heute wieder vertiefte Nationalisierung der orthodoxen Kirchen in Osteuropa als Nachhol- und Gegenbewegung gründet in der Suche nach neuer gemeinschaftsstiftender Legitimität, empfindlich gegen ausländische Mission und Proselytismus. Die europäische Union strebt nach konkreter Bestimmung ihres Religionsbezuges[3].

Ihrerseits nimmt die Denationalisierung der Verhältnisse Zugriff auf ekklesiologische Selbstverständnisse[4]. Im Ende des schon immer unzulänglichen Modells eines bloßen Dualismus von Staat und Gesellschaft stehen religiöse Institutionen in einer neuen Plurivalenz von öffentlich wirkenden Kraftfeldern. Die religionsdemographischen Veränderungen der Gegenwart[5] besitzen metastaatliche Dimensionen: Die an Grenzen stoßende Säkularisierung, die Neuformierung institutionalisierter Kirchlichkeit, das Erstarken des Islam, die Migration, die in rascher Folge auftretenden kleinen und neuen Religionsgemeinschaften.

---

[2] Allgemein *Thomas Luckmann* Über die Funktion der Religion, in: Peter Koslowski (Hrsg.), Die religiöse Dimension der Gesellschaft, Tübingen 1985, S. 26ff.; *Robert Spaemann* Funktionale Religionsbegründung und Religion, ebd., S. 9ff.; *Niklas Luhmann* Funktion der Religion, Frankfurt/Main 1996.

[3] Vgl. *Jérôme Vignon* Europa eine Seele geben, in: Ökumenische Vereinigung für Kirche und Gesellschaft (Hrsg.), Herausforderungen für Europa, Versöhnung und Sinn, Brüssel 1996, S. 43ff.

[4] Für das Vereinigte Königreich vgl. als Ansatz *John Nurser* The European Community and the Church of England, Ecc LJ 1993, S. 103ff.; *Angur Pearce* The Church of England and the European Union: Establishment and Ecclesiology, Ecc LJ 1995, S. 337ff.

[5] Vgl. etwa die Beiträge in: *G. Aijmer* (Hrsg.), A Conciliation of Powers: The Force of Religion in Society, 1991; *Robert Wuthnow* Rediscovering the Sacred: Perspectives on Religion in Contemporary Society, Eerdmans 1992; *Gilles Kepel* The Revenge of God: The Resurgence of Islam, Christianity and Judaism in the modern world, Cambridge 1994; *Mark Juergensmeyer* Violence and the Sacred in the Modern World, London 1992; *ders.* The New Cold War? Religious Nationalism confronts the Secular State, Berkeley 1993; *Samuel P. Huntington* Der Kampf der Kulturen, dtsch. München 1997.

3. *Internationale Dimensionen*

Die Begrenzung auf Frankreich und auf das Vereinigte Königreich darf nicht über die internationale Dimension der rechtlichen wie politischen Entwicklungen im Bereich des Religiösen hinweg täuschen. Der US-amerikanische International Religious Freedom Act von 1998 begründet Sanktionen gegen Staaten, die Verletzungen der Religionsfreiheit begehen oder tolerieren; Religionsfreiheit beansprucht vor amerikanisch-innenpolitischem Selbstverständnis eine Sonderstellung in der allgemeinen internationalen Menschenrechtspolitik. Die Deklarationen der Vereinten Nationen gegen religiöse Diskriminierung und zu religiösen Minderheiten[6] nehmen, noch individualisierend, die erneut wachsende Bedeutung der Religion in der Neuorientierung globaler Machtbalancen auf.

Gleichzeitig spiegeln Grenzen der Religionsfreiheit konkrete Bedürfnisse in konkreten Staaten. Der Europäische Gerichtshof für Menschenrechte räumt dabei mit integrationsfördernder Sensibilität den staatlichen Behörden erhebliches Ermessen bei der Konkretisierung dessen ein, was die Ausübung der Religionsfreiheit nach der Europäischen Menschenrechtskonvention begrenzen kann[7].

4. *Der Begriff Religion*

Im Rahmen des Integrationsauftrages des Grundgesetzes besitzt Rechtsvergleichung integrative Funktion. Wird eine Lebensäußerung in anderen vergleichbaren Staaten allgemein als Religion angesehen, so in-

---

[6] Erklärung über die Beseitigung aller Formen von Intoleranz und Diskriminierung aufgrund der Religion oder der Überzeugung, vom 25. 11. 1981, Res. 36/55; Erklärung über die Rechte von Personen, die nationalen oder ethnischen, religiösen und sprachlichen Minderheiten angehören, vom 18. 12. 1992, Res. 47/135; vgl. *Malcom D. Evans* Religious Liberty and International Law in Europe, Cambridge 1997.

[7] EGMR v. 25. 5. 1993 (Kokkinakis ./. Griechenland) Serie A Nr. 260-A, Erwg. 47; zur Rechtsprechung des EGMR in Religionssachen vgl. besonders *Gérard Gonzalez* La Convention européenne des droits de l'homme et la liberté des religions, Paris 1997, S. 15ff.; *Raymond Goy* La garantie européenne de la liberté de religion – l'article 9 de la Convention de Rome, in: R.D.P. 1991, S. 6ff.; *Nikolaus Blum* Die Gedanken-, Gewissens- und Religionsfreiheit nach Art. 9 der Europäischen Menschenrechtskonvention, Berlin 1990, S. 44ff.; *Hans-Tjabert Conring* Korporative Religionsfreiheit in Europa, Frankfurt am Main 1998, S. 298ff.; *Albert Bleckmann* Von der individuellen Religionsfreiheit des Art. 9 EMRK zum Selbstbestimmungsrecht der Kirchen, Köln 1995, S. 27ff.; *Jochen Abr. Frowein* Freedom of Religion in the Practice of the European Commission and Court of Human Rights, in: ZaöRV 46 (1986) S. 249ff.; *Christian Hillgruber* Staat und Religion, DVBl. 1999, S. 1177; krit. *T. Jeremy Gunn* Adjudicating Rights of Conscience Under the European Convention on Human Rights, in: Johan D. van der Vyver/John Witte Jr. (Hrsg.), Religious Human Rights in Global Perspective. Legal Perspectives, The Hague 1996, S. 305ff.

diziert das ihren religiösen Charakter auch in der Bundesrepublik Deutschland. Schon das Verbot religiöser Diskriminierung aus Art. 13 EGV verlangt nach einem harmonisierungsfähigen Religionsbegriff[8].

Der koloniale Hintergrund Frankreichs und des Vereinigten Königreichs hat dort von vornherein eine Engführung auf den europäisch-abendländischen Horizont der Großreligionen immerhin gemildert. In der juristischen Diskussion des Vereinigten Königreichs ist Religion durch gemeinsame Gottesverehrung beschrieben[9], vorherrschende theistische Ausgangslagen sind erweitert zur Möglichkeit von Ausnahmen für nicht theistische Überzeugungen[10]. In Frankreich macht laizistisches Grundverständnis, auch dies christlich geprägt in der Unterscheidung von Gott und Welt[11], schon fraglich, ob staatliche Gerichtsbarkeit überhaupt befugt sei, Religion zu definieren[12]. Erst neuerdings hat erstmals der Cour d'appel von Lyon Elemente eines Rechtsbegriffes von Religion beschrieben, vom Cour de Cassation sogleich verworfen: als objektives Element eine Gemeinschaft, dazu als subjektives Element ein gemeinsamer Glaube[13].

---

[8] Zu den vielfältigen außerjuristischen Religionsbegriffen vgl. etwa aus theologischer Sicht *Wilfred Cantwell Smith* The Meaning and End of Religion, London 1991; *N. Luhmann* (Fn. 2); *Paul Tillich* Die Überwindung des Religionsbegriffs in der Religionsphilosophie, Kantstudien 27 (1922) S. 446ff.; *Karl Barth* Der Römerbrief, München 1923, S. 211ff.; vgl. noch *Gustav Mensching* Die Religion, Stuttgart 1959; *Friedrich Heller* Erscheinungsformen und Wesen der Religion, 1961; *Ernst Feil* Religio, Göttingen 1986; *Christoph Elsas* Religion, München 1975; *Falk Wagner* Was ist Religion?, 2. Aufl., Gütersloh 1991; *Walter Kern/Hermann Josef Pottmeyer/Max Seckler* (Hrsg.), Handbuch der Fundamentaltheologie, 1 Traktat Religion, Freiburg 1985, S. 19ff.; *John Hick* An Interpretation of Religion, London 1989.

[9] Vgl. *Anthony Bradney* Religions, Rights and Laws, Leicester 1993, S. 124ff.; *David Feldman* Civil Liberties and Human Rights in England and Wales, Oxford 1993, S. 687f.; zur Definition eines religiösen Ortes: „ein Platz, dessen Hauptverwendung es ist, daß dort Menschen zusammenkommen als Gemeinde oder Versammlung, um Gott zu verehren. Es muß nicht der Gott sein, den die Christen verehren. Es kann ein anderer Gott sein oder ein unbekannter Gott, aber es muß sich um die Verehrung einer Gottheit handeln. Davon kann es Ausnahmen geben. Zum Beispiel werden buddhistische Tempel zu Recht als Plätze der Zusammenkunft zu religiöser Verehrung beschrieben" Lord Denning in *R v. Registrar General, ex parte Segerdal* [1970] 2 QB 697, CA, S. 707.

[10] Vgl. auch New Zealand High Court, *Centrepoint Community Growth Trust v. Commissioner of Inland Revenue* [1985] 1 NZLR, S. 673; Australian High Court, *Church of the New Faith v. Commissioner for Pay-Roll Tax* [1983] 57 ALJR 785, S. 796; *A. Bradney* (Fn. 9) S. 125f.

[11] Vgl. Matth. 22, 21; Mar. 12, 17; Luk. 20, 25.

[12] *Emile Poulat* La solution laïque et ses problèmes, Paris 1997, S. 101; *Francis Messner* Peut-on définir juridiquement la religion? in: L'année canonique 31/1988, S. 321ff.

[13] CA Lyon, 28. 7. 1997, J.C.P. 1998, II, 10025; Cass. crim. 30. 6. 1999, *Eglise de Scientologie*, Juris-Data Nr. 003147.

Diese Beschreibungen bleiben bewußt offen, Ausnahmen und Entwicklungen zugänglich[14]. Solch evolutionäre Interpretation kennzeichnet auch die individualisierende, Glauben und Religion identifizierende Entwicklung des Religionsbegriffs im Recht der Vereinigten Staaten von Amerika[15], dort tritt gegenwärtig eine Begriffsbildung per analogiam hervor. Religion ist, was mit den herkömmlich als Religion betrachteten Phänomenen in Analogie steht. Die Inhalte des Glaubens müssen dabei letzte Fragen betreffen, höchstpersönlich und wichtig sein für den Glaubenden, dazu muß es sich um ein umfassendes System von Glaubenssätzen handeln. Nur als bestätigendes Element fragt dieses Recht endlich nach formalen Zeichen, die denen herkömmlicher Religionen ähneln, wie Zeremonien oder Organisation[16].

In interpretativer Anpassung nehmen so die Rechtsordnungen soziale Entwicklungen auf und integrieren sie Schritt für Schritt. Mit einem gewissen Zeitgewinn, der die Ernsthaftigkeitsvoraussetzung von Religion ephemeren Erscheinungen entgegen stellt, öffnet dies neuen Überzeugungen den Weg zu Freiheit und Status von Religion. Legitime juristische Begriffsbildung muß die vorrechtliche Wirklichkeit der Religion angemessen aufnehmen, in Rücksicht auf die dogmatischen Strukturen des Rechts und in der Verantwortung der die Rechtsordnung tragenden Instanzen. Das Selbstverständnis des Freiheitsträgers ist wesentliches Element freiheitsorientierter juristischer Begriffsbildung. Dynamische und plurale Religionserfahrungen bedürfen dynamischer und pluraler juristischer Begrifflichkeit. Dies überantwortet jede definitorisch ausgelegte Dogmatik in dialogischer Begriffsbildung der Vorläufigkeit, dialogischer Prozeß demokratischer Rechtsetzung findet seine Ergänzung im dialogischen Prozeß der Rechtsanwendung.

5. *Religionsfreiheit*

Die theologisch gegründete, menschenrechtlich entfaltete Religionsfreiheit trägt heute in allen Verfassungsstaaten das Verhältnis von Staat

---

[14] Zur Begrifflichkeit auf der Ebene der Vereinten Nationen *Elisabeth Odio Benito* Elimination de toutes les formes d'intolérance et de discrimination fondées sur la religion ou la conviction, New York, 1989, S. 5; *Jacques Robert/Jean Duffar* Droits de l'homme et libertés fondamentales, 6. Aufl., Paris 1996, S. 561 f.; noch zurückhaltender *Jean Duffar* La liberté religieuse dans les textes internationaux, R.D.P. 1994, S. 939f.

[15] Vgl. etwa *Malnak v. Yogi*, 592 F.2d 197 (3d Cir. 1979), *Founding Church of Scientology of Washington v. United States*, 133 U.S. App. D.C. 229, 409 F.2d, cert. denied, 396 U.S. 963 [1969].

[16] Vgl. *Michael S. Ariens/Robert A. Destro* Religious Liberty in a Pluralistic Society, Durham 1996, S. 947ff.

und Religion[17]. Religionsfreiheit als Menschenrecht ihrerseits wirkt auf die Religionen mit staatlichem Wahrheitsanspruch pluralisierend zurück.

Religion ist beides, Glauben und Handeln unscheidbar, Religionsfreiheit deshalb Gedanken- wie Handlungsfreiheit. Religionsfreiheit trägt die Funktion positiver Freiheit. Das staatliche Recht muß Raum geben für die möglichst umfassende, ungehinderte Entfaltung religiösen Lebens. In Deutschland gilt dies wie in Frankreich und im Vereinigten Königreich[18].

Staatliche Freiheitsverantwortung gebietet, religiöse Lebensvollzüge als solche ernst zu nehmen, sie um ihrer selbst willen, nicht, sie nur nach areligiösen sozialen Nützlichkeitserwägungen zu fördern oder als Wertelieferant in Dienst zu nehmen.

Staatliche Religionsförderung dient allerdings auch sonstigen Interessen. Stabilisierung von Religion liegt im kulturellen Erhaltungs- und im sozialen Befriedungsinteresse des Staates, neue Religionen bedürfen deshalb der Prüfung ihrer Integrationsfähigkeit. Die Weite der Religionsfreiheit, ihre Konsequenzen im Selbstbestimmungsrecht erfordern gerechtfertigtes Vertrauen der Rechtsordnung in die Freiheitsträger. Die Freiheitsentfaltung des Neuen, Unbekannten, führt damit tendenziell zu flexiblerer Handhabung von Freiheitsschranken.

Der demokratische Staat darf und muß allerdings die Lebensverständnisse und Strukturerwartungen und damit auch religiös motivierte Verhaltensweisen der Bevölkerung in der Gestaltung seiner Rechtsordnung aufnehmen. Pluralisierung religiöser Verhältnisse kann dabei zu kulturangemessener Pluralisierung der Rechtsordnung führen[19], Deutschland hat diese vorbildstiftende Erfahrung im Gefolge der Reformation bereits gemacht; nicht dagegen darf es zur Ausklammerung des Religiösen und neutralitätverletzender Bevorzugung areligiöser Lebensvollzüge kommen.

Freiheitsgewährleistung ist auch Atmosphärengestaltung, Toleranzförderung und Gelassenheit. Die dauerhaft starke Präsenz des Islam in Europa besitzt kulturstaatliches Gewicht, die Vielzahl neu erfundener Religionsgemeinschaften ist eher ephemer.

---

[17] Vgl. für Europa *Iván C. Ibán/Silvio Ferrari* Derecho y Religión en Europa Occidental, Madrid 1998, S. 4ff.

[18] Vgl. für das Vereinigte Königreich *A. Bradney* (Fn. 9) S. 5; für Frankreich *J. Robert/J. Duffar* (Fn. 14) S. 15f., 550f., 559; *Jacques Robert* La liberté religieuse, in: R.I.D.C. 1994, S. 629; *Alain Boyer* Le droit des religions en France, Paris 1993, S. 131; *Thierry Massis* La liberté de conscience, le sentiment religieux et le droit pénal, D. 1992, chr., S. 113ff.

[19] Vgl. *Sebastian Poulter* Ethnicity, Law and Human Rights. The English Experience, Oxford 1998, S. 25; *Carolyn Hamilton* Family, Law and Religion, London 1995, S. 341.

Im Vereinigten Königreich ist ausländerpolizeiliches Abdrängen gegen solche neuen Religionsgemeinschaften seit langem eingestellt[20]. Verschiedene staatlich veranlaßte Untersuchungen über einzelne Gruppen haben eher zu allgemeiner Beruhigung beigetragen[21]. Frankreich reagiert einigermaßen ostentativer, parlamentarische Berichte[22] sind intensiv und scharf im Ton. Das geltende Recht und seine Anwendung werden freilich auch hier als ausreichend angesehen[23].

II. Systemvergleich

6. *Das Verhältnis von Staat und Religion in Frankreich*

a) *Grundzüge des Laizismus*

aa) *Kerngehalte*

Frankreich ist eine laizistische Republik, Summe der religionspolitischen Auseinandersetzungen seit den Anfängen des 19. Jahrhunderts[24].

---

[20] *Van Duyn v. Home Office* [1975] Ch. 358; vgl. auch *C. Hamilton* (Fn. 19) S. 147 ff.; *David McClean* New Religious Movements and the Law in the United Kingdom, in: European Consortium for Church-State Research (Hrsg.), New Religious Movements and the Law in the European Union, Milano 1997, S. 341 ff.

[21] *Sir John Foster* Enquiry into the Practice and Effects of Scientology, HMSO, 1971; *Eileen Barker* New Religious Movements: A Practical Introduction, HMSO, 1989; Walton, J in *Holmes v. Attorney-General*, unveröffentlicht, High Court, Chancery Division, 11. Febr. 1981; vgl. *D. McClean* (Fn. 20) S. 352. Zur Ortssteuer für einen Tempel der Mormonen vgl. *Church of Jesus Christ of Latter-Day Saints v. Henning (Valuation Officer)* [1963] 2 All ER 733 (HL); vgl. auch *Broxtowe Borough Council v. Birch* [1983] 1 All ER 641 (CA).

[22] *Jacques Guyard* Rapport fait au nom de la Commission d'enquête (1) sur la situation financière, patrimoniale et fiscale des sectes, ainsi que leurs activités économiques et leurs relations avec les milieux économiques et financiers, Assemblée nationale Nr. 1687, vom 10. 6. 1999; *Alain Vivien* Les sectes en France. Expressions de la liberté morale ou facteurs de manipulations? Rapport au Premier ministre, Collection des rapports officiel, 1983; *Alain Gest/Jacques Guyard* Rapport fait au nom de la Commission d'enquête (1) sur les sectes, Assemblée nationale, Nr. 2468 vom 22. 12. 1995.

[23] Vgl. die Beiträge in: *Francis Messner* (Hrsg.), Les „sectes" et le droit en France, Paris 1999; *Claude Goyard* Les sectes et leurs adeptes au regard de la Constitution française, in: L'année canonique 30/1987, S. 257 ff.; CE 17. 2. 1992, *Eglise de Scientologie de Paris*, Lebon, S. 60; *Dominique Turpin* Les libertés publiques, Paris 1995, S. 113; *Jean-Paul Durand* Droit civil ecclésiastique français en 1996–1997, in: European Journal for Church and State Research 1997, S. 49 ff.; *Stéphane Pierré-Caps* Les „nouveaux cultes" et le droit public, in: R.D.P. 1990, S. 1073 ff.; *Michel Huyette* Les sectes et la protection judiciaire des mineurs, D. 1996, chr., S. 271 ff.; *André Damien* Les sectes, in: Esprit et vie 3. 10. 1996, Nr. 40, S. 529 ff.

[24] Für weiterführende Gespräche und Material danke ich Frau Prof. Dr. Brigitte Basdevant-Gaudemet, Université de Sceaux; vgl. Art. 1 S. 2 Verf. 1958, Präambel Verf. 1946;

Der primäre juristische Gehalt der Laizität findet sich verfassungskräftig im Trennungsgesetz von 1905 entfaltet[25], Höhepunkt des französischen Kulturkampfes: Freiheit des Gewissens, Trennung von Staat und Kirche, Verbot staatlicher Finanzierung von Religionsgemeinschaften[26].

bb) Religiöse Organisation

Die geometrieverhaftete Vorstellung strikter Trennung, Traum des 19. Jahrhunderts, weicht allerdings seit langem positiver Aufnahme religiöser Bedürfnisse[27]. Laizität als Rechtsprinzip bedeutet Neutralität und Toleranz, daß der Staat zwischen individuellen Glaubenshaltungen keinen Unterschied macht und nicht in religiöse Institutionen interveniert[28].

Die in Freiheit staatlich verfaßte Gemeinschaft muß Organisationsformen bereithalten, die dem Selbstverständnis des Religiösen und seiner

---

Art. 10 Erklärung der Menschen- und Bürgerrechte von 1789. Zum Normenbestand vgl. *Bernard Jeuffroy/François Tricard* (Hrsg.), Liberté religieuse et régime des cultes en droit français. Textes, pratique administrative, jurisprudence, Paris 1996; *Jean Boussinesq* La laïcité française, Paris 1994; zur Religionsgeschichte in Frankreich vgl. *Christian Modehn* Religion in Frankreich, Gütersloh 1993; *Jean Gaudemet* Eglise et cité, Paris 1994, S. 141 ff.; *Jacques Le Goff/René Rémond* (Hrsg.), Histoire de la France religieuse, 4 Bde, Paris 1992; *Jean-Marie Mayeur* La séparation des Eglises et de l'Etat, Paris 1991; vgl. auch die Beiträge in: *Jean Gaudemet u. a.* Administration et Eglise, Du concordat à la séparation de l'Eglise et de l'Etat, Genf 1987.

[25] Loi de la séparation vom 9. 12. 1905.

[26] Vgl. *Brigitte Basdevant-Gaudemet* Staat und Kirche in Frankreich, in: Gerhard Robbers (Hrsg.), Staat und Kirche in der Europäischen Union, Baden-Baden 1995, S. 127 ff.; *Maurice Barbier* La laïcité, Paris 1995; *Jean-Paul Durand* Droit public ecclésiastique et droit civil ecclésiastique français, in: Patrick Valdrini u.a., Droit canonique, 2. Aufl., Paris 1999, S. 427 ff.; zur Entwicklung die Beiträge in: *A. Audibert u. a.* La laïcité, Paris 1960; *Hubert Bost* (Hrsg.), Genèse et enjeux de la laïcité, Genf 1990; *Brigitte Basdevant-Gaudemet* Droit et religions en France, in: R.I.D.C. 1998, S. 23 ff.; *dies.* La jurisprudence constitutionnelle en matière de liberté confessionnelle en France. Régime juridique des cultes et la liberté confessionnelle. Rapport établi sur la demande du Conseil constitutionnel pour la conférence des Cours constitutionnelles de Varsovic, 1999 (unveröffentlicht); *Louis de Naurois* La non-confessionnalité de l'Etat en droit français, L'année canonique 1982, S. 257 ff.; *René Metz* Eglises et Etat en France, Paris 1977, S. 21 ff.; vgl. auch die Beiträge in: Faut-il modifier la loi de 1905?, Les petites affiches 1. 5. 1996, S. 1 ff.

[27] Vgl. *Jean Morange* Le droit et la laïcité, Revue d'éthique et de théologie morale, „le Supplément", 1988, Nr. 164, S. 53 ff.; *Jean Rivero* La notion de laïcité, D. 1949, chr., S. 137 ff.; *Axel Frhr. von Campenhausen* Staat und Kirche in Frankreich, Göttingen 1962, passim; *René Metz* Das Verhältnis von Kirche und Staat in Frankreich, in: Joseph Listl/Hubert Müller/Heribert Schmitz (Hrsg.), Handbuch des katholischen Kirchenrechts, Regensburg 1983, S. 1109 ff.; *Jean Baubérot* La France, „République laïque", in: ders. (Hrsg.), Religions et laïcité dans l'Europe des douze, Paris 1994, S. 57 ff.

[28] *A. Boyer* (Fn. 18) S. 105 f.

sozialen Bedeutung angemessen sind. Frankreich kennt hierfür ein überaus komplexes, bedürfnis-orientiertes System religiöser Vereinsformen, dessen ursprünglich restriktive Züge heute zurücktreten.

Mangels eigener Rechtspersönlichkeit können die Religionsgemeinschaften Kultvereine, associations cultuelles[29], gründen, die für sie Vermögensträger sind[30]. Die Katholische Kirche hat nach 1905 gegen die liberalistisch geprägten Kultvereine Diözesanvereine, associations diocésaines, erfochten, die besonders das theologisch geforderte Letztentscheidungsrecht des Bischofs wahren[31].

Die Möglichkeit tritt hinzu, allgemeine Vereine[32] in vielfältiger Variation und mit weniger vorteilhafter vermögensrechtlicher und steuerrechtlicher Stellung zu gründen[33].

Die Kult- und Diözesanvereine[34] haben zu ihrer vollen rechtlichen Anerkennung unter anderem zur Voraussetzung, daß ihre Religionsgemeinschaft ein gewisses Alter, erhebliche Mitgliederzahl und feste Organisationsstrukturen aufweist, die Freiheit des einzelnen, die Prinzipien der Gesellschaft und die Rechtsordnung achtet, sie darf nicht gegen die guten Sitten oder die öffentliche Ordnung verstoßen und nicht gewinnorientiert sein[35].

---

[29] Vgl. Loi de la séparation vom 9. 12. 1905 mit Ergänzungen durch Gesetze vom 2. 1. 1907, 13. 4. 1908 und 31. 12. 1913; vgl. *Brigitte Basdevant-Gaudemet* A propos des associations cultuelles. Etapes d'une législation, in: L'année canonique 33/1990, S. 101 ff.; *Jean Gueydan* Les religions face au droit d'association français, in: Praxis juridique et religion 1987, S. 117 ff.; *Brigitte Basdevant-Gaudemet/Francis Messner* Statut juridique des minorités religieuses en France, in: European Consortium for Church-State Research (Hrsg.), The Legal Status of Religious Minorities in the Countries of the European Union, Milano 1994, S. 115 ff.

[30] Zu Einzelheiten vgl. *A. Boyer* (Fn. 18) S. 90; Gesetz Nr. 87–571 vom 23. 7. 1987.

[31] Vgl. Enzyklika Vehementer Nos vom 11. 2. 1906; Gravissimo officii vom 10. 8. 1906; Enzyklika Maximam Gravissimamque vom 18. 1. 1924; Avis d'assemblée du Conseil d'Etat, 13. 12. 1923, in: B. Jeuffroy/F. Tricard (Fn. 24) S. 321 f.; *Jean Baubérot* Vers un nouveau pacte laïque? Paris 1990, S. 85; Zur Rechtsstellung der Orden vgl. Gesetz Nr. 505 vom 8. 4. 1942; *A. Boyer* (Fn. 18) S. 168 ff.; zeitgenössisch krit. *Pierre-Jean Rognoni* Du statut légal de l'Eglise en France, Paris 1923, S. 119 ff.

[32] Nach dem Gesetz von 1901; *B. Basdevant-Gaudemet* Staat und Kirche in Frankreich (Fn. 26) S. 127 ff.; vgl. Cass. com., 17. 3. 1981, *Institut musulman de la Mosquée de Paris c/Lahoucine*, D. 1983, S. 23.

[33] Vgl. *A. Boyer* (Fn. 18) S. 88.

[34] Art. 4 Gesetz vom 9. 12. 1905.

[35] *A. Boyer* (Fn. 18) S. 132; CE 1. 2. 1985, *Association chrétienne des Témoins de Jéhovah*, R.D.P. 1986, S. 274; CE 14. 10. 1985, *Association de l'Etude de la nouvelle Foi*, Lebon, S. 284; CE 17. 6. 1988, *Union des athées*, D. 1988, I.R., S. 197; CE 29. 10. 1990, *Association cultuelle de l'Eglise apostolique arménienne de Paris*, Lebon, S. 297; CE sect. 9. 10. 1992, *Commune de Saint-Louis c/Association „Siva, Soupramanien de Saint-Louis"*, D. 1992, I.R. S. 252; CE 24. 10. 1997, *Association locale pour le culte des Témoins de Jéhovah de Riom*, D. 1997, I.R. S. 256.

Diese Bedingungen übertreffen in manchem die Voraussetzungen der Anerkennung einer Religionsgemeinschaft als Körperschaft des öffentlichen Rechts in Deutschland. Die associations cultuelles und diocésaines besitzen hieraus besondere Dignität[36], faktisch, und anders als in Deutschland der öffentlich-rechtliche Körperschaftsstatus, sind sie heute insoweit noch den katholischen, protestantischen und israelitischen Religionsgemeinschaften vorbehalten[37], die im Konkordatssystem des 19. Jahrhunderts anerkannt waren. In der Praxis ermöglicht das System finanzielle Einflußnahme auf die Religionsgemeinschaften durch Zuordnung von Steuervorteilen und staatlichen Zuwendungen, seine Handhabung trägt zur Stabilisierung der bestehenden religionsdemographischen Verhältnisse bei[38].

cc) Kultgebäude

Das Recht der Kirchengebäude[39] in Frankreich marginalisiert das Verbot staatlicher Religionsfinanzierung. Eigentümer aller katholischen Kirchengebäude, die vor 1905 erbaut sind, und für ihren Unterhalt zuständig[40] ist der Staat[41]. Sie werden der katholischen Kirche unentgeltlich zur Verfügung gestellt[42]. Für die Überwachung der staatlichen Kirchengebäude erhält der Pfarrer eine Entschädigung und so ein zusätzliches Gehalt unmittelbar vom Staat[43].

Für den Bau neuer Kultgebäude darf der Staat keine direkten finanziellen Zuwendungen machen, er kann aber für Anleihen der Religionsgemeinschaften bürgen und gibt Erbbaurechte zu einem symbolischen

---

[36] Vgl. *A. Boyer* (Fn. 18) S. 91.

[37] CE 1. 2. 1985, *Association chrétienne des Témoins de Jéhovah*; *A. Boyer* (Fn. 18) S. 143.

[38] Vgl. *A. Boyer* (Fn. 18) S. 104.

[39] Vgl. *Magalie Lonjou* Les lieux des cultes, in: Actes, les cahiers d'action juridique, Nr. 79/80, „Les religions en face du droit", April 1992, S. 25ff.; Schätzungen ergeben über 38000 katholische, 1200 evangelische Kirchen, 1600 Moscheen und islamische Gebetsräume – 8 große Moscheen mit Minarett, fast 500 Synagogen und jüdische Gebetsstätten, über 100 buddhistische Pagoden; vgl. *A. Boyer* (Fn. 18) S. 125ff., 152; Le Monde, 14. 4. 1999; *Jean-Paul Durand* Lieux de cultes en droit français – Cultes affectataires –, in: L'année canonique 37/1995, S. 65ff.; *Magalie Flores-Lonjou* Le statut des édifices cultuels en droit français, in: Revue de droit canonique 45/1995, S. 41ff.

[40] Art. 5 Gesetz vom 13. 4. 1908 sowie Gesetz vom 25. 12. 1942; CE 22. 1. 1937, *Ville de Condé-Sur-Noireau*; CE 26. 10. 1945, *Chanoine Vaucanu*, Lebon, S. 212.

[41] Circulaire du ministre de l'Intérieur, 13. 8. 1959, Nr. 388.

[42] Art. 5, 1 Gesetz vom 20. 1. 1907; Art. L 131-2.2° Code des communes; Art. 26 Gesetz von 1905.

[43] Zur Entschädigung für die Bewachung der Kirchengebäude vgl. Circulaire vom 7. 2. 1990.

Zins[44]. Umfangreich sind Zuwendungen für kulturelle Einrichtungen jenseits unmittelbar kultischer Räume, für Gemeindesäle etwa, die den Kulträumen angegliedert sind. Diese Unterscheidung von Kult und Kultur[45] hat schon 1921 erhebliche öffentliche Zuwendungen für den Bau der Pariser Moschee möglich gemacht, kürzlich für die Kathedrale von Evry und für die Moschee von Rennes. Die laizistische Reduzierung des Religiösen auf den Kult eröffnet unerwartete Spielräume staatlicher Religionsförderung, die konsequent genutzt werden[46].

Nicht zuletzt dient diese dynamische Begrenzung des Subventionsverbots aus positiv gedeuteter Religionsfreiheit dem Ausgleich einer verdeckten faktischen Ungleichheit[47] derjenigen Religionsgemeinschaften, die 1905 über keine Kultgebäude in Frankreich verfügten, Doktrin einer neuen kompensatorischen Laizität, befriedend, regulatorisch und integrationsorientiert[48].

b) Systemvielfalt

Laizität lebt in Vielfalt. Durch vieles unterscheidet sich die Situation in den drei Départements Elsaß-Lothringens[49]. Hier gilt lokales Recht, vom napoleonischen Konkordat von 1801 geprägt[50].

---

[44] Gesetz vom 25. 12. 1992; Réponse ministère de l'Intérieur, JO, Débats Assemblée nationale, 18. 4. 1988, S. 1674; Art. 11 Gesetz vom 29. 7. 1961; Rapport Marchand (Rapport d'information déposé en application de l'article 145 du règlement sur l'intégration des immigrés), Assemblée nationale, Nr. 1348, 2e session ordinaire, 1989/90, S. 77.

[45] Vgl. dazu *Udo Steiner*, Kulturauftrag im staatlichen Gemeinwesen, VVDStRL 42 (1983) S. 9.

[46] Zur Unterstützung kirchlicher Kranken-, Alten und Jugendfürsorge und kirchlicher Schulen und Hochschulen vgl. *A. Boyer* (Fn. 18) S. 131, 158.

[47] Vgl. CE 12. 2. 1988, *Association des résidents des quartiers Portugal-Italie*, J.C.P. 1989, II, 21257; *A. Boyer* (Fn. 18) S. 131.

[48] *Jean-François Flauss* Le principe de laïcité en droit français. Evolutions récentes, Le quotidien juridique, 20. 12. 1990, Nr. 150, S. 10; Rapport Marchand (Fn. 44) S. 78.

[49] *A. Boyer* (Fn. 18) S. 197; vgl. auch *Francis Messner* Le droit local des cultes alsacien-mosellan en 1996, in: European Journal for Church and State Research 1997, S. 61ff.; *ders.* Les associations cultuelles en Alsace-Moselle, in: Praxis juridique et religion 1988, S. 60ff.

[50] Zusammen mit den einseitig von Napoléon erlassenen organischen Artikeln über die katholische und über die protestantischen Kirchen von 1802 sowie die Bestimmungen über die jüdischen Kultusgemeinden, im wesentlichen die vor 1871 geltenden französischen Religionsgesetze, dazu zahlreiche deutsche Modifikationen aus der Zeit der Zugehörigkeit Elsass-Lothringens zum Deutschen Reich von 1870/71. Zur Entwicklung des Konkordats vgl. *Brigitte Basdevant-Gaudemet* Le jeu concordataire dans la France du XIXe siècle, Paris 1988; *Jean Julg* L'Eglise et les Etats – Histoire des concordats, Paris 1990, S. 81ff., 133ff.

Der Staatspräsident Frankreichs ernennt die Bischöfe von Straßburg und Metz. Die katholische, die lutherische und die reformierte Kirche und die jüdische Gemeinde sind anerkannte Religionsgemeinschaften und bilden Körperschaften des öffentlichen Rechts, die durch staatliche Akte organisiert werden. Ihre Geistlichkeit wird unmittelbar vom Staat bezahlt, das Kruzifix hängt in öffentlichen Schulräumen ebenso wie an und in anderen öffentlichen Gebäuden[51].

Laizität, angetreten zur Pluralisierung der religiösen Verhältnisse, pluralisiert sich selbst. Frankreich zählt in sich sieben verschiedene religionsrechtliche Systeme[52], unmittelbare Bezahlung nur des katholischen Klerus durch das Département in Guyana hier, staatliche Ernennung des moslemischen Mufti in Mayotte dort erinnern an Kolonialherrschaft und Kulturmission[53].

c) *Folgerungen*

aa) *Entwicklung der Laizität*

Solche Besonderheiten können heute nicht mehr als bloß tolerierte Ausnahmen gelten. Nur selten wird ihre Vereinbarkeit mit der Verfassung in Frage gestellt[54]. Diese Laizität ist entschiedenen Veränderungen zugänglich, und vor allem hat sie ihre ursprüngliche Feindseligkeit gegen die Katholische Kirche abgelegt. Laizität kennt durchaus die politische Klausel bei der Ernennung katholischer Bischöfe[55] und den Ansatz – mehr als das – einer invocatio dei in der Menschenrechtserklärung von 1789, die Bestandteil der Verfassung ist[56]. In vielfältiger, auch gegenläufiger Nuancierung hat man von der neuen Laizität gesprochen des-

---

[51] Kaiserliche Verordnung vom 22. 4. 1902 i.V.m. décret vom 26. 11. 1919; *A. Boyer* (Fn. 18) S. 192.

[52] *André Damien* Le statut juridique des Eglises reconnues en France, in: Esprit et vie, 1995, Nr. 6. S. 82; *J.-P. Durand* (Fn. 26) S. 492 ff.

[53] Vgl. bes. Dekret Mandel vom 16. 1. 1939 und 6. 12. 1939; *A. Damien* (Fn. 52) S. 85; Ordonnance vom 27. 8. 1827; Ordonnance royale vom 12. 11. 1828; CE 9. 10. 1981, *Beherec*, Lebon, S. 358.

[54] Vgl. *Jean-François Flauss* Droit local alsacien-mosellan et Constitution, R.D.P. 1992, S. 1625 ff.; vgl. dagegen *E. Poulat* (Fn. 12) S. 102.

[55] Aide mémoire de la Secrétairie d'Etat relatif à la promotion des évêques en France, 20. 5. 1921; vgl. *Jean-Paul Durand* Le modus vivendi et les diocésaines (1921–1924). L'hypothèse d'un accord diplomatique en forme simplifiée, L'année canonique, 35/1995, S. 199 ff.; *A. Boyer* (Fn. 18) S. 97; *A. Damien* (Fn. 52) S. 88.

[56] Vgl. *Thibaud Celerier* Dieu dans la Constitution, Les petites affiches, 5. 6. 1991, S. 15 ff.; zur Inkorporierung der Erklärung von 1789 *Dominique Turpin* Droit constitutionnel, 2. Aufl., Paris 1994, S. 100.

halb, von positiver oder neutraler Laizität[57]. Die Orientierungsfunktion der Laizität wandelt sich von Konflikt zu Konsens, angelegt in Elementen der Konzilianz schon im Trennungsgesetz von 1905 und erlebt in den Schützengräben des Ersten Weltkrieges, als die Kriegsfreiwilligen des französischen Klerus überproportional hohe Verluste erlitten. Die Katholische Kirche hat sich in das heute geltende Recht eingefunden und gestaltet es aktiv mit[58]. Der pluralistische Anspruch der Laizität öffnet sich dem Mitspracherecht religiöser Erfahrung. Antikatholisch genährter Atheismus ist, wo er überlebt, zu antireligiöser Attitüde geworden.

bb) Laizität als Latenzbegriff

Das Recht besitzt allerdings die Dimension des Erinnerns, des Fühlens, des Bewußtseins von Verzweiflung und Hoffnung, besonders hier, wo die Religion durchscheint. Laizität ist noch immer Kampfbegriff für einige, kaum in Recht und Rechtswissenschaft, wohl in Pädagogik, Politikwissenschaft und Publizistik. Hier bleibt sie Ort einer eigenen laizistischen Moral[59], die ihren Ausdruck in der Erklärung der Menschen- und Bürgerrechte von 1789 sucht, Fundamentalwerte den Grundwerten der Katholischen Kirche entgegen stellt[60]. Sie behauptet eine eigene republikanische Heiligkeit, Elemente einer Sakralisierung der Republik, etwas

---

[57] Wohltemperierte Trennung: *Eric-Rémi Chablis* Une séparation bien tempérée – Le droit des cultes en France, Etudes, 5. 1990, S. 683ff.; *E. Poulat* (Fn. 12) S. 63ff.; Laizität in Gewissensfreiheit projiziert: *E. Poulat* (Fn.12) S. 102; *René Rémond* La laïcité et ses contraires, in: La laïcité, Pouvoirs 1995, Nr. 75, S. 7; *Yves Madiot* Le juge et la laïcité, in: La laïcité, Pouvoirs 1995, Nr. 75, S. 79ff.; als Weg zu einem neuen Vertrag der Laizität beschrieben: *J. Baubérot* (Fn. 31) passim.; Konkordanz ohne Konkordat: *A. Boyer* (Fn. 18) S. 145, 196; vgl. auch *Jacques Robert* La liberté religieuse et le régime des cultes, Paris 1977, S. 36ff.; *Jacques Zylberberg* Laïcité, connais pas: Allemagne, Canada, Etats-Uni, Royaume-Uni, in: La laïcité, 1995, Nr. 75, S. 37ff.; *Anne-Marie Franchi* Laïcité: la parole à la défense, in: La laïcité, Pouvoirs 1995, Nr. 75, S. 85ff.; *Hans Mayer* Politik und Religion, in: P. Koslowski (Fn. 2) S. 136f.; *A. Frhr. von Campenhausen* (Fn. 27) S. 158f.

[58] Vgl. etwa die Beiträge in: *Joël-Benoît d'Onorio* (Hrsg.), La laïcité au défi de la modernité, Paris 1990.

[59] Vgl. *Jean Baubérot* La morale laïque contre l'ordre moral, Paris 1997, S. 131ff.; *Jean Morange* Le régime constitutionnel des cultes en France, in: Consortium européen: Rapports Religions-Etat (Hrsg.), Le statut constitutionnel des cultes dans les pays de l'Union européenne, Mailand 1995, S. 130ff.

[60] Vgl. *Gérard Defois* La laïcité, vue d'en face, in: La laïcité, Pouvoirs 1995, Nr. 75, S. 27ff.; in Konkordanz gewendet bei *J. Baubérot* (Fn. 31) S. 220ff.; zur Grundwertedebatte *Guy de Broglie* Le droit naturel à la liberté religieuse, Paris 1964, S. 123ff.; *Jean Carbonnier* La religion, fondement du droit? in: Droit et religion, Archives de philosophie du droit, Bd. 38, Paris 1993, S. 17ff.

vom Messianismus der Französischen Revolution überleben in dieser Ideologie des Laizismus[61].

Feindbild der Laizität als solcher Art Latenzbegriff ist Klerikalismus, definiert als Anspruch von Religion, ein moralisches Lehramt über die Gesellschaft auszuüben[62]. Laizität besitzt ihre historischen Wurzeln, ihre großen Kämpfe und ihren sozialen Hintergrund in der Gegnerschaft zu der in Frankreich dominierenden einen Katholischen Kirche, in Verhärtungen und Verkürzungen, republikanischer Staat steht gegen Katholische Kirche, die „zwei Frankreich" gegeneinander, die Ideale von 1789 gegen den Syllabus errorum[63]. Es ist diese Latenz, die französische Laizität von deutscher Neutralität scheidet. Laizität steht so für reine Privatheit der Religion und für einen Begriff von Öffentlichkeit, der von differenzierungsloser Gleichheit und republikanischer Unteilbarkeit geprägt ist, der gegen intermediäre Gewalten kämpft und gegen lokale Besonderheiten[64], und der so andere Schwerpunkte setzt als das im deutschen Recht prägende Verständnis von Öffentlichkeit mit seinem Begriff des allgemeinen Gesetzes als Ort von Wichtigkeit, von Wertvollem, dem Partikularität keineswegs fremd ist und das religiöse Balance sucht.

7. *Das Verhältnis von Staat und Religion im Vereinigten Königreich*

a) *Grundsätze*

aa) *Establishment und Systemvielfalt*

Wenn die religionsrechtliche Entwicklung in Frankreich in der Abwehr der einen Kirche gründet, so die im Vereinigten Königreich in ihrer Vereinnahmung. Dennoch kennzeichnet bedürfnisorientierte Vielfalt die religionsrechtlichen Verhältnisse heute gerade auch im Vereinigten Königreich[65]. Hier ist gewiß das Staatskirchentum der anglikanischen Kir-

---

[61] *J. Baubérot* (Fn. 31) S. 225; *Jean-Baptiste Trotabas*, La notion de laïcité dans le droit de l'Eglise catholique et de l'Etat républicain, Paris 1960, S. 20; *Alain Bergounioux* La laïcité, valeur de la République, in: La laïcité, Pouvoirs 1995, Nr. 75, S. 17ff.; vgl. auch *E. Poulat* (Fn. 12) S. 34ff.

[62] *J. Baubérot* (Fn. 31) S. 225.

[63] Zum protestantischen Gehalt der Laizität vgl. näher: *J. Baubérot* (Fn. 31) S. 115; *A. Frhr. von Campenhausen* (Fn. 27) S. 5f.

[64] Vgl. *Pierre Rosanvallon* L'Etat en France de 1789 à nos jours, Paris 1990; *J. Beaubérot* (Fn. 31) S. 137; *Guy Braibant* Le droit administratif français, Paris 1992, S. 56.

[65] Für weiterführende Gespräche und fruchtbare Arbeitsmöglichkeiten danke ich Dr. Norman Doe und dem Canon Law Institute der University of Wales College of Cardiff; vgl. *Francis Lyall/David McClean* The Constitutional Status of Churches in Great Britain, in: Consortium européen: Rapports Religions-Etat (Hrsg.), Le statut constitutionnel des cultes dans les pays de l'Union européenne, Mailand 1995, S. 139ff.

che von England prägend, sie ist die Established Church of England[66]. Die eigenständige anglikanische Kirche in Wales[67] dagegen ist seit 1920 disestablished, in Schottland ist sie in der Form der Episcopal Church of Scotland[68] niemals Staatskirche gewesen, wohl aber ist die calvinistische Kirk of Scotland[69] eigengeartet established. Nordirland gehört, soweit anglikanisch, zur entstaatlichten Kirche von Irland[70]. Diese Verhältnisse leben auch heute in nationaler Behauptung und regionalem Selbstverständnis innerhalb des Vereinigten Königreichs[71].

---

[66] Zu Reichweite und Vielfalt des Begriffs „established Church" vgl. *Norman Doe* The Legal Framework of the Church of England, Oxford 1996, S. 8; *M. H. Ogilvie* What is a Church by Law Established?, in: Osgoode Hall Law Jornal, 28 (1990) S. 179ff.; *Lynne Leeder* Ecclesiastical Law Handbook, London 1997, S. 11ff.; *Thimothy Briden/Brian Hanson* Moore's Introduction to English Canon Law, 3. Aufl., London 1992, S. 10ff.; *David McClean* Establishment in a European Context, in: Norman Doe/Mark Hill/Robert Ombres (Hrsg.), English Canon Law, Cardiff 1998, S. 128ff.; *St. John A. Robilliard* Religion and the Law, Manchester 1984, S. 84ff.; *Adrian Hastings* Church and State. The English Experience, Exeter 1991, S. 51ff.; zu Auswirkungen für das Glockenläuten vgl. *Thomas Glyn Watkin* A Happy Noise to Hear? Church Bells and the Law of Nuisance, in: Ecc LJ 1996, S. 545ff.; zur Inkompatibilität von geistlichem Amt in den Kirchen von England und Schottland und Mitgliedschaft im House of Commons vgl. *Norman Doe* The Legal Framework of the Church of England (a.a.O.) S. 9, 11; zur Entwicklung *David Say* Towards 2000: Church and State Relations, in: Ecc LJ 1991, S. 152ff.; vgl. auch Legal Opinions Concerning the Church of England, Loseblatt, London 1994; *Bernard d'Hellencourt* Les vicissitudes d'une „sécularisation chrétienne" au Royaume-Uni, in: Jean Baubérot (Hrsg.), Religions et laïcité dans l'Europe des douze, Paris 1994, S. 123ff.

[67] Welsh Church Act 1914; vgl. *Norman Doe* (Hrsg.), Essays in Canon Law. A Study of the Law of the Church in Wales, Cardiff 1992; *Roger Lee Brown* What of the Church in Wales? in: Ecc LJ 1993, S. 20ff.

[68] Vgl. *Ivor Guild* Synodical Government in the Scottish Episcopal Church, in: Ecc LJ 1996, S. 493ff.

[69] Acts of Union 1706/1707; Church of Scotland Act 1921; vgl. *Francis Lyall* Of Presbyters and Kings: Church and State in the Law of Scotland, Aberdeen 1980; *ders.* An Introduction to British Law, Baden-Baden 1994, S. 85f.; *Colin R. Munro* Does Scottland Have an Established Church?, in: Ecc LJ 1997, S. 639ff.

[70] Irish Church Act 1869; vgl. auch *Patrick Buckland* „A Protestant Parliament and a Protestant State": Regional Government and Religious Discrimination in Northern Ireland, 1921–1939, in: A. C. Duke/C. A. Tamse (Hrsg.), Britain and the Netherlands, Bd. VII, Church and State Since the Reformation, Den Haag 1981, S. 231ff.; vgl. zur Komplexität auch *David McClean* Staat und Kirche im Vereinigten Königreich, in: G. Robbers (Fn. 26) S. 333ff.; zur Isle of Man vgl. *K. F. W. Gumbley* Church Legislation in the Isle of Man, in: Ecc LJ 1994, S. 240ff.

[71] Vgl. *Roger L. Brown* Disestablishment, S. 257; zur Religionsgeschichte Englands einführend *Carsten Peter Thiede* Religion in England, Gütersloh 1994; zum gegenwärtigen Stand *Paul Weller* (Hrsg.), Religions in the UK: A Multi-Faith Directory, 2. Aufl., Derby 1997; *Monica Charlot* (Hrsg.), Religion et Politique en Grande-Bretagne, Paris 1994; *Grace*

bb) Der Human Rights Act

Der Human Rights Act von 1998 begründet ab Oktober 2000 die unmittelbare innerstaatliche Geltung der Europäischen Menschenrechtskonvention und damit des Rechts auf Religionsfreiheit im Vereinigten Königreich[72], Verstärkung der Religionsfreiheit als anerkanntem Grundsatz des Common Law[73].

Das Gesetz verpflichtet die Gerichte ausdrücklich, der Religionsfreiheit in allen den Fragen besonderes Gewicht zuzumessen, die die Religionsgemeinschaften betreffen[74]. Das Vereinigte Königreich kennt damit die besondere Bedeutung kollektiver Religionsfreiheit und legt eine Rangordnung von Rechten nahe.

cc) Church of England

Die enge institutionelle Verbindung zwischen Staat und Staatskirche in England hindert weder die Gewährleistung der Religionsfreiheit noch im Grundsatz Neutralität gegenüber religiösen Lehrinhalten[75]. Die Königin

---

Davie Religion in Britain Since 1945, Oxford 1994; zur zukünftigen relgionsrechtlichen Diversifizierung vgl. Government of Wales Act 1998, s. 21 ff. und Scotland Act 1998, s. 29.

[72] *Sir John Laws* The Impact of the Human Rights Act on Judicial Decision-Making, EHRLR 1998, S. 676 ff.

[73] „Die Staatsgewalt, die vollständige Macht über allen kirchlichen und weltlichen Besitz und Bestand ausübt und allen erforderlichen Schutz vor rechtswidrigen Handlungen gewährleistet, unterläßt es, rein geistliche Funktionen auszuüben und anerkennt und hat stets anerkannt das Recht jedermanns, den Geboten seines Gewissens in seinen religiösen Auffassungen zu folgen, es sei denn, das positive Gesetz sehe anderes vor." Halsbury's Laws of England, 4. Aufl., Bd. 14, § 339; vgl. auch *Peter Cumper* Religious Liberty in the United Kingdom, in: J. D. van der Vyver/J. Witte, Jr. (Fn. 7) S. 205 ff.

[74] Human Rights Act 1998, s. 13.

[75] „The Court ist perfectly impartial in matters of religion" Scrutton, LJ in *Re J. M. Carroll* [1931] 1 KB 317, S. 336; „As between different religions the law stands neutral, but it assumes that any religion is at least likely to be better than none" Cross, J in *Neville Estates, Limited v. Madden and others* [1961] 3 All ER 769, S. 781; Morritt, LJ in *Varsani and others v. Jesani and others* [1998] 3 All ER 273, S. 283; *Gilmour v. Coats* [1949] AC 426; „Der Standpunkt des englischen Gesetzgebers gegenüber Pferderennen entspricht eher dem seines Standpunktes gegenüber der Religion, zu fördern, aber nicht Angelegenheit der Regierung, Hoffmann, LJ in *R v. Disciplinary Committee of the Jockey Club, ex parte Aga Khan* [1993] 1 WLR 909, S. 932; *vgl. Norman Doe* The Legal Position of Religious Minorities in the United Kingdom, in: European Consortium for Church-State Research (Fn. 29) S. 299 ff.; zur Strafbarkeit der Blasphemie als einer Ausnahme vgl. etwa *D. W. Elliott* Blasphemy and other Expressions of Offensive Opinion, in: Ecc LJ 1993, S. 70 ff.; *Graham Routledge* Blasphemy, in: Ecc LJ 1989, S. 27 ff.; *Anthony Bradney* Taking Sides: Religion, Law and Politics, in: New Law Journal 1993, S. 434 ff.; *Michael Grieve* Blasphemy Laws: Last Rights or Last Rites?, in: Counsel 1995, S. 10 ff.

ist allerdings weltliches Oberhaupt der Church of England, sie übt diese Funktion im Kern nach Maßgabe parlamentarischer Entscheidung und der des Premierministers aus. Der regierende Monarch muß Protestant und darf nicht mit einem Katholiken verheiratet sein[76], er ernennt die Bischöfe und Erzbischöfe der Kirche von England[77].

Sechsundzwanzig Erzbischöfe und Bischöfe dieser Kirche sind kraft Amtes Mitglied des House of Lords und damit in den Gesetzgebungsprozeß des Königreiches eingebunden. Auch dies zeigt die Kirche von England als Staatskirche, daß der Human Rights Act die Anwendung ihres Rechts unmittelbar an die Europäische Menschenrechtskonvention bindet[78].

Die Kirche von England ist für zentrale innerkirchliche Rechtsetzungsakte auf die Zustimmung des staatlichen Parlaments angewiesen, das solche Akte zwar nicht im Wortlaut ändern, wohl aber insgesamt zurückweisen kann[79]; das Parlament sucht die Prüfung auf rechtliche statt religiöse Fragen zu beschränken[80].

Besondere finanzielle Zuwendungen erhält die Church of England vom Staat nicht[81]. Sie ist auf eigenes, allerdings seit Jahrhunderten nicht säkularisiertes Vermögen angewiesen[82].

---

[76] Act of Settlement 1700, s. 2; vgl. auch Accession Declaration Act 1910; Coronation Oath Act 1688, s. 3; Bill of Rights 1688, s. 1.

[77] Zum Verfahren vgl. *Norman Doe* The Legal Framework of the Church of England, Oxford 1996, S. 161; zur Entwicklung *J. David McClean* Church and State in Britain 1997, in: European Journal for Church and State Research 1998, S. 137f.

[78] Human Rights Act 1998, s. 21, 2, 6; vgl. *Mark Hill* Church Autonomy in the United Kingdom, in: Gerhard Robbers (Hrsg.), Church Autonomy and Religious Liberty, Bericht der Tagung in Trier vom 27.–30. Mai 1999, erscheint demnächst, MS. 2f.

[79] Vgl. zu einem entsprechenden Fall: The Churchwardens Measure, Report by the Legislative Committee, General Synod of the Church of England (Hrsg.), Church House Bookshop, London 1999; vgl. The Church Times 18. 12. 1998.

[80] Church of England Assembly (Powers) Act 1919; Synodical Government Measure 1969; vgl. *F. Lyall/D. McClean* (Fn. 65) S. 145; *Mark Hill* Ecclesiastical Law, London 1995, S. 7ff.; historisch: *Hermann Lutz* Das Canon Law der Kirche von England, Berlin 1975; *R. H. Helmholz* Canon Law and the Law of England, London 1987.

[81] Vgl. *David McClean* State Financial Support for the Church: The United Kingdom, in: Consorzio Europeo di Ricerca sui Rapporti tra Stati e Confessioni Religiose (Hrsg.), Stati e Confessioni Religiose in Europa. Modelli di Finanziamento Pubblico. Scuola e Fattore Religioso, Milano 1992, S. 77ff.

[82] Zu Rechtsfähigkeit und Vermögensverwaltung durch Trusts vgl. *N. Doe* (Fn. 77) S. 8; vgl. *Robert Ombres* Charitable Trusts: The Catholic Church in English Law, in: Law and Justice 1995, S. 72ff.; zu Zuschüssen und Steuerbefreiungen für Kultgebäude vgl. Liberty of Religious Worship Act 1855; Places of Worship Registration Act 1855; *M. Hill* (Fn. 78) MS. 6; *D. McClean* Staat und Kirche im Vereinigten Königreich, in: G. Robbers (Fn. 26) S. 348.

b) Arbeitsrecht und Religion

aa) Selbstbestimmungsrecht und religiöses Amt

Es ist christlich geprägter Ausdruck des Selbstbestimmungsrechts der Religionsgemeinschaften[83], wenn die Gerichte das geistliche Amt nicht als Arbeitsverhältnis ansehen, Bedingungen und Beendigung sind der staatlichen Gerichtsbarkeit weitgehend entzogen. Im Vereinigten Königreich[84] gilt dies wie in Frankreich[85].

bb) Zusammenordnung privater Interessen

Im allgemeinen folgt staatliche Aufnahme religiöser Bedürfnisse in der Zusammenordnung privater Interessen den gleichen Grundsätzen in al-

---

[83] Zur zunehmenden Autonomie der Kirche von England vgl. *M: Hill* (Fn. 80) S. 18ff.; *Stefan Schlossbauer-Selbach* Staat und Kirche in England, Frankfurt am Main 1976, S. 226ff.

[84] Vgl. für einen Rabbi: *R v. Chief Rabbi of the United Hebrew Congregations of Great Britain and the Commonwealth, ex parte Wachmann* [1992] 1 WLR. 1036; *Coker v. Diocese of Southwark* [1998] 5 Ecc LJ 68 (Church of England); *Birmingham Mosque Trust Limited v. Alavi* [1992] ICR 435 (Islam); vgl. auch *Santokh Singh v. Guru Nanak Gurdwara* [1990] ICR. 309; (Hindu); Latham, J in *R v. Provincial Court of the Church in Wales, ex parte Williams* [1999] 5 Ecc LJ, 217; Sedley, J in *R v. The Dean and Chapter of St. Paul's Cathedral and the Church in Wales ex parte Williamson* [1998] 5 Ecc LJ 129 (Church in Wales); *President of the Methodist Conference v. Parfitt* [1984] ICR. 176; vgl. auch die Ausnahmen für Religionsgemeinschaften unter Sex Discrimination Act 1975, s. 19 und Race Relations Act 1976; *M. Hill* (Fn. 78) MS. 3, 7; *J. D. McClean* (Fn. 77) S. 140f.

[85] Cass. soc. 20. 11. 1986, *Caldier c/Union nationale des associations cultuelles de l'Eglise réformée de France* et *Union nationale des associations cultuelles de l'Eglise réformée de France c/Dlle Fisher*, Droit social, 1987, S. 379 mit Anm. J. Sabatier; CA Douai 30. 5. 1984, J.C.P. 1986, II, 20628 mit Anm. T. Revet; *Bernard Reymond* Entre la grâce et la loi. Introduction au droit ecclésial protestant, Paris, 1992; *Yves Chartier* L'absence de contrat de travail entre un religieux et sa congrégration, in: Droit social 1993, S. 391ff.; vgl. auch *Alain Garay* La situation légale des ministres du culte en France: le cas des Témoins de Jéhovah, in: R.D.P. 1991, S. 109ff.; anders für einen Rabbi CA Paris 7. 5. 1986, *Lagemi c/Assedic de Paris*, J.C.P. 1986, II, 20671 mit Anm. T. Revet; vgl. *A. Boyer* (Fn. 18) S. 111ff.; zum Arbeitsrecht und Religionsgemeinschaften in Frankreich vgl. auch die Beiträge in: *Jean Schlick/Marie Zimmermann* (Hrsg.), Le droit de travail dans les Eglises, Strasbourg 1986. Sonstige Sonderregelungen für Geistliche: Geschenke und Vermächtnisse, Art. 909 Code civil, verschärfte Strafe bei Sexualdelikten mit anvertrauten Personen, Art. 331 bis 333 Code pénal, Bindung an das Beicht- und Seelsorgegeheimnis, Art. 378, Code pénal, Strafbarkeit bei religiöser Trauung vor der zivilen Eheschließung, Geistliche können nicht Lehrer an öffentlichen Schulen in der Sekundarstufe sein, Gesetz vom 28. 3. 1882, der Kanzelparagraph überlebt: strafbar sind Geistliche, die während des Gottesdienstes Träger eines öffentlichen Amtes öffentlich beleidigen oder verleumden, bei Aufruf zum Widerstand gegen das Gesetz drohen bis zu zwei Jahre Gefängnis, Art. 35 Gesetz von 1905; vgl. auch *Elisabeth Michelet* Religion et droit pénal, in: Mélanges offerts à Pierre Raynaud, Paris 1985, S. 474ff.

len drei Rechtsordnungen[86]: durch Abwägung zwischen den beteiligten Interessen, die die besonderen Bedürfnisse religiösen Verhaltens berücksichtigt[87]. Ein Arbeitgeber muß, soweit zumutbar, Rücksicht auf religiöse Bedürfnisse nehmen und sich um alternative Arbeitsabläufe bemühen[88].

---

[86] Cass. soc. 29. 5. 1986, *El Yacoubi c/Automobile Peugeot*, Droit social, 1986, S. 788 (medizinische Untersuchung); CA Paris 10. 1. 1989, *Hassoun c/ CA Luc Durand*, R.J.S. Fr. Lefebvre 4/1989, n° 310 (vorzeitiges Verlassen des Arbeitsplatzes aus religiösen Gründen); zur Figur des Tendenzbetriebes vgl. im übrigen *Jean Savatier* La liberté dans le travail, Droit social, 1990, S. 54; *Eric Hirsoux* Conclusions du colloque (Les motifs de licenciement dans les entreprises de tendance, in: L'année canonique 39/1997, S. 159ff.; *Geneviève Koubi* Droit et religions: dérives et inconséquences de la logique de conciliation, in: R.D.P. 1998, S. 725ff.; *Jean Savatier* L'application du droit du travail dans les rapports entre les maîtres et les établissements privés d'enseignement sous contrat d'association, in: Droit social 1992, S. 439ff.

[87] Vgl. *Ivory v. The Dean and Chapter of St Paul's Cathedral* [1995] 6. Nov. (unreported) 10316/93/S.; *Ahmad v. Inner London Education Authority* [1978] QB 36; *Esson v. United Transport Executive* [1975] IRLR. 48; zur Befreiung von der Pflicht, Schutzkleidung zu tragen für Sikhs, die aus religiösen Gründen Turbane tragen müssen, Road Traffic Act 1988, s. 16 (2), Employment Act 1989, ss. 11,12, sowie *D. Feldman* (Fn. 9) S. 871; für zahlreiche Einzelfälle vgl. *Francis Lyall* Conscience and the Law: UK National Report, in: European Consortium for Church-State Research (Hrsg.), Conscientious Objection in the EC Countries, Mailand 1992, S. 165ff.; *Ingrid Slaughter/David McClean* Church and Labour in England, in: European Consortium for Church and State Research (Hrsg.), Churches and Labour Law in the EC Countries, Mailand 1993, S. 231ff.; für Frankreich auch *Nicole Guimezanes* L'Eglise et le Droit du travail, in: European Consortium for Church and State Research (Hrsg.), Churches and Labour Law in the EC Countries, Mailand 1993, S. 83ff.; *Jean Duffar* L'objection de conscience en droit français, in: European Consortium for Church-State Research (Hrsg.), Conscientious Objection in the EC Countries, Mailand 1992, S. 45ff.; *Georges Dole* La liberté d'opinion et de croyance en droit comparé du travail, Droit social 1992, S. 446ff.; vgl. auch *Jean Duffar* Religion et travail dans la jurisprudence de la Cour de justice des Communautés européennes et des organes de la Convention européenne des droits de l'homme, R.D.P. 1993, S. 695ff.; Cass. soc. 16. 12. 1981 *Mme Bakli c/Societé à responsabilité limitée Le Poulet du Roy*, Bull. civ. 1981, V, Nr. 968; CA Saint-Denis de la Réunion 9. 9. 1997, *Sté Milhac Nord c/Mme Meraly*, D. 1998, S. 546; Cass. soc. 24. 3. 1998, *Azad c/M'Ze*, J.C.P. 1998, IV, 2135.

[88] Vgl. auch zur indirekten Diskriminierung, Road Traffic Act 1988, s. 16 (2) – Sikh-Turban und Helmpflicht; vgl. *S. Poulter* (Fn. 19) S. 49; Criminal Justice Act 1988, s. 139 (5) (b) – Sikh-Dolch; Employment Act 1989 s. 11 – Sikh-Turban und Sicherheitshelm; Race Relation Act 1976; Employment Act 1989, s. 12; *Dawkin v. Department of the Environment* [1993] IRLR 284 – Rastafarian Haartracht; vgl. dagegen mit assimilatorischem Interesse Prohibition of Female Circumcission Act von 1985 mit jedoch eher gegen bestimmtes Brauchtum gerichteten Bestimmungen; vgl. *K. Lee* Female Genital Mutilation: Medical Aspects and the Rights of Children, in: Int. Jo. of Childrens' Rights 2 (1994) S. 35.

8. *Religion und Schule*

a) *Das Vereinigte Königreich*

aa) *Systemzusammenhang*

Religion ist Frage langfristiger kultureller Prägung, individueller Persönlichkeitsbildung und generationenübergreifender Gemeinschaftsbindung. Dies ist der Ort der Schule, Kristallisationspunkt religionsrechtlicher und religionspolitischer Auseinandersetzung, seit der Staat Kulturstaat sein soll. Staatlich gelenkte Abschwächung konfessioneller Gegensätze prägt die Schulpolitik im Vereinigten Königreich[89]. Das System in England[90] sieht umfassende staatliche Finanzierung fast aller Schulen des allgemeinen Bildungswesens vor, das – von Rechts wegen – ausdrücklich und zuvörderst die geistliche Entwicklung der Schüler fördern soll. Kirchliche, zumeist anglikanische und katholische, dazu einige jüdische und moslemische Schulen[91] sind unterschiedlich enge Beziehungen zum Staat eingegangen mit unterschiedlicher Einbuße an Selbständigkeit, können dabei aber ihren besonderen Charakter wahren.

bb) *Religionsunterricht*

In allen staatlichen Schulen wird Religionsunterricht erteilt, überkonfessionell als Religionskundeunterricht[92], Öffnung in weithin religiös begleitetem Schulsystem; in privaten Schulen gibt es Religionsunterricht entsprechend ihren eigenen Statuten.

Zuvor in Selbstverständlichkeit Verflachtes wird in Zeiten der Selbstvergewisserung deutlich. Seit 1988 müssen die Lehrpläne des staatlichen Religionsunterrichts die Tatsache spiegeln, daß die religiösen Traditionen in Großbritannien im wesentlichen christlich sind, dabei aber die Lehren und

---

[89] Vgl. *John M. Hull* Church-Related Schools and Religious Education in the Publicly-Funded Educational System of England, in: Consorzio Europeo di Ricerca sui Rapporti tra Stati e Confessioni Religiose (Fn. 81) S. 181ff.; *David Harte* Religious Education and Worship in State Schools, in: N. Doe/M. Hill/R. Ombres (Fn. 66) S. 115ff.; *D. McClean* Staat und Kirche im Vereinigten Königreich, in: G. Robbers (Fn. 26) S. 342ff.; *John M. Hull* Religious Education and Christian Values in the 1988 Education Reform Act, in: Ecc LJ 1990, S. 69ff.; *J. D. C. Harte* The Religious Dimensions of the Education Reform Act 1988, in: Ecc LJ 1989, S. 32ff.

[90] Vgl. besonders Education Act 1986; Education Reform Act 1988; Education Act 1996; Education Act 1997; Education (Schools) Act 1997; zu statistischen Informationen vgl. Department of Education and Employment, www.dfee.gov.uk.

[91] Zur Bestimmungsbefugnis über den Charakter von Schulen vgl. Religious Character of Schools (Designation Procedure) Regulations 1998.

[92] Education Reform Act 1988, s. 84(8).

Praktiken auch der wichtigsten anderen in Großbritannien vertretenen Religionen berücksichtigen[93]. Das Christentum ist auch im täglichen Schulgottesdienst betont[94]. Er muß überwiegend christlich, darf aber nicht konfessionell sein. Wenn die örtlichen Umstände dies nahelegen, kann er auch überwiegend einem anderen Glauben folgen, etwa hinduistisch sein.

b) Frankreich

aa) Systemzusammenhang

Solche religionsbetonende Öffnung hat das französische Schulsystem noch nicht erreicht, seine Entwicklung erklärt sich in laizistischen Frontstellungen[95]. Die neuere Gesetzgebung[96] meidet den früher in der Schulfrage virulenten Konflikt um Religion oder Republik, sucht Privatschulsektor und öffentliche Schulen miteinander zu integrieren[97]. Die Privatschulen, heute nach langen Kämpfen in erheblichem Umfang staatlich subventioniert, sind so gut wie ausschließlich katholische Privatschulen und umfassen etwa 20% der Schüler in Frankreich[98]. Es ist dies eine notwendige Kon-

---

[93] Education Reform Act 1988; vgl. besonders *Carolyn Hamilton* Family, Law and Religion, London 1995, Kap. 7; *Sebastian Poulter* The Religious Education Provisions of the Education Reform Act 1988, in: Education and the Law 2 (1990) S. 1ff.; *J. Harte* Worship and Religious Education under the Education Reform Act 1988, in: British Journal of Religious Education 13 (1991) S. 152ff.; *S. Poulter* (Fn. 19) S. 55ff.; zu den Religionsausschüssen (SACRE) vgl. Education Act 1996, s. 390ff.

[94] Education Act 1996, s. 385ff.

[95] Zum Ganzen die Beiträge in: *Francis Messner* (Hrsg.), La culture religieuse à l'école, Paris 1995; *Brigitte Basdevant-Gaudemet* Le régime juridique de l'école privée et les aumôneries de l'enseignement public en France, in: Consorzio Europeo di Ricerca sui Rapporti tra Stati e Confessioni Religiose (Hrsg.), Stati Confessioni religiose in Europa, modelli di finanziamento pubblico, scuola e fattore religioso, Mailand 1992, S. 139ff.; *François Ernenwein* Les groupes de pression du privé, in: La laïcité, Pouvoirs 1995, Nr. 75, S. 97ff.

[96] Vgl. zum System besonders: Loi Guizot vom 28. 6. 1933 und Loi Goblet vom 30. 10. 1886 für die Primarstufe, Loi Falloux vom 15. 3. 1850 für die Sekundarstufe, Loi Dupanloup vom 12. 7. 1875 für die höhere Bildung, vgl. dazu *Pierre-Henri Prelot* Naissance de l'enseignement supérieur libre: la loi du 12 juillet 1875, Paris 1987, S. 31ff.; Loi Estier vom 23. 7. 1919 für die technische Bildung; für die landwirtschaftliche Bildung, Loi Rocard vom 31. 12. 1989.

[97] Cons. const. 23. 11. 1977, A.J.D.A. 1978, S. 565; Cons. const. 18. 1. 1985, R.F.D.A. 1985, S. 633; vgl. auch Cons. const. 16. 7. 1971, J.O. 18. 7. 1971, S. 7114; *Vincent Tournier* Ecole publique, école privée – le clivage oublié, in: Revue française de science politique 1997, S. 561ff.

[98] *Aurélia de Saint Exupéry* La jurisprudence française et le caractère propre de l'enseignement catholique, in: L'année canonique 37/1994, S. 47ff.; Cass. Ass. plénière 19. 5. 1978, *Dame Roy c/ Association pour l'éducation populaire Ste Marthe*, D. 1978, S. 541; zum Vereinigten Königreich vgl. *D. Harte* Religious Education and Worship in State Schools,

sequenz: Wenn in einem System staatlicher Erziehungsverantwortung sich die religiösen Bedürfnisse in der öffentlichen Schule nicht angemessen erfüllt sehen, werden Privatschulen gegründet, das öffentliche Schulsystem gefährdet sich und seine integrative Funktion dann selbst.

Laizistische Erregbarkeit erklärt die Intensität der Debatte um den Foulard moslemischer Schülerinnen in öffentlichen Schulen[99]. Die Entscheidungen des Conseil d'Etat haben zwar weitgehende rechtliche Klarheit gebracht, noch nicht jedoch allgemein befriedend gewirkt[100]. Der Unterricht muß Neutralität wahren, gleichzeitig die Gewissensfreiheit der Schüler[101]. Schüler dürfen religiöse Symbole, auch den Foulard, tragen, solange solche Symbole nicht durch ihren ostentativen Charakter Druck ausüben, Provokation, Proselytismus oder Propaganda sind, Würde, Freiheit oder Gesundheit anderer verletzen oder die Funktion der Einrichtung beeinträchtigen[102]. Für das Lehrpersonal weist eine Ent-

---

in: N. Doe/M. Hill/R. Ombres (Fn. 89) S. 117; Department of Education and Employment, Statistics of Education: Schools in England 1997, HMSO, London 1998, S. 21.

[99] Vgl. *Alain Finkielkraut* La laïcité à l'épreuve du siècle, in: La laïcité, Pouvoirs 1995, Nr. 75, S. 57ff.; *Michel Wieviorka* Laïcité et démocratie, in: La laïcité, Pouvoirs 1995, Nr. 75, S. 61ff.; *David Kessler* Neutralité de l'enseignement public et liberté d'opinion des élèves, in: R.F.D.A. 1993, S. 112ff.; zugleich für England *Sebastian Poulter* Muslim Headscarves in School: Contrasting Legal Approaches in England and France, in: Oxford Journal of Legal Studies 17 (1997) S. 43ff.; vgl. auch *Wasef Shadid/P. S. van Koningsveld* Religious Freedom and the Position of Islam in Western Europe, Kampen 1995; vgl. auch *A. Gromitsaris* Laizität und Neutralität in der Schule. Ein Vergleich der Rechtslage in Frankreich und Deutschland, AöR 121 (1996) S. 359ff.; *Jean Rivero* L'avis de l'Assemblée générale du Conseil d'Etat en date du 27 novembre 1989, R.F.D.A. 1990, S. 1ff.; *Axel Spies* Verschleierte Schülerinnen in Frankreich und Deutschland, NVwZ 1993, S. 637ff.; *ders.* Nochmals: ‚Verschleierte Schülerinnen', NVwZ 1994, S. 1193ff.

[100] Vgl. Le Monde, Dossiers et Documents Nr. 273, Februar 1999.

[101] *Gilles Lebreton* Port de signes religieux et laïcité de l'enseignement public, Les petites affiches, 24. 5. 1993, S. 4, 6; *Jean Baubérot* La laïcité, quel héritage? Genf 1990, S. 95ff.

[102] CE 20. 5. 1996, *Ministre de l'Education nationale c/Ali*, Lebon, S. 187; CE 2. 11. 1992, *M. Kherouaa et Mme Kachour*, Les petites affiches, 24. 5. 1993, S. 4ff.; CE 27. 11. 1996, *Ministre de l'Education nationale c/Khalid et Mme Stefani*, J.C.P. 1997, IV, 1056; CE 27. 11. 1996, *Ministre de l'Education nationale c/ Naderan*, J.C.P. 1997, IV, 1055; vgl. noch *Jacques Minot* A propos de l'affaire du foulard, Revue administrative 1990, S. 32ff. Vgl. auch *Geneviève Koubi* De la laïcité à la liberté de conscience, Les petites affiches, 5. 1. 1990, S. 12; CE 14. 3. 1994, *Mlles N. et Z. Yilmaz*, Lebon, S. 129; CE 10. 3. 1995, *Epoux Aoukili*, Lebon, S. 122; CE 10. 7. 1995, *Association „Un Sysiphe" c/Ministre de l'Education nationale*, Lebon, S. 292; CE 26. 7. 1996, *Université de Lille II*, J.C.P. 1997, IV, 854; CE 9. 10. 1996, *Ministre de l'Education nationale c/Mlle X*, D. 1996, I.R. S. 247; CE 27. 11. 1996, *Ministre de l'Education nationale c/Ligue islamique du Nord*, J.C.P. 1997, II, 22808; *Ministre de l'Education nationale c/M. et Mme Wissaadane*, J.C.P. 1997, II, 22808; *Ministre de l'Education nationale c/M. et Mme Jeouit*, J.C.P. 1997, II, 22808.

scheidung des Conseil d'Etat von 1938 in ähnliche Richtung, eine Lehrerin darf an der Halskette ein Kreuz tragen[103].

bb) Religionsunterricht

In Deutschland erweist der Religionsunterricht mit seiner klaren Teilung der Zuständigkeiten besonders intensive Trennung von Staat und Religionsgemeinschaften. Frankreich geht einen anderen Weg mit heute ähnlichem Ziel[104]. In den staatlichen Grundschulen ist der Mittwoch schulfrei, um den Schülern Gelegenheit zu religiöser Bildung in ihrer Religionsgemeinschaft zu geben. In den höheren staatlichen Schulen gibt es Schulseelsorger, die außerhalb des Lehrplanes Religionsunterricht erteilen können[105], vom Leiter des Schulbezirks ernannt, aber von den Eltern und Religionsgemeinschaften bezahlt[106].

9. Der Islam

In ähnlicher Weise wie die deutsche stoßen die anderen Rechtsordnungen gerade auch in der Schule auf strukturelle Fragen im Umgang mit dem Islam, dem in Frankreich über drei Millionen Menschen zugehören, im Vereinigten Königreich um zwei Millionen[107]. Die Kolonialgeschichte zeigt beide Staaten als Macht im Islam, die daraus resultierenden Erfahrungen und Verantwortlichkeiten prägen den Umgang mit islamischer Einwanderung[108].

---

[103] CE 28. 4. 1938, *Dlle Weiss*, D. 1939, S. 41; zur Befreiung vom Unterricht aus religiösen Gründen vgl. CE 27. 11. 1996, *Epoux Wissaadane et époux Cheduane*, Lebon, S. 462; vgl. *A. Boyer* (Fn. 18) S. 109; CE Ass. 14. 4. 1995, *Consistoire central des israélites de France*, Lebon, S. 171; CE Ass. 14. 4. 1995, *Koen*, Lebon, S. 172.

[104] Vgl. die Beiträge in: *Francis Messner/Jean-Marie Woehrling* (Hrsg.), Les statuts de l'enseignement religieux, Paris 1996; *Pierre Aubert* L'enseignement religieux à l'école publique français, Praxis juridique et religion 8/1991, S. 153 ff.

[105] Art. 1 Loi Debré von 1959, décret vom 22. 4. 1960, arrêté vom 8. 8. 1960.

[106] Zur Entwicklung vgl. *J. Morange* (Fn. 27) S. 55; *Alain Texier* Les aumôneries de l'enseignement secondaire: incertitudes d'une institution, in: R.D.P. 1984, S. 105 ff.

[107] Vgl. Der Spiegel 48/1998, S. 171; *A. Damien* (Fn. 52) S. 88; *S. Poulter* (Fn. 19) S. 197; vgl. auch *Anthony Bradney* Lo statuto giuridico dell'Islam nel Regno Unito, in: Silvio Ferrari (Hrsg.), L'Islam in Europa, o.O., Il Mulino 1996, S. 171 ff.; *Brigitte Basdevant-Gaudemet* Lo statuto giuridico dell'Islam in Francia, in: Silvio Ferrari (Hrsg.), L'Islam in Europa, o.O., Il Mulino 1996, S. 81 ff.; vgl. auch *Mathias Rohe* Rechtliche Perspektiven eines deutschen und europäischen Islam, in: RabelsZ 2000, erscheint demnächst.

[108] *Brigitte Basdevant-Gaudemet* Le statut juridique de l'Islam en France, R.D.P. 1996, S. 371; *Brigitte Basdevant-Gaudemet* Les lieux de culte musulmans en France, Régime juridique et réalités, in: Revue d'éthique et de théologie morale, „Le Supplément" Nr. 175, 1990, S. 151 ff.

Die Existenzweise des Islam entzieht sich auch in diesen Rechtserfahrungen weitgehend den christlich geprägten staatsrechtlichen Kategorien des Amtes, der Repräsentation, der Gemeinde. Die legitime Erwartung, daß islamisches Leben sich gegebenen Rechtsinstitutionen anpasst, findet Grenzen in der Religionsfreiheit.

Dies erschwert die Wahrnehmung bestehender Rechte und die Einfügung in freiheitssichernde Institutionen wie sie positive Laizität in Frankreich, religiöse Neutralität im Vereinigten Königreich kennen und fördern: Die Bestellung von Militärseelsorgern[109] und sonstigen Anstaltsgeistlichen[110] oder auch die wettbewerbsrechtliche Entscheidung über die Einhaltung religiöser Vorschriften bei der Herstellung als religiös regelgerecht verkaufter Speisen[111].

Die moslemischen Vereinigungen in Frankreich[112] sind erst auf dem Weg, theologisch und politisch tragfähige Repräsentanz zu entwickeln. Nach einigem Zögern hat die französische Regierung faktische Organisationsmacht in Anspruch genommen und selbst ihre Ansprechpartner bestimmt, wie dies auch das Vereinigte Königreich in gelassenem Zugriff tut[113]. Gänzlich läßt sich eine Intervention in religiöse Angelegenheiten auch im neutralen Staat gerade um seiner Neutralität willen nicht vermeiden. Die unvermeidbare Zusammenarbeit zwischen staatlichen Einrichtungen und religiösen Instanzen bringt spezifische Institutionalisierung der Religion mit sich, faktische Anerkennung bestimmter Institutionen.

---

[109] Zur Militärseelsorge Gesetz vom 8. 7. 1880; *A. Boyer* (Fn. 18) S. 110; Geistliche in staatlichen Krankenhäusern: Ministerialer Runderlaß vom 26. 7. 1976, in Gefängnissen: Dekret vom 12. 5. 1972; für das Vereinigte Königreich vgl. *Giles Legood* (Hrsg.), Chaplaincy. The Church's Sector Ministries, London 1999; *Robert Ombres* The Pastoral Care for the Armed Forces in Canon Law, in: Priests and People, 1988, S. 234ff.; *A. Boyer* (Fn. 18) S. 111, 117.

[110] Art. 2 Gesetz von 1905; vgl. *B. Basdevant-Gaudemet* Staat und Kirche in Frankreich (Fn. 32) S. 151; vgl. auch *A. Boyer* (Fn. 18) S. 109.

[111] Cass. crim. 4. 5. 1971, *Habib Siméon*, J.C.P. 1971, II, 16814; Zu Problemen des Brauchtums beim moslemischen Fest Aid el Kébir vgl. *A. Boyer* (Fn. 18) S. 222f.; zum jüdischen Schächten im Vereinigten Königreich vgl. *S. Poulter* (Fn. 19) S. 130ff.; Slaughter of Poultry Act 1967, s. 1 (3); Slaughterhouse Act 1974, s. 36 (4); vgl. *R v. Rabbinical Commission for the Licensing of Shochetim, ex parte Cohen*, The Times, 22. 12. 1987; *Malins v. Cole and Attard* [1986] CLY 94.

[112] Gemäß Gesetz von 1901; besonders U.O.I.F. (Union des organisations islamiques de France) und F.N.M.F. (Fédération nationale des musulmans de France); vgl. *B. Basdevant-Gaudemet* L'Islam (Fn. 109) S. 355ff.

[113] Vgl. etwa Slaughterhouse Act 1974, s. 36 (3), sched 1; Slaughter of Poultry Act 1967, s. 1 (2); weitere Einzelheiten mit gesetzlicher Festlegung der religiösen Regeln in SI 1990/1242, rr. 25, 26 (Tiere); SI 1990/1243, rr. 2 (d) und 10A (Geflügel); Education Act 1996, s. 390 (4) (a).

Die Friedensfunktion des Staates rechtfertigt in diesen Organisationsbemühungen den Versuch, einen integrationswilligen Islam zu stützen[114].

III. Folgerungen

10. Religion und Gesellschaft

Dies gilt allgemein: Religion ist mehr als reine Privatangelegenheit[115], sie ist öffentlich wirksam und öffentlich relevant[116]. Soziale Lebensrhythmen, Feiertage, der Kalender spiegeln die kulturell prägenden Faktoren.

Religion ist ein alle Lebenszusammenhänge durchwaltendes Ereignis. Die Bestrebungen, Religion zu einem bloß gesellschaftlichen Phänomen zu reduzieren, etatistisch im Grunde, erweisen sich in allen Rechtsordnungen als gescheitert, stets besitzt Religion eine vielfältig variierte rechtliche Sonderstellung.

Gesellschaftliches Phänomen unter anderen gesellschaftlichen Phänomenen ist Religion im übrigen gerade auch in den Vereinigten Staaten nicht, zu deutlich ist ihre Sonderrolle. Nur ihr gilt der Wall of Separation, bisweilen sehr durchlässig, bisweilen aber auch bis zur Grenze der Diskriminierung gegenüber gesellschaftlichen Lebensäußerungen[117].

11. Religionsrechtliche Gleichheit

Maßstab religionsrechtlicher Gleichheit ist Bedürfnisadäquanz und Bedeutungsadäquanz. Wie das französische Recht mit den Diözesanvereinen die zunächst oktroyorientierte Organisationsform der Kultvereine theologischen Bedürfnissen geöffnet hat, im Ergebnis ähnlich wie das Bundesverfassungsgericht das deutsche Vereinsrecht den religiösen Strukturen der Bahá'í[118], fordert religionsrechtliche Gleichheit Rücksicht auf Selbstverständnisse der Religionsgemeinschaften. Islamadäquate Organisationsformen können sich deshalb zu Religionsgemeinschaft für Zwecke des Religionsunterrichts in Deutschland entwickeln; der Gleichheitssatz

---

[114] Vgl. *Gilles Kepel/ Rémy Leveau* (Hrsg.), Les musulmans dans la société française, Paris, 1988; *Martine Gozlan* L'Islam et la République: des musulmans de France contre l'intégrisme, Paris 1994.

[115] Vgl. auch *Roland Drago* Laïcité, neutralité, liberté? in: Droit et religion, Archives de philosophie du droit, Bd. 38, Paris 1993, S. 222.

[116] Vgl. *Louis de Naurois* Aux confins du droit public et du droit privé: la liberté religieuse, RTDCiv. 1962, S. 241ff.; *G. Koubi* (Fn. 103) S. 6, 8.

[117] Vgl. als Schlüssel zu Schrifttum und Rechtsprechung *M. Ariens/R. Destro* (Fn. 16); *Stephen Monsma/J. Christopher Soper* The Challenge of Pluralism, Lanham 1997, S. 15ff.

[118] BVerfGE 83, 341/353ff.

verlangt hier Verfassungsphantasie nicht weniger als dies positive Religionsfreiheit, staatliche Neutralität, Bildungsauftrag der Schule und grundgesetzliche Integrationspflicht tun[119].

Die soziale und kulturelle Bedeutung der Religionsgemeinschaften legitimiert besondere Status in der staatlich verfaßten Gemeinschaft. Sie liegen im staatlichen Demokratie- und Friedensinteresse, dienen umfassender Freiheitsausübung und bedeuten antitotalitäre Begrenzung der Staatsmacht, sie können gerechtfertigtes soziales Vertrauen in integrierte Religion aufrechterhalten ohne der Freiheitsausübung des Neuen unangemessen Abbruch zu tun. Religionsrechtliche Gleichheit verlangt nach mehr als dem bloß freien Marktplatz der Religionen, Verkürzung von Religion auf Konversion dies, Bevorzugung missionarischer vor kontemplativer Religion, Verengung von Religionsfreiheit auf Marktfreiheit, die staatlicher Intervention zur Marktregulierung den Weg weisen würde.

12. *Europäisches Religionsrecht*

Die zunehmende Konvergenz der unterschiedlichen Systeme erweist die Kirchenerklärung der Schlußakte zum Vertrag von Amsterdam als Stufe zu einem eigenen Religionsrecht der Europäischen Union[120]. Ähnlich wie Frankreich und das Vereinigte Königreich kann die Union vielfältige Systeme in sich vereinen. Sie hat gemeinsame religionsrechtliche Verfassungsüberlieferungen zum Bestandteil ihres Gemeinschaftsrechts: zuvörderst Religionsfreiheit, positive nicht weniger als negative, und religionsrechtliche Gleichheit; die Neutralität gegenüber religiösen Überzeugungen erwächst schon aus den Existenzvoraussetzungen der Union selbst in institutionelle Neutralität der Nichtintervention und Nichtidentifikation[121]. Indem die Europäische Union aufgrund dieser Erklärung die Rechtsstellung der Kirchen, der Religions- und Weltanschauungsgemeinschaften in ihren Mitgliedstaaten achtet und sie nicht beeinträchtigt,

---

[119] Vgl. *Martin Heckel* Religionsunterricht für Muslime? JZ 1999, S. 741 ff.

[120] Vgl. zur europäischen Entwicklung *Alexander Hollerbach* Europa und das Staatskirchenrecht, in: ZevKR 35 (1990) S. 250 ff.; *Christoph Link* Staat und Kirche im Rahmen des europäischen Einigungsprozesses, in: ZevKR 42 (1997) S. 130 ff.; *Gerhard Robbers* Europa und die Kirchen, in: Stimmen der Zeit 1998, S. 147 ff.; *ders.* Das Verbot religiöser und weltanschaulicher Diskrimierung im Recht der Europäischen Union, in: Kirche und Recht 1999, S. 140/55 ff.; *David McClean* Recent Legislation, in: Ecc LJ 1998, S. 57 ff.; *Sophie C. van Bijsterveld* Godsdienstvrijheid in Europees perspectief, Deventer 1998.

[121] Vgl. dazu *Schlaich* Neutralität als verfassungsrechtliches Prinzip, Tübingen 1972, S. 236 ff.

wahrt sie zugleich die Identität[122] der Mitgliedstaaten und ihre Kulturen. Die Intensität der normativen Formulierung solcher gemeinsamer Erklärungen, die Bedeutung der Materien, der Einigungsaufwand, der für sie getrieben wird, und die formale Zuordnung zum Vertrag selbst geben ihnen eigene rechtliche Verbindlichkeit[123].

Wenn sich zwei historisch so gegensätzliche religionsrechtliche Systeme wie die Frankreichs und des Vereinigten Königreichs in Aufnahme übergreifender Entwicklungen so deutlich aufeinander zu bewegen, zeigt dies, daß es auch in der Europäischen Union gegenwärtig allgemeine Grundsätze gibt für das Verhältnis von Staat und Religion.

---

[122] Vgl. *Jörg Winter* Das Verhältnis von Kirche und Staat als Ausdruck der kulturellen Identität der Mitgliedstaaten der Europäischen Union, in: Juristische Fakultät der Universität Heidelberg (Hrsg.), Kultur, Tradition, eigenes Kulturbewußtsein und Europäisches Gemeinschaftsrecht, 1999, S. 13ff.

[123] Zum Streitstand über den Rechtscharakter der Erklärungen vgl. *Matthias Herdegen* Auslegende Erklärungen von Gemeinschaftsorganen und Mitgliedstaaten zu EG-Rechtsakten, in: ZHR 155 (1991) S. 52ff.; *Thomas Oppermann* Europarecht, München 1999, Rz. 208; *Markus Heintzen* Die Kirchen im Recht der Europäischen Union, in: Josef Isensee/Wilhelm Rees/Wolfgang Rüfner (Hrsg.), Dem Staate, was des Staates – der Kirche, was der Kirche ist, Festschrift für Joseph Listl, Berlin 1999, S. 46f.

Leitsätze des 2. Berichterstatters über:

Staat und Religion

A. Allgemeine Voraussetzungen

1. Religionsrecht ist symbolisches Recht.

2. Staat und Religion verhalten sich zueinander in und für konkrete Staaten und Religionen. Dies begründet den Bericht über das französische und das Recht des Vereinigten Königreichs und ihr Vergleich mit dem deutschen Recht.

3. Die herkömmlichen Kategorien von Trennungssystem, Staatskirchentum und Kooperationssystem verlieren zunehmend an juristischer Ordnungskraft. Heute tritt mit der Neuformierung von Staatlichkeit in außernationale Perspektiven und mit den religionsdemographischen Entwicklungen die religiöse Entfaltungsfreiheit in ihrer individuellen wie institutionellen Bedeutung in den Vordergrund.

4. Für unterschiedliche staatlich verfaßte Gemeinschaften besitzt Religion unterschiedliche Funktionen.

5. Die Denationalisierung der Verhältnisse nimmt Zugriff auf ekklesiologische Selbstverständnisse. Im Ende des schon immer unzulänglichen Modells eines bloßen Dualismus von Staat und Gesellschaft stehen religiöse Institutionen in einer neuen Plurivalenz von öffentlich wirkenden Kraftfeldern.

6. Religionsfreiheit beansprucht vor amerikanisch-innenpolitischem Selbstverständnis eine Sonderstellung in der allgemeinen internationalen Menschenrechtspolitik. Die Deklarationen der Vereinten Nationen nehmen, noch individualisierend, die Bedeutung der Religion in der Neuorientierung globaler Machtbalancen auf. Grenzen der Religionsfreiheit spiegeln konkrete Bedürfnisse in konkreten Staaten.

7. Wird eine Lebensäußerung in anderen vergleichbaren Staaten allgemein als Religion angesehen, so indiziert das ihren religiösen Charakter auch in der Bundesrepublik Deutschland.

8. Legitime juristische Begriffsbildung muß die vorrechtliche Wirklichkeit der Religion angemessen aufnehmen, in Rücksicht auf die dogmatischen Strukturen des Rechts und in der Verantwortung der die Rechtsordnung tragenden Instanzen. Das Selbstverständnis des Freiheitsträgers ist wesentliches Element freiheitsorientierter juristischer Begriffsbildung. Dies überantwortet jede definitorisch ausgelegte Dogmatik in dialogischer Begriffsbildung der Vorläufigkeit.

9. Die theologisch gegründete, menschenrechtlich entfaltete Religionsfreiheit trägt heute in allen Verfassungsstaaten das Verhältnis von Staat und Religion. Religionsfreiheit als Menschenrecht wirkt auf die Religionen mit staatlichem Wahrheitsanspruch pluralisierend zurück.

10. Religionsfreiheit ist Gedanken- und Handlungsfreiheit sowie positive Freiheit. Das staatliche Recht muß Raum geben für die möglichst umfassende, ungehinderte Entfaltung religiösen Lebens.

11. Staatliche Freiheitsverantwortung gebietet, religiöse Lebensvollzüge als solche ernst zu nehmen.

12. Stabilisierung von Religion liegt im kulturellen Erhaltungs- und im sozialen Befriedungsinteresse des Staates. Religionsfreiheit erfordert gerechtfertigtes Vertrauen der Rechtsordnung in die Freiheitsträger.

13. Der demokratische Staat muß die Lebensverständnisse und damit auch religiös motivierte Verhaltensweisen der Bevölkerung in der Gestaltung seiner Rechtsordnung aufnehmen.

14. Freiheitsgewährleistung ist auch Atmosphärengestaltung. Die dauerhaft starke Präsenz des Islam in Europa besitzt kulturstaatliches Gewicht, die Vielzahl neu erfundener Religionsgemeinschaften ist eher ephemer.

B. Systemvergleich

I. Grundverhältnisse von Staat und Religion in Frankreich

15. Der primäre juristische Gehalt der Laizität bedeutet Freiheit des Gewissens, Trennung von Staat und Kirche sowie Verbot staatlicher Finanzierung von Religionsgemeinschaften.

16. Die in Freiheit staatlich verfaßte Gemeinschaft muß Organisationsformen bereithalten, die dem Selbstverständnis des Religiösen und seiner sozialen Bedeutung angemessen sind.

17. Die Anerkennungsvoraussetzungen der associations cultuelles übertreffen die Voraussetzungen der Anerkennung einer Religionsgemeinschaft als Körperschaft des öffentlichen Rechts in Deutschland.

18. Das Recht der Kirchengebäude in Frankreich marginalisiert das Verbot staatlicher Religionsfinanzierung.

19. Die laizistische Reduzierung des Religiösen auf den Kult eröffnet Spielräume staatlicher Religionsförderung, die konsequent genutzt werden.

20. Die dynamische Begrenzung des Subventionsverbots aus positiv gedeuteter Religionsfreiheit dient auch dem Ausgleich einer verdeckten faktischen Ungleichheit im Sinne der Doktrin einer neuen kompensatorischen Laizität, die befriedend, regulatorisch und integrationsorientiert wirkt.

21. Laizität lebt in Vielfalt. Frankreich zählt in sich sieben verschiedene religionsrechtliche Systeme.

22. In vielfältiger Nuancierung spricht man von der neuen Laizität, von positiver oder neutraler Laizität. Die Orientierungsfunktion der Laizität wandelt sich von Konflikt zu Konsens. Der pluralistische Anspruch der Laizität öffnet sich dem Mitspracherecht religiöser Erfahrung.

23. Das Recht besitzt die Dimension des Erinnerns, des Fühlens, des Bewußtseins von Verzweiflung und Hoffnung. Laizität ist Kampfbegriff für einige, Ort einer eigenen laizistischen Moral; dabei behauptet sie eine eigene republikanische Heiligkeit mit Elementen einer Sakralisierung der Republik und des Messianismus der Französischen Revolution. Insofern ist Laizität ein Latenzbegriff.

24. Es ist diese Latenz, die französische Laizität von deutscher Neutralität scheidet. Laizität steht so für reine Privatheit der Religion und für einen Begriff von Öffentlichkeit, der andere Schwerpunkte setzt als das im deutschen Recht prägende Verständnis von Öffentlichkeit.

II. Grundverhältnisse von Staat und Religion im Vereinigten Königreich

25. Wenn die religionsrechtliche Entwicklung in Frankreich in der Abwehr der einen Kirche gründet, so die im Vereinigten Königreich in ihrer Vereinnahmung. Dennoch kennzeichnet bedürfnisorientierte Vielfalt die religionsrechtlichen Verhältnisse heute gerade auch im Vereinigten Königreich. Diese Verhältnisse leben auch heute in nationaler Behauptung und regionalem Selbstverständnis innerhalb des Vereinigten Königreichs.

26. Der Human Rights Act von 1998 verpflichtet die Gerichte ausdrücklich, der Religionsfreiheit in allen den Fragen besonderes Gewicht zuzumessen, die die Religionsgemeinschaften betreffen. Er kennt damit die besondere Bedeutung kollektiver Religionsfreiheit und legt eine Rangordnung von Rechten nahe.

27. Die enge institutionelle Verbindung zwischen Staat und Staatskirche in England hindert weder die Gewährleistung der Religionsfreiheit noch im Grundsatz Neutralität gegenüber religiösen Lehrinhalten.

C. Einzelbereiche

I. Arbeitsrecht und religiöse Bedürfnisse

28. Es ist christlich geprägter Ausdruck des Selbstbestimmungsrechts der Religionsgemeinschaften, wenn die Gerichte im Vereinigten Königreich wie in Frankreich das geistliche Amt nicht als Arbeitsverhältnis ansehen.

29. Im allgemeinen folgt staatliche Aufnahme religiöser Bedürfnisse in der Zusammenordnung privater Interessen den gleichen Grundsätzen in allen drei Rechtsordnungen: durch Abwägung zwischen den beteiligten Interessen, die die besonderen Bedürfnisse religiösen Verhaltens berücksichtigt.

II. Religion und Schule

30. Religion ist Frage langfristiger kultureller Prägung, individueller Persönlichkeitsbildung und generationenübergreifender Gemeinschaftsbindung.

31. Staatlich gelenkte Abschwächung konfessioneller Gegensätze prägt die Schulpolitik im Vereinigten Königreich. Der in den staatlichen Schulen des Vereinigten Königreichs erteilte Religionskundeunterricht bedeutet Öffnung in weithin religiös begleitetem Schulsystem.

32. Solche religionsbetonende Öffnung hat das französische Schulsystem noch nicht erreicht, seine Entwicklung erklärt sich in laizistischen Frontstellungen.

33. Wenn in einem System staatlicher Erziehungsverantwortung sich die religiösen Bedürfnisse in der öffentlichen Schule nicht angemessen erfüllt sehen, werden Privatschulen gegründet, das öffentliche Schulsystem gefährdet sich und seine integrative Funktion dann selbst.

34. Die Entscheidungen des Conseil d'Etat im Streit um den Foulard haben zwar weitgehende rechtliche Klarheit gebracht, noch nicht jedoch allgemein befriedend gewirkt.

35. In Deutschland erweist der Religionsunterricht mit seiner klaren Teilung der Zuständigkeiten besonders intensive Trennung von Staat und Religionsgemeinschaften. Frankreich geht einen anderen Weg mit heute ähnlichem Ziel.

III. Die Bedeutung des Islam

36. Die Kolonialgeschichte zeigt Frankreich wie das Vereinigte Königreich als Macht im Islam, die daraus resultierenden Erfahrungen und Verantwortlichkeiten prägen den Umgang mit islamischer Einwanderung.

37. Die Existenzweise des Islam entzieht sich auch in diesen Rechtserfahrungen weitgehend den christlich geprägten staatsrechtlichen Kategorien. Die legitime Erwartung, daß islamisches Leben sich gegebenen Rechtsinstitutionen anpasst, findet Grenzen in der Religionsfreiheit.

38. Nach einigem Zögern hat die französische Regierung faktische Organisationsmacht in Anspruch genommen und selbst ihre Ansprechpartner bestimmt, wie dies auch das Vereinigte Königreich in gelassenem Zugriff tut.

39. Gänzlich läßt sich eine Intervention in religiöse Angelegenheiten auch im neutralen Staat gerade um seiner Neutralität willen nicht vermeiden. Die unvermeidbare Zusammenarbeit zwischen staatlichen Einrichtungen und religiösen Instanzen bringt spezifische Institutionalisierung der Religion mit sich. Die Friedensfunktion des Staates rechtfertigt in diesen Organisationsbemühungen den Versuch, einen integrationswilligen Islam zu stützen.

D. Folgerungen

I. Religion und Gesellschaft

40. Religion ist mehr als reine Privatangelegenheit. Die Bestrebungen, Religion zu einem bloß gesellschaftlichen Phänomen zu reduzieren, erweisen sich in allen Rechtsordnungen als gescheitert.

II. Religionsrechtliche Gleichheit

41. Maßstab religionsrechtlicher Gleichheit ist Bedürfnisadäquanz und Bedeutungsadäquanz.

42. Islamadäquate Organisationsformen können sich deshalb zu Religionsgemeinschaft für Zwecke des Religionsunterrichts in Deutschland entwickeln.

43. Die soziale und kulturelle Bedeutung der Religionsgemeinschaften legitimiert besondere Status. Religionsrechtliche Gleichheit verlangt nach mehr als dem bloß freien Marktplatz der Religionen.

III. Religion und Europäische Union

44. Die zunehmende Konvergenz der unterschiedlichen Systeme erweist die Kirchenerklärung der Schlußakte zum Vertrag von Amsterdam als Stufe zu einem eigenen Religionsrecht der Europäischen Union.

45. Gemeinsame religionsrechtliche Verfassungsüberlieferungen als Bestandteil des Gemeinschaftsrechts sind positive nicht weniger als negative Religionsfreiheit und religionsrechtliche Gleichheit; die Neutralität gegenüber religiösen Überzeugungen erwächst schon aus den Existenzvoraussetzungen der Union selbst in institutionelle Neutralität der Nichtintervention und Nichtidentifikation. Dabei wahrt die Europäische Union zugleich die Identität der Mitgliedstaaten und ihre Kulturen.

46. Die Intensität der normativen Formulierung solcher gemeinsamer Erklärungen, die Bedeutung der Materien, der Einigungsaufwand, der für sie getrieben wird, und die formale Zuordnung zum Vertrag selbst geben ihnen eigene rechtliche Verbindlichkeit.

47. Wenn sich zwei historisch so gegensätzliche religionsrechtliche Systeme wie die Frankreichs und des Vereinigten Königreichs in Aufnahme übergreifender Entwicklungen so deutlich aufeinander zu bewegen, zeigt dies, daß es in der Europäischen Union gegenwärtig allgemeine Grundsätze gibt für das Verhältnis von Staat und Religion.

Zweiter Beratungsgegenstand:

Staat und Religion

3. Bericht von Prof. Dr. *Michael Brenner*, Jena

Inhalt

1. Einleitung

Im Jahr 1999 vor Ihnen zum Thema „Staat und Religion"[1] zu sprechen, ist eine Herausforderung, und dies nicht nur angesichts der facettenreichen Weite, die mit der Zuordnung der beiden Reiche – des weltlichen und des geistlichen – verbunden ist. Denn nach Jahrzehnten relativer und nur selten gestörter Ruhe, in denen es sich der Staat und die etablierten Religionen unter dem weiten und bequemen Baldachin des Grundgesetzes[2] doch relativ gemütlich gemacht haben[3], wird an der Schwelle zum nächsten Jahrhundert deutlich, daß dieses Verhältnis wie auch seine Koordinaten in einem grundlegenden Wandel begriffen sind[4]. Zwar ist Deutschland – zumindest in seinem westlichen Teil – nach wie vor kein Heidenland mit christlicher Tradition und christlichen Restbeständen, wie dies *Konrad Hesse* schon 1965 angenommen hat[5]. Gleichwohl: An Sonntagen stürmen die

---

[1] Vgl. auch den die historische Perspektive betonenden Begleitaufsatz von *C. Hillgruber*, Staat und Religion, DVBl. 1999, S. 1155, sowie den Beitrag von *C. Starck*, Religion and the State, in: C. Starck (ed.), Constitutionalism, Universalism and Democracy – a comparative analysis, 1999, S. 239.

[2] Verabredungsgemäß bleiben im folgenden die Einwirkungen des Europäischen Gemeinschaftsrechts auf das Verhältnis von Staat und Religion außer Betracht. Vgl. hierzu etwa *G. Robbers* (Hrsg.), Staat und Kirche in der Europäischen Union, 1995; *W. Rüfner*, Staatskirchenrechtliche Überlegungen zu Status und Finanzierung der Kirchen im vereinten Europa, in: Verfassungsrecht im Wandel, FS zum 180jährigen Bestehen der Carl Heymanns Verlag KG, 1995, S. 485; *C. Starck*, Das Christentum und die Kirchen in ihrer Bedeutung für die Identität der Europäischen Union und ihrer Mitgliedstaaten, in: Essener Gespräche 31 (1997), S. 5; *R. Streinz*, Auswirkungen des Europarechts auf das deutsche Staatskirchenrecht, in: Essener Gespräche 31 (1997), S. 53; *H. Lübbe*, Das Christentum, die Kirchen und die europäische Einigung, in: Essener Gespräche 31 (1997), S. 107; *C. Link*, Staat und Kirche im Rahmen des europäischen Einigungsprozesses, ZevKR 42 (1997), S. 130.

[3] Überblick über die Entwicklung bei *M. Heckel*, Kontinuität und Wandlung des deutschen Staatskirchenrechts unter den Herausforderungen der Moderne, ZevKR 44 (1999), S. 340; ausführlich auch *K.-H. Kästner*, Das Grundrecht auf Religions- und Weltanschauungsfreiheit in der neueren höchstrichterlichen Rechtsprechung, AöR 123 (1998), S. 408; *J. Listl*, Die Religions- und Kirchenfreiheit in der neueren Rechtsprechung des Bundesverfassungsgerichts, in: FS für W. Geiger, 1989, S. 539.

[4] In diesem Sinn auch *N. Janz/S. Rademacher*, Islam und Religionsfreiheit, NVwZ 1999, S. 706/712. Das Verhältnis des Staates zu den Kirchen scheint hingegen – wohl auch im Gefolge der grundlegenden Klärung dieses Verhältnisses durch *M. Heckel* und *A. Hollerbach* auf der Tagung der Vereinigung der deutschen Staatsrechtslehrer im Jahr 1967 (Die Kirchen unter dem Grundgesetz, VVDStRL 1968, S. 5; 57) – auch weiterhin in eher ruhigem Fahrwasser zu verlaufen.

[5] Freie Kirche im demokratischen Gemeinwesen, ZevKR 11 (1964/65), S. 337/345, unter Berufung auf *Karl Rahner*. Nach *Hesses* Wertung war Deutschland wie das christliche Abendland überhaupt bereits 1965 zum Missionsland geworden. Von einer Entchristianisierung kann hingegen – entgegen der Einschätzung von *N. Janz/S. Rademacher*, Islam und Religionsfreiheit, NVwZ 1999, S. 706/708 – mit Fug nicht gesprochen werden, vgl.

Massen die Konsumtempel am Berliner Alexanderplatz und mit *Gerhard Schröder* hat im vergangenen Jahr erstmals ein Bundeskanzler seinen Amtseid ohne religiöse Beteuerungsformel geleistet – und mit ihm das halbe Kabinett[6]. All dies symbolisiert in besonders augenfälliger Weise die geänderten Rahmenbedingungen des Verhältnisses von Staat und Religion[7].

Es ist die Säkularisierung des allgemeinen Lebensgefühls, die munter voranschreitet, ebenso wie die Entfremdung der Bevölkerung von den Großkirchen[8] – woran diese allerdings nicht ganz unschuldig sind, wie etwa ungeachtet aller theologischen Konsequenz der jüngst verkündete Rückzug der katholischen Kirche aus der Schwangerschaftsberatung[9] deutlich macht. Und es ist daher nur auf den ersten Blick erstaunlich, vermag indes bei genauerem Hinsehen kaum zu verwundern, daß es gerade das Verhältnis von Staat und Religion und in dessen Schlepptau natürlich die Religions- und Weltanschauungsfreiheit[10] ist, in dem sich die Probleme einer pluralisierten, vielleicht multikulturellen, jedenfalls zunehmend multikonfessionellen, in den neuen Bundesländern[11] sogar

---

hierzu etwa die Angaben in Fn. 8, die einen solchen Schluß kaum zu rechtfertigen vermögen.

[6] Hierauf weist auch *J. Isensee*, Die Zukunftsfähigkeit des deutschen Staatskirchenrechts, in: FS für J. Listl, 1999, S. 67/81, hin, der dieses Verhalten u.a. als „öffentliches Signal der Distanzierung von der Religion" wertet.

[7] Bestandsaufnahme bei *A. v. Campenhausen*, Zum Stand des Staatskirchenrechts in Deutschland, BayVBl. 1999, S. 65. Vgl. auch den Überblick bei *R. B. Abel*, Die aktuelle Entwicklung der Rechtsprechung zu neueren Glaubens- und Weltanschauungsgemeinschaften, NJW 1999, S. 331, sowie *ders.*, Die Entwicklung der Rechtsprechung zu neueren Glaubensgemeinschaften, NJW 1996, S. 91; *ders.*, Die aktuelle Entwicklung der Rechtsprechung zu neueren Glaubensgemeinschaften, NJW 1997, S. 426.

[8] So gehörten im Jahr 1950 noch 95,8% der Bevölkerung einer der beiden großen christlichen Kirchen an, vgl. Statistisches Jahrbuch für die Bundesrepublik Deutschland, 1998, S. 62; im Jahr 1996 lag dieser Prozentsatz hingegen bei unter 70%, vgl. Statistisches Jahrbuch für die Bundesrepublik Deutschland, 1998, S. 46/96f. Vgl. i. ü. auch FAZ Nr. 261 v. 10. 11. 1998, S. 5: „Fast jeder zweite Deutsche hält sich für areligiös".

[9] Vgl. in diesem Zusammenhang nur das Schreiben des Papstes an die deutschen Bischöfe vom 3. 6. 1999, Pressemitteilungen der Deutschen Bischofskonferenz, http://www.dbk.de/presse/pm1999/pm1999062303.html.

[10] Hierzu jüngst *K. D. Bayer*, Das Grundrecht der Religions- und Gewissensfreiheit: Unter besonderer Berücksichtigung des Minderheitenschutzes, 1997.

[11] Vgl. zur rechtlichen Ausgestaltung in diesem Zusammenhang etwa *A. v. Campenhausen*, Staatskirchenrecht in den neuen Ländern, in: HdbStR IX, 1997, § 207, sowie nunmehr umfassend *C. Fuchs*, Das Staatskirchenrecht der neuen Bundesländer, 1999. Ungeachtet dieses weitverbreiteten Atheismus haben zwischenzeitlich die neuen Bundesländer Konkordate mit dem Heiligen Stuhl und Staatsverträge mit den evangelischen Landeskirchen und den jüdischen Gemeinden geschlossen, vgl. Vertrag zwischen dem Land Mecklenburg-Vorpommern und der Evangelisch-Lutherischen Landeskirche Mecklenburg und

weitgehend atheistischen Gesellschaft in besonderer Verdichtung bündeln[12]. Das Ringen um die Zuordnung der weltlichen und der Sphäre des

der Pommerschen Evangelischen Kirche vom 20. 1. 1994 (GVBl. 1994, S. 560); Vertrag zwischen dem Heiligen Stuhl und dem Land Mecklenburg-Vorpommern vom 15. 9. 1997 (GVBl. 1998, S. 3); Vertrag des Freistaates Sachsen mit den evangelischen Landeskirchen im Freistaat Sachsen vom 24. 3. 1994 (GVBl. 1994, S. 1253); Vertrag zwischen dem Heiligen Stuhl und dem Freistaat Sachsen vom 2. 7. 1996 (GVBl. 1997, S. 18); Gesetz zum Vertrag des Freistaates Sachsen mit dem Landesverband der Jüdischen Gemeinden vom 8. 7. 1994, Vertrag des Freistaates Sachsen mit dem Landesverband der Jüdischen Gemeinden (GVBl. 1994, S. 1346); Vertrag des Landes Sachsen-Anhalt mit den Evangelischen Landeskirchen in Sachsen-Anhalt vom 15. 9. 1993 (GVBl. LSA 1994, S. 173); Vertrag zwischen dem Heiligen Stuhl und dem Land Sachsen-Anhalt vom 15. 1. 1998 (GVBl. 1998, S. 263); Vertrag des Landes Sachsen-Anhalt mit der Jüdischen Gemeinschaft in Sachsen-Anhalt vom 23. 3. 1994 (GVBl. 1994, S. 795); Gesetz zu dem Staatsvertrag zwischen dem Freistaat Thüringen und den Evangelischen Kirchen in Thüringen vom 17. 5. 1994 (GVBl. 1994, S. 509); Vertrag des Freistaats Thüringen mit den Evangelischen Kirchen in Thüringen (GVBl. 1994, S. 509); Vertrag zwischen dem Heiligen Stuhl und dem Freistaat Thüringen vom 11. 6. 1997 (GVBl. 1997, S. 266); Gesetz zu dem Staatsvertrag zwischen dem Freistaat Thüringen und der Jüdischen Landesgemeinde Thüringen vom 7. 12. 1993 (GVBl. 1993, S. 758); Vertrag zwischen dem Freistaat Thüringen und der Jüdischen Landesgemeinde Thüringen vom 1. 11. 1993 (GVBl. 1993, S. 758), zul. geänd. durch den Vertrag zur Änderung des Vertrages zwischen dem Freistaat Thüringen und der Jüdischen Landesgemeinde Thüringen vom 18. 2. 1999 (GVBl. 1999, S. 252). Vgl. aus der diese Entwicklung begleitenden Literatur etwa *C. Fuchs*, Thüringer Staatskirchenrecht, ThürVBl. 1995, S. 145; *A. v. Campenhausen*, Vier neue Staatskirchenverträge in vier neuen Ländern, NVwZ 1995, S. 757; *ders.*, Der Güstrower Vertrag – Ein Schritt zur Normalisierung des Verhältnisses von Staat und Kirche, LKV 1995, S. 233; *H. Johnsen*, Die evangelischen Staatskirchenverträge in den neuen Bundesländern – ihr Zustandekommen und ihre praktische Anwendung, ZevKR 43 (1998), S. 182; *H. Weber*, Der Wittenberger Vertrag – Ein Loccum für die neuen Bundesländer?, NVwZ 1994, S. 759; *ders.*, Neue Staatskirchenverträge mit der Katholischen Kirche in den neuen Bundesländern, in: FS für M. Heckel, 1999, S. 463; *ders.*, Der Thüringer Evangelische Kirchenvertrag, in: FS für M. Kriele, 1997, S. 1009; *A. Hollerbach*, Vertragsstaatskirchenrecht als Instrument im Prozeß der deutschen Wiedervereinigung, KuR 1/1995, S. 1; *H. v. Bose*, Neue Entwicklungen im Staatskirchenrecht – Der Vertrag zwischen dem Heiligen Stuhl und dem Land Sachsen-Anhalt, LKV 1998, S. 295; *H. Kremser*, Der Vertrag zwischen dem Heiligen Stuhl und dem Land Mecklenburg-Vorpommern vom 15. 9. 1997, LKV 1998, S. 300; *A. Vulpius*, Verträge mit der Jüdischen Gemeinschaft in den neuen Ländern, NVwZ 1996, S. 759; *ders.*, Der Vertrag des Landes Sachsen-Anhalt mit der Jüdischen Gemeinschaft Sachsen-Anhalt, KuR 4 (1998), S. 221; *G. Burger*, Der Vertrag zwischen dem Heiligen Stuhl und dem Freistaat Sachsen vom 2. 7. 1996, LKV 1997, S. 317; *S. Heitmann*, Die Entwicklung von Staat und Kirche aus der Sicht der „neuen" Länder, ZevKR 39 (1994), S. 402; *ders.*, Der katholische Kirchenvertrag Sachsen, NJW 1997, S. 1420. Vgl. i. ü. *R. Tillmanns*, Grundzüge des Staatskirchenrechts in den neuen Bundesländern, in: P. Neumann/R. Tillmanns, Verfassungsrechtliche Probleme bei der Konstituierung der neuen Bundesländer, 1997, S. 161.

[12] *K.-H. Kästner*, Hypertrophie des Grundrechts auf Religionsfreiheit?, JZ 1998, S. 974/975. So auch die Einschätzung von *H.-H. Trute*, Das Schächten von Tieren

Glaubens findet in nahezu allen Lebens- und Rechtsbereichen statt, es erfolgt zunehmend unter der Fahne der negativen Religionsfreiheit[13], verstärkt in multipolaren Rechtsverhältnissen[14] und unter nach wie vor großer Anteilnahme der Bevölkerung, wie der dem Kruzifix-Beschluß[15] folgende Sturm der Entrüstung gezeigt hat. Auch werden Glaube und Glaubensfreiheit schon längst nicht mehr, sozusagen stellvertretend, von den großen Institutionen wahrgenommen und auf sie verrechnet, wie dies noch im Jahr 1967 konstatiert werden konnte[16]. Schließlich: Für die Frage, wie es unser Staat mit der Religion hält, interessiert sich zwischenzeitlich wieder das Ausland, wie im Zusammenhang mit Scientology erhobene Vorwürfe aus den USA deutlich gemacht haben; diese gipfelten bekanntlich in dem Vorwurf, daß die Religionsfreiheit hierzulande mit Nazimethoden unterdrückt werde[17].

---

im Spannungsfeld von Tierschutz und Religionsausübungsfreiheit, Jura 1996, S. 462 m. w. N. in Fn. 1.

[13] Kritisch hierzu etwa *K.-H. Kästner*, Hypertrophie des Grundrechts auf Religionsfreiheit?, JZ 1998, S. 974/980f.

[14] Überblick bei *K.-H. Kästner*, Das Grundrecht auf Religions- und Weltanschauungsfreiheit in der neueren höchstrichterlichen Rechtsprechung, AöR 123 (1998), S. 408/438ff.

[15] BVerfGE 93, 1. Vgl. hierzu ausführlich und mit zahlreichen Nachweisen *M. Heckel*, Das Kreuz im öffentlichen Raum. Zum „Kruzifix-Beschluß" des Bundesverfassungsgerichts, DVBl. 1996, S. 453; *A. v. Campenhausen*, Zur Kruzifixentscheidung des Bundesverfassungsgerichts, AöR 121 (1996), S. 448 = *ders.*, Kirchenrecht und Kirchenpolitik im Zeitgeschehen, 1996, S. 324. S. des weiteren *P. Badura*, Das Kreuz im Schulzimmer, BayVBl. 1995, S. 720, 752, BayVBl. 1996, S. 33; *H. Maier* (Hrsg.), Das Kreuz im Widerspruch, 1996. Kritisch etwa *M. Brenner*, Der Kruzifix-Beschluß des Bundesverfassungsgerichts, ThürVBl. 1996, S. 145; *M.-E. Geis*, Geheime Offenbarung oder Offenbarungseid? Anmerkungen zum „Kruzifix-Beschluß" des Bundesverfassungsgerichts, RdJB 1995, S. 373; *J. Isensee*, Bildersturm durch Grundrechtsinterpretation. Der Kruzifix-Beschluß des BVerfG, ZRP 1996, S. 10; *M. Jestaedt*, Das Kreuz unter dem Grundgesetz, Journal für Rechtspolitik 3 (1995), S. 237; *J. Müller-Volbehr*, Positive und negative Religionsfreiheit. Zum Kruzifix-Beschluß des BVerfG, JZ 1995, S. 996; *K.-H. Kästner*, Lernen unter dem Kreuz?, ZevKR 41 (1996), S. 241; *J. Ipsen*, Glaubensfreiheit als Beeinflussungsfreiheit? – Anmerkungen zum „Kruzifix-Beschluß" des Bundesverfassungsgerichts, in: FS für M. Kriele, 1997, S. 301; *D. Merten*, Der „Kruzifix-Beschluß" des Bundesverfassungsgerichts aus grundrechtsdogmatischer Sicht, in: FS für K. Stern, 1997, S. 988. S. des weiteren *D. Heckmann*, Eingriff durch Symbole?, JZ 1996, S. 880, sowie zwischenzeitlich *W. Brugger/S. Huster* (Hrsg.), Der Streit um das Kreuz in der Schule. Zur religiös-weltanschaulichen Neutralität des Staates, 1998. Vgl. zur Situation in der Schweiz *W. Gut*, Kreuz und Kruzifix in öffentlichen Räumen, 1997.

[16] *M. Heckel*, Die Kirchen unter dem Grundgesetz, VVDStRL 26 (1968), S. 5/13f.

[17] Vgl. insoweit nur den Bericht von *M. Schwelien*, Die Scientology-Sekte und ihr Kampf gegen Deutschland, DIE ZEIT Nr. 4, 1997.

Die dem Verfassungs- und Verwaltungsrecht ja gewissermaßen erst die Sprache vermittelnden staatlichen Organe erscheinen angesichts der vielfältigen religiös und weltanschaulich motivierten Herausforderungen zunehmend unsicher und auch uneinig, was nicht nur an den divergierenden Urteilen zu Scientology erkennbar wird[18]. Auch die jüngst mit Verve vorgetragenen Stimmen, die ein Ausgreifen der Religionsfreiheit konstatieren und dem Geltungsanspruch der Rechtsordnung wieder stärker zum Durchbruch verhelfen wollen[19], sind ein Indiz dafür, daß der freiheitliche Verfassungsstaat mit der scheinbar ubiquitären Religions- und Weltanschauungsfreiheit derzeit seine Schwierigkeiten hat. Das Ringen um die Einführung des islamischen Religionsunterrichts und des Pflichtfaches Lebensgestaltung - Ethik - Religionskunde (LER) in Brandenburg, die Auseinandersetzungen um Kreuz und Kopftuch im Klassenzimmer, die Unsicherheiten im Zusammenhang mit dem diffusen Esoterikboom - und staatlichen Stellungnahmen hierzu[20] - wie auch der Kampf um das

[18] Vgl. etwa BAG, NJW 1996, 143, wo Scientology der Charakter einer Religionsgesellschaft abgesprochen wird; a. A. BGHZ 78, 274/278. Offengelassen in BVerfG, NVwZ 1993, 357/358; BVerwGE 61, 152/162ff.; BVerwG, GewArch 1998, S. 416f. Die Anklagekammer des schweizerischen Kantons St. Gallen kam in einer Entscheidung vom 12. 2. 1997 (AK 171/1995) zum Ergebnis, daß Scientology keine Religion im Sinne von Art. 261 des schweizerischen StGB sei, zitiert nach *R. B. Abel*, Die aktuelle Entwicklung der Rechtsprechung zu neueren Glaubens- und Weltanschauungsgemeinschaften, NJW 1999, S. 331/337, Fn. 77.

[19] *S. Muckel*, Religiöse Freiheit und staatliche Letztentscheidung, 1997, etwa S. 8ff., 21, 33, 53ff., 61, 63f., 80f., 82ff., 88f., 114f., 128f., 224ff.; *K.-H. Kästner*, Hypertrophie des Grundrechts auf Religionsfreiheit?, JZ 1998, S. 974; vgl. auch *ders.*, Staatliche Justizhoheit und religiöse Freiheit, 1991. Vgl. ebenfalls kritisch im Hinblick auf eine extensive Interpretation *R. Herzog*, in: Maunz/Dürig, Grundgesetz, Stand 1999, Art. 4, Rdnr. 16f.; *R. Zippelius*, in: Bonner Kommentar, Stand 1999, Art. 4, Rdnr. 44ff.; *M. Jestaedt*, Das Kreuz unter dem Grundgesetz, Journal für Rechtspolitik 3 (1995), S. 237/250ff. Zu vergleichbaren Tendenzen in den Vereinigten Staaten von Amerika näher und fundiert *G. Krings*, Supreme Court gegen Kongreß. Der Streit um den Inhalt der Religionsfreiheit in den USA, ZaöRV 58 (1998), S. 147.

[20] Siehe in diesem Zusammenhang BVerfG, NJW 1989, 3269; BVerwGE 82, 76; BVerwG, NJW 1991, 1770; BVerwG, NVwZ 1994, 162; BayVerfGH, NVwZ 1998, 391; VGH München, NVwZ 1995, 793. Vgl. hierzu etwa *H. Scholler*, Die staatliche Warnung vor religiösen Bewegungen und die Garantie der Freiheit der Religion, in: FS für M. Kriele, 1997, S. 321; *D. Murswiek*, Staatliche Warnungen, Wertungen, Kritik als Grundrechtseingriffe, DVBl. 1997, S. 1021; *S. Muckel*, Staatliche Warnungen vor sog. Jugendsekten, JA 1995, S. 343; *H. Kremser*, Das Äußerungsrecht der Bundesregierung hinsichtlich der sog. neuen Jugendsekten und neuen Jugendreligionen im Lichte von Art. 4 I und II GG, ZevKR 39 (1994), S. 160; *H. Alberts*, Der Schutzbereich des Art. 4 I GG, dargestellt am Beispiel der Warnung vor sog. Jugendsekten, NVwZ 1994, S. 1150; *R. Scholz*, „Neue Jugendreligionen" und Äußerungsrecht, NVwZ 1994, S. 127, sowie *F. Schoch*, Staatliche In-

Minarett und den Ruf des Muezzin im Wohngebiet machen jedenfalls eines deutlich: Die Zuordnung des weltlichen und des geistlichen Reiches wird zunehmend beeinflußt von geistigen, politischen und sozialen Faktoren. Und: Die Zuordnung wird ständig komplexer, vielschichtiger, schwieriger[21] - und gelegentlich auch aufgeregter[22].

Doch sollten wir uns ungeachtet der Löblichkeit allen juristischen Bemühens nichts vormachen. In ihrem innersten Kern sind alle diese Streitigkeiten um den Ausgleich des irdisch-staatlichen Rechts mit der Sphäre des Religiösen letztlich nur Nebenkriegsschauplätze einer zentralen, maßgeblich auch eine kulturelle Dimension einschließenden Fragestellung: Wollen wir in Deutschland auch fürderhin einem Modell der Trennung, der hinkend-kooperierenden, aber eben freundlichen Trennung von Staat und Religion[23] folgen, oder erliegen wir den französischen und amerikanischen[24] Verlockungen eines rein laizistischen Modells, in dem der Staat die Religion zwar achtet, er sich ansonsten aber nicht weiter um sie kümmert, sie vielmehr in die Sphäre des rein Privaten, gewissermaßen in das Wohnzimmer zurückdrängt - vor diesem Hintergrund mag die Einführung von LER durchaus als verfassungsrechtliche Probebohrung mit laizistischen Bohrköpfen erscheinen.

2. Die staatliche Neutralität

Ausgangspunkt jeglicher Betrachtung des Verhältnisses von Staat und Religion nicht nur im Verwaltungsrecht ist das Gebot der religiösen und

---

formationspolitik und Berufsfreiheit - Das Urteil des BVerwG vom 18. 10. 1990 im Spiegel der Rechtsordnung, DVBl. 1991, S. 667; *R. Wahl/J. Masing*, Schutz durch Eingriff, JZ 1990, S. 553; *C. Gusy*, Urteilsanmerkung, JZ 1989, S. 1003.

[21] Die seismographische Empfindlichkeit des Religionsrechts zu Recht betonend *P. Mikat*, Bemerkungen zur Ortsbestimmung und Aufgabenstellung des deutschen Staatskirchenrechts, in: ders. (Hrsg.), Kirche und Staat in der neueren Entwicklung, 1980, S. 1/7; ebenso *U. Scheuner*, Der Bestand staatlicher und kommunaler Leistungspflichten an die Kirchen, in: P. Mikat (Hrsg.), Kirche und Staat in der neueren Entwicklung, 1980, S. 267f.

[22] Ein Beispiel hier sind etwa die Beiträge von *M. Kriele*, Sektenjagd, ZRP 1998, S. 231; *ders.*, Die rechtspolitischen Empfehlungen der Sektenkommission, ZRP 1998, S. 349.

[23] Vgl. hierzu auch den historischen Überblick bei *C. Starck*, Das Christentum und die Kirchen in ihrer Bedeutung für die Identität der europäischen Union und ihrer Mitgliedstaaten, in: Essener Gespräche 31 (1997), S. 5/8ff. S. auch - aus jüngerer Zeit - *A. v. Campenhausen*, Das bundesdeutsche Modell des Verhältnisses von Staat und Kirche - Trennung und Kooperation, ZevKR 42 (1997), S. 169.

[24] Hierzu jüngst mit zahlreichen Nachweisen *W. Heun*, Die Trennung von Kirche und Staat in den Vereinigten Staaten von Amerika, in: FS für M. Heckel, 1999, S. 341.

weltanschaulichen Neutralität[25], dem der Staat als Heimstatt aller Staatsbürger unterworfen ist[26]. Indes scheint sich in jüngerer Zeit der – spezifisch deutsche – Bedeutungsgehalt dieser Maxime zunehmend zu verflüchtigen und in nebulös-schillernde, sozialwissenschaftlich und rechtstheoretisch aufgeladene Erwägungen zu sublimieren. Angesichts solcher, die Grundlage des Verhältnisses von Staat und Religion in Frage stellender Tendenzen bedarf es der einleitenden Klarstellung, daß das Neutralitätsprinzip in seinem spezifisch juristischen Sinn – und nur auf den kann es hier ankommen – zum einen und selbstverständlich das Gebot neutraler Distanzierung und Abstrahierung von religiösen Eigenheiten und Unterschieden umschließt, um damit etwa Bevorzugungen oder Benachteiligungen aus religiösen Gründen auszuschließen[27].

Daneben aber – und dieser Aspekt scheint mir vor dem Hintergrund der das Religiöse weithin und, wie es scheint, dauerhaft ausmerzenden SED-Diktatur besonders wesentlich zu sein – meint staatliche Neutralität keineswegs die gleichmäßige Verdrängung oder gar den Ausschluß alles Religiösen aus dem staatlichen Bereich[28], wie dies etwa zwei bayerische Verwaltungsrichter mit nahezu an Besessenheit grenzendem missionarischem

---

[25] Vgl. BVerfGE 12, 1/4; 30, 415/422, wo vom „Gebot staatlicher Neutralität im kirchlichen Bereich" gesprochen wird, sowie zuletzt BVerfGE 93, 1/16ff. Grundlegend zur staatlichen Neutralität *K. Schlaich*, Neutralität als verfassungsrechtliches Prinzip, 1972; *ders.*, Zur weltanschaulichen und konfessionellen Neutralität des Staates. Eine staatsrechtliche Problemskizze, in: Essener Gespräche 4 (1970), S. 9ff., abgedruckt in: *ders.*, Gesammelte Aufsätze, 1997, S. 448. Vgl. auch *C. Starck*, in: v. Mangoldt/Klein/Starck, Grundgesetz, Bd. 1, 4. Aufl., 1999, Art. 4 Abs. 1, 2, Rdnr. 9; *A. v. Campenhausen*, Der heutige Verfassungsstaat und die Religion, in: HdbStKirchR, Bd. 1, 2. Aufl., 1994, S. 47/77; *M. Heckel*, Religionsfreiheit im säkularen pluralistischen Verfassungsstaat, in: FS für M. Kriele, 1997, S. 281; *P. Badura*, Der Schutz von Religion und Weltanschauung durch das Grundgesetz, 1989, S. 80ff.; *H. Steiger*, Religion und Religionsfreiheit im neutralen Staat, in: FS für M. Kriele, 1997, S. 105.

[26] BVerfGE 19, 206/216.

[27] Vgl. etwa *P. Badura*, Staatsrecht, 2. Aufl., 1996, S. 759, Rdnr. 44. Anwendungsfall etwa in BVerwGE 81, 22, wonach bei der Entscheidung über die Einstellung eines Beamten (hier eines Lehrers an einer öffentlichen Gemeinschaftsschule) die Auswahl auch unter gleich geeigneten Bewerbern nicht nach der Religionszugehörigkeit getroffen werden darf.

[28] So mit Fug *C. Starck*, in: v. Mangoldt/Klein/Starck, Grundgesetz, Bd. 1, 4. Aufl., 1999, Art. 4, Rdnr. 8. Auch darf religiöse oder weltanschauliche Neutralität des Staates nicht mit religiöser oder weltanschaulicher Indifferenz gleichgesetzt werden, zutreffend in diesem Sinn *A. v. Campenhausen*, Der heutige Verfassungsstaat und die Religion, in: HdbStKirchR, Bd. I, 2. Aufl., 1994, 47/78. In die Richtung einer strikten Trennung von Staat und Kirche gingen etwa die von der FDP Anfang der siebziger Jahre initiierten Vorschläge, vgl. hierzu *P. Rath* (Hrsg.), Trennung von Staat und Kirche? Dokumente und Argumente, 1974.

Eifer glauben machen wollen[29]. Vielmehr fließt gerade aus der umfassenden Gewährleistung der Religionsfreiheit der spezifisch verfassungsrechtliche Bedeutungsgehalt der religiös-weltanschaulichen Neutralität: neutrale Respektierung, aber eben auch Berücksichtigung und Förderung religiöser Belange und Besonderheiten[30]. Nur dieses Verständni staatlicher Neutralität sichert die Achtung des Glaubens und wird damit der Religionsfreiheit ebenso wie dem neutralen, aber eben kulturell verwurzelten und interessierten Staat gerecht, nicht hingegen ein auf Ausschluß des Religiösen gerichtetes Neutralitätsverständnis, das in seinem Kern ja genau betrachtet ein atheistisches und damit eben gerade kein neutrales mehr wäre. Letztlich liefe eine solche Vorstellung auf die faktische Ausdünnung des Religiösen in der Gesellschaft ebenso hinaus, wie sie einer weiteren Laizierung der Gesellschaft den Boden bereitete – eine Tendenz, von der im übrigen ja auch der Kruzifix-Beschluß durchdrungen ist[31].

---

[29] Dies ergibt sich zum Teil schon aus den Titeln der Beiträge, vgl. etwa *L. Renck*, Zum Stand des Bekenntnisverfassungsrechts in der Bundesrepublik, BayVBl. 1999, S. 70; *ders.*, Bekenntnisrecht im wiedervereinigten Deutschland, ZRP 1999, S. 323; *ders.*, Der sogenannte Rang der Kirchenverträge, DÖV 1997, S. 929; *ders.*, Bemerkungen zu den sog. Staatskirchenverträgen, ThürVBl. 1995, S. 31; *ders.*, Die Trennung von Staat und Kirche, BayVBl. 1988, S. 225; *G. Czermak*, Bewegung ins Staatskirchenrecht!, ZRP 1990, S. 475; *ders.*, Staat und Weltanschauung, 1993, S. 249ff.; *ders.*, Staat und „Religionsgesellschaften" in veränderter Situation, Recht und Politik, 1994, S. 31. In diese Richtung nunmehr auch forsch *M. Kleine*, Institutionalisierte Verfassungswidrigkeiten im Verhältnis von Staat und Kirchen unter dem Grundgesetz. Ein Beitrag zur juristischen Methodik im Staatskirchenrecht, 1993.

[30] Vgl. *M. Heckel*, Religionskunde im Lichte der Religionsfreiheit. Zur Verfassungsmäßigkeit des LER-Unterrichts in Brandenburg, ZevKR 44 (1999), S. 147/199. Letztlich geht es hierbei um die Freiheit im, nicht gegen den Staat, vgl. in diesem Sinn etwa BVerfGE 41, 29/49, wo davon die Rede ist, daß Art. 4 Abs. 1 und 2 GG auch im positiven Sinn gebietet, „Raum für die aktive Betätigung der Glaubensüberzeugung und die Verwirklichung der autonomen Persönlichkeit auf weltanschaulich-religiösem Gebiet zu sichern". In diese Richtung etwa auch BVerfGE 41, 65/78; 41, 88/107ff.

[31] So zutreffend *C. Starck*, in: v. Mangoldt/Klein/Starck, Grundgesetz, 4. Aufl., 1999, Art. 4, Rdnr. 27. Ablehnend zu dem Beschluß etwa *J. Müller-Volbehr*, Positive und negative Religionsfreiheit. Zum Kruzifix-Beschluß des BVerfG, JZ 1995, 996; *E. Benda*, Wirklich Götterdämmerung in Karlsruhe?, NJW 1995, 2470; *C. Link*, Stat Crux, Die „Kruzifix"-Entscheidung des BVerfG, NJW 1995, 3353; *D. Pirson*, Urteilsanmerkung, BayVBl. 1995, 755; *J. Isensee*, Bildersturm durch Grundrechtsinterpretation. Der Kruzifix-Beschluß des BVerfG, ZRP 1996, S. 10; *M. Brenner*, Der Kruzifix-Beschluß des Bundesverfassungsgerichts, ThürVBl. 1996, S. 145; ausführlich *M. Heckel*, Das Kreuz im öffentlichen Raum. Zum „Kruzifix-Beschluß" des Bundesverfassungsgerichts, DVBl. 1996, S. 453; *A. v. Campenhausen*, AöR 121 (1996), S. 448; voraussehbar zustimmend etwa *G. Czermak*, Der Kruzifix-Beschluß des Bundesverfassungsgerichts, seine Ursachen und seine Bedeutung, NJW 1995, 3348; *L. Renck*, ZRP 1996, S. 16.

Es gilt daher festzuhalten, daß der in Glaubensdingen neutrale Staat trotz der fortgeschrittenen und fortschreitenden Säkularisierung der Gesellschaft nach wie vor säkularer, aber eben nicht missionierend-säkularisierender Staat ist, und deswegen auch kein die Religion zurückdrängender, behindernder oder lähmender Staat – denn dieser Staat würde atheistisch säkularisierender Staat sein. Im Sinne der Rahmensäkularisierung[32] stellt der säkulare Staat einen säkularen, aber eben keinen atheistischen rechtlichen Rahmen bereit, der allen Religionen als weltlicher Schutzmantel zur Ausübung ihrer religiösen Belange Platz bereitet – eine Tatsache, die nicht nur in den neuen Bundesländern gerne verkannt wird. Es ist dies der spezifisch deutsche Rahmen, in dem sich das Verhältnis von Staat und Religion bewegt. Und dieser würde grundlegend mißinterpretiert werden, wenn – wie es *Martin Heckel* ausgedrückt hat – Neutralität als Diktat eines Neutralismus im Sinne verordneter Standpunktlosigkeit verstanden werden würde[33].

Gerade vor diesem Hintergrund wird besonders deutlich, daß die hinter der Einführung von LER in Brandenburg[34] stehende Geisteshaltung keineswegs so fortschrittlich und modern ist, wie dies auf den ersten Blick erscheinen mag, im Gegenteil: in ihrem Kern wohnen ihr längst als über-

---

[32] *M. Heckel*, Religionskunde im Lichte der Religionsfreiheit. Zur Verfassungsmäßigkeit des LER-Unterrichts in Brandenburg, ZevKR 44 (1999), S. 147/196ff.; vgl. auch *ders.*, Säkularisierung, in: M. Heckel, Gesammelte Schriften, Bd. 2, 1989, S. 773/805ff./818/839ff./842ff.

[33] Vgl. *M. Heckel*, Staat – Kirche – Kunst, 1968, S. 209.

[34] Vgl. §§ 11 Abs. 2–4, 141 des Gesetzes über die Schulen im Land Brandenburg (Brandenburgisches Schulgesetz – BbgSchulG), GVBl. v. 12. 4. 1996, Teil I, S. 102. Die Literatur zu dem Streit um LER ist zwischenzeitlich recht ausführlich geraten, vgl. daher nur *M. Heckel*, Religionsunterricht in Brandenburg, 1998; *ders.*, Religionskunde im Lichte der Religionsfreiheit. Zur Verfassungsmäßigkeit des LER-Unterrichts in Brandenburg, ZevKR 44 (1999), S. 147, mit dem Ergebnis der Verfassungswidrigkeit von LER in seiner derzeitigen Ausgestaltung und der Wertung, daß die brandenburgische Regelung eine „scharfe Kehrtwendung im Staatskirchenrecht und Kulturverfassungsrecht der Bundesrepublik" bedeute, aaO., S. 156. Vgl. auch *D. Carmesin*, Die Anhörung im brandenburgischen Landtag zur Einführung des Unterrichtsfaches ‚Lebensgestaltung – Ethik – Religionskunde', RdJB 1996, S. 351; *I. Richter*, Der Religionsunterricht als institutionelle Garantie, RdJB 1996, S. 295; *S. Muckel/R. Tillmanns*, „Lebensgestaltung – Ethik – Religionskunde" statt Religionsunterricht?, RdJB 1996, S. 360; *C. Fuchs*, Das Staatskirchenrecht der neuen Bundesländer, 1999, S. 218ff.; *H. Kremser*, Das Verhältnis von Art. 7 Abs. 3 Satz 1 GG und Art. 141 GG im Gebiet der neuen Bundesländer, JZ 1995, S. 928; *A. Uhle*, Die Verfassungsgarantie des Religionsunterrichts und ihre territoriale Reichweite, DÖV 1997, S. 409, sowie zur Problematik jüngst *C. Starck*, Religionsunterricht in Brandenburg. Art. 141 GG als Ausnahme von der Regel des Art. 7 Abs. 3 GG, in: FS für J. Listl, 1999, S. 391, sowie *R. Puza*, Rechtsfragen um den Religionsunterricht und das brandenburgische Unterrichtsfach LER, in: FS für J. Listl, 1999, S. 407.

wunden geglaubte Trennungsvorstellungen des 19. Jahrhunderts inne, gewissermaßen ein Bild des konfrontativen Gegenüber von Staat und Religion, wie wir es auch von der früheren DDR her kennen. Der Religionsunterricht dient ja gerade der – bereichsspezifischen – Verwirklichung der Religionsfreiheit wie auch der Förderung des Gemeinwohls[35]. Er stellt deswegen eben kein überholtes Relikt aus Zeiten des christlichen Obrigkeitsstaates dar. Daß sich diese Erkenntnis in den neuen Bundesländern auch neun Jahre nach der Wiedervereinigung noch nicht durchgesetzt hat, mutet freilich erstaunlich an.

Jenseits allen – gelegentlich an Kaffeesatzleserei erinnernden – Streits um die historische Auslegung der Bremer Klausel muß daher im Zusammenhang mit dem Streit um LER vor allem die grundlegende Erwägung stärker in das verfassungsrechtliche Rampenlicht rücken, daß die Vertragsparteien des Einigungsvertrages im Beitrittsgebiet weder den Religionsunterricht als ordentliches Lehrfach abschaffen noch die bekenntnisfreie Schule als Regelschule einführen und damit letztlich die Ausgestaltung des Religionsunterrichts im gesamten Bundesgebiet in Frage stellen wollten. Es widerspräche sämtlichen Regeln der Verfassungsauslegung, Art. 141 GG nachträglich als deus ex machina zu instrumentalisieren und diesen deutsch-deutschen Konsens über die Hintertür in sein Gegenteil zu konterkarieren[36].

Davon abgesehen, war es dem Landesgesetzgeber natürlich unbenommen, LER als ordentliches Lehrfach einzuführen; dies darf jedoch wegen

---

[35] Vgl. BVerfGE 41, 29/51 ff.; 41, 65/78 ff.; 41, 88/107 ff; 74, 244/252 ff. So etwa auch *H. Maurer*, Die verfassungsrechtliche Grundlage des Religionsunterrichts, in: ders., Abhandlungen zum Kirchenrecht und Staatskirchenrecht, 1998, S. 234/242 ff./248. Vgl. auch *T. Oppermann*, Öffentlicher Erziehungsauftrag – Eine Wiederbesichtigung nach der deutschen Einheit, Essener Gespräche 32 (1998), S. 7, sowie *K.-H. Kästner*, Religiöse Bildung und Erziehung in der öffentlichen Schule – Grundlagen und Tragweite der Verfassungsgarantie staatlichen Religionsunterrichts, Essener Gespräche 32 (1998), S. 61.

[36] In diesem Sinn etwa *S. Mückl*, Staatskirchenrechtliche Regelungen zum Religionsunterricht, AöR 122 (1997), S. 513/540 ff., sowie ausführlich *M. Heckel*, Religionskunde im Lichte der Religionsfreiheit. Zur Verfassungsmäßigkeit des LER-Unterrichts in Brandenburg, ZevKR 44 (1999), S. 147/207 ff. A. A. etwa *B. Schlink*, Religionsunterricht in den neuen Ländern, NJW 1992, S. 1008. Vgl. i. ü. *H. Kremser*, Das Verhältnis von Art. 7 Abs. 4 Satz 1 GG und Art. 141 GG im Gebiet der neuen Bundesländer, JZ 1995, S. 928; *J. Winter*, Zur Anwendung des Art. 7 III GG in den neuen Ländern der Bundesrepublik Deutschland, NVwZ 1991, S. 753; *H. Goerlich*, Art. 141 GG als zukunftsgerichtete Garantie der neuen Länder und die weltanschauliche Neutralität des Bundes, NVwZ 1998, S. 819; *H. de Wall*, Das Grundrecht auf Religionsunterricht: Zur Zulässigkeit der Verfassungsbeschwerden gegen das Brandenburgische Schulgesetz, NVwZ 1997, S. 465.

Art. 7 Abs. 3 GG nicht zulasten des Religionsunterrichts gehen[37]. Will daher Brandenburg weiterhin LER beibehalten – und dafür spricht auch nach Bildung der Großen Koalition in Potsdam vieles –, so ist dies nur möglich, wenn gleichzeitig der Religionsunterricht als alternatives, nicht hingegen als kumulatives Pflichtfach zu LER angeboten wird. Nur diese – ausdrücklich im Gesetz zu verankernde und uns vom Ethik-Unterricht her bekannte[38] – Alternativität von LER und Religionsunterricht mit freier Wahlmöglichkeit der Schüler bzw. Eltern wird dem Grundgesetz gerecht[39], nicht hingegen eine vage Befreiungsmöglichkeit von LER „aus wichtigem Grund".

3. Die Zuordnung der weltlichen und geistlichen Sphäre

a) *Das freundliche Nebeneinander der beiden Reiche*

Daß die gesamte Rechtsordnung von einem freundlichen Nebeneinander der beiden Reiche gekennzeichnet ist[40], wird – jenseits der gemein-

---

[37] In diese Richtung auch *M. Heckel*, Religionskunde im Lichte der Religionsfreiheit. Zur Verfassungsmäßigkeit des LER-Unterrichts in Brandenburg, ZevKR 44 (1999), S. 147/190ff. Etwas sehr forsch erscheint die Aussage von *A. v. Campenhausen*, Zum Stand des Staatskirchenrechts in Deutschland, BayVBl. 1999, S. 65/70, wonach die Einführung von LER die direkte Fortsetzung der staatsbürgerlichen Ertüchtigung aus Zeiten der DDR ist.

[38] BVerwG, NVwZ 1999, 769 = JZ 1999, 353 m. Anm. v. *S. Mückl*. Zustimmend *M.-E. Geis*, Ethikunterricht für Konfessionslose, RdJB 1999, S. 116. Vgl. hierzu den – das Urteil allerdings in einer schiefen Perspektive darstellenden – Beitrag von *G. Czermak*, Zur Ethikunterricht-Entscheidung des Bundesverwaltungsgerichts vom 17. 6. 1998, DÖV 1999, S. 725, sowie des weiteren *D. Heckmann*, Verfassungsmäßigkeit des Ethikunterrichts, JuS 1999, S. 228; *S. Mückl*, Verfassungswidriger Ehtikunterricht?, VBlBW 1998, S. 86; *G. Werner*, Ethik als Ersatzfach, NVwZ 1998, S. 816. S. auch VGH Mannheim, NVwZ 1998, 309 = DVBl. 1997, 1186; VG Hannover, NVwZ 1998, 316, hierzu *J. Bader*, Zur Verfassungsmäßigkeit des obligatorischen Ethikunterrichts, NVwZ 1998, S. 256. S. auch BVerfG, NVwZ 1999, 756, zur Freistellung vom Unterrichtsfach „Werte und Normen". Vgl. aus der früheren Rechtsprechung BVerwG, VerwRspr 25, 415/417; BayVGH, BayVBl. 1990, 244/245; BayVGH, BayVBl. 1996, 405. Zur Problematik nunmehr umfassend *G. Werner*, Verfassungsrechtliche Fragen des Ersatzunterrichts zum Religionsunterricht, 1998. Zur Frage der inhaltlichen Ausgestaltung *G. Püttner/D. Kretschmer*, Ethik-Unterricht – aber wie?, in: FS für M. Heckel, 1999, S. 901. Der Auffassung von der Verfassungswidrigkeit, namentlich von *L. Renck* (polemisch: Verfassungsprobleme des Ethikunterrichts, BayVBl. 1992, S. 516/519) und *G. Czermak* (Das Pflicht-Ersatzfach Ethikunterricht als Problem der Religionsfreiheit, des Elternrechts und der Gleichheitsrechte, NVwZ 1996, S. 450) vertreten, wurde durch das Urteil jedenfalls eine deutliche Abfuhr erteilt.

[39] In diese Richtung auch *A. Hollerbach*, Religion und Kirche im freiheitlichen Verfassungsstaat, 1998, S. 18f.

[40] Vgl. etwa auch BayVerfGH, BayVBl. 1980, S. 462, wo das Verhältnis von Staat und Kirche im modernen Verfassungsstaat als Koordinationsordnung begriffen und bezeich-

samen Angelegenheiten von Staat und Kirchen, etwa im Hochschulwesen[41] – an einer Reihe von gesetzlichen Förder- und Beachtensklauseln[42] deutlich, in denen der Staat nicht nur seine freundliche Offenheit gegenüber allem Religiösen, sondern zudem seine Kooperationsbereitschaft[43], im übrigen auch seine kulturelle Bodenhaftung zum Ausdruck

---

net wird. Vgl. i. ü. zu den religiösen Bezügen in der Rechtsordnung *K.-H. Kästner*, Staatliche Justizhoheit und religiöse Freiheit, 1991, S. 190ff. S. in diesem Zusammenhang auch *W. Leisner*, Lex Veritas, in: FS für M. Heckel, 1999, S. 385.

[41] Einzelheiten bei *A. v. Campenhausen*, in: v. Mangoldt/Klein/v. Campenhausen, Grundgesetz, Bd. 14, 3. Aufl., 1991, Art. 140, Rdnr. 115ff. Vgl. in diesem Zusammenhang etwa auch *M. Heckel*, Die theologischen Fakultäten im weltlichen Verfassungsstaat, 1986; *W. Kasper*, Wissenschaftliche Freiheit und lehramtliche Bindung der Katholischen Theologie, in: Essener Gespräche 16 (1982), S. 12; *A. Hollerbach*, Die Theologischen Fakultäten und ihr Lehrpersonal im Beziehungsgefüge von Staat und Kirche, in: Essener Gespräche 16 (1982), S. 69. Zum Fall Lüdemann vgl. *R. Mainusch*, Lehrmäßige Beanstandung eines evangelischen Theologieprofessors, DÖV 1999, S. 677. Vgl. auch aus der jüngeren Vergangenheit BVerwGE 101, 309, zur Einrichtung eines Diplomstudienganges Katholische Theologie an einer staatlichen Universität; s. hierzu *M. Morlok/M. H. Müller*, Keine Theologie ohne die Kirche/keine Theologie gegen die Kirche?, JZ 1997, S. 549; *S. Muckel*, Die Rechtsstellung der Kirche bei der Errichtung eines theologischen Studiengangs an einer staatlichen Universität, DVBl. 1997, S. 873. Aus dem Schulrecht (Errichtung einer privaten Grundschule nach Art. 7 Abs. 5 Alt. 2 GG) vgl. BVerwG, NVwZ 1992, 1187; VGH München, NVwZ 1992, 1221; hierzu *I. Richter*, Privatschulfreiheit für die Grundschulen von Sekten?, NVwZ 1992, S. 1162. Vgl. auch *M. Haedrich*, Die Neuordnung der evangelischen Militärseelsorge im wiedervereinigten Deutschland, LKV 1997, S. 85.

[42] Vgl. die Nachweise bei *M. Heckel*, Die Kirchen unter dem Grundgesetz, VVDStRL 26 (1968), S. 45; *ders.*, Gleichheit oder Privilegien?, 1993, S. 56; *P. Kirchhof*, Der Beitrag der Kirchen zur Verfassungskultur der Freiheit, in: FS für M. Heckel, 1999, S. 775/791 ff., zum staatlichen Förderungsauftrag gegenüber den Kirchen; *K. Hesse*, Das Selbstbestimmungsrecht der Kirchen, in: HStKirchR, Bd. 1, 2. Aufl., 1994, S. 521/540/543/553. Das freundliche Entgegenkommen des Staates gegenüber der Religion äußert sich etwa auch im Sozialrecht in Form der Sonderversorgung der Geistlichen durch Versicherungsfreiheit in der gesetzlichen Renten-, Kranken- und Pflegeversicherung, der Präferenz für freie und damit kirchliche Träger bei der Sozialhilfe-Erbringung (§ 10 BSHG) sowie der Rücksichtnahme auf das religiöse Bekenntnis bei der Gewährung von Sozialhilfe und anderen sozialen Dienstleistungen (§ 33 SGB I). Vgl. in diesem Zusammenhang auch *P. Axer*, Staat und Kirche im Sozialversicherungsrecht. Kirchliche Betätigung zwischen Sozialversicherungspflicht und Sozialversicherungsfreiheit, in: FS für J. Listl, 1999, S. 587.

[43] Hierzu auch *G. Robbers*, Förderung der Kirche durch den Staat, in: HdbStKirchR, Bd. 1, 2. Aufl., 1994, S. 867, sowie *J. Isensee*, Staatsleistungen an die Kirchen und Religionsgemeinschaften, in: HdbStKirchR, Bd. 1, 2. Aufl., 1994, S. 1009; *ders.*, Die karitative Betätigung der Kirchen und der Verfassungsstaat, in: HdbStKirchR, Bd. 2, 2. Aufl., 1995, S. 665; *ders.*, Gemeinwohl und Staatsaufgaben im Verfassungsstaat, in: HdbStR III, 2. Aufl., 1996, § 57, Rdnr. 162: „Kooperative Neutralität". Vgl. i. ü. auch *T. Maunz*, Die Kooperation von Staat und Kirche, BayVBl. 1988, S. 231, sowie *C. Link*, Für verständige Zusammenarbeit geschaffen, FAZ Nr. 180 v. 6. 8. 1998, S. 8.

bringt. Dies gilt für das gesamte Verwaltungsrecht, vom Bauplanungsrecht[44] über das Sozialrecht bis hin zur Anerkennung des religiösen Existenzminimums im Asylrecht[45]. Dieser freundlichen Offenheit verschließt sich auch die verwaltungsgerichtliche Rechtsprechung nicht. Sollte es etwa anders denn als Ausdruck einer religiös geprägten Verfassungskultur interpretiert werden können[46], daß der Mittelungspegel des Angelus-Läutens um 11,6 dB (A) über den für allgemeine Wohngebiete geltenden Richtwerten liegen darf?[47] Dies sollte uns jedoch nicht weiter verwundern: Letztlich kommt darin doch nur zum Ausdruck, daß unsere Rechtsordnung mehr sein will als ein bloß formaler, blutleerer Organisations- und Ordnungsrahmen.

Gleichwohl: Es sind die vielfach auf geänderten soziologischen Faktoren beruhenden neuen, teilweise ungewohnten und deswegen manchmal eben auch mit Ängstlichkeit beäugten Herausforderungen, die uns nicht bei solchen – im wesentlichen ja auf den christlichen Glauben hin gedachten – Freundlichkeiten stehen lassen können; vielmehr gilt es, das Verhältnis Staat – Religion auch auf diese neuen Herausforderungen hin auszurichten – und auszuloten, wie das – ja entwicklungsoffene und zukunftsgerichtete – Verfassungs- und Verwaltungsrecht auf sie reagieren und sie rezipieren kann. So können wir diesseits allen Streits um die Ausgestaltung des Staatsangehörigkeitsrechts beispielsweise nicht – gleichsam in einer Art Wagenburg-Mentalität – die Augen davor verschließen, daß in Deutschland mittlerweile siebeneinhalb Millionen Ausländer, davon drei Millionen Muslime leben und daß Berlin eine der größten tür-

---

[44] Vgl. hierzu *W. Hoppe/M. Beckmann*, Zur Berücksichtigung kirchlicher Belange in der Bauleitplanung, DVBl. 1992, S. 188.

[45] Daß religiöse oder religiös motivierte Verfolgung politische Verfolgung ist, hat das Bundesverfassungsgericht mehrfach festgestellt, vgl. nur etwa BVerfGE 54, 341/357; 76, 143/158. S. hierzu beispielsweise *R. Marx*, Kommentar zum Asylverfahrensgesetz, 4. Aufl., 1999, § 1, Rdnr. 23ff., sowie *G. M. Liegmann*, Eingriffe in die Religionsfreiheit als asylerhebliche Rechtsgutverletzung religiös Verfolgter, 1993. Vgl. des weiteren zum religiösen Existenzminimum aus der jüngeren Vergangenheit nur BVerfG, NVwZ-Beilage 5/1995, S. 33, sowie etwa BVerfGE 76, 143; OVG Lüneburg, NVwZ-Beilage 7/1998, S. 65.

[46] *P. M. Huber*, Das Staatskirchenrecht, in: E. Eichenhofer (Hrsg.), 80 Jahre Weimarer Reichsverfassung – Was ist geblieben?, 1999, S. 117/139.

[47] Vgl. BVerwGE 68, 62; BVerwG, UPR 1997, 39, wonach das liturgische Glockengeläut im herkömmlichen Sinn „regelmäßig keine erhebliche Belästigung, sondern eine zumutbare, sozialadäquate Einwirkung" darstellt. Vgl. auch VG Würzburg, NVwZ 1999, 799, wonach beim liturgischen Glockenläuten zum Gottesdienst am Sonntag der Anspruch auf ungestörte Religionsausübung selbst dann höher zu gewichten ist als das Ruhebedürfnis der Anwohner, wenn der Maximalpegel den Immissionsrichtwert um mehr als 30 dB(A) überschreitet.

kischen Städte der Welt ist. Hieran wird sich ja auch in absehbarer Zukunft nichts ändern[48]. Verfassungs- wie Verwaltungsrecht sind daher nicht nur angesichts dieser Herausforderung durch Schwert und Halbmond gefordert, direktiver, aber freundlich-neutraler Wegweiser zu sein, zu agieren und nicht lediglich zu reagieren, zu gestalten und nicht bloß zuzuschauen. Andernfalls geriete die Legitimität der grundgesetzlich verfaßten Rechtsordnung zumindest im Hinblick auf das Verhältnis Staat – Religion à la longue in Bedrängnis.

Vor diesem Hintergrund weist etwa das Urteil des OVG Berlin[49] zum islamischen Religionsunterricht[50] in die richtige, weil die Integration fördernde – übrigens auch fragwürdig-subkulturellen Koranschulen[51] den

[48] Daß der Islam ein Massenphänomen ist, dürfte außer Frage stehen, vgl. etwa *S. Muckel*, Religiöse Freiheit und staatliche Letztentscheidung, 1997, S. 3. Vgl. auch *A. Albrecht*, Religionspolitische Aufgaben angesichts der Präsenz des Islam in Deutschland, in: Essener Gespräche, Bd. 20 (1986), S. 82/89 m. w. N.

[49] DVBl. 1999, 554, mit kritischer Anm. *S. Muckel* = NVwZ 1999, 786. Gegen das Urteil wurde zwischenzeitlich Revision eingelegt, vgl. Pressemitteilung Nr. 29/1999 des Bundesverwaltungsgerichts. Ausführlich zur Problematik *M. Heckel*, Religionsunterricht für Muslime?, JZ 1999, S. 741; *S. Korioth*, Islamischer Religionsunterricht und Art. 7 III GG, NVwZ 1997, S. 1041, nach dessen Auffassung muslimischen Gemeinschaften der Religionsunterricht erst dann eröffnet ist, wenn sie den Status einer Körperschaft des öffentlichen Rechts erlangt haben. Vgl. des weiteren *A. v. Campenhausen*, Neue Religionen im Abendland, ZevKR 25 (1980), S. 135/146 ff.; *G. Eiselt*, Islamischer Religionsunterricht an öffentlichen Schulen in der Bundesrepublik Deutschland, DÖV 1981, S. 205; *H.-P. Füssel/T. Nagel*, Islamischer Religionsunterricht und Grundgesetz, EuGRZ 1985, S. 497; *H.-P. Füssel*, Islamischer Religionsunterricht an deutschen Schulen, RdJB 1985, S. 74; *W. Loschelder*, Der Islam und die religionsrechtliche Ordnung des Grundgesetzes, in: Essener Gespräche 20 (1986), S. 149/168 ff.; *K. Gebauer*, Islamische Unterweisung in deutschen Klassenzimmern, RdJB 1989, S. 263; *I. Cavdar*, Islamischer Religionsunterricht an deutschen Schulen, RdJB 1993, S. 265; *C. Link*, Religionsunterricht, in: HdbStKirchR, Bd. II, 2. Aufl., 1995, S. 439/500; *J. Oebbecke*, Reichweite und Voraussetzungen der grundgesetzlichen Garantie des Religionsunterrichts, DVBl. 1996, S. 336; *S. Mückl*, Staatskirchenrechtliche Regelungen zum Religionsunterricht, AöR 122 (1997), S. 513/548 ff.

[50] Überblick über die Situation im Hinblick auf den Muttersprachlichen Ergänzungs-Unterricht (MEU) bei *M. Heckel*, Religionsunterricht für Muslime?, JZ 1999, S. 741/742 f. Vgl. in diesem Zusammenhang auch *Landesinstitut für Schule und Weiterbildung Nordrhein-Westfalen* (Hrsg.), Religiöse Unterweisung für Schülerinnen und Schüler islamischen Glaubens in den Schulen des Landes Nordrhein-Westfalen (1979–1995), 1995; Antwort der Baden-Württembergischen Landesregierung auf eine Große Anfrage der Fraktion der SPD „Religiöse Unterweisung muslimischer Kinder", LT-Drucks. 12/3589. Vgl. i. ü. auch die Bayerische Richtlinie für die religiöse Unterweisung türkischer Schüler muslimischen Glaubens in den Jahrgangsstufen 1 mit 3 der Grundschule, ABl. des Bayerischen Staatsministeriums für Unterricht und Kultus, Teil I v. 14. 5. 1986, S. 269.

[51] Die Koranschulen stellen keine Schulen im Sinne des deutschen Schulrechts dar, weshalb sie auch nicht der staatlichen Schulaufsicht unterliegen. Nicht zuletzt hierin

Wind aus den Segeln nehmende – Richtung[52]. Und ungeachtet der Berliner Sondersituation[53] – in Berlin ist nicht der Staat „Unternehmer" des Religionsunterrichts[54] – ist das Urteil auch für die anderen Bundesländer von Bedeutung[55]; dies deswegen, weil es klarstellt, daß den Religionsunterricht erteilende Religionsgemeinschaften nicht zwingend über den Körperschaftsstatus verfügen müssen. Gleichwohl hätte das Gericht wegen des eine Religionsgemeinschaft kennzeichnenden Erfordernisses eines religiösen Konsenses eine Festlegung auf eine bestimmte Glaubensrichtung innerhalb des Islam – etwa die sunnitische – verlangen müssen; eine Voraussetzung, die namentlich für die anderen Bundesländer von Bedeutung ist, weil dort der Religionsunterricht in der Verantwortung des Staates abgehalten wird – und der Staat muß schließlich wissen, an welchen Glaubensgrundsätzen er sich zu orientieren hat. Es ist damit der Islam, der sich zukünftig in der Schule deutlicher als bisher wird offenbaren müssen, um die Voraussetzungen dafür zu schaffen, daß die Bundesländer mittelfristig islamischen Religionsunterricht – und zwar in deutscher Sprache und durch entsprechend ausgebildete Lehrer – vorhalten können. Daß dies kein Ding der Unmöglichkeit ist[56], belegt der Blick nach Österreich, wo bereits seit Jahren islamischer – und im übrigen auch buddhistischer – Religionsunterricht an staatlichen Schulen erteilt wird[57].

---

liegt begründet, daß die Kenntnis der deutschen Schulverwaltungen über die Koranschulen regelmäßig eine nur sehr dürftige ist.

[52] In diese Richtung auch *A. Schmitt-Kammler*, in: Sachs (Hrsg.), Grundgesetz, 2. Aufl., 1999, Art. 7, Rdnr. 42. An der Entscheidung wurde auch Kritik geübt (gefährliches Urteil), da es Fundamentalisten und Extremisten den Zugang zur Schule eröffne, vgl. *Kermani*, FAZ vom 24. 11. 1998, S. 45.

[53] Nach § 23 Abs. 1 Sätze 1 bis 3 BerlSchulG ist der Religionsunterricht Sache der Kirchen, Religions- und Weltanschauungsgemeinschaften. Er wird von Personen erteilt, die von diesen beauftragt worden sind. Die Kirchen, Religions- und Weltanschauungsgemeinschaften übernehmen die Verantwortung, daß der Religionsunterricht gemäß den für den allgemeinen Unterricht geltenden Bestimmungen durchgeführt wird. In Berlin stehen mithin Religionslehrer nicht im Staatsdienst, und Religion ist kein ordentliches Lehrfach nach Art. 7 Abs. 3 GG.

[54] *S. Korioth*, Islamischer Religionsunterricht und Art. 7 III GG, NVwZ 1997, 1041/1044.

[55] So auch *G. Robbers*, in: v. Mangoldt/Klein/Starck, Grundgesetz, Bd. 1, 4. Aufl., 1999, Art. 7 Abs. 3, Rdn. 154: „Die wesentlichen Grundsätze dieser Entscheidung lassen sich auf die allgemeine Rechtslage nach Art. 7 Abs. 3 übertragen." Für die Einführung von islamischem Religionsunterricht haben sich auch die CDU (vgl. FAZ Nr. 136 v. 16. 6. 1999, S. 6) und die evangelische Kirche in Deutschland (EKD) ausgesprochen.

[56] Im Hinblick auf die Akzeptanz islamischen Religionsunterrichts skeptisch *S. Mückl*, Staatskirchenrechtliche Regelungen zum Religionsunterricht, AöR 122 (1997), S. 513/554.

[57] Vgl. die Bekanntmachung des Bundesministers für Unterricht und Kunst vom 29. Juli 1983 betreffend den Lehrplan für den islamischen Religionsunterricht an Pflicht-

b) *Die Gleichbehandlung der Religionen durch den Staat*

Im Rahmen des freundlichen Nebeneinander der beiden Reiche muß es gerade vor dem Hintergrund der Weiterungen des Religions- und Weltanschauungsmarktes erste – und selbstverständliche – Prämisse sein, daß alle Religionen und Weltanschauungen durch den Staat gleichbehandelt werden[58], daß bei der rechtlichen Beurteilung von neu auftauchenden, für uns ggf. auch fremdartigen Religionen und Weltanschauungen dieselben Maßstäbe angelegt werden, wie sie für die etablierten, gewissermaßen alteingesessenen gelten[59]; dies ergibt sich im übrigen ja bereits aus dem der staatlichen Neutralität innewohnenden Diskriminierungsverbot. Dabei darf es im Lichte der Verfassungsentwicklung keinerlei Unterschied mehr machen, ob eine Religion bzw. Weltanschauung dem europäischen oder einem anderen Kulturkreis entstammt. Dem Grundgesetz wohnt kein eurozentristisches Religionsbild

---

schulen, mittleren und höheren Schulen, BGBl. Nr. 421/1983, sowie den Lehrplan für den buddhistischen Religionsunterricht an Pflichtschulen, mittleren und höheren Schulen, BGBl. Nr. 255/1992.

[58] Hierzu auch *M. Heckel*, Das Gleichbehandlungsgebot im Hinblick auf die Religion, in: HdbStKirchR, Bd. 1, 2. Aufl., 1994, S. 623. Eine Selbstverständlichkeit ist vor diesem Hintergrund die Feststellung, daß es im Hinblick auf den Bau von Kirchen und anderen vergleichbaren Gebäuden unerheblich ist, ob eine Glaubensgemeinschaft den Status einer öffentlich-rechtlichen Körperschaft hat oder nicht, vgl. BayVGH, NVwZ 1997, 1016/1017 f. = NVwZ 1997, 1016, im Hinblick auf den Bau eines Minaretts durch eine muslimische Gemeinde.

[59] Das Grundrecht gilt ohne Beschränkung des personellen Geltungsbereichs. Und selbstredend ist die Glaubensfreiheit – wie auch das BVerfG (BVerfGE 32, 98/106; vgl. auch BVerfGE 24, 236/246) ausgeführt hat – nicht nur den Mitgliedern anerkannter Kirchen und Religionsgemeinschaften, sondern auch den Angehörigen anderer religiöser Vereinigungen gewährleistet, wobei es auf die zahlenmäßige Stärke einer derartigen Gemeinschaft oder auf ihre soziale Relevanz nicht ankommt. Vgl. in diesem Zusammenhang die bedauernde Anmerkung *C. Hillgrubers*, Der deutsche Kulturstaat und der muslimische Kulturimport, JZ 1999, S. 538/541, wonach die Ausgestaltung der Religionsfreiheit als Jedermanns-Grundrecht der Bundesrepublik Deutschland die Möglichkeit genommen hat, „bei der Erstreckung der Gewährleistung umfassender Religionsfreiheit auf Angehörige fremder Staaten auf dem völkerrechtlichen Prinzip der Gegenseitigkeit zu bestehen". Auch wenn nach Auffassung *Hillgrubers* ein solcher Vorbehalt angesichts der Unduldsamkeit, die islamische Länder gegenüber Christen gleich welcher Nationalität an den Tag zu legen pflegen, durchaus angezeigt gewesen wäre, so erscheint diese Auffassung angesichts historischer Erfahrungen doch wenig überzeugend. In diese Richtung etwa *H. Alberts*, Die schwierige Toleranz, NVwZ 1992, S. 1164; *ders.*, Der Schutzbereich des Art. 4 I GG, dargestellt am Beispiel der Warnung vor sog. Jugendsekten, NVwZ 1994, S. 1150, sowie *J. Müller-Volbehr*, Das Grundrecht der Religionsfreiheit und seine Schranken, DÖV 1995, S. 301/304.

inne[60], keine Beschränkung auf die „sittlichen Grundanschauungen der heutigen Kulturvölker"[61]. Insbesondere kennt es keinen abendländischen Kulturvorbehalt[62]; die Kulturadäquanzformel befindet sich schon längst in der verfassungsrechtlichen Mottenkiste, auch wenn gelegentliche Versuche unübersehbar sind, sie zu reanimieren. Daher hat die Rechtsprechung diese Offenheit des Grundgesetzes gegenüber Religion und Weltanschauung - wenngleich erst nach längerem Zögern - zu Recht umgesetzt[63] und nicht nur eine Reihe von sog. Jugendreligionen[64], sondern etwa auch den aus dem persischen Kulturkreis stammenden Bahá'í-Glauben dem Schutzbereich des Art. 4 GG unterworfen[65].

Namentlich aber im Hinblick auf den Islam scheinen mir für die Zukunft mehr Gelassenheit und Nonchalance angezeigt zu sein[66]. Es käme doch einem staatsrechtlichen Armutszeugnis gleich, wenn durch den Islam das religionsrechtliche Konzept des Grundgesetzes tatsächlich in ernsthafte Bedrängnis gebracht werden würde und sich nicht in der Lage zeigte, auch Mohammed eine angemessene Heimstatt zu sein. Zwar stellt der Islam ohne Frage eine der zentralen Herausforderungen für das Verhältnis von Staat und Religion dar[67], da er in der säkularen Bundesrepu-

---

[60] In diese Richtung etwa *R. Herzog*, in: Maunz/Dürig, Grundgesetz, Stand 1999, Art. 4, Rdnr. 102f.; *J. Isensee*, Diskussionsbeitrag, in: Essener Gespräche 19 (1985), S. 142ff.; *W. Loschelder*, Der Islam und die religionsrechtliche Ordnung des Grundgesetzes, in: Essener Gespräche 20 (1986), S. 149/156f.

[61] BVerfGE 12, 1/4; ebenso BVerfGE 24, 236/245f.

[62] In diese Richtung auch *W. Bock*, Die Religionsfreiheit zwischen Skylla und Charybdis, AöR 123 (1997), S. 444/447ff.

[63] Vgl. BVerfGE 41, 29/50. Vgl. etwa auch *A. v. Campenhausen*, Religionsfreiheit, in: HdbStR VI, § 136, Rdnr. 69; *J. Kokott*, in: Sachs (Hrsg.), Grundgesetz, 2. Aufl., 1999, Art. 4, Rdnr. 17.

[64] Überblick hierzu etwa bei *P. Badura*, Der Schutz von Religion und Weltanschauung durch das Grundgesetz, 1989, S. 58ff. Vgl. auch *J. Müller-Volbehr*, Die sogenannten Jugendreligionen und die Grenzen der Religionsfreiheit, Essener Gespräche 19 (1985), S. 109; *A. v. Campenhausen*, Neue Religionen im Abendland, ZevKR 25 (1980), S. 135; *R. Scholz*, „Neue Jugendreligionen" und Grundrechtsschutz nach Art. 4 GG, NVwZ 1992, S. 1152.

[65] BVerfGE 83, 341. Vgl. auch *R. B. Abel*, Die Entwicklung der Rechtsprechung zu neueren Glaubensgemeinschaften, NJW 1996, S. 91.

[66] Eine restriktive Auffassung vertritt insoweit etwa *C. Hillgruber*, Der deutsche Kulturstaat und der muslimische Kulturimport, JZ 1999, S. 538.

[67] Zur Problematik etwa *W. Loschelder*, Der Islam und die religionsrechtliche Ordnung des Grundgesetzes, in: Essener Gespräche 20 (1986), S. 149. Vgl. i. ü. auch zum Verständnis des Islam *C. Schirrmacher*, Der Islam, 2 Bde., 1994; *P. Antes*, Der Islam als politischer Faktor, 1997; *Lutherisches Kirchenamt der Vereinigten Evangelisch-Lutherischen Kirche Deutschlands und Kirchenamt der Evangelischen Kirche in Deutschland* (Hrsg.), Was jeder vom Islam wissen muß, 5. Aufl., 1996; *M. S. Abdullah*, Was will der Islam in Deutschland?, 1993.

blik Deutschland auf das für ihn ungewohnte Regiment der zwei Schwerter – das weltliche und das geistliche – und damit auf die Moderne trifft[68], aber eben auch auf abweisende Reserviertheit. Gleichwohl: Auch wenn der Islam für die Deutschen und das deutsche Recht eine nach wie vor weitgehend fremde, teilweise unberechenbare Größe darzustellen scheint, so kann es schon aus gesellschafts- und integrationspolitischer Motivation heraus kaum weiterhelfen, den Islam zu dämonisieren oder auszugrenzen; auch erscheint es fehl am Platz, im Hinblick auf die Auseinandersetzung mit dem Islam von einem Glaubens- und Kulturkampf zu sprechen, ja von einer Bedrohung des Abendlandes. Wir sollten hier die Kirche ebenso im Dorf lassen wie den Islam aus dem Hinterhof-Ghetto herausholen[69].

Doch zugegeben: Wer hat keine Schwierigkeiten bei der Vorstellung, daß am oberbayerischen Tegernsee neben den Kirchenglocken plötzlich der Ruf des Muezzin erschallt, womöglich noch lautsprecherverstärkt und in fröhliche sonntägliche Biergartenidylle hinein? Diese Perspektive öffnet freilich nur den Blick dafür, daß die Rechtsprechung gelegentlich durchaus unterschiedliche Wertungen vornimmt, je nachdem, um welche Religion es sich handelt. So verpflichten wir zwar sowohl muslimische wie christliche Kinder mit Fug zur Teilnahme am Sexualkundeunterricht[70]; doch das Recht, sich aus religiösen Gründen vom koedukativen Sportunterricht befreien zu lassen, erkennen wir – um nur ein Beispiel zu nennen – muslimischen Mädchen zu[71], christlichen Schülerinnen, die sich auf die Bibel berufen, hingegen nicht[72]. Gelegentlich mag sich daher der Eindruck aufdrängen, daß Religionen unterschiedlich, ja die christlichen Religionen teilweise strenger als andere behandelt werden; ob dies seinen Grund auch darin hat, daß sich die Gerichte nicht dem Vorwurf der Ausländerfeindlichkeit aussetzen wollen, mag hier dahingestellt bleiben.

---

[68] Vgl. in diesem Zusammenhang instruktiv auch *B. Johansen*, Staat, Recht und Religion im sunnitischen Islam – Können Muslime einen religionsneutralen Staat akzeptieren?, in: Essener Gespräche 20 (1986), S. 12.

[69] Vgl. in diesem Zusammenhang instruktiv *C. Langenfeld*, Integration und kulturelle Identität zugewanderter Minderheiten: Eine Herausforderung für das deutsche Schulwesen – Einführung in einige grundrechtliche Fragestellungen, AöR 123 (1998), S. 375. In diese Richtung auch *M. Rohe*, Rechtliche Perspektiven eines deutschen und europäischen Islam, demnächst in: RabelsZ 2/2000.

[70] BVerfGE 47, 46.

[71] BVerwGE 94, 82/87f. Vgl. auch OVG Münster, NVwZ 1992, 77; OVG Lüneburg, NVwZ 1992, 79.

[72] BVerwG, DVBl. 1994, 168/169, mit dem Argument, daß eine Bibelexegese (1. Timotheus 2, 9–11) durch staatliche Gerichte ausgeschlossen sei.

Hier wird es zukünftig darauf ankommen, dieselbe, weder durch eine morgen- noch eine abendländische Brille betrachtete rechtliche Elle an alle Religions- und Weltanschauungsgemeinschaften anzulegen, was selbstverständlich nicht ausschließt, daß die Gerichte aufgrund der im konkreten Einzelfall notwendigen Abwägung mit kollidierenden Rechtspositionen Dritter zu jeweils unterschiedlichen Ergebnissen kommen können, etwa im Hinblick auf die bauplanungsrechtliche Ortsüblichkeit. Jenseits aller Einzelfallbezogenheit verdient daher etwa das Bundesverwaltungsgericht[73] Zustimmung, wenn es im Gegensatz zur Vorinstanz klargestellt hat, daß sich die Errichtung eines Betsaales und eines Unterrichtsraumes für eine Koranschule in die Eigenart der näheren Umgebung ohne Verletzung des baurechtlichen Rücksichtnahmegebots einfügt und der Grundstücksnachbar die damit verbundenen Beeinträchtigungen, v.a. also den Zu- und Abfahrtsverkehr, grundsätzlich hinzunehmen hat. Und ebenso wie die Angelus-Glocken[74] darf selbstverständlich auch der Ruf des Muezzin erschallen[75], ungeachtet der auch hier im Einzelfall notwendigen, das Kriterium der Sozialadäquanz berücksichtigenden Abwägung der Religionsausübungsfreiheit etwa mit dem Ruhebedürfnis der Anlieger, die auf eine Einschränkung dergestalt hinauslaufen kann, daß die Anzahl der elektronisch verstärkten Muezzin-Rufe am Tag zu beschränken ist. Und nur am Rande sei schließlich unter dem Blickwinkel der Gleichbehandlung der Religionen angemerkt: Wenn wir muslimischen Lehrerinnen – mit gutem Grund, wie ich meine, nämlich der beamtenrechtlichen Neutralitäts-, Toleranz- und Mäßigungspflicht – verbieten, im Unterricht das nach islamischer Sitte gebundene, als Bekenntnis zum Islam zu verstehende Kopftuch zu tragen[76], wenn wir Bhagwan-

---

[73] ZfBR 1992, 184 = UPR 1992, 269= DÖV 1992, 708. Vgl. in diesem Zusammenhang auch *C. Bamberger*, Das Minarett im Dorfgebiet, JA 1999, S. 213. Kritik an der Entscheidung bei *H. C. Fickert/H. Fieseler*, Baunutzungsverordnung, 9. Aufl., 1998, § 4, Rdnr. 6.11 ff.

[74] Grundlegend in diesem Zusammenhang *J. Isensee*, Rechtsschutz gegen Kirchenglokken, in: Gedächtnissschrift für L.-J. Constantinesco, 1983, S. 301. S. auch *H.-W. Laubinger*, Nachbarschutz gegen kirchliches Glockengeläut, VerwArch 83 (1992), S. 623; *W. Kaup*, Rechtsschutz gegen kirchliches Mahngeläut?, BayVBl. 1992, S. 161; *P. Müssig*, Kirchliches Glockengeläute und öffentlicher Rechtsweg, DVBl. 1985, S. 837; *A. v. Campenhausen*, Rechtsprobleme des kirchlichen Glockengeläuts, DVBl. 1972, S. 316; *M. Stolleis*, Kirchliches Glockenläuten und staatliche Gerichte, ZevKR 17 (1972), S. 150. Vgl. aus der Rechtsprechung BVerwG, JZ 1984, 228; BVerwGE 81, 197 = ZevKR 38 (1993), 85; 90, 163; OVG Lüneburg, NVwZ 1991, 801.

[75] Vgl. zur Problematik auch *A. Schmehl*, Der Ruf des Muezzin und das Lautsprecherverbot, JA 1997, S. 866.

[76] So auch *H. Goerlich*, Distanz und Neutralität im Lehrberuf – zum Kopftuch und anderen religiösen Symbolen, NJW 1999, S. 2929; *M. Jestaedt*, Grundrechtsschutz vor staat-

Jüngern untersagen, sich in orangefarbener Kleidung[77] und mit Mala zu präsentieren[78], so kann für eine katholische Lehrerin, die ein deutlich sichtbares Kreuz um ihren Hals trägt, nichts anderes gelten, zumindest dann, wenn man mit dem Bundesverfassungsgericht das Kreuz als Symbol des Glaubens, nicht hingegen als Ausdruck christlicher Kultur begreift. Wir können hier nicht mit zweierlei Maß messen.

c) Der Körperschaftsstatus

Lassen wir den Blick unter dem Aspekt der freundlichen Neutralität, aber auch dem Gebot der Gleichbehandlung der Religionen durch den Staat weiterwandern zu der besonders privilegierten, zudem spezifisch deutschen Ausgestaltung des Verhältnisses von Staat und kollektiv verdichteter Religion, die das Grundgesetz mit dem Status einer Körperschaft des öffentlichen Rechts[79] geschaffen hat[80]. Sieht man einmal von

lich aufgedrängter Ansicht, in: FS für *J. Listl*, 1999, S. 259, auch zur – verneinten – Frage, ob dem Schüler ein gerichtlich durchsetzbares Recht auf Einschreiten der Schulaufsicht gegenüber einer ein Kopftuch tragenden Lehrerin zukommt; *M. Ronellenfitsch*, Aktive Toleranz in der streitbaren Demokratie, in: FS für M. Heckel, 1999, S. 427/440f.; *K.-H. Kästner*, Religiös akzentuierte Kleidung des Lehrpersonals staatlicher Schulen, in: FS für M. Heckel, 1999, S. 359. Ablehnend auch *J. Bader*, Darf eine muslimische Lehrerin in der Schule ein Kopftuch tragen?, VBlBW 1998, S. 361. Dem religiösen Gehalt des Kopftuchs, insbesondere aber auch den sich aus dem Kruzifix-Beschluß ergebenden grundrechtsdogmatischen Konsequenzen nicht den hinreichenden Stellenwert einräumend *R. Zuck*, Nur ein Kopftuch? Die Schavan-Ludin-Debatte, NJW 1999, S. 2948. S. auch in diesem Kontext, die staatliche Neutralität betonend, *R. Röger*, Die Religionsfreiheit des Richters im Konflikt mit der staatlichen Neutralitätspflicht, DRiZ 1995, S. 471. Vor diesem Hintergrund erscheint die Entscheidung der Hamburger Schulsenatorin *R. Raab* (SPD), einer Lehrerin das aus religiösen Gründen motivierte Tragen eines Kopftuches zu gestatten, nicht nachvollziehbar und i. ü. mit dem Kruzifix-Beschluß des Bundesverfassungsgerichts nicht vereinbar, vgl. die Meldung in NJW 1999, Heft 36, S. XLVIII. Vgl. in diesem Zusammenhang i. ü. *E. G. Mahrenholz*, Darf die Schulverwaltung einer Schülerin das Tragen eines Schleiers in der Schule verbieten?, RdJB 1998, S. 287, sowie *A. Spies*, Verschleierte Schülerinnen in Frankreich und Deutschland, NVwZ 1993, S. 637.

[77] Die bhagwan-typischen Farben variieren; es handelt sich um Rottöne von rosa bis dunkellila, vgl. VGH München, NVwZ 1986, S. 405.

[78] Vgl. BVerwG, NVwZ 1988, 937/938; OVG Hamburg, DVBl. 1985, S. 456; BayVGH, BayVBl. 1985, S. 721; VG München, BayVBl. 1985, S. 248. S. in diesem Zusammenhang etwa auch – wenngleich die Ausstrahlungen der staatlichen Neutralitätspflicht vernachlässigend – *H.-W. Alberts*, Neue Religionen und Beamtenrecht – Sannyasin als Lehrer?, NVwZ 1985, S. 92.

[79] Zur Frage, welche Wirkungen Rechtsakte der Regierung der ehemaligen DDR im wiedervereinigten Deutschland haben, durch die Religionsgemeinschaften ein bestimmter Rechtsstatus zuerkannt worden ist, vgl. BVerwG, NJW 1998, S. 253, sowie OLG Köln,

dem doch eher dunklen Bedeutungsgehalt dieses rätselhaften Ehrentitels[81] ab, so erscheint es jenseits all der nachvollziehbaren Gründe, die für seine Beibehaltung sprechen[82], für einen modernen religionsoffenen und religionsfördernden Staat wenig angemessen, wenn nicht sogar antiquiert, diese verfassungsrechtliche Unterscheidung im Rahmen eines ganzen Privilegienbündels[83] bis tief in das einfache Recht hineinzutreiben[84]. Wenn wir es ernst meinen mit der freundlichen Kooperation und der grundgesetzlichen Offenheit und Toleranz gegenüber allen Religionen, so ist es nur bedingt nachvollziehbar, wenn beispielsweise Kirchen und Religionsgesellschaften mit Körperschaftsstatus im Hinblick auf ihre

---

NJW 1998, S. 235; hierzu *H. Weber*, Körperschaftsstatus bzw. Rechtsfähigkeit von Religionsgemeinschaften kraft Regierungsakts der ehemaligen DDR, NJW 1998, S. 197. S. auch BayVerfGH, NVwZ 1999, 759, zum Körperschaftsstatus der Kirchen im Vergleich zu anderen anerkannten Religionsgemeinschaften und weltanschaulichen Gemeinschaften.

[80] Ausführlich hierzu *P. Kirchhof*, Die Kirchen und Religionsgemeinschaften als Körperschaften des öffentlichen Rechts, in: HdbStKirchR, Bd. 1, 2. Aufl., 1994, S. 651ff. Vgl. auch *R. Tillmanns*, Zur Verleihung des Körperschaftsstatus an Religionsgemeinschaften, DÖV 1999, S. 441.

[81] *R. Smend*, Staat und Kirche nach dem Bonner Grundgesetz, ZevKR 1 (1951), S. 4/9; *G. Anschütz*, Die Verfassung des deutschen Reichs, 14. Aufl., 1933 (Nachdruck 1968), Art. 137, S. 644, wonach der Bedeutungsgehalt des Begriffs dunkel ist.

[82] Vgl. hierzu jüngst konzise *G. Robbers*, Sinn und Zweck des Körperschaftsstatus im Staatskirchenrecht, in: FS für M. Heckel, 1999, S. 411.

[83] Ausführlich hierzu *A. v. Campenhausen*, in: v. Mangoldt/Klein/v. Campenhausen, Grundgesetz, Bd. 14, 3. Aufl., 1991, Art. 140, Rdnr. 154ff., 178ff.

[84] Neben den zahlreichen Vergünstigungen und Befreiungen im Steuerrecht und im Kosten- und Gebührenrecht sind Religionsgemeinschaften mit Körperschaftsstatus beispielsweise Träger der freien Jugendhilfe (§ 75 Abs. 3 SGB VIII). Zudem müssen nach dem Gesetz über die Verbreitung jugendgefährdender Schriften der Bundesprüfstelle Beisitzer aus den Kreisen der Kirchen, der jüdischen Kultusgemeinden und anderer Religionsgemeinschaften, die Körperschaften des öffentlichen Rechts sind, angehören, vgl. § 9 Abs. 2 S. 1 Nr. 8 GjS. Zudem ist auch im Bereich der Sozialhilfe nach § 10 BSHG auf die Interessen der korporierten Religionsgemeinschaften Rücksicht zu nehmen. Vgl. in diesem Zusammenhang auch § 11 Abs. 1 Nr. 1 bis 3 WehrPflG, wonach vom Wehrdienst ordinierte Geistliche evangelischen Bekenntnisses, Geistliche römisch-katholischen Bekenntnisses, die die Diakonatsweihe empfangen haben, und hauptamtlich tätige Geistliche anderer Bekenntnisse, deren Amt dem eines ordinierten Geistlichen evangelischen oder eines Geistlichen römlisch-katholischen Bekenntnisses, der die Diakonatsweihe empfangen hat, entspricht, befreit sind. Daß der öffentlich-rechtliche Status einer Religionsgemeinschaft dem Bundes- und dem Landesgesetzgeber als Anknüpfungspunkt für eine Vielzahl weiterer Vergünstigungen dient, wie beispielsweise dem Recht zur Beteiligung an staatlichen Planungsverfahren, die Mitwirkung in bestimmten öffentlich-rechtlichen Gremien und die Anerkennung als Träger der freien Jugendhilfe, wird auch vom Bundesverwaltungsgericht in BVerwGE 105, 117/120 betont.

autonome Bedarfsfeststellung vom BauGB[85] privilegiert werden, die Belange sonstiger Religions- und Weltanschauungsgemeinschaften indes nur abwägungsbeachtlich sind[86]; gleiches gilt für das Vorrecht des Ausschlusses des gemeindlichen Vorkaufsrechts, ein Privileg, das ebenfalls nur Kirchen und Religionsgesellschaften des öffentlichen Rechts zukommt[87]. Daß im juristischen Alltagsgeschäft manche Religionen gleicher sind als andere, vermag heutzutage kaum mehr zu überzeugen, weshalb es ein wünschenswertes rechtspolitisches Anliegen darstellen sollte, zumindest auf einfachgesetzlicher Ebene insoweit eine weitreichende Gleichstellung vorzunehmen[88].

Daß die Dogmatik in diesem Bereich etwas angestaubt ist, wird auch daran deutlich, daß das Bundesverwaltungsgericht[89] den Zeugen Jehovas den Körperschaftsstatus mit dem Argument versagt hat, daß den Angehörigen dieses Glaubens die Teilnahme an staatlichen Wahlen untersagt ist[90]. Dem Bürger die Freiheit zu lassen, nicht zur Wahl zu gehen, jedoch

---

[85] § 1 Abs. 5 S. 2 Nr. 6 BauGB. Vgl. in diesem Zusammenhang charakteristisch etwa *M. Krautzberger*, in: U. Battis/M. Krautzberger/R.-P. Löhr, BauGB, 6. Aufl., 1998, § 1, Rdnr. 63, wonach die Beschränkung des Rechts der autonomen Bedarfsfeststellung auf Kirchen und Religionsgesellschaften des öffentlichen Rechts kein Verstoß gegen Art. 3 GG darstellt, weil hierdurch sachgerecht dem besonderen verfassungsrechtlichen Status Rechnung getragen wird und i. ü. die Belange sonstiger Religionsgemeinschaften nach § 1 Abs. 6 BauGB beachtlich sind.

[86] § 1 Abs. 6 BauGB.

[87] § 26 Nr. 2 b BauGB. Vgl. in diesem Zusammenhang auch BVerwG, NVwZ 1994, S. 282/284.

[88] Vgl. in diesem Zusammenhang auch *W. Weiß*, Gleichheit oder Privilegien? – Zur Stellung öffentlich-rechtlicher Religionsgemeinschaften, demnächst in: KritV.

[89] BVerwGE 105, 117 = BVerwG, NJW 1997, 2396 = JZ 1997, 1114 m. zustimmender Anm. v. *A. Hollerbach*.

[90] Die Entscheidung für richtig haltend etwa *F. Fechner*, Zur Verleihung des Körperschaftsstatus an Religionsgemeinschaften, Jura 1999, S. 515/520ff. Kritisch wie hier *P. M. Huber*, Das Staatskirchenrecht, in: E. Eichenhofer (Hrsg.), 80 Jahre Weimarer Reichsverfassung – Was ist geblieben?, 1999, S. 117/132; *M. Morlok/M. Heinig*, Parität im Leistungsstaat – Körperschaftsstatus nur bei Staatsloyalität?, NVwZ 1999, S. 697. Vgl. auch *S. Huster*, Körperschaftsstatus unter Loyalitätsvorbehalt?, JuS 1998, S. 117; *J. Müller-Volbehr*, Rechtstreue und Staatsloyalität: Voraussetzungen für die Verleihung des Körperschaftsstatus an Religions- und Weltanschauungsgemeinschaften?, NJW 1997, S. 3358; *C. Link*, Zeugen Jehovas und Körperschaftsstatus, ZevKR 43 (1998), S. 1. Zustimmend des weiteren *R. B. Abel*, Zeugen Jehovas keine Körperschaft des öffentlichen Rechts, NJW 1997, S. 2370; *H. Weber*, Körperschaftsstatus für die Religionsgemeinschaft der Zeugen Jehovas in Deutschland, ZevKR 41 (1996), S. 172. Vgl. auch *G. Thüsing*, Kirchenautonomie und Staatsloyalität, DÖV 1998, S. 25; *C. Pagels*, Die Zuerkennung der Rechte einer öffentlichrechtlichen Körperschaft an eine Religionsgemeinschaft, JuS 1996, S. 792. Vgl. i. ü. in diesem Zusammenhang *H. Weber*, Die Verleihung der Körperschaftsrechte

genau dies den Zeugen Jehovas als Loyalitätsverpflichtung dem Staat gegenüber abzuverlangen, verdient nicht nur im Hinblick auf die Wahrung des religiösen Selbstverständnisses Kritik[91]. Und im übrigen: Denkt man diese Auffassung des Bundesverwaltungsgerichts konsequent zu Ende, hätte dann nicht in den achtziger Jahren der Körperschaftsstatus der evangelischen Kirchen in's Wanken geraten müssen, als diese zu Straßenblockaden und zum Widerstand gegen die Nachrüstung aufriefen?[92]

Im Hinblick auf die im Raum stehende Frage nach der Verleihung des Körperschaftsstatus an islamische Glaubensgemeinschaften[93] wird es darum gehen, das vom Christentum abweichende Koordinatensystem des Islam – keine Amtskirche, keine hierarchischen Strukturen, keinen Klerus nach europäisch-christlichem Vorbild – mit den grundgesetzlichen Anforderungen in Einklang zu bringen. Wir werden dabei sicherlich nicht umhin kommen, in Maßen eine Verkirchlichung des Islam zu verlangen, und zwar in der Weise, daß sich die drei Hauptrichtungen des Islam jeweils organisatorisch zu größeren und transparenten Einheiten mit verantwortlichen Ansprechpartnern für den Staat verdichten, sich „verfassen" und damit für den Staat berechenbar werden[94]. Hier muß der Islam auf den Staat zugehen. Auf der anderen Seite sollte dieser bei den Kriterien der Mitgliederzahl und der Gewähr der Dauer eine gewisse Großzügigkeit walten lassen[95]. Wenngleich derzeit für den Islam die Verleihung des Körperschaftsstatus noch ausscheidet, so sollte es mittelfristig doch unser Anliegen sein, die Kleider des Propheten einzudeutschen, nicht aber seine Seele. Und um die Kleiderordnung berechenbar zu gestalten, wäre es wünschenswert, in den Ländern Gesetze über die

---

an Religionsgemeinschaften, ZevKR 34 (1989), S. 337, sowie grundlegend *E. Friesenhahn*, Die Kirchen als Körperschaften des öffentlichen Rechts, in: HdbStKirchR, Bd. I, 1974, S. 545.

[91] In diesem Sinn auch *G. Robbers*, Sinn und Zweck des Körperschaftsstatus im Staatskirchenrecht, in: FS für M. Heckel, 1999, S. 411/421ff.

[92] Kritisch zu solcher Betätigung der Großkirchen unter anderem Blickwinkel auch *O. Depenheuer*, Wahrheit oder Frieden? Die fundamentalistische Herausforderung des modernen Staates, in: Fundamentalismus als Herausforderung an Staat, Kirche und Gesellschaft, in: Essener Gespräche 33 (1999), S. 5/26f.

[93] Vgl. hierzu aus jüngster Zeit *S. Muckel*, Muslimische Gemeinschaften als Körperschaften des öffentlichen Rechts, DÖV 1995, S. 311.

[94] Vgl. hierzu etwa *M. Heckel*, Religionsunterricht für Muslime?, JZ 1999, S. 741/753ff. Vgl. auch die Beiträge in dem Sammelband von *W. Kerber* (Hrsg.), Wie tolerant ist der Islam?, 1991.

[95] Nicht zuletzt gilt dies angesichts der Tatsache, daß die zahlenmäßige Stärke oder soziale Relevanz eines bestimmten Bekenntnisses im Lichte des Art. 4 GG für das Vorliegen einer Religionsgemeinschaft keine Rolle spielt, so BVerfGE 33, 23/28f.

Verleihung des Körperschaftsstatus zu erlassen, wie dies etwa in Hamburg geschehen ist[96].

4. Die Abgrenzung von weltlicher und geistlicher Sphäre in Grundrechtsverhältnissen

Neben diesen Irrungen um den Körperschaftsstatus sind es zunehmend – auch auf das Verwaltungsrecht durchschlagende – grundrechtsdogmatische Wirrungen, in denen sich das Verhältnis der beiden Reiche zueinander derzeit windet. Und in der Tat mag man sich mit guten Gründen fragen, wie weltliches und geistliches Reich voneinander abgegrenzt werden können, wenn wir aus Karlsruhe[97] bis heute nicht gehört haben, was eigentlich eine Religion[98] oder Weltanschauung

[96] Hamburgisches Gesetz über die Verleihung der Rechte einer Körperschaft des öffentlichen Rechts an Religionsgesellschaften und Weltanschauungsvereinigungen vom 15. 10. 1973, GVBl. S. 434. Zudem darf in diesem Zusammenhang darauf verwiesen werden, daß etwa Österreich die Rechtsstellung von Religionsgemeinschaften durch Bundesgesetz vom 10. 12. 1997 (BGBl. I 1998, S. 485) auf eine neue und eigene Grundlage gestellt hat. Das Gesetz soll die Rechtsgrundlage zum Erwerb einer speziellen Rechtspersönlichkeit für religiöse Bekenntnisgemeinden schaffen.

[97] Im Gegensatz dazu hat das Bundesverwaltungsgericht eine nähere Umgrenzung versucht, vgl. BVerwGE 90, 112/115f., wonach unter Religion oder Weltanschauung eine mit der Person des Menschen verbundene Gewißheit über bestimmte Aussagen zum Weltganzen sowie zur Herkunft und zum Ziel des menschlichen Lebens zu verstehen sei, wobei die Religion eine den Menschen überschreitende und umgreifende („transzendente") Wirklichkeit zugrunde lege, während sich die Weltanschauung auf innerweltliche („immanente") Bezüge beschränke. Ungeachtet dessen weist das Gericht darauf hin, daß es im Rahmen von Art. 4 Abs. 1 und 2 GG einer klaren Abgrenzung zwischen Religion und Weltanschauung nicht bedürfe, da die Weltanschauung der Religion in diesem Grundrecht rechtlich gleichgestellt sei.

[98] Bekanntlich betrachtet das Bundesverfassungsgericht Art. 4 Abs. 1 und 2 GG als ein das forum internum wie das forum externum umfassendes Gesamtgrundrecht, das, seinem überragenden Rang entsprechend, extensiv ausgelegt werden muß, vgl. BVerfGE 24, 236/246; 32, 98/106; 83, 341/354ff. Vgl. hierzu insbes. – und zustimmend – *M. Heckel*, Religionsfreiheit, in: ders., Staat, Kirche, Recht, Geschichte. Gesammelte Schriften, Bd. IV, 1997, S. 670/671f./674f., 677, 700, 749, 759, 769, 792, 850; *ders.*, Der Besondere Gleichheitssatz im Staatskirchenrecht, aaO., S. 892/907. Die Auffassung des Bundesverfassungsgerichts ist durch die Lehre überwiegend gebilligt worden, vgl. etwa *C. Starck*, in: v. Mangoldt/Klein/Starck, Grundgesetz, 4. Aufl., 1999, Art. 4, Rdnr. 12; *A. v. Campenhausen*, Religionsfreiheit in: HdbStR VI, 1989, § 136, Rdnr. 36; *M. Morlok*, in: Dreier (Hrsg.), Grundgesetz, Bd. 1, 1996, Art. 4, Rdnr. 31; a. A. etwa *R. Herzog*, in: Maunz/Dürig, Grundgesetz, Stand 1999, Art. 4, Rdnr. 64, 99; kritisch auch *J. Kokott*, in: Sachs (Hrsg.), Grundgesetz, 2. Aufl., 1999, Art. 4, Rdnr. 12, sowie *K.-H. Kästner*, Hypertrophie des Grundrechts auf Religionsfreiheit?, JZ 1998, S. 974/979f., der u.a. darauf hinweist,

ist[99], wenn das Bundesverwaltungsgericht zugunsten der „Transzendentalen Meditation" die Anwendbarkeit des Art. 4 GG einfach unterstellt[100], oder wenn das Oberverwaltungsgericht Lüneburg[101], das Oberverwaltungsgericht Bremen[102] und auch das Verwaltungsgericht Hamburg[103] die Frage, ob es sich bei Scientology um eine Religions- oder Weltanschauungsgemeinschaft handelt[104], offenlassen und die sich daraus möglicherweise ergebenden rechtlichen Probleme hypothetisch abhandeln? Sollte ein Student in einer Klausur so vorgehen, so würden wir doch alle an den Rand schreiben: „Die Subsumtion fehlt!"[105].

Diese wenigen Beispiele machen ungeachtet aller juristischen Vorsicht, die zweifelsohne aus ihnen spricht, in ihrem Kern eines deutlich: Das vermeintlich so freundliche Entgegenkommen des Staates gegenüber dem geistlichem Reich gestaltet sich auch in ein- und mehrdimensiona-

---

daß sich die Gewährleistung der freien Ausübung in Abs. 2 nur auf die Religion, nicht aber auf die Weltanschauung bezieht. Allerdings erscheint das Plädoyer von *K.-H. Kästner*, Hypertrophie des Grundrechts auf Religionsfreiheit?, JZ 1998, S. 974/980 (unter Bezugnahme auf *R. Herzog*, in: Maunz/Dürig, Grundgesetz, Art. 4, Rdnr. 101 ff.) für eine Beschränkung der Religionsfreiheit auf Kultus- und Glaubenshandlungen i. e. S. doch wenig praktikabel und überzeugend, was i. ü. auch von *K.-H. Kästner* selbst konzediert wird, vgl. *ders.*, Das Grundrecht auf Religions- und Weltanschauungsfreiheit in der neueren höchstrichterlichen Rechtsprechung, AöR 123 (1998), S. 408/412, wo gesagt wird, daß es zu dem weiten Begriffshimmel des Grundgesetzes letztlich keine Alternative gibt. Vgl. zur Thematik i. ü. auch *T. Fleischer*, Der Religionsbegriff des Grundgesetzes, 1989.

[99] Wenngleich die Folge hiervon natürlich ist, daß der grundgesetzliche Religionsbegriff theologisch weitgehend ohne Substanz ist, so hat dies doch gute Gründe, vgl. hierzu nur etwa *M. Morlok*, in: Dreier (Hrsg.), Grundgesetz, Bd. 1, 1996, Art. 4 Rdnr. 31, nach dessen Auffassung die Teilgehalte der Religionsfreiheit „nur mit Klügelei" voneinander abzugrenzen seien. Zu dem einheitlichen und umfassend verstandenen Grundrecht etwa *A. v. Campenhausen*, Religionsfreiheit, in: HdbStR VI, 1989, § 136, Rdnr. 36, 41 ff.; *P. Mikat*, Staat, Kirchen und Religionsgemeinschaften, in: E. Benda/W. Maihofer/H.-J. Vogel (Hrsg.), HdbVerfR, 2. Aufl., 1994, § 29, Rdnr. 7. Kritisch zu der Konturenlosigkeit etwa *W. Loschelder*, Der Islam und die religionsrechtliche Ordnung des Grundgesetzes, in: Essener Gespräche 20 (1986), S. 149/153, sowie aus jüngerer Zeit *S. Muckel*, Religiöse Freiheit und staatliche Letztverantwortung, 1997, S. 125 ff., 130 ff., m. w. N.

[100] BVerwGE 82, 76/82.

[101] NdsVBl. 1996, 56/57.

[102] OVG Bremen, NVwZ-RR 1997, 408 = GewA 1997, 290. So auch OVG Hamburg, NVwZ 1994, 192.

[103] NVwZ 1991, 806/810.

[104] Zu Erscheinungsformen und Verhalten von Scientology vgl. *U. Eisenberg*, Scientology, ZfJ 1992, S. 298.

[105] Kritisch insoweit auch *K.-H. Kästner*, Hypertrophie des Grundrechts auf Religionsfreiheit?, JZ 1998, S. 974/979: „unbefriedigend, daß die Gerichte nach Möglichkeit der Frage ausweichen, inwieweit neuartige Gruppierungen im Sinne des Art. 4 Abs. 1 und 2 GG konkret qualifiziert sind."

len Grundrechtskonstellationen keineswegs unproblematisch. Dies findet seinen Grund darin, daß die im weltlichen Reich zur Religions- und Weltanschauungsfreiheit geronnene geistliche Sphäre der allgemeinen Rechtsordnung und ihrem Geltungsanspruch weder entgrenzt[106] sein noch einen Deckmantel für andere als religiös oder weltanschaulich motivierte Betätigungen darstellen kann. Letztlich steht das weltliche Recht hier vor der Schwierigkeit, die seinerzeit in der Lumpensammlerentscheidung[107] mit dem religiösen Selbstverständnis gerufenen Geister zu bändigen[108], zumal wegen eines entsprechenden Diktums aus Karlsruhe der geistlichen Sphäre Schranken nach Art. 140 GG i. V. m. Art. 136 Abs. 1 WRV nicht gezogen werden können[109]. Wenn wir jedoch nicht nach

---

[106] Kritisch gegenüber einer extensiven bzw. offenen Interpretation des Grundrechts jüngst dezidiert *S. Muckel*, Religiöse Freiheit und staatliche Letztentscheidung, S. 8ff., 21, 33, 53ff., 61, 63f., 80f., 82ff., 88f., 114f., 128f.; vgl. auch *R. Herzog*, in: Maunz/Dürig, Grundgesetz, Stand 1999, Art. 4, Rdnr. 16f., 205; *R. Zippelius*, in: Bonner Kommentar, Stand 1999, Art. 4, Rdnr. 44ff., 84ff., 106; *J. Isensee*, Bildersturm durch Grundrechtsinterpretation. Der Kruzifix-Beschluß des BVerfG, ZRP 1996, S. 10/11ff.; *M. Jestaedt*, Das Kreuz unter dem Grundgesetz, Journal für Rechtspolitik 3 (1995), S. 237/250ff.

[107] BVerfGE 24, 236 – Aktion Rumpelkammer. Die einschlägige Passage (S. 247f.) lautet: „Bei der Würdigung dessen, was im Einzelfall als Ausübung von Religion und Weltanschauung zu betrachten ist, darf das Selbstverständnis der Religions- und Weltanschauungsgemeinschaften nicht außer Betracht bleiben. Zwar hat der religiös-neutrale Staat grundsätzlich verfassungsrechtliche Begriffe nach neutralen, allgemeingültigen, nicht konfessionell oder weltanschaulich gebundenen Gesichtspunkten zu interpretieren. ... Wo aber in einer pluralistischen Gesellschaft die Rechtsordnung gerade das religiöse oder weltanschauliche Selbstverständnis wie bei der Kultusfreiheit voraussetzt, würde der Staat die den Kirchen, den Religions- und Weltanschauungsgemeinschaften nach dem Grundgesetz gewährte Eigenständigkeit und ihre Selbständigkeit in ihrem eigenen Bereich verletzen, wenn er bei der Auslegung der sich aus einem bestimmten Bekenntnis oder einer Weltanschauung ergebenden Religionsausübung deren Selbstverständnis nicht berücksichtigen würde."

[108] BVerfGE 24, 236/246ff.; 32, 98/106ff.; 33, 23/28ff./32ff.; 35, 366/374; 41, 65/82ff.; 42, 313/330ff.; 46, 73/84ff.; 52, 223/238; 53, 366/391ff./40o ff.; 57, 220/241f.; 66, 1/22f.; 70, 138/162ff./166ff.; 72, 278/289ff.; 74, 244/252ff.; 83, 341/356. Vgl. aus der Literatur etwa frühzeitig *P. Häberle*, Grenzen aktiver Glaubensfreiheit, DÖV 1969, S. 385, sowie *M. Heckel*, Die Kirchen unter dem Grundgesetz, VVDStRL 26 (1968), S. 5/41. Vgl. des weiteren *M. Morlok*, Selbstverständnis als Rechtskriterium, 1993, S. 78ff., 212f., 431ff., 442ff.; *A. Isak*, Selbstverständnis als Rechtskriterium, 1994; *M. Heckel*, Religionsfreiheit, in: ders., Staat, Kirche, Recht, Geschichte. Gesammelte Schriften, Bd. IV, 1997, S. 676/689f.; kritisch etwa *J. Isensee*, Wer definiert die Freiheitsrechte?, 1980, S. 12ff.; *W. Höfling*, Offene Grundrechtsinterpretation, 1987, S. 22ff.; *S. Muckel*, Religiöse Freiheit und staatliche Letztentscheidung, 1997, S. 5ff.

[109] Für eine Fruchtbarmachung dieses Vorbehalts etwa *C. Starck*, in: v. Mangoldt/Klein/Starck, Grundgesetz, 4. Aufl., 1999, Art. 4, Rdnr. 39, 75, 122, 134; *R. Zippelius*, in: Bonner Kommentar, Stand 1999, Art. 4, Rdnr. 89; *M. Heckel*, Religionsfreiheit, in: ders.,

50 Jahren mit dieser gefestigten Rechtsprechung brechen und einen Gesetzesvorbehalt durch die Hintertür einführen wollen[110], so müssen wir es hinnehmen, daß damit jede im einfachen Gesetzesrecht enthaltene Eingrenzung der religiösen Sphäre – etwa im Bereich des Straßen-[111] oder Gewerberechts[112] – zu einer Frage von Verfassungsrang hochgezoomt wird und damit in den Strudel all der verfassungsrechtlichen Aufgeregtheiten und Unwägbarkeiten gerät, den wir ja auch von anderen schrankenlos gewährleisteten Grundrechten her kennen.

In diesem Zusammenhang gilt es zunächst festzuhalten, daß der Staat nicht verpflichtet sein kann, durch die bloße Anrufung der Zauberformel des religiösen Selbstverständnisses den Schutz der Religions- und Weltanschauungsfreiheit gewähren zu müssen[113]. Der Schutzbereich richtet

Staat, Kirche, Recht, Geschichte. Gesammelte Schriften, Bd. IV, 1997, S. 670/755ff. Vgl. auch den Überblick über die verschiedenen insoweit vertretenen Auffassungen bei *A. Isak*, Das Selbstverständnis der Kirchen und Religionsgemeinschaften, 1994, S. 253ff. Der Auffassung, daß Art. 4 Abs. 1, 2 GG keinen Gesetzesvorbehalt aufweise, erteilt auch *S. Muckel*, Religiöse Freiheit und staatliche Letztentscheidung, 1997, S. 224ff. eine Absage. *Muckel* hält vielmehr die Geltung des Schrankenvorbehalts des Art. 140 GG i. V. m. Art. 136 Abs. 1 WRV auch für die grundrechtlich verbürgte Religionsfreiheit für begründet. Danach sollen gesetzliche Beschränkungen der Religionsfreiheit erlaubt sein, sofern diese religionsneutral und diskriminierungsfrei sind, sich mithin nicht gegen eine bestimmte Religion als solche richten, sondern dem Schutz eines schlechthin, ohne Rücksicht darauf zu schützenden Rechtsguts dienen. Schlußfolgerung: Die Berufung auf die Religionsfreiheit dispensiert nicht von der Beachtung der allgemeinen Gesetze; zustimmend *K.-H. Kästner*, Hypertrophie des Grundrechts auf Religionsfreiheit?, JZ 1998, S. 974/982; ebenso *W. Bock*, Die Religionsfreiheit zwischen Skylla und Charybdis, AöR 123 (1997), S. 444/469ff., sowie *C. Hillgruber*, Der deutsche Kulturstaat und der muslimische Kulturimport, JZ 1999, S. 538/543. S. auch *S. Muckel*, Streit um den muslimischen Gebetsruf, NWVBl. 1998, S. 1/3f.

110 Letztlich würde es einen Bruch des grundgesetzlichen Systems bedeuten, wenn die unbeschränkte Religionsfreiheit durch die Hintertür des Art. 140 GG doch noch zur gesetzgeberischen Disposition gestellt würde, vgl. in diesem Sinn *J. Kokott*, in: Sachs (Hrsg.), Grundgesetz, 2. Aufl., 1999, Art. 4 Rdn. 113f.; *A. v. Campenhausen*, Religionsfreiheit, in: HdbStR VI, § 136, Rdn. 82. Zu berücksichtigen ist auch, daß die Schranke des Art. 136 Abs. 1 WRV nur auf die Ausübung der Religionsfreiheit bezogen ist und von daher allenfalls auf Art. 4 Abs. 2 GG angewendet werden könnte. Da es sich um ein einheitliches Grundrecht der Religionsfreiheit handelt, als dessen Ausprägung sich Art. 4 Abs. 2 GG darstellt, wäre es wenig überzeugend, den Vorbehalt auf alle Gewährleistungsgehalte erstrekken zu wollen.

111 Vgl. insoweit etwa BVerwG, NJW 1997, 406; BVerwG, NJW 1997, 408; VGH Kassel, NVwZ 1994, 189; VGH Bad.-Württ., VBlBW 1997, 64; BayObLG, NVwZ 1998, 104.

112 S. hierzu z.B. BVerwG, NVwZ 1995, 473; OVG Hamburg, NVwZ 1994, 192; OVG Bremen, NVwZ-RR 1997, 408 = GewArch 1997, 290.

113 Vgl. BVerfGE 83, 341/353; BVerfG, NVwZ 1993, 357/358. Vgl. auch BVerfGE 74, 244/252, wonach der Staat nicht verpflichtet ist, jede denkbare Definition der Religions-

sich nicht ausschließlich nach denen, denen das Grundrecht gehört[114]. Daher muß es sich nach geistigem Gehalt und äußerem Erscheinungsbild auch tatsächlich um eine Religion und um eine Religionsgemeinschaft handeln, was dann nicht der Fall ist, wenn religiöse oder weltanschauliche Lehren lediglich als Vorwand für die Verfolgung wirtschaftlicher Ziele dienen[115]. Nicht zuletzt angesichts der Herausforderungen zwar nicht durch das Gros der neuen religiösen und weltanschaulichen Vereinigungen[116], sehr wohl aber durch Scientology scheint mir eine Ergänzung dieser Kriterien dahingehend angeraten zu sein, daß eine Gemeinschaft zudem keine verfassungsfeindlichen[117] oder jugendgefährdenden

gemeinschaften als verbindlich anzuerkennen. Bereits früh hat i. ü. das Bundesverfassungsgericht der staatlichen Gewalt die Aufgabe zugeschrieben, einem Mißbrauch der Religionsfreiheit zu wehren, vgl. BVerfGE 12, 1/4. Vgl. auch den zutreffenden Hinweis von *C. Starck*, in: v. Mangoldt/Klein/Starck, Das Bonner Grundgesetz, 4. Aufl., 1999, Art. 4, Rdnr. 155, wonach ein Grundrecht, auf das man sich systembedingt mißbräuchlich berufen kann, auf längere Sicht diskreditiert wird. Vgl. i. ü. *P. Badura*, Der Schutz von Religion und Weltanschauung durch das Grundgesetz, 1989, S. 43ff., 54ff., sowie *M. Morlok*, Selbstverständnis als Rechtskriterium, 1993, S. 80f., mit dem Hinweis auf die in diesem Zusammenhang bestehende Gefahr des Verlusts der staatlichen Kompetenz-Kompetenz.

114 Vgl. *P. Häberle*, Die Wesensgehaltsgarantie des Art. 19 Abs. 2 Grundgesetz, 3. Aufl., 1993, S. 362. Zutreffend in diesem Zusammenhang *K.-H. Kästner*, Hypertrophie des Grundrechts auf Religionsfreiheit?, JZ 1998, S. 974/978, wonach aus der sachlich unabdingbaren Relevanz konkreter religiöser bzw. weltanschaulicher Bezüge in einzelnen Bereiche des geltenden Religionsrechts nicht die fatale Schlußfolgerung abgeleitet werden dürfe, die staatliche Rechtsordnung öffne sich in religiösen oder weltanschaulichen Belangen grenzenlos der individuellen Perspektive.

115 BVerwG, NJW 1992, 2496/2498; vgl. auch BAG, NJW 1996, 143, wo Scientology als wirtschaftlicher Verein betrachtet wird. Scientology ebenfalls den Charakter einer Religion absprechend *S. Muckel*, The „Church of Scientology" under German Law on Church and State, German Yearbook of International Law, Vol. 41 (1998), 1999, S. 299. Vgl. in diesem Zusammenhang auch *R. Scholz*, Rechtsfragen bei der wirtschaftlichen Betätigung von „neuen Jugendreligionen", NVwZ 1993, S. 629.

116 Vgl. die Einschätzung der *Enquete-Kommission* des Deutschen Bundestages in ihrem Endbericht „Sogenannte Sekten und Psychogrupppen", BT-Drucks. 13/10950, S. 149, wonach zum gegenwärtigen Zeitpunkt gesamtgesellschaftlich gesehen die neuen religiösen und ideologischen Gemeinschaften und Psychogrupppen keine Gefahr für Staat und Gesellschaft oder für gesellschaftlich relevante Bereiche darstellen.

117 Vgl. insoweit auch *Innenministerium NW* (Hrsg.), Scientology – Eine Gefahr für die Demokratie, 1996, wo die Auffassung vertreten wird, daß Scientology längerfristig verfassungsfeindliche Zielsetzungen vertritt und als totalitäre Organisation Berührungspunkte mit dem politischen Extremismus aufweist. S. auch *Staatsministerium des Innern und Landesamt für Verfassungsschutz Sachsen*, Verfassungsschutzbericht 1998, S. 75, wo u.a. – neben Anhaltspunkten für politisch-extremistische Bestrebungen – davon gesprochen wird, daß sich im Berichtszeitraum die Hinweise auf eine verfassungsfeindliche

Ziele verfolgen darf[118]. Die Toleranz des staatlichen Rechts gegenüber dem Reich des Religiösen findet dort ihre Grenze, wo Art. 4 GG sinnwidrig gebraucht oder gar der Staat selbst bedroht wird[119].

Jenseits solcher Bedrohungen gilt es indes vor Aufgeregtheiten zu warnen und zu mehr staatlicher Gelassenheit und Toleranz gegenüber der Sphäre des Geistlichen zu raten, etwa auch im Zusammenhang mit der Gewährung des Kirchenasyls[120]. Gerade im Hinblick auf die individuelle Glaubensbetätigung[121] scheint die Eingrenzung des religiösen Selbstverständnisses und damit des geistlichen Reichs durch den Staat namentlich im Bereich des Verwaltungsrechts gelegentlich doch recht forsch zu sein.

Zielrichtung von Scientology bestätigt haben. S. i. ü. auch *H. Albert*, Beobachtung der Scientology-Organisation durch die Verfassungsschutzbehörden?, DÖV 1997, S. 816; *J. Engelmann*, Ist die Beobachtung von Scientology durch den Verfassungsschutz zulässig?, BayVBl. 1998, S. 358.

[118] Die Verletzung der Menschenwürde als zusätzliches Abgrenzungskriterium heranzuziehen, erschiene hingegen wegen der dem Begriff innewohnenden Unschärfe wenig praktikabel, wenngleich gerade bei Scientology manches dafür spricht, daß es die Gesellschaft mit der Menschenwürde nicht sehr genau nimmt, vgl. insoweit etwa BAG, NJW 1996, 341/353. In diese Richtung wohl auch *J. Winter*, Scientology und neue Religionsgemeinschaften, ZevKR 42 (1997), S. 372/391 f.

[119] Vgl. in diesem Zusammenhang auch *W. Cremer/T. Kelm*, Mitgliedschaft in sog. „Neuen Religions- und Weltanschauungsgemeinschaften" und Zugang zum öffentlichen Dienst, NJW 1997, S. 832.

[120] In diesem Sinn etwa *J. Kokott*, in: Sachs (Hrsg.), Grundgesetz, 2. Aufl., 1999, Art. 4, Rdnr. 54, mit Hinweis darauf, daß die Gewährung von Kirchenasyl auch Ausdruck tätiger Nächstenliebe und christlicher caritas sein kann; *M.-E. Geis*, Kirchenasyl im demokratischen Rechtsstaat, JZ 1997, S. 60. Ablehnend etwa *J. Peißl*, „Kirchenasyl" – gelebter Grundrechtsschutz oder Affront gegen den Rechtsstaat?, BayVBl. 1999, S. 137; *I. v. Münch*, „Kirchenasyl": ehrenwert, aber kein Recht, NJW 1995, S. 565. Vgl. in diesem Zusammenhang großzügig *A. Siegmund*, Verfassungsrechtliche Aspekte des Kirchenasyls, 1997. S. des weiteren *G. Robbers*, Kirchliches Asylrecht?, AöR 113 (1988), S. 30; *M. Kaltenborn*, Kirchenasyl – Verfassungsrechtliche Aspekte der Renaissance eines Rechtsinstituts, DVBl. 1993, S. 25; *R. Rothkegel*, Kirchenasyl – Wesen und rechtlicher Standort, ZAR 1997, S. 121; *D. Just*, Kirchenasyl – eine Anfrage an den Rechtsstaat, ZAR 1999, S. 74; *R. Grote/D. Kraus*, Der praktische Fall – Öffentliches Recht: Kirchenasyl, JuS 1997, S. 345. Vgl. auch den Sammelband von *H.-J. Guth/M. Rappenecker* (Hrsg.), Kirchenasyl: Probleme – Konzepte – Erfahrungen, 1996; *H.-R. Reuter*, Subsidiärer Menschenrechtsschutz: Bemerkungen zum Kirchenasyl aus protestantischer Sicht, ZRP 1996, S. 97; *M. Baldus*, Kirchenasyl und Vertragskirchenrecht, NVwZ 1999, S. 716; *K. Doehring*, Kirchenasyl, in: FS für W. Blümel, 1999, S. 111. Vgl. aus der Rspr. jüngst BayObLG, NJW 1997, 1713, wonach die Anordnung von Abschiebungshaft gegenüber einem ausreisepflichtigen Ausländer auch dann möglich ist, wenn sich dieser im sog. „offenen" Kirchenasyl befindet.

[121] Einen Überblick über aktuelle Entscheidungen gibt *R. B. Abel*, Die aktuelle Entwicklung der Rechtsprechung zu neueren Glaubens- und Weltanschauungsgemeinschaften, NJW 1999, S. 331.

Und dies gilt nicht nur im Hinblick auf das Verbot des Verteilens von Flugblättern[122]. So vermag es angesichts des Rechts, nach seiner inneren religiösen Überzeugung handeln zu können[123], und im Lichte der verfassungsgerichtlichen Vorgabe, daß das Verhalten lediglich von einer wirklichen religiösen Überzeugung getragen sein muß[124], nicht zu überzeugen, wenn das Schächten nach islamischem Ritus nicht von Art. 4 GG gedeckt sein soll, weil sich dem Islam – im Gegensatz etwa zum jüdischen Glauben – eine dahingehende zwingende Vorschrift nicht entnehmen lasse[125]. Den Gläubigen über die Versagung seiner religiösen Bedürfnisse damit hinweg zu trösten, daß er sich schließlich auch anders ernähren könne, etwa durch Nahrungsmittel pflanzlichen Ursprungs[126], erscheint doch etwas salopp. Der Kaiser – mithin der Staat – verlangt hier mehr, als des Kaisers ist[127]. Im übrigen wird man bei der Entscheidung den fatalen Eindruck nicht los, daß in Deutschland Tierschutzerwägungen die Reichweite der religiösen Betätigungsfreiheit determinieren.

Toleranz ist schließlich auch in den Fällen gefragt, in denen die Abgrenzung der beiden Reiche dadurch verkompliziert wird, daß der Staat auf divergierende Grundrechtspositionen trifft und daher vorrangig als ausgleichender Grundrechtsmoderator tätig werden muß. In diesem Zusammenhang mag zwar die Auffassung hingehen, daß ein im Klassenzimmer hängendes Kreuz wegen der „Unvermeidbarkeit der Begegnung mit dem Kreuz" einen faktischen Grundrechtseingriff darstellt; dies allerdings nur, wenn man mit dem Bundesverfassungsgericht das Kreuz als zentrales Sinnbild des Christentums interpretiert und damit verkennt, daß es gerade der neutrale Staat ist, der dieses Kreuz aufhängt und diesem daher ge-

---

[122] Vgl. hierzu die eine Untersagungsverfügung der Freien und Hansestadt Hamburg aufhebende Entscheidung des BVerfG, NVwZ 1992, 53.

[123] BVerfGE 32, 98/106f., was damit sogar in den Fällen gilt, in denen der einzelne in Konflikt mit der staatlichen Rechtsordnung gerät (hier: Verweigerung einer lebensrettenden Bluttransfusion durch einen Zeugen Jehovas). I. ü. gilt dies auch, wenn sich der einzelne mit seinem Verhalten in Widerspruch zur Lehrmeinung seiner Religionsgemeinschaft setzt (BVerfGE 33, 23/28f. – Verweigerung der Eidesleistung durch einen evangelischen Pfarrer).

[124] BVerfGE 83, 341/353.

[125] BVerwG, NVwZ 1996, 61. Vgl. auch BGH, MDR 1960, 656; OVG Hamburg, NVwZ 1994, 592. S. in diesem Zusammenhang ausführlich *H.-H. Trute*, Das Schächten von Tieren im Spannungsfeld von Tierschutz und Religionsausübungsfreiheit, Jura 1996, S. 462. S. auch *T. Discher*, Kein Platz zum Schächten?, JuS 1996, S. 529; *J. Müller-Volbehr*, Religionsfreiheit und Tierschutz: Zur Zulässigkeit religiös motivierten Schächtens, JuS 1997, S. 223; *E. Pache*, Tierschutz oder Schächten, Jura 1995, S. 150.

[126] BVerwG, NVwZ 1996, 61/63.

[127] Kritisch auch *M. Morlok*, in: Dreier (Hrsg.), Grundgesetz, Bd. 1, 1996, Art. 4, Rdnr. 96.

rade keine religiöse, sondern eine kulturelle Dimension beimißt. Und im Hinblick auf die Wirkung des Kreuzes auf einen gläubigen Christen abzustellen, mutet nicht zuletzt deshalb merkwürdig an, weil die maßgebliche Perspektive doch die der Wirkung des Kreuzes auf ein säkularisiertes, andersgläubiges oder gar atheistisches Umfeld sein müßte. Bei der Beurteilung des Kopftuchs der Fereshta Ludin käme auch niemand auf die Idee, auf die Wirkung des Kopftuchs auf ein muslimisch geprägtes Umfeld abzustellen. Unabhängig von all diesen Bedenken wird aber jedenfalls der Staat seiner Aufgabe des toleranten Ausgleichs nicht mehr gerecht, wenn er die negative Religionsfreiheit zu einer Art Obergrundrecht weiht[128] und damit seine Aufgabe vernachlässigt, praktische Konkordanz herzustellen[129]. In vorbildlicher Weise hat dies etwa der Freistaat Bayern mit seiner im Bayerischen Schulgesetz enthaltenen[130] Widerspruchslösung getan[131].

5. Das Verhältnis von Staat und Religion vor den Herausforderungen der Zukunft

Lassen wir die – hier ja nur in schablonenhafter Kürze aufgezeigten – Probleme Revue passieren, so erscheint das Ringen des modernen Staates mit dem Reich des Religiösen als ein mühsames, vielfach emotionsgeladenes Unterfangen, das angesichts der vielfältigen Herausforderungen ständiger Austarierung und Feineinstellung bedarf. Jenseits allen Streits um Ausgestaltungen im einzelnen sollten wir uns jedoch an der Schwelle zum nächsten Jahrhundert drei Leitlinien vergegenwärtigen, an denen sich das Verhältnis von Staat und Religion zukünftig auszurichten hat.

So wird es zunächst darauf ankommen, daß sich das weltliche Recht neuen Entwicklungen öffnet, diese rezipiert und so den weltlichen Staat

---

[128] Im Gegensatz zum Kruzifix-Beschluß hat das Bundesverfassungsgericht in seiner Entscheidung zum Schulgebet noch eine andere Wertung vorgenommen, vgl. BVerfGE 52, 223.

[129] Hierzu bereits *M. Brenner*, Der Kruzifix-Beschluß des Bundesverfassungsgerichts, ThürVBl. 1996, S. 145. Vgl. i. ü. auch den prägnanten Hinweis von *R. Zippelius*, in: Bonner Kommentar, Stand 1999, Art. 4, Rdnr. 109, wonach in einer pluralistischen Gesellschaft kein Anspruch darauf besteht, durch fremde Meinungen nicht in seinem eigenen dogmatischen Schlummer gestört zu werden.

[130] Vgl. den durch Gesetz vom 23. 12. 1995 (BayGVBl. S. 850) neu eingefügten Art. 7 Abs. 3 des Bayerischen Gesetzes über das Erziehungs- und Unterrichtswesen (BayEUG).

[131] Zur Verfassungskonformität der Regelung BVerwG, NJW 1999, 3063 = DVBl. 1999, 1581 = BayVBl. 1999, 663. Vgl. auch BayVerfGH, NJW 1997, 3157 = BayVBl. 1997, 686, sowie BVerfG, NJW 1999, 1020, zur Nichteinholung einer Entscheidung des BVerfG durch den BayVerfGH im Hinblick auf die Neuregelung über das Anbringen von Kreuzen in Klassenräumen der Volksschulen.

zur echten Heimstatt nicht nur aller Bürger, sondern auch aller Religionen und Weltanschauungen macht. Auch wenn der moderne deutsche Verfassungsstaat ganz wesentlich ein Derivat des Christentums ist und auch weiterhin von christlicher Religion und Kultur geprägt bleiben wird und soll – etwa durch den Erhalt der Sonntagsruhe[132] –, so erscheint doch eine größere Offenheit des staatlichen Rechts gegenüber neuen religiösen Entwicklungen angebracht[133] – und Nonchalance gegenüber der Religion kann sich unser der Freiheitlichkeit ebenso wie der freundlich-kooperierenden Neutralität verpflichteter Staat auch leisten.

Daneben sollten wir uns vergegenwärtigen, daß es auch der Kulturstaat Deutschland[134] ist, der von der Religion profitiert. Dies sollten wir als Chance begreifen, nicht hingegen als Zumutung. Zwar ist in unserem Staat Religion bei weitem nicht alles, aber ohne Religion ist eben auch vieles nichts[135].

Vor allem aber ermöglicht die Förderung der Religion die Emanzipation des Menschen vom Staat und wahrt damit seine Eigenständigkeit gegenüber dem staatlichen Allmachtsanspruch. Will unser aufgeklärter freiheitlicher Staat keine Untertanen, sondern eigenverantwortliche Bürger, so muß er sie hierzu in Stand setzen, auch durch die Förderung der Religion. In diesem Sinn ist Religionsmut nicht nur – wie es *Paul Kirchhof* jüngst ausgedrückt hat – Verfassungsmut[136], sondern auch Bürgermut, der

---

[132] Zur Problematik jüngst *W. Rüfner*, Die institutionelle Garantie der Sonn- und Feiertage, in: FS für M. Heckel, 1999, S. 448, mit zahlreichen Nachweisen. Grundlegend *P. Häberle*, Der Sonntag als Verfassungsprinzip, 1998; *ders.*, Feiertagsgarantien als kulturelle Identitätselemente des Verfassungsstaates, 1987. S. auch *A. Hollerbach*, Freiheit kirchlichen Wirkens, in: HdbStR VI, 1989, § 140, Rdnr. 60. Vgl. i. ü. auch die europäische Dimension in dem vom EuGH entschiedenen Fall Torfaen, EuGHE 1989, S. 3851/3888f. – Torfaen Borough Council/B & Q; der Gerichtshof hat in der Entscheidung Regelungen des Sonn- und Feiertagsschutzes durch Beschränkungen der Verkaufszeiten des Einzelhandels als vertragskonform angesehen.

[133] Vgl. i. ü. auch BVerfGE 41, 29/50: „Der ‚ethische Standard' des Grundgesetzes ist vielmehr die Offenheit gegenüber dem Pluralismus weltanschaulich-religiöser Anschauungen ... In dieser Offenheit bewährt der freiheitliche Staat seine religiöse und weltanschauliche Neutralität."

[134] Hierzu jüngst *K. Stern*, Kulturelle Werte im deutschen Verfassungsrecht, in: FS für M. Heckel, 1999, S. 857. Vgl. auch *P. Häberle*, Verfassungslehre als Kulturwissenschaft, 1982.

[135] Vgl. in diesem Zusammenhang auch *M. Heckel*, Kontinuität und Wandlung des deutschen Staatskirchenrechts unter den Herausforderungen der Moderne, in: ZevKR 44 (1999), S. 340, Kap. XVIII., zur Ausstrahlungswirkung der Religionsfreiheit im Kulturverfassungsrecht.

[136] FAZ Nr. 227 vom 30. 9. 1999, S. 10. Vgl. auch *ders.*, Der Beitrag der Kirchen zur Verfassungskultur der Freiheit, in: FS für M. Heckel, 1999, S. 775.

Mut des citoyen. Was bei allen Rufen nach einer Verdrängung des Religiösen ja nur allzu gerne verkannt wird, ist doch, daß letztlich nur das geistliche Reich dem weltlichen Paroli bieten kann, wie dies der Umbruch im früheren Ostblock eindrucksvoll bewiesen hat. Und hat nicht auch die deutsche Wiedervereinigung ihren Anfang maßgeblich im geistlichen Reich genommen, nämlich montags in den Kirchen der DDR? Vor diesem Hintergrund wird deutlich, daß, wer das Religiöse verdrängt, Gefahr läuft, das weltliche Reich übermächtig werden zu lassen.

Auch zukünftig wird es daher für den Staat darauf ankommen, die Religion wohlwollend zu fördern[137] und sie nicht in das Wohnzimmer zurückzudrängen oder gar im Hinterhof zu belassen. Nicht zuletzt aufgrund unserer historischen Erfahrungen sollten wir ein maßgebliches Interesse daran haben, daß dem weltlichen Reich ein zwar zunehmend diversifiziertes, jedoch selbstbewußtes geistliches Reich gegenübertritt[138]. Eine strikte Trennung von Staat und Religion, ein laizistisches Modell nach amerikanischem Muster ist daher für Deutschland kein Vorbild und nicht erstrebenswert[139]. Vielmehr sollten wir unseren spezifisch deutschen Weg des freundlichen Nebeneinander von Staat und Religion auch in Zukunft gelassen – und unbeirrt von allen Verlockungen – weitergehen.

---

[137] Vgl. auch *J. Falterbaum*, Was kann der Staat für die Kirchen tun?, Der Staat 1999, S. 624/645, der von einer Garantiefunktion des Staates spricht.

[138] Daß das deutsche staatskirchenrechtliche System eben auch die Unabhängigkeit sichert, betont zu Recht *J. Isensee*, Die Zukunftsfähigkeit des deutschen Staatskirchenrechts, in: FS für J. Listl, 1999, S. 67/76.

[139] Vgl. i. ü. auch den Hinweis von *A. Hollerbach*, Staat und Kirche im freiheitlichen Verfassungsstaat, 1998, wonach Staat und Religion wegen ihres Bezugs zum gleichen Menschen im wahrsten Sinne des Wortes untrennbar miteinander verbunden sind.

Leitsätze des 3. Berichterstatters über:

Staat und Religion

A. Einleitung

1. Das Verhältnis von Staat und Religion wie auch seine Koordinaten sind an der Schwelle zum nächsten Jahrhundert in einem grundlegenden Wandel begriffen.

2. Dieser Wandel ist neben der Entfremdung der Bevölkerung von den Großkirchen v.a. durch die Säkularisierung des allgemeinen Lebensgefühls und die zunehmende Multikonfessionalität bedingt, in den neuen Bundesländern zudem durch einen weitreichenden Atheismus. Die sich hieraus ergebenden Probleme verdichten sich in der Religions- und Weltanschauungsfreiheit, manifestieren sich in nahezu allen Lebens- und Rechtsbereichen, verstärkt unter der Fahne der negativen Religionsfreiheit und zunehmend in multipolaren Rechtsverhältnissen.

3. Die Zuordnung von weltlichem und geistlichem Reich wird zunehmend beeinflußt von geistigen, politischen und sozialen Faktoren. Sie wird ständig komplexer, vielschichtiger, schwieriger – und gelegentlich auch aufgeregter.

B. Die staatliche Neutralität

4. Ausgangspunkt jeglicher Betrachtung des Verhältnisses von Staat und Religion ist das Gebot der religiösen und weltanschaulichen Neutralität des Staates.

5. Indes meint staatliche Neutralität keineswegs die gleichmäßige Verdrängung alles Religiösen aus dem staatlichen Bereich, sondern neutrale Respektierung, Berücksichtigung und Förderung religiöser Belange. Ein auf Ausschluß des Religiösen gerichtetes Neutralitätsverständnis wäre ein atheistisches. Im übrigen ist der Staat zwar säkularer, aber eben nicht missionierend-säkularisierender Staat.

C. Die Zuordnung der weltlichen und geistlichen Sphäre

6. Das freundliche Nebeneinander von Staat und Religion äußert sich jenseits der gemeinsamen Angelegenheiten von Staat und Kirche in einer Reihe von gesetzlichen Förder- und Beachtensklauseln, die die Kooperationsbereitschaft, aber auch die kulturelle Bodenhaftung des Staates gerade im Verwaltungsrecht zum Ausdruck bringen.

7. Vor dem Hintergrund der Weiterungen des Religions- und Weltanschauungsmarktes darf es keinen Unterschied machen, ob eine Religion bzw. Weltanschauung dem europäischen oder einem anderen Kulturkreis entstammt. Dem Grundgesetz wohnt weder ein eurozentristisches Religionsbild inne, noch kennt es einen abendländischen Kulturvorbehalt, was insbesondere bei der Bewältigung der durch den Islam aufgeworfenen Fragestellungen zu berücksichtigen ist.

8. Auf einfachgesetzlicher Ebene erscheint eine Gleichstellung aller Religionsgesellschaften – ob mit oder ohne Körperschaftsstatus – wünschenswert. Die fortwirkende Differenzierung ist einem modernen und religionsoffenen Staat wenig angemessen.

D. Die Abgrenzung von weltlicher und geistlicher Sphäre in Grundrechtsverhältnissen

9. In grundrechtsdogmatischer Hinsicht kommt es darauf an, die mit dem religiösen Selbstverständnis gerufenen Geister zu bändigen. Nicht zuletzt angesichts der Unsicherheiten um Scientology wird zukünftig deutlicher darauf abzustellen sein, ob religiöse oder weltanschauliche Lehren nur als Vorwand für die Verfolgung wirtschaftlicher Ziele dienen und ob eine Gemeinschaft verfassungsfeindliche oder jugendgefährdende Ziele verfolgt.

10. Im Bereich des Verwaltungsrechts wird es zukünftig darauf ankommen, mehr Gelassenheit und Toleranz gegenüber der Sphäre des Geistlichen zu wahren, nicht nur im Hinblick auf das Schächten. Hier scheint der Staat gelegentlich etwas forsch vorzugehen.

E. Das Verhältnis von Staat und Religion vor den Herausforderungen der Zukunft

11. Im Hinblick auf die Zukunft muß sich das weltliche Recht neuen religiösen Entwicklungen öffnen, um damit Heimstaat aller Religionen und Weltanschauungen zu werden.

12. Auch der Kulturstaat Deutschland profitiert von der Religion, was als Chance, nicht hingegen als Zumutung begriffen werden sollte.

13. Die Förderung der Religion sichert die Emanzipation des Menschen vom Staat und wahrt damit seine Eigenständigkeit gegenüber dem staatlichen Allmachtsanspruch. Will unser freiheitlicher Staat keine Untertanen, sondern eigenverantwortliche Bürger, so muß er sie hierzu auch durch die Förderung der Religion in Stand setzen. Daß nur das geistliche Reich dem weltlichen Paroli bieten kann, hat der Umbruch im früheren Ostblock eindrucksvoll bewiesen.

14. Auch zukünftig wird es für den Staat darauf ankommen, die Religion wohlwollend zu fördern. Nicht zuletzt aufgrund unserer historischen Erfahrungen sollten wir ein Interesse daran haben, daß dem Staat ein zwar zunehmend diversifiziertes, aber selbstbewußtes geistliches Reich gegenübertritt. Im übrigen ist eine strikte Trennung von Staat und Religion nach amerikanischem Muster für Deutschland kein Vorbild.

Staat und Religion

Vorsitzender (Thürer): Ist das Thema „Religion und Staat" – so fragten sich vielleicht einige Kolleginnen und Kollegen im Hinblick auf unsere Tagung – nicht ein Echo aus vergangener Zeit? Besitzt das Thema überhaupt heute noch Aktualität? Ist nicht die Religion des ausgehenden 20. Jahrhunderts, also die Religion nach dem Jahre 1989, der „totale Markt"? Es wurden heute morgen bereits Andeutungen in diese Richtung gemacht. Ich glaube, daß unsere Referate gezeigt haben, wie große Brisanz und wie große Aktualität das Thema von Religion und Staat nach wie vor besitzt. Es sind mir, als ich die Referate anhörte, einige Gedanken durch den Kopf gegangen, die sich aus meiner schweizerischen Perspektive ergaben, und ich möchte gleich zu Beginn einige dieser Gesichtspunkte einbringen. Dies scheint mir umso mehr gerechtfertigt zu sein als Herr *Häberle* nicht unter uns ist, der immer ein besonders tüchtiger Fürsprecher des schweizerischen Standpunktes gewesen ist.

Was mir zunächst auffiel, ist, daß das Thema von den Referenten vor allem aus grundrechtlicher Sicht behandelt wurde: Freiheit des religiösen Denkens, Freiheit des religiösen Handelns, Schutz des Dritten waren die Stichworte. Unerwähnt blieb etwa die Frage, ob nicht die Religion auch eine allgemeine staatslegitimierende Bedeutung haben könne, die über den bloßen Grundrechtsbereich hinausgeht. In unserer schweizerischen Verfassung, die nunmehr nachgeführt und in textlich neu gestalteter Form am 1. Januar 2000 in Kraft treten wird, steht wie bis anhin eine „Invocatio Dei" an der Spitze, wie das zum Beispiel auch bei der französischen Menschenrechtserklärung der Fall war. Unsere Verfassung beginnt mit den Worten „Im Namen Gottes des Allmächtigen", womit ausgedrückt ist, daß alles Menschenwerk begrenztes Machwerk ist, daß auch das staatliche Recht eingebettet ist in übergreifende Sinnzusammenhänge. Dabei hat „Gott" im Ingress unserer Verfassung keinen persönlichen Charakter; das Wort drückt keine bestimmte Glaubensüberzeugung aus, sondern ist eine abstrakte Formel. Wir haben auch einen wichtigen Traditionsanschluß vor uns, begannen doch schon in der alten Eidgenossenschaft die Bundesbriefe mit der Anrufung Gottes.

Eine andere Frage, die mir auftauchte, ist die: Wenn wir uns die verschiedenen Stufenordnungen des Rechts vor Augen halten, von denen heute morgen die Rede war – nämlich die internationalen, die europarechtlichen und staatsrechtlichen Regelungssysteme, dann fällt auf, daß auf der internationalen Ebene etwa der Bereich der OSZE von Herrn *Fiedler* nur am Rande angesprochen worden ist. Es sind aber, gerade im Rahmen der OSZE, maßgebliche Instrumente zum Schutze des Minderheitenschutzes und insbesondere auch zum Schutze religiöser Minderheiten entwickelt worden. Umgekehrt war ich erstaunt, wie weit Herr *Robbers* gegangen ist, indem er bereits in einer Erklärung, die zum Amsterdamer Vertrag abgegeben worden war, eine Stufe zur Entwicklung eines Religionsrechts der Europäischen Union erblickte. Gehen wir nun in unserem Stufensystem einen Schritt weiter nach unten, fällt auf, daß vom (innerstaatlichen) Föderalismus eigentlich nur am Rande die Rede war. Für uns Schweizer spielt aber auch in kirchenrechtlicher Hinsicht der Föderalismus eine ganz zentrale Rolle. Im Rahmen des Schutzes der Verfassungsautonomie der Kantone haben diese verschiedene rechtliche Ordnungssysteme für das religiöse Leben entwickelt bzw. zugelassen. So ist etwa in den Kantonen Neuenburg und Genf das Kirchenwesen privatrechtlich geregelt, während die übrigen Kantone die (traditionellen) Kirchen verfassungs- und gesetzesrechtlich als öffentliche Institutionen anerkennen und von einer Kooperation der öffentlichrechtlich konstituierten Kirchen mit dem Staate ausgehen.

Lassen Sie mich ein weiteres Phänomen erwähnen, das als solches vielleicht noch nicht klar genug hervorgehoben wurde: Die Gefahr, daß Menschen gruppenintern im Namen der Religion schwerster Unterdrükkung ausgeliefert werden. Gedacht sei etwa an sektiererische religiöse Gemeinschaften, die im Schutze des von der Verfassung anerkannten Dualismus von Staat und Gesellschaft ihre eigenen Mitglieder schweren Repressionen unterwerfen. Hier taucht etwa die Frage auf, ob das Völkerrecht eine Verbesserung des Schutzes von Recht und Menschenwürde bewirke. Ich denke beispielsweise – der Fall wurde bereits erwähnt – an die Problematik der Dispensation von Mädchen aus mohammedanischen Familien vom koedukativen Schwimmunterricht. Hier sieht die Kinderrechtskonvention der UNO vor, daß dem Kind ein Anhörungsrecht zusteht; das Prinzip, das hier im Vordergrund steht, ist dasjenige des Kindeswohls. Dann sind für mich andere Probleme vielleicht mehr grundrechtsdogmatischer Natur aufgetaucht. Hat die Religionsfreiheit – so fragt sich etwa – wirklich bloß einen negativen Charakter oder lassen sich ihr auch Leistungsansprüche entnehmen? Ich erwähne in diesem Zusammenhang einen Fall aus dem Kanton Zürich, der ans Bundesgericht weitergezogen wurde: Es ging darum, ob Mohammedaner aus dem verfassungsmäßigen „Recht auf ein schickliches Begräbnis“ den Anspruch ableiten können, einen separaten Platz auf dem Friedhof oder einen separaten Friedhof zugewiesen zu erhalten oder allenfalls eine dauernde (und nicht – wie üblich – zeitlich befristete) Begräbnisstätte zu haben: Forderungen, die vom Bundesgericht alle als nicht verfassungsrechtlich begründet abgelehnt wurden.

Gewiß wird auch das Neutralitätsgebot ein zentrales Element unserer heutigen Diskussion sein. Es war die Rede vom Kruzifix-Entscheid des Bundesverfassungsgerichts. Auch das schweizerische Bundesgericht befaßte sich mit einem – ähnlich gelagerten – Kruzifix-Fall. Die Tessiner Gemeinde Cadro hatte angeordnet, daß in den Schulzimmern der Primarschule ein Kruzifix anzubringen sei, was vom Bundesgericht – wie bei Ihnen vom Bundesverfassungsgericht – als verfassungswidrig bezeichnet wurde. Auch beschäftigen Anordnungen unsere Justiz, die es muslimischen Frauen verwehren, im öffentlichen Dienst ein Kopftuch zu tragen. Es geht hier vor allem um den Schulbereich, doch liegt zur Zeit eine – möglicherweise nach anderen Maßstäben zu beurteilende – kantonale Anordnung vor dem Bundesgericht: ein auch an medizinische Praktikantinnen gerichtetes Kopftuchverbot des Genfer Kantonspitals. Unter dem Gesichtspunkt des Neutralitätsgebots interessante Probleme wurden unlängst auch im folgenden Fall aufgeworfen: In Zürich gibt es einen Verein, der sich die Aufklärung über unlautere Werbungsmethoden sowie Ausbeutungspraktiken von Sekten zum Ziel gesetzt hat. Der Kanton gewährte dem Verein eine finanzielle Zuwendung. Das Bundesgericht erblickte in dieser staatlichen Subventionierung keine Verletzung des Neutralitätsgebots, da der Verein nicht als Instrument einer bestimmten Glaubensgemeinschaft erscheine. Das wären also, liebe Kolleginnen und Kollegen, einige Gedanken, die mir in den Sinn gekommen sind, als ich heute die Referate anhörte, wobei mir natürlich alle drei Vorträge – wie könnte es in unserer Vereinigung auch anders sein? – einen ganz ausgezeichneten Eindruck machten.

Wir kommen nun zur Diskussion. Es ist fast ein Ding der Unmöglichkeit, eine logische und gerechte Ordnung in den Ablauf der Erörterungen hineinzubringen. Ich halte mich an die *Breuer*sche Formel, die sich gestern gut bewährt hat, wonach wir nämlich mit dem eher Allgemeinen beginnen und dann zum Spezifischen fortschreiten. In diesem Sinne habe ich für den Anfang die folgende Reihe von Votanten vorgesehen: Erster Redner ist Herr *Heckel*, Altmeister auf diesem Gebiet. Dann der zweite Herr *Kriele*, dann Herr *Hollerbach* – auch Altmeister, hat er doch bereits 1968 in unserer Vereinigung zusammen mit Herrn *Heckel* über „Die Kirchen unter dem Grundgesetz" gesprochen.

Heckel: Zunächst: Ich fand die Referate hochinteressant – vor allem Ihres, Herr *Robbers*, weil es zeigt, daß scheinbar sehr unterschiedliche, ja gegensätzliche Systeme des Verhältnisses von Staat und Kirche doch durch die zwingende Berücksichtigung der Religionsfreiheit unter den modernen Grundgegebenheiten starke Konvergenzen zeigen. So hat die Entwicklung die früheren Gegensätze zwischen den Systemen der Trennung und den Systemen der Verbindung von Staat und Kirche zunehmend überspielt oder unterlaufen. Man könnte das noch näher exemplifizieren an den Vereinigten Staaten; insoweit darf ich verweisen auf einen interessanten Beitrag von Herrn *Heun*, der jüngst erschienen ist.

Als erstes will ich die Frage ansprechen, ob unser staatskirchenrechtliches System wirklich einer tiefgreifenden Wandlung bedarf, vielleicht sogar durch eine prinzipielle Änderung bestimmter Verfassungsnormen? Das möchte ich verneinen. Zwar ist es unverkennbar, daß wir uns in einer starken Veränderung der religionssoziologischen Situation befinden, wie sie Herr *Brenner* aufgezeigt hat. Aber die Normen der Weimarer Verfassung scheinen mir diesen Veränderungen durchaus gerecht zu werden. Denn die eigentliche Epochenschwelle des Staatskirchenrechts liegt nicht in der Gegenwart, sondern im Jahre 1919: In der Absage der Weimarer Verfassung an das anderthalb Jahrtausende währende System des „christlichen Staates“ und seiner „Konstantinischen Verbindung“ von Staat und Kirche, von Obrigkeit und christlicher Mission, welches die Christianisierung Europas seit ihren Anfängen im Römischen Reich der Spätantike bestimmte. Dieses System wurde in seinen letzten Ausläufern 1919 durch die Weimarer Verfassungsentscheidung normativ beseitigt. Seitdem gibt es im Grunde nur mehr ein allgemeines – pluralistisches – Religionsrecht, d.h. eben ein Recht der „Religionsgesellschaften“. Die Verfassung selbst vermeidet ja den Begriff „Kirche“. Wir müssen diesen verfassungsrechtlichen Umbruch ernst nehmen. Seine eigentlichen Auswirkungen sind freilich erst heute, in unserer Generation, voll zu spüren. Denn noch Jahrzehnte lang, bis in unserer Nachkriegszeit, war der normative Befund der Verfassung durch die Nachwirkungen des Systems des „christlichen Staates“ im öffentlichen Bewußtsein insofern überdeckt, als eben nur die beiden großen Religionsgemeinschaften von den für alle geltenden Möglichkeiten der Entfaltung und auch Förderung durch das säkulare religionsrechtliche System einen öffentlich ins Auge fallenden Gebrauch machten.

Zweitens zum Religionsbegriff: Herr *Robbers* und Herr *Brenner* haben den Mangel einer präzisen Definition des Begriffs der „Religion“ kritisch angesprochen. In der Tat ist ein spezifischer Religionsbegriff im Sinn der Verfassung unverzichtbar, um den besonderen Schutzbereich des Art. 4 GG zu bestimmen und von anderen Grundrechten abzugrenzen. Die Verfassung unterscheidet insoweit „Religion“ von außerreligiösen Sachverhalten, etwa von den Formen der politischen oder der wirtschaftlichen

Betätigung. Das sog. „Selbstverständnis" des Grundrechtsträgers von seiner Religion kann nicht etwa dazu dienen, daß man sich unter dem Deckmantel der Religionsfreiheit den Gläubigerschutzbestimmungen des Gesellschaftsrechts entzieht und sich als „Religionsgesellschaft" statt als GmbH oder als Aktiengesellschaft etabliert bzw. firmiert. – Aber dieser juristische Religionsbegriff (wie immer man ihn durch die Bezugnahme auf ein höchstes Wesen bzw. auf Transparenz im allgemeinsten Sinne definieren mag) ist in spezifisch religiöser Hinsicht notwendig von geradezu inhaltsleerer Weite: Er ist das Ergebnis eines großen historischen Prozesses, d.h. einer fortschreitenden theologischen Entleerung des Staatskirchenrechts, die sich im Reichsrecht schon seit der Glaubensspaltung des 16. Jahrhundert anbahnt, unter der Aufklärung dann allgemein und vehement vervollkommnet wurde und seit 1919 geltendes Verfassungsrecht geworden ist. Der Religionsbegriff der säkularen Staatsverfassung soll eben alle Religionen schützen, deshalb darf er nicht nur die beiden großen christlichen Bekenntnisse umfassen, sich auch nicht nur an den Denominationen der großen Offenbarungsreligionen orientieren. Der Religionsbegriff der weltlichen Verfassung – und ebenso ihr Begriff von Religionsfreiheit – ist ein säkularer Rahmenbegriff: Er ist Teil einer säkularen Rahmenordnung für die verschiedensten Religionen dieser Erde, soweit sie bei uns auf der Bildfläche erschienen sind und noch erscheinen werden. Der Sinn der Religionsfreiheit und Religionsgleichheit liegt darin, daß sich der säkulare, religionsneutrale Staat der spezifisch religiösen Bewertung enthält und die Entscheidung der religiösen Wahrheitsfrage den Bürgern und ihren Religionsgesellschaften in Selbstbestimmung und Selbstverantwortung überläßt. – Das bedeutet aber, daß dieser staatliche Rahmenbegriff „Religion" und „Religionsfreiheit" jeweils Bezug nimmt, d.h. eine Verweisungsfunktion hat auf das jeweilige Selbstverständnis der Grundrechtsträger von ihrer „Religion" – der einzelnen Individuen, aber auch der Religionsgesellschaften, die an diesem Schutzbereich partizipieren. Diese zentrale Rolle des religiösen Selbstverständnisses im säkularen, religiös-weltanschaulich neutralen Staat ist in allen Referaten, meine ich, zu Recht hervorgehoben worden. Wir haben keine Staatsreligion und keine Staatsideologie, also auch keine Kompetenz und keine Maßstäbe des Staates zur Definition dessen, was die („wahre") Religion des Grundrechtsträgers sein soll. In Tübingen habe ich diese Probleme im Falle Küng hautnah miterlebt: Der weltliche Kultusminister hat keine Kompetenz und keine Maßstäbe zur Beurteilung des wahren katholischen Glaubens, etwa über das Papstamt, die Sakramentenlehre, die Mariologie usw. Er kann dies nur der Selbstbestimmung und d.h. dem korporativen Selbstverständnis der betreffenden Religionsgemeinschaft und dem individuellen Selbstverständnis der Gläubigen überlassen, und dann im Konfliktsfall für einen Ausgleich sorgen, der die Freiheit und das Selbstverständnis beider optimal zu wahren sucht. Das Selbstverständnis prägt also den Schutzbereich des Art. 4 GG maßgeblich, soweit es um den geschützten religiösen Inhalt geht. – Die Grenzen der Religionsfreiheit hingegen, darüber dürften wir uns einig sein, müssen heute stärker betont und enger ausgezeichnet werden, als dies in den idyllischen Nachkriegszeiten geschah. Es gibt in der zunehmend pluralistischen Gesellschaft eben eine Fülle religiöser Abnormitäten und vereinzelter Perversitäten, und auch die großen Kirchen sind – wir haben heute einige Beispiele gehört – nicht gegen gelegentliche Anfälligkeiten gefeit.

Drittens: Die Rahmenordnung des modernen Staatskirchenrechts baut eben auf der Säkularisierung des Staates auf. Der Sinn dieser Säkularisierung wird vor allem in den kulturverfassungsrechtlichen Zusammenhängen relevant. Der säkulare Staat hat keine originären religiösen Ziele, keine spezifisch religiösen Kompetenzen und keine eigenen theologischen Kriterien der Entscheidung. Er ist auf äußere Intendanturfunktionen beschränkt und hat dem religiösen Selbstverständnis der Grundrechtsträger zur Entfaltung und zum Erfolg zu verhelfen, wo er nach Art. 4 GG die Ausstrahlungswirkung der Religionsfreiheit respektieren muß und sie nicht aus weltanschaulichen Gründen diskriminierend ausschließen oder umfunktionieren darf. Die Religionsfreiheit hat – das sollte man stärker betonen, als es bisher in der Literatur geschah – eine komplementäre Funktion: Sie ist eine weltliche Freiheitsform, aber zur ungestörten Ausübung und Erfüllung der geistlichen Bindungen, die der Grundrechtsträger empfindet. Das ist ja bei allen Offenbarungsreligionen die Grundgegebenheit: Ihre Gebote und Heilsangebote – etwa die Zehn Gebote des göttlichen Gesetzes und die Verheißung des Heils durch das Evangelium – haben für den Gläubigen verpflichtende Autorität! Und um diesen Bindungen und Verpflichtungen nachzukommen nach den eigenen Glaubensvorstellungen, ist die säkulare Rahmenform der Religionsfreiheit geschaffen worden. Das beginnt schon im Reformationszeitalter. Die (theologisch bestimmte und begrenzte) „Freiheit des Christenmenschen" (i.S. Martin Luthers) war nicht der Vorläufer unserer weltlichen Religionsfreiheitsgarantie, sondern das ius emigrandi und ius reformandi des Reichsrechts, also die paritätische, konfessionell neutrale Freiheitsgarantie der Reichsstände und Untertanen, die dann in der Aufklärung erweitert wurde auf die breite Vielfalt der Religionen heute. Aber die Religionsfreiheit ist eben – komplementär – eine rechtliche Freiheitsform des Staates, jedoch für die religiösen Bindungen der Grundrechtsträger, – eine offene säkulare Form, aber für ihre bestimmten religiösen Gehalte, – eine gleiche Freiheit für alle, aber im Dienst der Verschiedenheit der Religionen, d.h. gegen ihre Nivellierung und Verfälschung durch den Staat.

Das äußert sich vor allem in dem Recht der Selbstdarstellung der Religionen im Kulturstaat und Erziehungswesen, soweit es um die Ausstrahlungswirkung der Religionsfreiheit geht. Darauf liegt das Hauptgewicht der Auseinandersetzungen um die Regelung des Faches „Lebensgestaltung-Ethik-Religionskunde (LER)“ in Brandenburg und um den staatlichen Unterricht in Islam in allen Bundesländern. Nicht die Zulässigkeit der „religiösen Bezüge“ im staatlichen Kulturverfassungsrecht, vor allem in der Schule, ist das Problem, sondern die originäre Selbstdarstellung der Religionen im Sinne des Glaubens der Grundrechtsträger: Die evangelischen Kinder sollen über ihre evangelische Religion von evangelischen Lehrern in Übereinstimmung mit den Grundsätzen ihrer evangelischen Religionsgemeinschaft unterrichtet werden, aber nicht von atheistischen, muslimischen oder katholischen Lehrern im Sinne atheistischer Lehren oder eines fremden Bekenntnisses. Für die katholischen und muslimischen Kinder gilt Entsprechendes. Diesem Recht auf Selbstdarstellung im Selbstverständnis nach Art. 4 GG entspricht beispielhaft die Regelung des Religionsunterrichts in Art. 7 Abs. 3 GG. Das aber wird durch LER nach dem derzeitigen Brandenburger Muster ausgehebelt. Hier zeigt sich, daß die schulrechtlichen Formen der staatlichen Unterweisung in Religion eben vom Freiheitsverständnis der Religionsfreiheit abhängig sind. Separierte Formen des Religionsunterrichts verdienen m. E. weiterhin rechtlich den Vorzug vor den Beispielen eines Religionskundeunterrichts, die Sie uns aus England und Skandinavien berichtet haben. Sind dies doch Länder mit einer unangefochtenen christlichen Tradition, insoweit nicht zu vergleichen mit unseren neuen Bundesländern und ihrer weithin atheistisch geprägten Lehrerschaft, welche die Kinder von Staats wegen zur „Emanzipation“ von ihrer Religion ermuntert, wenn sie dem Unterricht die atheistische Religionsauffassung Feuerbachs und seiner Erben zugrundelegt.

Viertens zur Gleichheit, die vor allem Herr *Brenner* angesprochen hat: Auch hier läßt sich m. E. die Besinnung auf die säkulare Rahmenstruktur des modernen Staatskirchenrechts zur Lösung der Gleichheitsproblematik verwenden. Die Verfassung gewährleistet säkulare Gleichheit, aber zur Pflege der Verschiedenheit der Religionen. Rechtsgleichheit differenziert! Sie nivelliert nicht, sondern differenziert, weil die verschiedenen Religionsgemeinschaften entsprechend ihren ganz unterschiedlichen religiösen Bekenntnissen und Aktivitäten von dieser Gleichheit sehr verschiedenartigen Gebrauch machen – und die daraus entstehenden Unterschiede werden dann vom Staat gleichermaßen anerkannt. Zu Art. 3 Abs. 3 GG ist ferner zu betonen, daß nur die Diskriminierung und Privilegierung aus spezifisch religiösen Gründen verboten ist, nicht aber eine Bevorzugung bzw. Benachteiligung, wenn sie aus sonstigen, etwa aus kulturellen oder sozialstaatlichen Gründen gerechtfertigt ist. Natürlich können nur diejenigen Religionsgemeinschaften, die große Aufwendungen für ihre Kunstdenkmäler, Altenheime, Kindergärten usw. leisten, dann auch die entsprechenden staatlichen Förderungsmittel dafür in Anspruch nehmen. Sie werden dann nicht bevorzugt aus religiösen Gründen, sondern wegen ihres Einsatzes für die Kultur und das Gemeinwohl im weltlichen, religiös neutralen Staat.

Schließlich zum Islam: Ich bin mit Herrn *Brenner* darin einig, daß ein islamischer Religionsunterricht nach den Grundsätzen des Art. 7 Abs. 3 GG eingerichtet werden sollte. Die Vorbereitungen hierfür werden langwierig sein. Ein Zentralproblem wird in der Religionslehrerausbildung liegen. Aber ohne einen Religionsunterricht in Islam nach dem Selbstverständnis der betreffenden Gruppen von Muslimen – seien es Sunniten oder Schiiten – wird die Integration der muslimischen Zuwanderer, die es nun einmal gibt, nicht gelingen. Das System der radikalen Trennung von Staat und Religionsgemeinschaften wirkt hier wie ein „Rohrkrepierer", da es die muslimischen Kinder faktisch in die fundamentalistischen Koranschulen zwingt bzw. abschiebt. Nur wenn der Religionsunterricht im Sinne des Art. 7 Abs. 3 GG ausgestaltet wird, ist auch für die Muslime die Grundrechtsverwirklichung der Religionsfreiheit im Rahmen der staatlichen Erziehung möglich. Nur dann werden die Muslime Vertrauen zu unserem Staat fassen, daß ihre religiöse und kulturelle Identität respektiert wird und ihre Kinder nicht nach irgendwelchen antireligiösen oder fremdreligiösen Vorstellungen umerzogen und ihnen entfremdet werden. Das ius reformandi ist längst in der Vergangenheit verklungen. Die Achtung der Religionsfreiheit schließt die Pflicht zur Respektierung des religiösen Selbstverständnisses in der staatlichen Erziehung ein. – Der Staat wiederum muß wissen, welche muslimischen Eltern und Kinder sich welcher muslimischen Glaubensrichtung zurechnen und welche Organe für sie als ihre Repräsentanten aufzutreten und mit der Kultusverwaltung zu kooperieren befugt sind. Deshalb müssen sich die Muslime selbst in entsprechenden Organisationen, d.h. als „Religionsgesellschaften" organisieren.

Darin liegt kein Zwang zur „Verkirchlichung" der Muslime nach einem fremden, etwa nach dem christlichen Organisationsmodell. Die Rechtsfigur der „Religionsgesellschaft" des modernen Staatskirchenrechts hat historisch und dogmatisch nichts zu tun mit der christlichen Kirche und Ekklesiologie, sondern das ist in der Aufklärung als eine weltliche Korporationsform entwickelt worden, um die Koexistenz mehrerer Religionsgemeinschaften im weltlichen Staat und ihre Kooperation mit der Staatsgewalt auf der Grundlage weltlicher Freiheit und Gleichheit zu ermöglichen. Auch die „Religionsgesellschaft" unserer Verfassung ist eine rein säkulare Rahmenform zur Selbstorganisation und Abgrenzung ihrer Mitglieder, die durchaus offen ist für eine Ausgestaltung nach den Prinzipien des Islam und anderer außerchristlicher Religionen.

Dabei muß die Trennung von Staat und Religionsgesellschaften exakt beachtet werden, die bei uns im Kulturverfassungsrecht und Staatskirchenrecht durch die scharfe Trennung der Kompetenzen und Entscheidungsmaßstäbe nach Art. 7 Abs. 3 GG sowie Art. 4 und 140 GG zu realisieren ist: Die staatliche Kultusverwaltung entscheidet über die weltlichen Aspekte und Rahmenbedingungen nach ihren weltlichen Zielen und Kriterien der staatlichen Erziehungshoheit und Kulturverantwortung. Die betreffende Religionsgesellschaft aber befindet über die spezifisch religiösen Fragen nach ihren religiösen Kriterien. Beide müssen sich auf ihre Kompetenzen beschränken und jeweils Maßstäbe und Entscheidungen des anderen Teils in der Kooperation gegenseitig respektieren. Die Kultusverwaltung hat deshalb die Entscheidungskompetenz für das Kulturniveau und den pädagogischen Standard, die Religionsgesellschaften für die religiösen Inhalte des Religionsunterrichts. Nach diesen Maßstäben wird im pluralistischen, freiheitlichen Staatskirchenrecht ja überall verfahren, wo der weltliche Kultur- und Sozialstaat mit der Religion zu tun bekommt, – sei es im Feld der theologischen Fakultäten, des Denkmalschutzes an den kirchlichen Kulturdenkmalen, der Militärseelsorge oder auch des Kirchensteuerrechts. Der säkulare Staat, der für alle Religionsgesellschaften staatliches, weltliches Rahmenrecht setzt, entscheidet über die weltlichen Rahmendaten. Und dabei muß er sicherlich auch die Religionsgesellschaften stärker als bisher begrenzen. Aber die spezifisch religiöse Ausfüllung dieser säkularen Rahmenbegriffe und -strukturen überläßt er den Grundrechtsträgern, und zwar ihnen allein, ohne säkularisierende Verfremdung oder Eliminierung.

Vorsitzender: Vielen Dank, Herr *Heckel*, für das breite Fundament, das Sie gelegt haben, für die historische, theologische, politische und verfassungsrechtliche Sicht unseres Themas.

Kriele: Ich wollte etwas sagen zum Thema Diskriminierung. Vor gut einem Jahr habe ich mich in einer öffentlichen Erklärung – gemeinsam mit Hans Apel, Gerhard Besier, Hermann Lübbe, Erwin Scheuch u.a. – kritisch geäußert zur Sektenkommission des Bundestages, zu staatlichen Sektenberichten, Sektenbeauftragten usw. Daraufhin ging mir aus allen Teilen des Landes eine Fülle von Informationen zu. Es gibt ungefähr 600 kleine Glaubensgemeinschaften zum Teil christlicher, zum Teil fernöstlicher oder sonstiger Prägung. Was die erleben, wird am besten durch Beispiele anschaulich.

1. Beispiel: In Neustadt-Rettin (Schleswig-Holstein) gibt es eine kleine religiöse Gruppe namens „Schöpferisches Zentrum Oase". Sie haben ein hübsches Haus, wo sie wohnen, beten und meditieren. Nachdem die schleswig-holsteinischen Sektenbeauftragten über sie hergezogen sind, stand eines Nachts das Haus in Flammen. Glücklicherweise sind alle mit dem Leben davongekommen. Die Kriminalpolizei stellte fest: es war eindeutig Brandstiftung. Doch sie sucht seit über einem Jahr vergeblich nach den Tätern. Ich stelle mir vor, es wäre ein Ausländerheim gewesen. Sie alle wüßten davon, Fernsehen und Presse hätten mehrfach berichtet und wären der Polizei auf den Fersen. Es gäbe eine lebhafte öffentliche Diskussion. Daß auch religiöse Minderheiten den Schutz der Menschenwürde genießen, scheint in Schlendrian der letzten Jahre irgendwie untergegangen zu sein.

2. Beispiel: Jemand wird der Sektenzugehörigkeit verdächtigt, ohne daß er in Wirklichkeit mit Sekten zu tun hat. Am Samstag steht das in der Zeitung. Am Montag kommt er zu seinem Arbeitsplatz und findet die Kündigung vor. Es gibt viele Fälle dieser Art.

3. Beispiel: Eine Gruppe bildet wirklich eine Sekte und wird von den Sektenbeauftragten angegriffen. Daraufhin wird ihnen die Pacht gekündigt und es gibt öffentliche Aufrufe zum Boykott ihrer Produkte.

Es gibt Gruppen, die Rechtswidriges tun und in die Schranken der Gesetze zu verweisen sind. Aber in großer Zahl gibt es auch völlig harmlose Gruppen. Sie tun nichts Schlimmes, als was allenfalls in den großen Kirchen auch geschieht. Stellen Sie sich vor, man befrage systematisch Leute, die aus der Kirche ausgetreten sind, was sie für schlimme Erfahrungen gemacht haben, stelle daraus anonymisierte Berichte zusammen, der Staat mache sie sich zu eigen und warne vor der Mitgliedschaft in den Kirchen. Genau das geschieht zwar nicht den großen Kirchen, aber den kleinen Glaubensgemeinschaften. Die Folge: in einer Umfrage haben sich 80 Prozent dafür ausgesprochen, „die Sekten zu verbieten".

Es fehlt die politische Kontrolle, denn Atheisten, Protestanten und Katholiken – von der PDS bis hin zur CSU – sind sich in der Diskriminierungstendenz einig. Es fehlt ebenso die Kontrolle der Presse.

Nur die Gerichte können das Rechtsbewußtsein wieder herstellen, haben in zahlreichen Fällen auch den gebotenen Schutz gewährt, nicht selten aber auch kläglich versagt. Mitunter stellt sich heraus, daß Richter an den Richterakademien einseitig indoktriniert worden waren, – der dafür verantwortliche Justizminister in NRW zeigt aber keinerlei Unrechtsbewußtsein. In einem Fall, als die Klage einer diskriminierten Gruppe erfolgversprechend schien, wurde der Vorsitzende Richter ausgewechselt und damit die Klageabweisung sichergestellt.

Eine Wiederherstellung des Rechtszustands ist nur zu erhoffen, wenn die Staatsrechtswissenschaft diesen Vorgängen verstärkt ihre Aufmerksamkeit zuwendet und das Bundesverfassungsgericht ein Machtwort sprechen wird.

Vorsitzender: Vielen Dank Herr *Kriele*. Sie haben gesagt, daß die Sekten ein ephimeres, kein bleibendes Phänomen seien. Ich bin froh, daß dieser Gesichtspunkt nun auch in seiner vollen Tragweite zur Geltung gekommen ist.

Hollerbach: Ich möchte zunächst ein paar Bemerkungen zum Generalthema machen. Dieses Generalthema wurde heute unter drei spezifischen Perspektiven behandelt. Zunächst unter dem Gesichtspunkt der EMRK, dann kam der Rechtsvergleich zur Geltung, und schließlich hat Herr *Brenner* uns mit dem deutschen System konfrontiert. Dabei kamen zwar implizit immer wieder ganz prinzipielle Punkte zutage, aber mir scheint, es blieb doch im Hintergrund, daß unser Thema auch ein Thema der allgemeinen Staatslehre oder, wenn Sie so wollen, der Staatsphilosophie ist, insofern als sich ja immer noch Staat auch in seinem Gegenüber, in seinem Verhältnis zu Religion definiert. Darauf deutete ja vorhin auch die Bemerkung von Herrn *Thürer* hin, die Frage nach der staatslegitimatorischen Bedeutung von Religion. Insofern also könnte man sich eine Ergänzung der Themenpalette denken. Verstehen Sie das bitte nicht als Kritik oder Vorwurf, aber es sollte einfach auf diese Dimension hingewiesen werden. Eine zweite Bemerkung im Anschluß an das Generalthema: Man kann ja die Formulierung auch mal umdrehen und nicht von Staat und Religion, sondern von Religion und Staat sprechen. Das scheint mir deshalb hilfreich zu sein, weil sich ja in der Entwicklung der letzten Jahrzehnte auch in den Religionsgemeinschaften, bei den Religionen, in ihrem jeweiligen Verhältnis zum Staat und zur politischen Ordnung Veränderungen ergeben haben. Ich möchte hinweisen zunächst auf die Menschenrechtsproblematik, die etwa im Ökumenischen Rat der Kirchen zunehmend eine große Rolle gespielt und sicherlich mit dazu beigetragen hat, das Verständnis dafür zu fördern. Und ein ganz spezifisches Beispiel ist etwa die Positionsbestimmung der katholischen Kirche im zweiten Vatikanum – Stichwort: Erklärung über die Religionsfreiheit. Dadurch ist es ja erst möglich geworden, daß, lassen Sie es mich auf diese kurze Formel bringen, die katholische Kirche ihren Frieden mit dem Verfassungsstaat gemacht hat, jedenfalls prinzipiell. Daran schließt sich nun allerdings die Frage an: Wie steht es insoweit mit dem Islam? Hat er auch schon seinen Frieden mit dem Verfassungsstaat gemacht? Dem Verfassungsstaat, der ja doch augenscheinlich geprägt ist von dem, was man vielfach die christliche Gewaltenteilung nennt, der also jedenfalls die prinzipielle Unterscheidung zwischen geistlich und weltlich, zwischen politisch und kirchlich kennt. Herr *Brenner* hat heute morgen sogar von zwei Reichen gesprochen, terminologisch die Zwei-Reiche-Lehre zugrunde gelegt. Kurzum, es mündet in die an den Islam gerichtete prinzipielle Frage: Wie steht es mit seinem grundsätzlichen Verhältnis zum Verfassungsstaat, über die konkreten Probleme hinaus, die vorhin von Herrn *Heckel* aufgeworfen worden sind.

Erlauben Sie mir schließlich noch eine mehr spezielle Frage, die in dem, was Herr *Heckel* eben gesagt hat, schon angeklungen ist. Es geht um die Statusfrage. Herr *Robbers* hat ja in seiner These 43 ausdrücklich gesagt, daß die soziale und kulturelle Bedeutung der Religionsgemeinschaften besondere Status, also in der Mehrzahl, legitimiert. Und er hat hinzugefügt, daß die religionsrechtliche Gleichheit nach mehr verlangt als dem bloß freien Marktplatz der Religionen. Er hat, wenn ich richtig gehört habe, nicht näher ausgeführt, wie das aussehen könnte. Und natürlich provoziert diese Bemerkung, dieser Leitsatz, die Frage: Wie steht es mit der Statusfrage etwa unter dem Grundgesetz? Da hat Herr *Brenner* nun heute morgen in seiner These 8, jedenfalls in bezug auf die einfachgesetzliche Ebene, ich sage es mal polemisch, für eine Nivellierung plädiert. Dabei blieb offen, oder ich möchte Sie jedenfalls bitten, das zu präzisieren, wie Sie es mit der verfassungsrechtlich fundierten Unterscheidung zwischen dem Status der Körperschaft des öffentlichen Rechts und dem bloßen Vereinsstatus halten. Ob Sie es auch für wünschenswert halten, daß sich insoweit eine Gleichstellung ergibt.

Frowein: Herr Vorsitzender, meine Damen und Herren. Nach den sehr grundsätzlichen Bemerkungen will ich ein paar Einzelfragen aufgreifen und möchte beginnen mit der Betonung, wie außerordentlich eindrucksvoll die Referate waren und die von Herrn *Robbers* dargelegte Rechtsvergleichung gezeigt hat, wie stark die Probleme in freiheitlichen demokratischen Staaten gemeinsam auftauchen und in gewissem Sinne auch gemeinsam gelöst werden. Ich will zunächst einmal die Frage, die Herr *Brenner* in seinen letzten Thesen behandelt hat, in einem gewissen Spannungsverhältnis sehen zu einigen anderen Thesen bei ihm. Ich beziehe mich besonders auf die These Nr. 13, die, so scheint mir, die Gefahr eines Mißverständnisses in sich birgt, weil sie die Religionsförderung so stark zu betonen scheint, daß der dezidierte Atheismus seine Rolle verlieren könnte und die Gefahr bestehen könnte, daß der Staat ihn tatsächlich ausgrenzt. Das würde sich übrigens auch auf die kleinen Sekten beziehen, die Herr *Kriele* eben angesprochen hat. Wenn gesagt wurde, daß der Zusammenbruch des realen Sozialismus gewissermaßen der Religionsförderung dient oder der übrig bleibenden religiösen Struktur, dann muß man das, glaube ich, sehr differenziert sehen. Die Tatsache, daß in protestantischen Kirchen in der DDR sich der Bürgerprotest sammelte, ist in meinen Augen ein großartiges Zeichen dafür, daß die evangelische Kirche den Freiraum geschaffen hat, aber nicht dafür, daß es ein wirklich religiöser Ansatz war, der hier eine Rolle gespielt hat. Das scheint mir nicht ganz unwichtig, und ich erinnere an die ausdrückliche Formulierung eines amerikanischen Verfassungsrichters: wenn der Atheismus in den USA nicht mehr gelehrt werden kann, dann können auch die Religionen nicht mehr ihren Platz finden. Ich glaube, das muß man bei diesem schwierigen Geschäft immer im Auge behalten. Die Weltanschauungsfreiheit, wie sie in Art. 9 der Konvention ausdrücklich gewährleistet ist, will genau dieses bewahren. Nun scheint mir in den Thesen von Herrn *Brenner* ein gewisses Spannungsverhältnis zu bestehen. Nach der anderen Seite wird sehr weitgehend in These 7 mit dieser ausdrücklichen Formulierung ein abendländischer Kulturvorbehalt ausgeschlossen. Herr *Brenner* hat, wenn ich es richtig verstanden habe, ausgeführt, der Ruf des Muezzin müsse im Prinzip dem Glockengeläut in Deutschland gleichgestellt werden. Hier muß doch noch einmal genau gefragt werden, was der auch bei Herrn *Brenner* und anderen auftauchende Grundsatz des religiösen Friedens als ein für die Rechtsordnung zentral wichtiger limitierender Gesichtspunkt für eine Rolle spielt. Da wäre ich sehr für Aufklärung dankbar. Ich meine, man muß sich darüber klar sein, daß in Deutschland in den meisten Städten, Dörfern und Wohngebieten der an das Glockengeläut heranreichende Ruf des Muezzin zu außerordentlichen Reaktionen führen würde. So sehr die Erziehung der Bevölkerung zur Toleranz notwendig ist, so sehr muß die Rechtsordnung davon Kenntnis nehmen, was für ein Phänomen hier gegeben ist. Ein Wort noch in diesem Zusammenhang zu der sehr interessanten These 9 von Herrn *Brenner* und dem an anderer Stelle von Herrn *Robbers* aufgenommenen Gedanken: Selbstdefinition der Religionsgemeinschaften und Grenzen. Herr *Brenner* formuliert in der These 9, es müsse deutlicher darauf abgestellt werden, ob religiöse oder weltanschauliche Lehren nur als Vorwand für die Verfolgung wirtschaftlicher Ziele dienen sollen. Hier liegt ein ungeheuer schwieriges Problem, und ich wäre für weitere Aufklärung dankbar, wie man dem, gewissermaßen methodisch, nahe kommen kann. Ich gestehe, daß ich die starke Tendenz habe, ich habe es bei Herrn *Robbers* ein bißchen so verstanden, grundsätzlich Selbstdefinition aber Betonung der Schranken.

Nun einige wenige Bemerkungen zu der EMRK-Problematik. Herr *Fiedler* hat uns ja hier eine Fülle von Gesichtspunkten dargelegt, und ich will nur zu einigen Thesen, vor allem 18f., etwas sagen. Wenn ich es richtig verstanden habe, ist in These 18 die Position vertreten worden, daß Grenzen der Toleranz bereits bei einer besonders rigiden Vertretung des eigenen religiösen Standpunktes vorliegen. Ich glaube, daß weder Kommission noch Gerichtshof diese Position vertreten haben, und ich meine, sie darf nicht vertreten werden. Die rigide Vertretung des eigenen religiösen Standpunktes gehört voll und ohne Grenzen in den Schutzbereich des Art. 9, aber natürlich ist Herrn *Fiedler* zuzugeben, und das meint er wahrscheinlich, daß eben die unlautere Art der Werbung für die eigene Religion vom Staat begrenzt werden kann. Nur, wie man die feststellt, das ist eben hier das Problem. Ich will das hier nicht vertiefen. Nicht recht überzeugt mich die Qualifizierung der Straßburger Rechtsprechung in bezug auf die Staatskirche. Ich halte sie für völlig überzeugend. Was tut sie? Sie sagt einerseits, die Straßburger Organe haben kein Mandat, die Staatskirche in Frage zu stellen, denn dafür gibt es eine klare Basis bei der Vielzahl von Staatskirchen, die existierten. Aber die Religionsfreiheit muß gewährleistet werden. Nicht umsonst hat Schweden vor dem Beitritt zur Europäischen Menschenrechtskonvention eine Regelung, wonach man aus der lutherischen Kirche nur austreten kann, wenn man in eine andere christliche Kirche eintritt, abgeschafft.

Ein Wort noch zu dem, was sich in der These 26 findet, wo, wenn ich das richtig verstehe, Kritik daran geübt wird, daß einerseits darauf hingewiesen wird, daß es auf Mehrheitsverhältnisse nicht ankomme, andererseits die Wahrung des religiösen Friedens als wichtig angesehen wird. Ich glaube, beides stimmt gut zusammen. Auf Mehrheiten kann es nicht ankommen, wenn es darum geht, die individuelle Religionsausübung oder Weltanschauungsfreiheit und -ausübung zu schützen. Auf die Wahrung des religiösen Friedens muß es aber überall dort zentral ankommen, wo in die Öffentlichkeit gearbeitet wird, etwa mit Filmvorführungen, mit den verschiedensten Aktionen, die Öffentlichkeit betreffen können. Ich glaube, so erklären sich relativ leicht die Entscheidungen, die hier zugrunde liegen. Ich gestehe, daß ich hier natürlich ein bißchen beeinflußt spreche, weil ich einiges von dem noch miterlebt habe, wenn es auch schon lange zurückliegt.

Bachof: Anknüpfen möchte ich an die Thesen 1, 2 und 14 von Herrn *Brenner.*

In These 1 meint Herr *Brenner*, das Verhältnis von Staat und Religion sei an der Schwelle zum nächsten Jahrhundert in einem grundlegenden Wandel begriffen, der – so These 2 – insbesondere in der Entfremdung der Bevölkerung von den Großkirchen zum Ausdruck komme. Ich meine, daß dieser Wandel schon sehr viel früher begonnen hat und sich vor allem im sogenannten „Kirchenkampf" zeigte. Dieser brach aus zwischen der im Herbst 1932 entstandenen, von vornherein nationalsozialistisch geprägten „Glaubensbewegung Deutscher Christen" und der im Sommer 1935 von dem Pfarrer Martin Niemöller, einem berühmten U-Boot Kommandanten des Ersten Weltkrieges, gegründeten „Bekennenden Kirche" glaubenstreuer evangelischer Christen. In den meisten evangelischen Landeskirchen (Ausnahmen: Bayern und Württemberg) kam es zur Spaltung zwischen „deutschchristlichen" und „bekennenden" Gemeinden.

Die „Deutschen Christen" waren von vornherein eine eindeutig antisemitische Bewegung. In den von ihnen beherrschten Gemeinden wurden zunächst alle Pfarrer mit einem jüdischen Ehegatten entlassen, kurz darauf dann alle nicht „arischen" oder entsprechend versippten Gemeindemitglieder aus der Kirche ausgeschlossen. Einen deutlicheren Bruch mit christlichen Vorstellungen gab es doch wohl nicht! Wenn trotzdem der weit überwiegende Teil der Gemeindemitglieder in deutschchristlichen Gemeinden blieb, so zeigt das, daß die Entfremdung von den Großkirchen – genauer: von einem wahren Christentum – schon sehr weit fortgeschritten war. daß man in „seiner" Gemeinde blieb, war offenbar eine des Nachdenkens nicht bedürftige Gewohnheit. Natürlich gehörte zu einer Hochzeit, einer Konfirmation, einer Taufe der gewohnte Pfarrer, sonst war das „nicht in Ordnung". Aber hatte das mit einem echten Bekenntnis, einer Überzeugung christlichen Glaubens noch viel zu tun?

Das führt zur These 14. Ich bin sehr einverstanden mit Herrn *Brenner*, daß es auch zukünftig für den Staat darauf ankomme, die Religion wohlwollend zu fördern, weil wir nicht zuletzt aufgrund unserer historischen Erfahrungen ein Interesse daran haben sollten, daß dem Staat ein zwar zunehmend diversifiziertes, aber selbstbewußtes geistliches Reich gegenübertrete. Mahnung? Hoffnung? Erwartung?

Vorsitzender: Vielen Dank, Herr *Bachof*, für Ihre Reminiszenzen und Ihren Appell.

Böckenförde: Ich möchte zunächst dem Vorstand noch einmal dafür danken, daß er dieses Thema in der Formulierung „Staat und Religion" zum Gegenstand der Verhandlung gemacht hat. Vor 32 Jahren in Frankfurt hieß es noch „Die Kirchen unter dem Grundgesetz". Darin zeigt sich wohl auch die Annahme, daß heute das Prinzip der Religionsfreiheit die tragende Grundnorm ist, auch für das Verhältnis von Staat und Kirche. Das ist auch zukunftsweisend, da auch die Stellung der christlichen Kirchen in die Zukunft hinein sich nur behaupten kann und gesichert werden kann auf der Grundlage des Verhältnisses von Staat und Religion, auf dem normativen Boden des Grundrechts der Religionsfreiheit. Es war auch wichtig und notwendig, und ich begrüße es sehr, daß das Thema auch rechtsvergleichend und in seiner internationalrechtlichen Dimension behandelt worden ist. Insbesondere durch die Ausführungen von

Herrn *Robbers* haben wir ein sehr anschauliches und intensiv durchdachtes Bild bekommen von den Verschiedenheiten, aber auch, wie Herr *Hekkel* schon betont hat, von konvergierenden Tendenzen, die sich wiederum auf der Grundlage der Religionsfreiheit ausbilden, die auch internationalrechtlich in der Europäischen Menschenrechtskonvention gewährleistet ist. Und daß sich zumindest auf der rechtlichen Ebene alte Divergenzen abbauen, wenn sie auch, wie Herr *Robbers* hervorgehoben hat, im Blick auf die Laizität emotional und mentalitätsmäßig durchaus noch wirksam sind, gerade in Frankreich.

Ich möchte noch einige Bemerkungen machen zu dem Referat von Herrn *Brenner*. Bei mir verbindet sich grundsätzliche Zustimmung im Ansatzpunkt und der Durchführung mit manchen Vorbehalten gegenüber den für mich teilweise etwas forschen Thesen, die Herr *Brenner* uns vorgetragen hat.

Zunächst zur These 5, was den Neutralitätsbegriff angeht. Da möchte ich nachdrücklich zustimmen. Der Neutralitätsbegriff im Blick auf das Verhältnis von Staat und Religion muß ein übergreifender Neutralitätsbegriff sein. Wir müssen, wenn wir von Neutralität sprechen, immer genau hinsehen und differenzieren zwischen distanzierender Neutralität und übergreifender Neutralität. Beiden gemeinsam ist die Nichtidentifikation. Aber die übergreifende Neutralität ist eine solche, die positiv Raum gibt für die Entfaltung des Verschiedenen, ohne sich mit einer der verschiedenen Religionen oder Bekenntnisse zu identifizieren. Insofern würde ich das unterstützen, was Sie sagen: neutrale Respektierung, Berücksichtigung und Förderung, ich würde sagen: allgemeine Förderung religiöser Belange. Das gehört zu dieser übergreifenden Neutralität. Nur dann ist es auch wirklich, daß der Staat das gemeinsame Dach ist, unter dem jeder seine Identität finden und sich in ihr bewegen kann und nicht sozusagen herausgewiesen wird. Das bedeutet dann auch, Sie haben es betont, daß die Religionsfreiheit als echtes Freiheitsrecht die negative wie die positive Seite hat, daß Religion sich entfalten kann und vor allen Dingen, daß sie sich auch öffentlich entfalten, in die Öffentlichkeit hinein entfalten kann. Darin zeigt sich, ungeachtet der von Herrn *Robbers* aufgewiesenen rechtlichen Annäherung, vom Ansatzpunkt her der Unterschied zur Laizität. Laizität strebt danach, Religion auf den privaten Bereich zu beschränken: Glaubens- und Gewissensfreiheit, Freiheit der religiösen Überzeugung, aber der öffentliche Bereich soll voll säkularisiert sein.

Nun zu Ihrer These 8. Sie sprechen dort, Herr *Brenner*, von einer Gleichstellung aller Religionsgesellschaften. Wenn ich Sie recht verstanden habe, haben Sie es gemeint in einem Sinne einer gleichheitlichen Behandlung der verschiedenen Religionsgesellschaften. In diesem Sinne würde ich dem, was Sie gesagt haben, voll beitreten, und zwar gerade auf der Grundlage des Weimarer Kirchenkompromisses, der ja ganz bewußt, Herr *Heckel* hat darauf hingewiesen, von Religionsgesellschaften spricht, nicht von Kirchen. Daß das ein Dogmenwechsel war, der erst nach und nach bewußt geworden ist, ist richtig, aber es ist heute die in die Zukunft weisende tragende Grundlage, die deshalb auch keine Veränderungen erfordert. Wird das ernst genommen, Sie haben das auch getan, verbietet es sich in der Rechtsstellung zu differenzieren zwischen christlichen Kirchen und nichtchristlichen Religionsgesellschaften. Natürlich haben die andere Auffassungen und verfolgen andere Aktivitäten. Aber wenn sie gleichheitlich behandelt werden, kann eben jeder zu seinem Recht kommen und wird nach dem nämlichen Prinzip behandelt, nicht der eine bevorzugt und der andere benachteiligt. Das muß eine tragende Basis auch in die Zukunft hinein sein.

Ich stimme Ihnen deshalb auch zu, was Sie zu der Entscheidung des Bundesverwaltungsgerichts betreffend die Zeugen Jehovas gesagt haben. Es hat mich sehr gewundert, daß das Bundesverwaltungsgericht, nachdem es die Rechtstreue der Zeugen Jehovas unterstellt hat, dann als weiteres, zusätzliches Kriterium das positive Verhältnis zur staatlichen Ordnung eingeführt und dessen Fehlen aus der Verpflichtung der Zeugen Jehovas hergeleitet hat, nicht an staatlichen Wahlen teilzunehmen, und dies, obwohl wir in Deutschland nur ein Wahlrecht, und nicht, etwa wie in Belgien, eine Wahlpflicht haben. Es ist, wenn man sich den Text des Kirchenkompromisses, der ins Grundgesetz übernommen ist, ansieht, von einem solchen positiven Verhältnis als Anerkennungsvoraussetzung keine Rede. Die Religionsgesellschaften werden als Körperschaften anerkannt, wenn sie nach Verfassung und Mitgliederzahl die Gewähr auf Dauer bieten. Und das war nicht der Streitpunkt. Nach diesen Grundsätzen des Bundesverwaltungsgerichts hätte für die katholische Kirche bis zur Erklärung der Religionsfreiheit des 2. Vatikanischen Konzils, wäre sie nicht schon Körperschaft gewesen, eine Anerkennung als Körperschaft nicht erfolgen dürfen. Denn in der alten Toleranztheorie der katholischen Kirche wurde Religionsfreiheit als staatliches Recht – mithin ein integraler Bestandteil der Verfassungsordnung – entschieden abgelehnt. Da hat niemand daran gedacht, deswegen ihren Körperschaftsstatus in Frage zu stellen.

Der nächste Punkt, das Kopftuchproblem. Sie haben gesagt, aus guten Gründen würde das Kopftuchtragen abgelehnt werden. Sie sind dann konsequent gewesen und haben gesagt, im Sinne der gleichheitlichen Behandlung muß das auch für das sichtbare Kreuz der katholischen Lehrerin gelten. Ich möchte dieser Auffassung deutlich widersprechen. Ich sehe nicht ein, wieso es unzulässig sein soll und mit dem Neutralitätsgebot unvereinbar, wenn eine Lehrerin aus Gründen ihres religiösen Bekenntnisses ein Kopftuch trägt. Herr *Grimm* und ich sind im Dritten Reich auf eine Schule gegangen, da gab es einen geistlichen Studienrat. Der hat nicht nur Religion sondern auch Latein unterrichtet. Selbst in dieser Zeit ist niemand auf den Gedanken gekommen, daß es unzulässig sei, wenn er in der Schule in seiner Priesterkleidung auftrat. Wir haben vielfach katholische Ordensfrauen gehabt, die als Lehrkraft an einer öffentlichen Schule in ihrem Ordenshabit unterrichteten. Wieso ist das eine Verletzung der Neutralitätspflicht, wenn ich davon ausgehe, daß es sich gerade in der Schule um die übergreifende Neutralität handelt, die verschiedenen Auffassungen positiv Raum gibt? Es ist doch ganz richtig, was Ministerpräsident *Teufel* in der Auseinandersetzung gesagt hat, „mich interessiert nicht was sie auf dem Kopf hat, sondern was sie im Kopf hat". Nämlich daß sie nicht indoktriniert, daß sie selbst in ihrem Unterricht dem Neutralitätsgebot Rechnung trägt und nicht die Kinder irgendwie zu missionieren sucht. Der einzige tragfähige Gesichtspunkt könnte nur der sein, und das, würde ich sagen, kann die vom Ansatz her problematische Bagwhanentscheidung rechtfertigen, daß die Kleidung für die Schüler so aufreizend oder störend ist, daß dadurch der Unterricht als solcher, der ja auch ein Vorgang personaler Begegnung ist, erheblich beeinträchtigt wird.

Es besteht auch ein Unterschied zu der Kruzifix-Entscheidung des Bundesverfassungsgerichts, die ich hier nicht diskutieren möchte. Es ist etwas anderes, ob das Klassenzimmer von Amts wegen mit einem Kreuz oder Kruzifix ausgestattet wird, oder ob eine Lehrkraft als Person als Ausdruck ihres persönlichen Bekenntnisses ein Kopftuch trägt. Und warum soll das gerade im Sinne der Erziehung zu Toleranz und Anerkennung Andersdenkender ein Eingriff sein? Man sieht: Das ist eine nette Lehrerin, gut, die hat eben einen anderen Glauben, aber der Unterricht ist ordentlich und die Person auch. Das ist doch gerade eine Einübung in eine Welt, die durch Pluralismus gekennzeichnet ist und in der verschiedene religiöse Auffassungen nebeneinander stehen. Mich haben bisher alle Gründe, die für das Kopftuchverbot angeführt werden, nicht überzeugt. Es wird immer auf eine distanzierende Neutralität zurückgegriffen, die aber gerade nicht die übergreifende Neutralität realisiert, die innerhalb der Schule besonders wichtig ist, wo sich sozusagen Staat und Gesellschaft begegnen.

Die letzte Bemerkung zum LER-Problem. Ich habe den Eindruck, Sie haben das Problem des Art. 141 GG etwas kurz abgetan. Für mich ist verfassungsrechtlich die einzige und entscheidende Frage, ob die Bremer Klausel des Art. 141 auf die neuen Bundesländer anwendbar ist oder nicht. Wenn sie nicht anwendbar ist, dann kann das Urteil aus drei Sätzen bestehen. Wenn die Garantie des Art. 7 Abs. 3 S. 1 GG auch in Brandenburg gilt, ist er eindeutig verletzt. Denn daß der Unterricht in LER kein Religionsunterricht ist, ist offenkundig. Aber das Problem, was dahintersteht, ist ein allgemeines Problem, was uns zunehmend beschäftigen wird. In LER sind Religionskunde, Ethik und ein quasi Religionsunterricht ungut ineinandergemixt. Jedes Fach für sich ist aber ein wichtiges Problem. Ich meine, daß wir in den neuen Bundesländern zumal, aber zunehmend auch in den alten Bundesländern einen allgemeinen Unterricht in Religionskunde brauchen. Einmal, damit die christlichen Kinder den Islam kennenlernen – unsere Kenntnis über den Islam besteht ja im wesentlichen aus Vorurteilen. Zum anderen aber auch, damit die eigene Kultur noch verstanden werden kann. In den neuen Bundesländern sind, wenn ich recht informiert bin, noch 15% der Kinder getauft. Wie sollen große Werke unserer Nationalliteratur, wie etwa Goethes Faust, erklärt und verständlich gemacht werden, ohne irgendeine Kenntnis (im Sinne einer Kunde) von dem, was das Christentum bedeutet hat und bedeutet als Grundlage unserer Kultur. Also Religionskunde wird wichtig werden. Auch in der Freien Hansestadt Hamburg ist die Zahl der Getauften inzwischen die Minderheit. Die Entwicklung wird auch in anderen Ländern in die Richtung gehen, daß die Zahl der Getauften zunehmend abnimmt. Im Blick auf die Integrationsaufgabe des Staates scheint es mir in den neuen Bundesländern besonders dringlich, aber auch in den alten Bundesländern wichtig zu sein, einen allgemeinen Ethikunterricht einzuführen, der ein Lehrfach ist für alle, nicht nur komplementär und als Ersatz für diejenigen, die am Religionsunterricht nicht teilnehmen. Ethik ist ja nicht den Kirchen und Religionsgesellschaften vorbehalten, sie haben nicht ein Monopol auf Ethik, wenngleich der Religionsunterricht auch ethische Grundlagen und Verhaltensweisen vermittelt. Wir haben für einen allgemeinen Ethikunterricht gute klassische Texte, aus denen auch ein Curriculum erstellt werden kann, das sich nicht wechselnde weltanschauliche Optionen zu eigen macht. Natürlich soll daneben der Religionsunterricht als ordentliches Lehrfach bleiben. Und wie man dabei verhindert, daß sich die Schüler nur abmelden, damit sie weniger Unterricht haben, das ist ein schulorganisatorisches Problem, das unabhängig davon zu lösen ist. Wird der Ethikunterricht allgemein, dann muß dafür eine andere Regelung gefunden werden, was sich auch machen läßt. Man kann nicht allein deswegen sagen, der Ethikunterricht muß komplementär bleiben.

Badura: Herr Vorsitzender, verehrte Kollegen. Die drei Referate über „Staat und Religion" haben eigentlich nur *ein* Thema behandelt – was zu erwarten war –, nämlich die Religionsfreiheit. Die Religionsfreiheit ist, historisch betrachtet, das älteste Grundrecht unseres Grundrechtskatalogs, wofür ich mich hier in Heidelberg auf das Zeugnis von *Georg Jellinek* (Die Erklärung der Menschen- und Bürgerrechte. Ein Beitrag zur modernen Verfassungsgeschichte, 2. Aufl., 1904, S. 35 ff.) berufen darf. Die Religionsfreiheit als Grundrecht hatte sich dabei fast in erster Linie gegen andere Religionen gewandt, nämlich gegen den Staat oder die Herrschaft einer bestimmten Religion.

Religionsfreiheit hat Religion zum Gegenstand und Religion ist ein Teil der Existenz des Menschen. Dadurch unterscheidet sich Religion von der Weltanschauung, von der Philosophie oder von wirtschaftlichem Handeln, und sie ist dadurch ein Element, das an sich außerhalb der normalen säkularen Betrachtung der menschlichen Gesellschaft zu liegen scheint. Auf der anderen Seite ist natürlich, wie wir von *Aristoteles* gelernt haben, der Mensch auch ein „politisches Wesen" und dadurch haben wir hier eine zweite zum Teil zur Existenz des Menschen gehörende Eigenschaft, die mit der erstgenannten (sc. der Religion) möglicherweise schon fast seit Jahrtausenden in Konkurrenz liegt. Heute nun behandeln wir dieses Thema auf der Basis der Aufklärung und des Verfassungsstaates.

Dies nun ist – vom Einzelnen aus betrachtet – die Situation. Der Einzelne ist, wie *Hesse* – wenn ich mich recht erinnere – geschrieben hat, immer zugleich Bürger und Christ oder Christ und Bürger, wie Sie wollen. Man kann das also nicht einfach trennen, was vielleicht ein Argument gegen Herrn *Brenner* sein könnte, der von den „zwei Reichen" gesprochen hat. Die „Zwei Reiche" des Mittelalters, von Kaiser und Papst, sind doch vermutlich ganz etwas anderes als das, was Herr *Brenner* heute meinte. Es sind zwei Grundbefindlichkeiten in *einem* Menschen, die in Konkurrenz oder Widerstand treten können.

Nun kommt hinzu, daß sowohl die Religion als auch die politische Eigenschaft des Menschen von diesem ja nicht als Einzelwesen realisiert werden kann, sondern eigentlich immer nur in einer Art von Gemeinschaft. Auch Religion ist letzten Endes nur in einer Gemeinschaft funktionsfähig, wie die Geschichte und auch die Gegenwart zeigen, und erst recht natürlich die politische Eigenschaft des Menschen. Also stehen wir vor der Schwierigkeit, daß der Staat als Form der politischen Herrschaft und Religion als Kirche oder Religionsgemeinschaft – oder wie wir es nennen wollen – ineinander und zugleich und in einem bestehen, nicht als zwei verschiedene Bereiche, also einer. Daraus entstehen in meinen Augen die Hauptschwierigkeiten, und deswegen haben wir nicht nur Religionsfreiheit, sondern eben auch Staatskirchenrecht, nicht nur „Religionsrecht", sondern auch Staatskirchenrecht. Wenn Herr *Brenner* an einer Stelle (in These 13) von der Emanzipation des Menschen vom Staat spricht, bin ich über diese Formulierung deswegen gestolpert, weil der

Mensch sich halt nicht vom Staat emanzipieren kann. Er kann natürlich gegen den Staat, in dem er lebt, vielleicht im Recht sein, aber er kann sich nicht vom Staat „emanzipieren". Das ist gar nicht vorstellbar. Also dieser Ausweg fehlt uns.

Nun mein dritter Punkt. Dieses Zugleich und Nebeneinander hat Herr *Brenner* in seiner These 6 als freundliches Nebeneinander von Staat und Religion bezeichnet. Das Wort „nebeneinander" hat er öfter wiederholt. Es ist in meinen Augen eher ein Miteinander. Es ist ja nicht ein Nebeneinander, sondern in einem; das ist ja die eigentliche Schwierigkeit. Wenn es ein Nebeneinander (sc. von Staat und Religion) wäre, wäre es möglicherweise weitaus einfacher. Die Aufklärung hat dazu geführt und mußte dazu führen, daß der Staat die Garantie für die äußere Ordnung und für den Schutz der Rechte des einzelnen haben und notfalls gegen die Religion auch durchsetzen muß, genauer: gegen die organisierte Religion durchsetzen muß. D.h., wir können vom Staat verlangen, daß er in unserer Rechtsgemeinschaft die grundlegenden Elemente garantiert und sichert, auch gegen Übergriffe der Religion oder anderer Gruppen. Das – meine ich – ist Kernstück des Staatskirchenrechts.

Der Staat ist die einzige Form, in der das möglich ist. Deswegen sind überstaatliche Erscheinungen, wie etwa der Europarat mit seiner Konvention, nicht berechtigt – und das hat ja auch Herr *Fiedler* mehrfach betont, wenn auch mit anderen Worten – gewissermaßen zu intervenieren und dem Staat, von gewissen Voraussetzungen abgesehen, die die Konvention enthält, vorzuschreiben, wie er die äußere Sicherheit, die Rechte des einzelnen und den inneren Frieden zu garantieren hat. Der Europarat kann das nicht; denn er hat keinerlei Mittel, die Garantie der Rechte sicherzustellen. Dies ist eine gewisse Grenze des Europarats und *seiner* Garantien, eine Grenze, die Herr *Fiedler* auch gekennzeichnet hat.

Nun schließlich die Vorkehrung des Staates, die in der Formulierung von dem „für alle geltenden Gesetz", nach der Weimarer Reichsverfassung, zum Ausdruck kommt. Insoweit muß der Staat m.E. auch das letzte Wort haben können. Er muß diese (sc. im für alle geltenden Gesetz verkörperten) Garantien durchsetzen können. Wie weit das geht und wo die Grenzen liegen, ist von Herrn *Brenner* in einer großen Fülle von Beispielen hier vorgetragen worden. Es ist natürlich nicht in jeder Frage sofort ersichtlich oder offenkundig, möglicherweise zum Teil auch so gar nicht rechtlich entscheidbar, sondern möglicherweise eine politische oder soziale Frage. Man kann das alles vielfach nicht punktgenau aus der Rechtsordnung entnehmen, ob etwa am Tegernsee eine Moschee gebaut werden darf oder nicht und andere Fragestellungen. Die allgemeine Formulierung von dem „für alle geltenden Gesetz" ist eine kluge Klausel.

Die Entwicklung, in der die Beziehung zwischen den religiösen und politischen Elementen des Menschen fortschreitet, ist eine geschichtliche Entwicklung kultureller und auch sittlicher Fragen. Diese Beziehung ist nicht ein für allemal gemacht und wenn wir von „Wandel" sprechen – natürlich ist es ein Wandel. Es ist gerade in dem Referat von Herrn *Robbers* sehr deutlich zum Ausdruck gekommen, daß diese Frage in unterschiedlicher Weise gelöst werden kann und gelöst worden ist, auch innerhalb des europäischen Kulturkreises. Es sind natürlich unterschiedliche Erscheinungen der Geschichtlichkeit von Kultur und Sittlichkeit vorhanden, und zu diesen gehört in meinen Augen auch das, was die These 6 von Herrn *Brenner* zum Ausdruck gebracht hat, nämlich daß dieses Verhältnis auch dadurch bestimmt wird, daß die einzelnen Staaten und Rechtsgemeinschaften eine unterschiedliche Geschichte haben und daß die Religion oder die Religionen auf unterschiedliche Weise in den Staaten integriert sind. Ein reines Trennungsprinzip oder ein Prinzip, das die Religion sozusagen einfach „auf Null" ausblendet, wäre geschichtlich irreal. Auch unsere Verfassung, das Grundgesetz, basiert auf einer solchen Vorstellung nicht.

Vorsitzender: Ich habe eine Mitteilung bekommen von Herrn *Meyer.* Herr *Meyer* fragt, ob wir an der Tradition der Kurzintervention festhalten würden; er würde gerne eine solche vorbringen. Ich glaube, das wäre sehr wünschenswert.

Meyer: Ich werde jedenfalls nicht so lange sprechen wie die Vorredner. Als ich den Beginn von Herrn *Brenners* Referat gehört habe, habe ich gesagt, endlich kommt das Thema auf die Tagesordnung, nämlich die Veränderung der Verhältnisse, und wie wir verfassungsrechtlich darauf reagieren. Er hat zwei Punkte genannt, nämlich zum einen die Multikonfessionalität, ist dem im Hinblick auf den Islam weiter nachgegangen, hat das Thema variiert und auch zu Ende geführt. Das zweite Thema, nämlich die Entkirchlichung, hat er überhaupt nicht weitergeführt, sondern hat es nur erklärt. Wenn ich Herrn *Heckel* verstanden habe, hat er gesagt, mag das Haus brennen, die Baubestandteile von 1918 sind immer noch hervorragend. Ich glaube nicht, daß wir im Jahre 1999 noch so antworten können.

Herr *Brenner*, Sie haben im Punkt 5 gesagt, staatliche Neutralität bedeute auch die Förderung der religiösen Belange. Das verstehe ich nicht. Wir sollen aus dem Neutralitätsgesichtspunkt einen Förderungsgesichtspunkt ableiten können? Sie können höchstens sagen, die Neutralität verhindert nicht, daß man sich staatspolitisch für die Förderung entscheidet. Aber es kommt ja noch schlimmer. In Punkt 13 sagen Sie einen ungeheuerlichen Satz: „Will unser freiheitlicher Staat keine Untertanen, sondern eigenverantwortliche Bürger, so muß er sie hierzu auch durch die Förderung der Religion in den Stand setzen." Heißt das nun, daß die Franzosen alle Untertanen sind? Heißt das, daß wir jahrzehntelang in unseren Vorlesungen nicht etwa mündige Bürger erzogen haben und solche, die Mündigkeit weitergeben können? Mir ist das unverständlich.

Sie haben in starken Worten gesagt, daß Art. 141 GG in den neuen Bundesländern nicht gilt. Die starken Worte ersetzen die Begründung nicht. Die Verfassung ist so in Kraft gesetzt worden, wie sie besteht. Und für den Art. 141 GG hat weder der Einigungsvertrag noch haben sonstige rechtliche Regelungen einen Vorbehalt gemacht. Was die Beteiligten gewollt haben mögen, mögen sie zwar wissen, aber es hat keinen Ausdruck in der Verfassung gefunden. Man kann sich jetzt darüber streiten, ob nach dem Sinn des Art. 141 GG dieser gerade in Brandenburg Anwendung findet. Das ist ein anderes Problem. Aber zu behaupten, der Artikel gelte überhaupt nicht, obwohl er in der Verfassung steht, ist mir unverständlich. Es ist auch noch kein Mensch auf die Idee gekommen, daß Art. 140 GG in den neuen Bundesländern nicht gilt. Wir hätten die Beteiligten dann vielleicht ja auch fragen können, ob sie das alte Staatskirchenrecht denn haben wollten oder nicht.

Ich finde es fatal, wenn man den Begriff des Reiches benutzt. Fatal, weil er natürlich eine Assoziation an die alten Zwei-Reiche-Lehre bringt, Herr *Badura* hat schon zu Recht darauf hingewiesen, daß es nicht gemeint war. Ich frage mich, was ist gemeint? Und ich möchte darauf hinweisen, daß aus diesem Reich jedenfalls eine Menge Leute ihre Staatsbürgerurkunde zurückgegeben haben.

Isensee: Jacob *Burckhardt* nannte drei Potenzen, die in wechselseitiger Bedingtheit das gesellschaftliche Leben bestimmen: Staat, Religion, Kultur. Heute scheint es, als ob nur noch zwei von ihnen wahrnehmbar seien, Staat und Kultur, nicht aber mehr die Religion. Sie tritt in die Öffentlichkeit nur noch gehüllt in den Mantel der Kultur: als Denkmalspflegerin, als Hüterin geistiger Tradition, als Mittlerin der Herkunftsprägung einer europäischen Kulturnation, als Trägerin von Erziehungsangeboten, bereit, landläufige Moralvorstellungen zu vertiefen und dazu beizutragen, political correctness zu verinnerlichen. Die Kirchen präsentieren sich gern in diesem Sinne als modern, aufgeklärt, hilfreich, mit besonderem Akzeptanzerfolg in ihren karitativen Diensten. Durchwegs sind sie ängstlich bemüht, dem weltlichen Zeitgeist kein christliches Ärgernis zu bereiten. Sie suchen Legitimation zu erlangen dadurch, daß sie sich für fähig und bereit erklären, Voraussetzungen zu kräftigen, aus denen nach *Böckenfördes* viel zitierter Sentenz der Verfassungsstaat lebt, ohne sie selbst garantieren zu können. Im Ergebnis bieten sie dem Verfassungsstaat komplementäre Dienste an und der säkularen Gesellschaft die Befriedigung von Restbedürfnissen, denen Staat und Markt nicht Genüge tun. Religion als Elementarmacht tritt so nicht in Erscheinung.

Die Kirchen reagieren verlegen und abwehrend, wenn ihnen in den Sekten Religion mit ihrer ganzen Radikalität begegnet. Sie fürchten den Vorwurf des Fundamentalismus und reihen sich ein in die gesellschaftliche Abwehrfront gegen ihn. Doch im verbreiteten Verständnis meint Fundamentalismus nicht einzelne Extrem- und Fehl-Erscheinungen des Religiösen, sondern letztlich Religion überhaupt, soweit sie sich zu der ihr eigenen Unbedingtheit erhebt und die Grenzen der aufklärerischen Vernunft überschreitet. Die Kampagne gegen die Sekten richtet sich nicht nur gegen Mißbrauch der Religionsfreiheit, sondern auch gegen ihren legitimen Gebrauch, der eben auch dem Dissenter zusteht, der vom herrschenden Glauben abweicht, wie dem, der zivilreligiöse Empfindlichkeiten der säkularen Gesellschaft verletzt.

Bei der verfassungsrechtlichen Würdigung des Verhältnisses von Staat und Religion sind zwei Ebenen zu unterscheiden, die grundrechtliche und die staatskirchenrechtliche. Die Grundrechte sind als staatsrechtliche Umsetzung der Menschenrechtsidee ihrer Intention nach universalistisch. Das Grundrecht der Religionsfreiheit hält sich allen Religionen unter den Bedingungen der Gleichheit offen. Das gilt auch für die kooperative Religionsfreiheit, die über Art. 19 Abs. 3 GG Religionsgemeinschaften als juristischen Personen offen steht. Anders das Staatskirchenrecht. Es ist autochthones Recht, das sich unter den eigentümlichen konfessionellen Gegebenheiten Deutschlands entwickelt hat, vor allem aus der Notwendigkeit des Staates, mit den beiden Großkirchen einen Ausgleich zu finden. Das Staatskirchenrecht steht zwar auf dem grundrechtlichen Fundament der Religionsfreiheit und bezieht aus ihr letztlich seine Legitimation. Doch es ist mir als eine Konkretisierung des Grundrechts. Es reicht über die allgemeine Freiheit und Gleichheit der Religion hinaus und bildet gleichsam deren institutionellen Überbau, mit Religionsunterricht, theologischen Fakultäten, Anstaltsseelsorge, Kirchensteuer, Staatsleistungen etc.

Das Staatskirchenrecht ist als im Unterschied zum Grundrecht der Religionsfreiheit national geprägt. Der Amsterdamer Vertrag erkennt es denn auch in seiner Eigenart an. Herr *Robbers* hat den besonderen Charakter des deutschen Staatskirchenrechts sehr eindrucksvoll dargestellt im Vergleich zu zwei europäischen Idealtypen, dem des Staatskirchentums und dem des Laizismus, die gleichsam rechts und links vom deutschen System zu verorten sind.

Die staatskirchenrechtlichen Normen reden von „Religionsgesellschaften", in Art. 7 Abs. 3 GG von „Religionsgemeinschaften". Der Begriff ist offen. Doch ergeben die Normen, wie Kirchenautonomie oder Körperschaftsstatus kein Passepartout, in das beliebige Inhalte eingehen können. Sie sind abgestellt auf die traditionellen Erscheinungen der „Religionsgesellschaften" in Deutschland, und das sind in erster Linie die beiden Großkirchen. Sie prägen das Leitbild. Der rechtliche Rahmen ist vornehmlich auf sie zugeschnitten. Nicht alle religiösen Phänomene, so manche neueren Sekten, passen in den Rahmen. Er läßt sich auch nicht beliebig dehnen, ohne zu zerbrechen.

Paßt der Islam in den Rahmen des deutschen Staatskirchenrechts? Hier geht es nicht um Glaubensinhalte, sondern um formale Strukturen der Organisation. Der Körperschaftsstatus setzt bestimmte Strukturen voraus, wie sie den christlichen Kirchen eigen sind, etwa Verbandscharakter, repräsentative Organe, bestimmte Größe, innere Konsistenz, Gewähr von Dauer. Strukturen dieser Art sind dem Islam von Haus aus fremd. Daher bildet er keine Institution, die dem Staat gegenübertreten und mit ihm Verantwortung teilen könnte für den Religionsunterricht als ordentliches Lehrfach in öffentlichen Schulen oder für theologische Fakultäten in staatlichen Universitäten.

Herr *Brenner* meint, einen Ausweg aus dieser Schwierigkeit gefunden zu haben: Wenn das deutsche Staatskirchenrecht nicht auf den Islam passe, wie er seiner Herkunft nach sei, dann müsse er sich eben nach der Fasson des deutschen Staatskirchenrechts verändern. Im Ergebnis fordert Herr *Brenner* die Kreation eines Teuto-Islam. Damit stellt er die staatskirchenrechtlichen Dinge auf den Kopf. Bisher folgte das Recht den realen Vorgaben der Religion und bot ihr den rechtlichen Rahmen freier Entfaltung. Nun soll sich die Religion nach den rechtlichen Vorgaben des säkularen Staates entwickeln. Doch dieser kann die Entwicklung nicht erzwingen, er hat sie noch nicht einmal anzuregen oder zu fördern. Der Verfassungsstaat züchtet sich keinen Islam nach seinen Bedürfnissen. Vielmehr wächst dieser nach eigener Gesetzlichkeit. Ob er sich dem deutschen Umfeld anpaßt oder nicht, ob er dem Staatskirchenrecht kompatibel wird oder nicht, das ist gemäß dem Grundrecht der Religionsfreiheit seine Sache. Der Staat darf nicht nachhelfen.

Mit frommen Wünschen läßt sich das Dilemma nicht lösen, daß der Religionsimport des Islam sich nicht in die Formen des deutschen Staatskirchenrechts fügt. Wenn er vom Religionsunterricht, dem Körperschaftsstatus und anderen Garantien ausgeschlossen bleibt, entsteht leicht der Eindruck, der Islam werde ausgegrenzt und diskriminiert. Wenn er aber, so wie er sich hier und heute darstellt, daran teilhat, werden die Garantien verbogen. So oder so wird das Staatskirchenrecht delegitimiert.

Herr *Brenner* empfiehlt Gelassenheit. In der Tat ist Gelassenheit immer ratsam. Doch er scheint Gelassenheit als Maxime zu verstehen, um Rechtsnormen zu interpretieren und die rechtlichen Grenzen zwischen Staat und Kirche, Staat und Individuum zu verschieben. Das ist neu. Gelassenheit ist eine Haltung, wie man mit einer Norm praktisch umgeht, nicht aber eine Direktive, wie man sie auslegt. Eine Ordnungsbehörde kann im Rahmen des Opportunitätsprinzips gelassen die Praxis des Kirchenasyls hinnehmen, obwohl es sich um eine Störung der öffentlichen Sicherheit handelt. Aber sie darf nicht kraft ihrer Gelassenheit die Befugnis beanspruchen, die Reichweite des kirchlichen Selbstbestimmungsrechts und den Inhalt des für alle geltenden Gesetzes umzuinterpretieren.

Ein Schlüsselwort für die Staat-Kirchen-Beziehungen heißt Kooperation. In der Tat arbeiten beide Seiten auf manchen Feldern zusammen, zumal in den sozialen Diensten. Doch Kooperation ist keine Kategorie des Staatskirchenrechts. Dieses scheidet die Sphären von Staat und Religionsgesellschaften. Es definiert Kompetenzen, Freiräume und Ingerenzmöglichkeiten. Die Grenzen, die das Recht zieht, bilden die Grundlage einer freiwilligen Kooperation in der Praxis. Aber Kooperation ist nur eine der Möglichkeiten, die das Recht eröffnet, nicht die einzige. Die beliebte Formel der Kooperation dient im Staatskirchenrecht leicht dazu, die rechtlichen Unterscheidungen zu überspielen, ähnlich wie die Formel vom „kooperativen Bundesstaat" die Kompetenztrennung zwischen Bund und Ländern oder die von der „Kooperation Staat – Wirtschaft" den Unterschied zwischen Staatsaufgabe und Grundrechtsfreiheit verwischen können.

Die Kooperation der Kirchen mit dem Staat wird vielfach oft als Mitmachzwang verstanden. Der Ausstieg der katholischen Kirche aus dem staatlich programmierten System der Schwangerschaftsberatung erscheint so als Rechtsbruch, der das System des Staatskirchenrechts ins Wanken bringt. In Wahrheit bildet er seine Bewährung. Die Kirche übt ihre Freiheit aus, die ihr das Staatskirchenrecht ebenso wie das Grundrecht der Religionsfreiheit garantiert, und bringt ihren eigenen Auftrag dem Staat gegenüber zur Geltung. Deshalb ist es erstaunlich, wie besorgt und betroffen sogar kirchenferne Kreise auf den Ausstieg reagieren. Vielleicht liegt die Erklärung darin, daß ein schlechtes Restgewissen der Gesellschaft sich bisher hat darin beruhigen können, daß sogar die katholische Kirche, die einzige Institution, die sich kraftvoll und eindeutig für den Schutz des ungeborenen Lebens einsetzt, eben doch an dem Verfahren beteiligt, das den Weg zur legalen Abtreibung freigibt. Der Ausstieg aber ist ein unübersehbares Zeichen des moralischen Widerspruchs. Das Staatskirchenrecht hält solche Optionen offen. Auch die Abkehr von der

Kooperation beweist, daß das freiheitliche Staatskirchenrecht noch nicht tot ist.

Schmidt-Aßmann: Die Referate haben treffsicher die Eckpunkte dessen bestimmt, was ein *allgemeines Religionsrecht* ausmacht. Zentrum dieses Rechts ist in der deutschen Tradition gewiß das Staatskirchenrecht. Aber der systematisch gespannte Bogen greift darüber hinaus. Er veranlaßt dazu, primär die individuelle Seite des Religiösen und jeder Religion ohne Rücksicht auf deren institutionelle Bedingungen zu ihrem Recht kommen zu lassen. Art. 4 GG ist nicht von Art. 140 GG her, sondern (auch) Art. 140 GG ist auf Art. 4 hin zu interpretieren. Drei dieser Punkte seien hier herausgestellt: (1) Zur Bedeutung der Religion in unserer Welt: Religion ist allen Entfremdungs- und Säkularisierungsbeobachtungen zum Trotz nicht in den Privatbereich abgedrängt. Sie ist vielmehr, wie Herr *Robbers* es als Ergebnis seiner rechtsvergleichend angelegten Ausführungen in These 40 formuliert, mehr als eine reine Privatangelegenheit. Staatliche Neutralität gegenüber Religion und Weltanschauung kann sich folglich nicht negativ in möglicher Indifferenz erschöpfen, sondern umgreift, wie Herr *Brenner* in seiner These 4 zutreffend gesagt hat, auch die Respektierung, Berücksichtigung und Förderung religiöser Belange. Nur eine ganz einseitige Auswertung der Rolle, die die Kirchen in einigen Perioden der mittelalterlichen und frühneuzeitlichen Entwicklungen gespielt haben, kann zu dem Mißverständnis veranlassen, heute sei stattdessen eine möglichst gleichmäßige Verdrängung alles Religiösem aus dem staatlichen Bereich angesagt. Neutralität hat vielmehr auch eine positive Seite, die sich aus der objektiv-rechtlichen Bedeutungsschicht des Art. 4 GG ableitet. Zutreffend ist außerdem auf die kulturstaatlichen Leistungen der Religionen und auf ihre Bedeutung zur Freiheitssicherung hingewiesen worden (Thesen Nr. 12 und 13 von Herrn *Brenner* – ich möchte hier allerdings vorschlagen, eher von „Distanz" statt von „Emanzipation" des Menschen vom Staat zu sprechen). Distanz ist eine Grundvoraussetzung des Rechtsstaates und der Demokratie und ein fester Begriff eines rechtsstaatlich-demokratischen Staats- und Verwaltungsrechts. (2) Zur Bestimmung des Religionsbegriffs: Gelegentlich wird mit bedauerndem Unterton festgestellt, das Bundesverfassungsgericht habe bisher keine griffige Definition der Begriffe Religion und Weltanschauung bieten können. Ich halte das weder für verwunderlich noch für bedauerlich. Was verlangen wir von der verfassungsgerichtlichen Judikatur eigentlich? Auch sie kann durch Begriffsbildung nur schärfer herausarbeiten, was vorher im fachwissenschaftlichen und gesellschaftlichen Diskurs vorstrukturiert worden ist. Das ist angesichts der schnellen und nachhaltigen Veränderungen, in denen sich Religionen und Weltanschauung heute befinden, noch nicht hinreichend geschehen. Deutlich ist aber immerhin, daß es um Rahmenbegriffe geht, bei deren Konkretisierung die Vorstellungen der Rechtsträger eine wichtige, aber nicht die alleinige Rolle spielen dürfen. Das methodische Problem ist aus dem Umgang mit anderen grundrechtlichen Gewährleistungen, z. B. der Garantie der Wissenschaftsfreiheit bekannt. (3) Zur religionsrechtlichen Gleichheit: Sie ist für eine allgemeines Religionsrecht ein notwendiges, aber kritisches Thema. Inwieweit darf von Seiten des Staates differenziert werden? Herr *Brenner* spricht sich in seiner These 8 für eine Gleichstellung aller Religionsgesellschaften - mit und ohne Körperschaftsstatus - aus. Das erscheint mir die zutreffende Grundlinie. Dabei sollte allerdings auch überlegt werden, inwieweit der ganz anderen historischen Bedingungen entstammende Körperschaftsstatus überhaupt für das Religionsrecht noch eine sinnvolle Entwicklungsperspektive sein kann oder ob er nicht in seinen organisationsrechtlichen Konsequenzen zu unangemessenen Einschnürungen führt. Entscheidend bleiben die Sachkriterien für die Bestimmung der religionsrechtlichen Gleichheit. Herr *Robbers* nennt hier in seiner These 41 „Bedürfnisadäquanz" und „Bedeutungsadäquanz". Das sind zutreffende Gesichtspunkte, die in einem weiter zu entwickelnden allgemeinen Religionsrecht allerdings noch wesentlich verfeinert werden müssen - ein Vorgang, der nicht ohne Spannungen und Auseinandersetzungen ablaufen wird.

Roellecke: Wir haben heute drei wunderschöne Referate gehört. Im Falle des Referates von Herrn *Robbers* hatte ich allerdings den Eindruck, als wolle Herr *Robbers* den augsburgischen Religionsfrieden von 1555 wieder rückgängig machen. Denn 1555 hat der Reichstag genau das getan, was Herr *Robbers* ausschließen möchte. Der Reichstag hat die Religionsfrage ausgeklammert. Er war zusammengekommen, um die Konfessionsfrage zu verhandeln. Dann stellten die Reichsstände fest, daß sie sich nicht einigen konnten. Sie wollten aber aus vielen guten Gründen unter dem Dach desselben Reiches zusammenbleiben. Also blieb ihnen nichts übrig, als zu erklären: Über die Religionsfrage streiten wir uns nicht mehr; wenn wir etwas zu verhandeln oder zu entscheiden haben, dann allein auf der Basis des Rechtes. Bei dieser Vertagung der Religionsfrage ist es bis heute geblieben. Die Säkularisierung von Recht und Politik ist nichts als die Ausklammerung der Religion.

Herr *Robbers* will nun die Religion auf einem Umweg wieder in die Politik einführen. Er sagt, zwar könne sich die Politik nicht mehr religiös legitimieren, aber sie bedürfe der Kultur; was wohl heißen soll, sie müsse sich kulturell legitimieren. Religion gehört zur Kultur. Also muß die Politik die Religion pflegen. Aber das ist eine gefährliche Argumentation.

In mancherlei Hinsicht ist Kultur Ersatz für Religion geworden. Historisch-politisch ist natürlich richtig, daß das Christentum den modernen Staat geprägt hat. Ohne die jahrhundertelangen Auseinandersetzungen zwischen Papst und Kaiser gäbe es heute keinen Rechtsstaat. Deshalb tun sich alle Kulturen mit dem Rechtsstaat schwer, die eine vergleichbare Auseinandersetzung nicht durchgemacht haben. Aber Herr *Robbers* will daraus natürlich nicht schließen, Religionen, die die Differenzierung zwischen geistlich und weltlich nicht in der gleichen Weise kennen wie das Christentum, sollten zur Religionsfreiheit nicht zugelassen werden. Das bedeutet aber, man kann Religion nicht einfach mit Kultur gleichsetzen. Daß Kultur der Politik bedarf, besagt daher nichts über ihr Verhältnis zur Religion.

Der theoretische Grund liegt darin, daß der Begriff „Kultur“ zu hoch aggregiert ist. Er umfaßt nicht nur Religion, sondern auch Kunst, Recht, Politik, Wirtschaft, Wissenschaft, Familie und die Person, genau genommen: alles andere. Er bedeutet auch nicht nur etwas Gutes. Man benötigt Verfassungsdogmatik, wenn man ihn rechtlich relevant präzisieren will. Verfassungsdogmatisch ist aber die Religionsfreiheit genau so zu behandeln wie alle anderen Freiheitsrechte. Auch historisch-politisch ist kein Grund ersichtlich, die Religionsfreiheit oder gar die Religion rechtlich zu privilegieren. Schließlich war es nicht die Religion, die die Modernisierung und damit die Zivilisierung der Gesellschaft vorangetrieben hat. Wie Herr *Schmidt-Aßmann* halte auch ich es für verfassungsdogmatisch geboten, den Religionsbegriff nach den gleichen Kriterien abzugrenzen wie den Kunst- oder Wissenschaftsbegriff.

Vorsitzender: Wir wollen nun versuchen, eine Zwischenbilanz zu ziehen. Es ist mir im Laufe unserer Aussprache aufgefallen, wie wenig von der Europäischen Menschenrechtskonvention die Rede war. Wäre die Thematik von Staat und Religion von Schweizer Juristen behandelt worden, so hätte ein Großteil der Voten zweifellos der EMRK gegolten. Bei uns ist die Europäische Menschenrechtskonvention nicht nur, im Sinne von Herrn *Frowein*, eine „Nebenverfassung“; sie ist zu einer Art „Überverfassung“ geworden. Darf ich vielleicht Herrn *Fiedler* bitten, den paar Ausländern, die hier anwesend sind, zu erklären, weshalb die EMRK in Deutschland eine offenbar eher untergeordnete Rolle spielt. Auch wäre es schön, wenn er im Lichte der EMRK die interessanten Ausführungen von Herrn *Robbers* über das Staatskirchentum in Großbritannien kurz kommentieren könnte: Ist es etwa mit der Europäischen Menschenrechtskonvention vereinbar, daß die obersten Repräsentanten der anglikanischen Kirche dem „House of Lords“ angehören?

Ich erteile nun, wie es der Tradition der Vereinigung entspricht, den Referenten in der Reihenfolge der Vorträge von heute morgen das Wort.

Wir würden beginnen mit Herrn *Fiedler*, dann zu Herrn *Robbers* übergehen und dann zu Herrn *Brenner*.

Fiedler: Ich fange bei dem letzten Referenten in der zeitlichen Reihenfolge an und bin dann bei Herrn *Isensee*, der nur indirekt die EMRK angesprochen hat und nicht ausdrücklich, aber zutreffend und eindrucksvoll beklagt, daß das Dreigestirn „Staat, Religion, Kultur" zusammengeschrumpft ist auf staatliche Kultur. Wenn man die EMRK nicht nur als Dekoration ansieht, die irgendwie als Blümchen an der Verfassung hängt, dann wird man erkennen, daß in der Rechtsprechung des Straßburger Gerichtshofs die Religion einen eigenen Stellenwert neben der Kultur hat. Insofern wirkt die Konvention in der Rechtsprechung gegen eine Nivellierung oder Ausklammerung der Religion. Nun zu Herrn *Frowein*, dessen Intervention verschiedene wichtige Punkte herausgehoben hat. Zunächst die These 18: Hier ist die „rigide Vertretung eigener Standpunkte" ein Zitat, das aus der Entscheidung Kokkinakis stammt. Aber, und nun kommt der Grund meiner Freude, Herr *Frowein*, in der gleichen Entscheidung wird von einem der dissentierenden Richter gesagt, diese rigide Vertretung eigener Standpunkte im Sinne von Missionierung sei der eigentliche Ausdruck von Religionsfreiheit. Also war das Gericht in sich zerstritten. Ihre – so meine ich – berechtigten Zweifel sind im Gericht auch gehegt worden. Die Schwierigkeiten beginnen dabei, wo lautere und unlautere Formen der Missionierung sowie solche ohne die rigide Vertretung eigener Meinungen beginnen oder enden. Da ist keine Klarheit zu gewinnen.

Nun beim zweiten Bereich, der Staatskirche. Ich stimme Ihnen darin zu, daß die Staatskirche bei dem Inkrafttreten der Konvention in verschiedenen Mitgliedstaaten akzeptiert wurde, mit der Folge, daß diese Staatskirche nicht in Frage gestellt wurde. Dennoch möchte ich sagen, daß angesichts dieser Situation von einem Pluralismus nicht überzeugend die Rede sein kann. Angesichts der unklaren Toleranzgrenzen gerät die Forderung des Pluralismus etwas ambivalent. Hinzu kommt, daß das Gericht eine eigene Sprache verfolgt. In einer neuen Entscheidung von 1996 taucht auf der „true pluralism" auf, d.h. der wirkliche Pluralismus. Demnach gibt es einen einfachen Pluralismus und daneben einen wirklichen, echten Pluralismus. Das Gericht ist da nicht sehr exakt.

Dann die These 26. Das ist der Punkt, bei dem ich Ihnen völlig zustimme. Ich hatte das Beispiel mit der Wahrung des religiösen Friedens in Tirol eigens gewählt, damit sich daran eine Diskussion entzünden könne. Es ist eine andere Dimension der Begründung, wenn in einem Staat oder in einer Region der religiöse Frieden gewahrt werden soll. Dies wird in Zukunft ein weiteres Problem sein, und in der hierzu ergangenen Entscheidung des Gerichtshofs ist dies als vertretbare Begründung akzeptiert worden. Viele sind darüber erschrocken. Ob es auf Dauer bei dem Erschrecken bleiben wird, weiß ich nicht. Man muß auch die andere Seite sehen, wenn aus einer Minderheit einer Region die Mehrheit wird und die Staatsmehrheit in einer Region Minderheit ist. Also vermag auch die Unterscheidung von Minderheit und Mehrheit, wie die Erfahrung zeigt, nicht immer zu überzeugen.

Einige Stichworte, die nicht einfach zu beantworten sind, hat der Herr Vorsitzende selbst genannt. Es ist bedauerlich, daß die OSZE hier nicht näher behandelt werden konnte. Ihre Behandlung hätte den zeitlichen Rahmen völlig gesprengt. Was das Bund-Länder-Verhältnis anbelangt, so hatte ich kurz in einem Nebensatz darauf hingewiesen, daß dieser Aspekt nicht hinreichend ausgeleuchtet worden ist, und zwar in der öffentlichen Diskussion wie auch durch das Bundesverfassungsgericht. Zur Staatskirche will ich nur Weniges sagen. Ich hatte mir vorgenommen, in einer Anmerkung die Staaten säuberlich aufzuzählen, in denen in Europa eine Staatskirche besteht. Ich bin bald an den Rand meines Vermögens gekommen. Wenn es nämlich darum geht, eine Staatskirche von einer privilegierten Kirche zu unterscheiden, deuten gerade Privilegien auf die Staatskirche hin, und ich habe dafür nur einige Beispiele genannt, etwa in Dänemark. Die Staatskirche und die Zusammenstellung ihrer Eigenschaften erscheinen mir nicht deutlich. Ich hoffe darauf, daß sich hier Fachleute befinden, die das Privileg von der Staatlichkeit der Kirche abgrenzen können. Jedenfalls meine ich, daß, wenn eine einzige Religion in der Gestalt einer Staatskirche vorhanden ist, innerhalb des Staates von Pluralismus in bezug auf Religionsgemeinschaften nur begrenzt die Rede sein kann.

Robbers: Ich glaube, ich darf der Reihe nach vorgehen, wobei einiges zusammengefaßt werden kann. Herr *Heckel*, als erster: Ist Wandel erforderlich im System? Ich denke, daß die Systeme, so wie sie in verschiedenen Staaten in der Europäischen Union zum Ausdruck kommen, grundsätzlich flexibel genug sind, um die Herausforderungen zu meistern, die in den Entwicklungen deutlich sind, auf die auch Herr *Meyer* hingewiesen hat. Zur Frage nach dem Religionsbegriff, die auch Herr *Schmidt-Aßmann* gestellt hat: Ich sehe keinen Mangel darin, daß es keine fixierte Definition von Religion gibt, sondern eine Chance, eine Offenheit des Systems, die erforderlich ist und erhalten werden muß. Flexible Begriffe im Dialog zu entwickeln, ist das, worum es geht. Daß das nicht einfach ist, liegt auf der Hand. Aber wir sollten uns davor scheuen, einen festen Begriff zu definieren, von dem man dann nicht wieder wegkommt. Nicht ganz sicher bin ich mir, aber Sie wissen es so viel besser als ich, wie die

Zusammenhänge der theologischen Religionsfreiheit im einzelnen zur säkularen Religionsfreiheit zu sehen sind. Ich stimme im ganzen zu, daß im weltlichen Bereich die Religionsfreiheit ein säkularer Rahmenbegriff ist. Aber er hat doch ganz entschiedene Begründungen in dem, was theologische Religionsfreiheit entwickelt hat, gerade auch in der Auseinandersetzung in der Reformation. Sicher ist Luthers Begriff von Christenfreiheit nicht der Freiheitsbegriff, den wir jetzt als grundrechtlichen Begriff haben. Aber wenn man etwa einen George *Buchanan* nennt, Ende des 16. Jahrhunderts, bei dem das Widerstandsrecht aus dem Religiösen hergeleitet wird, als individuelles Recht, so liegt hierin doch die Verknüpfung zum theologisch begründeten Recht der Religionsfreiheit, das die weltlichen Verfassungen dann weiter entfalteten. Herr *Kriele*, Sie sprechen von der Verfolgung von Sekten. Ich möchte den Sektenbegriff eher vermeiden. Er klingt pejorativ und hat so seine Kolorationen. Diejenigen, die sich in kleinen Religionsgemeinschaften finden, fühlen sich oft angegriffen von diesem Begriff, und deswegen möchte ich ihn lieber vermeiden und zur Toleranz aufrufen auch, und ich glaube, das wäre ganz in Ihrem Sinne, und gerade gegenüber intensiver religiöser Bindung, und nicht nur für so eine Leitungswasser-Religiösität. Die parlamentarischen Berichte, die es gegeben hat, haben letztlich doch zur Beruhigung und zur Toleranz beigetragen, auch wenn es zwischenzeitlich vielleicht nicht so aussah. Und wenn ich davon gesprochen habe, daß die neuen Religionsgemeinschaften eher ephemer sind, so bitte ich, Herr Vorsitzender, mich nicht so zu interpretieren, als meinte ich, daß die Sache als solche ephemer sei. Ich meine vielmehr, daß dies systemephemer ist. Das System kann das tragen, es ist für das System kein Problem. Für die Einzelnen, Betroffenen, ist es natürlich eine ganz wichtige Sache.

Herr *Bachof*, ich fürchte, daß nicht genug Zeit ist, als daß ich mich in der Form, wie es geboten wäre, bei Ihnen – wirklich von Herzen – bedanken könnte für die eindrucksvolle Schilderung der Bekennenden Kirche und des Nationalsozialismus. Darf ich nur das eine aufnehmen: daß ich darin die deutliche Mahnung finde, die ich nur unterstreichen kann, in der Religion das antitotalitäre Element zu sehen, das in ihr enthalten ist. Wenn man die Religion in diesem Sinne sieht, daß man sich doch vom Staat emanzipieren kann, weil man einen Ausweg hat, einen inneren Ausweg zwar, aber einen Ausweg: Das ist Freiheit auch, und das wissen die Menschen. Auch dies zu Herrn *Bachof* noch, aber zu einigen anderen auch, auch zu Herrn *Meyer*: Es ist so unbefragt die Säkularisierung immer noch so weiterbehauptet worden. Ich denke, daß die Säkularisierung zu einem Ende kommt. Die Säkularisierung geht nicht so weiter wie es sie gegeben hat, im Gegenteil, sie stößt an Grenzen. Die Kirchen haben es nur noch nicht gemerkt. Herr *Böckenförde*, zur Frage der Entfaltungsfreiheit und der Religionsfreiheit in Frankreich: Mir scheint, die Besonderheiten resultieren mehr aus Fragen des Begriffes von privat und öffentlich, der in Frankreich ein Stück weit anders gesehen wird als in Deutschland. Deswegen sind letztlich die praktischen Lösungen heute doch ganz ähnlich. Es gibt eine intensive, positive Laizität, die zur Förderung des Religiösen genutzt wird. Herr *Badura*, daß nur die Religionsfreiheit behandelt worden wäre, sehe ich nicht. Auch der Staat ist angesprochen, im übrigen in allen drei Referaten. Die Integrationsfähigkeit von Religion in die staatliche Gemeinschaft hinein hat eine wichtige Rolle gespielt, und ich wollte das besonders betonen. Und hier darf ich vielleicht anknüpfen auch an das, was Herr *Hollerbach* eher kritisch und zu Recht sicher kritisch gesagt hat, ob die allgemeine Staatslehre zu kurz gekommen sei, Staatslegitimation hatten Sie als Stichwort genannt, Herr Vorsitzender. Vielleicht darf ich eine Dimension meines Referats stärker ins Licht heben, als sie bisher ins Licht gekommen ist. Mir scheint der Staat tatsächlich sich in außernationale Perspektiven hinein zu entwikkeln. Dies ist ein wichtiges Phänomen auch für die Religionsgemeinschaften; ich spreche von einer Plurivalenz öffentlich wirkender Kraftfelder. Das löst den Staat zu einem nicht unerheblichen Teil auf. Es bleibt allerdings die Staatlichkeit. Das Phänomen der Staatlichkeit ist aber etwas anderes als der Staat als solcher. Staatlichkeit ist wichtig, aber der Staat in einem persönlichen Sinne oder im Sinne einer bestimmten Institution, die Einheit des Staates, löst sich auf in verschiedene Horizonte hinein. Für Frankreich und für das Vereinigte Königreich ist der Staatsbegriff im übrigen sehr unterschiedlich zu sehen. Für den Vergleich muß man einen weiteren Begriff von Staat und Staatlichkeit einführen. Das könnte und müßte in der Tat noch weiter ausgeführt werden. Zur Staatslegitimation denke ich, daß hier die konkreten Funktionen von Religion für die verschiedenen Staaten intensiv gewürdigt werden müssen; hier eben liegen die wichtigen Unterschiede. Zum Islam: Ich kann nur nochmals unterstreichen, was auch Herr *Brenner* gesagt hat, daß hier ein Stück Gelassenheit wichtig ist. Ich möchte mich dabei auch an dem Begriff Gelassenheit festhalten lassen. Die meisten Strömungen des Islam sind nicht fundamentalistisch im Sinne von Gewaltbereitschaft und Gewalttätigkeit, sondern würdige Religion. Man sollte sich nicht nur vor den Auswüchsen fürchten, die gibt es auch in anderen Religionen. Ich meine mit Gelassenheit, daß Gesprächsbereitschaft notwendig ist, daß man Religionsfreiheit – selbstverständlich – auch für den Islam anerkennt. Im übrigen scheint mir selbstverständlich zu sein, vielleicht darf ich doch auch hierauf noch hinweisen, daß der Islam auch für das Abendland, für unsere Kultur, ganz prägende Momente beigetragen hat. Der Thomismus etwa wäre so nicht denkbar, und das Abendland wäre so wie wir es kennen nicht denkbar ohne den Aristotelismus, und den haben wir wesentlich über den Islam. Dies ist ein, nur ein Beispiel von vielen.

Herr *Frowein*, der religiöse Friede ist ein ganz wichtiges Gut. Ich kann Ihnen nur zustimmen, und wenn der Herr Vorsitzende mich nun an die Zeit mahnt, muß ich einfach alle diejenigen um Nachsicht bitten, die ich jetzt nicht im einzelnen anspreche. Ich will versuchen, dies im Schlußwort nachzuholen.

Brenner: Meine sehr verehrten Damen und Herren, es gab eine Fülle von Wortmeldungen. Zeitnot ist vorhanden, deshalb bitte ich jetzt schon um Verständnis, wenn ich nicht alle Wortmeldungen umfassend beantworten kann. Ich darf vielleicht vorweg schon einen Punkt zu bedenken geben. Das Thema meines Referates lautete „Staat und Religion", nicht hingegen „Staat und Kirche". Deswegen sind Themen, die sich aus dem Bereich des Verhältnisses von Staat und Kirche rekrutieren, in den Vorträgen, auch in meinem Vortrag, nicht oder allenfalls am Rande behandelt worden.

Ich darf in der Reihenfolge der Wortmeldungen vorgehen. Herr *Heckel*, Sie haben sehr umfassend Stellung genommen, auch zu meinem Referat. Ich darf daher nur einige Punkte herausgreifen. Ich stimme Ihnen gerne zu, wenn Sie sagen, daß das Selbstverständnis zu wahren ist. Ich habe das ja auch in meinem Vortrag angesprochen und in diesem Zusammenhang zu mehr Gelassenheit geraten; etwa im Hinblick auf das Schächten habe ich das ausdrücklich betont. Sie sind dann, wie auch einige andere Redner, auf LER eingegangen. LER ist in der Tat keine Verwirklichung der Religionsfreiheit. Ich habe versucht klarzumachen, daß gerade der Religionsunterricht die Chance bietet, das Religiöse zu fördern. Auch in einem neutralen Staat, Herr *Meyer*, ist dies möglich. Ich bin jedenfalls der Auffassung, daß LER dem Verfassungsgebot der Förderung des Religiösen gerade nicht Rechnung trägt. Schließlich sind Sie, Herr *Heckel*, auf den islamischen Religionsunterricht eingegangen, dessen Durchführung auch ich für wichtig und richtig halte, wie ich das ja auch in meinem Vortrag gesagt habe. Ich darf hier vielleicht nur ergänzend erwähnen, daß sich mittlerweile nicht nur die CDU für die Durchführung islamischen Religionsunterrichts ausgesprochen hat, sondern ganz dezidiert auch die evangelische Kirche. Herr *Kriele*, Sie sind auf die Sektenverfolgung eingegangen. Ich darf in diesem Zusammenhang nur kurz unterstreichen, daß nach meiner Auffassung alle Religionen gleich behandelt werden müssen. Ich habe das in meinem Referat ja betont. Der Religionsbegriff des Grundgesetzes in Art. 4 ist offen, und diese Offenheit gilt es natürlich auch im Hinblick auf Sekten, auf Jugendreligionen, auf den gesamten Esoterikmarkt hin bezogen anzuwenden. Herr *Hollerbach*, auch Sie haben eine Fülle von Problemen angesprochen. Sie haben insbesondere den Islam erneut thematisiert. Es ist der Islam, der zukünftig gefordert sein wird, ich darf das nochmals so sagen. Der Islam muß schon auf das deutsche Recht, namentlich auf das deutsche Staatskirchenrecht zugehen. Zwar darf die Seele des Islam nicht eingedeutscht werden. Wir können jedoch vom Islam schon verlangen, daß er deutsche Kleider anlegt, wenn er etwa in den Genuß und damit in die Vorteile des Körperschaftsstatus kommen will. Sie haben dann noch, Herr *Hollerbach*, meine These 8 angesprochen. Es war in der Tat eine einfachgesetzliche Angleichung in diesem Zusammenhang gemeint. Ich habe nicht etwa einer Verfassungsänderung das Wort geredet. Herr *Frowein*, Sie haben ebenfalls eine Reihe von Problemen angesprochen. So haben Sie etwa Zweifel an dem religiösen Ursprung der Wiedervereinigung geäußert. Nun waren meine Äußerungen natürlich nicht so gemeint, daß die Wiedervereinigung gewissermaßen originiär aus dem geistlichen Bereich kam; aber wir dürfen, glaube ich, nicht vergessen, daß die Montagsdemonstrationen im geistlichen Bereich zumindest auch ihre Wurzeln hatten. Das ist, glaube ich, in Ostdeutschland schon so gewesen, eindrucksvoller vielleicht noch andernorts in Osteuropa, etwa in Polen. Dort hat doch die katholische Kirche ganz maßgeblich dazu beigetragen, daß das kommunistische Regime gestürzt wurde. Sie haben dann noch auf einen vermeintlichen Widerspruch zwischen meiner These 7 und meiner These 13 hingewiesen. Es ist indes kein Widerspruch zwischen diesen beiden Thesen vorhanden. Ich habe gesagt, es darf keinen kulturellen Vorbehalt geben, alle Religionen sind vom Grundgesetz geschützt. Und diese Aussage wird ja eigentlich durch die These 13 erst gefördert. Beide Thesen stehen daher überhaupt nicht in einem Gegensatz. Wir müssen, das haben Sie auch angesprochen, Herr *Frowein*, den Ruf des Muezzin schon aus Gründen der Gleichheit und der religiösen Toleranz hinnehmen. Es bietet aber, ich habe das kurz in meinem Vortrag angesprochen, das einfache Recht natürlich hinreichend Möglichkeiten, um hier eine Differenzierung vorzunehmen. In der Praxis wird es selbstredend anders zu beurteilen sein, ob am Schliersee in einer kleinen Gemeinde eine Moschee errichtet werden soll oder dies etwa in Berlin-Kreuzberg der Fall sein soll. Das Baurecht beispielsweise und auch das Immissionsschutzrecht bieten hier entsprechende Differenzierungsmöglichkeiten. Herr *Bachof*, ich darf mich im Hinblick auf Ihre Äußerung den Worten von Herrn *Robbers* anschließen. Sie haben auf meine These 1 und meine These 14 Bezug genommen, und darüber freue ich mich. Ich bin zuversichtlich, daß wir auch zukünftig ein selbstbewußtes geistliches Reich haben werden, das dem Weltlichen gegenüberzutreten vermag. Herr *Böckenförde*, Sie haben eine Reihe von sehr interessanten Fragen angesprochen. Ich darf einige davon herausgreifen.

Sie haben die Zeugen Jehovas angesprochen sowie die Entscheidung des Bundesverwaltungsgerichts, die ich ja auch thematisiert habe. Und Sie haben zu Recht, das darf ich noch einmal betonen, darauf hingewiesen, daß die Zeugen Jehovas rechtstreu sind. Es gab ja weder in der Entscheidung noch sonstwo Vorwürfe gegen die Zeugen Jehovas, daß sie sich etwa kriminell oder rechtsuntreu verhalten würden. Die Zeugen Jehovas dürfen eben nur nicht wählen. Und dies dann als Kriterium dafür heranzuziehen, daß den Zeugen Jehovas der Körperschaftsstatus nicht eingeräumt wird, halte ich, um den Begriff noch einmal zu erwähnen, für etwas antiquiert und der Sache nicht angemessen. Die anderen Aspekte, die Sie angesprochen haben, insbesondere die Grundrechtsfragen, haben im Hinblick auf das, was ich ausgeführt habe, ihren Ansatz letztendlich im Kruzifix-Beschluß des Bundesverfassungsgerichts. Wenn wir davon ausgehen, daß das Kreuz eben diesen Inhalt hat, den ihm das Bundesverfassungsgericht beigelegt hat, dann können wir die Sache bei dem Kopftuch der Frau Ludin nicht anders entscheiden. Wenn wir sagen würden, daß das Kreuz lediglich kulturellen Charakter hat und deswegen natürlich auch getragen werden kann, dann ließe sich diese Argumentation auch im Hinblick auf das Kopftuch hören. Wenn wir indes sagen, daß dem Kreuz missionarischer Charakter zukommt, dann ist aus Gründen der Gleichheit, wie ich meine, beim Kopftuch eine andere Wertung als beim Kreuz nicht möglich. Herr *Badura*, Sie haben die Gegenüberstellung der zwei Reiche, die ich verwendet habe, kritisiert und gesagt, daß es ja eigentlich nur ein Reich wäre. Ich darf sagen, daß ich diese Unterscheidung natürlich nicht etwa im Sinne der Thomas von Aquin'schen Unterscheidung aus dem Mittelalter verwendet habe, sondern einfach deshalb, um die beiden Sphären, die sich ja stets in einem Menschen gegenübertreten, etwas deutlicher vor Augen zu stellen, dem Menschen also, in dem sich sowohl geistliche wie auch weltliche Ansprüche, wenn Sie so wollen, bündeln. In diesem Verständnis soll der Kaiser bekommen, was des Kaisers ist, aber eben auch Gott, was Gottes ist. Deswegen sollte diese Formulierung von den beiden Reichen und damit des Verhältnisses der beiden Reiche zueinander in dem Zusammenhang verstanden werden, wie die Anforderungen sowohl des weltlichen wie auch des geistlichen Reichs im ausgehenden Jahrhundert einander zuzuordnen sind. Und damit im Zusammenhang steht natürlich auch der Begriff der Kooperation und der Emanzipation, worauf Herr *Robbers* gerade auch schon hingewiesen hat. Ich stimme Ihnen zu, daß der Staat insoweit das letzte Wort haben muß. Ich habe das ja etwa auch im Zusammenhang mit Scientology erwähnt. Hier muß der Staat die Freiheit besitzen, in der Tat etwa zu sagen, daß Art. 4 GG als Deckmantel verwendet wird mit der Folge, daß dann der Schutz der Religionsfreiheit ausscheidet. Und daß der Bau der

Moschee am Tegernsee – wie gesagt worden ist – nur bedingt an rechtlichen Maßstäben zu beurteilen ist, das würde ich doch mit einem gewissen Fragezeichen versehen wollen. Natürlich ist die Frage der kulturellen Prägung einer Region von Bedeutung. Das Gesetz, das einfache Gesetz spricht ja in diesem Zusammenhang etwa auch vom Aspekt der Sozialadäquanz. Aber selbstredend muß diese Frage anhand des geltenden Rechtes entschieden werden; die Frage, ob die Moschee nun gebaut werden darf oder nicht, ist eine Frage, die sich nach dem Bauplanungsrecht und nach den Maßgaben des Bauordnungsrechts, möglicherweise auch nach denen des Bundesimmissionsschutzgesetzes bemißt. Herr *Meyer*, Sie haben kritisiert, daß die Entkirchlichung von mir nicht weiter angesprochen worden ist. Da darf ich auf die Absprache mit dem Vorstand der Vereinigung verweisen. Wir hatten die Vorgabe, das Thema „Staat und Religion" und nicht das Thema „Staat und Kirche" zu behandeln. Sie haben dann gesagt, daß Neutralität nicht Förderung bedeuten könne. Ich frage dagegen: Warum nicht? Unser deutsches Neutralitätsverständnis im Zusammenhang mit der Religion und im Bereich des Staatskirchenrechts ist doch so zu verstehen, daß die Neutralität eine – ich will sagen – positive Neutralität ist, die gerade eben auch die Förderung des Religiösen einschließen kann. Für mich läßt die Frage, so wie Sie sie gestellt haben, den spezifisch deutschen Gehalt der Neutralität außer Ansatz. Herr *Isensee*, Sie haben ebenfalls eine Fülle von Problemen angesprochen, die ich – ich bitte um Nachsicht – aus Zeitgründen nicht alle umfassend behandeln kann. Sie haben vom Teuto-Islam gesprochen – ein schöner Begriff. Im Grunde genommen deutet er an, was wir, glaube ich, vom Islam erwarten müssen, was wir aber dem Islam auch geben müssen. Die Dinge müssen wachsen, haben Sie gesagt. Da stimme ich Ihnen zu. Ich habe versucht, dies in meinem Vortrag deutlich zu machen: Der Islam muß auf den Staat zugehen, aber der Staat, der deutsche Staat, darf eben auch erwarten, daß auf islamischer Seite etwas passiert. Ich darf in diesem Zusammenhang nochmals das Urteil des Oberverwaltungsgerichts Berlin in Erinnerung rufen. Die Einrichtung eines Fördervereins und die Akzeptanz dieses Fördervereins weist nach meiner Ansicht für die Durchführung des Religionsunterrichts in die richtige Richtung und ist Ausdruck eines solchen gegenseitigen Aufeinanderzugehens. Herr *Schmidt-Aßmann*, ich darf nur kurz auf Ihre Äußerung eingehen, weil Sie das, was ich gesagt habe, im wesentlichen richtig verstanden und mir ja auch zugestimmt haben. Doch haben Sie sich am Begriff der Distanzierung gestört bzw. haben vorgeschlagen, den Begriff der Distanzierung statt desjenigen der Emanzipation zu wählen. Ich darf in diesem Zusammenhang vielleicht zur Erläuterung anfügen, daß ich diesen Begriff der Emanzipation ganz bewußt gewählt habe, weil er die Perspektive auch der neuen Bundesländer deutlich machen sollte. In den alten Bundesländern wäre vielleicht der Begriff der Distanzierung angebrachter.

Bullinger: Herr *Brenner*, Sie haben mutig kritisiert und neue Ideen entwickelt. In einem Punkt waren Sie zu zurückhaltend, in Ihren Thesen 13 und 14. Michail Gorbatschow weist in seinem ersten auch auf Deutsch veröffentlichten Buch darauf hin, er glaube, Religion sei für einen freiheitlichen Staat, wie er jetzt entstehe, lebensnotwendig. Sonst werde Freiheit zum Räubertum, zum puren Ausleben eines reinen Egoismus. Er sei deshalb dafür, die nun aufzugebende kommunistische Ersatzreligion in irgendeiner Form abzulösen. Jeder möge wählen was er wolle, aber jeder müsse irgendeine Religion haben, damit er auch an etwas Höheres glaube und sich an höhere Werte gebunden fühle. Gorbatschow hat die Probleme vorhergesehen, die sich in den früheren kommunistischen Ländern stellen. Für uns ist die Frage: Müssen wir nicht das Thema „Staat und Religion" auch unter diesem Aspekt sehen? Ist Religion oder Ersatzreligion ein notwendiges Element einer freiheitlichen Demokratie, weil sonst Freiheit nicht in einer Weise vorgebunden ist, die, ob Sie es Moral nennen oder Religion, lebenswichtig ist für ein freiheitliches demokratisches Gemeinwesen?

Püttner: Ich kann daran anknüpfen, und ich meine auch, das sage ich direkt zu Herrn *Meyer*, daß doch die ethische Erziehungsarbeit, die im Religionsunterricht geleistet wird, sicherlich schon ein Beitrag auch für die staatsbürgerliche Erziehung ist. Wenn schon miteinander, dann auch in dieser Beziehung, möchte ich meinen. Aber dann zu Herrn *Brenner* zur DDR (ich will es kurz machen): Wenn man sich dieses Konzept (LER) einmal näher ansieht (ich habe Unterrichtsmaterial durchgearbeitet), dann stellt man fest, daß hier eine außerordentlich delikate Situation gegeben ist. Denn wie soll ein staatlicher Lehrer, normalerweise selbst Atheist, auf der Grundlage kurzer Handreichungen denn eigentlich etwas vorstellen, was er selbst nicht kennt (die Religionen). Man müßte also eigentlich fragen, das frage ich Sie dann auch: Müßten nicht eigentlich im Rahmen eines solchen staatlichen Unterrichts Vertreter der einzelnen Religionsgemeinschaften, auch des Islam, eingeladen werden, ihre Religion vorzustellen; das könnte doch eigentlich nur dem Neutralitätsgebot gerecht werden, während die Vermittlung durch einen staatlichen, solide oder kurz vorgebildeten Lehrer keineswegs das Richtige sein kann.

Haverkate: Das geltende Staatskirchenrecht ist eine brisante Mischung von Nähe und Distanz zwischen Staat und Religion. Die Frage, wie man diese Elemente der Nähe und Distanz interpretiert, ist die zentrale Frage, der wir uns heute gewidmet haben. In den bisherigen Beiträgen scheint mir nicht hinlänglich deutlich geworden zu sein, daß sowohl Nähe als auch Distanz doppeldeutig sind. Wir haben uns in unserem Staatskirchenrecht daran gewöhnt, daß eine sozusagen proreligiöse, prokirchliche Tendenz Ausdruck findet in einer Bejahung von Nähe zwischen Staat und organisierter Religion, in einer Bejahung des öffentlich-rechtlichen Status, in einer Bejahung auch besonderer Förderung. Verneinung solcher Nähe wird dem entsprechend gemeinhin als Ausdruck einer antikirchlichen, antireligiösen Haltung verstanden. Der Kruzifix-Beschluß ist noch ganz von dieser Dichotomie geprägt. In Wahrheit ist diese Sache viel komplexer. So kann die Bejahung von Nähe auch eine ganz andere Bedeutung haben. Der Staat, seit Beginn der Neuzeit ist hungrig nach Nähe zur Religion; Religion verschafft ihm nämlich eine wunderbare Legitimationsbasis. Staat will Herrschaft, Herrschaft ist erst dann vollkommen, wenn sie sich des Innern des Bürgers bemächtigt. Spinoza hat das auf die wunderbare Formel gebracht: Herrschaft ist die Macht über die Herzen; und daraus hat er gefolgert, deshalb dürfe und könne Staat keine Kultfreiheit gewähren (und er stellt sich dann um der Integrität des Staates willen auch ganz hinter das Programm einer Ablehnung der Kultfreiheit). Auf der anderen Seite kann auch die Ablehnung, die Verneinung von Nähe eine ganz andere als eine antikirchliche Affektbesetzung verraten. Ich habe noch im Ohr, wie Gustav Heinemann, der ja in seinem Leben durch die Kirchenverfolgungen der Nazizeit geprägt war, sagte: Es gebe auch eine andere Art der Kirchenverfolgung, nämlich eine Verfolgung durch die Gewährung von Privilegien. Mir scheint, wir haben dieser Doppeldeutigkeit von Distanz und Nähe vielleicht doch noch nicht hinlänglich Rechnung getragen. Es kommt darauf an, diese Doppeldeutigkeit zu erkennen und Distanz und Nähe in Balance zu halten. Es kommt darauf an, die Gleichheit zwischen Religionen, Konfessionen und Weltanschauungen mit möglichst wenig Elementen einer staatlichen Bewertung zu beladen, sie also möglichst formal zu fassen. Den Begriff „Bedeutungsadäquanz", wie er vorhin benutzt wurde, versehe ich mit drei Fragezeichen. Herr *Brenner*, Ihre These 8 wäre da ganz auf meiner Linie. Der Staat muß Raum geben für die Entfaltung der Bürger auf religiösem Gebiet und darf nicht Partei ergreifen. Unter diesem Gesichtspunkt ist natürlich jede Art von Förderung sehr zweifelhaft und in höchstem Maße begründungsbedürftig und immer wieder in der Gefahr zu entgleisen. Wir kennen das doch aus dem Subventionsrecht: Subventionierung heißt ungleiche Förderung. Dürfen wir Ungleichheit auf diesem Gebiet herstellen? Wer stellt uns die richtigen Kriterien für eine differenzierende Förderung zur Verfügung? Noch bedenklicher scheint mir unter diesem Gesichtspunkt die vorhin angeführte „Stabilisierungsfunktion" der Religion zu Gunsten des Staates. Der Christ liest in der Bibel: der Geist weht wo er will und der Öffentlichrechtler (wenn er denn die soeben erwähnte Stabilisierungsfunktion in Rechnung stellt), wird dann seinem Abendgebet noch einen kleinen Zusatz hinzufügen: der Geist mag wehen, wo er will – aber bitte nur nach Maßgabe des staatlichen Stabilisierungsinteresses. – Sollte es wirklich angehen, daß wir als Staatsrechtler Religion in dieser Weise funktionalisieren und vor den Karren des staatlichen Stabilitätsinteresses spannen?

Zum Schluß: Herr *Brenner*, Sie haben noch einmal die bayerische Linie verfochten – das Kreuz als Kultursymbol gerechtfertigt. Mir fiel dabei eine Geschichte ein, die Kierkegaard erzählt: Ein Pfarrer der dänischen Staatskirche predigt am Karfreitag über den Kreuzestod Christi, und zwar so anrührend, daß die Gemeinde weint. Und da tröstet der Pfarrer seine Gemeinde und sagt: Liebe Christen, weinet nicht – wer weiß, ob die Geschichte wahr ist. – Dieser Pfarrer, der offensichtlich seinen Halt nicht im Wort Gottes fand, sondern in seinem öffentlich-rechtlich ausgestalteten Lehrverhältnis und in seiner Stabilisierungsfunktion, der hat eigentlich nichts anderes getan, als – das Kreuz als Kultursymbol genommen. Die Frage, die sich hier doch stellt: Darf der Staat so mit einem zentralen religiösen Symbol umgehen, daß er es kurzer Hand, um die verfassungsrechtliche Problematik zu entschärfen, per Gesetz zu einem Kultursymbol umdeutet und es auf diese Weise ins Unverbindliche herunterzieht?

Zuleeg: Ich meine, daß der individuelle Grundrechtsschutz etwas zu kurz gekommen ist. Ich denke dabei nicht nur an die Glaubensfreiheit, sondern auch andere Grundrechte und möchte dafür zwei Beispiele vorbringen. Ich meine, daß ein Grundrechtsschutz im Wege der Drittwirkung auch gegenüber den Glaubensgemeinschaften notwendig ist und möchte dafür ein Beispiel aus dem Bereich des Arbeitsrechts vorführen. Kirchliche Wohlfahrtsverbände und soziale Leistungsträger erbringen Leistungen finanziert vom Staat. Und noch immer, ich habe mich erkundigt, ist es so, daß bei den katholischen Trägern jemand entlassen wird, wenn er nach einer Scheidung wieder heiratet. Da fragt sich doch, ob das mit dem Grundrecht des Schutzes der Ehe im Einklang steht. Das Bundesverfassungsgericht hat allerdings gesagt, ein solches Verhalten ist dem Selbstverständnis der Kirche überlassen. Ich meine aber, daß der Schutz von Ehe und Familie berücksichtigt werden muß, daß außerdem berücksichtigt werden muß, daß diese Träger weitgehend vom Staat finanziert werden. Dann müssen sie sich auch den staatlichen Regeln anpassen.

Ein zweiter Punkt, der von Herrn *Brenner* angeschnitten worden ist, müßte man, wie ich glaube, noch vertiefen: die Frage der Grundrechtsvorsorge. Der Schutz der Einzelnen, insbesondere von Kindern, wurde erwähnt. Ich möchte dafür einige Beispiele aufführen: Erniedrigung, Verletzung, Psychoterror gegen Glaubensanhänger und gegen Kinder auch. Ich meine zwar, daß der Staat bei solchen Vorkommnissen grundsätzlich einschreiten muß, aber die große Frage ist, die ich Ihnen weitergeben will, wo soll die Grenze sein.

Morlok: Herr Vorsitzender, meine Damen und Herren. Lassen Sie mich mit einer Äußerlichkeit beginnen. In den letzten 50 Jahren hat diese Vereinigung zum dritten Mal den nämlichen Gegenstand zum Thema ihrer Beratungen gemacht. Mir scheint, daß dessen jeweilige Formulierung durchaus Aufschluß gibt über Entwicklungen in der Sache selber. Zunächst war 1952 unproblematisiert die Rede von „Staatskirchenrecht". 1967 war man auf Distanz gegangen: „Kirche unter dem Grundgesetz" – nicht mehr der Staat, sondern die Verfassung stand im Mittelpunkt und deren vollständige Implementation damit an; und jetzt heute „Staat und Religion". Bemerkenswerterweise war unter diesem Titel jedenfalls von den Referenten eben keine Engführung auf den Staat betrieben worden, sondern ganz im Gegenteil, eine ganz bemerkenswerte Entgrenzung. Die erste Entgrenzung geschah im Hinblick auf den Staat. Wir haben die internationale Rechtslage uns angesehen und mein Eindruck ist, daß wir entgegen einer bisher weitverbreiteten Übung lernen müssen, daß der Diskussionsstand aus dem internationalen Recht uns durchaus befruchten kann und daß dessen höchst attraktive Problemformulierungen und Lösungsvorschläge auch im nationalen Recht zu verwenden sind. Die internationale Diskussion macht uns aber auch aufmerksam auf das Problem der Heterogenität im Regelungsfeld. Beim internationalen Menschenrechtsschutz fragt sich ja, ob dessen Maßstäbe überall angemessen sind. Bei Herrn *Fiedler* haben wir gehört, das Recht müsse historischen Besonderheiten gerecht werden können. In Deutschland kennen wir das auch. So wird reklamiert, beim Schulkreuz müsse man Raum haben für bayerische Besonderheiten. Dazu zwei Fragen. Erstens: Wie kann dieser Raum für Besonderheiten rechtlich gefaßt werden? Herr *Fiedler* hat einen Beurteilungsspielraum des Gerichts genannt; Wie sieht es mit materiellen Regelungen aus und wie mit der Bundesstaatlichkeit? Und zum zweiten: Wie werde ich solchen Besonderheiten methodisch gerecht, wenn es keine rechtlichen Vorgaben gibt? Wir können nicht einfach sagen, das ist etwas Besonderes, um dann zu einer rechtlichen Variation zu kommen. Wie wird die sachliche Besonderheit in eine gerechtfertigte rechtliche Sonderbehandlung übersetzt? Wir brauchen da Transkriptionsmechanismen. Der religiöse Friede scheint mir ein solcher zu sein, freilich ist er nicht unproblematisch: Wer besonders laut und intolerant sich verhält, der findet Aufmerksamkeit und die Chance der Beachtung seiner Spezifität. Aber welche andere Möglichkeiten, die faktischen Besonderheiten rechtlich zur Geltung zu bringen, gibt es? Eine zweite Entgrenzung erfolgte dann auch im Hinblick auf Religion, nicht nur Kirchen, sondern alle Religionsgesellschaften, auch kleine rücken ins Blickfeld. Mir scheint, daß wir in allen Verbändediskussionen viel zu stark fixiert sind auf die großen Verbände. Auch kleine Parteien haben riesige Probleme, nicht nur kleine Religionsgemeinschaften. Daß das Recht auch für die kleinen gilt, ist eine Selbstverständlichkeit. Aber wir müssen auch die Dogmatik so anlegen, daß sie auch auf die kleinen paßt; wir dürfen nicht nach dem Strickmuster der großen Verbände die Dogmatik für die Anwendung des Rechts schlechthin erarbeiten.

Zum Schluß noch eine Frage an Herrn *Robbers*. Ihr Eingangssatz „Religionsrecht ist symbolisches Recht" hat mich provoziert zu der Frage: Meinen Sie das denn ernst, daß Religionsrecht nur symbolisches Recht sei im Sinne von Edelmans symbolischer Gesetzgebung – das vermute ich nicht. Sie meinen wahrscheinlich, Religionsrecht sei Recht für einen Gegenstandsbereich, der ganz entscheidend in Symbolen lebt und durch Symbole praktiziert wird. Wenn das gemeint ist, dann muß man das auch wirklich ernstnehmen und fragen: Was bedeutet das denn? Wir brauchen ein Recht, das dem symbolischen Gegenstand angemessen ist. Ein bestimmter Symbolgebrauch ist dann die Sache selbst; für die Schulkreuzproblematik wäre demnach der Symbolgebrauch dann das wesentliche und nicht nur eine Äußerlichkeit. Oder allgemeiner gefragt: Wir wissen, wie das Recht umgeht mit den Problemen des Warentauschs. Wie geht das Recht um mit Fragen des angemessenen Symbolgebrauchs? Mir scheint es höchst fruchtbar zu sein in diese Richtung, die Sie angedeutet haben, weiter zu fragen.

Hufen: Wegen des Zeitdrucks möchte ich mich auf den Bereich unseres Themas beschränken, in dem Religion und Staat kooperieren. Gerade in der Bundesrepublik ist es ja wichtig, daß der öffentliche Status der Kirchen und ihre Aufgaben im Sozialstaat ein Miteinander und nicht ein Nebeneinander bedingen. Was nun das Miteinander angeht, so ist dieses in jüngster Zeit gerade in bezug auf die katholische Kirche bekanntlich nicht immer freundlich gewesen. Herr *Hollerbach* hat darauf hingewiesen, daß die katholische Kirche mit dem zweiten Vatikanum den Frieden mit der Gewissensfreiheit und den Grundsätzen des westlichen Verfassungsstaats gemacht habe. Das gilt sicherlich für die Kirche des zweiten vatikanischen Konzils, aber ich frage mich doch, ob diese Kirche nicht in vielerlei Hinsicht längst wieder auf dem Rückweg ist. In dieser Beziehung ist der Konflikt um die Schwangerschaftskonfliktberatung wohl in der Tat ein beängstigendes Zeichen. Deshalb möchte ich auch Herrn *Isensee* in aller Deutlichkeit widersprechen, wenn er gerade diesen Konflikt als ein

Zeichen dafür bezeichnet, daß das Staatskirchenrecht und das kirchliche Selbstbestimmungsrecht leben. Nun kann man natürlich die Ehescheidung als Triumph des ehelichen Selbstbestimmungsrechts bezeichnen. Für mich aber kennzeichnet der genannte Vorgang in der Tat eine Krise des Staatskirchenrechts. Dieses kann innerhalb unseres Verfassungsstaates nur weiterleben und in dem Maße leben, indem es von dem Kopf der staatskirchenrechtlichen Historie auf die Füße der Grundrechtsdogmatik gestellt wird. Und Grundrechtsdogmatik heißt eben Verhältnismäßigkeit, heißt praktische Konkordanz, heißt Zuordnung von Grundrechten und nicht die einseitige Durchsetzung eines isolierten Selbstbestimmungsrechts einer Körperschaft des öffentlichen Rechts. Selbstverständlich ist es richtig, daß die Kirchen in erster Linie Träger von Grundrechten und nicht deren Adressaten sind. Ebenso richtig ist aber, daß sie bei der Ausübung dieser Grundrechtspositionen wie jeder andere Grundrechtsträger an die Schranken der Grundrechte anderer gebunden sind. Und insofern ist es eben doch sehr krisenhaft, wenn unter dem gegenwärtigen Papst und der gegenwärtigen Kirchenhierarchie die katholische Kirche immer mehr zeigt, daß sie ein zentrales Element des westlichen Verfassungsstaates nicht begriffen hat, nämlich den Kompromiß und den Konsens bzw. die verhältnismäßige Zuordnung von Rechtspositionen. In diesem zentralen Punkt muß das Verhältnis von Staat und Religion in Schwierigkeiten geraten, wenn die Kirche nicht auch ihre Bindungen an die Rechte anderer akzeptiert. Ich will hier gar nicht von Gleichberechtigung der Geschlechter und demokratischer Öffentlichkeit reden, aber ich frage mich doch: Wo bleibt denn bei der jetzt in Deutschland durch die Kirchenhierarchie Roms durchgesetzten Position das Lebensrecht der Kinder, deren Mütter die Kirche und ihre Beratungsdienste jetzt nicht mehr erreicht? Wo bleibt die Wissenschaftsfreiheit des Privatdozenten der Theologie, der nie und nimmer auf einen Lehrstuhl berufen wird, weil er sich irgendwann einmal unliebsam gemacht hat? Wo bleibt die Verhältnismäßigkeit der Maßnahmen gegenüber einem Theologieprofessor, der aufgrund wissenschaftlicher Forschungen gemaßregelt wird? Wo bleibt die Ehefreiheit der Kindergärtnerin eines katholischen Kindergartens, die ihren Arbeitsplatz verliert, weil sie den geschiedenen Vater ihres Kindes heiratet? Wenn ich mich recht erinnere, hat Herr *Isensee* in einem anderen Zusammenhang von dem Grundrecht auf „Freiheit von Angst" gesprochen. Führt man Gespräche mit Bekannten, die im Bereich der katholischen Kirche und der von ihnen abhängigen Verbände tätig sind, dann ist es nicht übertrieben, daß hier ein Klima der Angst herrscht, wie es eigentlich einem westlichen Verfassungsstaat nicht angemessen ist.

Und da frage ich mich doch, ob dieser Verfassungsstaat mit Hilfe seiner Arbeits- und Verwaltungsgerichte dieser einseitigen Durchsetzung des kirchlichen Selbstbestimmungsrechts gegenüber zentralen Grundrechtspositionen weiterhin Rechnung tragen darf. Fazit: Auch eine Organisation wie die katholische Kirche darf nicht nur konkordatsfähig sein, sie muß auch konkordanzfähig sein.

Classen: Ich möchte zwei Bemerkungen zum Thema Religion und Schule machen. Die erste betrifft LER. Herr *Brenner*, Sie haben kurz Art. 141 GG angeschnitten. Die Zustimmung der herrschenden Meinung ist Ihnen wohl gewiß. Ich glaube allerdings, daß man doch nach dem Sinn dieser Ausnahmeregelung fragen muß. Schon der Wortlaut spricht dafür, daß es im Kern darum geht, Änderungen eines vorhandenen Status quo zu vermeiden. Und wenn man sich dann die Situation in den Ländern anguckt, die eben nicht wie Brandenburg einen Sonderweg gegangen sind, dann bestätigt das, glaube ich, diese Einschätzung. Herr *Böckenförde* hat ja schon darauf hingewiesen, daß dort nur sehr wenige Kinder getauft sind. Hinzu kommt, daß auch die Kirche ein durchaus ambivalentes Verhältnis zum staatlichen Religionsunterricht hat. Nicht wenige Pastoren sehen ihre Kinder eben lieber in ihrer eigenen Christenlehre und nicht im staatlichen Religionsunterricht. Ein staatlicher Religionsunterricht, der nach Art. 7 Abs. 3 GG ein ordentliches Lehrfach sein soll, de facto aber ein Minderheitenphänomen darstellt, führt einfach faktisch irgendwann über kurz oder lang zu einem Problem, auch wenn man es von der rechtlichen Definition des ordentlichen Lehrfaches her vielleicht nicht so begreift.

Eine zweite Bemerkung zum Thema Kruzifix. Ich stimme Ihnen zu, daß man die negative Religionsfreiheit nicht zu einem Obergrundrecht machen kann. Ob aber das bayerische Modell das richtige ist, habe ich doch gewisse Zweifel. Es wäre, glaube ich, eher im Sinne einer praktischen Konkordanz, wenn man sich von der Vorstellung verabschiedet, daß es immer der Staat sein müsse, der das Kruzifix aufhängt. Wenn dies die Eltern tun, wenn auf deren Initiative hin das Kreuz aufgehängt wird, beseitigt man zum einen das Problem, daß der Staat mit dem Kreuz identifiziert wird, das da hängt. Zum anderen kann man den Grundsatz, den Sie in anderen Zusammenhängen zu Recht betont haben, die Gleichbehandlung der verschiedenen Religionen, dann besser verwirklichen, weil nämlich auch Eltern von islamischen Kindern ihr Symbol an der Wand aufhängen lassen können. Das wäre im Rahmen des bayerischen Modells ja wohl doch ein Problem, wenn ich das richtig sehe.

Streinz: Herr *Fiedler* hat zu Recht hervorgehoben, daß Internationalisierung und universeller Menschenrechtsschutz mehr und anderes bedeuten als die Europäisierung des nationalen Verfassungsstaats und Menschenrechte in einen jeweiligen spezifischen historischen Prozeß eingebunden sind. In bezug auf Europa wurde der deutschen Staatsrechtslehre früher oft grundgesetzintrovertierter Provinzialismus vorgeworfen, was hinsichtlich dieser Vereinigung ausweislich früherer Themenbehandlung so nie zutraf und jedenfalls durch die Behandlung des heutigen Beratungsgegenstandes widerlegt wird. „Provinz" endet aber nicht auf deutscher Ebene, auch der Menschenrechtsschutz in Europa ist ein regionaler, der sich den Herausforderungen des universellen Menschenrechtsschutzes stellen muß, da universeller Menschenrechtsschutz nicht notwendig und immer mit den Kategorien des europäischen, früher „westlichen" Menschenrechtsschutzes übereinstimmt. Ein Ansatz im Textvergleich, der mir hier aufgefallen ist: Art. 9 Abs. 1 der Europäischen Menschenrechtskonvention garantiert ausdrücklich die Freiheit zum Religionswechsel, Art. 18 Abs. 1 des internationalen Pakts über bürgerliche und politische Rechte zwar die Freiheit, eine Religion oder Weltanschauung eigener Wahl zu haben oder anzunehmen, worunter man, vor allem auch angesichts des Absatzes 2, sicher auch das Recht auf den Religionswechsel subsumieren könnte. Trotzdem: Der Unterschied fällt auf und meine Frage ist, ob dieser Unterschied bewußt gemacht wurde. Ich frage deshalb, weil es Rechtsordnungen gibt, in denen die Apostasie mit der Todesstrafe bedroht ist. Dann stellt sich die Frage: Was ist universell unverzichtbarer Standard und was ist zu tolerierende Besonderheit? Die Todesstrafe für Apostasie wohl nicht. Eine weitere Frage ist, ob nicht ein Unterschied gemacht werden kann oder gar muß zwischen der Tolerierung dortiger jeweiliger Rechtsordnungen unter Durchsetzung der eigenen Staats-, Gesellschafts- und Rechtsordnung auch gegenüber anderen Religionsgemeinschaften im Inland, soweit der ordre public betroffen ist. Das Problem Universalitätsanspruch und Bewahrung eigener Verfassungsstruktur zeigt sich nicht nur in den Islamfällen, sondern z.B. auch in dem erwähnten Ansinnen der USA, die sich für die weltweite Beachtung dessen, was sie für Völkerrecht halten, in allen anderen Teilen der Welt, nicht immer unbedingt im Inland, für berufen halten, die Betätigungsfreiheit von Scientology – wie immer man diese einschätzen mag – in Deutschland durchzusetzen, wozu es ja durchaus Mittel unterhalb der humanitären Intervention gibt, wie andere Beispiele zeigen. Die sog. humanitäre Intervention, ohnehin ein fragwürdiges Institut, dürfte sich jedenfalls grundsätzlich in Fragen der Religionsfreiheit verbieten. Ein Wort zur Problematik des Tiroler Protestes gegen einen als blasphemisch empfundenen Film mit der Folge der Rechtfertigung des Verbots. Ansatzpunkt ist die Gefährdung des öffentlichen Friedens, zu Recht, weil nicht Gott gelästert wird, der darüber erhaben ist, sondern das religiöse Empfinden von Menschen beleidigt wird. Der Ansatz ist überdenkenswert. Warum sollen Christen sich insoweit alles bieten lassen müssen, während nach einem geschmacklosen Khomeini-Witz ein scharfer Protest aus Teheran, verbunden mit der Schlagkraft entsprechender Anordnungen, zu einer sofortigen und nachhaltigen, ja geradezu demütigen Entschuldigung der Verantwortlichen führte? Die Frage ist aber: Kann es auf die Empörungsbereitschaft und die Schlagkraft der Betroffenen ankommen, ob der Staat interveniert, in concreto also die Gefahr, das vielleicht Tiroler Schützen aufmarschieren und die Kinos mit schärferen Mitteln bekämpfen als dies bei einem wohl nicht erst heute als mehr als harmlos empfundenen Firm in den fünfziger Jahren geschehen ist? Die Grundsatzfrage ist: Intervention des Staates nach Militanzbereitschaft mit entsprechenden Anreizen?

Preuß: Ich möchte auf eine Perspektive aufmerksam machen, die nach meiner Auffassung etwas zu kurz gekommen ist hier in der Diskussion. Wenn man die Grundthese von Herrn *Brenner* verfolgt, daß im Grunde genommen Religion eine Art Funktionsvoraussetzung des Verfassungsstaates ist, dann folgt daraus auch eine Pflicht des Staates zur Förderung der Religion. Ich möchte dagegen darauf aufmerksam machen, daß historisch gesehen das Problem des Verhältnisses des Verfassungsstaates zur Religion nicht der religionslose Staat, sondern der religiöse Staat gewesen ist. Nach den Referaten, jedenfalls besonders nach dem Referat von Herrn *Brenner*, hat man den Eindruck, das Problem liege darin, daß der Staat nicht religiös genug ist. Das Problem ist aber ganz im Gegenteil, verfassungsstaatlich gesprochen, der religiöse Staat, der nicht areligiös genug ist. Dies nicht um des Schutzes von Atheisten willen, sondern wegen der besonderen Eigenschaft der Religion. Herr *Badura* hat zu Recht darauf hingewiesen, daß man sich Religion im Grunde genommen nur gemeinschaftlich vorstellen kann, als etwas Vergemeinschaftendes. Nur in bezug auf den Staat ist die Religion wegen ihres jeweiligen unbedingten Heilsversprechens und Wahrheitsanspruchs etwas Dissoziatives, etwas, was Konflikte in die gesellschaftlichen Beziehungen hineinträgt. Und deswegen ist das Thema Religion und Staat zunächst einmal ein Thema über die dissoziative Rolle und Funktion der Religion in einem weltlichen Gemeinwesen. Im weltlichen Gemeinwesen können wir nicht mehr davon ausgehen, daß alle Menschen in einen Kosmos der gleichen Werte und der gleichen religiösen Wahrheiten eingebettet sind. Diese dissoziative Kraft der Religion muß gebändigt werden und deswegen ist es wichtig, daß eine Distanz des Staates zur Religion besteht. Daher ist es nicht möglich, die Religion zu einer Funktionsvoraussetzung des Verfassungsstaates zu erklären, weil dann genau das passiert, was Herr *Meyer* vorhin gesagt hat, daß nämlich bestimmte Teile der Bevölkerung, die, wie es einmal Max *Weber* in bezug auf sich selbst ausdrückte, religiös unmusikalisch sind, im Grunde genommen nicht mehr als vollwertige Bürger dieses Gemeinwesens anerkannt werden können. Was ist die Antwort auf dieses Problem? Natürlich zunächst, wie Sie richtig sagen, das Prinzip der negativen Neutralität. Die darüber hinausgehende Antwort, die Sie gegeben haben, ist das Prinzip der positiven Neutralität, die Öffnung der Verfassung für die Selbstdarstellung und der positiven Selbstentfaltung von religiösen Energien. Dabei geht es nicht nur um die freie Entfaltung der Individuen und der Gruppen, sondern auch um die Sichtbarkeit dieser Gruppen in der Gesellschaft. Das bringt dann das Problem mit sich, daß ein Konflikt entstehen kann mit der Funktion des Staates, Frieden, Ruhe und Ordnung zu gewährleisten. In dem Moment, in dem verschiedene Gruppen den Anspruch auf öffentliche Sichtbarkeit und Anerkennung erheben, und zwar nicht nur in Gestalt der Ausübung der Grundrechte der Religions-, Vereinigungs- und Versammlungsfreiheit, sondern auf Repräsentanz in den Curricula der Schulen und der Universitäten beispielsweise oder in den Gremien und Programmen der Medien- und Rundfunkanstalten, in dem Moment wird deutlich, welches Konfliktpotential sich darin befindet. Sie können das dadurch aufzufangen versuchen, daß Sie, was Sie m. E. gemacht haben, dann doch in bezug auf den Islam gewissermaßen eine Verkirchlichung für unabdingbar ansehen. Das ist der Preis, den der Islam für die öffentliche Anerkennung als Religionsgemeinschaft zu zahlen hätte, und das heißt im Grunde genommen, daß Sie ja doch letztlich die etablierten religiösen Kräfte gegenüber den anderen privilegieren, die sich an dieses System anpassen müssen, wenn sie als gleichberechtigt anerkannt werden wollen. Wenn Sie einen anderen Weg beschreiten und die Religionsfreiheit als ein Gruppenrecht religiöser Gemeinschaften konzipieren – also im Sinne einer multikulturellen Gesellschaft – dann taucht das Problem der individuellen Grundrechte der Mitglieder solcher Gruppe gegenüber ihrer Gruppe und deren disziplinierenden Zwangsmitteln auf. Wenn Sie also die negative Neutralität für kein befriedigendes Konzept der Beziehung zwischen Staat und Religion ansehen und für eine positive Anerkennung der Religiösität im öffentlichen Raum plädieren, dann kommen Sie in das Dilemma, daß Sie entweder der religiösen Gruppen oder den einzelnen Mitgliedern dieser Gruppen etwas zumuten müssen, was jeweils mit unserer Vorstellung von Religionsfreiheit schwerlich vereinbar ist. – Eine kurze Bemerkung noch zum Religionsunterricht. Es wurde hier gesagt, daß eine Entbindung des Staates von der Pflicht zur Einrichtung des Religionsunterrichts nur im Rahmen des Art. 141 möglich sei. Das ist meines Erachtens nicht richtig, denn wir haben ja im Gegensatz zu Weimar im Grundgesetz immer noch die Freiheit der Länder, den religiösen Charakter ihrer Schulen selbst zu bestimmen. Und Art. 7 Abs. 3 gilt ja nur für christliche Gemeinschaftsschulen und Konfessionsschulen, nicht für bekenntnisfreie Schulen. Ich weiß, daß die Behauptung, ein Land könne unter bestimmten Voraussetzungen die bekenntnisfreie Schule zur Regelschule machen, einem Tabubruch gleicht. Es gibt hier nicht die Zeit, das zu begründen. Aber wir werden nächstens in Karlsruhe Gelegenheit haben, uns dazu zu streiten.

Sachs: Ich möchte Herrn *Brenner* dafür danken, daß er (als Ausnahmeerscheinung in der Diskussion) für die sehr konsequente Gleichbehandlung unabhängig von der Religion oder auch der Nichtreligion eingetreten ist – und zwar sowohl für den einzelnen Menschen als auch für die Religiongesellschaften als solche, unabhängig von ihrer Organisationsform. Bislang akzeptieren unsere Gerichte allerdings, wie wir alle wissen, etliche Privilegien der großen christlichen Kirchen. Sie haben einige genannt; ein weiteres kleines Beispiel nur: Sonderurlaub aus religiösen Gründen bekommt nur der Beamte, der zu einer etablierten, inkorporierten großen Kirche gehört, andere nicht. In einem zweiten Punkt möchte ich Herrn *Brenner* zustimmen, nachdem er ihn vorhin eher angedeutet hat. Ich denke, daß die Religionsausübungsfreiheit, so weit wie sie heute verstanden wird, doch dem Vorbehalt der allgemeinen Gesetze unterworfen bleiben muß, daß sie nicht von allgemeinen Pflichten freistellen darf, Art. 136 Abs. 1 WRV. Ich glaube darüber hinaus, daß wir wirklich für die Grundrechtsdogmatik im allgemeinen ernsthaft erwägen sollten, ob wir nicht alle Grundrechte ohne Gesetzesvorbehalt wieder einem solchen Vorbehalt unterwerfen. Dann würden wir problemlos erklären, wieso die Kunstfreiheit nicht dazu berechtigt, an fremde Hauswände zu malen, dann würde die Freiheit der Person oder die Freizügigkeit nicht dazu berechtigen, auf fremde Grundstücke zu laufen und dergleichen Selbstverständlichkeiten mehr, die aber heute kaum zu erklären sind. Dieser Ansatz ist bei Art. 4 auch deswegen nötig, weil man sonst kaum zu lösende Gleichheitsprobleme bekommt. Wenn man nämlich meint, Personen wegen ihrer religiösen Überzeugungen von allgemeinen Pflichten freistellen zu müssen, z.B. von der Pflicht, den Tierschutz zu beachten, wie etwa beim Schächten, dann gerät man in das Dilemma, daß dies ohne eine Differenzierung nach den religiösen Anschauungen geschehen muß, so daß alle Metzger unabhängig von ihrer Religion schächten können müssen. Dies läßt sich vermeiden, wenn man konsequent dabei bleibt, daß die Religionsausübung von allgemeinen Pflichten eben nicht freigestellt ist. Zum Schluß: Nach den Tabubrüchen von gestern hatte ich eigentlich heute auch schon fast erwartet, daß die verfassungsrechtliche Stellung der Kirchen ähnlich wie die der Gewerkschaften hier ernstlich in Frage gestellt würde. Es ist trotz Herrn *Preuß* nicht in letzter Konsequenz geschehen. Ich will es auch nicht versuchen, sondern nur die Frage aufwerfen, ob es nicht angesichts der Privatisierung sogar ganz originärer Staatsaufgaben höchste Zeit ist, die so zutiefst private Sphäre der Religion endlich konsequent vom Staat zu trennen.

Ehlers: Das Religionsrecht bzw. das Staatskirchenrecht stellt zwar ein hochentwickeltes Rechtsgebiet dar, muß sich aber nicht nur neuen, sondern auch alten Herausforderungen stellen. Herr *Brenner* hat über einige dieser Herausforderungen gesprochen. Hierzu wollte ich zunächst Stellung nehmen. Aus Zeitgründen muß ich mich auf zwei Punkte beschränken. Zum einen hat es mich gewundert, daß bisher so wenig von den Schranken der Religionsfreiheit die Rede war. Da fügt es sich gut, daß Herr *Sachs* hierzu gerade etwas gesagt hat. Ich möchte in die gleiche Richtung wie er sprechen. Auch ich habe große Zweifel, ob sich das Konzept vorbehaltlos gewährleisteter Grundrechte wirklich durchhalten läßt. In dem hier interessierenden Bereich meine ich jedenfalls, daß wir, wenn wir die Einheit der Verfassung ernst nehmen, auch die Gesetzesvorbehalte der Weimarer Kirchenartikel auf das Grundrecht der Religionsfreiheit anwenden müssen. Zum anderen war bisher wenig vom Verhältnis die Rede, in dem Art. 4 GG zu Art. 140 GG steht. Dies scheint auf Absprachen mit dem Vorstand zurückzugehen. Nur kann man die Gewährleistungen schwer auseinanderhalten. Nach meiner Auffassung haben nicht wenige Bestimmungen der Weimarer Kirchenartikel wie z.B. das kirchliche Selbstbestimmungsrecht, selbst grundrechtsähnlichen Charakter. Diese Rechte sind auch mit der Verfassungbeschwerde durchsetzbar, ohne daß man den Umweg über Art. 4 Abs. 1, 2 GG gehen muß.

Nun aber zu den neuen Herausforderungen. Sie scheinen mir alle zusammenzuhängen mit dem Trend zur Säkularisierung, zur religiösen Pluralisierung und zur Internationalisierung. Der Trend zur Säkularisierung ändert nichts an der Berechtigung und dem Sinngehalt religiöser Fundamentalnormen. Selbst wenn nur ein Prozent der Bevölkerung vom Grundrecht der Religionsfreiheit Gebrauch machen möchte, ist es unerläßlich, die Religionsfreiheit grundrechtlich zu gewährleisten. Herr *Brenner* hat zu Recht aber darauf aufmerksam gemacht, daß die Sicherung des Status negativus nicht alles ist, vielmehr in weiten Bereichen eine Zusammenarbeit von Staat und Kirchen stattfindet. Ich erinnere etwa an den außerordentlich weiten Bereich der Diakonie bzw. der Caritas. Hier ist vieles nicht verfassungsrechtlich und manches nicht einfachgesetzlich festgeschrieben. In dem Maße, in dem die Entkirchlichung bzw. Säkularisierung voranschreitet, wird die Bereitschaft des Staates gemindert werden, mit den Kirchen zusammenzuarbeiten. Zudem dürfte die Berufung auf die negative Religionsfreiheit in staatlichen Einrichtungen zunehmen. Insofern, denke ich, ist es richtig zu sagen, daß die Entkirchlichung bzw. die Säkularisierung nicht nur eine Herausforderung für die Kirchen, sondern auch für das Staatskirchenrecht darstellt. Was die religiöse Pluralisierung angeht, bin ich ganz einverstanden mit dem, was Herr *Brenner* und Herr *Robbers* zum Islam gesagt haben. Etwas Probleme habe ich nur mit der These 39 von Herrn *Robbers*, in der für eine Art Organisationshilfe des Staates plädiert wird. Ich meine, so weit sollte man nicht gehen. Der Staat ist verpflichtet, den Religionsgemeinschaften Angebote für Rechtsformen zu unterbreiten, aber organisieren müssen sich die Religionsgemeinschaften schon selbst. Erst recht scheint es mir nicht angängig zu sein, wenn der Staat ersatzweise islamischen Religionsunterricht für islamische Gemeinschaften konzipiert, weil diese selbst nicht dazu in der Lage sind. Schließlich noch ein Wort zum Internationalisierungstrend. Es hat mich sehr gefreut, daß die Gewährleistung der Religionsfreiheit durch Art. 9 EMRK so stark hervorgehoben worden ist. Auf zwei Punkte möchte ich ergänzend Ihre Aufmerksamkeit lenken. Zunächst ist Art. 9 EMRK als Individualgrundrecht formuliert worden. Es stellt sich die Frage, inwieweit sich auch die Religionsgemeinschaften auf die Gewährleistung berufen können. Hierzu gibt es Ansätze, bisher aber auch nicht mehr. Ich meine, es wird eine wichtige Aufgabe in der Zukunft sein, dies näher zu entfalten. Sodann haben Sie, Herr *Fiedler*, von der Bindungswirkung gesprochen, die Art. 9 für die Mitgliedstaaten des Europarates erzeugt. Darüber hinaus gehen von der EMRK aber auch mittelbare Bindungswirkungen für das europäische Gemeinschaftsrecht aus. Ich denke hierbei nicht nur an die Wirkungsweise der EMRK als Rechtserkenntnisquelle für die Entfaltung der allgemeinen Rechtsgrundsätze des Gemeinschaftsrechts, sondern auch an die Rechtsprechung des Europäischen Gerichtshofs für Menschenrechte, wonach die Konventionsstaaten auch bei der Anwendung des europäischen Gemeinschaftsrechts an die EMRK gebunden bleiben. Dadurch ergibt sich eine Art Solange-Vorbehalt der EMRK gegenüber dem Europäischen Gemeinschaftsrecht. Ich glaube, daß dies wichtiger ist als die Amsterdamer Kirchenerklärung, von der hier verschiedentlich die Rede war.

Fromont: Mit den Ausführungen von Herrn *Robbers* bin ich völlig einverstanden, deshalb will ich nur zwei ganz kleine ergänzende Bemerkungen anbringen. Erstens: Trennung von Staat und Kirche. Aus französischer Sicht entspricht sie einfach zuerst der christlichen Lehre, seitdem zwischen den beiden Reichen, der weltlichen und der göttlichen Welt, unterschieden wurde. Zweitens: Es entspricht einer längeren Tradition in Frankreich. Seit langem betrachten die Franzosen die Religion als eine Privatsache, auch wenn sie kollektiv ausgeübt wird. Dann die zweite Bemerkung. Die französische Nation hat zum Hauptziel die Integration ihrer Bürger. Und hier sei bemerkt, daß jeder Ausländer ein späterer Bürger ist, oder umgekehrt, daß fast jeder achte Franzose einen Großvater oder eine Großmutter ausländischer Herkunft hat. Diese Integration wird hauptsächlich durch die allgemeine Einhaltung der Grundrechte der Menschenrechtserklärung von 1789 geleistet, und deshalb ist sowohl die Öffentlichkeit als auch der Staat den Fundamentalisten gegenüber sehr zurückhaltend. Jeder Fundamentalismus wird als eine Gefahr für die Einheit der Nation, für die Freiheit der Menschen und auch für die Gleichheit zwischen Mann und Frau betrachtet. Zwar wird die Religion in Frankreich als ein Faktor der Emanzipation des einzelnen betrachtet; aber gleichzeitig kann die Religion jedenfalls in ihrer fundamentalistischen Ausprägung auch eine Gefahr für die Freiheit und die Gleichheit sein. Deshalb versuchen die Franzosen jeden Fundamentalismus in Grenzen zu halten. Das gilt für die Katholiken, die fundamentalistisch sind; die fundamentalistische Pfadfinderbewegung z.B. wurde nicht als Pfadfinderbewegung anerkannt, und sie bekommt überhaupt keine staatliche Hilfe, wird vom Staat auch nicht gefördert. Das andere Beispiel ist selbstverständlich der Islam. In dieser Hinsicht versucht die Regierung z.B. eher den Islam aus Marokko zu fördern als z.B. den fundamentalistisch orientierten Islam aus Asien. Was das Kopftuch betrifft, haben die Franzosen dieselbe Reaktion. Soweit das Kopftuchtragen einer Tradition entspricht, wird es angenommen. Aber wenn es hingegen ein Symbol der Ungleichheit zwischen Mann und Frau und insoweit auch eine Provokation gegenüber den Grundwerten der französischen Republik ist, dann wird doch das Kopftuch als eine Gefahr betrachtet, und deshalb kann es gerade in Schulen verboten werden.

Mantl: Herr Vorsitzender, meine Damen und Herren! Kollege *Robbers* behauptet, daß die Säkularisierung nicht das große Problem sei. Ich glaube jedoch, daß sie es schon ist – aber ich sage das nicht triumphierend. Mit Säkularisierung meine ich den Rückgang der Motivations- und Bindungskraft religiöser, namentlich kirchlich gebundener Werte, die schließlich zur fallweise konsumierten „Lyrik" verblassen. Seit der Aufklärung und der Französischen Revolution kam es zu einer Distanznahme zuerst der intellektuellen Eliten, dann immer breiterer Bevölkerungsschichten vom religiösen Leben. Grell leuchtet diese Entwicklung in einem kleinen, historischen Detail auf: 1790 erhob eine Pariser Pfarre Brutus anstelle des heiligen Blasius zum Patron. Der „homo religiosus" droht in Bereichen der nördlichen Welt zur Ausnahme zu werden. Die Religionsstatistik zeigt uns, daß die Angehörigen ohne religiöses Bekenntnis oder ohne Bereitschaft, sich diesbezüglich bei Volkszählungen zu deklarieren, in den Niederlanden, in der Tschechischen Republik und in der Ex-DDR, aber auch im baltischen Raum bereits die Mehrheit bilden. Es hat mich auch erstaunt, daß heute kein einziges Mal der religionssoziologische Ausdruck „Volkskirche" gefallen ist – weder in den Referaten noch in der Diskussion –, mit dem wir ja doch lange Zeit gearbeitet, ja in dem wir uns vielleicht auch zu naiv und behaglich „eingerichtet" haben. Die Dramatik des Geschehens liegt überdies darin, daß wir neben der Säkularisierung auch religiöse Eruptionen in oft rigiden und fanatischen Formen finden, bisweilen in ein- und derselben Familie. Noch einmal: Ich sage das nicht triumphierend.

Die individuelle Religionsfreiheit, also die Glaubens- und Gewissensfreiheit unserer Grundrechtskataloge, ist nicht das wirkliche Problem, zumindest nicht in Europa. Die korporative Religions- oder Kirchenfreiheit, in der Folge vor allem das mitteleuropäische Verhältnis der Partnerschaft zwischen Staat und Religionsgemeinschaften, der Kooperation, der Konkordanz, wie wir es in Österreich nennen, ist jedoch prekär geworden. Dieses positive Beziehungsgeflecht wird immer mehr, als es historisch ohnehin war, zur religionsrechtlichen Besonderheit des deutschsprachigen Raumes. Angesichts der heute auch schon diskutierten Privatisierung religiösen Verhaltens und der Pluralisierung religiöser Assoziationen kommt es zu einer Vermehrung der potentiellen Partner des Staates. Diese Entwicklung führt früher oder später doch zur US-amerikanischen Situation der Minimierung des staatlichen Interesses, nicht zuletzt aus fiskalischen Erwägungen, an diesen zahlreichen Assoziationen, die für den Staat als Partner nicht mehr in einem effektiven Sinn funktional besonders interessant sein können.

Österreich hat durch Positivierungsschritte der letzten Jahre auf der Basis älteren staatskirchenrechtlichen Normenmaterials ein Vierstufenmodell rechtlicher Organisationsformen entwickelt. Heute wird erstens angenommen, daß Religionsgemeinschaften als juristische Personen gemäß § 26 ABGB angesehen werden können, sofern sie ein Mindestmaß an körperschaftlicher Organisation aufweisen. Nach über hundertjährigen Kontroversen kann man heute zweitens sagen, daß sich für ideelle Gruppierungen, also Weltanschauungsgemeinschaften und religiöse Assoziationen, die Rechtsform des Vereines anbietet, die bereits bei drei Personen möglich ist, worin ein Unterschied zu der jetzt unmittelbar zu erörternden Organisationsform zu sehen ist.

Seit 1998 ist drittens ein Bundesgesetz über die Rechtspersönlichkeit von religiösen Bekenntnisgemeinschaften in Kraft, das 300 Mitglieder einer religiösen Assoziation mit Wohnsitz in Österreich fordert, um durch Antrag beim für Kultusangelegenheiten zuständigen Bundesminister Rechtspersönlichkeit als religiöse Bekenntnisgemeinschaft zu erlangen. Es kann hier nicht auf alle, auch umstrittene Details eingegangen werden, es sei nur darauf hingewiesen, daß der Erwerb der Rechtspersönlichkeit nach diesem Gesetz versagt werden kann, wenn „dies im Hinblick auf die Lehre oder deren Anwendung zum Schutz der in einer demokratischen Gesellschaft gegebenen Interessen der öffentlichen Sicherheit, der öffentlichen Ordnung, Gesundheit und Moral oder zum Schutz der Rechte und Freiheiten anderer notwendig ist; dies ist insbesondere bei Aufforderung zu einem mit Strafe bedrohtem gesetzwidrigen Verhalten, bei einer Behinderung der psychischen Entwicklung von Heranwachsenden, bei Verletzung der psychischen Integrität und bei Anwendung psychotherapeutischer Methoden, insbesondere zum Zwecke der Glaubensvermittlung, gegeben" (§ 5 Abs. 1 Z. 1). In dem Gesetz ist ein Sondervereinsrecht zu sehen, das so etwas wie die Bestärkung eines „ordre public" enthält, in dem Kritiker ein Kondensat jüdisch-christlicher Traditionen und damit deren Privilegierung sehen.

Als vierte Stufe der rechtlichen Organisation ist das Anerkennungsgesetz von 1874 zu sehen, das seinerzeit dem Liberalismus dazu diente, die katholische Kirche im Kulturkampf unter Kontrolle zu halten. Heute ist jedoch dieses Gesetz die Grundlage der Partnerschaft zwischen dem Staat einerseits und Kirchen und Religionsgesellschaften mit dem Status einer Körperschaft öffentlichen Rechts sui generis andererseits. Unter Kirchen sind christliche Denominationen, unter Religionsgesellschaften andere Assoziationen wie etwa die Israelitische Religionsgesellschaft oder die Islamische Glaubensgemeinschaft zu verstehen. Die Partnerschaft öffnet den Weg zum Religionsunterricht an staatlichen Schulen, zur Subventionierung konfessioneller Privatschulen, zur Einrichtung theologischer Fakultäten als Teil der Staatsuniversitäten, zur Mitwirkung im Rundfunkbereich sowie zu zahlreichen anderen rechtlichen Beziehungen, in denen die religiösen Vorstellungen als für den Staat „wertvoll" erachtet, anerkannt und gefördert werden.

Besonderes Interesse verdient die Partnerschaftsbegründung und die „Scharnierstelle" zwischen religiösen Bekenntnisgemeinschaften nach dem Bundesgesetz von 1998 und anerkannten Kirchen und Religionsgesellschaften, also der Übergang zur Anerkennung. Die Rechtspersönlichkeit der religiösen Bekenntnisgemeinschaften erweist sich in diesem Zusammenhang als so etwas wie eine „Vorschaltphase" zum öffentlich-rechtlichen Körperschaftsstatus, der durch das Anerkennungsgesetz von 1874 eröffnet wird. Voraussetzung für diesen „Übertritt" in die qualifizierte Rechtsposition ist nach dem § 11 des Gesetzes über die Rechtspersönlichkeit von religiösen Bekenntnisgemeinschaften von 1998 der Bestand als Religionsgemeinschaft durch mindestens zwanzig Jahre, davon mindestens zehn Jahre als religiöse Bekenntnisgemeinschaft mit Rechtspersönlichkeit im Sinne des Gesetzes von 1998, eine Anzahl der Angehörigen in der Höhe von mindestens 2 v. T. der Bevölkerung Österreichs nach der letzten Volkszählung (das sind ca. 16000 Personen – „Scientology" soll derzeit ca. 7000 Mitglieder aufweisen, die „Zeugen Jehovas" ca. 21000), eine positive Grundeinstellung gegenüber Gesellschaft und Staat (hier klingt die deutsche Judikatur als Vorbild durch) und schließlich das Fehlen einer gesetzwidrigen Störung des Verhältnisses zu den bestehenden gesetzlich anerkannten Kirchen und Religionsgesellschaften sowie sonstigen Religionsgemeinschaften, also ein Gebot zur Aufrechterhaltung des Religionsfriedens.

Bei all dem stellt sich die klassische Frage, ob die Größe und historische Relevanz, also – salopp gesprochen – die ideelle, kulturelle, moralische und soziale „Leistungfähigkeit", bei der Konstituierung von Partnerschaftsbeziehungen berücksichtigt werden darf, eine Frage, die auch im Wahl- und Parteienrecht nach Antwort sucht. Bei mancher Bedenklichkeit im Detail beurteile ich – anders als manche Fachkollegen in Österreich – die neue Rechtsentwicklung positiv, weil sie doch versucht, einen rechtlichen und praktischen Schwebezustand zu beenden.

Noch ein kurzes Wort über den Islam in Österreich. Ja, es gibt meiner Meinung nach so etwas wie einen „Austro-Islam" – leider ist Kollege *Isensee* nicht mehr da –, der historisch auf die Okkupation Bosniens und der Herzegowina durch die Donaumonarchie nach dem Berliner Kongress 1878 zurückgeht. Damals wurde die volle Kultusfreiheit der Muslime und die Nennung des Namens des Sultans als Kalifen in den Gebeten zugesichert. Der Fez wurde als Militärkopfbedeckung für bosnisch-herzegowinische Rekruten in der österreichischen Armee beibehalten, kein Kreuz aufgezwungen und der auf den Kaiser abzulegende Eid nicht christlich formuliert. Außerdem wurden Militärimame installiert. Muslimischen Mekka-Pilgern aus Bosnien-Herzegowina wurde völkerrechtlicher Schutz durch Österreich-Ungarn gewährt, wobei man die britische Flotte um Schutz bat. 1912 wurde der Islam als Religionsgesellschaft nach dem erwähnten Gesetz von 1874 anerkannt. Während des Ersten Weltkrieges wurden Imame zur religiösen Betreuung für russisch-muslimische Kriegsgefangene im österreichisch-ungarischen Kriegsgefangenenlager in Eger/Böhmen eingesetzt. Es gibt also so etwas wie eine seit 120 Jahren bestehende „Austrifizierung" und Integration des Islams.

Diese Integrationsleistung ist auch heute nicht ernsthaft in Frage gestellt, nicht zuletzt deswegen, weil sich auch trotz der Migrationswellen der letzten Jahre selbst in Wien noch kein gravierendes Zahlenproblem der Betroffenen stellt. Freilich gibt es ein leichtes Vibrieren. Der Schulbereich ist ein Seismograph für die Bestandskraft der Traditionen und die Gefahr tektonischer Verwerfungen. Die österreichische Schulordnung erlaubt es, in einer den jeweiligen Erfordernissen entsprechenden Kleidung am Unterrichtsgeschehen teilzunehmen. Grundsätzlich führte das Verschleiern bisher nicht zu Problemen. Empirische Informationen zeigen, daß freilich jetzt immer mehr Mädchen in Wien verschleiert im Unterricht erscheinen. Schwierigkeiten gibt es nur beim Turnunterricht, da Leibesübungen ein Pflichtgegenstand sind und eine Befreiung nur aus gesundheitlichen Gründen möglich, der Schleier jedoch keine geeignete Turnkleidung ist. In der Praxis wird diesbezüglich mit größter Behutsamkeit vorgegangen. Noch größere Probleme wirft der Schwimmunterricht auf. Hier wird den Betroffenen in Wien die Möglichkeit eingeräumt, sich vom Schwimmunterricht abzumelden. Die jeweiligen Stunden werden – wenn möglich – in einer anderen Klasse beim Turnunterricht absolviert. Es wurde auch schon ein eigener Schwimmunterricht nur für muslimische Mädchen in ganz Wien angeboten, der zu einer Zeit stattfand, in der nur weibliches Personal im Schwimmbereich anwesend war. Der Besuch war nicht stark. Es gibt übrigens auch eine aufgeklärte, endogen-islamische Rechtfertigung des Schwimmunterrichts dergestalt, daß es dem Koran widerspreche, Mädchen den Naturgewalten ungeschützt auszusetzen, weshalb sie schwimmen lernen sollten.

Eine eigentümliche Ironie der österreichischen staatskirchenrechtlichen und kultuspolitischen Situation liegt für mich darin, daß die besonders sorgfältige Behandlung der Israelitischen Religionsgesellschaft und der Islamischen Glaubensgemeinschaft auch den anderen Denominationen zugute kommt. Das verfassungsrechtliche Gleichbehandlungs- und Sachlichkeitsgebot, der Paritätsgrundsatz, wird die rechtliche und faktische Stellung der religiösen Assoziationen mehr und mehr vereinheitlichen.

Meßerschmidt: Vielleicht gehört es zum Wesen von Religion, daß sie fast jeden berührt. Gewiß aber ist es das Verdienst der Referenten, den Nicht-Spezialisten nicht nur belehrt, sondern auch angeregt zu haben. So bitte ich meine Wortmeldung zu verstehen, die auf keinem staatskirchenrechtlichen Fundament ruht. Ich habe zwei Fragen an Herrn *Brenner*. Herr *Brenner*, Sie haben vom Gleichbehandlungsgebot gegenüber den Religionen gesprochen und damit viel Zustimmung erfahren. Ich will dem nicht widersprechen, jedoch nachfragen. Gleichbehandlung fällt leicht, wenn Sie es mit relativ ähnlichen Gebilden wie den Großkirchen zu tun haben. Wenn Sie neue Religionsgemeinschaften vor sich haben, atypische Religionsgemeinschaften, fremdkulturelle, fundamentalistische Religionsgemeinschaften, dann haben Sie natürlich sehr viel mehr Differenzierungsmöglichkeiten, vielleicht auch Notwendigkeiten. Davon ist hier ja schon einiges angeklungen. Ein zweiter Punkt: Gleichbehandlung, vor allem wenn es um Verteilung und Teilhaben geht, das will heißen Gleichbehandlung auf welchem Niveau, Angleichung nach oben oder Angleichung nach unten? Ich habe Sie so verstanden, daß Sie nach der Devise vorgehen „weiter so wie bisher und für alle so wie bisher". Da sehe ich dann doch gewisse Verteilungsprobleme. Meine zweite Frage bezieht sich darauf, wenn man nicht nur verfassungsrechtlich, sondern auch integrationspolitisch argumentiert: Sehen Sie denn nur Nachteile in der Entkonfessionalisierung und nur Vorteile in der Förderung der Religion durch den Staat? Ist nicht Förderung auch problematisch? Kann das nicht über freundliches Nebeneinander, Miteinander ist hier gesagt worden, hinausgehen, kann das nicht eine Umarmungsstrategie sein? Hat das nicht Kosten für die negative Religionsfreiheit? Gefährdet das nicht die innere Substanz der Religion? Kann das nicht Gegenreaktionen in Ostdeutschland, in dessen Kontext manche Ihrer Bemerkungen stehen, hervorrufen? Und schließlich: Ist das nicht bei einer multireligiösen oder multikulturellen Gesellschaft sogar integrationsfeindlich? Das waren meine Fragen.

Kokott: Herr Vorsitzender, meine Damen und Herren. Ich möchte doch ein gewisses Zögern gegenüber der völligen Gleichstellung von Islam und Christentum an den Tag legen. Mir erscheint es nämlich durchaus bedenklicher, wenn eine verschleierte Lehrerin Grundschulunterricht erteilt als wenn eine Lehrende ein Kreuz am Hals unterrichtet. Im Anklang an Herrn *Fromont* möchte ich darauf hinweisen, daß doch gerade das islamische Kopftuch für eine Religion steht, die in all den Ausprägungen, die sie in der heutigen Staatenwelt erfährt, zu Verhältnissen führt, die Art. 3 Abs. 2 und 3 GG, der Gleichberechtigung zwischen Mann und Frau, widersprechen würden. Weiterhin gebe ich zu bedenken, daß man, wenn man großzügig Ausnahmen von koedukativen Aktivitäten und Schleiertragen für islamische Mädchen zuläßt, einerseits gewiß die Religionsfreiheit der Eltern und vielleicht auch der Mädchen unterstützt, andererseits aber doch wieder althergebrachte Traditionen, die den effet utile von Art. 3 von Abs. 2 und 3 unterminieren könnten. Und schließlich möchte ich noch auf die begrenzte Vergleichbarkeit des Kreuzes im Schulsaal und der verschleierten Lehrerin hinweisen. Bei der verschleierten Lehrerin ist nämlich das religiöse Symbol, der Schleier, unmittelbar mit der Autoritätsperson, dem Vorbild, der Lehrerin verbunden, wohingegen das Kreuz einfach an der Wand hängt. Und es wird wesentlich von der Attitüde der Autoritätsperson, des Lehrers, Vorbilds, abhängen, ob die Kinder das Kreuz überhaupt wahrnehmen und gegebenenfalls wie.

Steiger: In Ihrem Zwischenwort, Herr *Brenner*, war noch einmal die Rede, daß der Islam den Frieden mit dem Verfassungsstaat gemacht habe. Auch Herr *Hollerbach* hat das hier kommentiert, daß der Islam die neuen

Kleider anziehe, sich eine Art „Teutoislam" ausbilde. Wie ist das zu verstehen? Ich habe meine Zweifel, ob man so vom „Islam" als Einheit reden kann; denn anders als in der katholischen Kirche gibt es im Islam kein Konzil, das die Religionsfreiheit anerkennen und damit den Frieden mit dem Verfassungsstaat machen kann. Ich glaube zwar nicht, daß dieser Frieden gefährdet ist. Nur den Frieden jeweils konkret auch durch Kooperation zu realisieren, ist sehr schwierig. Wir haben in Hessen, das ist durch die Presse gegangen und auch heftig diskutiert worden, einen Dachverband gründen können, aber eben nicht *den* Dachverband des Islam, nicht einmal den Dachverband des Islam in Hessen, sondern einen Dachverband einiger islamischer Gemeinden in Hessen. Dieser Dachverband versucht, in Kooperation mit den deutschen Stellen Inhalte zu entwickeln, die Gegenstand des Religionsunterrichts sein können. Diese haben sich also nicht für das Modell entschieden, daß Sie, Herr *Brenner*, heute morgen genannt haben, nämlich *eine* Richtung vorzuschlagen. Eine zentrale Frage bei der Gründung ist gewesen, wie sich der Verband zum Verfassungsstaat verhalte. Die Registerrichterin hat Organisationshilfe geleistet und in langen, oft mühseligen Diskussionen gesichert, daß ein Bekenntnis zum Verfassungsstaat in der Satzung verankert wurde. Die Frage, die sich nunmehr stellt, ist: Soll man diesem Dachverband unter Ausschluß anderer den islamischen Religionsunterricht anvertrauen und dürfen wir die anderen ausschließen? Dürfen wir, was die Inhalte angeht, verlangen, was von diesem einen Dachverband verlangt worden ist, was ich persönlich aber für sehr fragwürdig halte, daß ein Konsensmodell der verschiedenen islamischen Strömungen und religiösen Inhalte für den islamischen Religionsunterricht entwickelt werden soll, was ja gerade für den christlichen Religionsunterricht aufgrund des Art. 7 Abs. 3 GG ausgeschlossen ist, der konfessionell sein soll und muß?

Vorsitzender: Wir kommen nun in die Schlußrunde und versuchen, Bilanz zu ziehen. Wir gehen in der umgekehrten Reihenfolge zu den Referaten von heute morgen vor. Wir beginnen mit Herrn *Brenner*, dann wird sich Herr *Robbers* äußern und schließlich Herr *Fiedler*.

Brenner: Vielen Dank, Herr Vorsitzender. Meine Damen und Herren, ich glaube, daß ich es in der Schlußrunde etwas kürzer machen kann als in der Zwischenrunde. Die Redebeiträge sollen von mir, soweit sie mich betrafen, in der vorgegebenen Reihenfolge besprochen werden. Herr *Bullinger*, Sie hatten sich zunächst gemeldet. Ich würde Ihre Frage dahingehend beantworten, daß Religion zwar nicht ein notwendiges, aber doch ein ganz wesentliches und wichtiges Element einer freiheitlichen Demokratie ist. Zu berücksichtigen ist insoweit, daß ja gerade auch der Religionsunterricht der Förderung des Staatsbürgertums und damit auch der Förderung des Gemeinwohls dient. Herr *Püttner* hatte den Aspekt der Religionskunde angesprochen und gefragt, ob Religionskunde überhaupt von atheistischen Lehrern vermittelt werden könne. Ich glaube, Herr *Püttner*, daß die Frage mit ja beantwortet werden kann, weil es sich insoweit eben gerade nicht um Religionsunterricht, sondern um Religionskunde handelt, also um die Wissensvermittlung über verschiedene Religionen. Ich denke schon, daß auch ein nicht einer christlichen Religion angehörender Lehrer Wissen über das Christentum vermitteln kann. Es ist aber natürlich etwas ganz anderes, wer Religionsunterricht erteilt, das kann selbstverständlich nicht durch einen Atheisten geschehen. Im übrigen ist es so ja auch in Art. 7 Abs. 3 GG nicht vorgesehen. Herr *Zuleeg*, Sie hatten das Beispiel aus dem Arbeitsrecht gebracht. Ich würde sagen, daß es insoweit maßgeblich auf das Selbstverständnis der jeweiligen Religionsgesellschaft ankommt bzw. hier der Kirche, was ja auch allgemein anerkannt ist. Die Beispiele, die Sie im weiteren angesprochen haben, berühren, glaube ich, auch die Sphäre des Strafrechts; in diesem Zusammenhang ist zu sagen, daß das Strafrecht natürlich auch aktualisiert werden kann, um solche Auswüchse in den Griff zu bekommen. Herr *Hufen*, Sie hatten die Schwangerschaftsberatung angesprochen. Hierzu vielleicht noch ein kurzes Wort, weil ich die Thematik ja in meinem Vortrag in einem Nebensatz angesprochen hatte. Das Vorgehen des Papstes ist in theologischer Hinsicht sicherlich konsequent. In der katholischen Kirche sollte man allerdings auch sehen, daß sie sich mit dem Ausstieg aus der Schwangerschaftsberatung gleichzeitig ein wenig aus der Welt verabschiedet hat. Dies ist allerdings eine Frage, die letztendlich nur von der Kirche beurteilt und beantwortet werden kann; in meinen Augen ist sie mit ihrem Vorgehen jedoch partiell aus den Problemen der irdischen Welt ausgestiegen. Herr *Classen*, Sie hatten Art. 141 GG angesprochen und auf praktische Probleme aus den neuen Bundesländern hingewiesen, die mir ebenfalls bekannt sind und die in der Tat existieren. Es ist vielfach wirklich so, daß die Kirchen ihre Schäflein lieber im eigenen Haus unterrichten, statt die Unterweisung in Form des staatlichen Religionsunterrichts vorzunehmen. Die Zweifel, die Sie am bayerischen Widerspruchsmodell geäußert haben, Herr *Classen*, kann ich indes nicht teilen, weil dieses Widerspruchsmodell, wie ich meine, in gelungener Weise praktische Konkordanz zwischen den verschiedenen betroffenen Grundrechtspositionen herstellt. Herr *Preuß*, Sie hatten Kritik geübt an meinem Verständnis der positiven Neutralität. Da möchte ich nur entgegnen, daß ich diese Neutralität, dieses Verhältnis von Staat und Religion in Form einer positiven und fördernden Neutralität durchaus gelassen sehe. Im übrigen gehe ich bei meinem Neutralitätsverständnis vom geltenden Verfassungsrecht aus und dieses geltende Verfassungsrecht ist eben durch die Distanz, aber eben die freundliche Distanz des Staates gegenüber dem Religiösen geprägt. Zwei Beispiele nur darf ich nennen, in denen diese Förderung deutlich zum Ausdruck kommt. Ein Beispiel ist der Körperschaftsstatus, das andere Beispiel ist der Religionsunterricht auf der Grundlage von Art. 7 Abs. 3 GG. Den dürfte es ja nicht geben, wenn wir ein konfrontatives Gegenüber von Staat und Religion hätten. Im übrigen darf ich noch, bezogen auf die DDR und Art. 141 GG, hinzufügen: Das Grundgesetz kennt eben nicht den Regelfall der bekenntnislosen Schule, und diese wollten die Parteien des Einigungsvertrages auch nicht als Regelfall in den neuen Bundesländern einführen. Herr *Ehlers* hat zusammen mit Herrn *Sachs* die Frage der Schrankenproblematik angesprochen. Ich bin in meinem Vortrag kurz darauf eingegangen. Wir haben eben diese Rechtsprechung aus Karlsruhe, wonach ein religionsfreier Standpunkt bezogen werden kann, der aber natürlich durch kollidierendes Verfassungsrecht begrenzt werden kann, was dann manchmal die bekannten Abwägungsschwierigkeiten hervorruft. Herr *Meßerschmidt*, Sie hatten gerade noch den Aspekt des Gleichbehandlungsgebotes angesprochen und auch die Frage aufgeworfen, ob eine solche positive Förderung nicht auch Nachteile haben kann. Ich denke, daß diese Nachteile schon bestehen. Bezogen etwa auf die Großkirchen kann man wohl schon sagen, daß hier manchmal eine gewisse Unbeweglichkeit zu verspüren ist, die gerade auch in den neuen Bundesländern durchaus zu bemerken ist. Die Förderung mag in der Tat gelegentlich zu einer gewissen Unbeweglichkeit führen, aber ich würde deswegen doch nicht die positive und freundliche Einstellung des Staates gegenüber den Religionen und auch gegenüber den Kirchen in Frage stellen wollen. Herr *Steiger*, Sie hatten noch auf den Islam hingewiesen. Es gibt natürlich verschiedene Richtungen innerhalb des Islam, vor allem, wie Sie wissen, drei wesentliche. Ich bin in einer Randbemerkung in meinem Vortrag darauf ja eingegangen. Es müßte daher, wenn islamischer Religionsunterricht in Rede steht, schon überlegt werden, ob dieser nicht zumindest im Hinblick auf diese drei Hauptrichtungen getrennt erteilt wird, mit anderen Worten etwa sumitischer Religionsunterricht neben den anderen beiden Hauptrichtungen angeboten wird. Das ist dann eine Frage der konkreten Auslegung.

Meine Damen und Herren, ich hoffe, daß ich Ihre Fragen damit einigermaßen, wenngleich wohl nicht erschöpfend behandelt habe, jedenfalls in einer Art und Weise, die Sie zufriedengestellt hat. Ich darf abschließend nochmals meinen Dank an Sie sagen. Sie haben die Diskussion mit Ihren Beiträgen, wie ich finde, sehr bereichert und mir natürlich auch Gelegenheit gegeben, das eine oder andere zu meinem Vortrag noch zu ergänzen. Wenn ich nicht alle Fragen umfassend beantwortet habe, so bitte ich um Nachsicht; das Diktat der Zeit saß mir in Nacken. Aber vielleicht ergibt sich später im kleinen Kreis noch die Gelegenheit, nicht vollständig beantwortete Fragen zu erörtern.

Robbers: Ganz herzlichen Dank. Ich möchte Stellung nehmen zu den Fragen und Anregungen, die ich auf mich beziehe, auch wenn sie vielleicht nicht direkt an mich gerichtet waren. Zunächst zu Herrn *Schmidt-Aßmann* für eine Konkretisierung von Bedürfnisadäquanz und Bedeutungsadäquanz hinsichtlich der religionsrechtlichen Gleichheit, auch Herr *Haverkate* hatte darauf gedrängt. Ich kann hier nur versuchen, dies an Beispielen zu verdeutlichen. Bei der Bedürfnisadäquanz sollte man auf die Bedürfnisse insbesondere der Organisation schauen. Es ist immer eine sehr intensiv religiöse Frage, wie sich eine Gemeinschaft organisiert, das geschieht oft sehr unterschiedlich und hier ist Bedürfnisadäquanz gleichheitsorientiert. Bei der Bedeutungsadäquanz kommt es etwa auf die Größe der Gemeinschaft an, aber nicht nur auf die Größe, sondern auch auf die kulturelle Bedeutung. Deswegen etwa haben die jüdischen Glaubensgemeinschaften in Deutschland eine auch rechtlich durchaus besondere Stellung, obwohl sie relativ klein sind. Man darf nicht Menschen umbringen und nachher den Überlebenden ihre Rechtsstellung vorenthalten mit dem Argument, sie seien zu wenige. Dann Herr *Roellecke*, hier fühle ich mich mißverstanden. Ich will gern darüber nachdenken, wo ich mich vielleicht mißverständlich ausgedrückt habe. Ich bin ein begeisterter Anhänger des Augsburger Religionsfriedens, und ich wäre traurig, wenn ich ihn in irgendeiner Weise in Frage gestellt hätte. Soweit es sich um Privilegierung von Religionsfreiheit handelt, so möchte ich noch einmal darauf hinweisen, daß der Human Rights Act just dies ausdrücklich tut. Herr *Bullinger*, ganz herzlichen Dank für den wiederholten Hinweis auf die orthodoxen Kirchen in Osteuropa. Ich teile Ihre Sichtweise. Die orthodoxen Kirchen in Osteuropa bringen eine neue Legitimationsbasis, mit allen Schwierigkeiten, die damit verbunden sind und mit allen auch freiheitsgefährdenden Zusammenhängen. Aber diesen Faktor muß man sehen und angemessen würdigen. Um auf die OSZE noch kurz einzugehen: Dort zeigt sich der Streit deutlich zwischen einem amerikanischen Marktmodell von Religionsfreiheit und einem weiteren, bedürfnisorientierten Verständnis von Religionsfreiheit. Herr *Haverkate*, an der Stabilisierungsfunktion des Staates auch für die Religion, die ich in der Tat hervorgehoben habe, und von derjenigen der Religion für den Staat, möchte ich festhalten. Religion hat eine ungeheure Sprengkraft, kann sie jedenfalls haben. Der Dreißigjährige Krieg ist so lange nicht her. Gewiß haben wir die Situation jetzt nicht. Aber einen integrationsbereiten Islam zu fördern gegenüber einem nicht integrationsbereiten Islam ist aus der Friedensfunktion des Staates heraus zulässig. Stabilisierungsfunktion ist deswegen kein hohler Begriff. Herr *Zuleeg*, ich fürchte, ich muß widersprechen. Die freien Sozialträger, soweit sie Kirchen betreffen, sind keineswegs nur vom Staat finanziert, jedenfalls nicht unmittelbar, sondern kirchliche Krankenhäuser etwa bilden Teil des allgemeinen Finanzierungssystems über Tagegelder. Der Staat gibt bei vielem gewiß Zuschüsse, aber darauf darf keine allgemeine Abhängigkeit gegründet werden. Das kann der neutrale, freiheitliche Staat gerade nicht tun. Der freiheitliche Staat lebt darin, daß er bestimmte Funktionen den Kirchen und anderen freien Trägern überläßt, ohne daß er verlangte, jetzt müßt ihr auch genauso sein wie ich. Darin gerade liegt die Neutralität, die Friedens- und die Freiheitsfunktion des Staates. Daran möchte ich sehr festhalten. Herr *Morlok*, zum Begriff symbolisches Recht. Das ist natürlich nicht so gemeint, daß das Religionsrecht keine sachliche Bedeutung hätte, im Gegenteil. Ich möchte diesen Zusammenhang so verstanden wissen: Sage mir, was für ein Religionsrecht Du hast, und ich sage Dir, was für ein Staat Du bist. Das ist die Symbolfunktion. Herr *Hufen*, so eng wir sonst zueinander stehen, hier gilt entschiedener Widerspruch. Gerade weil ich Protestant bin und gerade auch weil ich – mit großen Schmerzen – die Beratungsregelung mittragen kann, muß ich doch sagen: Der Beratungsstreit in der Katholischen Kirche ist nicht Krise des geltenden Staatskirchenrechts, sondern Bewährung. Jeder darf seinem Glauben folgen, niemand ist gezwungen mitzutun, niemand wird in Dienst genommen, und der Streit innerhalb der Katholischen Kirche ist ein Streit, der innerhalb der Katholischen Kirche auszufechten ist. Der Staat hat das zu akzeptieren, was die Katholische Kirche hier in sich in Freiheit entscheidet. Herr *Preuß*, ein Land darf nicht einfach alle öffentlichen Schulen zu bekenntnisfreien Schulen machen, die entsprechende Regelung ist eine Ausnahmeregelung. Herr *Sachs*, zu Trennung von Staat und Religionsgemeinschaften: Ich sage, wir haben eine strikte Trennung, eine viel tiefergehende Trennung als irgend etwas, was ein „Nichts-miteinander-zu-tun-haben-dürfen" bedeuten könnte. Der Religionsunterricht an öffentlichen Schulen ist Ausdruck einer strikten Trennung von Staat und Kirche, und gerade auch das Phänomen, daß wir Religionsgemeinschaften als Körperschaften des öffentlichen Rechts haben, ist Ausdruck der Trennung von Staat und Kirche, weil der Staat hierin akzeptiert, daß es noch andere gibt, die öffentlich sind und Körperschaftsqualität haben, der Staat also nicht der einzige ist, der diese Öffentlichkeitsfunktion ausfüllt. Hier zeigt sich gerade die Trennung von Staat und Kirche und die Toleranz und Selbstbescheidung des Staates gegenüber anderen, die auch auf öffentlicher Ebene stehen. Zum Islam, Herr *Ehlers*, ich verstehe Organisationshilfe nicht in dem Sinne, daß der Staat die entsprechenden Gruppen so organisiert, wie der Staat das will. Gemeint ist eine faktische und gewiß begrenzte Organisationsmacht, die der Staat in Anspruch nehmen muß, weil er nicht anders kann, wenn er mit bestimmten Institutionen zusammenarbeitet. Er darf selbstverständlich nicht die Inhalte eines Religionsunterrichtes diktieren. Ich halte die Regelungen für überaus mißlich, die einen Kulturunterricht für den Religionsunterricht substituieren. Dies darf nur in dem Sinne geschehen, daß dies der zur Zeit verfassungsnähere Zustand ist. Herr *Fromont*, haben Sie herzlichen Dank für die Ergänzungen, die Sie gemacht haben. Ich sehe darin eine Bestätigung der These, daß gerade auch die Laizität christlich orientiert und christlich begründet ist in der Trennung von Staat, von Welt und Religion. Herr *Mantl*, zu den Religionsstatistiken hinsichtlich der Säkularisierung. Ich habe vorhin schon einmal im Zwischenwort gesagt und ich möchte daran festhalten, die Säkularisierung kommt an Grenzen, sie ist zwar unverkennbar, aber sie ist schon fast zu Ende. Die Statistiker stellen einfach nur noch die falschen Fragen. Ein Beispiel: Zum Streit um die Gemeinsame Erklärung zur Rechtfertigungslehre ist in der FAZ, ist in der Frankfurter Rundschau, ist in der TAZ über Monate, über Jahre hinweg so intensiv theologisch berichtet und gestritten worden, wie man sich das vor 20 Jahren nicht hätte vorstellen können. Die invocatio dei ist nicht ein Hinweis nur auf das Gute und Schöne und was es sonst so alles an Angenehmem gibt, sondern die invocationes wie auch die advocationes dei bedeuten, daß der Staat Transzendenz anerkennt und damit sagt: Ich bin nicht das Ganze. Das heißt, diese invocationes dei meinen, der Staat ist nicht total. Dies ist eine Antitotalitätsnorm und insofern unverzichtbar. Herr *Steiger*, die letzte Anmerkung zum Religionsunterricht für islamische Schüler. Hier muß eben Verfassungsphantasie walten. Man kann nicht abwarten, bis die islamischen Gruppen sich so organisiert haben, wie die Kirchen sich organisieren. Vielleicht sind Herr *Brenner* und ich hier doch unterschiedlicher Auffassung. Mir scheint, wenn eine Gemeinschaft, ein Verein, eine Organisation von Moslems sich auf ein Curriculum einigen kann und genug Schüler zusammenbringt, die das hören wollen, vielleicht 12 in einer Schule, dann haben sie ein Recht auf islamischen Religionsunterricht nach diesem Curriculum. Einige weitere eher technische Fragen mögen dann noch zu klären sein.

Darf ich Ihnen allen ganz herzlich danken, daß ich hier in der Diskussion so viele Anregungen habe empfangen dürfen. Ich fühle mich reich belehrt.

Fiedler: Auch ich habe verschiedenen Rednern für Fragen zu danken und beginne mit Herrn *Ehlers*. Herr *Ehlers*, ich stimme Ihnen voll zu, wenn Sie den Art. 9 EMRK auch für die Religionsgemeinschaften stärker ausschöpfen möchten. Es gibt Entscheidungen, in denen die Religionsgemeinschaften deutlich angesprochen sind, aber nicht in bezug auf Art. 9, sondern in bezug auf andere Artikel, die scheinbar eine andere Materie behandeln. Insofern sollte man alle Möglichkeiten ausnutzen, die sich ergeben, und dann eine eigenständige Begründung geben. Ich frage mich, warum eigentlich nicht die Standards der EMRK für das leidige Thema der DDR herangezogen wurden. Dazu wird gesagt, daß Toleranz, Indoktrinationsverbot und ähnliches die Standards sein müssen, die hier zugrunde gelegt werden. Die Furcht davor, daß man, hierauf gestützt, ein Gemisch von an sich ehrenwerten Gegenständen, die verhaßten „Rotlichtkurse", auch für das Personal aus früheren Zeiten wieder aufnehmen könnte, erwies sich als unbegründet. Die undifferenzierte Mischung von irgendwelchen allgemeinen Standards wäre fehl am Platze und war zu verhindern. Was die mittelbare Bindungswirkung der EG an die EMRK betrifft, so habe ich im Rahmen der Aufteilung unserer Themen die Europäische Gemeinschaft ausgeblendet. Herr *Zuleeg* hat allerdings gesagt, daß im Amsterdamer Vertrag die Bindung an die EMRK ausdrücklich geregelt sei, aber keine mittelbare, wie Herr *Ehlers* meint, sondern eine direkte. So etwas habe ich jedoch nicht im Text gesehen. Also muß man bei der mittelbaren Wirkung bleiben, und die hat viele Facetten, die ich jetzt nicht ausbreiten kann. Herr *Streinz*, ich danke Ihnen für die Frage nach dem Religionswechsel. Es ist kein Versehen, daß er nicht im UN-Pakt aufgeführt ist, sondern man konnte sich schlicht nicht darauf einigen, weil in vielen Staaten der Wechsel der Religion ausgesprochen verhaßt und unbeliebt ist. Wenn man sieht, wie diese Normen zustande gekommen sind, ist das kein Zufall. Dann die Frage nach Scientology und den Kriterien, die man hier anlegte. Wenn man dieser Frage nachgeht, braucht man nicht bis zu den Fällen der USA zu gehen. Wenn Sie Literatur aus Südeuropa, etwa aus Italien oder Spanien, lesen, werden Sie feststellen, daß man dort oft kein Verständnis für die prinzipielle Abwehr von Religionsgemeinschaften und wirtschaftlichen Erwerbsgemeinschaften hat. Das Finanzielle, das bei uns oft als außerordentlich abträglich empfunden wird, wird nicht überall so negativ gesehen. Dazu kann man vielmehr auch andere Stimmen, nicht nur aus den USA, hören. Dann wäre weiter auf den Tiroler Protest einzugehen. Es ist nicht so, daß der Gerichtshof wegen der massiven Proteste „Ja" zu den Eingriffsmaßnahmen gesagt hat, sondern er sagt ausdrücklich, es könnten sich wenige Personen durch diese Form des Filmes verletzt fühlen. Also kommt es nach dem Inhalt der Entscheidung nicht darauf an, daß hier Massen auf die Straßen gehen und ihren Protest herausschreien, sondern es geht auch um die wenigen, die sich in ihrem religiösen Empfinden verletzt fühlen könnten. Insofern kommt es nicht auf die nach außen hervortretende

Demonstrationsgewalt an. Eine gewisse Brisanz ergibt sich für mich aus der Nähe von Religionsfreiheit und demokratischem Verfassungsstaat. In den Entscheidungen, die ich erwähnt habe, wird eine so intensive Bindung von Religion und demokratischem Verfassungsstaat vorausgesetzt, daß man nicht das Gegenteil in einer Abwehr religiöser Bereiche aus dem staatlichen Bereich praktizieren kann. Die EMRK kann man hierzu nicht heranziehen, und ich frage mich überhaupt, warum die Diskussion nicht stärker die Möglichkeiten der EMRK nutzt. Auch das Mehrheits-Minderheits-Schema paßt hierfür nicht richtig. Das Gericht spricht manchmal von einer fairen Behandlung der Minderheiten. Es spricht nicht davon, daß die Minderheit sich automatisch durchsetzt. Vermutlich geschieht dies zu ihrem Schutz. Insoweit kommt es auf ein Miteinander, Herr *Badura*, an und nicht auf ein Gegeneinander. Diese Fragen ergeben sich daraus, daß die EMRK für die Ausgestaltung und Behandlung von Sonderstatusrecht herangezogen werden könnte, und zwar auch für die immanenten Grenzen der vorbehaltlos gewährten Grundrechte, ohne daß deren Schutzstandards vermindert würden. Wir haben hier einige Beispiele für das, was europaweit als Werte oder als Standards akzeptiert wird. Abrücken möchte ich in aller Vorsicht von dem Zwischenwort von Herrn *Robbers*. Ich kann aus der EMRK-Diskussion keine Auflösung des Staates erkennen. Im Gegenteil: Die Staaten werden gestärkt, vorausgesetzt, sie erhalten eine andere Funktion, insofern gibt es einen Wandel; aber nur von Auflösung zu sprechen, erscheint mir nicht treffend.

Ich möchte mich dem Dank meiner Vorredner anschließen, Ihnen allen herzlich danken und auch dem Vorstand, der uns ein wissenschaftlich gewinnbringendes Thema gestellt hat, auch dafür gilt mein Dank dem Vorstand.

Vorsitzender: Der Staat wird sich – um auf das letzte Votum anzuspielen – nicht auflösen, aber unsere Versammlung wird sich demnächst auflösen müssen. Ich möchte, natürlich im Namen des Vorstandes, danken für die ganz ausgezeichneten Referate, die in der Reihe unserer Veröffentlichungen sicher einen Ehrenplatz erhalten werden. Ich hatte über sie bisher nur Lob gehört. Zunächst also ganz herzlichen Dank an die Referenten. Dann ein großer Dank an die Votanten. Ich bin immer wieder „erschlagen" von der Argumentationskraft und der Eloquenz meiner deutschen Kollegen. Wir hatten eine sehr gute Diskussion. Gestern, so hat es Herr *Breuer* gesagt, ist es um den sozialen Frieden gegangen, heute ging es um den religiösen Frieden. Wenn ich das Thema heute aus meiner Perspektive formulieren könnte, würde ich vielleicht statt „Staat und Religion" „Internationale Gemeinschaft, Staat und Religion" wählen, denn in der modernen Welt stellen sich die echten, großen Probleme im Gebiete der Religion eigentlich nicht in unseren westlichen Verfassungsordnungen. Denken wir an die in Zukunft möglicherweise einmal schicksalshaften „Bruchstellen" der Kulturen, die etwa Samuel Huntington in seinem Buch „The Clash of Civilizations" hervorgehoben hatte, also an Bosnien-Herzegowina, an Tschetschenien usw. Wenn man sich diese Krisen vergegenwärtigt, erkennt man, welch hohen Stand an Rechtszivilisation wir in den an unserer Tagung behandelten und angesprochenen Verfassungssystemen und im Völkerrecht erreicht haben, die klar vom Kerngedanken ausgehen, daß die staatlichen Institutionen sich nicht mit religiösen Überzeugungen identifizieren dürfen.

Ich schließe unsere Diskussion mit einem doppelten Eindruck. Ich habe ein sehr gutes Gefühl über den Ertrag unserer Aussprache, über die Fülle der Gedanken und Anregungen. Es freute mich auch, daß bei uns heute einmal mehr die alte Kritik von Michel de Montaigne wiederlegt wurde, der über den Stil des Rechtsgelehrten schrieb: „Die Häupter dieser Kunst, im besonderen Bestreben, feierliche Worte zu wählen und kunstreiche Sätze zu bilden, haben jede Silbe so abgewogen und jede Naht so zurechtgezupft, dass sie nun ganz verstrickt und verwickelt sind in der Unzahl ihrer Redewendungen und dermassen feiner Aufteilungen, dass keinerlei Ordnung noch Vorschrift, noch sichere Erkenntnis sie fassen kann." Ich habe aber ein eher schlechtes Gefühl insofern, als die Diskussion z.T. unter Vernachlässigung echter Gesprächskultur, d.h. ohne Gestaltung einer schöpferischen Auseinandersetzung, „durchgepeitscht" werden mußte. Ich fragte mich, ob es nicht auch Formen des Gesprächs gäbe, in denen wir mehr aufeinander eingehen könnten. Das ist meine eher nachdenkliches Bemerkung.

Ich möchte mich auch meinerseits sehr herzlich bedanken, daß ich diese Diskussion leiten durfte. Vor sehr langer Zeit hatte ich im Religionsunterricht unserer Schule den „Heidelberger Katechismus" auswendig lernen müssen. Es ging um Lehrsätze zur Abgrenzung zwischen dem zwinglianischen und kalvinistischen Bekenntnis auf der einen Seite und dem lutherischen Bekenntnis auf der anderen Seite. Ich wußte damals noch kaum, wo Heidelberg liegt und wie es in Heidelberg aussieht, und konnte natürlich nicht ahnen, daß ich eben hier eine wissenschaftliche Aussprache zum Thema „Staat und Religion" leiten dürfte. Ich möchte Ihnen allen vielmals danken für Ihre Mitwirkung.

Verzeichnis der Redner

Verzeichnis der Mitglieder der Vereinigung der Deutschen Staatsrechtslehrer

Stand 11. April 2000

Vorstand

1. *Frowein*, Dr. Dres. h.c. Jochen Abr., Professor
   Max-Planck-Institut für ausländisches öffentliches Recht und Völkerrecht
   Im Neuenheimer Feld 535, 69120 Heidelberg
   (06221) 4 82-257, Fax (06 221) 4 82-677
   E-mail: Frowein@MPIV-HD.MPG.DE

2. *Bauer*, Dr. Hartmut, Professor,
   Am Hegereiter 13, 01462 Cossebaude, (0351) 4 52 16 03;
   TU Dresden, Juristische Fakultät, 01062 Dresden,
   (0351) 4 63 73 13 oder 4 63 73 14, Fax (0351) 4 63 72 07

3. *Ipsen*, Dr. Jörn, o. Professor,
   Luisenstr. 41, 49565 Bramsche, (05461) 44 96,
   Fax (05461) 6 34 62;
   Institut für Kommunalrecht, Universität Osnabrück,
   49069 Osnabrück, (0541) 9 69-61 69 oder -61 58,
   Fax (0541) 9 69-61 70

Mitglieder:

1. *Abelein*, Dr. Manfred, o. Professor
   Schafhofstraße 21, 73479 Ellwangen/a.d.Jagst

2. *Adamovich*, DDr. Dr.h.c. Ludwig, Professor
   Roosevelt-Platz 4, A-1090 Wien, (0043 1) 4 08 55 70;
   Präsident des österreichischen Verfassungsgerichtshofs
   Judenplatz 11, A-1010 Wien, (0043 1) 5 31 22-4 15

3. *Alexy*, Dr. Robert, o. Professor,
   Klausbrooker Weg 122, 24106 Kiel, (0431) 54 97 42;
   Universität Kiel, 24098 Kiel, (0431) 8 80 35 43
   E-mail: alexy@law.uni-kiel.de

4. *Antoniolli*, Dr. Dr.h.c. Walter, Universitätsprofessor,
Hasnerstr. 3/I, A-3100 St. Pölten, (0043 27 42) 7 59 17;
Universität Wien

5. *Arndt*, Dr. Hans-Wolfgang, o. Professor,
Waldstr. 34, 67434 Neustadt/Weinstr. (06321) 3 33 85;
Universität Mannheim, 68131 Mannheim, (0621) 2 92-51 95

6. *Arnim*, Dr. Hans Herbert von, o. Professor,
Im Oberkämmerer 26, 67346 Speyer, (06232) 9 81 23;
Hochschule für Verwaltungswissenschaften,
67324 Speyer, (06232) 6 54-3 43

7. *Arnold*, Dr. Rainer, o. Professor,
Plattenweg 7, 93055 Regensburg, (0941) 7 44 65;
Universität Regensburg, 93053 Regensburg,
(0941) 9 43-26 54/55

8. *Autexier*, Dr. Christian, Professor,
Egon-Reinert-Str. 19, 66111 Saarbrücken, (0681) 37 14 87;
Universität Saarbrücken, Postfach 15 11 50,
66041 Saarbrücken, (0681) 302-21 85

9. *Axer*, Dr. Peter, Privatdozent,
Josef-Pütz-Str. 16, 52388 Nörvenich,
(02426) 44 63;
Institut für Öffentliches Recht, Rheinische Friedrich-Wilhelms-Universität,
Juridicum, Adenauerallee 24–42, 53113 Bonn,
(0228) 73 50 68, Fax (0228) 73 91 00

10. *Baade*, Dr. Hans W., Professor,
6002 Mountain Climb Drive, Austin/Texas, 78 731, USA
(001-512) 4 52 50 71; dienstlich (001-512) 4 71 51 51

11. *Bachof*, Dr.Dres.h.c. Otto, o. Professor,
Auf dem Kreuz 3, 72076 Tübingen, (07071) 6 11 44;
Universität Tübingen, Juristische Fakultät, Wilhelmstr. 7,
72074 Tübingen,
(07071) 2 97-25 49

12. *Badura*, Dr. Peter, o. Professor,
Am Rothenberg Süd 4, 82431 Kochel am See, (08851) 52 89;
Universität München, Prof.-Huber-Platz 2, 80539 München,
(089) 21 80-35 76

13. *Baer*, Dr. Susanne, Privatdozentin,
Pestalozzistr. 7, 10625 Berlin, (030) 31 50 39 13;
Humboldt Universität zu Berlin, Juristische Fakultät,
Unter den Linden 6, (030) 20 93 33 24; Fax (030) 20 93 33 45
E-mail: susanne=baer@rewi.hu-berlin.de

14. *Baldus*, Dr. Manfred, Privatdozent
Heidberg 27, 22301 Hamburg
(040) 2 70 12 88;
Universität der Bundeswehr Hamburg
Holstenhofweg 85, 22043 Hamburg
Tel.: (040) 65 41-3 296
E-mail: Manfred.Baldus@unibw-hamburg.de

15. *Barfuß*, Dr.iur. Dr.rer.pol. Walter, a.o. Universitätsprofessor,
Tuchlauben 13, A-1014 Wien, (00431) 5 34 37-122,
Fax (00431) 5 33-25 21

16. *Bartlsperger*, Dr. Richard, o. Professor,
Schleifweg 55, 91080 Uttenreuth, (09131) 5 99 16;
Universität Erlangen, (09131) 85 28 18

17. *Battis*, Dr. Ulrich, Professor
Beiersdorfer Weg 42, 12589 Berlin-Rahnsdorf,
(030) 6 48 19 47;
Humboldt-Universität Berlin, (030) 20 93-35 33,
Fax (030) 20 93-36 89

18. *Bauer*, Dr. Hartmut, Professor,
Am Hegereiter 13, 01462 Cossebaude, (0351) 4 52 16 03;
TU Dresden, Juristische Fakultät, 01062 Dresden,
(0351) 4 63-73 13 oder 4 63-73 14, Fax (0351) 4 63-72 07

19. *Bayer*, Dr. Hermann-Wilfried, Professor,
Henkenbergstr. 45a, 44797 Bochum, (0234) 79 17 44;
Universität Bochum, 44780 Bochum, (0234) 3 22 57 24

20. *Becker*, Dr. Joachim, Privatdozent,
Kreuznacher Str. 6, 14197 Berlin, (030) 8 22 40 12;
Humboldt-Universität zu Berlin, Juristische Fakultät,
Unter den Linden 6, 10099 Berlin, (030) 20 93 33 83

21. *Becker*, Dr. Jürgen, o. Professor,
Kellerstr. 7, 81667 München;
dienstlich (089) 4 80 030

22. *Becker*, Dr. Ulrich, LL.M. (EHI), Professor,
Pfarrsiedlungsstr. 9, 93161 Sinzing, (09404) 3478;
Juristische Fakultät, Universität Regensburg,
Universitätsstr. 31, 93053 Regensburg
(0941) 943-2607, Fax (0941) 943-3634

23. *Berchthold*, Dr. Klaus, Universitätsprofessor,
Bräunerstr. 4–6/22, A-1010 Wien, (00431) 531434

24. *Berg*, Dr. Wilfried, o. Professor,
Waldsteinring 25, 95448 Bayreuth, (0921) 93125;
Universität Bayreuth, 95440 Bayreuth, (0921) 552876

25. *Berka*, Dr. Walter, o. Universitätsprofessor,
Birkenweg 2, A-5400 Hallein, (0043-6245) 76758;
Inst. für Verfassungs- und Verwaltungsrecht der Universität
Salzburg, Kapitelgasse 5–7, A-5020 Salzburg,
(0043 662) 80443621, Fax (0043 662) 8044303

26. *Bernhardt*, Dr. Dr.h.c. Rudolf, o. Professor,
Gustav-Kirchhoff-Str. 2a, 69120 Heidelberg,
(06221) 413699;
MPI für Ausl. Öffentliches Recht und Völkerrecht,
Im Neuenheimer Feld 535
69120 Heidelberg, (06221) 482253

27. *Bethge*, Dr. Herbert, o. Professor,
Am Seidenhof 8, 94034 Passau, (0851) 41697;
Universität Passau, (0851) 509197

28. *Bettermann*, Dr. Dr.h.c. Karl-August, o. Professor,
Alte Landstr. 173, 22339 Hamburg, (040) 5384064;
Universität Hamburg, (040) 42838-4557

29. *Beyerlin*, Dr. Ulrich, apl. Professor,
Luisenstr. 7, 69151 Neckargmünd;
MPI für Ausl. Öffentliches Recht und Völkerrecht,
Im Neuenheimer Feld 535, 69120 Heidelberg, (06221) 482236

30. *Biaggini*, Dr. Giovanni, o. Professor,
Luisenstr. 41, CH-3005 Bern, (0041 31) 3526255;
Lehrstuhl für Staats-, Verwaltungs- und Europarecht,
Rechtswissenschaftliches Institut, Freiestrasse 15, CH-8032 Zürich
(0041 1) 6343010, Fax (0041 1) 6344389,
E-mail: biaggini@rws.unizh.ch

31. *Bieber*, Dr. Roland, o. Professor,
5, chemin du Chateau Sec, CH-1009 Pully/Lausanne;
Universität Lausanne, CH-1015 Lausanne-Dorigny,
(0041 21) 6 92 27 91, Fax (0041 21) 6 92 27 85

32. *Binder*, Dr. Bruno, Universitätsdozent,
Mozartstr. 1, od. Wischerstr. 30, A-4020 Linz,
(0043 70) 27 51 10 oder 23 99 26;
Universität Linz, Altenbergerstr. 69,
A-4040 Linz, (0043 70) 23 13 81-4 11

33. *Birk*, Dr. Dieter, o. Professor,
Borkumweg 43, 48159 Münster, (0251) 21 84 78,
Fax (0251) 21 84 78;
Universität Münster, 48143 Münster,
(0251) 832-27 95, Fax (0251) 832-83 86

34. *Blanke*, Dr. Hermann-Josef, Privatdozent,
Mayener Str. 14, 50935 Köln;
Institut für Öffentl. Recht und Verwaltungslehre,
Universität zu Köln, Albertus-Magnus-Platz, 50923 Köln,
(0221) 4 70-22 89

35. *Blankenagel*, Dr. Alexander, Professor,
Güntzelstraße 63, 10717 Berlin, (030) 8 54 95 82;
Humboldt-Universität Berlin, (030) 20 93-33 81,
Fax (030) 20 93-33 45, E-mail: blankenagel@rewi.hu-berlin.de

36. *Bleckmann*, Dr. Dr. Albert, Universitätsprofessor,
Thomas-Morus-Weg 10f, 48147 Münster, (0251) 23 58 67;
Universität Münster, 48143 Münster, (0251) 83 20 21

37. *Blümel*, Dr. Willi, Universitätsprofessor,
Angelhofweg 65, 69259 Wilhelmsfeld, (06220) 18 80;
Hochschule für Verwaltungswissenschaften, 67324 Speyer,
(06232) 6 54-3 62/3 60, Fax (06232) 9 10-2 08 oder 9 10-2 90

38. *Blumenwitz*, Dr. Dieter, o. Professor,
Tannenstr. 2, 85598 Baldham, (08106) 3 32 52;
Universität Würzburg, (09 31) 31 23 08, Fax (09 31) 31 23 17

39. *Böckenförde*, Dr.iur. Dr.phil. Dr.h.c. Ernst-Wolfgang,
o. Professor,
Türkheimstr. 1, 79280 Au bei Freiburg, (0761) 40 56 23;
Universität Freiburg, 79098 Freiburg,
(0761) 2 03 22 63 oder 22 62

40. *Böckstiegel*, Dr. Karl-Heinz, Professor,
Parkstr. 38, 51427 Bergisch-Gladbach,
(02204) 6 62 68;
Universität Köln, Albertus-Magnus-Platz, 50923 Köln,
(0221) 4 70-23 37

41. *Bogdandy*, Dr. Armin von M.A., Professor,
Fürstenbergerstr. 200, 60325 Frankfurt am Main;
Institut für Öffentliches Recht,
Johann-Wolfgang-Goethe-Universität,
Senckenberganlage 31–33, 60054 Frankfurt am Main
(069) 798 28072; Fax (069) 798 28073
E-mail: Bogdandy@jur.uni-frankfurt.de

42. *Bogs*, Dr. Harald, o. Professor,
Dresdenerstr. 7, 37120 Bovenden, (0551) 8 15 95, Fax (0551) 8 35 98;
Universität Göttingen, (0551) 39 73 92, Fax (0551) 39 48 72

43. *Böhm*, Dr. Monika, Professor,
Lessingstr. 24, 65719 Hofheim/Ts., (06192) 2 48 29,
Fax (06192) 2 48 14;
Juristische Fakultät, Universität Halle-Wittenberg,
Universitätsring 2, 06108 Halle, (0345) 55-23 210 oder 211
Fax (0345) 55-27 093

44. *Bothe*, Dr. Michael, Universitätsprofessor,
Theodor-Heuss-Str. 6, 64625 Bensheim, (06251) 43 45;
Universität Frankfurt am Main,
60054 Frankfurt am Main, (069) 7 98 2 22 64

45. *Brandt*, Dr. Edmund, Professor,
FB Umweltwissenschaften, Universität Lüneburg,
21332 Lüneburg, (04131) 78 25 21, Fax (04131) 78 25 29

46. *Brenner*, Dr. Michael, Professor,
Bauerstr. 21, 80796 München, (089) 2 71 85 24;
Lehrstuhl für Deutsches und Europäisches Verfassungs- und Verwaltungsrecht, Universität Jena, Carl-Zeiss-Str. 3,
07743 Jena, (03641) 94 22 40 od. -41, Fax (03641) 94 22 42

47. *Breuer*, Dr. Rüdiger, Professor,
Buschstr. 56, 53113 Bonn, (0228) 21 79 72,
Fax (0228) 22 48 32;
Universität Bonn, Adenauerallee 44, 53113 Bonn,
(0228) 73 91 51, Fax (0228) 73 55 82

48. *Britz*, Dr. Gabriele, Privatdozentin,
Lenaustr. 77, 60318 Frankfurt a. M.
Johann-Wolfgang-Goethe-Universität Frankfurt am Main,
Professur für Öffentliches Recht, Umweltrecht und
Verwaltungswissenschaft
Postfach 11 19 32, 60054 Frankfurt am Main
(069) 55 87 09, Fax (069) 7 98-2 33 55
E-mail: britz@jur.uni-frankfurt.de

49. *Brohm*, Dr. Winfried, o. Professor,
Wydenmööslistr. 11, CH-8280 Kreuzlingen, (00 41 71) 688 15 25;
Universität Konstanz, (07531) 88 21 69 od. 21 76

50. *Brugger*, Dr. Winfried, LL.M., Universitätsprofessor,
Blumenstr. 16, 69115 Heidelberg, (06221) 16 13 19;
Universität Heidelberg, Friedrich-Ebert-Anlage 6–10,
69117 Heidelberg, (06221) 5 47 4 62, Fax (06221) 5 47 6 54

51. *Brünneck*, Dr. Alexander von, Professor,
Blumenhagenstr. 5, 30167 Hannover, (0511) 71 69 11;
Europa-Universität Viadrina, Frankfurt/Oder, Postfach 17 86
15207 Frankfurt / Oder
(0335) 55 34-2 64 od. 2 95, Fax (0335) 55 34-418
E-mail: raue@euv-frankfurt-o.de,
Internet: http://www.euv-frankfurt-o.de

52. *Brunner*, Dr. Georg, o. Professor,
Belvederestr. 94, 50933 Köln, (0221) 4 97 35 94;
Institut für Ostrecht der Universität zu Köln,
Klosterstr. 79d, 50931 Köln, (0221) 4 70-55 83
od. -55 75 od. -55 81, Fax (0221) 4 70-55 82
E-mail: aoo01@uni-koeln.de

53. *Bryde*, Dr. Brun-Otto, o. Professor,
Stettiner Str. 10, 35435 Wettenberg, (06406) 7 41 91;
Universität Gießen; Hein-Heckroth-Str. 5,
35390 Gießen, (0641) 99-2 10 60/61
Fax (0641) 99-2 10 69,
E-mail: brun.o.bryde@recht.uni-giessen.de

54. *Bull*, Dr. Hans Peter, o. Professor,
Falckweg 16, 22605 Hamburg, Tel./Fax (040) 88 05 652;
Universität Hamburg, Seminar für Verwaltungslehre,
Schlüterstraße 28, 20146 Hamburg,
(040) 4 28 38-35 03, Fax (040) 4 28 38-50 62

55. *Bullinger*, Dr. Dr.h.c. (Université de Dijon), Martin,
o. Professor,
Altschlößleweg 4, 79280 Au bei Freiburg,
(0761) 40 23 89;
Universität Freiburg, 79085 Freiburg,
(0761) 2 03 22 48 od. 22 47

56. *Burgi*, Dr. Martin, Professor,
Bernhard-Poether-Str. 59, 48165 Münster, (02501) 92 88 93;
Juristische Fakultät, Lehrstuhl für Öffentliches Recht
(Staats- und Verwaltungsrecht, Europarecht,
Öffentliches Wirtschaftsrecht)
Ruhr-Universität Bochum, 44780 Bochum,
(0234) 3 22 52 75, Fax (0234) 3 21 42 82
E-mail: martin.burgi@jura.-ruhr-uni-bochum.de

57. *Burkert*, Dr. Herbert, Privatdozent,
Uferstr. 31, 50996 Köln – Rodenkirchen,
(0221) 39 77 00, Fax (0221) 39 77 11;
MCM-HSG, Universität St. Gallen,
Müller-Friedberg-Str. 8, CH-9000 St. Gallen,
(00 41 71) 2 22 48 75, (00 49 2 21) 39 77 00
Fax (00 41 71) 2 22 48 75, (00 49 2 21) 39 77 11
E-mail: burkert@unisg.ch

58. *Campenhausen*, Dr. Axel *Frhr. von*, Professor,
Oppenbornstr. 5, 30559 Hannover, (0511) 52 81 74;
Kirchenrechtliches Institut der EKD,
Goßlerstr. 11, 37073 Göttingen
Tel. (0551) 5 77 11 / Fax (0551) 53 10 51

59. *Caspar*, Dr. Johannes, Privatdozent,
Tronjeweg 16, 22559 Hamburg, (040) 81 96 11 95,
Fax (040) 81 96 11 21,
Universität Hamburg, Fachbereich Rechtswissenschaft,
Edmund-Siemens-Allee 1, Flügel West, 20146 Hamburg,
(040) 4 28 38-57 60, Fax (040) 4 28 38-62 80,
E-mail: j-caspar@jura.uni-hamburg.de

60. *Classen*, Dr. Claus Dieter, Professor,
Knud-Rasmussen-Str. 21, 17493 Greifswald,
(03834) 84 49 63;
Ernst-Moritz-Arndt-Universität Greifswald,
(03834) 86 21 21 od. 21 24, Fax (03834) 86 20 02

61. *Cremer*, Dr. Hans-Joachim, Privatdozent,
Augustastr. 19, 69126 Heidelberg;
Universität Heidelberg, Juristisches Seminar,
Friedrich-Ebert-Anlage 6–10, 69117 Heidelberg,
(06221) 54 74 23, E-mail: cremer@jura.jurs.uni-heidelberg.de

62. *Czybulka*, Dr. Detlef, Universitätsprofessor
Bergstraße 24–25, 18107 Elmenhorst; (0381) 795 3944,
Fax: (0381) 795 3945
Universität Rostock, Juristische Fakultät,
Lehrstuhl für Allgemeines und Besonderes Verwaltungsrecht,
Verwaltungslehre, Staats- und Finanzrecht
Richard-Wagner-Str. 31 (Haus 1), 18119 Rostock-Warnemünde
(0381) 498-3846, Fax (0381) 498-3854
E-mail: detlef.czybulka@jurfak.uni-rostock.de
sekretariat-allgverwr@jurfak.uni-rostock.de

63. *Dagtoglou*, Dr. Prodromos, Professor,
Hippokratous 33, GR-Athen 144, (00 30-1) 3 22 11 90;
dienstl.: (0 03 01) 3 62 90 65

64. *Danwitz*, Dr. Thomas von, Professor,
Klinkenbergsweg 1, 53332 Bornheim, (02227) 90 91 04;
Fax (02227) 90 91 05
Lehrstuhl für Öffentliches Recht u. Europarecht,
Ruhr-Universität Bochum, 44780 Bochum, (0234) 32-22818,
Fax (0234) 32-14281
E-mail: thomas.vondanwitz@jura.ruhr-uni-bochum.de

65. *Davy*, Dr. Benjamin, Universitätsprofessor,
Korte Geitke 5, 44227 Dortmund, (0231) 77 99 94;
Fachgebiet Bodenpolitik, Bodenmanagement und kommunales
Vermessungswesen, Fakultät Raumplanung, Universität Dortmund,
44221 Dortmund, (0231) 7 55 22 28, Fax (0231) 7 55 48 86,
E-mail: Bdavy@www.raumplanung.uni-dortmund.de

66. *Davy*, Dr. Ulrike, Professorin,
Korte Geitke 5, 44227 Dortmund, (0231) 77 99 94;
Universität Bielefeld, Postfach 10 01 31, 33501 Bielefeld,
(0521) 1 06 44 00 o. 43 00, E-mail: udavy@post.uni-bielefeld.de

67. *Degenhart*, Dr. Christoph, Universitätsprofessor,
Stormstr. 3, 90491 Nürnberg, (0911) 59 24 62, Fax (0911) 59 24 62;
Juristenfakultät, Universität Leipzig,
Otto-Schill-Str. 2, 04109 Leipzig, (0341) 97-3 51 91,
Fax (0341) 97-3 51 99

68. *Delbrück*, Dr. Jost, Professor,
Schoolredder 20, 24161 Altenholz;
Universität Kiel, 24098 Kiel, (0431) 8 80 21 49, Fax (0431) 8 80 16 19

69. *Denninger*, Dr. Erhard, Professor,
Am Wiesenhof 1, 61462 Königstein, (06173) 7 89 88;
Lehrstuhl für Öffentliches Recht u. Rechtsphilosophie II,
Universität Frankfurt, Senckenberganlage 31,
60325 Frankfurt am Main, (069) 7 98 2 26 54

70. *Depenheuer*, Dr. Otto, Professor,
Sürther Hauptstr. 190, 50999 Köln,
(02236) 38 17 28, Fax (02236) 38 17 29;
Universität zu Köln, Seminar für Staatsphilosophie
und Rechtspolitik, Albertus-Magnus-Platz, 50923 Köln
(0221) 4 70 22 30, Fax (0221) 4 70 50 10

71. *Determann*, Dr. Lothar, Privatdozent, adjunct Professor
1275 California Street, App. 1 San Francisco,
CA 94109, USA
E-mail: Lothar.Determann@bakernet.com;
Freie Universität Berlin, Ehrenbergstr. 17, 14195 Berlin

72. *Detterbeck*, Dr. Steffen, o. Professor,
Stettinerstr. 60, 35274 Kirchhain, (06422) 45 31;
Institut für Öffentliches Recht, Universität Marburg,
Universitätsstr. 6, 35032 Marburg, (06421) 28 31 23,
Fax (06421) 27 38 53

73. *Di Fabio*, Dr. Dr. Udo, Professor,
Theodor-Körner-Str. 8 a, 82049 Pullach, (089) 79 36 70 21;
Institut für Politik und Öffentl. Recht, Universität München,
Prof.-Huber-Platz 2, 80539 München (089) 21 80 33 35

74. *Dietlein*, Dr. Johannes, Professor,
Sonnenscheinstr. 18, 53175 Bonn-Bad Godesberg, (0228) 3 86 80 39;
Heinrich-Heine-Universität, Lehrstuhl für Öffentliches Recht
und Verwaltungslehre, Universitätsstr. 1, 40225 Düsseldorf,
(0211) 8111-420, Fax (0211) 8111-455

75. *Dittmann*, Dr. Armin, o. Professor
Karl-Brennenstuhl-Str. 11, 72074 Tübingen, (07071) 8 24 56;
Universität Hohenheim-Schloß,
Postfach 70 05 62, 70593 Stuttgart,
(0711) 4 59-27 91, Fax (0711) 4 59-34 82

76. *Doehring*, Dr. Dr.h.c. Karl, o. Professor,
Mühltalstr. 117/3, 69121 Heidelberg,
(06221) 40 98 80;
Universität: (06221) 54 74 46;
MPI für Ausl. Öffentliches Recht und Völkerrecht,
Im Neuenheimer Feld 535, 69120 Heidelberg, (06221) 4 82-264

77. *Dolderer*, Dr. Michael, Privatdozent,
Erwinstr. 48, 79102 Freiburg,
(0761) 7 81 06

78. *Dolzer*, Dr. Dr. Rudolf, Professor,
Am Pferchelhang 4/1, 69118 Heidelberg, (06221) 80 33 44;
Rechts- und staatswissenschaftliche Fakultät,
Universität Bonn, Adenauerallee 24–42,
53113 Bonn, (0228) 73 91 72, Fax (0228) 73 91 71

79. *Dörr*, Dr. Dieter, Professor,
Am Stadtwald 6, 66123 Saarbrücken;
Lehrstuhl für Öffentliches Recht, einschl. Völker- und Europarecht, Universität Mainz, 55099 Mainz,
(06131) 392 26 81 od. 392 30 44, Fax (06131) 392 56 97
E-mail: doerr@jura1.uni-mainz.de
Direktor des Mainzer Medieninstituts (MMI):
Mainzer Medieninstitut e.V., Kaiserstr. 32, 55116 Mainz, (06131) 1 44 92 59
E-mail: doerr@mainzer-medieninstitut.de

80. *Dreier*, Dr. Horst, o. Professor,
Bismarckstr. 13, 21465 Reinbek, (040) 7 22 58 34;
Lehrstuhl für Rechtsphilosophie, Staats- und Verwaltungsrecht, Universität Würzburg,
Domerschulstraße 16, 97070 Würzburg,
(0931) 31 23 21, Fax (0931) 31 29 11

81. *Dreier*, Dr. Ralf, o. Professor,
Wilhelm-Weber-Str. 4, 37073 Göttingen, (0551) 5 91 14;
Universität Göttingen, 37073 Göttingen, (0551) 39 73 84

82. *Eberle*, Dr. Carl-Eugen, Professor,
Kapellenstr. 68 a, 65193 Wiesbaden, (0611) 52 04 68;
ZDF, 55100 Mainz, (06131) 70-41 00,
Fax (06131) 70 54 52

83. *Ebsen*, Dr. Ingwer, Professor,
Alfred-Mumbächer-Str. 19, 55128 Mainz, (06131) 33 10 20;
FB Rechtswissenschaft, Universität Frankfurt, Postfach 11 19 32,
60054 Frankfurt am Main, (069) 7 98 2 27 03

84. *Eckhoff*, Dr. Rolf, Privatdozent,
Kyllmannstr. 11 a, 14109 Berlin,
(030) 80 60 38-13, Fax (030) 80 60 38-14
Eichenweg 50, 48161 Münster-Roxel

85. *Ehlers*, Dr. Dirk, Professor,
Am Mühlenbach 14, 48308 Senden, (02597) 84 15
E-mail: ehlersd@uni-muenster.de;
Institut für Wirtschaftsverwaltungsrecht, Universität Münster,
Universitätsstr. 14–16, 48143 Münster, (0251) 832 27 01,
Fax (0251) 832 83 15, E-mail: wivwr@uni-muenster.de
Internet: http://www.uni-muenster.de/Jura.wivwr

86. *Ehmke*, Dr. Horst, o. Professor,
Am Römerlager 4, 53117 Bonn

87. *Ehrenzeller*, Dr. Bernhard, o. Professor,
Tannenstraße 21, CH-9000 St. Gallen, (00 41 71) 244 26 08;
Universität St. Gallen, Hochschule für Wirtschafts-, Rechts-
und Sozialwissenschaften, Bodanstraße 4, CH-9000 St. Gallen,
(00 41 71) 224 24 40 od. -46, Fax (00 41 71) 224 24 41,
E-mail: Bernhard.Ehrenzeller@RWA.UNISG.CH

88. *Eichenberger*, Dr. Dr.h.c. Kurt, o. Professor,
Bärenbrunnenweg 4, CH-4144 Arlesheim bei Basel,
(00 41 61) 7 01 33 86;

89. *Enders*, Dr. Christoph, Universitätsprofessor,
Universität Leipzig, Juristenfakultät,
Otto-Schill-Str. 2, Postfach 100920, 04009 Leipzig,
(0341) 9 73 53 51, Fax (0341) 9 73 53 59

90. *Engel*, Dr. Christoph, Professor,
Königsplatz 25, 53173 Bonn, (0228) 9 56 34 49,
Fax (0228) 9 56 39 44;
Max-Planck-Projektgruppe Recht der Gemeinschaftsgüter,
Poppelsdorfer Allee 45, 53115 Bonn
(0228) 9 14 16-10, Fax (0228) 9 14 16-11
E-mail: engel@mpp-rdg.mpg.de,
Internet: www.mpp-rdg.mpg.de

91. *Epiney*, Dr. Astrid, Professorin,
Avenue du Moléson 18, CH-1700 Fribourg,
(00 41 26) 323 42 24;
Universität Fribourg, Institut für Europarecht,
Route d'Englisberg 7, CH-1763 Granges-Paccot,
(00 41 26) 300 80 94, Fax (00 41 26) 300 97 76

92. *Epping*, Dr. Volker, Professor,
Schöppingenweg 122, 48149 Münster,
(0251) 8 71 53 40, Fax (0251) 8 71 53 50
E-mail: eppingv@uni-muenster.de;
Rechtswissenschaftliche Fakultät,
Westfälische Wilhelms-Universität, Universitätsstr. 14–16,
48143 Münster, (0251) 8 32 20 21, Fax (0251) 8 32 19 01,
E-mail: eppingv@uni-muenster.de

93. *Erbel*, Dr. Günter, Professor,
Burbacher Str. 10, 53129 Bonn;
Universität Bonn, Adenauerallee 24–42, 53113 Bonn,
(0228) 73 55 83

94. *Erbguth*, Dr. Wilfried, Professor,
Friedrich-Franz-Str. 38, 18119 Rostock-Warnemünde,
(0381) 5 48 67 09, Fax (0381) 5 48 67 15;
Universität Rostock, Juristische Fakultät, Richard-Wagner-Str. 31,
18119 Rostock-Warnemünde, (0381) 4 98 38 44,
Fax (0381) 4 98 11 26,
E-mail: wilfried.erbguth@jurfak.uni-rostock.de

95. *Erichsen*, Dr. Hans-Uwe, o. Professor,
Falkenhorst 17, 48155 Münster, (0251) 3 13 12, Fax (0251) 31 19 33;
E-mail: erichse@uni-muenster.de
Geschäftsstelle des Expertenrats
Hüfferstraße 1 a, 48149 Münster
(0251) 83-2 19 10, Fax (0251) 83-2 19 09

96. *Faber*, Dr. Heiko, Professor,
Wunstorfer Str. 1, 30989 Gehrden, (05108) 22 34;
Universität Hannover, Königsworther Platz 1,
30167 Hannover, (0511) 7 62-82 06

97. *Fastenrath*, Dr. Ulrich, Professor,
Liliensteinstraße 4, 01277 Dresden, (0351) 254 05 36;
Juristische Fakultät der TU Dresden, Bergstr. 53,
01069 Dresden, (0351) 4 63-73 33, Fax (0351) 4 63-72 13

98. *Fechner*, Dr. Frank, Privatdozent,
Rosenauer Weg 16, 72076 Tübingen, (07071) 4 04 11
Juristische Fakultät, Universität Tübingen, Wilhelmstraße 7,
72074 Tübingen, (07071) 297-74 504

99. *Felix*, Dr. Dagmar, Professorin,
Ahornweg 16, 94121 Salzweg, (0851) 9 44 21 11;
Universität Hamburg, Öffentliches Recht und Sozialrecht,
Fachbereich Rechtswissenschaft, Edmund-Siemers-Allee 1,
20146 Hamburg, Tel./Fax (040) 4 28 38-26 65
E-mail: d-felix@jura.uni-hamburg.de

100. *Fiedler*, Dr. Wilfried, o. Professor,
Am Löbel 2, 66125 Saarbrücken-Dudweiler, (06897) 76 64 01;
Rechts- und Wirtschaftswissenschaftliche Fakultät,
Fachbereich Rechtswissenschaften, Universität des Saarlandes,
Postfach 15 11 50, 66041 Saarbrücken, (0681) 3 02-32 00,
Fax (0681) 3 02-43 30, E-mail: w.fiedler@rz.uni-sb.de,
Internet: http://www.jura.uni-sb.de/FB/LS/Fiedler

101. *Fink*, Dr. Udo, Universitätsprofessor,
Calsowstraße 45, 37085 Göttingen, (0551) 48 66 36;
Institut für Völkerrecht, Georg-August-Universität Göttingen,
Platz der Göttinger Sieben 5, 37073 Göttingen,
(0551) 39 46 61 od. 46 62, Fax (0551) 39 47 67

102. *Fleiner-Gerster*, Dr. Dr.h.c. Thomas, o. Professor,
rte. Beaumont 9, CH-1700 Fribourg, (00 41 26) 424 66 94;
Institut f. Föderalismus, Universität Fribourg,
rte. Englisberg 7, CH-1763 Granges-Paccot,
(00 41 26) 300 81 25 od. 28, Fax (00 41 26) 300 97 24

103. *Folz*, Dr. Hans-Ernst, Professor,
Bispinger Weg 11, 30625 Hannover,
(0511) 57 57 19 od. 56 28 92;
Universität Hannover, Königsworther Platz 1,
30167 Hannover, (0511) 7 62-82 48 od. 82 49

104. *Frank*, Dr. Dr.h.c. Götz, Professor,
Cäcilienplatz 4, 26122 Oldenburg, (0441) 7 56 89;
Carl von Ossietzky Universität Oldenburg,
Juristisches Seminar, Öffentliches Wirtschaftsrecht,
Birkenweg 5, 26111 Oldenburg
(0441) 7 98-83 38 oder 82 71, Fax (0441) 7 98-82 87

105. *Frankenberg*, Dr. Dr. Günter, Professor,
Robert-Mayer-Str. 54, 60468 Frankfurt am Main;
Institut für Öffentl. Recht, Universität Frankfurt am Main;
Senckenberganlage 31; 60054 Frankfurt am Main, (069) 7 98 2 29 91,
Fax (069) 7 98 2 83 83

106. *Friauf*, Dr. Karl Heinrich, o. Professor,
Eichenhainallee 17, 51427 Bergisch-Gladbach,
(02204) 6 19 84;
Universität Köln, 50923 Köln

107. *Fromont*, Dr. Dr.h.c. Michel, Professor,
12, Boulevard de Port Royal, F-75005 Paris,
(00 33 1) 45 35 73 71;
Universität Paris I Panthéon-Sorbonne, Etudes
Internationales et Européennes, 12, place du Panthéon,
F-75231 Paris Cédex 05, (00 33 1) 46 34 97 32

108. *Frotscher*, Dr. Werner, Professor,
Habichtstalgasse 32, 35037 Marburg/Lahn,
(06421) 3 29 61;
Universität Marburg, Universitätsstr. 6, 35037 Marburg/Lahn,
(06421) 2 83-1 22

109. *Frowein*, Dr. Dr.h.c. Jochen Abr, o. Professor,
Blumenthalstr. 53, 69120 Heidelberg, (06221) 47 46 82;
MPI für Ausl. Öffentliches Recht und Völkerrecht,
Im Neuenheimer Feld 535, 69120 Heidelberg,
(06221) 4 82-258, Fax (06221) 4 82-6 77

110. *Funk*, Dr. Bernd-Christian, o. Professor,
Franz Grassler Gasse 23, A-1230 Wien,
Tel./Fax (00 431) 88 92 935;
Institut für Staats- und Verwaltungsrecht, Universität Wien –
Juridicum –,
Schottenbastei 10–16, A-1010 Wien;
Institut für Universitätsrecht und Universitätsmanagement,
Johannes Kepler Universität Linz, Altenbergerstr. 69, A-4040 Linz,
(00 43 7) 32/24 68-93 36, Fax (00 43 7) 32/24 68 93 99,
E-mail: unirecht.unimanagement@jk.uni-linz.ac.at,
Internet: www.uni-linz.ac.at/unirecht

111. *Gallent*, Dr. Dr. Kurt, Universitätsprofessor,
Obersenatsrat i.R.
Pestalozzistr. 1/III, A-8010 Graz, (00 43-3 16) 84 76 22

112. *Gallwas*, Dr. Hans-Ulrich, Professor,
Hans-Leipelt-Str. 16, 80805 München, (089) 32 83 66;
Universität München, Prof.-Huber-Platz 2, 80539 München,
(089) 21 80-32 62

113. *Gassner*, Dr. Ulrich M., Mag.rer.publ., M.Jur. (Oxon), Professor,
Scharnitzer Weg 9, 86163 Augsburg, (0821) 63 250;
Universität Augsburg, Eichleitnerstr. 30, 86135 Augsburg,
(0821) 598-45 46, Fax (0821) 598-45 47

114. *Geis*, Dr. Max-Emanuel, o. Professor,
Möggingег Steig 20, 78315 Radolfzell, (07732) 13 575;
Universität Konstanz, Postfach 55 60 D 115, 78434 Konstanz,
(07531) 88-23 13 od. 34 58, Fax (07531) 88-25 63
E-mail: max-emanuel.geis@uni-konstanz.de

115. *Gellermann*, Dr. Martin, Privatdozent,
Hermann-Lüpping-Str. 15, 49492 Westerkappeln, (05404) 20 47;
Universität Osnabrück, Fachbereich Rechtswissenschaften,
49069 Osnabrück

116. *Gersdorf*, Dr. Hubertus, Professor,
Bahrenfelder Str. 30, 22765 Hamburg,
(040) 39 90 57 45 Fax (040) 39 90 57 61;
Universität Rostock, Lehrstuhl für Kommunikationsrecht,
Gerd Bucerius-Stiftungsprofessur
Möllner Straße 10, 18109 Rostock
(0381) 4 98-37 88, Fax (0381) 4 98-37 70,
E-mail: hubertus.gersdorf@jurfak.uni-rostock.de

117. *Goerlich*, Dr. Helmut, Professor,
Universität Leipzig, Juristenfakultät, Otto-Schill-Str. 2,
04109 Leipzig, (0341) 97-3 51 71, Fax (0341) 97-3 51 79

118. *Göldner*, Dr. Detlef, Privatdozent,
Wilhelmshavener Str. 20, 24105 Kiel, (0431) 8 16 44

119. *Gornig*, Dr. Gilbert, Professor,
Pfarracker 4, 35043 Marburg-Bauerbach,
(06421) 16 35 66, Fax (06421) 16 37 66;
Institut für Öffentliches Recht, Universität Marburg,
Universitätsstr. 6, 35032 Marburg,
(06421) 28-31 31 od. 28-31 27, Fax (06421) 28-38 53

120. *Götz*, Dr. Volkmar, o. Professor,
Geismarlandstr. 17 a, 37083 Göttingen,
(0551) 4 31 19;
Universität Göttingen, (0551) 39-73 91 od. -47 61

121. *Grabenwarter*, Dr. Dr. Christoph, Universitätsprofessor,
Friedrich-Ebert-Str. 77, 53177 Bonn-Bad Godesberg
Tel.: (0228) 3 69 87 72
Lehrstuhl für Öffentliches Recht
Rechts- u. Staatswissenschaftl. Fakultät der Universität Bonn,
Adenauerallee 24–42, 53113 Bonn, (0228) 73-91 25, Fax (0228) 73-40 49
E-mail: c.grabenwarter@uni-bonn.de

122. *Gramlich*, Dr. Ludwig, Professor,
Justus-Liebig-Str. 38 A, 64839 Münster;
Fakultät für Wirtschaftswissenschaften,
TU Chemnitz-Zwickau, Postfach 9 64, 09009 Chemnitz
(0371) 5 31 4164, -65, Fax (0371) 5 31 39 61
E-mail: l.gramlich@wirtschaft.tu-chemnitz.de
Internet: http://www.tu-chemnitz.de/wirtschaft/jural/

123. *Gramm*, Dr. Christof Gerhard, Privatdozent,
Austraße 12 c, 53604 Bad Honnef, (02224) 48 34;
Bundesministerium der Justiz, Jerusalemer Str. 24–28
10117 Berlin, (030) 20 25 94 50

124. *Grawert*, Dr. Dr.h.c. Rolf, o. Professor,
Aloysiusstr. 28, 44795 Bochum, (0234) 47 36 92;
Universität Bochum, 44721 Bochum, (0234) 3 22 28 09

125. *Grewlich*, Dr.jur. Dr.sc.econ.(HEC Lausanne) LL.M.(Berkeley),
Klaus W., Privatdozent,
Prinz Albertstr. 31, 53113 Bonn, (0228) 26 51 29;
Universität Freiburg, 79085 Freiburg/i.Br.

126. *Griller*, Dr. Stefan, Universitätsprofessor,
Hungerbergstr. 11–13, A-1190 Wien, (00 43-1) 32 24 05;
Forschungsinstitut für Europafragen, Wirtschaftsuniversität
Wien, Althanstr. 39–45, A-1090 Wien,
(00 43-1) 3 13 36-41 35 od. 41 36, Fax (00 43-1) 3 13 36 -7 58

127. *Grimm*, Dr. Dieter, o. Professor,
Humboldt-Universität zu Berlin, Juristische Fakultät,
Unter den Linden 6, 10099 Berlin,
(030) 2093-35 66 (oder 3567), Fax (030) 2093-34 78
Wissenschaftskolleg zu Berlin, Wallotstr. 19, 14193 Berlin
(030) 890 01-0, Fax (030) 890 01-300
E-mail: Grimm@Wiko-Berlin.de

128. *Gröschner*, Dr. Rolf, o. Professor,
Stormstr. 39, 90491 Nürnberg, (0911) 59 14 08;
Rechtswissenschaftliche Fakultät, Universität Jena,
Carl-Zeiss-Straße 3, 07743 Jena, (03641) 94 22 20 od. -21,
Fax (03641) 94 22 22

129. *Groß*, Dr. Thomas, Professor
Diezstr. 8, 35390 Gießen, Tel./Fax: (0641) 3 01 23 81;
Justus-Liebig-Universität, Fachbereich Rechtswissenschaft,
Licher Straße 64, 35394 Gießen,
(0641) 99-2 11 20 / 2 11 21, Fax: (0641) 99-2 11 29
E-mail: Thomas.Gross@recht.uni-giessen.de

130. *Grupp*, Dr. Klaus, Universitätsprofessor,
Stephanienufer 5, 68163 Mannheim, (0621) 82 21 97,
Fax (0621) 82 21 97;
Universität des Saarlandes, Am Stadtwald, 66041 Saarbrücken,
(0681) 3 02-35 08 od. -35 48, Fax (0681) 3 02-42 13

131. *Gurlit*, Dr. Elke, Privatdozentin,
Schmiljanstr. 2, 12161 Berlin, (030) 95 99 56 22, Fax (030) 8 52 00 17,
E-mail: EGurlit@aol.com
Freie Universität Berlin, Fachbereich Rechtswissenschaft,
Boltzmannstr. 3, 14195 Berlin (030) 8 38 30 10, Fax (030) 8 38 30 11

132. *Gusy*, Dr. Christoph, Professor,
Rockwinkeler Heerstr. 128, 28355 Bremen, (0421) 2 57 45 73;
Universität Bielefeld, Fakultät für Rechtswissenschaft,
Universitätsstr. 25, 33615 Bielefeld, (0521) 1 06 43 97
E-mail: christoph.gusy@uni-bielefeld.de

133. *Häberle*, Dr. Dr.h.c. Peter, o. Professor,
Universität Bayreuth, Universitätsstraße 30,
95447 Bayreuth, (0921) 55 29 47, Fax (0921) 55 29 85

134. *Häde*, Dr. Ulrich, Univ.-Professor,
Bergstraße 146, 15230 Frankfurt/Oder, (0335) 68 57 438;
Europa-Universität Viadrina, LSt. für Öffentl. Recht,
insbes. Verwaltungsrecht, Finanzrecht u. Währungsrecht,
Postfach 17 86, 15207 Frankfurt / Oder, (0335) 55 34-670
Fax (0335) 55 34-525, E-mail: haede@euv-frankfurt-o.de
Hausanschrift: Große Scharrnstr. 59, 15230 Frankfurt/Oder

135. *Häfelin*, Dr. Ulrich, o. Professor,
Müseliweg 1, CH-8049 Zürich, (00 41-1) 56 84 60

136. *Hafner*, Dr. Felix, Professor,
Hirzbrunnenschanze 67, CH-4058 Basel, (00 41-61) 6 91 40 64;
Titularprofessor für öffentl. Recht, insbes. Kirchenrecht
der Universität Basel
Justizdepartement des Kantons Basel-Stadt, CH-4001 Basel,
(00 41-61) 2 67 81 19, Fax (00 41-61) 2 67 81 37

137. *Hahn*, Dr. Dr.h.c. Hugo J., LL.M.(Harvard), o. Professor,
Frankenstr. 63, 97078 Würzburg, (0931) 28 42 86;
Universität Würzburg, (0931) 31 23 10, Fax (0931) 31 23 17

138. *Hailbronner*, Dr. Kay, o. Professor,
Toggenbühl, CH-8559 Fruthwilen, (00 41-71) 664 19 46;
Universität Konstanz, (07531) 88 22 47

139. *Hain*, Dr. Karl-E., Privatdozent,
Burgstr. 4, 37073 Göttingen,
(0551) 5 82 23;
Juristisches Seminar der Georg-August-Universität,
Platz der Göttinger Sieben 6, 37073 Göttingen,
(0551) 39 21 22

140. *Haller*, Dr. Herbert, Universitätsprofessor
Felix-Mottl-Str. 48, Haus 2, A-1190 Wien,
(00 43-1) 3 42 93 82;
Wirtschafts-Universität Wien, (00 43-1) 3 13 36-46 68
E-mail: DEKAN.HALLER@wu-wien.ac.at

141. *Haller*, Dr. Walter, o. Professor,
Burgstr. 264, CH-8706 Meilen, (00 41-1) 9 23 10 14;
Universität Zürich, Institut für Völkerrecht u. ausländ.
Verfassungsrecht, Hirschengraben 40, CH-8001 Zürich,
(0041-1) 6 34-20 52, Fax (00 41-1) 6 34-49 93

142. *Hammer*, PD Dr. Felix
Im Kleinen Feldle 18, 72072 Tübingen
(07071) 79 22 57, Fax: (07071) 79 22 58
Eberhard-Karls-Universität Tübingen, Lehrstuhl für Öffentliches Recht und Kirchenrecht
Wilhelmstr. 7, 72074 Tübingen

143. *Hangartner*, Dr. Yvo, o. Professor,
Am Gozenberg 2, CH-9202 Gossau, (00 41-71) 85 15 11;
Hochschule St. Gallen

144. *Hänni*, Dr. Peter, o. Professor,
Stadtgraben 6, CH-3280 Murten, (00 41-26) 670 58 15;
Lehrstuhl für Staats- und Verwaltungsrecht, Universität Fribourg, Les Portes de Fribourg, Route d'Englisberg 7, CH-1763 Granges-Paccot, (00 41-26) 300 81 29,
Fax (00 41-26) 300 97 24

145. *Hase*, Dr. Friedhelm, Professor,
Sodalenruh 6, 96049 Bamberg, (0951) 6 24 79;
Universität-Gesamthochschule Siegen, Fachbereich 5 Wirtschaftswissenschaften,
Hölderlinstr. 3, 57068 Siegen (0271) 7 40-32 19 oder 7 40-32 08,
Fax (0271) 7 40-24 77

146. *Hatje*, Dr. Armin, Professor,
Sauerbruchstr. 36, 32049 Herford
Tel./Fax (0521) 27 03 10;
Universität Bielefeld, Fakultät für Rechtswissenschaft,
Postfach 10 01 31, 33501 Bielefeld,
(0521)1 06 44 12, Fax (0521) 1 06-60 37
E-mail: armin.hatje@uni-bielefeld.de

147. *Haverkate*, Dr. Görg, Universitätsprofessor,
Klingenweg 26, 69118 Heidelberg, (06221) 80 05 81;
Universität Heidelberg, Friedrich-Ebert-Anlage 3,
69117 Heidelberg (06221) 54 77 23

148. *Heckel*, Dr.iur. Dr.theol.h.c. Martin, o. Universitätsprofessor,
Lieschingstr. 3, 72076 Tübingen, (07071) 6 14 27;

149. *Heckmann*, Dr. Dirk, Universitätsprofessor,
Am Wimhof 33, 94034 Passau, (0851) 75 38 83;
Universität Passau, Innstraße 40, 94032 Passau,
(0851) 509-22 90, Fax (0851) 509-22 92

150. *Heintschel von Heinegg*, Dr. Wolff, Professor
Hegelstr. 22, 45219 Essen-Kettwig, (02054) 47 77,
Fax (02054) 1 67 82;
Universität Augsburg, Eichleitnerstr. 30, 86159 Augsburg

151. *Heintzen*, Dr. Markus, Professor,
Freie Universität Berlin, Fachbereich Rechtswissenschaft,
Van't-Hoff-Str. 8, 14195 Berlin, (030) 8 38-524 79,
Fax (030) 8 38-521 05

152. *Hellermann*, Dr. Johannes, Privatdozent,
Am Pappelkrug 3, 33619 Bielefeld,
(0521) 16 00 38

153. *Hendler*, Dr. Reinhard, Universitätsprofessor,
Tulpenstraße 21, 35096 Weimar/Lahn, (06421) 7 73 05;
Universität Trier, Fachbereich Rechtswissenschaft,
Universitätsring 15, 54286 Trier,
(0651) 2 01-25 56 od. 25 58, Fax (0651) 2 01-39 03

154. *Hengstschläger*, Dr. Johann, o. Universitätsprofessor,
Altenbergerstr. 5, A-4040 Linz, (00 43-70) 28 10 81;
Johannes-Kepler-Universität, Altenbergerstr. 69, A-4040 Linz
(00 43-732) 24 68-4 01, Fax (00 43-7 32) 2 46 4 3

155. *Herdegen*, Dr. Matthias, Professor,
Ahornweg 2, 53359 Rheinbach, (02226) 29 83;
Rechts- und Staatswissenschaftliche Fakultät,
Universität Bonn, Adenauerallee 44, 53113 Bonn,
(0228) 73 55 70 / 73 55 80, Fax (0228) 73 79 01

156. *Hermes*, Dr. Georg, Professor,
Egenolffstr. 21, 60316 Frankfurt am Main
(069) 43 05 77 50, Fax (069) 49 08 40 58;
Universität Frankfurt, Fachbereich Rechtswissenschaft,
Postfach 11 19 31, 60054 Frankfurt am Main,
(069) 7 98-2 38 63, Fax (069) 7 98-2 87 50
E-mail: G.Hermes@jur.uni-frankfurt.de

157. *Herrmann*, Dr. Günter, Professor,
Wankweg 13, 87642 Buching/Allgäu, (08368) 16 96;
Universität München, Prof.-Huber-Weg 2, 80539 München

158. *Herzog*, Dr. Roman, Professor, Bundespräsident a. D.,
Postfach 86 04 45, 81631 München

159. *Hesse*, Dr. Dres.h.c. Konrad, o. Professor,
Schloßweg 29, 79249 Merzhausen, (0761) 40 38 11;
Universität Freiburg, 79085 Freiburg, (0761) 2 03 35 14

160. *Heun*, Dr. Werner, Professor,
Bürgerstraße 5, 37073 Göttingen, (0551) 70 62 48;
Universität Göttingen, Institut für Allgemeine Staatslehre
und Politische Wissenschaften, Goßlerstraße 11,
37073 Göttingen, (0551) 39-4693

161. *Heyen*, Dr.iur. lic.phil. Erk Volkmar,
Universitätsprofessor,
Arndtstraße 22, 17489 Greifswald, (03834) 50 27 16;
Ernst Moritz Arndt-Universität, Domstr. 20,
17489 Greifswald, (03834) 86-21 08, Fax (03834) 86-20 02

162. *Hidien*, Dr. Jürgen W., Professor,
Königsstr. 37, 48143 Münster,
(0251) 4 78 77

163. *Hilf*, Dr. Meinhard, Universitätsprofessor,
Schelpsheide 12, 33613 Bielefeld, (0521) 88 92 82;
Fax (0521) 88 92 10
Universität Hamburg, Seminar für Öffentliches
Recht + Staatslehre,
Rothenbaumchaussee 41, 20148 Hamburg
(040) 4 28 38-45 64, Fax (040) 4 28 38-68 58
E-mail: Hilf@uni-hamburg.de

164. *Hill*, Dr. Hermann, Professor,
Habichtstr. 15, 67373 Dudenhofen;
Hochschule für Verwaltungswiss., Postfach 14 09,
67324 Speyer, (06232) 6 54-3 28

165. *Hillgruber*, Dr. Christian, Professor,
Weide 8, 96047 Bamberg;
Universität Erlangen - Nürnberg, Juristische Fakultät,
Lehrstuhl für Öffentliches Recht, Völkerrecht, Rechtsphilosophie
Schillerstr. 1, 91054 Erlangen, (09131) 8 52 22 60
E-mail: christian.hillgruber@jura.uni-erlangen.de

166. *Hobe*, Dr. Stephan, LL.M., Universitätsprofessor,
Heideweg 40, 53229 Bonn, (0228) 9 48 93 00;
Universität zu Köln, Rechtswissenschaftliche Fakultät,
Gottfried-Keller-Str. 2, 50931 Köln, (0221) 47 03 834

167. *Hoffmann*, Dr. Dr.h.c. Gerhard, o. Professor,
Ernst-Lemmer-Str. 10, 35041 Marburg, (06421) 8 16 45;
Universität Marburg, 35037 Marburg

168. *Hoffmann-Riem*, Dr. Wolfgang, Professor,
Bundesverfassungsrichter,
Bundesverfassungsgericht, Postfach 17 71, 76131 Karlsruhe

169. *Höfling*, Dr. Wolfram, Professor, M.A.,
Bruchweg 4, 52441 Linnich, (02462) 36 16;
Justus-Liebig-Universität Gießen, Licher Str. 64,
35394 Gießen, (0641) 7 02-50 25, Fax (0641) 7 02-50 97

170. *Hofmann*, Dr. Hasso, o. Professor,
Christoph-Mayer-Weg 5, 97082 Würzburg, (0931) 8 73 88,
od. Torstr. 176, 10115 Berlin, (030) 2 81 30 75;
Humboldt-Universität zu Berlin, Unter den Linden 6,
10099 Berlin, (030) 20 93-25 68, Fax (030) 20 93-29 36

171. *Hofmann*, Dr. Dr. Rainer, Universitätsprofessor,
Bergstr. 83, 69121 Heidelberg, (06221) 40 10 04;
Direktor des Walther-Schücking-Instituts für Internat.
Recht der Christian-Albrechts-Universität zu Kiel,
Olshausenstr. 40, 24098 Kiel,
(0431) 880-21 89 od. -17 33, Fax (0431) 880-16 19

172. *Hohmann*, Dr. Harald, Privatdozent,
Glauburgstr. 37, 60318 Frankfurt am Main,
(069) 74 38-63 10), Fax (069) 74 38-63 30;
Lindenstr. 37, 60325 Frankfurt am Main,
(069) 74 38-63 10, Fax (069) 74 38-63 30

173. *Hollerbach*, Dr. Alexander, o. Professor,
Hugstetten, Parkstr. 8, 79232 March, (07665) 22 51;
Universität Freiburg, Europaplatz, 79085 Freiburg, (0761) 203 22 07

174. *Holoubek*, Dr. Michael, Universitätsprofessor,
Liechtensteinstr. 25/15, A-1090 Wien, (00 43 1) 3 17 73 72;
Institut für Staats- und Verwaltungsrecht,
Wirtschaftsuniversität Wien, Althanstraße 39–45,
A-1090 Wien, (00 43 1) 3 13 36/46 60,
Fax (00 43 1) 31 33 6/7 13, E-mail: michael.holoubek@wu-wien.ac.at

175. *Holzinger*, Dr. Gerhart, Sektionschef, Universitätsdozent,
Mitglied des Verfassungsgerichtshofs, Judenplatz 11, A-1010 Wien,
(00 43 1) 02 22-5 31-22/4 12, Fax (00 43 1) 02 22-5 31-22-5 18

176. *Holznagel*, Dr. Bernd, LL.M., Professor,
Ahrensburger Weg 129 B, 22359 Hamburg, (040) 6 09 57 35,
Fax (040) 6 09 11 647;
Institut für Informations-, Telekommunikations- und Medienrecht (ITM),
Fachbereich Rechtswissenschaften, Universität Münster,
Universitätsstr. 14–16, 48143 Münster, (0251) 83-28 411
Fax (0251) 83-21 830

177. *Hoppe*, Dr. Werner, o. Professor,
Erphostr. 36, 48145 Münster, (0251) 39 18 99, Fax (0251) 39 24 71;
c/o Gleiss, Lutz, Hootz, Hirsch & Partner (0711) 8 99 73 29,
Fax (0711) 85 50 96

178. *Horn*, Dr. Hans-Detlef, Professor,
Oberölschnitz Nr. 2 b, 95517 Emtmannsberg, (09209) 14 38;
Philipps-Universität Marburg, FB Rechtswissenschaften
Institut für Öffentliches Recht, Universitätsstr. 6, 35032 Marburg,
(06421) 2 82 38 10 oder 2 82 38 10, Fax: (06421) 2 82 38 39
E-mail: hornh@mailer.uni-marburg.de

179. *Hösch*, Dr. Ulrich, Privatdozent,
Lehrstuhl für Öffentliches Recht und Wirtschaftsrecht,
Universität Bayreuth, 95440 Bayreuth
(0921) 55-28 77

180. *Hotz*, Dr. Reinhold, Professor,
Rötelistr. 12, CH-9000 St. Gallen, (00 41 71) 24 67 77;
dienstl., (00 41 71) 22 03 03

181. *Huber*, Dr. Peter M., o. Professor,
An der Osterwiese 12, 07749 Jena, (03641) 36 33 80;
Lehrstuhl für Staats- und Verwaltungsrecht, Öffentliches Wirtschafts- und Umweltrecht, Universität Jena,
Carl-Zeiss-Str.3, 07740 Jena, (03641) 94 22 00 od. -01,
Fax (03641) 94 22 02

182. *Hufen*, Dr. Friedhelm, o. Professor,
Backhaushohl 62, 55128 Mainz, (06131) 3 44 44;
Fax (06131) 36 14 49
Johannes-Gutenberg-Universität,
Fachbereich Rechts- und Wirtschaftswissenschaften,
55099 Mainz, (06131) 39-22 354 od. -230 45
Fax (06131) 39-24 24 7
E-mail: hufen@jural.jura.uni-mainz.de

183. *Ibler*, Dr. Martin, Privatdozent,
Stegemühlenweg 14, 37083 Göttingen

184. *Ipsen*, Dr. Jörn, o. Professor,
Luisenstr. 41, 49565 Bramsche, (05461) 44 96,
Fax (05461) 63 462;
Institut für Kommunalrecht, Universität Osnabrück,
49069 Osnabrück, (0541) 969-61 69 od. -61 58,
Fax (0541) 969-61 70

185. *Ipsen*, Dr. Dr.h.c.mult. Knut, o. Professor,
Nevelstr. 59, 44795 Bochum, (0234) 43 12 66;
Universität Bochum, 44780 Bochum, (0234) 700 28 20

186. *Isensee*, Dr. Josef, o. Professor,
Meckenheimer Allee 150, 53115 Bonn, (0228) 69 34 69;
Universität Bonn, Adenauerallee 24–42, 53113 Bonn,
(0228) 73 79 83

187. *Jaag*, Dr. Tobias, o. Professor,
Bahnhofstr. 22, CH-8022 Zürich, (00 41-1) 2 11 25 50;
Universität, (00 41 1) 2 57 31 70, E-mail: Jaag@umbricht.ch

188. *Jachmann*, Dr. Monika, Univ.-Professorin,
Meichelbeckstr. 5, 85356 Freising;
Juristische Fakultät, Friedrich-Schiller-Universität Jena,
Carl-Zeiss-Str. 3, 07743 Jena, (03641) 94 22 50 od. -51,
Fax (03641) 94 22 52

189. *Jaenicke*, Dr. Günther, Professor,
Waldstr. 13, 69181 Leimen, (06224) 7 25 71;
Universität Frankfurt, 60054 Frankfurt am Main

190. *Jakob*, Dr. Wolfgang, o. Professor,
Wilhelmstr. 25, 80801 München, (089) 39 05 06;
Universität Augsburg, Lehrstuhl für Öffentliches Recht,
Finanzrecht und Steuerrecht, Juristische Fakultät,
Haus 86159, Universitätsstr. 2, 86159 Augsburg,
(0821) 5 98 45 40 o. -45 41, Fax: (0821) 5 98 45 42
E-mail: wolfgang.jakob@jura.uni-augsburg.de

191. *Janssen*, Dr. Albert, apl. Professor, Landtagsdirektor
Langelinienwall 16, 31134 Hildesheim, (05121) 13 11 12;
Niedersächsischer Landtag, Hinrich Wilhelm Kopf-Platz 1,
30159 Hannover, (0511) 30 30-20 61

192. *Jarass*, Dr. Hans D., LL.M. (Harvard), o. Professor,
Baumhofstr. 37 d, 44799 Bochum, (0234) 77 20 25;
Institut für Umwelt- und Planungsrecht, Universität Münster,
Universitätsstr. 14–16, 48143 Münster, (0251) 83 297 93,
Fax (0251) 83 292 97, E-mail: iup@uni-muenster.de

193. *Jestaedt*, Dr. Matthias, Privatdozent,
Alte Bonner Straße 1 d, 53757 Sankt Augustin, (0228) 33 43 30;
Institut für Öffentliches Recht, Rheinische Friedrich-Wilhelms-Universität,
Juridicum, Adenauerallee 24–42, 53113 Bonn,
(0228) 73 79 25, Fax (0228) 73 91 00

194. *Kadelbach*, Dr. Stefan, LL.M., Professor,
Friedberger Landstraße 105, 60318 Frankfurt am Main;
Universität Münster, Lehrstuhl für Öffentliches Recht einschl.
Völker- und Europarecht, Universitätsstr. 14–16, 48143 Münster,
(0251) 83-2 20 21, Fax (0251) 83-2 20 43

195. *Kägi-Diener*, Dr. Regula, Titularprofessorin,
Berghaldenplatz 7, Postfach 73, CH-9010 St. Gallen,
(00 41 71) 2 44 45 50, Fax (00 41 71) 2 44 45 51
E-mail: kaegi-diener@swissonline.ch

196. *Kahl*, Dr. Wolfgang, Privatdozent, M.A.
Raiffeisenstr. 4b, 86836 Untermeltingen, Tel./ Fax (08232) 7 84 18;
Universität Augsburg, Juristische Fakultät, Universitätsstr. 24
(0821) 5 98-45 53, Fax (0821) 5 98-45 52

197. *Karpen*, Dr. Ulrich, Professor,
Oldenfelder Str. 32, 22143 Hamburg, (040) 6 77 83 98;
Universität Hamburg, Schlüterstr. 28, 20146 Hamburg,
(040) 4 28 38-30 23 od. -45 14 od. -45 55

198. *Kästner*, Dr. Karl-Hermann, o. Professor,
Alt-Rathausstr. 5, 72511 Bingen, (07571) 32 23, Fax (07571) 32 12;
Universität Tübingen, Juristische Fakultät, Wilhelmstraße 7, 72074 Tübingen,
(07071) 29 72 971, Fax (07071) 29 50 96

199. *Kempen*, Dr.iur. Bernhard, Universitätsprofessor,
Am Hohlweg 21, 97286 Winterhausen, (09333) 14 79,
Fax (09333) 14 79;
Bayerische Julius-Maximilians-Universität Würzburg,
Domerschulstraße 16, 97070 Würzburg, (0931) 31 23 09,
Fax (0931) 31 23 19

200. *Khol*, Dr. Andreas, Universitätsprofessor,
Cuviergasse 23, A-1130 Wien, (00 43-1) 84 15 73;
dienstl., (00 43-1) 40 110-44 00

201. *Kilian*, Dr. Michael, Professor,
Am Burgwall 15, 06198 Brachwitz;
Juristische Fakultät, Universität Halle-Wittenberg,
Universitätsplatz 3–5, Juridicum, 06099 Halle a. d. Saale, (0345) 23 170,
Fax (0345) 27 269

202. *Kirchhof*, Dr. Ferdinand, o. Professor,
Panoramastraße 95, 72766 Reutlingen, (07121) 49 02 81,
Fax (07121) 47 94 47;
Universität Tübingen, Juristische Fakultät, Wilhelmstr.7,
72074 Tübingen, (07071) 297-25 61 od. -81 18,
Fax (07071) 297 43 58

203. *Kirchhof*, Dr. Paul, o. Professor,
Am Pferchelhang 33/1, 69118 Heidelberg, (06221) 80 14 47;
Universität Heidelberg, 69117 Heidelberg, (06221) 54 74 57,

204. *Kirn*, Dr. Michael, o. Professor,
Rummelsburgerstr. 3, 22147 Hamburg, (040) 6 47 38 43;
Universität der Bundeswehr,
Institut für Öffentliches Recht, Postfach 70 08 22, 22043 Hamburg,
(040) 65 41-27 82 oder (040) 65 41-25 90

205. *Kisker*, Dr. Gunter, Universitätsprofessor,
Waldstr. 74, 35440 Linden, (06403) 6 10 30;
Universität Gießen, 35394 Gießen, (0641) 7 02 50 25

206. *Klein*, Dr. Eckart, Universitätsprofessor,
Heideweg 45, 14482 Potsdam, (0331) 70 58 47;
Lehrstuhl für Staatsrecht, Völkerrecht und Europarecht,
Universität Potsdam, Postfach 90 03 27, 14439 Potsdam,
(0331) 9 77-35 16, od.-35 11, Fax (0331) 9 77-32 24

207. *Klein*, Dr. Hans Hugo, o. Professor,
Heilbrunnstr. 4, 76327 Pfinztal-Söllingen, (07240) 73 00;
Universität Göttingen (0551) 39 46 35

208. *Kley*, Dr. Andreas, Professor,
Institut für Öffentliches Recht,
Hochschulstr. 4, CH-3012 Bern,
(00 41 31) 6 31 88 96, Fax (00 41 31) 6 31 38 83

209. *Kloepfer*, Dr. Michael, o. Professor,
Davoser Str. 13 a, 14199 Berlin, (030) 8 25 24 90,
Fax (030) 8 25 26 90;
Institut für Öffentliches Recht und Völkerrecht,
Humboldt-Universität zu Berlin, Unter den Linden 9–11 (Palais),
10099 Berlin, (030) 20 93-33 40 od. -33 31, Fax (030) 20 93-34 38

210. *Kluth*, Dr. Winfried, Professor,
Blumenstr. 17, 06108 Halle (Saale) (0345) 2 90 85 10;
Martin-Luther-Universität Halle-Wittenberg, Juristische Fakultät,
Lehrstuhl für Öffentliches Recht, Universitätsplatz 10 a,
06099 Halle (Saale) (0345) 5 52 32 22, Fax (0345) 5 52 72 65
E-mail: kluth@jura.uni-halle.de

211. *Knemeyer*, Dr. Franz-Ludwig, o. Professor,
Unterdürrbacher Str. 353, 97080 Würzburg, (0931) 9 61 18;
Universität Würzburg, 97070 Würzburg, (0931) 31 28 99,
Fax (0931) 31 23 17

212. *Knies*, Dr. Wolfgang, o. Professor,
Am Botanischen Garten 5, 66123 Saarbrücken, (0681) 39 98 88;
Universität Saarbrücken, Postfach 11 50, 66041 Saarbrücken,
(0681) 3 02 31 58, Fax (0681) 3 02-31 98

213. *Knöpfle*, Dr. Franz, em. Professor,
Höhenweg 22, 86391 Stadtbergen;
Universität Augsburg, Eichleitnerstr. 30, 86159 Augsburg,
(0821) 5 98-45 45

214. *Koch*, Dr. Hans-Joachim, Professor,
Wendlohstr. 80, 22459 Hamburg, Tel./Fax (040) 5 51 88 04;
Universität Hamburg, FB Rechtswissenschaft II,
Edmund-Siemers-Allee 1, 20146 Hamburg,
(040) 4 28 38-39 77 od. 54 43, Fax (040) 4 28 38-62 80

215. *Koch*, Dr. Thorsten, Privatdozent,
Kleiner Zuschlag 10/12, 49143 Bissendorf-Schledehausen,
(05402) 77 74, E-mail: tkoch@uos.de

216. *Koenig*, Dr. Christian, LL.M. (London), Universitätsprofessor,
Zentrum für Europäische Integrationsforschung,
Rheinische Friedrich-Wilhelms-Universität,
Walter-Flex-Str. 3, 53113 Bonn
(0228) 73-18-91/-92/-95, Fax (0228) 73-1893,
E-mail: ch.koenig@uni-bonn.de, Internet: http://www.zei.de

217. *Kokott*, Dr. Dr. Juliane, LL.M. (Am. Un.),
S.J.D. (Harvard), Universitätsprofessorin,
Mönchhofstr. 42, 69120 Heidelberg, (06221) 45 16 16;
Lehrstuhl für Völkerrecht, Internationales Wirtschaftsrecht
und Europarecht, Forschungsgemeinschaft für Rechtswissenschaften, Universität St. Gallen
Tigerbergstr. 21, CH-9000 St. Gallen
(00 41 71) 2 24-2161, (06221) 45 16 17, (00 1 71) 2 24-21 60 (Sekr.)
Fax: (00 41 71)2 24-21 62, (06221) 46 16 18
E-mail: Juliane.Kokott@unisg.ch

218. *König*, Dr. Doris, Privatdozentin,
Walther-Schücking-Institut für Internationales Recht,
Christian-Albrechts-Universität, Olshausenstr. 40,
24098 Kiel, (0431) 8 80-20 83; Fax (0431) 8 80-16 19,
E-mail: koenig@internat-recht.uni-kiel.de

219. *König*, Dr. Dr. Klaus, Universitätsprofessor,
Albrecht-Dürer-Str. 20, 67346 Speyer, (06232) 29 02 16;
Hochschule für Verwaltungswissenschaften Speyer,
Postfach 14 09, 67324 Speyer, (06232) 654-369 od. -350 od. -355

220. *Kopetzki*, DDr. Christian, Universitätsdozent,
Institut für Staats- und Verwaltungsrecht, Universität Wien,
Schottenbastei 10–16, A-1010 Wien

221. *Korinek*, Dr. Karl, o. Professor,
Vizepräsident des Österreichischen Verfassungsgerichtshofs,
Auhofstr. 225-227, A-1130 Wien, (00 43-1) 8 76 48 76;
Institut für Staats- und Verwaltungsrecht, Universität Wien,
Schottenbastei 10–16, A-1010 Wien,
(00 43-1) 42 77-3 54 42, Fax (00 43-1) 42 77-3 54 49

222. *Korioth*, Dr. Stefan, Professor,
Rechts- u. staatswissenschaftl. Fakultät,
Ernst-Moritz-Arndt-Universität, Domstraße 20a,
17489 Greifswald, (03834) 86 21 51, Fax (03834) 86 20 02

223. *Kotulla*, Dr. Michael, Professor, M.A.
Universität Bielefeld, Fakultät für Rechtswissenschaft,
Postfach 10 01 31, 33501 Bielefeld, (0521) 1 06-43 06 oder 44 35
Fax (0521) 1 06-60 37
E-mail: michael.kotulla@uni-bielefeld.de

224. *Krause*, Dr. Peter, o. Professor,
Weinbergstr.12, 54317 Korlingen, (06588) 73 33;
Universität Trier, 54286 Trier, (0651) 201-25 87, Fax (0651) 201-38 03

225. *Krawietz*, Dr. Werner, o. Professor,
Nienbergweg 29, 48161 Münster, (0251) 86 14 51;
Lehrstuhl für Rechtssoziologie, Universität Münster,
Bispinghof 24–25, 48143 Münster, (0251) 83 25 91

226. *Krebs*, Dr. Walter, Professor,
Kaulbachstraße 33–35, 12247 Berlin, Tel/Fax (030) 771 07 58;
Freie Universität Berlin, Boltzmannstr. 4, 14195 Berlin,
(030) 8 38-559 21, Fax (030) 8 38-559 22

227. *Kreßel*, Dr. Eckhard, Professor,
Körschtalstr. 21, 73760 Ostfildern, (0931) 3 13 05;
Juristische Fakultät der Universität Würzburg
Domerschulstr. 16, 97070 Würzburg

228. *Kriele*, Dr. Martin, o. Professor,
Dorf 11, A-6900 Möggers, (00 43) 55 73-83 772, Fax (00 43) 55 73-83 772;
Universität Köln, Albertus-Magnus-Platz 1, 50923 Köln,
(0221) 470-22 30, Fax (0221) 470-50 10

229. *Kröger*, Dr. Klaus, Universitätsprofessor,
Hölderlinweg 14, 35396 Gießen, (0641) 522 40;
Universität Gießen, 35394 Gießen, (0641) 99 23 130,
Fax (0641) 99 23 059

230. *Küchenhoff*, Dr. Erich, Professor,
Dachsleite 65, 48157 Münster, (0251) 24 72 71;
Universität Münster, 44780 Münster, (0251) 83-27 06 od. -27 05

231. *Kühne*, Dr. Jörg-Detlef, Professor,
Münchhausenstr. 2, 30625 Hannover, (0511) 55 65 63;
Universität Hannover, Königsworther Platz 1,30167 Hannover,
(0511) 7 62-82 25 od. -82 26, Fax (0511) 7 62-82 28

232. *Kunig*, Dr. Philip, Professor,
FU Berlin, Institut für Staatslehre, Staats- u. Verwaltungsrecht,
sowie Institut für Völkerrecht, Europarecht, und ausländisches
öffentliches Recht, Van't-Hoff-Str. 8, 14195 Berlin,
(030) 8 38-530 10, Fax (030) 8 38-530 11

233. *Lange*, Dr. Klaus, Universitätsprofessor,
Lilienweg 22, 35423 Lich, (06404) 56 81;
Universität Gießen, (0641) 99 211 80 od. 211 81, Fax (0641) 99 211 89

234. *Laubinger*, Dr. Hans-Werner, M.C.L., Professor,
Philipp-Wasserburg-Str. 45, 55122 Mainz, (06131) 4 31 91;
Universität Mainz, 55099 Mainz, (06131) 39 59 42

235. *Laurer*, DDr. Hans René, a.o. Universitätsprofessor,
Scheffergasse 27a, A-2340 Mödling, (00 43-26 36) 2 04 02;
Wirtschafts-Universität, Augasse 2–6, A-1190 Wien,
(00 43-1) 31 336 od. 46 69 od. 41 58

236. *Lecheler*, Dr. Helmut, o. Professor,
FU Berlin, Institut für Völkerrecht, Europarecht
u. ausl. öffentl. Recht, Ehrenbergstr. 17, 14195 Berlin,
(030) 838 549 49, Fax (030) 838 520 71
E-mail: lecheler@zedat.fu-berlin.de

237. *Lege*, Dr. Joachim, Professor,
George-Bähr-Str. 18, 01069 Dresden, (0351) 4 70 04 73;
Juristische Fakultät der Technischen Universität,
Bergstr. 53, 01069 Dresden, (0351) 4 63-73 68

238. *Lehner*, Dr. Moris, Universitätsprofessor,
Kaiserplatz 7, 80803 München, (089) 34 02 06 46;
Ludwig-Maximilians-Universität, Lehrstuhl für öffentliches Recht,
insbesondere öffentliches Wirtschaftsrecht und Steuerrecht,
Ludwigstr. 28 (Rgb.), 80539 München,
(089) 21 80 27 18, Fax (089) 33 35 66,
E-mail: Moris.Lehner@jura.uni-muenchen.de

239. *Leisner*, Dr. Dr. Walter, o. Professor,
Pienzenauerstr. 99, 81925 München, (089) 98 94 65;
Universität Erlangen, 91054 Erlangen, (09131) 85 22 60

240. *Lerche*, Dr. Peter, o. Professor,
Junkersstr. 13, 82131 Gauting, (089) 8 50 20 88;
Universität München, Professor-Huber-Platz 2,
80539 München, (089) 21 80-33 35

241. *Link*, Dr. Heinz-Christoph, o. Professor,
Rühlstraße 35, 91054 Erlangen,
(09131) 20 93 35, Fax (09131) 53 45 66;
Hans-Liermann-Institut für Kirchenrecht, Hindenburgstr. 34,
91054 Erlangen, (09131) 85 22 42

242. *Lipphardt*, Dr. Hanns-Rudolf, apl. Professor,
Auf der Weide 7, 69126 Heidelberg, (06221) 38 23 12;
Universität Heidelberg, 69120 Heidelberg, (06221) 41 11 98,
Fax (06221) 40 06 75

243. *Listl*, Dr. Joseph, o. Professor,
Universitätsstr. 10, 86159 Augsburg, (0821) 59 827 20 od. -30;
dienstl. (stets für die Post benutzen!):
Institut f. Staatskirchenrecht der Diözesen Deutschlands,
Lennéstr. 15, 53113 Bonn

244. *Lorenz*, Dr. Dieter, o. Professor,
Bohlstr. 21, 78465 Konstanz, (07533) 68 22;
Universität Konstanz, Postfach 55 60 D 100,
78434 Konstanz, (07531) 88 25 30

245. Lorz, Dr. Ralph Alexander, LL.M. (Harvard),
Attorney-at-Law (New York)
Vergißmeinnichtweg 23, 65201 Wiesbaden, (0611) 1 84 14 91;
Universität Mannheim, Juristische Fakultät, Schloß, Westflügel,
Tel.: (0621) 1 81-14 22

246. *Losch*, Dr. Dr. Bernhard, Professor,
Dürerstr. 9, 42119 Wuppertal, (0202) 42 35 25;
Bergische Universität – Gesamthochschule Wuppertal, FB 1,
Gesellschaftswissenschaften, Gaußstr. 20, 42097 Wuppertal,
(0202) 4 39-22 85/22 81, Fax (0202) 4 39-29 27
E-mail: losch@mailgate.uni-wuppertal.de

247. *Loschelder*, Dr. Wolfgang, Professor,
Sonnenlandstr. 5, 14471 Potsdam,
(0331) 97 36 80; Fax (0331) 9 51 19 95;
Universität Potsdam, Postfach 90037,
August-Bebel-Str. 89, 14439 Potsdam, (0331) 9 77-34 12

248. *Löwer*, Dr. Wolfgang, Professor,
Hobsweg 15, 53125 Bonn, (0228) 25 06 92, Fax (0228) 25 04 14;
Universität Bonn, Adenauerallee 24–42, 53113 Bonn
Tel.: (0228) 73 92 78/73 92 80, Fax: (0228) 73 39 57
E-mail: w.loewer@uni-bonn.de

249. *Lübbe-Wolff*, Dr. Gertrude, Professorin,
Kollwitzstr. 55, 33613 Bielefeld, (0521) 88 26 59;
Universität Bielefeld, Fakultät für Rechtswissenschaft,
Universitätsstr. 25, 33615 Bielefeld,
(0521) 106-43 86, Fax (0521) 106-60 37,
E-mail: gertrude.luebbe-wolff@uni-bielefeld.de

250. *Luchterhandt*, Dr. Otto, Professor,
Im Wendischen Dorfe 28, 21335 Lüneburg Tel./Fax (04131) 23 29 65;
Seminarabteilung für Ostrechtsforschung,
Universität Hamburg, Moorweidenstr. 7, 20148 Hamburg
(040) 4 28 38-26 30/39 86

251. *Lücke*, Dr. Jörg, LL.M (Berkeley), Universitätsprofessor,
Körnerstr. 5 a, 53173 Bonn, (0228) 35 61 10;
FB Rechts- und Wirtschaftswissenschaften,
Universität Mainz, Jakob-Welder-Weg 9, 55099 Mainz,
(06131) 39-33 75, Fax (06131) 39-35 29

252. *Magiera*, Dr. Siegfried, o. Professor,
Feuerbachstr. 1, 67354 Römerberg, (06232) 8 48 98;
Hochschule Speyer, Freiherr-vom-Stein-Str. 2–6,
67324 Speyer, (06232) 65 43 48 od. -331,
Fax (06232) 65 42 08, E-mail: s.magiera@dhv-speyer.de

253. *Majer*, Dr. Diemut, Professorin,
Welfenstr. 35, 76137 Karlsruhe, (0721) 81 65 50 od-41 12;
Fachhochschule für Öff. Verwaltg., Bundeswehrverw.,
Seckenheimer Landstr. 8–10, 68163 Mannheim, (0621) 41 80 91

254. *Mangoldt*, Dr. Hans von, Professor,
Goetheweg 1, 72147 Nehren, (07473) 79 08;
Universität Tübingen, Juristische Fakultät, Wilhelmstr. 7,
72074 Tübingen, (07071) 297 33 02

255. *Manssen*, Dr. Gerrit, Universitätsprofessor,
Konrad-Adenauer-Allee 15, 93051 Regensburg, (0941) 92 845;
Juristische Fakultät, Universität Regensburg,
93040 Regensburg, (0941) 943-32 55, Fax (0941) 943-32 57

256. *Mantl*, Dr. Wolfgang, o. Universitätsprofessor,
Wiener Str. 256/XI/33, A-8051 Graz XIII,
(00 43-3 16) 68 13 06;
Universität Graz, (00 43-316) 3 80-33 70

257. *Marauhn*, Dr. Thilo, Privatdozent, M.Phil.
Dreikreuzweg 73, 69151 Neckargemünd, Tel./Fax (06223) 28 48;
Max-Planck-Institut für ausländisches öffentliches Recht und
Völkerrecht,
Im Neuenheimer Feld 535, 69120 Heidelberg, (06221) 4 82-2 40
E-mail: tmarauhn@mpiv-hd.mpg.de

258. *Marko*, Dr. Joseph, Universitätsdozent,
Kasernstr. 35, A-8010 Graz, (00 43-3 16) 46 22 38;

259. *Marti*, Dr. Hans, a.o. Professor,
Waldriedstr. 29, CH-3074 Bern, (00 41 31) 52 12 66;
dienstl., (00 41 31) 22 16 83

260. *März*, Dr. Wolfgang, Professor,
Bismarckstr. 54, 70197 Stuttgart, (0711) 6 36 25 32 od. 33;
Juristische Fakultät der Universität Rostock, Lehrstuhl für
Öffentliches Recht und Verfassungsgeschichte, Möllner Str. 10,
18109 Rostock, (0381) 4 98 37 90, Fax (0381) 4 98 37 70
E-mail: wolfgangmaerz@jurfak.uni-rostock.de

261. *Masing*, Dr. Johannes, Professor,
Puccinistraße 15, 86199 Augsburg
(0821) 9 98 43 09, Fax (0821) 9 98 43 08;
Juristische Fakultät der Universität Augsburg
86135 Augsburg, (0821) 5 98-45 45, Fax (0821) 5 98-45 47

262. *Maurer*, Dr. Hartmut, o. Professor,
Säntisblick 10, 78465 Konstanz, (07533) 13 12;
Universität Konstanz, (07531) 88 36 57, Fax (07531) 88 31 96

263. *Mayer-Tasch*, Dr. Peter Cornelius, Professor,
Am Seeberg 11, 86938 Schondorf, (08192) 86 68;
Universität München, Prof.-Huber-Platz 2, 80539 München,
(089) 21 80-30 20 od. -30 21, Fax (089) 21 80-30 22

264. *Meessen*, Dr. Karl Matthias, Professor,
Am Horn 55, 99425 Weimar, (03643) 40 28 60, Fax (03643) 40 28 61;
Jean-Monnet-Lehrstuhl für öffentliches Recht,
Europarecht, Völkerrecht und Internationales Wirtschaftsrecht,
Carl-Zeiss-Str. 3, 07740 Jena (03641) 94 22 60 od. -61,
Fax (03641) 94 22 62

265. *Meissner*, Dr. Dr.h.c. Boris, o. Professor,
Kleine Budengasse 1, Haus „Im Römer“, 50667 Köln,
(0221) 2 58 09 35, Fax (0221) 2 57 05 16

266. *Melichar*, Dr. Dr.h.c. Erwin, o. Universitätsprofessor,
Schulerstr. 20, A-1010 Wien I;
dienstl. (00 43-1) 5 13 12 70

267. *Meng*, Dr. Werner, Universitätsprofessor,
Preussenstr. 42, 66111 Saarbrücken, (0681) 6 85 26 74;
Direktor des Europa-Instituts, Universität des Saarlandes,
Postfach 15 11 50, 66041 Saarbrücken,
(0681) 3 02 66 60, Fax (0681) 3 02 66 62,
E-mail: W.Meng@mx.uni-saarland.de

268. *Menger*, Dr. Christian-Friedrich, o. Professor,
Bohlweg 3, 48147 Münster, (0251) 4 82 84 36;
Universität Münster, (0251) 83 27 41

269. *Merli*, Dr. Franz, Universitätsprofessor,
Technische Universität Dresden
Juristische Fakultät
Bergstr. 53, 01069 Dresden
Tel.: (0351) 463-73 74
E-mail: merli@jura.tu-dresden.de

270. *Merten*, Dr. Dr. Detlef, o. Professor,
Von-Dalberg-Str. 8, 67487 St. Martin, (06323) 18 75;
Hochschule für Verwaltungswiss.,
Freiherr-vom-Stein-Str. 2–6,
67346 Speyer, (06232) 6 54-3 49; od. -3 30

271. *Meßerschmidt*, Dr. Klaus, Privatdozent,
Hynspergstr. 29, 60322 Frankfurt am Main,
(069) 55 45 87

272. *Meyer*, Dr. Dr.h c. Hans, Professor,
Am Kupfergraben 6 A, 10117 Berlin, (030) 2 04 18 76,
Fax (030) 20 16 61 11;
Präsident der Humboldt-Universität zu Berlin,
Unter den Linden 6, 10099 Berlin,
(030) 20 93 21 00, Fax (030) 20 93 27 29,
E-mail: praesident@hu-berlin.de

273. *Meyn*, Dr. Karl-Ulrich, Professor,
Leyer Str. 36, 49076 Osnabrück, (0541) 12 64 82;
Universität Jena, Carl-Zeiss-Str. 3, 07740 Jena,
(03641) 94 22 10 od. -11, Fax (03641) 94 22 12
E-mail: karl-ulrich.meyn@recht.uni-jena.de

274. *Morgenthaler*, Dr. Gerd, Privatdozent,
Ruprecht-Karls-Universität, Institut für Finanz- und Steuerrecht,
Friedrich-Ebert-Anlage 6–10, 69117 Heidelberg

275. *Morlok*, Dr. Martin, Professor,
Poßbergweg 51, 40629 Düsseldorf, (0211) 28 68 68;
c/o FernUniversität Hagen, Postfach 9 40, 58084 Hagen,
(02331) 9 87-28 77, Fax (02331) 9 87-3 24

276. *Morscher*, Dr. Siegbert, o. Universitätsprofessor,
Tschiggyfreystr. 11 a, A-6020 Innsbruck, (0043-512) 286210;
Leopold-Franzens-Universität, Institut für Öffentliches Recht und Politikwissenschaft, Innrain 80, A-6020 Innsbruck,
(0043-512) 507-8210 od. -8211, Fax (0043-512) 507-2828

277. *Mosler*, Dr. Dr.h.c. Hermann, Professor,
Mühltalstr. 117 a, 69121 Heidelberg, (0621) 480082

278. *Mößle*, Dr. Dr. Wilhelm, o. Professor,
Heinr.-Heine-Str. 22, 95447 Bayreuth, od.
Postfach 100808, 95408 Bayreuth;
Universität Bayreuth, Universitätsstr. 30, Gebäude RW,
95447 Bayreuth, (0921) 552866

279. *Mössner*, Dr. Jörg Manfred, Professor,
Uhlandstr. 53, 49134 Wallenhorst, (05407) 4509,Fax (05407) 822671;
Universität Osnabrück, FB 10 Rechtswissenschaften, Martinistr. 10,
49069 Osnabrück, (0541) 969-6161 od. -6168, Fax (0541) 969-6167
E-mail: moessner@rz.uni-osnabrueck.de

280. *Muckel*, Dr. Stefan, Universitätsprofessor,
Ringstraße 122, 42929 Wermelskirchen, (02193) 531074;
Universität zu Köln, Institut für Kirchenrecht, 50923 Köln
(0221) 470-3777 oder 470-2679

281. *Müller*, Dr. Georg, o. Professor,
Sugenreben 10, CH-5018 Erlinsbach, (0041-62) 8443873,
Fax (0041-62) 8444204;
Universität Zürich, Wilfriedstr. 6, CH-8032 Zürich,
(0041-1) 6344441, Fax (0041-1) 6344938

282. *Müller*, Dr. Jörg Paul, o. Professor,
Kappelenring 42 a, CH-3032 Hinterkappelen,
(004131) 9010570;
Seminar für Öffentliches Recht, Hochschulstraße 4,
CH-3012 Bern, (0041-31) 6318894 oder 8899,
Fax (0041-31) 6313883

283. *Müller-Volbehr*, Dr. Jörg, Universitätsprofessor,
Waxensteinstr. 16, 82194 Gröbenzell b. München, (08142) 7973;
Universität Marburg, Universitätsstr. 6, 35037 Marburg,

284. *Münch*, Dr. Dr.h.c. Ingo von, Professor,
Hochrad 9, 22605 Hamburg, (040) 829624;
Fax (040) 823449

285. *Murswiek*, Dr. Dietrich, Universitätsprofessor,
Lindenaustr. 17, 79199 Kirchzarten, (07661) 99 237;
Institut für Öffentliches Recht, Universität Freiburg,
79085 Freiburg, (0761) 2 03-22 37 od. -22 41,
Fax (0761) 2 03-22 40

286. *Mußgnug*, Dr. Reinhard, o. Professor,
Keplerstr. 40, 69120 Heidelberg,
(06221) 43 62 22, Fax (06221) 40 83 09;
Universität Heidelberg, Institut für Finanz- und Steuerrecht,
Friedrich-Ebert-Anlage 6–10, 69117 Heidelberg,
(06221) 54 74 66, Fax (06221) 54 76 54,
E-mail: Reinhard.Mussgnug@urz.uni-heidelberg.de

287. *Mutius*, Dr. Albert von, o. Professor,
Drachenbahn 20, 24159 Kiel-Schilksee, (0431) 37 11 04;
Universität Kiel, 24098 Kiel, (0431) 8 80 -45 40 oder -15 05

288. *Nettesheim*, Dr. Martin, Professor
Eberhard-Karls-Universität Tübingen, Juristische Fakultät,
Wilhelmstr. 7, 72074 Tübingen,
(00701) 29-72 56 0, Fax (00701) 29-58 47

289. *Neumann*, Dr. Volker, Professor,
Juristische Fakultät, Universität Rostock,
Möllner Str. 10, 18109 Rostock, (0381) 4 98 37 95,
Fax (0381) 4 98 37 70

290. *Nicolaysen*, Dr. Gert, Professor,
Bockhorst 68 a, 22589 Hamburg, (040) 8 70 17 47;
Universität Hamburg, (040) 4 28 38-45 68, Fax (040) 4 28 38-62 52

291. *Niedobitek*, Dr. Matthias, Privatdozent,
Lauergasse 23, 67349 Speyer, (06232) 7 28 51;
Forschungsinstitut für öffentliche Verwaltung, Postfach 14 09,
67324 Speyer, (06232) 6 54-3 87 oder 3 86, Fax (06232) 6 54-2 90
E-mail: mniedobitek@dhv-speyer.de

292. *Nierhaus*, Dr. Michael, Professor,
Am Moosberg 1 c, 50997 Köln, (02236) 6 36 29;
Universität Potsdam, Juristische Fakultät,
Postfach 90 03 27, 14439 Potsdam,
(0331) 9 77-32 84, od. -35 19, Fax (0331) 9 77-35 35;
Geschäftsführender Direktor des Kommunalwissenschaftlichen
Instituts der Universität Potsdam, (0331) 9 77-32 52 od. -32 15,
Fax (0331) 9 77-45 31

293. *Nolte*, Dr. Georg, Professor,
Lotzestr. 38, 37083 Göttingen, Tel./Fax: (0551) 7 70 66 92;
Institut für Völkerrecht der Georg-August-Universität,
Platz der Göttinger Sieben 5, 37073 Göttingen,
Tel.: (0551) 39 47 51, Fax: (0551) 39 47 67,
E-mail: g.nolte@jur.uni-goettingen.de

294. *Novak*, Dr. Richard, o. Professor,
Thadd. Stammel-Str. 8, A-8020 Graz, (00 43-3 16) 5 35 16;
Universität, (00 43-3 16) 3 80-33 71

295. *Oberndorfer*, Dr. Peter, o. Professor,
Wolfauerstr. 94, A-4045 Linz, (00 43-70) 34 96 94

296. *Oebbecke*, Dr. Janbernd, Universitätsprofessor,
Kronacher Weg 36, 40627 Düsseldorf, (0211) 27 48 34;
LSt. für Öffentliches Recht und Verwaltungslehre,
Universität Münster, Universitätsstr. 14–16, 48143 Münster,
(0251) 83-2 18 06, Fax (0251) 83-2 18 33

297. *Oeter*, Dr. Stefan, Professor,
Langenwiesen 26, 22359 Hamburg (040) 60 95 19 57
Universität Hamburg, Institut für Internationale Angelegenheiten,
Rothenbaumchaussee 19, 20148 Hamburg
(040) 4 28 38 45 65, Fax (040) 4 28 38 62 62
E-mail: iia@jura.uni-hamburg.de

298. *Öhlinger*, Dr. Theo, o. Universitätsprofessor,
Tolstojgasse 5/6, A-1130 Wien, (00 43-1) 8 77 12 60;
Universität Wien, Schottenbastei 10–16, A-1010 Wien,
(00 43-1) 4 01 03-31 36

299. *Oldiges*, Dr. Martin, Universitätsprofessor,
Am Voßberge 6, 33615 Bielefeld, (0521) 12 18 32;
Universität Leipzig, Juristenfakultät, Otto-Schill-Str. 2,
Postfach 10 09 20, 04009 Leipzig, (0341) 9 73 51 31,
Fax (0341) 9 73 51 39

300. *Olshausen*, Dr. Henning von, o. Professor,
Johann-Fesser-Str. 10, 67227 Frankenthal, (06233) 2 05 04;
Universität Mannheim, (0621) 2 92-55 97 od. -56 31

301. *Oppermann*, Dr. Dr.hc. Thomas, o. Professor,
Burgholzweg 122, 72070 Tübingen, (07071) 4 95 33,
Fax (07071) 4 47 02;
Universität Tübingen, Juristische Fakultät, 72074 Tübingen,
(07071) 297 81 01, Fax (07071) 297 43 58

302. *Ossenbühl*, Dr. Fritz, Professor,
Im Wingert 12, 53340 Meckenheim, (02225) 1 74 82;
Universität Bonn, 53113 Bonn, (0228) 73 55-72 od. -73

303. *Osterloh*, Dr. Lerke, Professorin, Richterin des Bundesverfassungsgerichts,
Esperantostr. 28, 60598 Frankfurt am Main, (069) 6 31 16 38;
Institut für Öffentliches Recht, Universität Frankfurt,
Postfach 11 19 32, 60054 Frankfurt am Main,
(069) 7 98 2 27 11 od. 2 86 11,
Fax (069) 79 8 2 25 62

304. *Papier*, Dr. Hans-Jürgen, o. Professor, Richter des Bundesverfassungsgerichts,
Mitterfeld 5 a, 82327 Tutzing, (08158) 99 32 40/41,
Fax (08158) 96 94;
Institut für Politik und Öffentliches Recht,
Universität München, Prof.-Huber-Platz 2, 80539 München,
(089) 21 80-62 94 od. -6295, Fax (089) 34 14 40

305. *Pauger*, Dr. Dietmar, Universitätsprofessor,
Engelgasse 51, A-8010 Graz, (00 43-3 16) 3 17 97;
Universität Graz, Universitätsstr. 15/3, A-8010 Graz,
(00 43-3 16) 3 80-33 75 oder -33 64,
Fax (00 43-3 16) 38 40 94 50
E-mail: dietmar.pauger@kfunigraz.ac.at

306. *Pauly*, Dr. Walter, o. Professor,
Lehrstuhl für Öffentliches Recht, Rechts- und Verfassungsgeschichte,
Rechtsphilosophie, Universität Jena, Carl-Zeiss-Str. 3,
07740 Jena, (03641) 94 22 30 od. -31, Fax (03641) 94 22 32

307. *Pechstein*, Dr. Matthias, Universitätsprofessor,
Lindenallee 40, 14050 Berlin, (030) 3 01 94 17,
Fax (030) 3 01 94 17;
Jean-Monnet-Institut für Öffentliches Recht u. Europarecht,
Europa-Universität Viadrina Frankfurt/Oder,
Große Scharrnstr. 59, 15230 Frankfurt/Oder,
(0335) 5 53 47 60

308. *Peine*, Dr. Franz-Joseph, Professor,
Kurpromenade 71 b, 14089 Berlin, (030) 3 65 61 93;
Georg-August-Universität, Platz der Göttinger Sieben 6,
37073 Göttingen, (0551) 39 47 23, Fax (0551) 39 79 78

309. *Pernice*, Dr. Ingolf, Universitätsprofessor,
Laehrstraße 17 a, 14165 Berlin, (030) 8 45 09 160,
Fax (030) 8 45 09 162;
Lehrstuhl für Öffentliches Recht, Völker- u. Europarecht,
Humboldt-Universität Berlin, Unter den Linden 6,
10099 Berlin, (030) 20 93-34 40,
Fax (030) 20 93-34 49
E-mail: ingolf.pernice@rz.hu-berlin.de

310. *Pernthaler*, Dr. Peter, o. Universitätsprofessor,
Philippine-Welser-Str. 27, A-6020 Innsbruck,
(00 43-5-12) 41 82 84;
Universität Innsbruck, Innrain 80, A-6020 Innsbruck,
(00 43-512) 5 07 26 70

311. *Pesendorfer*, Dr. Wolfgang, Universitätsprofessor,
Vizepräsident d. Verwaltungsgerichtshofs Wien,
Judenplatz 11, A-1014 Wien 1, (00 43-1) 0222 53 111-254,
Fax (00 43-1) 0222 53 28 921

312. *Pestalozza*, Dr. Christian *Graf von*, o. Professor,
FU Berlin, Dienstanschrift: Boltzmannstr. 3, 14195 Berlin,
Postanschrift: Van't-Hoff-Str. 8, 14195 Berlin
(030) 83 85 30 14, Fax (030) 83 85 30 12
E-mail: pestaloz@zedat.fu.-berlin.de

313. *Petersmann*, Dr. Ernst-Ulrich, o. Professor,
35, Chemin des Voisons, CH-1246 Coppet,
(00 41-22) 7 76 57 30;

314. *Pielow*, Dr. Johann-Christian, Privatdozent,
Stiepeler Str. 66, 44799 Bochum (0234) 7 46 33;
Institut für Berg- und Energierecht der
Ruhr-Universität Bochum,
Universitätsstr. 150, 44780 Bochum
(0234) 3 22 73 33, Fax (0234) 7 09 42 12,
E-mail: Johann.C.Pielow@ruhr-uni-bochum.de

315. *Pieroth*, Dr. Bodo, Professor,
Gluckweg 19, 48147 Münster, (0251) 23 32 91, Fax (0251) 23 32 94;
Lehrstuhl für Öffentliches Recht, Universität Münster,
Wilmergasse 28, 48143 Münster, (0251) 51 04 90,
Fax (0251) 51 04 9 19, E-mail: pieroth@uni-muenster.de

316. *Pietzcker*, Dr. Jost, Professor,
Hausdorffstr. 95, 53129 Bonn, (0228) 23 39 54;
Universität Bonn, 53113 Bonn, (0228) 73 91 77

317. *Pirson*, Dr. Dr. Dietrich, o. Professor,
Brunnenanger 15, 82418 Seehausen, (08841) 4 78 68;
Universität München, Prof.-Huber-Weg 2, 80539 München,
(089) 21 80-27 15

318. *Pitschas*, Dr. Rainer, o. Universitätsprofessor,
Hermann-Jürgens-Str. 8, 76829 Landau-Godramstein,
(06341) 96 93 81, Fax (06341) 96 93 82;
Deutsche Hochschule für Verwaltungswissenschaften Speyer,
Postfach 14 09, 67324 Speyer, (06232) 654-338,
Fax (06232) 654-208

319. *Potacs*, Dr. Michael, Professor,
Leidesdorfgasse 11–13/1/14, A-1090 Wien,
(00 43-1) 3 24 66 23;
Universität Klagenfurt, Universitätsstr. 65–67, A-9020 Klagenfurt
(00 43-463) 27 00-879; Fax (00 43-463) 27 00-868),
E-mail: michael.potacs@uni-klu.ac.at

320. *Preuß*, Dr. Ulrich K., Professor,
Friedbergstraße 47, 14057 Berlin (030) 30 81 94 33;
Freie Universität Berlin, FB Politische Wissenschaft,
Ihnestraße 22, 14195 Berlin, (030) 8 38-547 22 od. -549 48,
Fax (030) 8 38-550 96
E-mail: ukpreuss@zedat.fu-berlin.de

321. *Puhl*, Dr. Thomas, o. Professor,
In der Aue 26 a, 69118 Heidelberg, (06221) 80 36 64;
Fax (06221) 80 36 69
Universität Mannheim, Schloß W 226, 68131 Mannheim,
(0621) 181 13-54/-55/-57/-58, Fax (0621) 181 1361
E-mail: puhl@rumms.uni-mannheim.de

322. *Puttler*, Dr. Adelheid, Professorin,
Schrofenstr. 1, 86163 Augsburg, Tel./Fax: (0821) 66 27 37
Universität Bielefeld, Fakultät für Rechtswissenschaft,
Universitätsstr. 25, 33615 Bielefeld,
Tel.: (0521) 106-43 89 od. 68 93, Fax: (0521) 106-60 37
E-mail: adelheid.puttler@uni-bielefeld.de

323. *Püttner*, Dr. Günter. o. Professor,
Mörikestr. 21, 72076 Tübingen, (07071) 6 63 94;
Universität Tübingen, Juristische Fakultät, 72074 Tübingen,
(07071) 297 52-62 od. -63, Fax (07071) 297 49 05

324. *Quaritsch*, Dr. Helmut, o. Professor,
Otterstadter Weg 139, 67346 Speyer, (06232) 6 31 81;
Hochschule für Verwaltungwiss., Freiherr-vom-Stein-Str. 2–6,
67346 Speyer, (06232) 6 54-3 34, Fax (06232) 6 54-3 05

325. *Rack*, Dr. Reinhard, a.o. Universitätsprofessor,
Obere Teichstr. 19, A-8010 Graz, (00 43-3 16) 43 88 42;
Universität Graz, (00 43-3 16) 3 80-33 73
E-mail: rrack@europarl.eu.int

326. *Randelzhofer*, Dr. Albrecht, o. Professor,
Wulffstr. 12, 12165 Berlin, (030) 7 92 60 85;
FU Berlin, Ehrenbergstr. 17, 14195 Berlin

327. *Raschauer*, Dr. Bernhard, o. Universitätsprofessor,
Pfeilgasse 7/2/6, A-1080 Wien, (00 43-1) 4 08 33 53;
Universität Wien, Schottenbastei 10–16, A-1010 Wien,
(00 43-1) 42 77-3 53 52, Fax (00 43-1) 42 77-3 54 59

328. *Rasenack*, Dr. Christian A.L., LL.M., Professor,
Taunustr. 8, 12309 Berlin, (030) 7 45 25 43;
TU Berlin, Institut für Rechtswissenschaft, H 81,
Straße des 17. Juni 135, 10623 Berlin,
(030) 31 42-58 74 od. -58 75, Fax (030) 7 45 25 43

329. *Rauschning*, Dr. Dr.h.c. Dietrich, o. Professor,
Rodetal 1, 37120 Bovenden, (05594) 93 174,
Fax (05594) 93 175;
Institut für Völkerrecht, Universität Göttingen,
Platz der Göttinger Sieben 5, 37073 Göttingen,
(0551) 39 47 51

330. *Reinhardt*, Dr. Michael, LL.M., Professor,
Auf dem Stumpelrott 9, 50999 Köln, (0221) 35 17 30;
Universität Trier, FB V, 65286 Trier, (0651) 201-25 78

331. *Rengeling*, Dr. Hans-Werner, Universitätsprofessor,
Langeworth 143, 48159 Münster, (0251) 21 20 38,
Fax (0251) 21 20 44;
Institut für Europarecht der Universität Osnabrück,
Martinistr. 8, 49069 Osnabrück, (0541) 9 69-45 05
od. -45 04, Fax (0541) 9 69-45 09

332. *Ress*, Dr.iur. Dr.rer.pol. Dr.iur.h.c.mult., Georg, Universitätsprofessor,
6, rue Mozart, 67000 Strasbourg, (0033) 3 88 61 04-32;
Lehrstuhl für öffentliches Recht, Völkerrecht u. Europarecht,
Universität des Saarlandes, Europa-Institut, Postfach 15 11 50,
66041 Saarbrücken, (0681) 3 02-25 03 od. -36 53,
Fax (0681) 3 02 43 69;
Cour Européenne des Droits de l'Homme, Conseil de l'Europe,
F-67075 Strasbourg Cedex, (00 33-3 90) 21 44 91

333. *Rhinow*, Dr. René, o. Professor, Ständerat,
Jurastr. 48, CH-4411 Seltisberg, (00 41-61) 9 11 99 35,
Fax (00 41-61) 9 11 82 88;
stets für Post benutzen: Institut für Rechtswissenschaft,
Maiengasse 51, CH-4056 Basel,
(00 41-61) 2 67-25 67, Fax (00 41-61) 2 67-25 68

334. *Riedel*, Dr. Eibe H., Universitätsprofessor,
Haagwiesenweg 19, 67434 Neustadt, (06321) 8 48 19;
Lehrstuhl für Deutsches und Ausländisches Öffentliches Recht,
Völkerrecht und Europarecht, Universität Mannheim,
Schloß/Westflügel, 68131 Mannheim,
(0621) 2 92-56 07 od. -56 31 od. -33 69,
Fax (0621) 2 92 57 04

335. *Rill*, Dr. Heinz Peter, Universitätsprofessor,
Peter-Jordan-Str. 145, A-1180 Wien, (00 43-1) 4 79-86 74;
Wirtschaftsuniversität Wien, (00 43 1) 3 13 36 46-65 od. -66

336. *Rinken*, Dr. Alfred, Professor,
Treseburger Str. 37, 28205 Bremen, (0421) 44 07 62;
Universität Bremen, Bibliothekstr. 1, 28359 Bremen,
(0421) 2 18-21 36

337. *Robbers*, Dr. Gerhard, Universitätsprofessor,
Dagobertstr. 17, 54292 Trier, (0651) 5 37 10;
Universität Trier, Postfach 38 25, 54286 Trier,
(0651) 20 12 542, Fax (0651) 2 01-39 05

338. *Rodi*, Dr. Michael, M.A., Universitätsprofessor,
Lange Str. 65, 17489 Greifswald, (03834) 89 75 65;
Ernst-Moritz-Arndt-Universität Greifswald,
Lehrstuhl für Öffentliches Recht, Finanz- und Steuerrecht,
17487 Greifswald, (03834) 86 21 00
E-mail: mrodi@rz.uni-greifswald.de

339. *Roellecke*, Dr. Gerd, o. Professor,
Kreuzackerstr. 8, 76228 Karlsruhe, (0721) 49 17 39;
Universität Mannheim, 68131 Mannheim,
(0621) 2 92 51 86

340. *Ronellenfitsch*, Dr. Michael, o. Professor,
Augusta-Anlage 15, 68165 Mannheim, (0621) 41 23 34;
Universität Tübingen, Juristische Fakultät, Wilhelmstr. 7,
72074 Tübingen,
(07071) 297 21 09, Fax (07071) 297 49 05,
E-mail: ronellenfitsch@jura.uni-tuebingen.de

341. *Rossen-Stadtfeld*, Dr. Helge, Privatdozent,
Johannistal 33, 33617 Bielefeld,
(0521) 14 16 31;
Fakultät für Rechtswissenschaften, Universität Bielefeld,
Universitätsstr. 25, 33615 Bielefeld,
(0521) 1 06-4408, Fax (0521) 1 06-6048

342. *Rozek*, Dr. Jochen, Universitätsprofessor,
Friedrich-Hegel-Str. 16, 01187 Dresden;
Lehrstuhl für Öffentliches Recht unter besonderer
Berücksichtigung von Verwaltungsrecht,
Juristische Fakultät, Technische Universität Dresden
01062 Dresden, (0351) 4 63-73 39, Fax (0351) 4 63-72 14
E-mail: rozek@jura.tu-dresden.de

343. *Ruch*, Dr. Alexander, o. Professor,
Gartenstr. 85, CH-4052 Basel, (00 41-61) 2 72 36 22;
ETH Zentrum, D-REOK, Rämistr. 101, CH-8092 Zürich,
(00 41-1) 6 32 60 01

344. *Rudolf*, Dr. Walter, o. Professor,
Rubensallee 55 a, 55127 Mainz, (06131) 7 19 42;
FB Rechts- und Wirtschaftswissenschaften, Universität Mainz,
55099 Mainz, (06131) 39-24 12, Fax (06131) 39-54 39

345. *Rüfner*, Dr. Wolfgang, Professor,
Hagebuttenstr. 26, 53340 Meckenheim, (02225) 71 07;
Institut für Staatskirchenrecht der Diözesen Deutschlands,
Lennéstr. 15, 53113 Bonn
(0228) 22 32 33, Fax (0228) 22 04 43

346. *Rühl*, Dr. Ulli F.H., Professor,
Hermann-Allmers-Str. 34, 28209 Bremen, (0421) 3 46 74 84;
Universität Bremen, Fachbereich 6 Rechtswissenschaft,
Universitätsallee, GW 1, Postfach 33 04 40, 28334 Bremen,
(0421) 2 18-46 06, Sekretariat: (0421) 2 18-21 27,
E-mail: uruehl@uni-bremen.de

347. *Ruland*, Dr. Franz, Professor,
Im Langenfeld 17 a, 61350 Bad Homburg, (06172) 3 11 09;
Verband der Deutschen Rentenversicherungsträger,
Eyssenecksstr. 55, 60322 Frankfurt am Main, (069) 1 52 22 00

348. *Rupp*, Dr. Hans Heinrich, o. Professor,
Am Marienpfad 29, 55128 Mainz, (06131) 3 45 88

349. *Sachs*, Dr. Michael, Universitätsprofessor,
Dattenfelder Str. 7, 51109 Köln, (0221) 84 46 57,
Fax (0221) 84 06 70;
Lehrstuhl für Staats- und Verwaltungsrecht, Universität
Düsseldorf, Universitätsstr. 1, 40225 Düsseldorf,
(0211) 8 11 53 51, Fax (0211) 8 11 14 60

350. *Sacksofsky*, Dr. Ute, Professorin
Bundenweg 16, 60320 Frankfurt am Main,
(069) 95 62 20 51, Fax (069) 95 62 20 52;
Goethe-Universität, Fachbereich Rechtswissenschaft,
Senckenberganlage 31, 60054 Frankfurt am Main,
(069) 79 82 86 54 oder 2 26 54

351. *Salzwedel*, Dr. Jürgen, o. Professor,
Siebengebirgsstr. 86, 53229 Bonn, (0228) 48 17 10;
c/o Gaedertz, Vieregge, Quack, Kreile, Köln,
(0221) 77 16-2 16, Fax (0221) 77 16-1 10

352. *Sattler*, Dr. Andreas, Professor,
Ludwig-Beck-Str. 17, 37075 Göttingen, (0551) 2 23 40

353. *Schachtschneider*, Dr. Karl Albrecht, o. Professor,
Hubertusstraße 6, 94091 Nürnberg, (0911) 59 94 36;
Wirtschafts- u. Sozialwissenschaftliche Fakultät,
Universität Erlangen-Nürnberg, Lange Gasse 20, 90403 Nürnberg,
(0911) 53 02-3 29 oder -3 11, Fax (0911) 53 02-2 97,
E-mail: wsro01@wsrz2.wiso.uni-erlangen.de

354. *Schäffer*, Dr. Heinz, o. Universitätsprofessor,
Große Neugasse 6/14, A-1040 Wien, (0043-1) 58 11 721;
Universität Salzburg, Kapitelgasse 5–7, A-5020 Salzburg,
(00 43 6 62) 80 44-36 31, Fax (00 43 6 62) 80 44-3 03

355. *Schambeck*, Dr. Dr.h.c. mult. Herbert, o. Universitätsprofessor,
Hofzeile 21, A-1190 Wien, (00 43-1) 36 34 94;
Universität Linz, (00 43-7 32) 24 68/4 24

356. *Schefold*, Dr. Dian, Universitätsprofessor,
Mathildenstraße 93, 28203 Bremen, (0421) 72 576;
Fachbereich Rechtswissenschaft der Universität Bremen,
Universitätsallee, GW 1, Postfach 33 04 40, 28334 Bremen,
(0421) 2 18-21 66, Fax (0421) 2 18-34 94

357. *Schenke*, Dr. Wolf-Rüdiger, o. Professor,
Beim Hochwald 30, 68305 Mannheim, (0621) 74 42 00;
Universität Mannheim, 68131 Mannheim, (0621) 2 92 52 14

358. *Scherer*, Dr. Joachim, LL.M., apl. Professor,
Privatweg 9, 64342 Seeheim-Jugenheim, (06257) 23 14;
Kanzlei Döser Amereller Noack / Baker & McKenzie,
Bethmannstr. 50–54, 60311 Frankfurt am Main,
(069) 29 90 81 89, Fax (069) 29 90 81 08

359. *Scherzberg*, Dr. Arno, Privatdozent,
Rottkamp 6, 48341 Altenberge

360. *Scheuing*, Dr. Dieter H., o. Professor,
Finkenstr. 17, 97204 Höchberg, (0931) 4 83 31,
Fax (0931) 40 81 98;
Universität Würzburg, 97070 Würzburg,
(0931) 31 23 24, Fax (0931) 31 27 92
E-mail: scheuing@jura.uni-würzburg.de

361. *Schiedermair*, Dr. Hartmut, o. Professor,
Wittelsbacher Str. 7, 53173 Bonn – Bad Godesberg;
Institut für Völkerrecht und ausländisches öffentliches Recht,
Universität Köln, Gottfried-Keller-Str. 2, 50931 Köln,
(0221) 470 23 64

362. *Schilling*, Dr. Theodor, Privatdozent,
13, rue de Moutfort, L-5355 Oetrange,
(0 03 52) 35 85 76;
Gerichtshof der EG, L-2925 Luxemburg,
(0 03 52) 43 03-34 13

363. *Schindler*, Dr. Dr.h.c. Dietrich, Professor,
Lenzenwiesstr. 8, CH-8702 Zollikon;
Universität Zürich, (0041-1) 391-71 18 od. 41 40,
Fax (0041-1) 391-71 18

364. *Schlaich*, Dr. Klaus, o. Professor,
Wolkenburgstr. 2, 53757 St. Augustin, (02241) 33 75 09;
Universität Bonn, (0228) 73 91 25

365. *Schlette*, Dr. Volker, Privatdozent,
Hirberg 4, 37170 Uslar, (05573) 99 98 68;
Universität Göttingen, Juristisches Seminar,
Platz der Göttinger Sieben 6, 37073 Göttingen,
(0551) 39 44 13, Fax (05 51) 39 74 14

366. *Schlieffen*, Dr. Katharina *Gräfin von*, Universitätsprofessorin,
Fachbereich Rechtswissenschaft, FernUniversität Hagen,
Feithstraße 133/Bredelle, 58084 Hagen, (02331) 9 87-28 78,
Fax (02331) 9 87-395

367. *Schlink*, Dr. Bernhard, Professor,
Endenicher Allee 16, 53115 Bonn, (0228) 65 23 58;
Institut für Öffentliches Recht und Völkerrecht,
Humboldt-Universität zu Berlin, Unter den Linden 6,
10099 Berlin, (030) 20 93-34 54 od. -34 72,
Fax (030) 20 93-34 52

368. *Schmid*, Dr. Gerhard, Professor,
Hochwaldstr. 24, CH-4059 Basel, (0041-61) 3 31 84 25;
c/o Wenger Plattner, Aeschenvorstadt 55,
CH-4010 Basel, (0041-61) 2 79-70 00, Fax (0041-61) 2 79-70 01
E-mail: basel@wenger-plattner.ch

369. *Schmid*, Dr. Viola, Privatdozentin,
Kirchenweg 3, 91126 Schwabach, (09122) 7 73 82,
Fax (09122) 6 23 45), E-mail: viola@topmail.de;
Freie Universität Berlin, Ehrenbergstr. 17, 14195 Berlin,
(030) 8 38-5 49 49, Fax (030) 8 38-5 20 71

370. *Schmidt*, Dr. Reiner, o. Professor,
Bachwiesenstr. 5, 86459 Gessertshausen, (08238) 41 11,
Fax (08238) 49 37;
Lehrstuhl für Öffentliches Recht, Wirtschaftsverwaltungsrecht
und Umweltrecht, Universität Augsburg, Universitätsstr. 2,
86135 Augsburg, (0821) 5 98-45 50, Fax (0821) 5 98-45 52

371. *Schmidt*, Dr. Walter, Universitätsprofessor,
Brüder-Knauß-Str. 86, 64285 Darmstadt, (06151) 6 47 10;
Universität Frankfurt, 60054 Frankfurt am Main, (069) 7 98 2 21 89

372. *Schmidt-Aßmann*, Dr.h.c. Eberhard, o. Professor,
Höhenstr. 30, 69118 Heidelberg, (06221) 80 08 03;
Universität Heidelberg, 69117 Heidelberg, (06221) 54 74 28

373. *Schmidt-De Caluwe*, Reimund, Privatdozent,
Asterweg 48, 35390 Gießen (0641) 3 45 66;
Fachbereich Rechtswissenschaft der Justus-Liebig-Universität,
Hein-Heckroth-Str. 5, 35390 Gießen,
(06 41) 99-2 10 92, Fax (0641) 99-2 10 99,
E-mail: Reimund.Schmidt-De-Caluwe@recht.uni-giessen.de

374. *Schmidt-Jortzig*, Dr. Edzard, o. Professor,
Graf-Spee-Straße 18 a, 24105 Kiel, (0431) 8 95 01 95;
Rechtswissenschaftliche Fakultät, Lehrstuhl für Öffentliches Recht
Universität Kiel, 24118 Kiel, (0431) 8 80-35 45

375. *Schmidt-Preuß*, Dr. Matthias, o. Professor,
Am Römerlager 23, 53117 Bonn, (0228) 67 80 91;
Lehrstuhl für Öffentliches Recht, Institut für Staats-
und Verwaltungsrecht, Universität Erlangen-Nürnberg,
Schillerstr. 1, 91054 Erlangen, (09131) 8 54-7 81,
Fax (09131) 85 64 39

376. *Schmitt Glaeser*, Dr. Dr.h.c. Walter, o. Professor,
Rübezahlweg 9 A, 95447 Bayreuth, (0921) 3 20 70;
Universität Bayreuth, 95440 Bayreuth, (0921) 55 29 42,
Fax (0921) 55 29 96

377. *Schmitt-Kammler*, Dr. Arnulf, Universitätsprofessor,
Renthof 33, 35037 Marburg/Lahn, (06421) 6 49 02;
Universität Köln, Rechtswissenschaftliche Fakultät,
Albertus-Magnus-Platz, 50923 Köln, (0221) 4 70-40 66 od. -40 67

378. *Schnapp*, Dr. Friedrich E., o. Professor,
Efeuweg 22, 44869 Bochum, (02327) 7 42 13;
Universität Bochum, 44780 Bochum, (0234) 3 22 22 39

379. *Schneider*, Dr. Dr.h.c. Hans-Peter, o. Professor,
Rominteweg 1, 30559 Hannover, (0511) 51 10 50,
Fax (0511) 51 10 50;
FB Rechtswissenschaften, Universität Hannover,
Königsworther Platz 1, 30167 Hannover, (0511) 7 62-81 85 od. 81 86

380. *Schneider*, Dr. Hans, o. Professor,
Ludolf-Krehl-Str. 44, 69120 Heidelberg, (06221) 48 03 81;
Universität Heidelberg, 69117 Heidelberg, (06221) 54 74 46

381. *Schneider*, Dr. Jens-Peter, Privatdozent,
Heitmannstr. 50, 22083 Hamburg, Tel. / Fax (040) 2 29 63 83;
Universität Hamburg, Fachbereich Rechtswissenschaft,
Edmund-Siemers-Allee 1, 20146 Hamburg, (040) 4 28 38-57 21

382. *Schneider*, Dr. Litt. D.h.c. Peter, o. Professor,
Fischtorplatz 20, 55116 Mainz, (06131) 22 32 73

383. *Schöbener*, Dr. Burkhard, Privatdozent,
Am Glösberg 27, 97342 Obernbreit, (09332) 50 00 04;
Lehrstuhl für Völkerrecht, allgemeine Staatslehre,
deutsches und bayerisches Staatsrecht sowie politische Wissenschaften,
Domerschulstr. 16, 97070 Würzburg, (0931) 31 23 08

384. *Schoch*, Dr. Friedrich, o. Professor,
Kastelbergstr. 19, 79189 Bad Krozingen, (07633) 948 104,
Fax (07633) 948 105;
Institut für Öffentliches Recht, Universität Freiburg,
Postfach, 79085 Freiburg, (0761) 2 03-22 57 od. 22 58

385. *Scholler*, Dr. Heinrich, Professor,
Zwengauerweg 5, 81479 München, (089) 79 64 24;
Universität München, Institut für Politik und
Öffentliches Recht, Ludwigstr. 28/RG, 80539 München,
(089) 21 80-27 24

386. *Scholz*, Dr. Rupert, o. Professor,
Koenigsallee 71 a, 14193 Berlin;
Universität München, Institut für Politik und
Öffentliches Recht, Ludwigstr. 28/RG, 80539 München,
(089) 21 80-21 13

387. *Schröder*, Dr. Meinhard, o. Professor,
Zum Wingert 2, 54318 Mertesdorf, (0651) 5 78 87;
Universität Trier, 54286 Trier, (0651) 2 01 25 86

388. *Schroeder*, Dr. Werner, Privatdozent, LL.M.,
Viktoriastr. 17, 80803 München, Tel./Fax (089) 30 00 20 88,
Universität Passau, 94030 Passau, (0851) 5 09-2 33 33

389. *Schulte*, Dr. Martin, Professor,
Thomas-Mann-Straße 10, 01219 Dresden, (0351) 47 22 550;
Lehrstuhl für Öffentliches Recht, Umwelt- und Technikrecht,
Juristische Fakultät, TU Dresden, von-Gerber-Bau,
Bergstr. 53, 01069 Dresden, (0351) 4 63-73 62, Fax (0351) 4 63-72 20

390. *Schulze-Fielitz*, Dr. Helmuth, Professor,
Klara-Löwe-Str. 5, 97082 Würzburg,
(0931) 7 84 10 25 o. 7 84 10 34 (Arbeitszimmer),
Fax (0931) 7 84 10 34;
Lehrstuhl für Öffentliches Recht, Umweltrecht und
Verwaltungswissenschaften, Universität Würzburg,
Domerschulstr. 16, D-97070 Würzburg, (0931) 31 23 31/2,
Fax (0931) 31 26 17,
E-mail: Schulze-Fielitz@jura.uni-wuerzburg.de

391. *Schuppert*, Dr. Gunnar Folke, Professor,
Kaiserdamm 28, 14057 Berlin, (030) 30 61 21 68;
Humboldt-Universität, Ziegelstr. 13, 10099 Berlin,
(030) 20 93-35 02, Fax (030) 20 93-33 44

392. *Schwabe*, Dr. Jürgen, Professor,
Erlenweg 1, 21614 Buxtehude, (04161) 8 71 41, Fax (04161) 72 26 00;
Universität Hamburg, 20146 Hamburg, (040) 4 28 38-44 54

393. *Schwarze*, Dr. Jürgen, Professor,
Universität Freiburg, Institut für Öffentliches Recht,
Europaplatz 1, 79098 Freiburg, (0761) 2 03-22 38, od. -22 51,
Fax (0761) 2 03-22 34

394. *Schwarzer*, Mag., Dr. Stephan, Universitätsdozent,
Rodlergasse 7/10, A-1190 Wien, (00 43-1) 3 69 17 46;
Bundeswirtschaftskammer, Wiedner Hauptstr. 63,
A-1045 Wien, (00 43-1) 5 01 05-41 95

395. *Schweitzer*, Dr. Michael, Professor,
Göttweiger Str. 135, 94032 Passau, (0851) 3 45 33;
Universität Passau, 94032 Passau, (0851) 5 09-3 13 od. -3 11

396. *Schweizer*, Dr. Rainer J., o. Professor,
Webergasse 8, CH-9000 St. Gallen, (00 41-71) 2 23 56 24;
Hochschule St.Gallen, Forschungsgemeinschaft für
Rechtswissenschaften, Tigerbergstr. 21, CH-9000 St.Gallen,
(00 41 71) 22 42 836, Fax (09 41 71) 22 42 162
E-mail: Rainer.Schweizer@UNISG.CH

397. *Schwerdtfeger*, Dr. Gunther, Universitätsprofessor,
Hülsebrinkstr. 23, 30974 Wennigsen/Deister, (05103) 13 11;
FB Rechtswissenschaften, Universität Hannover,
Königsworther Platz 1, 30167 Hannover, (0511) 7 62-82 80

398. *Seewald*, Dr. Otfried, o. Professor,
Schärdingerstraße 21 A, 94032 Passau, (08 51) 35 145,
Fax (08 51) 35 145;
Universität Passau, Innstr. 40, Postfach 25 40, 94030 Passau,
(08 51) 50 9-23 40 od. -23 41, Fax (08 51) 5 09-23 42

399. *Seidl-Hohenveldern*, Dr. Dr.h.c. Ignaz, o. Professor,
Schwertgasse 4, A-1010 Wien I, (00 43-1) 5 33 15 60,
Fax (0043–1) 5 33 15 60

400. *Selmer*, Dr. Peter, Professor,
Akazienweg 9, 22587 Hamburg, (040) 86 47 43;
Universität Hamburg, 20146 Hamburg, (040) 4 28 38-45 76,
Fax (040) 4 28 38-30 28

401. *Sieckmann*, Dr. Jan-Reinhard, Professor,
Sozial- und Wirtschaftswissenschaftliche Fakultät,
Otto-Friedrich-Universität Bamberg, Feldkirchenstr. 21,
96051 Bamberg

402. *Siedentopf*, Dr. Dr.h.c. Heinrich, o. Professor,
Hauptstr. 170, 76829 Landau, (06341) 6 07 57;
Hochschule für Verwaltungswissenschaften,
Freiherr-vom-Stein-Str. 2–6, 67324 Speyer,
(06232) 6 54-3 65 od. -3 58

403. *Siekmann*, Dr. Helmut, Professor,
Hustadtring 143, 44801 Bochum;
Ruhr-Universität Bochum, Juristische Fakultät,
44780 Bochum, (0234) 3 22 52 52

404. *Silagi*, Dr. Dr. Michael, Privatdozent,
Institut für Völkerrecht, Universität Göttingen,
Platz der Göttinger Sieben 5, 37073 Göttingen,
(0551) 39-47 34

405. *Skouris*, Dr. Wassilios, Professor,
Nikolaou Manou 18, GR-54643 Thessaloniki,
(00 30-31) 83 14 44;
Gerichtshof der Europäischen Gemeinschaften,
Palais de la Cour de Justice, L-2925 Luxembourg,
(0 03 52) 43 03 22 09, Fax (0 03 52) 43 03 27 36

406. *Sodan*, Dr. Helge, Universitätsprofessor,
Fachbereich Rechtswissenschaft, LSt. für Staats- und Verwaltungsrecht, Öffentl. Wirtschaftsrecht, Sozialrecht, Freie Universität Berlin, Van't-Hoff-Str. 8, 14195 Berlin, (030) 838-53972 od. -53973, Fax (030) 838-54444
Der Präsident des Verfassungsgerichtshofes des Landes Berlin Elßholzstr. 30–33, 10781 Berlin, (030) 9015-2650, Fax (030) 9015-2666

407. *Söhn*, Dr. Hartmut, o. Professor,
Eppanerstr. 9, 94036 Passau, (0851) 58520;
Universität Passau, Lehrstuhl für Staats- u. Verwaltungsrecht insbesondere Finanz- und Steuerrecht, 94032 Passau, (0851) 509-2350, Fax (0851) 509-2352

408. *Sommermann*, Dr. Karl-Peter, Universitätsprofessor,
Lehrstuhl für Öffentl. Recht, Staatslehre u. Rechtsvergleichung, Deutsche Hochschule für Verwaltungswiss., Postfach 1409, 67346 Speyer, (06232) 654-344, Fax (06232) 654-305

409. *Spannowsky*, Dr. Willy, Universitätsprofessor,
Auf dem Kleehügel 17, 67706 Krickenbach, (06307) 993963, Fax (06307) 993949;
Lehrstuhl für Öffentliches Recht, Postfach 3049, 67653 Kaiserslautern, (0631) 205-3975, Fax (0631) 205-3977

410. *Staff*, Dr. Ilse, Universitätsprofessorin,
Am Forum 4, 65779 Kelkheim, (06195) 3308;
Universität Frankfurt, 60054 Frankfurt am Main

411. *Starck*, Dr. Christian, o. Professor,
Schlegelweg 10, 37075 Göttingen, (0551) 55454;
Universität Göttingen, Juristisches Seminar, Platz der Göttinger Sieben 6, 37073 Göttingen, (0551) 39-7412 od. 13, Fax (0551) 39-7414

412. *Steiger*, Dr. Heinhard, Universitätsprofessor,
Oberhof 16, 35440 Linden, (0641) 23252;
Universität Gießen, 35394 Gießen, (0641) 99211-50 od. -51, Fax (0641) 99211-59

413. *Stein*, Dr. Ekkehart, o. Professor,
Magdebergstr. 16 b, 78224 Singen, (07731) 948571;
Universität Konstanz, Postfach 5560 D 104, 78434 Konstanz, (07531) 8823-29 od. -28

414. *Stein*, Dr. Torsten, Universitätsprofessor,
Ludolf-Krehl-Str. 1 b, 69120 Heidelberg, Tel./Fax (06221) 48 04 38;
Universität des Saarlandes, Europa-Institut,
Am Stadtwald, 66041 Saarbrücken,
(0681) 3 02-45 67 od. -36 95, Fax (0681) 3 02-48 79
E-mail: t.stein@rz.uni-sb.de

415. *Steinberg*, Dr. Rudolf, Universitätsprofessor,
Wingertstr. 2 a, 65719 Hofheim;
Universität Frankfurt, Senckenberganlage 31,
60054 Frankfurt am Main, (069) 7 98 2 24 38

416. *Steinberger*, Dr. Helmut, o. Professor,
MPI für Ausl. Öffentliches Recht und Völkerrecht,
Im Neuenheimer Feld 535, 69120 Heidelberg,
(06221) 482-261, Fax (06221) 482-288;
Juristisches Seminar, Universität Heidelberg,
Friedrich-Ebert-Anlage 6–10, 69117 Heidelberg
(06221) 54-74 54 od. -74 55, Fax (06221) 54-77 44

417. *Steiner*, Dr. Udo, o. Professor,
Bundesverfassungsrichter,
Am Katzenbühl 5, 93055 Regensburg, (0941) 70 09 13;
Universität Regensburg, 93040 Regensburg,
(0941) 9 43-26 66 od. -26 67, Fax (0941) 9 43-49 93,
od. Karlsruhe (0721) 91 01-217, Fax (0721) 91 01-382

418. *Stelzer*, Dr. Manfred, Universitätsprofessor,
Anton-Wildgansgasse 12/4, A-2380 Perchtoldsdorf,
(00 43-6 64) 2 12 56 18;
Universität Wien, Schottenbastei 10–16, A-1010 Wien,
(00 43-1) 42 77-3 54 31 o. 3 54 32,
E-mail: manfred.stelzer@univie.ac.at

419. *Stern*, Dr. Dr.h.c.mult. Klaus, o. Professor,
Am Stockberger Busch 10, 51515 Kürten, (02268) 61 67;
Universität Köln, 50923 Köln, (0221) 4 70 22 89

420. *Stettner*, Dr. Rupert, Professor,
Alpenstr. 11 a, 85221 Dachau, (08131) 27 89 96,
Tel./Fax (08131) 27 89 98;
Institut für Staatswissenschaften, Universität der
Bundeswehr München, Werner-Heisenberg-Weg 39,
85579 Neubiberg, (089) 60 04-38 64 od. -37 02 od. -20 43,
Fax (089) 60 04-28 41

421. *Stober*, Dr. Rolf, Professor,
Am Blütenhain 33, 48163 Münster, (02536) 17 34,
Fax (02536) 68 38;
Institut für Recht der Wirtschaft, Universität Hamburg,
Max-Brauer-Allee 60, 22765 Hamburg, (040) 4 28 38-46 37,
Fax (040) 4 28 38-64 41

422. *Stock*, Dr. Martin, Professor,
Lina-Oetker-Str. 22, 33615 Bielefeld, (0521) 12 19 95;
Fakultät für Rechtswissenschaft, Universität Bielefeld,
Postfach 10 01 31, 33501 Bielefeld, (0521) 1 06 43 89,
Fax (0521) 1 06 60 37

423. *Stolleis*, Dr. Michael, Universitätsprofessor,
Waldstr. 15, 61476 Kronberg;
Universität Frankfurt, 60054 Frankfurt am Main
(069) 7 98 2 31 92

424. *Stolzlechner*, Dr. Harald, o. Universitätsprofessor,
Gneiser Straße 57, A-5020 Salzburg, (00 43-6 62) 82 39 35;
Universität Salzburg, (00 43-6 62) 80 44 36 01

425. *Streinz*, Dr. Rudolf, o. Professor,
Waldsteinring 26, 95448 Bayreuth, (0921) 9 47 30;
Rechts- und Wirtschaftswiss. Fakultät, Universität Bayreuth,
95440 Bayreuth, (0921) 55 35 20, Fax (0921) 55 28 97

426. *Tettinger*, Dr. Peter J., o. Professor,
Bergstr. 30, 50999 Köln, (02236) 6 68 56;
Institut für öffentliches Recht und Verwaltungslehre der
Universität zu Köln, Albertus-Magnus-Platz, 50931 Köln,
(0221) 4 70 22 89, Fax (0221) 4 70 51 26)

427. *Thieme*, Dr. Werner, Professor,
Am Karpfenteich 58, 22339 Hamburg, (040) 5 38 49 92;
Universität Hamburg, 20146 Hamburg, (040) 4 28 38-45 69

428. *Thienel*, Dr. Rudolf, a.o. Universitätsprofessor,
Pfeilgasse 31/10, A-1080 Wien;
Institut für Staats- und Verwaltungsrecht,
Universität Wien, Schottenbastei 10–16, A-1010 Wien,
(00 43-1) 4 01 03-32 60, Fax (00 43-1) 5 33 40 99

429. *Thürer*, Dr. Daniel, o. Professor,
Abeggweg 20, CH-8032 Zürich, (0041-1) 3626547;
Universität Zürich, Institut f. Völkerrecht u. Ausländ. Verfassungsrecht,
Hirschgraben 40, CH-8001 Zürich, (0041-1) 634-2031,
Fax (0041-1) 634-4992

430. *Tomuschat*, Dr. Christian, Professor,
Humboldt-Universität zu Berlin, Institut für Völker- und Europarecht,
Unter den Linden 6, 10099 Berlin, (030) 2093-3335 od. -3305 od. -3322, Fax (030) 20933365

431. *Trute*, Dr. Hans-Heinrich, Universitätsprofessor,
Wettinplatz 3, 01896 Pulsnitz, (035955) 45301;
TU Dresden, Juristische Fakultät, Mommsenstr. 13,
01062 Dresden, (0351) 463-7317 od. -7318,
Fax (0351) 4637208

432. *Trzaskalik*, Dr. Christoph, Professor,
Stockheimer Str. 30, 55128 Mainz, (06131) 369414;
Universität Mainz, 55099 Mainz,
(06131) 392138

433. *Tsatsos*, Dr. Dimitris Th., o. Professor,
Kockenhof 12, 58093 Hagen, (02334) 954747;
Fernuniversität Hagen, 58097 Hagen, (02331) 987-2876,
Fax (02331) 987-324

434. *Uber*, Dr. Giesbert, o. Professor,
Roseneck 5, 48165 Münster, (0251) 3159;
Universität Münster, (0251) 832701

435. *Uerpmann*, Dr. Robert, Professor,
Pfarrergasse 9, 93047 Regensburg, (0941) 5676491,
Juristische Fakultät, Universität Regensburg,
Universitätsstr. 31, 93053 Regensburg
(0941) 943-2660, Fax (0941) 943-1973
E-mail: robert.uerpmann@jura.uni-regensburg.de

436. *Umbach*, Dr. Dieter C., Professor,
Lehrstuhl für Verwaltungsrecht und Sozialrecht sowie
Europ. Verfassungsrecht, Pf 900327, 14439 Potsdam;
Universität Potsdam, (0331) 977-3264

437. *Unruh*, Dr. Georg-Christoph von, o. Professor,
Steenkamp 2, 24226 Heikendorf, (0431) 23 14 59;
Universität Kiel, L. von Stein-Institut, 24106 Kiel,
(0431) 8 80 35-22 od. -29

438. *Vallender*, Dr. Klaus A., Professor,
Unterbach 4, CH-9043 Trogen, (00 41 71) 94 27 69;
Universität St. Gallen,
Bodanstr. 4, CH-9000 St. Gallen, (00 41 71) 22 42 519

439. *Vedder*, Dr. Christoph, Professor,
Sollner Str. 33, 81479 München, (089) 79 10 03 83,
Fax (089) 79 10 03 84;
Juristische Fakultät, Universität Augsburg, Postfach,
86135 Augsburg, (0821) 598-45 70, Fax (0821) 598-45 72
E-mail: christoph.vedder@jura.uni-augsburg.de

440. *Vesting*, Dr. Thomas, Universitätsprofessor,
Habsburgerstr. 3, 80801 München, (089) 39 21 44;
Juristische Fakultät, Universität Augsburg,
Eichleitnerstraße 30, 86159 Augsburg, (0821) 5 98 45 35 od. 36,
Fax (0821) 598 45 03,
E-mail: Thomas.Vesting@Jura.Uni-Augsburg.DE

441. *Vitzthum*, Dr. Dr.h.c. Wolfgang *Graf*, o. Professor,
Im Rotbad 19, 72076 Tübingen, (07071) 6 38 44,
Fax (07071) 6 38 88;
Universität Tübingen, Juristische Fakultät, Wilhelmstr. 7,
72074 Tübingen, (07071) 297 52 66, Fax (07071) 297 49 05

442. *Vogel*, Dr. Dr.h.c. Klaus, o. Professor,
Ottostr. 36, 82319 Starnberg, (08151) 1 32 21 u. 88 81;
Institut für Politik und Öffentliches Recht,
Professor-Huber-Platz 2, 80539 München,
(089) 21 80-27 18, Fax (089) 34 14 40

443. *Volkmann*, Dr. Uwe, Professor,
Schönbornstraße 4, 60431 Frankfurt am Main,
(069) 51 86 73;
Johannes-Gutenberg-Universität Mainz,
Fachbereich Rechts- und Wirtschaftswissenschaften,
Lehrstuhl für Öffentliches Recht, 55099 Mainz,
(06131) 39-34 53, Fax (06131) 39-30 90

444. *Voßkuhle*, Dr. Andreas, Professor,
Sternwaldstr. 7, 79102 Freiburg, Tel./Fax: (0761) 7 07 52 11;
Albert-Ludwigs-Universität Freiburg, Institut für
Staatswissenschaft und Rechtsphilosophie, Postfach,
79085 Freiburg i. Br., (0761) 2 03-22 09 od. -22 07;
Fax (0761) 2 03-21 44 (Juristisches Seminar)

445. *Waechter*, Dr. Kay, Professor,
Ceciliengärten 12, 12159 Berlin;
FB Rechtswissenschaft, Universität Hannover,
Königsworther Platz 1, 30167 Hannover, (0511) 7 62-82 27

446. *Wagner*, Dr. Heinz, o. Professor,
Tietzenweg 54, 12203 Berlin, (030) 8 33 21 67;
FU Berlin, 14195 Berlin, (030) 8 38-5 36 39

447. *Wahl*, Dr. Rainer, o. Professor,
Hagenmattenstr. 6, 79117 Freiburg, (0761) 6 59 60;
Universität Freiburg, Institut für Öffentliches Recht VI,
Werderring 10, 79085 Freiburg,
(0761) 2 03-22 52 od. -22 53,
Fax (0761) 2 03 22 93

448. *Wall de*, Dr. Heinrich, Professor,
Reichardtstr. 16, 06114 Halle, (0345) 5 20 12 26;
Juristische Fakultät, Universität Halle-Wittenberg,
Universitätsplatz 10 a, 06099 Halle
(0345) 5 52 32 21

449. *Wallerath*, Dr. Maximilian, Universitätsprofessor,
Gudenauer Weg 86, 53127 Bonn, (0228) 28 32 02;
Universität Greifswald, Rechts- und
Wirtschaftswissenschaftl. Fakultät, 17487 Greifswald,
(03834) 86 21 44

450. *Weber*, Dr. Albrecht, Professor,
Weidenweg 20, 49143 Bissendorf, (054 02) 39 07;
Universität Osnabrück, 49069 Osnabrück,
(0541) 6 08-61 88

451. *Weber*, Dr. Karl, o. Universitätsprofessor,
Noldinstr. 14, A-6020 Innsbruck, (00 43-5 12) 57 45 37;
Universität Innsbruck, Innrain 80, A-6020 Innsbruck,
(00 43-5 12) 5 07-26 87

452. *Weber-Dürler*, Dr. Beatrice, o. Professorin,
Ackermannstr. 24, CH-8044 Zürich, (0041-1) 2620420;
Universität Zürich, Rechtswissenschaftliches Seminar,
Wilfriedstraße 6, CH-8032 Zürich, (0041-1) 6344440

453. *Wendt*, Dr. Rudolf, o. Professor,
Schulstr. 45, 66386 St. Ingbert-Hassel, (06894) 53287;
Universität des Saarlandes, Institut für Finanz- und Steuerrecht, Postfach 1150, 66041 Saarbrücken,
(0681) 302-3104 od. -2104

454. *Wenger*, DDr. Karl, Universitätsprofessor,
Meytensgasse 18, A-1130 Wien, (0043-1) 8227244

455. *Wiederin*, Dr. Ewald, Universitätsdozent,
Institut für Staats- und Verwaltungsrecht,
Universität Wien, Schottenbastei 10–16, A-1010 Wien

456. *Wieland*, Dr. Joachim LL.M., Universitätsprofessor,
Johann-Strauß-Str. 17, 33647 Bielefeld,
(0521)4329293 od. 295, Fax (0521)4329294;
Fakultät für Rechtswissenschaften, Universität Bielefeld,
Universitätsstraße, 33501 Bielefeld, (0521) 106-4422,
Fax (0521) 106-6048

457. *Wielinger*, Dr. Gerhart, Universitätsdozent,
Bergmanngasse 22, A-8010 Graz, (0043-316) 318714;
dienstl. (0043-316) 70312428

458. *Wieser*, DDr. Bernd, a.o. Universitätsprofessor,
Wittenbauerstr. 76, A-8010 Graz;
Institut für öffentl. Recht, Politikwissenschaft u. Verwaltungslehre,
Karl-Franzens-Universität Graz, Universitätsstr. 15/C3,
A-8010 Graz,
(0043-316) 380-3381 od. -3383, Fax (0043-316) 380-9450

459. *Wildhaber*, Dr. Luzius, o. Professor,
Auf der Wacht 21, CH-4104 Oberwil, (004161) 4012521;
Europäischer Gerichtshof für Menschenrechte, Europarat,
F-67075 Strasbourg Cedex, (0033-388) 412391

460. *Wilke*, Dr. Dieter, Präsident des Oberverwaltungsgerichts
Berlin a.D.,
Universitäts-Professor a.D.,
apl. Professor an der Freien Universität Berlin,
Schweinfurthstr. 10, 14195 Berlin

461. *Wilms*, Dr. Heinrich, o. Professor
Donaueschinger Straße 27, 78183 Hüfingen,
(0771) 8 96 97 00, Fax (0771) 8 96 97 01;
Juristische Fakultät, Universität Konstanz, Fach D 110,
78457 Konstanz, (07531) 88-26 73 od. -41 43, Fax (07531) 88-40 08

462. *Wimmer*, Dr. Norbert, o. Universitätsprofessor,
Heiliggeiststr. 16, A-6020 Innsbruck, (0 04 35 12) 58 61 44;
Universität Innsbruck, Institut für Öffentl. Recht und
Politikwissenschaften, Innrain 80/82, A-6020 Innsbruck,
(0 04 35 12) 82 00, 82 01, E-mail: Veronika.Obojes@uibk.ac.at
Internet: http://www.uibk.ac.at/c/c3/c309

463. *Winkler*, Dr. DDr.h.c. Günther, o. Universitätsprofessor,
Reisnerstr. 22/5/11, A-1030 Wien, (00 43-1) 7 13 44 15;
Universität Wien, Schottenbastei 10–16, A-1010 Wien,
(00 43-1) 4 01 03-31 31

464. *Winter*, Dr. Gerd, Professor,
Fachbereich 6: Rechtswissenschaft, Universität Bremen,
Postfach 33 04 40, 28334 Bremen,
(0421) 2 18-28 40, Fax (0421) 2 18-34 94

465. *Wittmann*, Dr. Heinz, a.o. Universitätsprofessor,
Steinböckengasse 4/14, A-1140 Wien, (00 43-1) 9 14 31 75;
Verlag Medien und Recht GmbH, Danhausergasse 6,
A-1040 Wien, (00 43-1) 5 05 27 66, Fax (00 43-1) 5 05 27 66-15

466. *Wolf*, Dr. Joachim, Professor,
Am Schrebergarten 8, 44625 Herne, (02323) 45 96 25;
Juristische Fakultät, Ruhr-Universität Bochum,
Umweltrecht, Verwaltungsrecht und Verwaltungslehre,
Gebäude GC, Universitätsstr. 150, 44789 Bochum,
(0234) 700-49 50 od. -52 52, Fax (0234) 70 94

467. *Wolff*, Dr. Heinrich Amadeus, Privatdozent,
Schillerstr. 8, 69226 Nußloch, (06224) 1 30 84;
Bundesministerium des Inneren,
Alt Moabit 101 D, 10559 Berlin, (030) 39 81 23 55

468. *Wolfrum*, Dr. Rüdiger, o. Professor,
Mühltalstr. 117, 69121 Heidelberg, (06221) 47 52 36;
MPI für Ausl. Öffentliches Recht und Völkerrecht,
Im Neuenheimer Feld 535, 69120 Heidelberg,
(06221) 48 22-55 od. -56, Fax (06221) 48 22 88

469. *Wollenschläger*, Dr. Michael, Professor,
An den Forstäckern 15, 97204 Höchberg, (0931) 4 91 96;
Universität Würzburg, Domerschulstr. 16, 97070 Würzburg,
(0931) 31 23 05, Fax (0931) 31 23 17

470. *Wolter*, Dr. Henner, Privatdozent,
RAe Burghard Seybold Tscherch Wolter, Potsdamer Str. 99,
10785 Berlin, (030) 25 43 96-0, Fax (030) 25 43 96-16;
Institut für Öffentliches Recht und Völkerrecht, Humboldt-Universität zu Berlin, Unter den Linden 6, 10099 Berlin,
(030) 20 93-34 72, Fax (030) 20 93-34 52

471. *Würtenberger*, Dr. Thomas, o. Professor,
Beethovenstr. 9, 79100 Freiburg, (0761) 7 86 23;
Universität Freiburg, Postfach, 79085 Freiburg
(0761) 2 03-22 46 od. -22 49

472. *Wyduckel*, Dr. Dieter, Professor,
Juristische Fakultät, TU Dresden, 01062 Dresden,
(0351) 4 63-73 21, Fax (0351) 4 63-72 09

473. *Zacher*, Dr. Dr.h.c.mult. Hans F., o. Professor,
Starnberger Weg 7, 82343 Pöcking, (08157) 13 84;
Max-Planck-Institut für ausländisches und internationales Sozialrecht
Amalienstr. 33, 80799 München, Postfach 34 01 21,
80098 München, (089) 3 86 02-5 02, Fax (089) 3 86 02-5 90

474. *Zeh*, Dr. Wolfgang, Professor, Ministerialdirektor,
Brunhildstr. 9, 10829 Berlin, (030) 78 70 75 63;
Deutscher Bundestag, Platz der Republik, 11011 Berlin,
(030) 2 27-3 21 01 u. 2 27-3 22 01, Fax (030) 2 27-3 60 38

475. *Zezschwitz*, Dr. Friedrich von, Universitätsprofessor,
Petersweiher 47, 35394 Gießen, (0641) 4 51 52;
Universität Gießen, 35390 Gießen,
(0641) 7 02 50 20

476. *Ziekow*, Dr. Jan, Universitätsprofessor,
Gartenstraße 3, 67361 Freisbach, (06344) 59 02,
Fax (06344) 59 02;
Hochschule für Verwaltungswissenschaften Speyer,
Postfach 14 09, 67324 Speyer,
(06232) 6 54-0

477. *Ziemske*, Dr. Burkhardt, o. Professor
Altstädter Kirchenplatz 3, 91054 Erlangen, (09131) 97 88 56;
Universität Erlangen, Institut für Staats- und Verwaltungsrecht,
Schillerstr. 1, 91054 Erlangen,
(09131) 8 52 28 20, Fax (09131) 8 52 63 81

478. *Zimmer*, Dr. Gerhard, Professor,
Waldschützpfad 9, 12589 Berlin, (030) 6 48 95 90;
Universität der Bundeswehr Hamburg, 22043 Hamburg,
(040) 65 41 27 71

479. *Zimmermann*, Dr. Andreas, Privatdozent,
Max-Planck-Institut für Ausländisches Öffentliches Recht und
Völkerrecht,
Im Neuenheimer Feld 535, 69120 Heidelberg,
(06221) 4 82-1, Fax (06221) 4 82-2 88

480. *Zippelius*, Dr. Reinhold, o. Professor,
Niendorfstr. 5, 91054 Erlangen, (09131) 5 57 26;
Universität Erlangen-Nürnberg, 91054 Erlangen,
(09131) 85 28 20

481. *Zitzelsberger*, Dr. Heribert, Privatdozent,
Willi-Stammer-Str. 9, 82031 Grünwald, (089) 6 41 27 85;
Bayer AG / K-KF Steuern, Bayerwerk Leverkusen,
Leverkusen, (0214) 30 8 10 28

482. *Zuleeg*, Dr. Manfred, Professor,
Kaiser-Sigmund-Str. 32, 60320 Frankfurt am Main,
(069) 56 43 93;
FB Rechtswissenschaft, Institut für Öffentl. Recht,
Völker- und Europarecht, Universität Frankfurt,
Senckenberganlage 31, 60325 Frankfurt a.M.,
(069) 7 98 2 23 82, Fax (069) 7 98 2 87 50

Satzung

(Nach den Beschlüssen vom 21. Oktober 1949, 19. Oktober 1951, 14. Oktober 1954, 10. Oktober 1956, 13. Oktober 1960, 5. Oktober 1962, 1. Oktober 1971, 6. Oktober 1976, 3. Oktober 1979 und 6. Oktober 1999)

§ 1

Die Vereinigung der Deutschen Staatsrechtslehrer stellt sich die Aufgabe:

1. wissenschaftliche und Gesetzgebungsfragen aus dem Gebiet des öffentlichen Rechts durch Aussprache in Versammlungen der Mitglieder zu klären;
2. auf die ausreichende Berücksichtigung des öffentlichen Rechts im Hochschulunterricht und bei staatlichen und akademischen Prüfungen hinzuwirken;
3. in wichtigen Fällen zu Fragen des öffentlichen Rechts durch Eingaben an Regierungen oder Volksvertretungen oder durch schriftliche Kundgebungen Stellung zu nehmen.

§ 2

Mitglied der Vereinigung kann werden, wer auf dem Gebiet des Staatsrechts und mindestens eines weiteren öffentlich-rechtlichen Fachs

a) seine Befähigung zu Forschung und Lehre durch hervorragende wissenschaftliche Leistung nachgewiesen hat[1] und

b) an einer deutschen oder deutschsprachigen Universität[2] oder der Hochschule für Verwaltungswissenschaften in Speyer als Forscher und Lehrer tätig ist oder gewesen ist.

---

[1] Mit der oben abgedruckten, am 1. 10. 1971 in Regensburg beschlossenen Fassung des § 2 hat die Mitgliederversammlung den folgenden erläuternden Zusatz angenommen: „Eine hervorragende wissenschaftliche Leistung im Sinne dieser Vorschrift ist eine den bisher üblichen Anforderungen an die Habilitation entsprechende Leistung."

[2] In Berlin hat die Mitgliederversammlung am 3. 10. 1979 die folgende zusätzliche Erläuterung angenommen: „Universität im Sinne dieser Vorschrift ist eine wissenschaftliche Hochschule, die das Habilitationsrecht in den Fächern des öffentlichen Rechts und die Promotionsbefugnis zum Doctor iuris besitzt und an der Juristen durch einen Lehrkörper herkömmlicher Besetzung ausgebildet werden."

Das Aufnahmeverfahren wird durch schriftlichen Vorschlag von drei Mitgliedern der Vereinigung eingeleitet. Ist der Vorstand einstimmig der Auffassung, daß die Voraussetzungen für den Erwerb der Mitgliedschaft erfüllt sind, so verständigt er in einem Rundschreiben die Mitglieder von seiner Absicht, dem Vorgeschlagenen die Mitgliedschaft anzutragen. Erheben mindestens fünf Mitglieder binnen Monatsfrist gegen die Absicht des Vorstandes Einspruch oder beantragen sie mündliche Erörterung, so beschließt die Mitgliederversammlung über die Aufnahme. Die Mitgliederversammlung beschließt ferner, wenn sich im Vorstand Zweifel erheben, ob die Voraussetzungen der Mitgliedschaft erfüllt sind. Von jeder Neuaufnahme außerhalb einer Mitgliederversammlung sind die Mitglieder zu unterrichten.

§ 3

Eine Mitgliederversammlung soll regelmäßig einmal in jedem Jahre an einem vom Vorstand zu bestimmenden Orte stattfinden. In dringenden Fällen können außerordentliche Versammlungen einberufen werden. Die Tagesordnung wird durch den Vorstand bestimmt. Auf jeder ordentlichen Mitgliederversammlung muß mindestens ein wissenschaftlicher Vortrag mit anschließender Aussprache gehalten werden.

§ 4[3]

Der Vorstand der Vereinigung besteht aus einem Vorsitzenden und zwei Stellvertretern. Die Vorstandsmitglieder teilen die Geschäfte untereinander nach eigenem Ermessen. Der Vorstand wird am Schluß jeder ordentlichen Mitgliederversammlung neu gewählt. Zur Vorbereitung der Mitgliederversammlung kann sich der Vorstand durch Zuwahl anderer Mitglieder verstärken. Auch ist Selbstergänzung zulässig, wenn ein Mitglied des Vorstandes in der Zeit zwischen zwei Mitgliederversammlungen ausscheidet.

---

[3] Gemäß dem am 6.10.1999 in Heidelberg gefaßten Beschluß der Mitgliederversammlung gilt § 4 ab dem 1.10.2001 in folgender Fassung:
„Der Vorstand der Vereinigung besteht aus einem Vorsitzenden und zwei Stellvertretern. Die Vorstandsmitglieder teilen die Geschäfte untereinander nach eigenem Ermessen. Der Vorstand wird von der Mitgliederversammlung auf zwei Jahre gewählt. Zur Vorbereitung der Jahrestagung ergänzt sich der Vorstand um ein Mitglied, das kein Stimmrecht hat. Auch ist Selbstergänzung zulässig, wenn ein Mitglied des Vorstandes in der Zeit zwischen zwei Mitgliederversammlungen ausscheidet. Auf der nächsten Mitgliederversammlung findet eine Nachwahl für den Rest der Amtszeit des Ausgeschiedenen statt.“

§ 5

Zur Vorbereitung ihrer Beratungen kann die Mitgliederversammlung, in eiligen Fällen auch der Vorstand, besondere Ausschüsse bestellen.

§ 6

Über Eingaben in den Fällen des § 1 Ziffer 2 und 3 und über öffentliche Kundgebungen kann nach Vorbereitung durch den Vorstand oder einen Ausschuß im Wege schriftlicher Abstimmung der Mitglieder beschlossen werden. Ein solcher Beschluß bedarf der Zustimmung von zwei Dritteln der Mitgliederzahl; die Namen der Zustimmenden müssen unter das Schriftstück gesetzt werden.

§ 7

Der Mitgliedsbeitrag wird von der Mitgliederversammlung festgesetzt. Der Vorstand kann den Beitrag aus Billigkeitsgründen erlassen.

Kolibri 360 GmbH
Ferdinand-Jühlke-Straße 7
99095 Erfurt, Deutschland
produktsicherheit@kolibri360.de